Beiträge zum Organisationsverfassungsrecht

Herausgegeben von

Julian Krüper und Arne Pilniok

17

Konstantin Setzer

Das Mehrheitsprinzip als Optimierungsgebot für das Wahlrecht

Zugleich eine Untersuchung der Ausgestaltung der Direktwahl kommunaler Hauptverwaltungsbeamter

Mohr Siebeck

Konstantin Setzer, geboren 1996; Studium der Rechtswissenschaft an der Universität Münster; 2024 Promotion; Rechtsreferendariat im Bezirk des Oberlandesgerichts Hamm.

D6, Zugl.: Münster (Westf.), Univ., Diss. der Rechtswissenschaftlichen Fakultät, 2024

ISBN 978-3-16-164286-9 / eISBN 978-3-16-164287-6
DOI 10.1628/978-3-16-164287-6

ISSN 2626-4412 / eISSN 2626-4420 (Beiträge zum Organisationsverfassungsrecht)

Die Deutsche Nationalbibliothek verzeichnet diese Publikation in der Deutschen Nationalbibliographie; detaillierte bibliographische Daten sind über *https://dnb.dnb.de* abrufbar.

Das Buch wurde von Druckerei Stückle in Ettenheim auf alterungsbeständiges Werkdruckpapier gedruckt und von der Buchbinderei Spinner in Ottersweier gebunden.

Printed in Germany.

Meinen Eltern

Vorwort

Die vorliegende Arbeit wurde im Jahr 2024 von der Rechtswissenschaftlichen Fakultät der Universität Münster als Dissertation angenommen. Literatur und Rechtsprechung konnten bis Ende Juli 2024 berücksichtigt werden.

Meinem Doktorvater, Herrn Professor Dr. *Fabian Wittreck*, danke ich sehr für seine stets hilfsbereite und motivierende Betreuung. Er hat diese Arbeit durch die Gewährung vollkommener akademischer Freiheit ermöglicht und ihren Abschluss durch viele wertvolle Anregungen gefördert. Ferner danke ich Herrn Professor Dr. *Janbernd Oebbecke* für die zügige Erstellung des mit hilfreichen Hinweisen versehenen Zweitgutachtens.

Für die Aufnahme dieser Arbeit in die Schriftenreihe „Beiträge zum Organisationsverfassungsrecht" danke ich den Herausgebern, Herrn Professor Dr. *Julian Krüper* und Herrn Professor Dr. *Arne Pilniok*.

Besonders danke ich meinen Freunden Dr. *Tristan Radtke*, *Dominique dos Santos Ferreira*, *Jörn Philipp Nagel*, *Pascal Moerchel* und *Thilo von Neumann*, die sich als Korrekturleser verdient gemacht haben, sowie meiner Schwägerin *Wioletta* für ihre technische Unterstützung und meinen beiden Brüdern *Sebastian* und *Alexander* für ihren Zuspruch.

Mein größter und herzlichster Dank, den ich nur unvollkommen in Worte zu fassen vermag, gebührt meinen Eltern, *Ute und Thomas*. Sie haben sich nicht nur bereitwillig der umfassenden Durchsicht des Manuskripts angenommen und mir während der Promotionszeit beständigen Rückhalt gewährt, sondern mich auf meinem gesamten Lebensweg in liebevoller Weise begleitet und unermüdlich unterstützt. Dadurch haben sie die Entstehung und Vollendung dieser Arbeit erst ermöglicht. Ihnen sei daher diese Arbeit gewidmet.

Münster, im Oktober 2024 *Konstantin Setzer*

Inhaltsübersicht

Inhaltsverzeichnis

Abkürzungsverzeichnis

a.A.	andere Ansicht
a.a.O.	am angegebenen Ort
a.E.	am Ende
a.F.	alte Fassung
AbgG	Gesetz über die Rechtsverhältnisse der Mitglieder des Deutschen Bundestages (Abgeordnetengesetz)
Abs.	Absatz
AfD	Alternative für Deutschland
Alt.	Alternative
Anm.	Anmerkung
AöR	Archiv des Öffentlichen Rechts
ARSP	Archiv für Rechts- und Sozialphilosophie
Art.	Artikel
Aufl.	Auflage
BayGLKrWG	Bayerisches Gesetz über die Wahl der Gemeinderäte, der Bürgermeister, der Kreistage und der Landräte (Gemeinde- und Landkreiswahlgesetz)
BayGO	Gemeindeordnung für den Freistaat Bayern
BayLWG	Bayerisches Gesetz über Landtagswahl, Volksbegehren und Volksentscheid (Landeswahlgesetz)
BayVBl.	Bayerische Verwaltungsblätter
BayVerf.	Verfassung des Freistaates Bayern
BayVerfGHE	Entscheidungen des Bayerischeren Verfassungsgerichtshofs
BayVGH	Bayerischer Verwaltungsgerichtshof
BbgKWahlG	Gesetz über die Kommunalwahlen im Land Brandenburg
BerlVerf.	Verfassung von Berlin
BerlVerfGH	Verfassungsgerichtshof des Landes Berlin
BremStGH	Bremischer Staatsgerichtshof
BremVerf.	Verfassung der Freien Hansestadt Bremen
BT-Drs.	Bundestagsdrucksachse
BVerfG	Bundesverfassungsgericht
BVerfGE	Entscheidungen des Bundesverfassungsgerichts

BVerwG	Bundesverwaltungsgericht
BWahlG 2020	Bundeswahlgesetz in der Fassung vom 19.11.2020
BWahlG 2023	Bundeswahlgesetz in der Fassung vom 14.6.2023
BWGemO	Gemeindeordnung für Baden-Württemberg
BWKomWG	Baden-Württembergisches Kommunalwahlgesetz
BWVerf.	Verfassung des Landes Baden-Württemberg
CDU	Christlich Demokratische Union Deutschlands
CSU	Christlich-Soziale Union in Bayern
ders.	Derselbe
dies.	dieselbe(n)
DÖV	Die öffentliche Verwaltung
Drs.	Drucksache
DVBl.	Deutsches Verwaltungsblatt
DVP	Deutsche Verwaltungspraxis
f.	folgende
FDP	Freie Demokratische Partei
ff.	fortfolgende
Fn.	Fußnote
GG	Grundgesetz
GO NRW	Gemeindeordnung für das Land Nordrhein-Westfalen
GO-BayLT	Geschäftsordnung für den Bayerischen Landtag
GO-BT	Geschäftsordnung des Deutschen Bundestages
GO-RT	Geschäftsordnung des Reichstages
HChE	Herrenchiemseer Entwurf
HdbVerfR	Handbuch des Verfassungsrechts
HessGO	Hessische Gemeindeordnung
HessVerf.	Verfassung des Landes Hessen
HGR	Handbuch der Grundrechte in Deutschland und Europa
HmbVerf.	Verfassung der Freien und Hansestadt Hamburg
HmbVerfG	Hamburgisches Verfassungsgericht
Hrsg.	Herausgeber
Hs.	Halbsatz
HStR	Handbuch des Staatsrechts
i.S.d.	im Sinne des/der
i.V.m.	in Verbindung mit
insb.	insbesondere
JA	Juristische Arbeitsblätter
JöR n. F.	Jahrbuch des öffentlichen Rechts der Gegenwart. Neue Folgen
JR	Juristische Rundschau
Jura	Juristische Ausbildung
JuS	Juristische Schulung
JZ	Juristenzeitung

KommJur	Kommunaljurist
KritV	Kritische Vierteljahresschrift für Gesetzgebung und Rechtswissenschaft
KrO NRW	Kreisordnung für das Land Nordrhein-Westfalen
KWahlG NRW	Gesetz über die Kommunalwahlen im Lande Nordrhein-Westfalen
KWahlO NRW	Kommunalwahlordnung des Landes Nordrhein-Westfalen
lit.	Buchstabe
LKRZ	Zeitschrift für Landes- und Kommunalrecht Hessen – Rheinland-Pfalz – Saarland
LKV	Landes- und Kommunalverwaltung
LKWG MV	Gesetz über die Wahlen im Land Mecklenburg-Vorpommern (Landes- und Kommunalwahlgesetz)
LT-Drs.	Landtagsdrucksache
MIP	Zeitschrift für Parteienwissenschaften
NdsVBl.	Niedersächsische Verwaltungsblätter
NJW	Neue Juristische Wochenschrift
NKWG	Niedersächsisches Kommunalwahlgesetz
NordÖR	Zeitschrift für öffentliches Recht in Norddeutschland
NRWVerf.	Verfassung für das Land Nordrhein-Westfalen
NSDAP	Nationalsozialistische Deutsche Arbeiterpartei
NVwZ	Neue Zeitschrift für Verwaltungsrecht
NWVBl.	Nordrhein-Westfälische Verwaltungsblätter
PDS	Partei des Demokratischen Sozialismus
PKVerf.	Paulskirchenverfassung
PreußVerfU	Verfassungsurkunde für den Preußischen Staat von 1850
PVS	Politische Vierteljahresschrift
RhPfGO	Gemeindeordnung Rheinland-Pfalz
RhPfVerf.	Verfassung für Rheinland-Pfalz
Rn.	Randnummer
RuP	Recht und Politik
RVerf.	Reichsverfassung von 1871
S.	Seite
SaarlKWG	Kommunalwahlgesetz Saarland
SaarlVerf.	Verfassung des Saarlandes
SaarlVerfGH	Verfassungsgerichtshof des Saarlandes
SachsAnhKWG	Kommunalwahlgesetz für das Land Sachsen-Anhalt
SachsAnhVerf.	Verfassung des Landes Sachsen-Anhalt
SächsKomWG	Gesetz über die Kommunalwahlen im Freistaat Sachsen
SächsVerf.	Verfassung des Freistaates Sachsen
SHGKWG	Gesetz über die Wahlen in den Gemeinden und Kreisen in Schleswig-Holstein

SHVerfGH	Schleswig-Holsteinisches Landesverfassungsgericht
SPD	Sozialdemokratische Partei Deutschlands
SSW	Südschleswigsche Wählerverband
StGH	Staatsgerichtshof für das Deutsche Reich
ThürKWG	Thüringer Gesetz über die Wahlen in den Landkreisen und Gemeinden
ThürVBl.	Thüringer Verwaltungsblätter
ThürVerf.	Verfassung des Freistaates Thüringen
ThürVerfGH	Thüringer Verfassungsgerichtshof
u. a.	und andere
VerfGH NRW	Verfassungsgerichtshof für das Land Nordrhein-Westfalen
VerwArch	Verwaltungsarchiv
VVDStRL	Veröffentlichungen der Vereinigung der Deutschen Staatsrechtslehrer
ZfP	Zeitschrift für Politik
ZG	Zeitschrift für Gesetzgebung
ZJS	Zeitschrift für das juristische Studium
ZParl	Zeitschrift für Parlamentsfragen
ZRP	Zeitschrift für Rechtspolitik

Teil 1

Einführung

„Mehrheit entscheidet" lautet die in Art. 2 Abs. 2 S. 2 BayVerf. verankerte Konkretisierung des Grundsatzes der Volkssouveränität. Eine solche ausdrückliche Anordnung des Mehrheitsprinzips fehlt in der entsprechenden Norm des Art. 20 Abs. 2 GG. Allerdings zählt das Mehrheitsprinzip gleichwohl „zu jenen Selbstverständlichkeiten des demokratischen Verfassungsrechts, die auch ohne ausdrückliche Anordnung gelten"[1]. Diese Einordnung des Mehrheitsprinzips als selbstverständliches und damit zugleich scheinbar einfaches Entscheidungsinstrument der Demokratie verdeckt jedoch die Komplexität seiner konkreten Handhabung. Es bleibt insbesondere unklar, welche Art der Mehrheit nach der Verfassung im Einzelfall entscheidungsbefugt sein soll[2]. Dies gilt insbesondere für die Frage, ob aus verfassungsrechtlicher Perspektive bei einer Direktwahl eines monokratischen Amtes bereits eine *relative* Mehrheit hinreichend sein kann oder – zumindest zunächst – eine *absolute* Mehrheit erforderlich ist.

Eine relative Mehrheit ist bereits erreicht, wenn eine Alternative jeweils mehr Stimmen als jede andere erhalten hat, während die absolute Mehrheit erst gegeben ist, wenn diese Alternative zugleich mehr als die Hälfte der insgesamt abgegebenen Stimmen auf sich vereinigt[3]. Sowohl die Begriffsdefinition als auch die verfassungsrechtliche Einordnung wird allerdings dadurch erschwert, dass als Bezugszahl anstelle der abgegebenen Stimmen die Gesamtheit der Ab-

---

[1] Prägnant *Mußgnug*, Mehrheitsprinzip, in: Breuer u. a. (Hrsg.), FS Klein, 2013, S. 249 (251); in ähnlicher Weise auch *Benda*, Konsens, in: Hattenhauer/Kaltefleiter (Hrsg.), Mehrheitsprinzip, Konsens und Verfassung, 1986, S. 61 (61 f.); *Hillgruber*, Herrschaft, in: AöR 127 (2002), S. 460 (463 f.); *Brocker*, in: Epping/Hillgruber (Hrsg.), GG, 3. Aufl. 2020, Art. 42 Rn. 15. Nach *Fach*, Demokratie, in: ARSP 61 (1975), S. 201 (205) gehört das Mehrheitsprinzip „zum selbstverständlichen Inventar westlicher Demokratieauffassung". – Dennoch sei es nach *Stern*, Staatsrecht, Bd. I, 1984, S. 611 aufgrund der in der Demokratie erforderlichen, vielfältigen Begrenzung der Mehrheitsherrschaft folgerichtig, dass „weder in die Weimarer Verfassung noch in das Grundgesetz der Satz ‚Mehrheit entscheidet' aufgenommen worden" ist.

[2] Auf diese Unklarheit weist der BayVerfGHE 52, 104 (131) explizit hin.

[3] *Heun*, Mehrheitsprinzip, 1983, S. 124 f.; *Höfling/Burkiczak*, Mehrheitsprinzip, in: Jura 2007, S. 561 (563).

stimmungsberechtigten fungieren kann[4]. In der Folge wird die absolute Mehrheit häufig ebenso als die Mehrheit der Abstimmungsberechtigten definiert[5]. Eine relative Mehrheit könnte bei diesem Verständnis als die einfache Mehrheit der Abstimmenden aufgefasst werden[6]. So selbstverständlich und unkompliziert der Grundsatz „Mehrheit entscheidet" auf den ersten Blick erscheint, so schwierig ist bei genauerer Betrachtung die im konkreten Fall nötige Definition der Mehrheit und noch mehr dessen verfassungsrechtliche Einordnung[7].

A. Forschungsstand

Diese beträchtliche Unsicherheit über die konkret erforderliche Mehrheit und insbesondere die Auseinandersetzung um die absolute und relative Mehrheit ist so alt wie das Mehrheitsprinzip selbst. Bereits in der Antike bereitete die Mehrheitsbestimmung insbesondere bei mehr als zwei Alternativen erhebliche Probleme, wobei in solchen Konstellationen meistens die relative Mehrheit der Stimmen für hinreichend erachtet wurde[8]. Im Rahmen der Entwicklung des modernen Wahlrechts im 19. Jahrhundert gab es dann eine intensive Debatte, ob bereits eine einstufige, relative Mehrheitswahl eine gültige Wahl bewirken könne oder eine andere Ausgestaltung der Mehrheitswahl erforderlich sei[9]. Umso bemerkenswerter erscheint es, dass trotz der in jüngerer Zeit vermehrt geführten Diskussion über die Beibehaltung beziehungsweise Einführung der Direktwahl kommunaler und staatlicher Spitzenämter deren *Ausgestaltung* hin-

[4] Zu diesem Problem der unterschiedlichen Definition der Bezugszahl näher *Varain*, Bedeutung, in: ZfP 11 (1964), S. 239 (242 ff.); *Achterberg*, Verhandlung, 1979, S. 44; *C. Thiele*, Regeln, 2008, S. 334 ff.; *Magsaam*, Mehrheit, 2014, S. 67 ff.; *R. Kaiser*, Mehrheitserfordernisse, in: JuS 2017, S. 221 (222).

[5] Siehe *Sartori*, Demokratietheorie, 1997, S. 220; *C. Thiele*, Regeln, 2008, S. 314; *Mußgnug*, Mehrheitsprinzip, in: Breuer u. a. (Hrsg.), FS Klein, 2013, S. 249 (253); *Patzelt*, Mehrheitsprinzip, in: Görres-Gesellschaft (Hrsg.), StL III, 8. Aufl. 2019, Sp. 1521 (1521).

[6] *Sartori*, Demokratietheorie, 1997, S. 220; *Mußgnug*, Mehrheitsprinzip, in: Breuer u. a. (Hrsg.), FS Klein, 2013, S. 249 (253); *Patzelt*, Mehrheitsprinzip, in: Görres-Gesellschaft (Hrsg.), StL III, 8. Aufl. 2019, Sp. 1521 (1521); zu diesem möglichen Verständnis auch *Achterberg*, Verhandlung, 1979, S. 44; *R. Kaiser*, Mehrheitserfordernisse, in: JuS 2017, S. 221 (223 f.).

[7] Zu Recht bemerkt *Horn*, Mehrheit, in: Der Staat 38 (1999), S. 399 (401), dass „die wissenschaftliche Diskussion an einer unzureichenden Verständigung über den verwendeten Mehrheitsbegriff [leidet]". Eine erhebliche Uneinheitlichkeit in den Begriffsdefinitionen konstatieren auch *Höfling/Burkiczak*, Mehrheitsprinzip, in: Jura 2007, S. 561 (562); *R. Kaiser*, Mehrheitserfordernisse, in: JuS 2017, S. 221 (221).

[8] Siehe dazu die ausführliche Darstellung bei *Kemmler*, Abstimmungsmethode, 1969, S. 32 ff.

[9] Aus der zeitgenössischen Literatur *Reichard*, Statistik, 1844, S. 270 f.; *Bülau*, Wahlrecht, 1849, S. 166 ff.; *G. Meyer*, Wahlrecht, 1901, S. 616 ff.

sichtlich des Mehrheitserfordernisses in der juristischen Literatur kaum Beachtung findet[10]. In dieser Hinsicht lässt sich wie im Allgemeinen ein „Tiefschlaf“[11] des Mehrheitsprinzips konstatieren, da es trotz seiner zentralen Bedeutung im Gegensatz zu anderen demokratischen Grundsätzen eine vergleichsweise geringe Beachtung in der Literatur erfährt[12]. Es besteht ein auffälliges Missverhältnis dahingehend, dass zu den verfassungsrechtlichen Voraussetzungen und Grundlagen einer Mehrheitsentscheidung etwa in Gestalt der Rechte der Staatsbürger oder Abgeordneten im Wahl- oder Abstimmungsverfahren eine beinah unübersehbare Fülle an Literatur existiert, während das konkrete Verfahren der Mehrheitsentscheidung insbesondere im Hinblick auf ein bestimmtes Mehrheitserfordernis kaum thematisiert wird und daher mit erheblichen Unklarheiten behaftet bleibt. Praktische Relevanz gewann dieser Umstand durch die zweimalige Abschaffung der Stichwahl bei Bürgermeister- und Landratswahlen in Nordrhein-Westfalen, die jeweils den Verfassungsgerichtshof des Landes beschäftigte und zu im Ergebnis gegenteiligen Entscheidungen führte.

Zunächst billigte der Verfassungsgerichtshof im Jahr 2009 die von der Koalition aus CDU und FDP beschlossene ersatzlose Abschaffung der Stichwahl, sodass die Direktwahl der Bürgermeister und Landräte in jenem Jahr als einstufige, relative Mehrheitswahl durchgeführt werden konnte[13]. Diese bereits im Jahr 2011 durch die neu gewählte Koalition aus SPD und Bündnis 90/Die Grünen rückgängig gemachte Wahlrechtsreform wurde im Jahr 2019 durch die amtierende Koalition aus CDU und FDP erneut beschlossen[14]. Diese führte wie-

---

[10] Dies stellt auch *Krüper*, Stichwahlen, in: DÖV 2009, S. 758 (759) fest. Beispielhaft steht dafür die Kürze der Darstellung zur konkreten Ausgestaltung der Direktwahl des Ministerpräsidenten bei *Backmann*, Direktwahl, 2006, S. 342 ff.

[11] Diese Kennzeichnung findet sich bereits bei *Häberle*, Mehrheitsprinzip, in: JZ 1977, S. 241 (241); *Horn*, Mehrheit, in: Der Staat 38 (1999), S. 399 (400).

[12] Zu diesem Umstand schon *Varain*, Bedeutung, in: ZfP 11 (1964), S. 239 (239); *Dreier*, Majoritätsprinzip, in: ZParl 17 (1986), S. 94 (100). Bereits *v. Gierke*, Geschichte, in: Guggenberger/Offe (Hrsg.), An den Grenzen der Mehrheitsdemokratie, 1984, S. 22 (22) hatte im Jahr 1913 konstatiert, dass das Mehrheitsprinzip „als etwas Selbstverständliches hin[genommen]“ werde und kaum „eingehendere Versuche seiner Rechtfertigung“ unternommen werden. An diesem Zustand hat sich – wie *R. Kaiser*, Mehrheitsprinzip, 2020, S. 3 bemerkt – erst in den 1970er und 1980er Jahre etwas geändert, wenngleich es sich dabei lediglich um eine kurze Phase handelte, in der das Thema keinesfalls hinsichtlich der verfassungsrechtlichen Grundlagen erschöpfend erforscht worden ist. Zutreffend bemerkt *Horn*, Mehrheit, in: Der Staat 38 (1999), S. 399 (400) daher: „Mittlerweile, nachdem sich der Sturm gelegt hat, scheint es in jenen Tiefschlaf zurückgesunken.“

[13] Siehe den Entscheidungstenor in VerfGH NRW, NVwZ 2009, S. 1096.

[14] Siehe den Änderungsantrag der Fraktionen CDU und FDP zum Gesetzentwurf der Landesregierung für ein Gesetz zur Änderung des Kommunalwahlgesetzes und weiterer wahlrechtlicher Vorschriften, Drs. 17/4305 des Landtages Nordrhein-Westfalen sowie das Gesetz- und Verordnungsblatt für das Land Nordrhein-Westfalen vom 23.4.2019, S. 202 ff.

derum zu einem Normenkontrollverfahren vor dem Verfassungsgerichtshof. Ein Einfallstor für eine neuerliche, verfassungsgerichtliche Überprüfung hatte die Entscheidung aus dem Jahr 2009 selbst eröffnet, indem diese dem Gesetzgeber eine Beobachtungspflicht dahingehend auferlegt hatte, „ob das bestehende Wahlsystem den erforderlichen Gehalt an demokratischer Legitimation auch zukünftig zu vermitteln vermag.“[15] Vor dem Hintergrund der im letzten Jahrzehnt zunehmenden Pluralisierung der politischen Landschaft und der damit zu erwartenden Verringerung der Zustimmungsraten hatten Sachverständige im Gesetzgebungsverfahren bereits entsprechende Zweifel an der Verfassungsmäßigkeit angemeldet[16]. Mit knapper Senatsmehrheit erklärte der Verfassungsgerichtshof Ende 2019 die Abschaffung tatsächlich für verfassungswidrig, weil sich der Gesetzgeber mit den Konsequenzen der politischen Pluralisierung nicht ausreichend befasst habe und damit der gebotenen Verpflichtung zur Analyse der politischen Entwicklung nicht nachgekommen sei[17]. Eine allgemeingültige und abschließende Aussage zur Verfassungswidrigkeit einer einstufigen, relativen Mehrheitswahl war damit, wie der Verfassungsgerichtshof sogar ausdrücklich betonte, nicht verbunden:

> „Ausgehend von dem dargestellten Befund kann nicht ein für alle Mal abstrakt beurteilt werden, ob eine einstufige Wahl der kommunalen Hauptverwaltungsbeamten und -beamtinnen mit einfacher Mehrheit diesen eine hinreichende demokratische Legitimation vermittelt. Die verfassungsrechtliche Beurteilung hängt vielmehr von den jeweils zugrunde liegenden normativen und tatsächlichen Verhältnissen ab.“[18]

Die in diesen Ausführungen verwendete Bezeichnung der relativen Mehrheit als „einfache Mehrheit“ begünstigt zudem weitere Missverständnisse. Daher hat auch das zweite Verfahren vor dem Verfassungsgerichtshof keinesfalls zu einer Klärung der vorliegenden Frage beigetragen. Vielmehr hat das Verfahren sogar einen Widerspruch dahingehend offenbart, dass für manche nicht die Abschaffung der Stichwahl, sondern vielmehr die Stichwahl selbst verfassungsrechtlich prekär und rechtfertigungsbedürftig sei[19]. Dies verdeutlicht die nach

---

[15] VerfGH NRW, NVwZ 2009, S. 1096 (1100); kritisch hierzu wegen der fehlenden normativen Kriterien, anhand derer eine zukünftige Beurteilung erfolgen soll *Krüper*, Stichwahlen, in: DÖV 2009, S. 758 (759); *Mehde*, Stichwahlen, in: KommJur 2013, S. 446 (452).

[16] So *Morlok*, Stellungnahme zum Gesetzentwurf der Landesregierung, Drs. 17/3776 und zum Änderungsantrag Drs. 17/4305 des Landtages Nordrhein-Westfalen, Stellungnahme 17/1203, S. 8; *Wißmann*, Stellungnahme zum Gesetzentwurf der Landesregierung Drs. 17/3776 und zum Änderungsantrag Drs. 17/4305 des Landtages Nordrhein-Westfalen, Stellungnahme 17/1195 vom 10.2.2019, S. 4.

[17] VerfGH NRW, Urteil vom 20.12.2019, 35/19, S. 55 ff., abrufbar unter www.verfgh.nrw.de/rechtsprechung/entscheidungen/2019/191220_35_19.pdf (letzter Abruf: 31.7.2024).

[18] VerfGH NRW, Urteil vom 20.12.2019, 35/19, S. 48 f.

[19] So die Argumentation des Landtages in VerfGH NRW, Urteil vom 20.12.2019, 35/19, S. 27; entsprechend *Dietlein*, in: ders./Heusch (Hrsg.), Kommunalrecht Nordrhein-West-

wie vor bestehenden Unklarheiten hinsichtlich der verfassungsrechtlichen Rahmenbedingungen der Direktwahl monokratischer Ämter, die weder die zwei Verfahren vor dem Verfassungsgerichtshof für das Land Nordrhein-Westfalen noch die in deren Kontext publizierte Literatur beseitigen konnten.

Diese beginnen schon mit der Frage des verfassungsrechtlichen Maßstabs. Zwar hat der Verfassungsgerichtshof zunächst das Demokratieprinzip nach Art. 28 Abs. 1 S. 1 GG als normativen Anknüpfungspunkt hervorgehoben, aber zugleich auf die in Art. 28 Abs. 1 S. 2 GG genannten Wahlrechtsgrundsätze rekurriert[20]. Weder deren formale Anwendbarkeit noch die materielle Relevanz für die Direktwahl kommunaler Hauptverwaltungsbeamter ist bislang hinreichend geklärt[21]. Für die nötige Legitimation eines monokratischen Amtes durch ein mehrstufiges Wahlverfahren führen einige Stimmen die Wahl des Bundeskanzlers nach Art. 63 GG oder des Bundespräsidenten nach Art. 54 GG an, bei denen eine relative Mehrheit erst in nachfolgenden Wahlgängen genügt[22]. Umgekehrt verweisen andere auf die Wahlkreisentscheidung bei der Bundestagswahl, die allein auf einer relativen Mehrheit beruhe und verfassungsrechtlich nicht zu beanstanden sei[23]. Schließlich ist die Relevanz einer geringen Wahlbeteiligung in der Stichwahl für die Beurteilung der demokratischen Legitimation unklar, welche als maßgebliches Argument für deren ersatzlose Abschaffung fungierte[24]. Es bleibt daher insgesamt äußerst umstritten,

---

falen, 2020, Systematische Einführung zum Kommunalrecht Deutschlands Rn. 133.2; a.A. ohne nähere Begründung VerfGH NRW, Urteil vom 20.12.2019, 35/19, S. 44.

[20] Siehe VerfGH NRW, NVwZ 2009, S. 1096 (1097); VerfGH NRW, Urteil vom 20.12.2019, 35/19, S. 40 f.

[21] Für eine Betroffenheit der Wahlrechtsgrundsätze in diesem Fall *Krüper*, Stichwahlen, in: DÖV 2009, S. 758 (763 f.); *Morlok*, Stellungnahme zum Gesetzentwurf der Landesregierung, Drs. 17/3776 und zum Änderungsantrag Drs. 17/4305 des Landtages Nordrhein-Westfalen, Stellungnahme 17/1203, S. 3 f.; anders hingegen VerfGH NRW, NVwZ 2009, S. 1096 (1100); *Groß*, Direktwahl, in: LKRZ 2010, S. 93 (95); *Mehde*, Stichwahlen, in: KommJur 2013, S. 446 (451).

[22] *Seybold*, Stichwahl, in: DVP 2010, S. 453 (454 Fn. 13); *Bätge*, Stellungnahme zum Gesetzentwurf der Landesregierung Drs. 17/3776 und zum Änderungsantrag Drs. 17/4305 des Landtages Nordrhein-Westfalen, Stellungnahme 17/1194, S. 15; ablehnend hingegen VerfGH NRW, NVwZ 2009, S. 1096 (1098); *Mehde*, Stichwahlen, in: KommJur 2013, S. 446 (452); *Wißmann*, Stellungnahme zum Gesetzentwurf der Landesregierung Drs. 17/3776 und zum Änderungsantrag Drs. 17/4305 des Landtages Nordrhein-Westfalen, Stellungnahme 17/1195 vom 10.2.2019, S. 2.

[23] VerfGH NRW, NVwZ 2009, S. 1096 (1098 f.); *Pieroth*, Stellungnahme zum Gesetzentwurf der Landesregierung Drs. 14/3977 des Landtages Nordrhein-Westfalen, Stellungnahme 14/1169 vom 31.5.2007, S. 9; ablehnend hingegen *Holste*, Stichwahl, in: ZRP 2007, S. 94 (96); *Krüper*, Stichwahlen, in: DÖV 2009, S. 758 (761); *Groß*, Direktwahl, in: LKRZ 2010, S. 93 (96); *Seybold*, Stichwahl, in: DVP 2010, S. 453 (454).

[24] Siehe die Begründung des Änderungsantrages der Fraktionen CDU und FDP zum Gesetzentwurf der Landesregierung für ein Gesetz zur Änderung des Kommunalwahlgesetzes und weiterer wahlrechtlicher Vorschriften, Drs. 17/4305 des Landtages Nordrhein-Westfa-

ob die relative Mehrheit im ersten Wahlgang eine hinreichende demokratische Legitimation des kommunalen Hauptverwaltungsbeamten vermittelt und damit die Stichwahl *ersatzlos* abgeschafft werden darf[25].

B. Methodische Grundlagen

Die vorliegende Fragestellung beinhaltet die besondere Herausforderung, den verfassungsrechtlichen Gehalt des unbestimmten Mehrheitsprinzips auf der Grundlage des ebenso offenen und mit einer jahrtausendealten Ideengeschichte verknüpften Demokratieprinzips des Grundgesetzes herzuleiten[26]. Deshalb bedarf es als methodische Grundlage zunächst einer Vergewisserung über die Auslegung und Anwendung des in Art. 20 Abs. 1 und 2 GG verankerten und in Art. 28 Abs. 1 S. 1 GG und Art. 79 Abs. 3 GG in Bezug genommenen Demokratieprinzips. Als ein verfassungsrechtliches Prinzip enthält es selbst noch keine konkrete *Regelung*, sondern gibt lediglich den verfassungsrechtlichen *Rahmen* für die konkrete Ausgestaltung der demokratischen Verfahren und Institutionen vor[27]. Das verfassungsrechtlich erforderliche Ausmaß der Verwirklichung einzelner Gehalte ergibt sich regelmäßig erst in einer Abwägung mit den im konkreten Fall in Konflikt stehenden anderen Verfassungsprinzipien

---

len, S. 2. Für die verfassungsrechtliche Relevanz der Wahlbeteiligung VerfGH NRW, NVwZ 2009, S. 1096 (1100); Sondervotum zu VerfGH NRW, Urteil vom 20.12.2019, 35/19, S. 81 f.; *Holste*, Stichwahl, in: ZRP 2007, S. 94 (95); *Magsaam*, Mehrheit, 2014, S. 75; *Dietlein*, in: ders./Heusch (Hrsg.), Kommunalrecht Nordrhein-Westfalen, 2020, Systematische Einführung zum Kommunalrecht Deutschlands Rn. 133.2; dagegen *Krüper*, Stichwahlen, in: DÖV 2009, S. 758 (762); *Mehde*, Stichwahlen, in: KommJur 2013, S. 446 (448 f.); *Morlok*, Stellungnahme zum Gesetzentwurf der Landesregierung, Drs. 17/3776 und zum Änderungsantrag Drs. 17/4305 des Landtages Nordrhein-Westfalen, Stellungnahme 17/1203, S. 3; *Huster/Rux*, in: Epping/Hillgruber (Hrsg.), GG, 3. Aufl. 2020, Art. 20 Rn. 90.

[25] Dafür VerfGH NRW, NVwZ 2009, S. 1096 (1100); *Groß*, Direktwahl, in: LKRZ 2010, S. 93 (96); *Mehde*, Stichwahlen, in: KommJur 2013, S. 446 (452); *Schwarz*, in: Huber/Voßkuhle (Hrsg.), GG, Bd. II, 8. Aufl. 2024, Art. 28 Rn. 110; kritisch *Holste*, Stichwahl, in: ZRP 2007, S. 94 (95 f.); *Henneke/Ritgen*, Direktwahl, in: DÖV 2010, S. 665 (676); *Röttger/Ramin*, Stichwahl, in: DVP 2013, S. 506 (507 ff.); ablehnend *Krüper*, Stichwahlen, in: DÖV 2009, S. 758 (762); *Morlok*, Stellungnahme zum Gesetzentwurf der Landesregierung, Drs. 17/3776 und zum Änderungsantrag Drs. 17/4305 des Landtages Nordrhein-Westfalen, Stellungnahme 17/1203, S. 2 f.

[26] Zur Ideengeschichte der Demokratie näher *Dreier*, in: ders. (Hrsg.), GG, Bd. II, 3. Aufl. 2015, Art. 20 (Demokratie), Rn. 1 ff.; *Grzeszick*, in: Dürig/Herzog/Scholz (Hrsg.), GG, Art. 20 II (2022), Rn. 2 ff.; *Sommermann*, in: Huber/Voßkuhle (Hrsg.), GG, Bd. II, 8. Aufl. 2024, Art. 20 Rn. 63 ff.

[27] In diesem Sinne *Hesse*, Grundzüge, 1995, Rn. 129; *Morlok*, Demokratie, in: Badura/Dreier (Hrsg.), FS BVerfG, Bd. II, 2001, S. 559 (563); *Hain*, in: Huber/Voßkuhle (Hrsg.), GG, Bd. II, 8. Aufl. 2024, Art. 79 Rn. 49.

und den tatsächlichen Umsetzungsmöglichkeiten[28]. In dieser Hinsicht können die Verfassungsprinzipien und damit auch das Demokratieprinzip als *Optimierungsgebot* aufgefasst werden, die auf die unter diesen Begebenheiten weitmöglichste Realisierung gerichtet sind[29]. Zumindest missverständlich ist daher die Formulierung des Bundesverfassungsgerichts im Lissabon-Urteil: „Das demokratische Prinzip ist nicht abwägungsfähig; es ist unantastbar."[30] Diese Aussage trifft zwar dahingehend zu, dass eine scheinbar legale Aushöhlung des Wesenskerns des demokratischen Verfassungsstaates durch Art. 79 Abs. 3 GG auszuschließen ist[31], zu dem insbesondere die Volkssouveränität im Sinne einer Rückbindung jeder staatlichen Entscheidung auf das Staatsvolk zählt[32]. Allerdings hat das Bundesverfassungsgericht bereits im Maastricht-Urteil zutreffend ausgeführt, dass sich die hinreichende Legitimation der Staatsgewalt „auf verschiedene Weise, nicht nur in einer bestimmten Form, herstellen"[33] lässt. Demnach schließt Art. 79 Abs. 3 GG eine Zurückdrängung des Demokratieprinzips in seinem Kern aus, verbietet aber nicht, einzelne Bestandteile in einer Abwägung mit entgegenstehenden Belangen in ihrem tatsächlichen und rechtlichen Kontext und damit „aus sachgerechten Gründen zu modifizieren"[34]. Diese Einsicht hat zugleich zur Folge, dass die gebotene restriktive Auslegung

[28] Siehe *Alexy*, Grundrechte, 1985, S. 100 f.; *Morlok*, Demokratie, in: Badura/Dreier (Hrsg.), FS BVerfG, Bd. II, 2001, S. 559 (564 f.); *Krüper*, Stichwahlen, in: DÖV 2009, S. 758 (760 f.); *Kotzur*, in: v. Münch/Kunig (Hrsg.), GG, Bd. I, 7. Aufl. 2021, Art. 20 Rn. 21 f.; *Hain*, in: Huber/Voßkuhle (Hrsg.), GG, Bd. II, 8. Aufl. 2024, Art. 79 Rn. 49 ff.

[29] Grundlegend *Alexy*, Grundrechte, 1985, S. 75 f.; ferner *Hesse*, Grundzüge, 1995, Rn. 72; *Unruh*, Verfassungsbegriff, 2002, S. 411 ff.; *Kotzur*, in: v. Münch/Kunig (Hrsg.), GG, Bd. I, 7. Aufl. 2021, Art. 20 Rn. 21; *Morlok/Michael*, Staatsorganisationsrecht, 2023, Rn. 95; speziell für den Charakter des Demokratieprinzips als Optimierungsgebot *Morlok*, Demokratie, in: Badura/Dreier (Hrsg.), FS BVerfG, Bd. II, 2001, S. 559 (564 f.); *Droege*, Herrschaft, in: DÖV 2009, S. 649 (654); *Krüper*, Stichwahlen, in: DÖV 2009, S. 758 (761); skeptischer *Möllers*, Demokratie, in: Herdegen u. a. (Hrsg.), HdbVerfR, 2021, § 5 Rn. 11; ablehnend hingegen *Waldhoff*, Manipulation, in: JZ 2009, S. 144 (146 f.); *Hain*, in: Huber/Voßkuhle (Hrsg.), GG, Bd. II, 8. Aufl. 2024, Art. 79 Rn. 50.

[30] BVerfGE 123, 267 (343); sinngemäß HmbVerfG, NVwZ 2016, S. 381 (384 Rn. 65).

[31] Siehe die Äußerungen der Abgeordneten *Dehler* und *Schmid* in der Sechsunddreißigsten Sitzung des Hauptausschusses, 12. Januar 1949, in: Deutscher Bundestag/Bundesarchiv (Hrsg.), Der Parlamentarische Rat 1948–1949, Bd. XIV, 2009, S. 1118; ferner BVerfGE 30, 1 (24); *Möllers*, Demokratie, in: Herdegen u. a. (Hrsg.), HdbVerfR, 2021, § 5 Rn. 54.

[32] So ausdrücklich BVerfGE 89, 155 (182); VerfGH NRW, Urteil vom 20.12.2019, 35/19, S. 41; *Herdegen*, in: Dürig/Herzog/Scholz (Hrsg.), GG, Art. 79 (2014), Rn. 129; *Hain*, in: Huber/Voßkuhle (Hrsg.), GG, Bd. II, 8. Aufl. 2024, Art. 79 Rn. 83.

[33] Prägnant BVerfGE 89, 155 (182).

[34] BVerfGE 84, 90 (121); 94, 49 (103); 137, 108 (144 f. Rn. 84); sinngemäß BVerfGE 30, 1 (24); 109, 279 (310).

des Art. 79 Abs. 3 GG[35] und Art. 28 Abs. 1 S. 1 GG[36] und die damit verbundene Differenzierung zwischen den Anforderungen an den einfachen und verfassungsändernden Gesetzgeber nicht schon hinsichtlich des Umfangs der demokratischen Grundsätze auf der Gewährleistungsebene, sondern erst im Rahmen des jeweiligen Abwägungs- und Umsetzungsvorgangs erfolgt, in welchem dem verfassungsändernden Gesetzgeber ein größerer Spielraum zuzugestehen ist[37].

Sowohl die Beurteilung dieses Abwägungsvorgangs als auch bereits die Herleitung der einzelnen Gehalte des Demokratieprinzips gestaltet sich infolge seiner Unbestimmtheit äußerst herausfordernd. „[D]amit die Dogmatik nicht zur Karikatur des deutschen Professors gerät, der mit einem leeren Blatt und einem Stift den Begriff der Demokratie more geometrico herzuleiten sucht“[38], bedarf es auf der Grundlage der klassischen Auslegungsmethoden insbesondere der Untersuchung des historischen Fundamentes des Demokratieprinzips, des teleologischen Hintergrundes im Sinne der praktischen Funktionsweise der Demokratie sowie der Systematik der grundgesetzlichen Ausgestaltung der demokratischen Ordnung[39]. Hinsichtlich des historischen Aspektes bedarf es neben der Untersuchung der unmittelbaren Entstehungsgeschichte des Grundgesetzes der Einbeziehung der dieser vorausliegenden und daher für deren Verständnis relevanten „moderne[n] Verfassungsgeschichte“[40]. Noch mehr als die

---

35 Zur restriktiven Auslegung des Art. 79 Abs. 3 GG explizit BVerfGE 109, 279 (310); *Herdegen*, in: Dürig/Herzog/Scholz (Hrsg.), GG, Art. 79 (2014), Rn. 80; *Bryde*, in: v. Münch/Kunig (Hrsg.), GG, Bd. II, 7. Aufl. 2021, Art. 79 Rn. 37; *Sachs*, in: ders. (Hrsg.), GG, 9. Aufl. 2021, Art. 79 Rn. 26; *Kment*, in: Jarass/Pieroth (Hrsg.), GG, 18. Aufl. 2024, Art. 79 Rn. 9 f.

36 Zur restriktiven Auslegung des Art. 28 Abs. 1 S. 1 GG explizit VerfGH NRW, NVwZ 2018, S. 159 (170 Rn. 135 ff.); *Dreier*, in: ders. (Hrsg.), GG, Bd. II, 3. Aufl. 2015, Art. 28 Rn. 53; *Michael*, Sperrklauseln, 2015, S. 111 f.; *W. Roth*, Sperrklausel, 2015, S. 105.

37 In diesem Sinne führt *Bryde*, in: v. Münch/Kunig (Hrsg.), GG, Bd. II, 7. Aufl. 2021, Art. 79 Rn. 37 zur Ewigkeitsklausel zutreffend aus, dass die gebotene „restriktive Auslegung […] bei Abs. 3 ansetzen [muss], nicht in den in ihm genannten Grundprinzipien“; ähnlich *Herdegen*, in: Dürig/Herzog/Scholz (Hrsg.), GG, Art. 79 (2014), Rn. 110 ff., nach dessen Auffassung „Art. 79 Abs. 3 GG die Gewährleistungsgehalte der Art. 1 und 20 GG nicht kategorisch dem Zugriff des verfassungsändernden Gesetzgebers [entzieht].“ – Explizit zum weiteren Spielraum des verfassungsändernden Gesetzgebers im Wahlrecht hinsichtlich einer verfassungsunmittelbaren Sperrklausel VerfGH NRW, NVwZ 2018, S. 159 (171 Rn. 146 ff.); Sondervotum zu BerlVerfGH, Urteil vom 13.5.2013 – 155/11 –, juris, Rn. 55; ausführlich dazu unten Teil 2, B. IV. 2. b).

38 So prägnant *Möllers*, Demokratie, in: Herdegen u. a. (Hrsg.), HdbVerfR, 2021, § 5 Rn. 10.

39 Ausführlich zur Verfassungsauslegung nach den klassischen Auslegungsmethoden *Starck*, Maximen, in: Isensee/Kirchhof (Hrsg.), HStR XII, 3. Aufl. 2014, § 271 Rn. 17 ff.

40 BVerfGE 5, 85 (112). In diesem Sinne weisen *Morlok/Schindler*, Smend, in: Lhotta (Hrsg.), Die Integration des modernen Staates, 2005, S. 13 (14) darauf hin, dass die Auslegung der Verfassung nicht von der „geistesgeschichtlichen Tradition […] abgelöst werden

historische Auslegung bedarf die teleologische Auslegung einer interdisziplinären Öffnung dahingehend, die faktische Wirkungsweise anhand soziologischer und politologischer Befunde zu ergründen, um die tatsächliche Realisierung der normativen Vorgaben sicherzustellen[41]. Das Bundesverfassungsgericht hat insoweit zur Realisierung der in Art. 20 Abs. 2 GG verankerten Volkssouveränität ausgeführt: „Das ‚Ausgehen der Staatsgewalt' vom Volk muss für das Volk wie auch die Staatsorgane jeweils konkret erfahrbar und praktisch wirksam sein."[42] In diesem Sinne sind das Demokratieprinzip und im speziellen das daraus folgende Mehrheitsprinzip in Bezug auf die konkrete Konstellation und die tatsächliche Wirklichkeit zu betrachten[43]. Im Sinne einer systematischen Auslegung des Demokratieprinzips müssen schließlich dessen Konkretisierungen im Grundgesetz Berücksichtigung finden[44]. Die konkrete Ausgestaltung in der ursprünglichen Fassung des Grundgesetzes kann einen bedeutsamen Anhaltspunkt für die Auslegung des allgemeinen Prinzips liefern, weil deren Vereinbarkeit mit dem übergeordneten Prinzip vorauszusetzen ist[45]. Dies darf allerdings nicht zu der Fehlannahme verleiten, dass bestimmte Ausgestaltungen – wie etwa die in Art. 28 Abs. 1 S. 2 GG und Art. 38 Abs. 1 S. 1 GG niedergelten Wahlrechtsgrundsätze – zwingend dem Gewährleistungsbereich des Demokratieprinzips unterfallen würden oder umgekehrt die im Grundgesetz unterbliebene Ausformung gegen eine Einbeziehung in das Demokratieprinzip sprechen müsste[46]. Erst in einer Gesamtbetrachtung aller historischen, teleologischen und systematischen Aspekte lässt sich eine Aussage darüber treffen, ob und auf welche Weise bestimmte Konzepte und Ge-

[kann]"; sinngemäß *Starck*, Maximen, in: Isensee/Kirchhof (Hrsg.), HStR XII, 3. Aufl. 2014, § 271 Rn. 21.

[41] Zu einem so verstandenen Wirklichkeitsbezug der Verfassungsauslegung *Hesse*, Grundzüge, 1995, Rn. 45 ff.; *Unger*, Verfassungsprinzip, 2008, S. 129 f.; *Hain*, in: Huber/Voßkuhle (Hrsg.), GG, Bd. II, 8. Aufl. 2024, Art. 79 Rn. 57.

[42] BVerfGE 107, 59 (91); 147, 50 (127 Rn. 198).

[43] Dazu *Häberle*, Mehrheitsprinzip, in: JZ 1977, S. 241 (245); *Hesse*, Grundzüge, 1995, Rn. 133. Bereits *Kelsen*, Demokratie, 1929, S. 55 weist auf diese gebotene Differenzierung zwischen „Ideologie und Realität" hin.

[44] Die maßgebliche Relevanz dieser Methode betonen *Stern*, Staatsrecht, Bd. I, 1984, S. 599 f.; *Hesse*, Grundzüge, 1995, Rn. 127 f.; *Starck*, Maximen, in: Isensee/Kirchhof (Hrsg.), HStR XII, 3. Aufl. 2014, § 271 Rn. 68.

[45] So auch *Herdegen*, in: Dürig/Herzog/Scholz (Hrsg.), GG, Art. 79 (2014), Rn. 111; *S. Lenz*, Kommunalverwaltung, 2020, S. 45 f.; *Hain*, in: Huber/Voßkuhle (Hrsg.), GG, Bd. II, 8. Aufl. 2024, Art. 79 Rn. 57.

[46] Insofern kritisch gegenüber der Auslegung der Prinzipien unter Rückgriff auf die Konkretisierungen im Grundgesetz *Unger*, Verfassungsprinzip, 2008, S. 243 ff.; *Hain*, in: Huber/Voßkuhle (Hrsg.), GG, Bd. II, 8. Aufl. 2024, Art. 79 Rn. 80.

halte, die mit dem Begriff der Demokratie verbunden sind, tatsächlich in das Demokratieprinzip des Grundgesetzes übernommen worden sind[47].

C. Gang und Ziel der Untersuchung

Trotz der schon Jahrhunderte alten Debatte über die konkret erforderliche Mehrheit bei einer Direktwahl fehlt es nach wie vor an einer eingehenden Untersuchung dieser Fragestellung anhand des Demokratieprinzips. Praktische Relevanz hat dieser Umstand insbesondere mit der rechtlichen Auseinandersetzung um die Ausgestaltung der Direktwahl kommunaler Hauptverwaltungsbeamter in Nordrhein-Westfalen gewonnen, bei der eine erhebliche Unsicherheit verbleibt, ob eine einstufige, relative Mehrheitswahl verfassungsrechtlich zulässig ist. Deshalb soll die vorliegende Arbeit die verfassungsrechtliche Maßstabswirkung des Mehrheitsprinzips im Wahlrecht am Beispiel der Direktwahl der Bürgermeister und Landräte in Nordrhein-Westfalen auf der Grundlage des Demokratieprinzips entfalten.

Dabei soll allerdings keinesfalls eine ausschließliche Fokussierung auf dieses Wahlverfahren erfolgen, sondern zugleich die allgemeine Relevanz des Mehrheitsprinzips im Wahlrecht untersucht werden. Auf diese Weise ist die in der Debatte über die ersatzlose Abschaffung der Stichwahl angeführte Aussage einer kritischen Überprüfung zu unterziehen, wonach dem Gesetzgeber bei der Ausgestaltung einer Parlamentswahl ein deutlich größerer Spielraum zukäme als bei der Direktwahl eines monokratischen Amtes[48]. In der Folge können womöglich neue Erkenntnisse zum Bundestagswahlrecht gewonnen werden, bei der die Wahlkreisentscheidung auf der Grundlage einer relativen Mehrheit durch die Wahlrechtsreform im Jahr 2023 in einen besonderen Fokus gerückt ist[49]. Außerdem können die im Hinblick auf die Bürgermeister- und Landratswahlen entwickelten Reformvorschläge wie die Alternativstimme zugleich für die Landtags- und Bundestagswahl als Ersatzstimme für die Sperrklausel Bedeutung erlangen[50]. Die vorliegende Arbeit kann folglich nicht nur die zulässigen Ausgestaltungsvarianten der Direktwahl kommunaler Hauptverwaltungsbeamter einer verfassungsrechtlichen Beurteilung unterziehen, sondern dabei

---

[47] Auf diese erforderliche Differenzierung zwischen dem allgemeinen und dem verfassungsrechtlichen Demokratiebegriff verweisen *Stern*, Staatsrecht, Bd. I, 1984, S. 588 f.; *Hesse*, Grundzüge, 1995, Rn. 127; *Unger*, Verfassungsprinzip, 2008, S. 85 ff.; *Dreier*, in: ders. (Hrsg.), GG, Bd. II, 3. Aufl. 2015, Art. 20 (Demokratie), Rn. 60; *S. Lenz*, Kommunalverwaltung, 2020, S. 18 f.; *Morlok/Michael*, Staatsorganisationsrecht, 2023, Rn. 122.

[48] Diese Aussage findet sich bei *Krüper*, Stichwahlen, in: DÖV 2009, S. 758 (761); *Mehde*, Stichwahlen, in: KommJur 2013, S. 446 (447).

[49] Zur Verfassungsmäßigkeit dieser Wahlreform ausführlich unten Teil 3, C. II. 3.

[50] Ausführlich zu diesem Alternativstimmenmodell unten Teil 4, B. II. 1. a).

zugleich einen allgemeinen Rahmen für die Ausgestaltung von Wahlen aus der Perspektive des Mehrheitsprinzips entwickeln.

In einem ersten Schritt ist zu untersuchen, inwiefern dem Demokratieprinzip des Grundgesetzes die prinzipielle Vorgabe eines bestimmten Mehrheitserfordernisses für staatliche Entscheidungsverfahren im Allgemeinen und der Wahl eines monokratischen Amtes im Besonderen zu entnehmen ist (Teil 2). In einem zweiten Schritt gilt es aufzuzeigen, inwieweit dieser verfassungsrechtliche Grundsatz einer tatsächlichen Realisierung zugänglich ist und womöglich einer Beschränkung im Ausgleich mit anderen verfassungsrechtlichen Belangen unterliegt (Teil 3). In einem dritten Schritt sind diese Erkenntnisse auf den konkreten Fall der Direktwahl kommunaler Hauptverwaltungsbeamter anzuwenden und eine verfassungsrechtliche Beurteilung der einzelnen Ausgestaltungsvarianten vorzunehmen (Teil 4). In einer Schlussbetrachtung soll auf diese Weise die generelle Relevanz und Wirkungsweise des Mehrheitsprinzips für die verfassungsrechtliche Beurteilung des Wahlrechts verdeutlicht werden (Teil 5).

Teil 2

Das Mehrheitsprinzip als Grundsatz der Demokratie

Zunächst könnten die unterschiedlichen Mehrheitserfordernisse lediglich als technische Regelungen einzuordnen sein, die auf die spezifischen Besonderheiten des jeweiligen Sachbereichs reagieren und damit einen nach Zweckmäßigkeitserwägungen ausgewählten Entscheidungsmechanismus darstellen. Eine solche Perspektive offenbart sich anschaulich, wenn Stimmen in der Literatur das Mehrheitsprinzip mit dem Verweis auf die mannigfaltigen Mehrheitserfordernisse als eine „relative Größe"[1] bezeichnen. Inwieweit die einzelnen Mehrheitserfordernisse im konkreten Fall den grundsätzlichen Anforderungen des Demokratieprinzips entsprechen und damit verfassungsrechtlich zulässig oder sogar geboten sind, findet dabei keine Beachtung. Womöglich stellt die Entscheidung für ein bestimmtes Mehrheitserfordernis aber keine bloß technische Frage dar, die der alleinigen politischen Entscheidungshoheit überantwortet ist, sondern tangiert einen Grundsatz des Demokratieprinzips und ist damit verfassungsrechtlich relevant. Deshalb ist anhand einer historischen, teleologischen und systematischen Auslegung des Demokratieprinzips zu untersuchen, inwiefern dieses nicht nur allgemein das Mehrheitsprinzip vorschreibt, sondern auch das Prinzip einer absoluten Mehrheit als Entscheidungsgrundsatz für die Wahl monokratischer Ämter – wie die des kommunalen Hauptverwaltungsbeamten – enthält und damit eine einstufige, relative Mehrheitswahl zumindest einem Rechtfertigungserfordernis unterwirft. Dazu sind die vorliegend relevanten Teilgehalte des grundgesetzlichen Demokratieprinzips in den Blick zu nehmen.

An erster Stelle steht dabei der in Art. 20 Abs. 2 GG verankerte, elementare demokratische Grundsatz der Volkssouveränität, aus dem sich das Mehrheitsprinzip ableiten lässt. Diese Herleitung des Mehrheitsprinzips zeigt möglicherweise zugleich auf, ob die absolute Mehrheit ein demokratisches und damit verfassungsrechtliches Prinzip darstellt, das im Rahmen einer Mehrheitswahl grundsätzlich Geltung beansprucht. Insoweit handelt es sich um die Realisie-

[1] Bezeichnend *Brocker*, in: Epping/Hillgruber (Hrsg.), GG, 3. Aufl. 2020, Art. 42 Rn. 16; in diesem Sinne auch *Häberle*, Mehrheitsprinzip, in: JZ 1977, S. 241 (245); *Magsaam*, Mehrheit, 2014, S. 589 ff.; *Sachs*, in: ders. (Hrsg.), GG, 9. Aufl. 2021, Art. 20 Rn. 24, die keine verfassungsrechtliche Vorgabe für eine bestimmte Ausgestaltung des Mehrheitsprinzips erkennen. Nach *C. Thiele*, Regeln, 2008, S. 560 ist das konkrete Quorum jeweils im Einzelfall anhand der Aspekte der Legitimation und Funktionsfähigkeit zu bestimmen.

rung des Volkswillens in seiner Gesamtheit und betrifft damit die objektivrechtliche Perspektive des Demokratieprinzips. Dieser Aspekt ist der *Legitimationsfunktion der Wahl* zuzuordnen, welche die durch die Wahl hergestellte Rückführbarkeit der handelnden Staatsorgane und damit der Staatsgewalt auf den Willen des Volkes kennzeichnet[2]. Die Legitimationsfunktion ist also unmittelbar im Grundsatz der Volkssouveränität gemäß Art. 20 Abs. 2 GG verankert und hat maßgebliche Bedeutung für die verfassungskonforme Ausgestaltung des Wahlrechts (A.).

Im Weiteren ist die Realisierung der Volkssouveränität durch die Sicherung des Wahlrechts der Staatsbürger in den Blick zu nehmen, die in den Wahlrechtsgrundsätzen der Art. 38 Abs. 1 S. 1 GG und Art. 28 Abs. 1 S. 1 GG für bestimmte Wahlen verfassungsrechtlich konkretisiert ist[3]. Möglicherweise handelt es sich dabei jedenfalls zum Teil um Gehalte des grundgesetzlichen Demokratieprinzips, die im Sinne der Verwirklichung des Wählerwillens bei der Mandatsbesetzung eine Gestaltung des Wahlsystems erfordern, das auf eine absolute Mehrheit ausgerichtet ist. Diese Untersuchung betrifft also die Berücksichtigung der individuellen Wählerpräferenzen und damit die subjektiv-rechtliche Perspektive des Demokratieprinzips. Im Hinblick auf die Wahlfunktionen unterfällt dieser Aspekt der *Repräsentationsfunktion der Wahl*, nach der sich die im Wahlvolk vorhandenen, politischen Präferenzen in den staatlichen Ämtern widerspiegeln sollen[4] (B.).

A. Die Legitimationsfunktion der Wahl als Verwirklichung des Mehrheitsprinzips

Das Grundgesetz konkretisiert das Demokratieprinzip in Art. 20 Abs. 2 S. 1 GG mit dem prägnanten Satz: „Alle Staatsgewalt geht vom Volke aus.“ Nach diesem zentralen Grundsatz der Volkssouveränität müssen alle staatlichen Maßnahmen und Entscheidungen auf den Willen des Volkes zurückzuführen

---

[2] Siehe *H. Meyer*, Wahlsystem, 1973, S. 195; *Funke*, Wahlrecht, in: Der Staat 46 (2007), S. 395 (397); *Lang*, Wahlrecht, 2014, S. 84 f.; *Roßner*, Verfahren, in: Morlok/Schliesky/Wiefelspütz (Hrsg.), Parlamentsrecht, 2016, § 41 Rn. 13; *Volkmann*, Wahlen, in: Mörschel (Hrsg.), Wahlen und Demokratie, 2016, S. 9 (9); *Klein/Schwarz*, in: Dürig/Herzog/Scholz (Hrsg.), GG, Art. 38 (2021), Rn. 69.

[3] Insoweit bezeichnet *Morlok*, Demokratie, in: Badura/Dreier (Hrsg.), FS BVerfG, Bd. II, 2001, S. 559 (588) die Wahlrechtsgrundsätze trefflich als „Spezifizierungen der Volkssouveränität“.

[4] Siehe *Nahrgang*, Grundsatz, 2004, S. 35; *Morlok*, in: Dreier (Hrsg.), GG, Bd. II, 3. Aufl. 2015, Art. 38 Rn. 53; *Volkmann*, Wahlen, in: Mörschel (Hrsg.), Wahlen und Demokratie, 2016, S. 9 (10).

sein[5]. Die unbestreitbare Richtigkeit dieser demokratietheoretischen Konkretisierung der Volkssouveränität lässt bisweilen die praktischen Schwierigkeiten seiner Realisierung verdecken. Denn in einem demokratischen Staatswesen kann der Begriff des Volkswillens „nur in einem metaphorischen […] Sinn“[6] Verwendung finden. Infolge der politischen Pluralität im Staatsvolk als Grundbedingung der Demokratie existiert kein genereller und einheitlicher Volkswille, sondern dieser wird lediglich *punktuell* für die jeweils anstehende Entscheidung aus der Gesamtheit der Einzelwillen der Staatsbürger gebildet[7]. Die Verfassung stellt die für diesen Entscheidungsprozess erforderlichen Verfahrensweisen und Regeln bereit[8]. In einer überwiegend repräsentativen Staatsordnung artikuliert sich der Volkswille in erster Linie in den von Art. 20 Abs. 2 S. 2 GG explizit angesprochenen Wahlen[9]. Aus ihnen ergibt sich – zum Teil unmittelbar, zum Teil vermittelt über das gewählte Parlament – die personelle Besetzung der staatlichen Ämter und zugleich die Grundlage für alle staatlichen Sachentscheidungen, weshalb ihnen eine maßgebliche Bedeutung für die Realisierung der Volkssouveränität und damit eine zentrale *Legitimationsfunktion* im demokratischen Staatswesen zukommt[10].

---

[5] BVerfGE 83, 60 (71 f.); 93, 37 (66); 130, 76 (123); 137, 185 (232 Rn. 131); 147, 50 (127 Rn. 197); *Badura*, Demokratie, in: Isensee/Kirchhof (Hrsg.), HStR II, 3. Aufl. 2004, § 25 Rn. 27; *Böckenförde*, Demokratie, in: Isensee/Kirchhof (Hrsg.), HStR II, 3. Aufl. 2004, § 24 Rn. 11; *Mußgnug*, Mehrheitsprinzip, in: Breuer u. a. (Hrsg.), FS Klein, 2013, S. 249 (250); *Dreier*, in: ders. (Hrsg.), GG, Bd. II, 3. Aufl. 2015, Art. 20 (Demokratie), Rn. 83; *Hain*, in: Huber/Voßkuhle (Hrsg.), GG, Bd. II, 8. Aufl. 2024, Art. 79 Rn. 83.

[6] Prägnant *Badura*, Demokratie, in: Isensee/Kirchhof (Hrsg.), HStR II, 3. Aufl. 2004, § 25 Rn. 28, der zutreffend ausführt, dass ein „einheitlicher, präexistenter Volkswille […] im Prinzip der Volkssouveränität nicht zum Subjekt der Staatsgewalt gemacht“ ist. In dieser Hinsicht weist *Morlok*, Demokratie, in: Badura/Dreier (Hrsg.), FS BVerfG, Bd. II, 2001, S. 559 (578 f.) auf die Verwendung des Begriffs des Volkswillens in antidemokratischen Strömungen hin und warnt deshalb vor einer „unreflektierten Verwendung“ dieses Begriffs.

[7] *Hofmann/Dreier*, Repräsentation, in: Schneider/Zeh (Hrsg.), Parlamentsrecht und Parlamentspraxis in der Bundesrepublik Deutschland, 1989, § 5 Rn. 16 f.; *Hesse*, Grundzüge, 1995, Rn. 133; *Horn*, Mehrheit, in: Der Staat 38 (1999), S. 399 (412 f.); *Morlok*, Demokratie, in: Badura/Dreier (Hrsg.), FS BVerfG, Bd. II, 2001, S. 559 (578 f.); *Böckenförde*, Willensbildung, in: Isensee/Kirchhof (Hrsg.), HStR III, 3. Aufl. 2005, § 34 Rn. 4.

[8] So *Morlok*, Demokratie, in: Badura/Dreier (Hrsg.), FS BVerfG, Bd. II, 2001, S. 559 (579 f.); *Badura*, Demokratie, in: Isensee/Kirchhof (Hrsg.), HStR II, 3. Aufl. 2004, § 25 Rn. 29.

[9] In diesem Sinne BVerfGE 20, 56 (113); 41, 399 (414); *H. Meyer*, Wahl, in: Isensee/Kirchhof (Hrsg.), HStR III, 3. Aufl. 2005, § 45 Rn. 1; *Lenski*, Paradoxien, in: AöR 134 (2009), S. 473 (474); *Wendt*, Sperrklauseln, in: Ruffert (Hrsg.), FS Schröder, 2012, S. 431 (431); *Klein/Schwarz*, in: Dürig/Herzog/Scholz (Hrsg.), GG, Art. 38 (2021), Rn. 67 f.

[10] Zur grundlegenden Bedeutung der Wahl für die demokratische Legitimation der Staatsgewalt BVerfGE 20, 56 (113); 29, 154 (164 f.); 44, 125 (140); 122, 304 (307); 123, 39 (68); 131, 316 (334); *H. Meyer*, Wahlsystem, 1973, S. 14; *Dreier*, Demokratieprinzip, in: Jura 1997, S. 249 (253); *Morlok*, Demokratie, in: Badura/Dreier (Hrsg.), FS BVerfG, Bd. II,

Damit ist aber noch nicht entschieden, nach welchem konkreten Modus sich der Volkswille jeweils in den staatlichen Wahlen und Abstimmungen konstituiert. Während dieser bei einer Parlamentswahl noch in gewissem Maße durch die *Abbildung* der unterschiedlichen politischen Pluralität im Wahlvolk repräsentiert werden kann, bedarf es für parlamentarische Beschlüsse oder Volksentscheide wie auch für die Besetzung monokratischer Ämter eines Mechanismus, der im Einzelfall aus der Vielzahl an Präferenzen und Meinungen eine vereinheitlichende *Entscheidung* herbeiführt. Dieser demokratische Entscheidungsmechanismus ist nach allgemeiner Ansicht das Mehrheitsprinzip, das daher zu den „fundamentalen Prinzipien der Demokratie"[11] zählt. Folglich repräsentiert – wiederum metaphorisch zu verstehen – „der Mehrheitswille [...] den Volkswillen"[12]. Demnach muss die Besetzung der staatlichen Organe zur Realisierung der demokratischen Legitimation auf den Mehrheitswillen des Volkes zurückgehen[13]. Zutreffend hat daher der Verfassungsgerichtshof für das Land Nordrhein-Westfalen in seinen Entscheidungen zur Abschaffung der Stichwahl bei den Bürgermeister- und Landratswahlen das demokratische Mehrheitsprinzip als maßgeblichen normativen Anknüpfungspunkt für die verfassungsrechtliche Beurteilung der Ausgestaltung der Direktwahl der kommunalen Hauptverwaltungsbeamten herausgestellt[14].

Obwohl ein Konsens über die Geltung und Bedeutung des Mehrheitsprinzips in der Demokratie herrscht, sind verschiedene, teils widersprechende An-

---

2001, S. 559 (559); *Badura*, Demokratie, in: Isensee/Kirchhof (Hrsg.), HStR II, 3. Aufl. 2004, § 25 Rn. 30; *Wolf*, Stimmgewicht, 2016, S. 95 f.

[11] So BVerfGE 29, 154 (165); diese Wendung aufgenommen in VerfGH NRW, Urteil vom 20.12.2019, 35/19, S. 42; *Sachs*, in: ders. (Hrsg.), GG, 9. Aufl. 2021, Art. 20 Rn. 22; *Grzeszick*, in: Dürig/Herzog/Scholz (Hrsg.), GG, Art. 20 II (2022), Rn. 42; *Schliesky*, in: Huber/Voßkuhle (Hrsg.), GG, Bd. II, 8. Aufl. 2024, Art. 42 Rn. 53. Zum Mehrheitsprinzip als zentraler Grundsatz der Demokratie auch BVerfGE 1, 299 (315); 44, 125 (141); 112, 118 (140); *Gusy*, Mehrheitsprinzip, in: AöR 106 (1981), S. 329 (330); *Krüper*, Stichwahlen, in: DÖV 2009, S. 758 (760); *Hillgruber*, Mehrheitsprinzip, in: Kube u. a. (Hrsg.), FS Kirchhof, Bd. I, 2013, § 61 Rn. 3; *Morlok*, in: Dreier (Hrsg.), GG, Bd. II, 3. Aufl. 2015, Art. 42 Rn. 31.

[12] Prägnant *Horn*, Mehrheit, in: Der Staat 38 (1999), S. 399 (418). – Kritisch gegenüber der Terminologie eines durch Mehrheitsentscheidung fingierten Volkswillens *Schliesky*, Parlamentsfunktion, in: Morlok/Schliesky/Wiefelspütz (Hrsg.), Parlamentsrecht, 2016, § 5 Rn. 11.

[13] So explizit BVerfGE 123, 267 (342 f.); *Hillgruber*, Mehrheitsprinzip, in: Kube u. a. (Hrsg.), FS Kirchhof, Bd. I, 2013, § 61 Rn. 1. Allgemein zur Relevanz des Mehrheitsprinzips für die demokratische Legitimation von Wahlen und Abstimmung BVerfGE 142, 123 (189 Rn. 124); 151, 202 (285 Rn. 116); *Heun*, Mehrheitsprinzip, 1983, S. 261; *Badura*, Demokratie, in: Isensee/Kirchhof (Hrsg.), HStR II, 3. Aufl. 2004, § 25 Rn. 31; *Funke*, Wahlrecht, in: Der Staat 46 (2007), S. 395 (397); *Grzeszick*, in: Dürig/Herzog/Scholz (Hrsg.), GG, Art. 20 II (2022), Rn. 44.

[14] Siehe VerfGH NRW, NVwZ 2009, S. 1096 (1097 ff.); VerfGH NRW, Urteil vom 20.12.2019, 35/19, S. 42 f. Auch *Krüper*, Stichwahlen, in: DÖV 2009, S. 758 (759 f.) sieht das Mehrheitsprinzip als zentralen Aspekt dieser Fragestellung an.

sätze zur Herleitung seiner Funktion als demokratischer Entscheidungsgrundsatz zu finden. Diese haben für die vorliegende Fragestellung insoweit eine Relevanz, als das Mehrheitsprinzip als Teil des Demokratieprinzips ebenso der Einbettung in seinen historischen und soziologischen Hintergrund bedarf. Wenn man das Mehrheitsprinzip lediglich anhand der in der Verfassung verankerten Mehrheitsregeln herzuleiten und anzuwenden versucht, lässt sich damit keine Aussage über dessen generelle Geltung und Auslegung als demokratisches Grundprinzip treffen[15]. Um das Mehrheitsprinzip dem Demokratieprinzip als wesentlichen Bestandteil zuzuordnen und zugleich über dessen verfassungsrechtlich jeweils geforderte Ausgestaltung urteilen zu können, muss daher zunächst seine ideengeschichtliche Entwicklung, seine philosophische Grundlage sowie seine soziologische Wirkung in den Blick genommen werden (I.). Diese demokratietheoretischen Begründungsansätze können möglicherweise ein erstes Indiz dafür liefern, ob für die Besetzung eines monokratischen Amtes grundsätzlich eine absolute Mehrheit erforderlich ist.

Da die auf diese Weise gewonnenen Erkenntnisse nicht von den normativen Aussagen der Verfassung abstrahiert werden dürfen, sind in einem weiteren Schritt die konkreten Ausformungen des Mehrheitsprinzips im Grundgesetz in den Blick zu nehmen (II.). Für bestimmte Entscheidungsprozesse, wie parlamentarische Sachentscheidungen und Wahlen monokratischer Staatsämter, sind jeweils unterschiedliche Mehrheitserfordernisse verfassungsrechtlich normiert. Unter Berücksichtigung der demokratietheoretischen Grundlagen des Mehrheitsprinzips könnten diese Normen eine über ihren unmittelbaren Anwendungsbereich hinausgehende Bedeutung als Bestandteil des Demokratieprinzips entfalten und sich damit auf die verfassungsrechtliche Beurteilung der Direktwahl anderer monokratischer Ämter auswirken.

I. Das Demokratieprinzip des Grundgesetzes und die absolute Mehrheit

Die Geltung des Mehrheitsprinzips in demokratischen Entscheidungsverfahren scheint – wie eingangs festgestellt – selbstverständlich zu sein. Nicht nur im Rahmen staatlicher Entscheidungen, sondern auch innerhalb privatrechtlicher oder kirchlicher Organisationen bis hin zu Abstimmungen im rein persönlichen Umfeld entscheidet regelmäßig die Mehrheit über die Minderheit. Die staatsrechtliche Perspektive darf sich jedoch nicht mit dem Verweis auf die Selbstverständlichkeit eines verfassungsrechtlichen Prinzips zufriedengeben, sondern muss deren Geltung normativ begründen, um auf diese Weise Erkenntnisse über die Auslegung und Anwendung des Prinzips zu gewinnen. Im Folgenden sind daher die überkommenen Begründungsansätze des Mehrheitsprinzips als elementarer Entscheidungsgrundsatz der Demokratie nicht nur im Hin-

---

[15] Insofern merkt *Heun*, Mehrheitsprinzip, 1983, S. 83 f. zutreffend an, dass der juristische Rechtfertigungsansatz nicht begründen kann, wieso das Mehrheitsprinzip in der Verfassung nicht durch andere Entscheidungsmechanismen ersetzt werden darf.

blick auf die verfassungsrechtliche Verankerung, sondern zugleich hinsichtlich der konkreten Ausgestaltung des Mehrheitserfordernisses insbesondere bei der Besetzung monokratischer Ämter zu untersuchen.

1. Funktionales Argument – kein praktischer Ersatz für fehlende Einstimmigkeit

Im Ausgangspunkt der Suche nach einem kollektiven Entscheidungsmechanismus stößt man an erster Stelle nicht unbedingt auf das Mehrheitsprinzip, sondern auf das mutmaßliche „Ideal der Einstimmigkeit“[16]. Dieses beruht auf dem zunächst einleuchtenden Gedanken, dass eine unter Zustimmung aller Teile der Gemeinschaft getroffene Entscheidung unstreitig als legitimer Beschluss der ganzen Gemeinschaft gelten und damit jedem gegenüber wirken kann[17]. Allerdings hatte diese Konzeption bei strukturierten, kollektiven Entscheidungsverfahren von Beginn an allenfalls theoretischen Charakter, weil eine solche Einstimmigkeit unter allen Gesellschaftsangehörigen häufig nicht zu erreichen ist, aber dennoch Entscheidungen getroffen werden müssen. Deshalb fand bereits in den Volksversammlungen und Staatsorganen des antiken Griechenlands und Roms das Mehrheitsprinzip Anwendung, da man „es in seiner quantitativen Evidenz hin[nahm], die das Übergewicht der größeren Zahl darstellt“[18]. Das Römische Recht griff dabei auf eine juristische Fiktion zurück, wonach die Zustimmung der Mehrheit als Zustimmung des ganzen Gremiums oder Volkes galt[19]. Im germanischen Rechtskreis wurde sich zwar faktisch ebenfalls an der Mehrheit der Abstimmenden orientiert, jedoch – zumindest in der Repräsentation nach außen – eine Einstimmigkeit der Entscheidung angestrebt, damit diese unstreitig als Entscheidung der ganzen Gemeinschaft gelten konnte, wie

---

[16] *Grzeszick*, in: Dürig/Herzog/Scholz (Hrsg.), GG, Art. 20 II (2022), Rn. 42, der sich im Folgenden jedoch von diesem scheinbaren Idealcharakter distanziert; anders hingegen *Sachs*, in: ders. (Hrsg.), GG, 9. Aufl. 2021, Art. 20 Rn. 21, bei dem sich das Mehrheitsprinzip diesem feststehenden Ideal nur „annähert“.

[17] Dazu unter dem Begriff der „Koordinationsordnung“ *Natus*, Verfassungsmissbrauch, 2017, S. 56 f.; in historischer Perspektive *Simmel*, Soziologie, 2013, S. 151 f.

[18] Prägnant *Scheuner*, Mehrheitsprinzip, 1973, S. 18; allgemein zur Verwendung des Mehrheitsprinzips in der Antike *Elsener*, Geschichte, in: Zeitschrift der Savigny-Stiftung für Rechtsgeschichte, Kanonistische Abteilung 42 (1956), S. 73 (76 ff.); *Heun*, Mehrheitsprinzip, 1983, S. 42 ff.; *Helfen*, Mehrheitsprinzip, 1991, S. 23 ff.; *C. Thiele*, Regeln, 2008, S. 22 ff.; *Flaig*, Mehrheitsentscheidung, in: ders. (Hrsg.), Genesis und Dynamiken der Mehrheitsentscheidung, 2013, S. VII (XVIII ff.).

[19] Im Überblick *Elsener*, Geschichte, in: Zeitschrift der Savigny-Stiftung für Rechtsgeschichte, Kanonistische Abteilung 42 (1956), S. 73 (79); *Scheuner*, Mehrheitsprinzip, 1973, S. 21; *Heun*, Mehrheitsprinzip, 1983, S. 48; *v. Gierke*, Geschichte, in: Guggenberger/Offe (Hrsg.), An den Grenzen der Mehrheitsdemokratie, 1984, S. 22 (23); *Helfen*, Mehrheitsprinzip, 1991, S. 30 f.

sich noch bei der deutschen Königswahl im frühen Mittelalter zeigte[20]. Erst mit der Goldenen Bulle im Jahr 1356 setzte sich das Mehrheitsprinzip bei der Wahl des deutschen Königs im Heiligen Römischen Reich als unbeschränktes, nach außen wirkendes Entscheidungsprinzip durch[21]. Die Königswahl im Heiligen Römischen Reich liefert daher ein anschauliches Beispiel für eine sukzessive Entwicklung vom Einstimmigkeits- zum Mehrheitsprinzip. Zugleich verdeutlicht sie, dass das Mehrheitsprinzip damals wie heute nicht zwingend eine Ausprägung demokratischer Entscheidungsverfahren sein muss, sondern aufgrund seiner praktischen Vorzüge auch in anderen Herrschaftsformen Anwendung finden kann[22].

Seine heutige Bedeutung als zentralen *demokratischen* Entscheidungsgrundsatz gewann das Mehrheitsprinzip im Zeitalter der Aufklärung. Während es sich zunächst in England mit dem Bedeutungszuwachs des Parlaments als maßgeblicher Entscheidungsmechanismus etabliert hatte[23], setzte es sich in Kontinentaleuropa beginnend mit der Gründung der französischen Nationalversammlung im Jahr 1789 durch, die nach dem Gedanken der Volksrepräsentation die Abstimmung nach Ständen durch die Entscheidung der Mehrheit der Abgeordneten ersetzte[24]. Die Entwicklung des modernen, demokratischen Staatswesens war in theoretischer Hinsicht eng mit dem von der Naturrechtslehre entwickelten Konzept des Gesellschaftsvertrages verbunden[25]. Nach dieser Lehre ist für den Abschluss des Gesellschaftsvertrages und damit die Gründung des Gemeinwesens nicht lediglich eine mehrheitliche Entscheidung ausreichend, sondern die Grundlage der staatlichen Ordnung bedarf der Einwilli-

[20] Siehe *Elsener*, Geschichte, in: Zeitschrift der Savigny-Stiftung für Rechtsgeschichte, Kanonistische Abteilung 42 (1956), S. 73 (80 ff.); *Scheuner*, Mehrheitsprinzip, 1973, S. 22 f.; *Heun*, Mehrheitsprinzip, 1983, S. 51 ff.; *v. Gierke*, Geschichte, in: Guggenberger/Offe (Hrsg.), An den Grenzen der Mehrheitsdemokratie, 1984, S. 22 (23 f.); *Dreier*, Majoritätsprinzip, in: ZParl 17 (1986), S. 94 (95 f.); *Helfen*, Mehrheitsprinzip, 1991, S. 34 ff.

[21] Dazu *v. Gierke*, Geschichte, in: Guggenberger/Offe (Hrsg.), An den Grenzen der Mehrheitsdemokratie, 1984, S. 22 (24); *Dreier*, Majoritätsprinzip, in: ZParl 17 (1986), S. 94 (96 ff.); *Helfen*, Mehrheitsprinzip, 1991, S. 36 f.; *Heun*, Entstehungsvoraussetzungen, in: Flaig (Hrsg.), Genesis und Dynamiken der Mehrheitsentscheidung, 2013, S. 21 (25).

[22] Dies betonen *Scheuner*, Mehrheitsprinzip, 1973, S. 13; *Heun*, Mehrheitsprinzip, 1983, S. 41; *Guggenberger/Offe*, Politik, in: dies. (Hrsg.), An den Grenzen der Mehrheitsdemokratie, 1984, S. 8 (10); *Dreier*, Majoritätsprinzip, in: ZParl 17 (1986), S. 94 (94 f.); *Hofmann/Dreier*, Repräsentation, in: Schneider/Zeh (Hrsg.), Parlamentsrecht und Parlamentspraxis in der Bundesrepublik Deutschland, 1989, § 5 Rn. 48.

[23] Im Überblick *Scheuner*, Mehrheitsprinzip, 1973, S. 16 f.; *Helfen*, Mehrheitsprinzip, 1991, S. 51 f.

[24] Siehe *Scheuner*, Mehrheitsprinzip, 1973, S. 39; *Heun*, Mehrheitsprinzip, 1983, S. 71 f.; *C. Thiele*, Regeln, 2008, S. 42.

[25] *Hidalgo*, Gesellschaftsvertrag, in: Görres-Gesellschaft (Hrsg.), StL II, 8. Aufl. 2018, Sp. 1251 (1253).

gung aller Gesellschaftsmitglieder[26]. Nur mit ihrer Zustimmung, die sie in Ausübung ihrer zunächst unbegrenzten Freiheit erteilen, unterwerfen sie sich der staatlichen Gewalt und akzeptieren damit die Einschränkung der eigenen Freiheit[27]. Der einstimmige Gründungsbeschluss liefert daher nach dieser Lehre zugleich die Rechtfertigung für die Überstimmung der Minderheit und legitimiert damit die zukünftige Abstimmung nach dem Mehrheitsprinzip[28]. Die Begründung, statt weiterhin eine Einstimmigkeit zu verlangen, bei den künftigen Entscheidungen nur noch eine Mehrheit zu fordern, erschöpft sich dabei angesichts der theoretischen Tiefe dieser staatsphilosophischen Gedankengänge in einem erstaunlich schlichten Verweis auf praktische Zwänge, wie die Rechtfertigung des Mehrheitsprinzips bei *John Locke* anschaulich zeigt: „The Body should move that way whither the greater force carries it, which is the consent of the majority“[29]. Eine solche Argumentation verbleibt in gewisser Weise beim natürlichen Zustand des Rechts der Stärkeren, den die staatliche Ordnung gerade zu überwinden sucht und kann daher nicht als verfassungsrechtliche Begründung für die Anwendung des Mehrheitsprinzips fungieren[30].

Jedoch ist diese in der Ideengeschichte dominierende Einschätzung des Mehrheitsprinzips als adäquater Ersatzmechanismus für die nicht zu erreichende Einstimmigkeit bis heute weit verbreitet. Die Geltung des Mehrheitsprinzips beruhe danach vor allem auf der Praktikabilität der Entscheidungsfindung, weil ein vollständiger Konsens regelmäßig nicht zu erreichen sei und das Gemeinwesen folglich im Falle eines Einstimmigkeitserfordernisses hand-

---

[26] Siehe etwa *Locke*, Government, 1689, § 95 ff.; allgemein darauf hinweisen *v. Gierke*, Geschichte, in: Guggenberger/Offe (Hrsg.), An den Grenzen der Mehrheitsdemokratie, 1984, S. 22 (31 f.); *Hillgruber*, Herrschaft, in: AöR 127 (2002), S. 460 (461); *C. Thiele*, Regeln, 2008, S. 41 f.

[27] Dazu *Böckenförde*, Demokratie, in: Isensee/Kirchhof (Hrsg.), HStR II, 3. Aufl. 2004, § 24 Rn. 36; *Krüper*, Mehrheitsprinzip, in: ZJS 2009, S. 477 (478); *Simmel*, Soziologie, 2013, S. 154; *Schwerdtfeger*, Legitimation, 2018, S. 156 f.

[28] So die Schlussfolgerung bei *Scheuner*, Mehrheitsprinzip, 1973, S. 35; *Heun*, Mehrheitsprinzip, 1983, S. 67; *v. Gierke*, Geschichte, in: Guggenberger/Offe (Hrsg.), An den Grenzen der Mehrheitsdemokratie, 1984, S. 22 (31 f.); *Helfen*, Mehrheitsprinzip, 1991, S. 46 f.; *Simmel*, Soziologie, 2013, S. 154. Bei *Locke*, Government, 1689, § 95 heißt es insofern: „When any number of men have so consented to make one community or government, they are thereby presently incorporated, and make one body politic, wherein the majority have a right to act and conclude the rest.“

[29] *Locke*, Government, 1689, § 96.

[30] Ebenso *Heun*, Mehrheitsprinzip, 1983, S. 79 f.; *Helfen*, Mehrheitsprinzip, 1991, S. 67. – In ähnlicher Weise kritisiert *Kelsen*, Demokratie, 1929, S. 9 das isolierte Gleichheitsargument, weil damit das Mehrheitsprinzip „nur der notdürftig formalisierte Ausdruck der Erfahrung [wäre], daß die mehreren stärker sind als die wenigeren; und der Satz: Macht geht vor Recht, wäre nur insoferne überwunden, als er sich selbst zum Rechtssatz erhöbe“. Ein solch „mechanisches“ Gleichheitsargument für das Mehrheitsprinzip ist etwa erkennbar bei *Trendelenburg*, Methode, 1850, S. 5.

lungsunfähig wäre[31]. In dieser Perspektive erscheint das Einstimmigkeitsprinzip weiterhin als demokratisches Ideal, während das Mehrheitsprinzip nur aus der praktischen Notwendigkeit der Entscheidungsfindung Anwendung findet und damit zu einer bloßen „Notlösung[32]" degradiert wird. Dies erinnert an *Winston Churchills* berühmtes Zitat zur Demokratie: „Niemand behauptet, dass Demokratie perfekt ist oder der Weisheit letzter Schluss. In der Tat wurde gesagt, dass Demokratie die schlechteste Regierungsform ist, mit Ausnahme all der anderen Formen, die von Zeit zu Zeit ausprobiert wurden."[33] In ähnlicher Weise sei das Mehrheitsprinzip „das gewiß beste aller unbefriedigenden Konzepte, verbindliche Entscheidungen ‚herzustellen'."[34]

Diese Einordnung des Mehrheitsprinzips kann als Begründung für den elementaren Entscheidungsgrundsatz des demokratischen Verfassungsstaats weder genügen noch überzeugen[35]. Die Sichtweise stützt sich allein auf das Argument der in praktischer Hinsicht bestehenden Alternativlosigkeit und rechtfertigt damit das Mehrheitsprinzip bloß aus einer negativen Perspektive, anstatt in positiver Hinsicht seine Fundierung im Demokratieprinzip aufzuzeigen und das Mehrheitsprinzip damit demokratisch zu legitimieren. Wie sogleich zu zeigen sein wird, ist eine solche Herleitung des Mehrheitsprinzips nicht nur möglich, sondern widerlegt ebenso die Auffassung vom Ideal des Einstimmigkeitsprinzips und dem damit verbundenen Verständnis des Mehrheitsprinzips als Notbehelf. Erst anhand dieser Verankerung des Mehrheitsprinzips im Demokratieprinzip lässt sich sodann über das erforderliche Mehrheitsquorum bei der

---

[31] In diesem Sinne VerfGH NRW, Urteil vom 20.12.2019, 35/19, S. 43; *Gusy*, Mehrheitsprinzip, in: AöR 106 (1981), S. 329 (329); *Heun*, Mehrheitsprinzip, 1983, S. 100 f.; *Zippelius*, Rechtfertigung, 1987, S. 14; *Hesse*, Grundzüge, 1995, Rn. 142; *Unruh*, Verfassungsbegriff, 2002, S. 467; *C. Thiele*, Regeln, 2008, S. 349; *Krüper*, Mehrheitsprinzip, in: ZJS 2009, S. 477 (478); *Mußgnug*, Mehrheitsprinzip, in: Breuer u. a. (Hrsg.), FS Klein, 2013, S. 249 (250 f.); *Schliesky*, Parlamentsfunktion, in: Morlok/Schliesky/Wiefelspütz (Hrsg.), Parlamentsrecht, 2016, § 5 Rn. 9.

[32] *Abromeit*, Mehrheitsprinzip, in: Guggenberger/Offe (Hrsg.), An den Grenzen der Mehrheitsdemokratie, 1984, S. 132 (133); *Hattenhauer*, Geschichte, in: ders./Kaltefleiter (Hrsg.), Mehrheitsprinzip, Konsens und Verfassung, 1986, S. 1 (8). Ein solches Verständnis des Mehrheitsprinzips offenbaren ferner *Stern*, Staatsrecht, Bd. I, 1984, S. 611; *Benda*, Konsens, in: Hattenhauer/Kaltefleiter (Hrsg.), Mehrheitsprinzip, Konsens und Verfassung, 1986, S. 61 (62).

[33] Siehe den Auszug aus seiner Rede im Unterhaus am 11. November 1947, nachgewiesen und übersetzt in www.zfs.uni-freiburg.de/de/downloads/service-learning/demokratie (letzter Abruf: 31.7.2024). Darauf nimmt etwa *Stern*, Staatsrecht, Bd. I, 1984, S. 597 Bezug.

[34] *Guggenberger*, Grenzen, in: ders./Offe (Hrsg.), An den Grenzen der Mehrheitsdemokratie, 1984, S. 184 (188).

[35] Gegen eine Einstufung des Mehrheitsprinzips als „Notlösung" oder „Verlegenheitslösung" explizit *Dreier*, Majoritätsprinzip, in: ZParl 17 (1986), S. 94 (100); *Hillgruber*, Herrschaft, in: AöR 127 (2002), S. 460 (462); *Böckenförde*, Demokratie, in: Isensee/Kirchhof (Hrsg.), HStR II, 3. Aufl. 2004, § 24 Rn. 52; *Huster/Rux*, in: Epping/Hillgruber (Hrsg.), GG, 3. Aufl. 2020, Art. 20 Rn. 85.

Besetzung monokratischer Ämter urteilen. Allein mit dem Argument der Praktikabilität lässt sich hingegen weder das Mehrheitsprinzip selbst zufriedenstellend begründen, noch kann damit die relative Mehrheitswahl im Sinne der Einfachheit der Entscheidungsfindung *a priori* für zulässig befunden werden.

2. Gleichheitsargument als Grundlage des Mehrheitsprinzips

Eine positive, auf die demokratischen Grundsätze bezogene Rechtfertigung des Mehrheitsprinzips findet sich in Ansätzen bereits bei *Aristoteles*, der eine Verbindung zwischen der Gleichheit der Staatsbürger und der Mehrheitsentscheidung herstellte[36]. Das Mehrheitsprinzip dient der Verwirklichung des elementaren demokratischen Prinzips der Gleichheit aller Staatsbürger, weil auf diese Weise jeder die gleichen Einwirkungsmöglichkeiten auf den staatlichen Willensbildungsprozess erhält[37]. Es verhindert in beide denkbaren Richtungen, dass einige Staatsbürger gegenüber anderen eine stärkere Stellung im demokratischen Willensbildungsprozess erhalten. Unmittelbar einleuchtend ist dies mit Blick auf einen Entscheidungsmechanismus, der geringere Anforderungen als das Mehrheitsprinzip stellt. Wenn bereits eine Minderheit für eine positive Entscheidung ausreichend wäre, erhielten die Stimmen der Befürworter ein übermäßiges Gewicht und damit wären diese gegenüber der Mehrheit der Gegner privilegiert[38].

Weniger einhellig ist die Beurteilung der umgekehrten Situation, in der eine höhere Zustimmungsrate als die Mehrheit der Stimmen erforderlich ist. Denn der Extremfall, das Einstimmigkeitserfordernis, stellt nach verbreiteter Auffassung – wie zuvor aufgezeigt – den Idealfall demokratischer Entscheidungsmodi dar, das lediglich im Sinne der Praktikabilität durch das Mehrheitsprinzip ersetzt worden sei. Diese Sichtweise verkennt jedoch, dass im Falle eines Einstimmigkeitserfordernisses jede noch so kleine Minderheit eine Entscheidung verhindern und damit letztlich zum maßgeblichen Machtfaktor werden kann[39].

---

36 Siehe *Aristoteles*, Politik, 1291 b 31 ff.; Hinweis dazu bei *Scheuner*, Mehrheitsprinzip, 1973, S. 18; *Heun*, Mehrheitsprinzip, 1983, S. 46; *Helfen*, Mehrheitsprinzip, 1991, S. 28.

37 *Steffani*, Mehrheitsentscheidungen, in: ZParl 17 (1986), S. 569 (574 f.); *Badura*, Demokratie, in: Isensee/Kirchhof (Hrsg.), HStR II, 3. Aufl. 2004, § 25 Rn. 31; *Böckenförde*, Demokratie, in: Isensee/Kirchhof (Hrsg.), HStR II, 3. Aufl. 2004, § 24 Rn. 52; *Flaig*, Mehrheitsentscheidung, in: ders. (Hrsg.), Genesis und Dynamiken der Mehrheitsentscheidung, 2013, S. VII (VII); kritisch zur isolierten Ableitung aus der Idee der Gleichheit hingegen *Kelsen*, Demokratie, 1929, S. 9.

38 *Hillgruber*, Herrschaft, in: AöR 127 (2002), S. 460 (463); *Böckenförde*, Demokratie, in: Isensee/Kirchhof (Hrsg.), HStR II, 3. Aufl. 2004, § 24 Rn. 52; *Huster/Rux*, in: Epping/Hillgruber (Hrsg.), GG, 3. Aufl. 2020, Art. 20 Rn. 85.

39 So *Steffani*, Mehrheitsentscheidungen, in: ZParl 17 (1986), S. 569 (575); *Hofmann/Dreier*, Repräsentation, in: Schneider/Zeh (Hrsg.), Parlamentsrecht und Parlamentspraxis in der Bundesrepublik Deutschland, 1989, § 5 Rn. 52; *Simmel*, Soziologie, 2013, S. 152; *R. Kaiser*, Mehrheitsprinzip, 2020, S. 112 f.

Nicht nur mit der Herbeiführung einer positiven Entscheidung, sondern auch in der Verhinderung derselben wird politische Gestaltungsmacht ausgeübt, da sich damit der Status quo verfestigt. Ein über die Mehrheit hinausgehendes Quorum privilegiert den Status quo in Form der Ablehnung des Entscheidungsinhalts[40]. Daher erhielte in diesem Fall die ablehnende Minderheit ein übermäßiges Gewicht und wäre nunmehr gegenüber der Mehrheit der Befürworter privilegiert[41].

Aus diesem Grund treten qualifizierte Mehrheitserfordernisse in Konflikt mit dem Prinzip der demokratischen Gleichheit und stellen daher keinesfalls „demokratischere" Entscheidungsregeln dar[42]. Allerdings beruht die Rechtfertigung des qualifizierten Mehrheitserfordernisses für die Verfassungsänderung paradoxerweise sogar auf dem Mehrheitsprinzip selbst, weil dieses zu seiner demokratischen Wirkungsweise „der Fundierung auf eine vorbestehende gemeinsame Grundordnung bedarf"[43]. Erst durch allgemeingültige Regelungen, die der Disposition der Mehrheit entzogen sind und damit die Minderheit schützen, können Mehrheitsentscheidungen eine demokratische Legitimation für die Gesamtheit entfalten[44]. Deshalb erscheint es nicht unproblematisch, dass die Ausgestaltung des Wahlrechts in Deutschland dem einfachen Gesetz-

---

[40] Zur fehlenden „Neutralität" qualifizierter Mehrheitserfordernisse *Heun*, Mehrheitsprinzip, 1983, S. 100; *R. Kaiser*, Mehrheitsprinzip, 2020, S. 111 f.

[41] *Hillgruber*, Herrschaft, in: AöR 127 (2002), S. 460 (463); *Böckenförde*, Demokratie, in: Isensee/Kirchhof (Hrsg.), HStR II, 3. Aufl. 2004, § 24 Rn. 52; *Huster/Rux*, in: Epping/Hillgruber (Hrsg.), GG, 3. Aufl. 2020, Art. 20 Rn. 85.

[42] Einen Widerspruch qualifizierter Mehrheitserfordernisse mit dem Gleichheitsgrundsatz sehen auch *Krabbe*, Staats-Idee, 1919, S. 85; *Steffani*, Mehrheitsentscheidungen, in: ZParl 17 (1986), S. 569 (575); anders hingegen *C. Thiele*, Regeln, 2008, S. 349, nach deren Ansicht die Gleichheit der Abstimmenden eigentlich eine Einstimmigkeit verlange. – Allgemein zum Konflikt qualifizierter Mehrheiten mit den Grundsätzen der Demokratie *Böckenförde*, Demokratie, in: Isensee/Kirchhof (Hrsg.), HStR II, 3. Aufl. 2004, § 24 Rn. 53; *Mußgnug*, Mehrheitsprinzip, in: Breuer u. a. (Hrsg.), FS Klein, 2013, S. 249 (251); *Natus*, Verfassungsmissbrauch, 2017, S. 182 ff.; *Grzeszick*, in: Dürig/Herzog/Scholz (Hrsg.), GG, Art. 20 II (2022), Rn. 43; keinen Konflikt sehen hingegen *Höfling/Burkiczak*, Mehrheitsprinzip, in: Jura 2007, S. 561 (562); *Sachs*, in: ders. (Hrsg.), GG, 9. Aufl. 2021, Art. 20 Rn. 24.

[43] Prägnant *Scheuner*, Mehrheitsprinzip, 1973, S. 55; in diese Richtung ferner *Heun*, Mehrheitsprinzip, 1983, S. 126; *Steffani*, Mehrheitsentscheidungen, in: ZParl 17 (1986), S. 569 (575 ff.); *Zippelius*, Rechtfertigung, 1987, S. 23 f.

[44] *Scheuner*, Mehrheitsprinzip, 1973, S. 54 ff.; *Hillgruber*, Herrschaft, in: AöR 127 (2002), S. 460 (465); *Klein/Schwarz*, in: Dürig/Herzog/Scholz (Hrsg.), GG, Art. 42 (2021), Rn. 86. – Klassisch gegen eine solche quantitative Sicherung der Verfassung *Schmitt*, Legalität, 1932, S. 42 ff., der insofern im Hinblick auf den Aspekt der Gleichheit und Gerechtigkeit ausführt: „Überhaupt wäre es eine sonderbare Art von ‚Gerechtigkeit', eine Mehrheit für um so besser und gerechter zu erklären, je erdrückender sie ist und abstrakt zu behaupten, daß 98 Menschen 2 Menschen mißhandeln, sei bei weitem nicht so ungerecht, wie daß 51 Menschen 49 mißhandeln. Hier wird die reine Mathematik zur reinen Unmenschlichkeit."

geber und mithin der schlichten parlamentarischen Mehrheit überlassen bleibt, obwohl dieses als materielles Verfassungsrecht zur „Grundordnung des Staates“[45] gehört. Umso mehr bedarf es einer entsprechenden verfassungsrechtlichen Prüfung der Wahlgestaltung. Vorliegend gilt es zu hinterfragen, inwieweit der demokratische Grundsatz der Gleichheit aller Staatsbürger bei der Wahl monokratischer Ämter ein bestimmtes Mehrheitserfordernis verlangt.

Ein relatives Mehrheitserfordernis könnte eine faktische Absenkung des eigentlichen Mehrheitsprinzips bedeuten, weil bei diesem eine Minderheit gegenüber einer heterogenen Mehrheit obsiegen und damit die anstehende Entscheidung über die personelle Besetzung des Amtes treffen kann[46]. Folglich würde eine Minderheit die Entscheidungsmacht ausüben und damit ein größeres, politisches Gewicht als die Mehrheit besitzen. Entsprechend den obigen Ausführungen könnte hierin eine Benachteiligung der Mehrheit liegen. Aus einer solchen, am tatsächlichen Erfolg orientierten Perspektive widerspräche eine relative Mehrheitswahl dem Gleichheitsgebot.

Allerdings besteht bei einem relativen Mehrheitserfordernis ein wesentlicher Unterschied zu einem einfachen Mehrheitserfordernis, wie es der bisherigen Argumentation zugrunde liegt. Letzteres betrifft prinzipiell die Wahl zwischen zwei Alternativen und damit regelmäßig die Frage, ob eine bestimmte Entscheidung getroffen werden soll. In einer solchen Konstellation einer Ja- oder Nein-Entscheidung stehen sich lediglich zwei Gruppen, eine an Befürwortern und eine an Gegnern eines Vorschlages, gegenüber. Für die Annahme des Vorschlages ist eine Mehrheit erforderlich, aber auch hinreichend, damit weder die Befürworter noch die Gegner des Vorschlages bevorteilt beziehungsweise benachteiligt werden. Ein relatives Mehrheitserfordernis dient hingegen regelmäßig einer *Auswahlentscheidung* unter mehr als zwei verschiedenen Vorschlägen, bei der bereits derjenige mit den jeweils im Vergleich meisten Stimmen obsiegen soll[47]. Es gibt daher im Grundsatz keine Aufspaltung in Befürworter und Gegner eines Vorschlages, sondern mehrere Gruppen an Befürwortern unterschiedlicher Vorschläge. Eine Gruppe kann nur erfolgreich sein, wenn ihr Vorschlag jeweils mehr Stimmen als jeder andere Vorschlag erhält. Eine Minderheit kann deshalb lediglich obsiegen, wenn keine Mehrheit auf einen der anderen Vorschläge entfällt. Die obsiegende Gruppe ist deshalb im Falle der relativen Mehrheit nicht von vorneherein privilegiert, sondern ihr wird erst in Abhängigkeit des Wahlergebnisses und der daraus folgenden Stellung als relativ stärkste Gruppe die politische Bestimmungsmacht zugespro-

---

[45] So *Robbe/Weinzierl*, Wahlrecht, in: ZRP 2015, S. 84 (87), die deshalb eine verfassungsrechtliche Festlegung des Wahlsystems befürworten; ebenso *Wahl*, Wahlrecht, in: NJW 1990, S. 2585 (2593) mit dem Verweis auf die Missbrauchsgefahr der einfachen Parlamentsmehrheit; zu dieser Gefahr noch detailliert unten Teil 3, B. III. 1.

[46] So im Ansatz *Backmann*, Direktwahl, 2006, S. 343.

[47] *Heun*, Mehrheitsprinzip, 1983, S. 124; *Morlok*, Demokratie, in: Badura/Dreier (Hrsg.), FS BVerfG, Bd. II, 2001, S. 559 (583); *Magsaam*, Mehrheit, 2014, S. 73.

chen. Jeder Abstimmende hat daher bei einem relativen Mehrheitserfordernis theoretisch die *gleiche* Chance, dass der von ihm präferierte Vorschlag am meisten Stimmen erhält und seine Stimme damit erfolgreich ist[48]. Aus dieser Perspektive wäre das gleichmäßige Teilhaberecht der Wähler und damit das Prinzip der demokratischen Gleichheit der Staatsbürger auch im Falle der relativen Mehrheitswahl gewährleistet.

Die beiden Gleichheitsverständnisse unterscheiden sich insoweit, als ersteres auf den tatsächlichen Einfluss der Stimmen auf die Amtsbesetzung und damit das Ergebnis des Willensbildungsprozesses abzielt, während letzteres lediglich den theoretischen Einfluss und damit die Erfolgschancen der Stimmen beurteilt. Auf diese unterschiedliche Deutungsweise ist noch im Rahmen der Wahlgleichheit in Gestalt der Erfolgswert- und Erfolgschancengleichheit zurückzukommen. Isoliert betrachtet folgt aus dem Prinzip der Gleichheit der Staatsbürger noch keine eindeutige Präferenz für ein absolutes Mehrheitserfordernis. Diese könnte sich allerdings in Verbindung mit weiteren Begründungsansätzen des Mehrheitsprinzips ergeben.

3. Freiheitsargument als Konkretisierung des Gleichheitsarguments

Das Mehrheitsprinzip lässt sich nach verbreiteter Auffassung zusätzlich zur Gleichheit auf den demokratischen Grundsatz der Freiheit stützen, weil es als Entscheidungsmodus die gleiche Freiheit aller Staatsbürger gewährleistet[49]. Zwar hat es für die *individuelle* Freiheit des Einzelnen unmittelbar keine Relevanz, wie viele eine getroffene, staatliche Entscheidung befürworten oder ablehnen, sondern es ist für ihn persönlich nur beachtlich, ob er die Entscheidung selbst unterstützt oder aber abgelehnt hat und er dadurch in seiner Freiheit be-

[48] In diesem Sinne argumentieren VerfGH NRW, NVwZ 2009, S. 1096 (1100); *Groß*, Direktwahl, in: LKRZ 2010, S. 93 (95); *Mehde*, Stichwahlen, in: KommJur 2013, S. 446 (451).

[49] Zur Herleitung des Mehrheitsprinzips aus den beiden kombinierten Grundsätzen der Freiheit und Gleichheit *Varain*, Bedeutung, in: ZfP 11 (1964), S. 239 (246); *Heun*, Mehrheitsprinzip, 1983, S. 93 ff.; *Böckenförde*, Demokratie, in: Isensee/Kirchhof (Hrsg.), HStR II, 3. Aufl. 2004, § 24 Rn. 52; *Hillgruber*, Mehrheitsprinzip, in: Kube u. a. (Hrsg.), FS Kirchhof, Bd. I, 2013, § 61 Rn. 5; *Grzeszick*, in: Dürig/Herzog/Scholz (Hrsg.), GG, Art. 20 II (2022), Rn. 42; *Hain*, in: Huber/Voßkuhle (Hrsg.), GG, Bd. II, 8. Aufl. 2024, Art. 79 Rn. 86. – Allgemein zur maßgeblichen Bedeutung der Freiheit und Gleichheit aller Staatsbürger für die Demokratie BVerfGE 44, 125 (142); 123, 267 (341); 142, 123 (189 Rn. 124); 144, 20 (208 Rn. 542); *Kelsen*, Demokratie, 1929, S. 3 f.; *Böckenförde*, Demokratie, in: Isensee/Kirchhof (Hrsg.), HStR II, 3. Aufl. 2004, § 24 Rn. 35 ff.; *Dreier*, in: ders. (Hrsg.), GG, Bd. II, 3. Aufl. 2015, Art. 20 (Demokratie), Rn. 61; *Kotzur*, in: v. Münch/Kunig (Hrsg.), GG, Bd. I, 7. Aufl. 2021, Art. 20 Rn. 50 ff.; *Hain*, in: Huber/Voßkuhle (Hrsg.), GG, Bd. II, 8. Aufl. 2024, Art. 79 Rn. 76.

schränkt wird oder nicht[50]. Daher hat jede Mehrheitsentscheidung für die Minderheit eine „unvermeidliche Einbuße an individueller Freiheit“[51] zur Folge. Dieser Umstand ist jedoch notwendige Konsequenz jeder demokratischen Ordnung, die im Prozess der Willensbildung unweigerlich die Freiheit des Individuums im Ausgleich mit der Freiheit der anderen beschränkt[52]. In diesem Verfahren verschmelzen die persönlichen Einzelwillen punktuell zu einem staatlichen Gesamtwillen und vollziehen dabei eine „Metamorphose der individuellen zur demokratischen Freiheit“[53]. Folglich kann und muss der dabei eingesetzte Entscheidungsmechanismus keine vollkommene *individuelle* Freiheit erreichen, sondern ist auf die *kollektive* Selbstbestimmung des Volkes gerichtet, an der die Staatsbürger zur größtmöglichen Verwirklichung ihrer Freiheit in gleichem Maße teilhaben[54].

Auf dieser Grundlage stellt die mit einer Mehrheitsentscheidung verbundene Beschränkung der individuellen Freiheit der Minderheit nicht nur eine praktische Notwendigkeit dar, weil eine Einstimmigkeit regelmäßig nicht zu erreichen ist. Vielmehr lässt sich die bereits bei der Gleichheit gewonnene Erkennt-

---

[50] Hiermit begründen *Hofmann/Dreier*, Repräsentation, in: Schneider/Zeh (Hrsg.), Parlamentsrecht und Parlamentspraxis in der Bundesrepublik Deutschland, 1989, § 5 Rn. 51, dass sich das Mehrheitsprinzip zumindest nicht aus einem individuellen Freiheitsverständnis herleiten lässt; skeptisch auch *Schwerdtfeger*, Legitimation, 2018, S. 187.

[51] So zu Recht *Zippelius*, Rechtfertigung, 1987, S. 19. Bereits *Simmel*, Soziologie, 2013, S. 155 formuliert daher zur Abstimmung nach dem Mehrheitsprinzip: „Die Vergewaltigung der Minorität ist keine geringere, auch wenn sie auf diesem Umwege und unter einem anderen Titel geschieht.“

[52] In diesem Sinne *Böckenförde*, Demokratie, in: Isensee/Kirchhof (Hrsg.), HStR II, 3. Aufl. 2004, § 24 Rn. 37; *Franz*, Wahlrecht, 2019, S. 180 f. Bereits *Kelsen*, Demokratie, 1929, S. 7 merkt insoweit an, dass für die staatliche Existenz „auch zwischen dem Inhalt der Ordnung und dem Inhalt der ihr unterworfenen Willen die Möglichkeit einer Differenz bestehen“ muss. Besonders anschaulich formuliert *Stern*, Staatsrecht, Bd. I, 1984, S. 613 f. in dieser Hinsicht: „Im Ideal will Demokratie, daß alle gleich und frei sind. Beide Ziele, Gleichheit und Freiheit, können jedoch nicht absolut gesetzt werden. Sie wären nur dann erreicht, wenn stets alle einmütig wären […]. Da solche Vollkommenheit auf Erden irreal ist, ist die Freiheit nicht unbegrenzt, und die Gleichheit des demokratischen Prinzips die Gleichheit vor dem Gesetz sowie die Gleichheit des Wahlrechts und des Zugangs zu öffentlichen Ämtern, d. h. rechtliche und politische Gleichheit.“

[53] Ausführlich *Böckenförde*, Demokratie, in: Isensee/Kirchhof (Hrsg.), HStR II, 3. Aufl. 2004, § 24 Rn. 37 ff.; ähnlich *Kelsen*, Demokratie, 1929, S. 5 ff.; *Hillgruber*, Herrschaft, in: AöR 127 (2002), S. 460 (461 f.).

[54] Zum Verständnis der demokratischen Freiheit als Mitwirkungsrecht an der staatlichen Willensbildung *Böckenförde*, Demokratie, in: Isensee/Kirchhof (Hrsg.), HStR II, 3. Aufl. 2004, § 24 Rn. 37; *Funke*, Wahlrecht, in: Der Staat 46 (2007), S. 395 (417); *Franz*, Wahlrecht, 2019, S. 182 ff. – Nicht überzeugend ist es daher, die Begründungsansätze des Mehrheitsprinzips aus Freiheit und Gleichheit schlicht mit dem Argument abzulehnen, dass sie letztlich auf einer kollektivistischen Perspektive beruhen, während dem Demokratieverständnis eine individualistische Ethik innewohne, so jedoch *Fach*, Demokratie, in: ARSP 61 (1975), S. 201 (214 f.).

nis, wonach ein qualifiziertes Mehrheitserfordernis oder gar die Einstimmigkeitsregel in demokratischer Hinsicht prekär erscheint, mit dem Freiheitsaspekt bestätigen[55]. Wenngleich die passive Beibehaltung des Status quo nicht immer dieselbe politische Reichweite und gesellschaftliche Bedeutung aufweisen mag, wie eine aktive Veränderung des Status quo, so kann doch jede abgelehnte Entscheidung die Selbstbestimmung der Staatsbürger mehr oder weniger tangieren. Besonders anschaulich wird dies etwa im Falle der Ablehnung einer vorgeschlagenen Reduzierung oder Abschaffung staatlicher Freiheitsbeschränkungen. Umgekehrt tangiert aber ebenso die Ablehnung einer Einführung solcher Maßnahmen die Freiheit, wenn der bei einer staatlichen Freiheitsbeschränkung – jedenfalls mittelbar – bewirkte Schutz der Rechte Dritter in Rechnung gestellt wird. Folglich ist in einer Demokratie „die Macht, etwas zu blockieren, [...eben nicht] etwas völlig anderes als die Macht, etwas durchzusetzen“[56].

Ein über das Mehrheitserfordernis hinausgehendes Quorum würde somit die Möglichkeit eröffnen, dass „eine Minderheit den Staatswillen – indem sie dessen Abänderung verhindert – im Widerspruch zu einer Mehrheit zu bestimmten vermag.“[57] Noch offensichtlicher würde in der umgekehrten Situation, wenn bereits eine Minderheit für eine positive Entscheidung ausreichend wäre, gegen eine Mehrheit entschieden werden können und damit „der Staatswille mit mehr Individualwillen in Widerspruch als in Einklang steh[en]“[58]. Sowohl ein Entscheidungsgrundsatz, der über die Anforderungen einer Mehrheitsentscheidung hinausgeht, als auch einer, der dahinter zurückbleibt, schränkt somit die Freiheit stärker als nötig ein. Nur die Anwendung des Mehrheitsprinzips sichert zumindest die Freiheit der Mehrheit der Staatsbürger. Somit bewirkt das Mehrheitsprinzip „die größtmögliche Übereinstimmung der Individualwillen

---

[55] Hingegen sehen etwa *Abromeit*, Mehrheitsprinzip, in: Guggenberger/Offe (Hrsg.), An den Grenzen der Mehrheitsdemokratie, 1984, S. 132 (133); *Hesse*, Grundzüge, 1995, Rn. 142; *Morlok*, Die verfassungsrechtlichen Rahmenbedingungen der Wahl des Ministerpräsidenten im dritten Wahlgang nach Art. 70 Abs. 3 S. 3 der Verfassung des Freistaats Thüringen, Gutachterliche Stellungnahme im Auftrag des Thüringer Justizministeriums vom 22.11.2014, S. 5, die Freiheit im Einstimmigkeitsprinzip vollkommen verwirklicht.

[56] So aber *Sartori*, Demokratietheorie, 1997, S. 221, nach dessen Ansicht daher „eine Minderheit, die etwas blockiert [...] nicht dasselbe wie eine ‚Minderheitsherrschaft‘ [ist].“ – Zutreffend hingegen führt *S. Lenz*, Kommunalverwaltung, 2020, S. 35 aus: „Wer einen Vorschlag ablehnt, trifft ebenso eine Entscheidung, wie jemand der ihm zustimmt: eine Entscheidung zugunsten des bisherigen Zustandes“. Dies zeigt das von *Natus*, Verfassungsmissbrauch, 2017, S. 184 f. angeführte Beispiel des Atomausstieges besonders anschaulich.

[57] *Kelsen*, Demokratie, 1929, S. 10; sinngemäß *Hillgruber*, Herrschaft, in: AöR 127 (2002), S. 460 (463); *Natus*, Verfassungsmissbrauch, 2017, S. 183.

[58] *Kelsen*, Demokratie, 1929, S. 10; sinngemäß *Hillgruber*, Herrschaft, in: AöR 127 (2002), S. 460 (463).

mit dem Gemeinwillen“[59] und damit zugleich „die relativ größte Annäherung an die Idee der Freiheit“[60].

Wenn unter dem Gesichtspunkt der Freiheit schon *qualifizierte* Mehrheiten unter erheblichem Rechtfertigungszwang stehen und lediglich ausnahmsweise zulässig sind, gilt dies umso mehr für die *relative* Mehrheit. Denn bei dieser „wären verhältnismäßig kleine Minoritäten imstande, rechnerische [...] Mehrheiten positiv zu dominieren (nicht bloß zu blockieren).“[61] Während man den Aussagegehalt der demokratischen Gleichheit noch auf die Erfolgschancen des jeweiligen Vorschlags im *Verfahren* reduzieren mag, ist die Freiheit zwingend auf den Erfolg im *Ergebnis* gerichtet. Bei einem relativen Mehrheitserfordernis kann eine Minderheit ihren Vorschlag durchsetzen, sodass die heterogene Mehrheit, die verschiedene andere Vorschläge präferiert hat und mit diesem nicht einverstanden ist, in ihrer Selbstbestimmung beschränkt ist. Somit kann allein eine absolute Mehrheitsentscheidung das Prinzip der gleichen Freiheit aller Bürger ideal verwirklichen[62].

Im Gegensatz zu Sachentscheidungen könnte bei Personalentscheidungen wie der Besetzung monokratischer Ämter argumentiert werden, dass durch die Auswahl eines bestimmten Kandidaten noch keine Staatsgewalt ausgeübt und damit nicht unmittelbar die Freiheit der Staatsbürger betroffen ist. Allerdings nehmen Wahlen in der repräsentativen Demokratie zugleich die sachlichen Entscheidungen in Gestalt der politischen Positionierung der Kandidaten vor-

---

[59] *Leibholz*, Strukturprobleme, 1967, S. 151; *C. Thiele*, Regeln, 2008, S. 349; in diesem Sinne ferner *Kelsen*, Demokratie, 1929, S. 9 f.; *Dreier*, Majoritätsprinzip, in: ZParl 17 (1986), S. 94 (105).

[60] Grundlegend *Kelsen*, Demokratie, 1929, S. 9; zustimmend VerfGH NRW, Urteil vom 20.12.2019, 35/19, S. 43; *Varain*, Bedeutung, in: ZfP 11 (1964), S. 239 (246); *Eisel*, Mehrheitsregel, in: ZParl 16 (1985), S. 576 (576); *Zippelius*, Rechtfertigung, 1987, S. 18; *Hillgruber*, Herrschaft, in: AöR 127 (2002), S. 460 (462); *S. Lenz*, Kommunalverwaltung, 2020, S. 35. – Kritisch zum Freiheitsargument hingegen *Gusy*, Mehrheitsprinzip, in: AöR 106 (1981), S. 329 (337); *Hofmann/Dreier*, Repräsentation, in: Schneider/Zeh (Hrsg.), Parlamentsrecht und Parlamentspraxis in der Bundesrepublik Deutschland, 1989, § 5 Rn. 51; ferner *Bobbio*, Mehrheitsregel, in: Guggenberger/Offe (Hrsg.), An den Grenzen der Mehrheitsdemokratie, 1984, S. 108 (113 f.); *C. Thiele*, Regeln, 2008, S. 348, die darauf hinweisen, dass die Anwendung des Mehrheitsprinzips als solche keine Freiheit garantiert. Dieser Einwand ist insofern zutreffend, als das Mehrheitsprinzip auch in nichtdemokratischen Strukturen Anwendung finden und daher seine demokratische Funktion nicht isoliert ausüben kann. Es bedarf zusätzlich entsprechender Freiheitsgarantien in Form der Meinungs-, Parteien- und Wahlfreiheit. Unter dieser Voraussetzung eines demokratischen Verfassungsstaates stellt aber die Mehrheitsregel die größtmögliche Verwirklichung der Freiheit der Staatsbürger dar.

[61] So treffend *Fach*, Demokratie, in: ARSP 61 (1975), S. 201 (207); ähnlich *Röttger/Ramin*, Stichwahl, in: DVP 2013, S. 506 (508) zur relativen Mehrheitswahl, die eine Minderheit „in die Lage versetzt, den quasi nichtgebildeten Willen der Majorität zu dominieren.“

[62] Im Ergebnis ebenso *Kelsen*, Demokratie, 1929, S. 9; *Heun*, Mehrheitsprinzip, 1983, S. 102.

weg oder legen jedenfalls die Grundlage hierfür[63]. Der Gewählte erhält durch die Wahl die nötige demokratische Legitimation, um für das gesamte Volk verbindliche Entscheidungen zu treffen. Als Akt der kollektiven Selbstbestimmung wird folglich dem Gewählten in den Grenzen seiner Befugnisse die Disposition über die Ausübung der Staatsgewalt und damit zugleich über die Selbstbestimmung der Staatsbürger überantwortet. Um im Rahmen dieses Wahlaktes eine größtmögliche Freiheit der Staatsbürger zu gewährleisten, muss daher ein Kandidat eine Zustimmungsrate von mehr als 50 % erreichen[64]. Das Prinzip der Freiheit aller Staatsbürger verlangt somit prinzipiell eine absolute Mehrheitswahl.

4. Kompromissargument statt Vernunftargument als Ergänzung

Abgesehen von den demokratischen Grundsätzen der Gleichheit und Freiheit fungiert als Begründung ferner die vermeintliche Vernunft beziehungsweise Richtigkeit der Mehrheitsentscheidung, die einer langen historischen Tradition ebenfalls bis zu *Aristoteles* zurückreicht[65]. Eine bekannte Ausprägung findet dieser Gedanke im sogenannten Gemeinwillen, der „volonté générale", bei *Rousseau*, der „daneben nur den Irrtum"[66] kennt. In abgemilderter Form führen auch heutige Stimmen in der Literatur zur Rechtfertigung des Mehrheitsprinzips an, dass eine Mehrheitsentscheidung regelmäßig bessere beziehungsweise richtigere Entscheidungen hervorbringe[67]. Ein solches Argument ist mit einem

---

[63] *S. Lenz*, Kommunalverwaltung, 2020, S. 203 formuliert dazu treffend: „Eine Wahl ist formal ausschließlich eine Personalentscheidung, aber faktisch zugleich eine Sachentscheidung, nicht in Einzel-, aber in Richtungsfragen". Ähnlich betont *Stern*, Staatsrecht, Bd. I, 1984, S. 293: „Die Wahl bestimmt, wenn nicht absolut, so doch in wesentlichen Zügen, die politische Richtung." Zum Charakter der Wahl als Sachentscheidung ferner ausführlich *Heun*, Mehrheitsprinzip, 1983, S. 157 ff.

[64] Ähnlich mit der Verknüpfung zwischen Selbstbestimmung und Volkssouveränität *Krüper*, Stichwahlen, in: DÖV 2009, S. 758 (762); *Walther*, Mehrheitswahlsysteme, 2017, S. 64 f. – Inwiefern das Freiheitsargument tatsächlich eine Zustimmung von über 50 % aller Staatsbürger und nicht lediglich der Abstimmenden fordert, wird noch in Teil 4, A. II. 1. b) näher zu erörtern sein.

[65] *Aristoteles*, Politik, 1281 a 40 ff.; dazu im Überblick *Gusy*, Mehrheitsprinzip, in: AöR 106 (1981), S. 329 (338 ff.); *Heun*, Mehrheitsprinzip, 1983, S. 84 f.; *Zippelius*, Rechtfertigung, 1987, S. 9 ff.

[66] Pointiert *Scheuner*, Mehrheitsprinzip, 1973, S. 57; sinngemäß *Abromeit*, Mehrheitsprinzip, in: Guggenberger/Offe (Hrsg.), An den Grenzen der Mehrheitsdemokratie, 1984, S. 132 (133); *Hillgruber*, Mehrheitsprinzip, in: Kube u. a. (Hrsg.), FS Kirchhof, Bd. I, 2013, § 61 Rn. 9; *Schliesky*, Parlamentsfunktion, in: Morlok/Schliesky/Wiefelspütz (Hrsg.), Parlamentsrecht, 2016, § 5 Rn. 10; zum Konzept des „volonté générale" *Heun*, Mehrheitsprinzip, 1983, S. 73; *Helfen*, Mehrheitsprinzip, 1991, S. 49.

[67] So etwa *Krüger*, Staatslehre, 1966, S. 284 f.; *Achterberg*, Verhandlung, 1979, S. 41 f.; *Schliesky*, Parlamentsfunktion, in: Morlok/Schliesky/Wiefelspütz (Hrsg.), Parlamentsrecht, 2016, § 5 Rn. 9 ff.; dagegen *Heun*, Mehrheitsprinzip, 1983, S. 85 ff.; *Hesse*, Grundzüge,

pluralistischen, freiheitlichen Demokratieverständnis schwerlich zu vereinbaren, weil sich unter dieser Prämisse „Minderheiten zwangsläufig ins Unrecht setzen.“[68]

Das Mehrheitsprinzip soll diese Konsequenz vielmehr vermeiden, indem es die Auffassung von einem *vorbestimmten* Inhalt des Gemeinwohls verwirft und dessen Verfolgung dem fortlaufenden politischen Diskurs der unterschiedlichen Interessen und Ansichten überantwortet, der stetig neue Mehrheiten hervorbringen kann[69]. Im Sinne der für die Demokratie konstitutiven Offenheit der staatlichen Willensbildungsprozesse kann auf diese Weise die zunächst unterlegene Minderheit für ihre Auffassung und eine künftige Umsetzung durch die Bildung einer neuen Mehrheit eintreten, ohne dass ihre Auffassung als weniger „vernünftig“ gebrandmarkt wäre[70]. Auf diese Weise führt der fortlaufende Prozess der Mehrheitsbildung zu einer andauernden Aktualisierung der unterschiedlichen Interessen und Meinungen und bringt diese in ständigen Vermittlungsprozessen im Rahmen der staatlichen Willensbildung zu einem Ausgleich[71]. Das Bundesverfassungsgericht führt insoweit zutreffend aus:

> „Was die Mehrheit will, wird jeweils in einem sorgfältig geregelten Verfahren ermittelt. Aber der Mehrheitsentscheidung geht die Anmeldung der Forderung der Minderheit und die freie Diskussion voraus, zu der die freiheitliche demokratische Ordnung vielfältige Möglichkeiten gibt, die sie selbst wünscht und fördert, und deshalb auch für den Vertreter von Minderheitsmeinungen möglichst risikolos gestaltet. Da die Mehrheit immer wechseln kann, haben auch Minderheitsmeinungen die reale Chance, zur Geltung zu kommen. So kann in weitem Maße Kritik am Bestehenden, Unzufriedenheit mit Personen, Institutionen und kon-

---

1995, Rn. 142; *Krüper*, Mehrheitsprinzip, in: ZJS 2009, S. 477 (479); *Dreier*, in: ders. (Hrsg.), GG, Bd. II, 3. Aufl. 2015, Art. 20 (Demokratie), Rn. 68.

[68] So zu Recht *Fach*, Demokratie, in: ARSP 61 (1975), S. 201 (206); ähnlich *Gusy*, Mehrheitsprinzip, in: AöR 106 (1981), S. 329 (341); *Heun*, Mehrheitsprinzip, 1983, S. 86; *Helfen*, Mehrheitsprinzip, 1991, S. 74; *Hillgruber*, Mehrheitsprinzip, in: Kube u. a. (Hrsg.), FS Kirchhof, Bd. I, 2013, § 61 Rn. 9.

[69] *Scheuner*, Mehrheitsprinzip, 1973, S. 57 f.; *Häberle*, Mehrheitsprinzip, in: JZ 1977, S. 241 (244); *Schwerdtfeger*, Legitimation, 2018, S. 209 f.; *Patzelt*, Mehrheitsprinzip, in: Görres-Gesellschaft (Hrsg.), StL III, 8. Aufl. 2019, Sp. 1521 (1522).

[70] So *Varain*, Bedeutung, in: ZfP 11 (1964), S. 239 (247); *Heun*, Mehrheitsprinzip, 1983, S. 86; *Zippelius*, Rechtfertigung, 1987, S. 9; *Helfen*, Mehrheitsprinzip, 1991, S. 76. Im Sondervotum zu BVerfGE 70, 324 (369) heißt es daher zu Recht: „Die Abstimmung nach dem Mehrheitsprinzip ist keine Feststellung der Wahrheit.“ Ebenso *Eisel*, Mehrheitsregel, in: ZParl 16 (1985), S. 576 (576); *Hofmann/Dreier*, Repräsentation, in: Schneider/Zeh (Hrsg.), Parlamentsrecht und Parlamentspraxis in der Bundesrepublik Deutschland, 1989, § 5 Rn. 53; *Natus*, Verfassungsmissbrauch, 2017, S. 186; *Patzelt*, Mehrheitsprinzip, in: Görres-Gesellschaft (Hrsg.), StL III, 8. Aufl. 2019, Sp. 1521 (1522).

[71] Zur Ausgleichs- und Kompromisswirkung des Mehrheitsprinzips *Kelsen*, Demokratie, 1929, S. 57; *Scheuner*, Mehrheitsprinzip, 1973, S. 58; *Achterberg*, Verhandlung, 1979, S. 42; *Gusy*, Mehrheitsprinzip, in: AöR 106 (1981), S. 329 (342 f.); *Heun*, Mehrheitsprinzip, 1983, S. 263; *Steffani*, Mehrheitsentscheidungen, in: ZParl 17 (1986), S. 569 (578); *Hesse*, Grundzüge, 1995, Rn. 142; *C. Thiele*, Regeln, 2008, S. 349.

kreten Entscheidungen im Rahmen dieser Ordnung positiv verarbeitet werden. In die schließlich erreichte Mehrheitsentscheidung ist immer auch die geistige Arbeit und die Kritik der oppositionellen Minderheit eingegangen. Weil Unzufriedenheit und Kritik mannigfache, selbst drastische Ausdrucksmöglichkeiten besitzen, zwingt die Einsicht in die Labilität ihrer Position die Mehrheit selbst, die Interessen der Minderheit grundsätzlich zu berücksichtigen."[72]

Diese Kompromisswirkung führt nicht nur zu einer für die Demokratie bedeutsamen politischen Mäßigung und Stärkung der politischen Mitte[73], sondern realisiert zugleich am ehesten einen angemessenen Ausgleich im Interesse der Gesamtheit[74]. Dieser Aspekt kann nicht isoliert das Mehrheitsprinzip als demokratischen Entscheidungsgrundsatz begründen, ergänzt und unterstützt aber das bereits ausgeführte Freiheitsargument, wonach die Mehrheitsentscheidung wenigstens die Interessen der Mehrheit umsetzt und damit die Freiheit der Staatsbürger maximiert.

Bezieht man das Kompromissargument auf die vorliegende Frage, lässt sich aus ihm ebenfalls der Vorzug einer absoluten Mehrheit herleiten. Denn bei einem bloß relativen Mehrheitserfordernis können sich die Individualinteressen einer Minderheit durchsetzen, ohne dass zumindest der Versuch eines Kompromisses unternommen worden ist. Hingegen erzeugt das Erfordernis einer wirklichen Mehrheit aller Stimmen einen Kompromissdruck, der eine Verständigung zwischen verschiedenen Minderheitspositionen und damit einen umfassenderen Interessenausgleich herbeiführen kann[75]. Zwar bezieht sich diese Betrachtungsweise in erster Linie auf Sachentscheidungen, da Wahlen als „Personalentscheidungen […] ihrer Natur nach wechselseitig exklusiv"[76] sind. Im Gegensatz zu Sachentscheidungen kann daher kein zielgenauer Ausgleich der verschiedenen Positionen in einzelnen Aspekten erfolgen, sondern im Ergebnis gibt es lediglich einen einzigen Wahlsieger. Allerdings geht es bei der Wahl eines monokratischen Amtes nicht nur um eine Entscheidung nach persönlichen Vorlieben, sondern auch – wie schon beim Freiheitsargument angesprochen – um eine Beurteilung der inhaltlichen Positionierung der Kandidaten durch die Wähler. In diesem Sinne kann es sehr wohl den klassischen „Kom-

[72] BVerfGE 5, 85 (199).

[73] Angedeutet bei *Behnke*, Wahlsystem, 2007, S. 63; *Klein/Schwarz*, in: Dürig/Herzog/Scholz (Hrsg.), GG, Art. 42 (2021), Rn. 84.

[74] So *Kelsen*, Demokratie, 1929, S. 58; *Behnke*, Wahlsystem, 2007, S. 63 ff.; *Morlok/Michael*, Staatsorganisationsrecht, 2023, Rn. 164; kritisch hingegen mit der Bezeichnung als „meist mittelmäßige Entscheidung" *Hofmann/Dreier*, Repräsentation, in: Schneider/Zeh (Hrsg.), Parlamentsrecht und Parlamentspraxis in der Bundesrepublik Deutschland, 1989, § 5 Rn. 50; skeptisch auch *Zippelius*, Rechtfertigung, 1987, S. 10 f., der darauf hinweist, dass die Mehrheit ihre Interessen auf Kosten der Minderheit uneingeschränkt durchsetzen kann.

[75] So *Morlok*, Demokratie, in: Badura/Dreier (Hrsg.), FS BVerfG, Bd. II, 2001, S. 559 (583).

[76] *Morlok*, Demokratie, in: Badura/Dreier (Hrsg.), FS BVerfG, Bd. II, 2001, S. 559 (584).

promisskandidaten der Mitte“ geben, auf den sich eine Mehrheit der Wähler verständigt, weil er im Vergleich zu den anderen Kandidaten am ehesten ihre politische Auffassung vertritt[77].

Zwar müssen sich die demokratischen Verfahren neutral gegenüber Kandidaten und ihren inhaltlichen Positionierungen verhalten, damit sich überhaupt ein ehrlicher Mehrheitswille im Volk bilden und im staatlichen Willensbildungsprozess abbilden kann. Zugleich entspricht es aber der demokratischen Funktion des Mehrheitsprinzips das Wahlverfahren so zu gestalten, dass der Kandidat gewählt wird, mit dem die Mehrheit „am ehesten leben“ kann, der also unter Umständen auf einem Kompromiss der Mehrheit beruht. Deshalb ist bei Personalentscheidungen wie bei Sachentscheidungen ein absolutes Mehrheitserfordernis geboten, um den Ausgleich der Interessen der Wähler in einem Kompromiss zu gewährleisten.

5. Verfahrensargument als Bestätigung

Das Mehrheitsprinzip lässt sich schließlich auf das „Verfahrensargument“[78] stützen, das auf den offenen Charakter des dadurch geprägten Entscheidungsprozesses abzielt. Das Mehrheitsprinzip führt zwar zu einem punktuell im gegenwärtigen Zeitpunkt verbindlichen Ergebnis, ohne jedoch – im Gegensatz zum Einstimmigkeitsprinzip – die Gefahr eines Endgültigkeitspostulats im Sinne einer einzigen Wahrheit hervorzurufen[79]. Während es in der vordemokratischen Zeit im Streben nach vermeintlicher Einstimmigkeit der Minderheit nicht gestattet war, ihre gegenteiligen Ansichten öffentlich zu äußern[80], findet im modernen demokratischen Verfassungsstaat – insbesondere durch die Grundrechte des Art. 5 GG und Art. 8 GG garantiert – eine offene und öffentliche Auseinandersetzung der verschiedenen Interessen statt, um eine Mehrheit

[77] Insoweit hatte der Abgeordnete *Kaufmann*, Zwanzigste Sitzung des Ausschusses für Wahlrechtsfragen, 18. Januar 1949, in: Deutscher Bundestag/Bundesarchiv (Hrsg.), Der Parlamentarische Rat 1948–1949, Bd. VI, 1994, S. 633 f. hinsichtlich des Erfordernisses der absoluten Mehrheit im ersten Wahlgang durchaus zutreffend vorgebracht, dass im zweiten Wahlgang – selbst für den Fall, dass nur noch die relative Mehrheit erforderlich ist – tendenziell radikale Kräfte chancenlos bleiben und durch Verhandlungen der Parteien eine „ausgleichende Persönlichkeit“ den Vorzug erhält; zu diesem Aspekt auch *Seybold*, Gerechtigkeitsdiskussion, in: NVwZ 2021, S. 293 (295).

[78] Grundlegend *Hofmann/Dreier*, Repräsentation, in: Schneider/Zeh (Hrsg.), Parlamentsrecht und Parlamentspraxis in der Bundesrepublik Deutschland, 1989, § 5 Rn. 53.

[79] Siehe *Guggenberger/Offe*, Politik, in: dies. (Hrsg.), An den Grenzen der Mehrheitsdemokratie, 1984, S. 8 (9); *Hofmann/Dreier*, Repräsentation, in: Schneider/Zeh (Hrsg.), Parlamentsrecht und Parlamentspraxis in der Bundesrepublik Deutschland, 1989, § 5 Rn. 53.

[80] Dazu näher *Elsener*, Geschichte, in: Zeitschrift der Savigny-Stiftung für Rechtsgeschichte, Kanonistische Abteilung 42 (1956), S. 73 (81 ff.); insoweit weist *Bobbio*, Mehrheitsregel, in: Guggenberger/Offe (Hrsg.), An den Grenzen der Mehrheitsdemokratie, 1984, S. 108 (114) darauf hin, dass im Falle einer anzustrebenden Einstimmigkeit die Äußerung einer gegenteiligen Meinung schwerfällt.

für die eigene Sichtweise zu gewinnen[81]. Nicht nur im eigentlichen Entscheidungsprozess, sondern auch nach der Abstimmung kann die unterlegene Minderheit, soweit sie die gegenwärtige Geltung der getroffenen Entscheidung als solche nicht in Frage stellt, ihre Gegenposition weiterhin herausstellen und damit „als politische Alternative sichtbar [bleiben]"[82]. Bei Wahlen wird diesem Umstand durch die öffentliche Bekanntgabe der Stimmverhältnisse Rechnung getragen, sodass auch die unterlegenen Kandidaten als politische Alternative „durch förmliche Erwähnung respektiert"[83] werden. Außerdem basiert die obsiegende Mehrheit häufig auf dem Zusammenschluss von Minderheitengruppen, die sich lediglich punktuell für die anstehende Entscheidung auf einen Kompromiss verständigt haben. Dieser Umstand beschränkt in praktischer Hinsicht regelmäßig die zeitliche Geltung einer Mehrheitsentscheidung[84]. Auf diese Weise verhindert die Geltung des Mehrheitsprinzips eine Versteinerung staatlicher Entscheidungen und gewährleistet deren jederzeitige Reversibilität durch die reale Möglichkeit, stets eine neue Mehrheit zu bilden[85].

Um diese Wirkung des Mehrheitsprinzips tatsächlich sicherzustellen, darf aber keine unbegrenzte Mehrheitsherrschaft entstehen, wie *Carl Schmitt* sie anschaulich skizzierte:

> „Wer 51 v.H. beherrscht, würde die restlichen 49 v.H. auf legale Weise illegal machen können. Er dürfte auf legale Weise die Tür der Legalität, durch die er eingetreten ist, hinter sich schließen und den parteipolitischen Gegner, der dann vielleicht mit den Stiefeln gegen die verschlossene Tür tritt, als einen gemeinen Verbrecher behandeln."[86]

---

[81] So *Varain*, Bedeutung, in: ZfP 11 (1964), S. 239 (246 f.); *Zippelius*, Rechtfertigung, 1987, S. 29 f.; *Böckenförde*, Demokratie, in: Isensee/Kirchhof (Hrsg.), HStR II, 3. Aufl. 2004, § 24 Rn. 53. – Für Verhandlungen des Bundestages kommt dies in Art. 42 Abs. 1 S. 1 GG zum Ausdruck.

[82] BVerfGE 123, 267 (343); sinngemäß *Gusy*, Mehrheitsprinzip, in: AöR 106 (1981), S. 329 (343); *Heun*, Mehrheitsprinzip, 1983, S. 265; *Hofmann/Dreier*, Repräsentation, in: Schneider/Zeh (Hrsg.), Parlamentsrecht und Parlamentspraxis in der Bundesrepublik Deutschland, 1989, § 5 Rn. 53; *Helfen*, Mehrheitsprinzip, 1991, S. 76; *Schwerdtfeger*, Legitimation, 2018, S. 213 f.

[83] *Offe*, Legitimation, in: Guggenberger/Offe (Hrsg.), An den Grenzen der Mehrheitsdemokratie, 1984, S. 150 (154).

[84] In diesem Sinne *Varain*, Bedeutung, in: ZfP 11 (1964), S. 239 (247); *Gusy*, Mehrheitsprinzip, in: AöR 106 (1981), S. 329 (342 f.).

[85] *Varain*, Bedeutung, in: ZfP 11 (1964), S. 239 (247); *Häberle*, Mehrheitsprinzip, in: JZ 1977, S. 241 (244); *Gusy*, Mehrheitsprinzip, in: AöR 106 (1981), S. 329 (343); *Heun*, Mehrheitsprinzip, 1983, S. 265; *Hofmann/Dreier*, Repräsentation, in: Schneider/Zeh (Hrsg.), Parlamentsrecht und Parlamentspraxis in der Bundesrepublik Deutschland, 1989, § 5 Rn. 53; *Schwerdtfeger*, Legitimation, 2018, S. 188; *Morlok/Michael*, Staatsorganisationsrecht, 2023, Rn. 171.

[86] Klassisch *Schmitt*, Legalität, 1932, S. 33; dazu merkt *Natus*, Verfassungsmissbrauch, 2017, S. 178 f., an, dass dieser Fall in einem demokratischen Verfassungsstaat nicht eintritt,

Die Mehrheit darf sich in der Demokratie demnach nicht durch die rechtliche oder faktische Ausnutzung ihrer Stellung zu einer dauerhaften, unumkehrbaren Mehrheit entwickeln[87]. Die Legitimität der Mehrheitsentscheidung setzt deshalb zugleich entsprechende Mechanismen zum Schutz der Minderheiten und damit zusammenhängende Beschränkungen der Macht der Mehrheit voraus[88]. Auf diese Weise wird der die Demokratie tragende Grundsatz der Offenheit der Willensbildung sichergestellt, wonach die *Minderheit* stets die Möglichkeit haben muss, zur *Mehrheit* zu werden[89].

Auf den ersten Blick könnte man das Verfahrensargument im Sinne der Offenheit und Reversibilität des staatlichen Willensbildungsprozesses für einen Vorzug der relativen gegenüber der absoluten Mehrheitswahl in Stellung bringen, da es einer unterlegenen Minderheit bei der nächsten Wahl leichter fallen könnte selbst die relative Mehrheit zu erreichen und damit einen Amtswechsel herbeizuführen[90]. Allerdings könnte dies zugleich umgekehrt dem jeweiligen Amtsinhaber helfen, weiterhin im Amt zu verbleiben, weil er lediglich eine relative Mehrheit verteidigen muss. Vor allem aber stellt ein häufiger Wechsel der Mehrheiten *per se* keinen demokratischen Mehrwert dar. Es ist demokratietheoretisch nicht entscheidend, dass es tatsächlich zu Wechseln in der Mehr-

---

weil die Mehrheit nicht über elementare, demokratische Rechte disponieren kann, da diese durch die Verfassung geschützt sind.

[87] So *Heun*, Mehrheitsprinzip, 1983, S. 243 f.; *Offe*, Legitimation, in: Guggenberger/Offe (Hrsg.), An den Grenzen der Mehrheitsdemokratie, 1984, S. 150 (160 f.); *Böckenförde*, Demokratie, in: Isensee/Kirchhof (Hrsg.), HStR II, 3. Aufl. 2004, § 24 Rn. 54.

[88] In diesem Sinne *Benda*, Konsens, in: Hattenhauer/Kaltefleiter (Hrsg.), Mehrheitsprinzip, Konsens und Verfassung, 1986, S. 61 (65 f.); *Hofmann/Dreier*, Repräsentation, in: Schneider/Zeh (Hrsg.), Parlamentsrecht und Parlamentspraxis in der Bundesrepublik Deutschland, 1989, § 5 Rn. 68; *Hillgruber*, Herrschaft, in: AöR 127 (2002), S. 460 (465); *Klein/Schwarz*, in: Dürig/Herzog/Scholz (Hrsg.), GG, Art. 42 (2021), Rn. 109; ähnlich *Möllers*, Demokratie, in: Herdegen u. a. (Hrsg.), HdbVerfR, 2021, § 5 Rn. 45, der allerdings betont, dass die Opposition nicht als solche durch das Demokratieprinzip geschützt sei; zurückhaltend insofern bereits *Kelsen*, Demokratie, 1929, S. 53, nach dessen Auffassung das Mehrheitsprinzip aber zumindest „die Existenzberechtigung einer Minorität voraus[setzt]".

[89] BVerfGE 44, 125 (145); 123, 267 (343); *Schmitt*, Legalität, 1932, S. 32; *Heun*, Mehrheitsprinzip, 1983, S. 194 ff.; *Stern*, Staatsrecht, Bd. I, 1984, S. 613; *Hesse*, Grundzüge, 1995, Rn. 154; *Hillgruber*, Herrschaft, in: AöR 127 (2002), S. 460 (465); *Dreier*, in: ders. (Hrsg.), GG, Bd. II, 3. Aufl. 2015, Art. 20 (Demokratie), Rn. 72; *Grzeszick*, in: Dürig/Herzog/Scholz (Hrsg.), GG, Art. 20 II (2022), Rn. 52.

[90] Insoweit hebt *Wißmann*, Stellungnahme zum Gesetzentwurf der Landesregierung Drs. 17/3776 und zum Änderungsantrag Drs. 17/4305 des Landtages Nordrhein-Westfalen, Stellungnahme 17/1195 vom 10.2.2019, S. 3 hervor, dass durch eine einstufige, relative Mehrheitswahl „der Kreis möglicher Wahlsieger größer gezogen [wird]"; in einem ähnlichen Sinne formuliert *Magsaam*, Mehrheit, 2014, S. 102 im Kontext der Stimmengleichheit: „Einer der Hauptrechtfertigungsansätze des Mehrheitsprinzips, die Revisibilität der Entscheidung, ist doch gerade bei knappen Entscheidungen viel wahrscheinlicher als in mit überragender Mehrheit ergangenen."

heitsherrschaft kommt. Allein entscheidend ist vielmehr die reale Möglichkeit eines Herrschaftswechsels, wenngleich das tatsächliche Ausbleiben ein Indiz für das Fehlen der realen Möglichkeit darstellen kann – jedoch keinesfalls muss. In verfassungsrechtlicher Hinsicht kann allein die *Chance* des Herrschaftswechsels geschützt, dieser aber nicht erzwungen werden. Daher hat das Grundgesetz mit guten Gründen auf eine Amtszeitbegrenzung von Bundestagsabgeordneten oder dem Bundeskanzler verzichtet. Die Begrenzung der Wiederwahlmöglichkeit des Bundespräsidenten nach Art. 54 Abs. 2 S. 2 GG hat vor allem eine symbolische Funktion, die eine endgültige Abkehr von monarchischen Traditionen belegen soll, die indes bereits angesichts der geringen politischen Bedeutung des Bundespräsidenten vollzogen ist[91]. Die Häufigkeit des Mehrheitswechsels kann deshalb weder praktisch noch rechtlich als Argument für den Vorzug der relativen Mehrheitswahl dienen.

Das Verfahrensargument lässt sich tendenziell sogar für die absolute Mehrheitswahl in Stellung bringen, weil mit dem Erfordernis von über 50 % der Stimmen überhaupt erst die Bildung einer Mehrheit und Minderheit bewirkt wird, während sich bei einer relativen Mehrheitswahl lediglich einzelne Minderheitengruppen gegenüberstehen können. Jeder Kandidat, auch der Amtsinhaber, muss im Falle eines absoluten Mehrheitserfordernisses stets aufs Neue bemüht sein, eine Mehrheit der Wähler von sich zu überzeugen, anstatt lediglich der größten Minderheitengruppe anzugehören. Zugleich bleibt dadurch eine erkennbare Opposition bestehen, aus der sich für die nächste Wahl wieder Gegenkandidaten generieren und die durch ein absolutes Mehrheitserfordernis womöglich angeregt werden, sich zur Abwahl des aktuellen Amtsinhabers auf einen Kompromisskandidaten zu verständigen. Der im Falle einer absoluten Mehrheitswahl vollzogene Machtwechsel beruht daher nicht auf der möglichen Zufälligkeit einer hohen Anzahl an Kandidaten mit einer breiten Stimmverteilung, bei denen ein Kandidat nur mit knappem Vorsprung und insgesamt geringer Zustimmungsrate obsiegen kann[92]. Er geht vielmehr auf einen eindeutigen, im politischen Wettbewerb erreichten Mehrheitswechsel zurück. Diese

---

[91] So *Heun*, in: Dreier (Hrsg.), GG, Bd. II, 3. Aufl. 2015, Art. 54 Rn. 41; ähnlich *Herzog*, in: Dürig/Herzog/Scholz (Hrsg.), GG, Art. 54 (2009), Rn. 21, der von der Verhinderung „quasi-monarchischer ‚Erbhöfe'" spricht; sinngemäß *v. Arnauld*, in: v. Münch/Kunig (Hrsg.), GG, Bd. I, 7. Aufl. 2021, Art. 54 Rn. 21; *Nierhaus/Brinktrine*, in: Sachs (Hrsg.), GG, 9. Aufl. 2021, Art. 54 Rn. 21. – Die Vorschrift war bereits im Verfassungskonvent auf Herrenchiemsee vorgeschlagen worden, dort aber nicht unumstritten, siehe den Abschlussbericht, in: Deutscher Bundestag/Bundesarchiv (Hrsg.), Der Parlamentarische Rat 1948–1949, Bd. II, 1981, S. 547 f.

[92] So spricht *Wißmann*, Stellungnahme zum Gesetzentwurf der Landesregierung Drs. 17/3776 und zum Änderungsantrag Drs. 17/4305 des Landtages Nordrhein-Westfalen, Stellungnahme 17/1195 vom 10.2.2019, S. 4 angesichts möglicher geringer Zustimmungsraten in der relativen Mehrheitswahl von „Zufallsergebnisse[n]"; ebenso verwendet *Seybold*, Gerechtigkeitsdiskussion, in: NVwZ 2021, S. 293 (295) den Begriff „Zufallskandidaten".

eindeutige Zuteilung in Mehrheit und Minderheit entspricht damit eher dem Gedanken des stets erneuerten, offenen Wettbewerbs um die demokratische Herrschaft.

6. Ergebnis: Die absolute Mehrheit als demokratische Mehrheit

Die historische Entwicklung des Mehrheitsprinzips macht deutlich, dass das Mehrheitsprinzip also solches zwar keine Demokratie voraussetzt, umgekehrt aber die Demokratie das Mehrheitsprinzip als zentralen Entscheidungsmechanismus fordert[93]. Dabei kann die Praktikabilität dieses Entscheidungsmodus nicht als maßgebliche Begründung für dessen Geltung als elementares Entscheidungsprinzip der Demokratie fungieren, weil dieses Argument ebenso in anderen Herrschaftsformen Geltung beanspruchen kann. Deshalb lässt sich weder das Mehrheitsprinzip als solches noch speziell das relative Mehrheitserfordernis bei der Wahl monokratischer Ämter mit dem praktischen Argument begründen, dass auf diese Weise eine Entscheidung einfach, schnell und unkompliziert zustande kommen kann. Maßgebliche Grundlage für die Geltung des Mehrheitsprinzips als elementarer Entscheidungsgrundsatz der Demokratie bilden vielmehr die zusammenhängenden Grundsätze der Gleichheit und Freiheit aller Staatsbürger, deren größtmögliche Verwirklichung allein bei einer Mehrheitsentscheidung gewährleistet ist. Bei einer Wahl eines monokratischen Amtes bedarf es hierzu im Grundsatz eines absoluten Mehrheitserfordernisses, weil sich bei einer relativen Mehrheitswahl womöglich nur die „größte Minderheit"[94] durchsetzt. Daher hat der Verfassungsgerichtshof für das Land Nordrhein-Westfalen zutreffend festgestellt:

> „Mit Blick auf den Zustimmungsgrad kommt das Demokratieprinzip grundsätzlich bestmöglich zur Geltung, wenn für eine Entscheidung eine absolute Mehrheit erzielt wird, weil es sich nur in diesem Fall tatsächlich um eine Minderheit handelt, die sich dem Mehrheitswillen unterwerfen muss"[95].

---

[93] In diesem Sinne auch *Flaig*, Mehrheitsentscheidung, in: ders. (Hrsg.), Genesis und Dynamiken der Mehrheitsentscheidung, 2013, S. VII (VII); *Natus*, Verfassungsmissbrauch, 2017, S. 179; *Morlok/Michael*, Staatsorganisationsrecht, 2023, Rn. 162; anders hingegen *C. Thiele*, Regeln, 2008, S. 303, nach der „das Mehrheitsprinzip [...] kein Begriffselement der Demokratie" ist, weil auf das Einstimmigkeitsprinzip zurückgegriffen werden könne; ähnlich skeptisch *Stern*, Staatsrecht, Bd. I, 1984, S. 611, nach dessen Ansicht das Mehrheitsprinzip nur „eine Methode der Entscheidungsfindung" darstellt.

[94] Treffende Bezeichnung der relativen Mehrheit bei *Sartori*, Demokratietheorie, 1997, S. 220; sinngemäß *Krüper*, Stichwahlen, in: DÖV 2009, S. 758 (762); *Heun*, Entstehungsvoraussetzungen, in: Flaig (Hrsg.), Genesis und Dynamiken der Mehrheitsentscheidung, 2013, S. 21 (34); *Walther*, Mehrheitswahlsysteme, 2017, S. 65. Daher ist nach *C. Thiele*, Regeln, 2008, S. 305 die relative Mehrheit „mehr eine Minderheits- als eine Mehrheitsregel."

[95] VerfGH NRW, Urteil vom 20.12.2019, 35/19, S. 44.

Ergänzend lässt sich die für die Demokratie positiv wirkende Kompromiss- und Verfahrensfunktion des Mehrheitsprinzips für ein absolutes Mehrheitsprinzip in Stellung bringen, da sich häufig die einzelnen Minderheitengruppen zu einer Mehrheit zusammenschließen und dazu auf einen Kompromisskandidaten einigen müssen, anstatt sich ohne Verständigungsversuch als „größte Minderheit" vergleichsweise zufällig durchzusetzen. Aus demokratischen Gesichtspunkten bedarf es daher grundsätzlich einer Zustimmungsrate von mehr als 50 %[96]. Unter Berücksichtigung dieser demokratietheoretischen Überlegungen ist dem Prinzip der Volkssouveränität nach Art. 20 Abs. 2 GG somit nicht nur in unspezifischer Hinsicht das Mehrheitsprinzip, sondern zugleich ein Streben nach einer absoluten Mehrheit für alle staatlichen Entscheidungen zu entnehmen[97].

II. Absolute Mehrheitsentscheidung im Grundgesetz als notwendige Konsequenz

Nachdem die demokratietheoretische Untersuchung für ein absolutes Mehrheitserfordernis als demokratisches Grundprinzip spricht, sind nun in einem zweiten Schritt die konkreten Verfassungsbestimmungen zum Mehrheitsprinzip in die Betrachtung einzubeziehen. Dabei dürfen die Regelungen des einfachen Verfassungsrechts nicht ohne Weiteres als notwendige und alternativlose Konkretisierung des Demokratieprinzips aufgefasst werden. Folglich muss eine Differenzierung zwischen Aspekten erfolgen, die verfassungspolitische und damit revidierbare Entscheidungen des Verfassunggebers darstellen, und solchen, die der Verfassunggeber – bewusst oder unbewusst – als notwendige Realisierung des Demokratieprinzips umgesetzt hat. Dazu bedarf es einer eingehenden Analyse der einzelnen Bestimmungen, die den historischen und teleologischen Hintergrund der jeweiligen Vorschrift berücksichtigt und in Beziehung zu den demokratischen Grundsätzen setzt. Auf diese Weise lassen sich in einer Gesamtschau des Grundgesetzes womöglich weitere Indizien für einen im Demokratieprinzip verankerten Grundsatz der absoluten Mehrheit finden und sich dieser zugleich einer Konkretisierung dahingehend zuführen lassen,

---

[96] So *Steffani*, Mehrheitsentscheidungen, in: ZParl 17 (1986), S. 569 (575); *Mußgnug*, Mehrheitsprinzip, in: Breuer u. a. (Hrsg.), FS Klein, 2013, S. 249 (251); *Natus*, Verfassungsmissbrauch, 2017, S. 180 ff.

[97] *Heun*, Mehrheitsprinzip, 1983, S. 124 bezeichnet insofern zu Recht die „absolute Mehrheit als die eigentlich demokratische Mehrheit"; zustimmend *Magsaam*, Mehrheit, 2014, S. 77; *Natus*, Verfassungsmissbrauch, 2017, S. 187; *Huster/Rux*, in: Epping/Hillgruber (Hrsg.), GG, 3. Aufl. 2020, Art. 20 Rn. 85. Bereits der Vorsitzende des Ausschusses für Wahlrechtsfragen des Parlamentarischen Rates *Becker*, Dritte Sitzung des Ausschusses für Wahlrechtsfragen, 23. September 1948, in: Deutscher Bundestag/Bundesarchiv (Hrsg.), Der Parlamentarische Rat 1948–1949, Bd. VI, 1994, S. 60 wies auf den demokratischen Vorrang der absoluten Mehrheit hin, wenngleich er dies mit der Annäherung an die Einstimmigkeit begründete.

ob er prinzipiell auf die Abstimmungsberechtigten oder nur die Abstimmenden bezogen ist.

Wenngleich das Grundgesetz keine ausdrückliche Festlegung auf das Mehrheitsprinzip als generellen Entscheidungsgrundsatz enthält, hat es dieses in vielen Bestimmungen in unterschiedlicher Ausprägung als Entscheidungsmechanismus für bestimmte Bereiche festgelegt. Von Relevanz für die vorliegende Fragestellung sind insbesondere die beiden Verfassungsbestimmungen zur Wahl eines monokratischen Amtes – zum einen die Wahl des Bundeskanzlers nach Art. 63 GG, zum anderen die Wahl des Bundespräsidenten gemäß Art. 54 GG. In der Debatte über die Bürgermeister- und Landratswahlen brachten einige diese Wahlverfahren als verfassungsrechtliches Argument gegen die ersatzlose Abschaffung der Stichwahl vor, wogegen andere jedoch die fehlende Vergleichbarkeit dieser zentralen Staatsämter mit dem Amt der kommunalen Hauptverwaltungsbeamten anführten[98]. Damit beschränkt sich die Debatte in erster Linie auf die funktionale Bedeutung des jeweiligen Amtes und damit des jeweiligen Mehrheitserfordernisses, ohne zu beleuchten, ob die Regelungen Ausprägungen eines allgemeingültigen demokratischen Grundsatzes darstellen könnten. Zugleich wird die grundlegende Ausprägung des Mehrheitsprinzips als parlamentarischer Entscheidungsgrundsatz in Art. 42 Abs. 2 S. 1 GG und in den jeweiligen Landesverfassungen kaum behandelt oder ihnen sogar die Aussage zugeschrieben, dass grundsätzlich auch relative Mehrheiten für staatliche Entscheidungen genügen würden[99]. Daran zeigt sich nicht nur ein grundsätzliches Missverständnis in der begrifflichen Abgrenzung der relativen und absoluten Mehrheit, sondern zugleich eine fehlende Rückbindung an die demokratietheoretischen Grundlagen des Mehrheitsprinzips. Im Folgenden sind daher die Konkretisierungen des Mehrheitsprinzips unter der Perspektive des

---

[98] Mit diesen grundgesetzlich geregelten Wahlverfahren argumentieren die Antragsteller in VerfGH NRW, Urteil vom 26.5.2009, 2/09, S. 11, abrufbar unter www.verfgh.nrw.de/rechtsprechung/entscheidungen/2009/090526_2-09.pdf (letzter Abruf: 31.7.2024); *Seybold*, Stichwahl, in: DVP 2010, S. 453 (454 Fn. 13); *Bätge*, Stellungnahme zum Gesetzentwurf der Landesregierung Drs. 17/3776 und zum Änderungsantrag Drs. 17/4305 des Landtages Nordrhein-Westfalen, Stellungnahme 17/1194, S. 15; dagegen mit dem Verweis auf die fehlende Vergleichbarkeit VerfGH NRW, NVwZ 2009, S. 1096 (1098); Sondervotum zu VerfGH NRW, Urteil vom 20.12.2019, 35/19, S. 82 ff.; *Mehde*, Stichwahlen, in: KommJur 2013, S. 446 (452); *Wißmann*, Stellungnahme zum Gesetzentwurf der Landesregierung Drs. 17/3776 und zum Änderungsantrag Drs. 17/4305 des Landtages Nordrhein-Westfalen, Stellungnahme 17/1195 vom 10.2.2019, S. 2.

[99] So etwa *Groß*, Direktwahl, in: LKRZ 2010, S. 93 (95); jedenfalls missverständlich VerfGH NRW, NVwZ 2009, S. 1096 (1098 f.); ebenso unklar erscheint aber der dagegen gerichtete Einwand mangelnder Vergleichbarkeit bei *Krüper*, Stichwahlen, in: DÖV 2009, S. 758 (762), der diese einfache Mehrheit gegenüber der „absoluten Mehrheit“ mit der besonderen parlamentarischen Konstellation rechtfertigt, obwohl er für die Wahl monokratischer Ämter selbst die „absolute Mehrheit der abgegebenen Stimmen“, also nur die einfache Mehrheit verlangt.

Demokratieprinzips daraufhin zu untersuchen, ob sie den demokratietheoretischen Befund des Strebens nach einer absoluten Mehrheit bei der Besetzung monokratischer Ämter normativ bestätigen. Zunächst ist dabei der parlamentarische Grundsatz für Wahlen und Abstimmungen in Art. 42 Abs. 2 GG (1.) näher zu betrachten und auf dieser Grundlage die besonderen Verfahren der Kanzlerwahl nach Art. 63 GG (2.) sowie der Bundespräsidentenwahl nach Art. 54 GG (3.) in den Blick zu nehmen.

1. Die einfache Mehrheit nach Art. 42 Abs. 2 S. 1 GG als demokratischer Grundsatz

Das Grundgesetz schreibt mit Art. 42 Abs. 2 S. 1 GG ausdrücklich das Mehrheitsprinzip als Entscheidungsgrundsatz im Bundestag fest und konkretisiert damit die Grundsätze des Demokratieprinzips für Parlamentsbeschlüsse. Ausnahmen von diesem Mehrheitserfordernis sind möglich, soweit das Grundgesetz sie selbst anordnet (Art. 42 Abs. 2 S. 1 Hs. 2 GG) oder sie für Wahlen in der Geschäftsordnung des Bundestages vorgesehen sind (Art. 42 Abs. 2 S. 2 GG). Neben der Entstehungsgeschichte, der praktischen Anwendung und dem dahinterstehenden Zweck dieses Mehrheitserfordernisses ist folglich die Bedeutung und Reichweite der möglichen Ausnahmen in den Blick zu nehmen. Soweit diese nicht als generelle Relativierung, sondern als *bereichsspezifisch* begründete Ausnahme einzuordnen sind, kann Art. 42 Abs. 2 S. 1 GG womöglich als allgemeiner Entscheidungsgrundsatz sowohl für Sach- als auch Personenentscheidungen unter dem Grundgesetz fungieren.

a) Genese: Art. 42 Abs. 2 GG als traditionelle Abstimmungsregel

Der Blick auf die Historie der Vorschrift könnte einen ersten Rückschluss darauf zulassen, inwiefern Art. 42 Abs. 2 GG als folgerichtiger Abschluss einer demokratischen Entwicklung zu verstehen ist oder lediglich eine spezifische Besonderheit des Grundgesetzes darstellt. Bereits nach der in § 98 S. 1 PKVerf. vorgesehenen Regelung war für einen Beschluss die „einfache Stimmenmehrheit" in den beiden Häuser des Reichstages erforderlich. Nach der Reichsverfassung von 1871 beschloss der Reichstag gemäß Art. 28 Abs. 1 S. 1 RVerf. mit „absoluter Stimmenmehrheit". Nach dieser Formulierung war der Umgang mit Enthaltungen umstritten, wenngleich diese nach der überwiegenden Ansicht und der parlamentarischen Praxis bei der Mehrheitsbestimmung nicht berücksichtigt wurden[100]. Nach Art. 32 S. 1 WRV war für einen Beschluss des

[100] Siehe die Darstellung bei *Roscheck*, Enthaltung, 2003, S. 137; *C. Thiele*, Regeln, 2008, S. 443; anders die Deutung bei *Klein/Schwarz*, in: Dürig/Herzog/Scholz (Hrsg.), GG, Art. 42 (2021), Rn. 94, der explizit den Wechsel zur einfachen Mehrheit in der Weimarer Verfassung als historisches Argument dafür sieht, Enthaltungen nunmehr nicht mehr mitzuzählen.

Reichstages die „einfache Stimmenmehrheit“ erforderlich, soweit die Verfassung beziehungsweise für Wahlen die Geschäftsordnung nichts anderes bestimmte. Entsprechend der schon im Kaiserreich entstandenen parlamentarischen Tradition wurden Enthaltungen dabei nicht mitgezählt und dies ausdrücklich in § 100 S. 4 GO-RT normiert[101]. Mit der Forderung nach der „Mehrheit der abgegebenen Stimmen“ statuiert auch Art. 42 Abs. 2 S. 1 GG für die Beschlüsse des Bundestages die einfache Abstimmungsmehrheit[102]. Das Grundgesetz hat den Inhalt des Art. 32 S. 1 WRV sinngemäß in Art. 42 Abs. 2 S. 1 GG übernommen und sich damit in die demokratische Entwicklungslinie zur Anwendung des Mehrheitsprinzips im Parlament eingereiht[103].

b) Enthaltungen als Beitrag zum parlamentarischen Kompromiss

Entsprechend der historischen Tradition seien nach überwiegender Ansicht ausdrückliche Enthaltungen ebenso wie ungültige Stimmen im Abstimmungsergebnis nicht zu werten[104]. Aus dem Wortlaut ließe sich zunächst Gegenteiliges schließen, da eine ausdrückliche Enthaltung bei der Abstimmung als „abgegebene Stimme“ aufgefasst werden kann[105]. In teleologischer Hinsicht ist je-

---

[101] Dazu *Roscheck*, Enthaltung, 2003, S. 138; *Klein/Schwarz*, in: Dürig/Herzog/Scholz (Hrsg.), GG, Art. 42 (2021), Rn. 94.

[102] *Kemmler*, Abstimmungsmethode, 1969, S. 111; *Zeh*, Verfahren, in: Isensee/Kirchhof (Hrsg.), HStR III, 3. Aufl. 2005, § 53 Rn. 48; *Magsaam*, Mehrheit, 2014, S. 117; *Morlok*, in: Dreier (Hrsg.), GG, Bd. II, 3. Aufl. 2015, Art. 42 Rn. 34; *Klein/Schwarz*, in: Dürig/Herzog/Scholz (Hrsg.), GG, Art. 42 (2021), Rn. 93; *Magiera*, in: Sachs (Hrsg.), GG, 9. Aufl. 2021, Art. 42 Rn. 10. – Der noch in Art. 54 Abs. 1 S. 1 HChE vorgesehene Begriff „einfache“ Mehrheit wurde gestrichen, weil er eine Tautologie enthält, so die Begründung des Abgeordneten *Katz*, Elfte Sitzung des Kombinierten Ausschusses, 7. Oktober 1948, in: Deutscher Bundestag/Bundesarchiv (Hrsg.), Der Parlamentarische Rat 1948–1949, Bd. XIII, 2002, S. 432. Hingegen spricht etwa Art. 23 Abs. 1 BayVerf. explizit von „einfacher Mehrheit“, was *Möstl*, in: Lindner/Möstl/Wolff (Hrsg.), Verfassung des Freistaates Bayern, 2. Aufl. 2017, Art. 23 Rn. 5 als zusätzliches Argument für die Nichtberücksichtigung von Enthaltungen anführt.

[103] Aufgrund der historischen Entwicklung bezeichnet *C. Thiele*, Regeln, 2008, S. 306 ff. sie zutreffend als „traditionelle Abstimmungsregel“. Ebenso spricht *Roscheck*, Enthaltung, 2003, S. 137 von einer „Parlamentsrechtstradition“.

[104] So *Zeh*, Verfahren, in: Isensee/Kirchhof (Hrsg.), HStR III, 3. Aufl. 2005, § 53 Rn. 48; *Magsaam*, Mehrheit, 2014, S. 163 f.; *Morlok*, in: Dreier (Hrsg.), GG, Bd. II, 3. Aufl. 2015, Art. 42 Rn. 34; *Klein/Schwarz*, in: Dürig/Herzog/Scholz (Hrsg.), GG, Art. 42 (2021), Rn. 94; *Magiera*, in: Sachs (Hrsg.), GG, 9. Aufl. 2021, Art. 42 Rn. 10; *Jarass*, in: ders./Pieroth (Hrsg.), GG, 18. Aufl. 2024, Art. 42 Rn. 5; *Schliesky*, in: Huber/Voßkuhle (Hrsg.), GG, Bd. II, 8. Aufl. 2024, Art. 42 Rn. 68; anders hingegen *Höfling/Burkiczak*, Mehrheitsprinzip, in: Jura 2007, S. 561 (566); *Versteyl*, in: v. Münch/Kunig (Hrsg.), GG, Bd. I, 6. Aufl. 2012, Art. 42 Rn. 25.

[105] Dies konstatieren *Jellinek*, Kabinettsfrage, in: DÖV 1949, S. 381 (381); *Roscheck*, Enthaltung, 2003, S. 140; *Höfling/Burkiczak*, Mehrheitsprinzip, in: Jura 2007, S. 561 (566); *Klein/Schwarz*, in: Dürig/Herzog/Scholz (Hrsg.), GG, Art. 42 (2021), Rn. 94.

doch die Konsequenz einer solchen Auslegung zu berücksichtigen. Wenn die parlamentarische Praxis die Enthaltungen zu den abgegebenen Stimmen zählt und entsprechend dem Wortlaut des Art. 42 Abs. 2 S. 1 GG „die Mehrheit der abgegebenen Stimmen" verlangt, würden die Enthaltungen gemeinsam mit den Nein-Stimmen den Ja-Stimmen gegenüber gestellt und damit faktisch wie Nein-Stimmen wirken. Dies würde ihrem spezifischen Gehalt nicht gerecht, wonach sie mangels eines ausdrücklichen Votums für eine der Abstimmungsalternativen weder als Zustimmung noch als Ablehnung fungieren[106]. Daher ist es geboten die Enthaltungen nicht mitzuzählen, um ihrer eigenständigen Bedeutung und dem damit verbundenen Willen der Abstimmenden Rechnung zu tragen, die damit ihre „Gleichgültigkeit gegenüber den vorgelegten Alternativen"[107] zum Ausdruck gebracht haben.

Diese herrschende Auffassung kritisiert *Versteyl* mit dem Verweis auf die besondere Rolle der Abgeordneten: „Die Funktion der Abgeordneten ist es ja gerade, ihre Meinung zu bekunden; in der Nichtbekundung kommt zumindest auch der Wille zum Ausdruck, nicht für den betreffenden Antrag zu stimmen."[108] Indem diese Ansicht Enthaltungen mitzählen möchte und ihnen damit eine ablehnende Wirkung zuweist, erzeugt sie faktisch eine Verpflichtung der Abgeordneten sich für oder gegen den Beschluss zu positionieren, soweit er der Abstimmung nicht fernbleiben und damit möglicherweise die Beschlussfähigkeit gefährden möchte. Es zählt aber zu den bedeutenden demokratischen Grundsätzen der Entscheidungsfreiheit des Einzelnen und damit zu dem aus Art. 38 Abs. 1 S. 2 GG folgenden Recht des Abgeordneten, sich nicht in jeder Frage festlegen zu müssen, sich also bei einer Abstimmung enthalten zu dürfen[109]. Die faktische Beeinträchtigung dieser Entscheidungsfreiheit wäre aber

---

[106] So *Magsaam*, Mehrheit, 2014, S. 65; *Morlok*, in: Dreier (Hrsg.), GG, Bd. II, 3. Aufl. 2015, Art. 42 Rn. 34.

[107] Ausdrücklich für die Nichtbeteiligung an der Abstimmung, aber gleichbedeutend für Enthaltungen *Heun*, Mehrheitsprinzip, 1983, S. 106 f. Insofern führt *Jellinek*, Kabinettsfrage, in: DÖV 1949, S. 381 (381) zutreffend aus, dass eine Wertung der Enthaltungen als Ablehnung „eine Vergewaltigung des Willens derer [wäre], die sich der Stimme enthalten und eben nicht mit Nein gestimmt haben."

[108] *Versteyl*, in: v. Münch/Kunig (Hrsg.), GG, Bd. I, 6. Aufl. 2012, Art. 42 Rn. 25.

[109] In diesem Sinne *L. Weber*, Beschlußfassung, 1951, S. 20 f.; *C. Thiele*, Regeln, 2008, S. 438; *Magsaam*, Mehrheit, 2014, S. 64. Dieses Recht war bereits im Konstitutionalismus des 19. Jahrhunderts anerkannt, siehe *G. Meyer*, Wahlrecht, 1901, S. 657. Dieses allgemeine demokratische Recht erkennt auch *Versteyl*, in: v. Münch/Kunig (Hrsg.), GG, Bd. I, 6. Aufl. 2012, Art. 42 Rn. 25 an, hält es aber insoweit nicht für beachtlich. Ähnlich sieht *Roscheck*, Enthaltung, 2003, S. 140 f. die Mandatsfreiheit nicht dadurch tangiert, dass Enthaltungen faktisch wie Nein-Stimmen wirken, wenngleich er einräumt, dass dies „den Druck auf die Abgeordneten, sich inhaltlich zu entscheiden, erhöhen" würde. Dem ist insoweit zuzugestehen, dass nicht allein mit Art. 38 Abs. 1 S. 2 GG die Unzulässigkeit einer entsprechenden Regelung begründet werden könnte. Allerdings kann ein solcher Umstand bei der Auslegung

nicht nur aus Perspektive des einzelnen Abgeordneten problematisch, sondern sie könnte insbesondere in Widerspruch zum Mehrheitsprinzip und seiner demokratischen Funktion treten. So kann die mit einer Enthaltung zum Ausdruck gebrachte Neutralität gegenüber den Entscheidungsalternativen „Ja oder Nein" in der politischen Praxis darin begründet sein, dass er tatsächlich sowohl mit der Beibehaltung als auch der vorgeschlagenen Veränderung des Status quo einverstanden ist. Ebenso ist es möglich, dass derjenige ursprünglich eine andere nicht mehrheitsfähige Alternative präferiert hat und er dies mit der Enthaltung bei der Schlussabstimmung zum Ausdruck bringen will, dabei die Annahme des mehrheitsfähigen Vorschlages jedoch nicht verhindern möchte, da er sich mit diesem arrangieren kann. Die *Kompromissfunktion* des Mehrheitsprinzips würde konterkariert, wenn seine Enthaltung faktisch als Ablehnung des Antrages eingeordnet wird, obwohl er sich mit diesem abfinden kann. Grundsätzlich sind daher bei allen Mehrheitsentscheidungen ohne besondere Regelungen und damit zugleich im Rahmen des Art. 42 Abs. 2 S. 1 GG sowohl *faktische* Enthaltungen durch die Nichtteilnahme als auch *ausdrückliche* Enthaltungen bei der Stimmabgabe für die Berechnung der Mehrheit außer Betracht zu lassen[110].

c) Vielzahl von Vorschlägen als Herausforderung der parlamentarischen Mehrheitsbildung

Eine Mehrheit der abgegebenen Stimme im Sinne des Art. 42 Abs. 2 S. 1 GG besteht daher, wenn auf den jeweiligen Antrag – unter Nichtberücksichtigung

des Art. 42 Abs. 2 S. 1 GG in systematischer Hinsicht miteinbezogen werden, der zusätzlich für die Nichtberücksichtigung von Enthaltungen bei der Mehrheitsbestimmung spricht.

[110] So allgemein zur Mehrheitsbestimmung *Heun*, Mehrheitsprinzip, 1983, S. 106 f.; *Roscheck*, Enthaltung, 2003, S. 142; *Magsaam*, Mehrheit, 2014, S. 65 f.; *Natus*, Verfassungsmissbrauch, 2017, S. 180 Fn. 101; *Huster/Rux*, in: Epping/Hillgruber (Hrsg.), GG, 3. Aufl. 2020, Art. 20 Rn. 86. – Anders hingegen aus einer politikwissenschaftlichen Perspektive *Bobbio*, Mehrheitsregel, in: Guggenberger/Offe (Hrsg.), An den Grenzen der Mehrheitsdemokratie, 1984, S. 108 (127 f.), der ausdrücklich zwischen Nichtteilnahme und ausdrücklicher Enthaltung differenziert, wobei seine Annahme – Nichtteilnahme bedeutet „Gleichgültigkeit gegenüber beiden Alternativen", ausdrückliche Enthaltung „Gegnerschaft hinsichtlich der einen und der anderen Alternative" – im parlamentarischen Kontext aufgrund der Quoren zur Beschlussfähigkeit auch eine umgekehrte Deutung zulassen würde, weil bei Nichterreichen dieses Quorums die Abstimmung gänzlich scheitern würde. Im Übrigen bleibt es bei der Ablehnung der daraus folgenden Konsequenz, Enthaltungen doch eine positive oder negative Wirkung zuzusprechen, obwohl der Abstimmende keine Ja- oder Nein-Stimme abgegeben hat. Dennoch für eine entsprechende Differenzierung im Anwendungsbereich des Art. 42 Abs. 2 S. 1 *Höfling/Burkiczak*, Mehrheitsprinzip, in: Jura 2007, S. 561 (566); *Versteyl*, in: v. Münch/Kunig (Hrsg.), GG, Bd. I, 6. Aufl. 2012, Art. 42 Rn. 25. – Zur Relevanz der Teilnahmequote für die demokratische Legitimation bei Direktwahlen ausführlich unten Teil 4, A. II.

der Enthaltungen – mehr Ja-Stimmen als Nein-Stimmen entfallen[111]. Dies erfordert bei einer Mehrzahl an Beschlussvorschlägen zum selben Sachbereich, dass über jeden einzelnen Vorschlag gesondert abgestimmt wird und nicht gleichzeitig über mehrere Alternativen, bei der eine solche womöglich nur die *relativ* meisten Stimmen und damit nicht die vom Wortlaut erforderliche Mehrheit der abgegebenen Stimmen erhält[112]. Es entspricht insoweit dem „Wesen einer Abstimmung, daß der Abstimmende jede gestellte Frage muß bejahen oder verneinen können."[113] Als Konkretisierung dieser verfassungsrechtlichen Anforderung verlangt § 46 S. 1 GO-BT deshalb grundsätzlich eine Fragestellung, die sich mit „Ja" oder „Nein" beantworten lässt. Die Abgeordneten können also ihre spezifischen, individuellen Meinungen, etwa in Form minimaler Differenzen über den Wortlaut des Antrages, nicht vollkommen zur Geltung bringen, sondern sind im Rahmen der Abstimmung auf die Zustimmung, Ablehnung oder Neutralität zum jeweiligen Antrag verwiesen, da nur auf diese Weise die „nach dem Mehrheitsprinzip erforderliche Quantifizierung der individuellen Willensäußerungen"[114] ermöglicht wird. Für einen positiven Beschluss des Parlamentes bedarf es folglich häufig eines vorher ausgehandelten Kompromisses, wonach sich die Abgeordneten mehrheitlich auf einen Antrag verständigen und ihm zustimmen, ohne dass dieser umfassend ihrem Idealbild entspricht.

Sofern eine solche vorherige Verständigung scheitert, gewinnt die Reihenfolge der Abstimmung über die verschiedenen Alternativen an Bedeutung, da diese zu taktischen Erwägungen verleiten und das Ergebnis der Entscheidung beeinflussen kann[115]. Nach parlamentarischer Tradition ist grundsätzlich zu-

---

[111] *Roscheck*, Enthaltung, 2003, S. 142; *Morlok*, in: Dreier (Hrsg.), GG, Bd. II, 3. Aufl. 2015, Art. 42 Rn. 34; *Klein/Schwarz*, in: Dürig/Herzog/Scholz (Hrsg.), GG, Art. 42 (2021), Rn. 93; *Magiera*, in: Sachs (Hrsg.), GG, 9. Aufl. 2021, Art. 42 Rn. 10; *Schliesky*, in: Huber/Voßkuhle (Hrsg.), GG, Bd. II, 8. Aufl. 2024, Art. 42 Rn. 68.

[112] Insoweit deuten auch *Kemmler*, Abstimmungsmethode, 1969, S. 111 insb. Anm. 5; *Morlok*, Demokratie, in: Badura/Dreier (Hrsg.), FS BVerfG, Bd. II, 2001, S. 559 (583) an, dass eine relative Mehrheit im Rahmen des Art. 42 Abs. 2 S. 1 GG nicht genügt.

[113] So BVerfGE 1, 14 (43); sinngemäß *L. Weber*, Beschlußfassung, 1951, S. 72; *Achterberg*, Verhandlung, 1979, S. 102; *C. Thiele*, Regeln, 2008, S. 269.

[114] Dazu näher *Kemmler*, Abstimmungsmethode, 1969, S. 112 ff.

[115] Dazu bereits eingehend *Trendelenburg*, Methode, 1850, S. 7 ff. Er erblickt zutreffend eine Relevanz der individuellen Präferenzreihenfolge, die zur Verzerrung der tatsächlichen Mehrheitsverhältnisse führen kann, weil die Abstimmenden in ein Entscheidungsdilemma geraten, wenn zunächst von ihnen lediglich nachrangig gewünschte Optionen zur Abstimmung gestellt werden und sie folglich nicht einschätzen können, ob sie dieser besser zustimmen oder diese in der Hoffnung einer späteren Mehrheit für ihre Erstpräferenz ablehnen sollten, a.a.O., S. 32 f. Zur Relevanz der Abstimmungsreihenfolge ferner *Kemmler*, Abstimmungsmethode, 1969, S. 186 ff.; *Heun*, Mehrheitsprinzip, 1983, S. 136 f., nach deren Ansicht eine Alternative grundsätzlich bessere Chancen hat, je früher sie zur Abstimmung gestellt wird. Dies muss allerdings nicht immer gelten, wie etwa das an die berühmte Abstim-

nächst über den weitgehendsten Antrag und zuletzt über den Antrag mit geringster inhaltlicher Reichweite abzustimmen[116]. Dieses Verfahren bietet den maßgeblichen Vorteil, dass es bei einer solchen Reihenfolge enden kann, sobald ein Antrag angenommen ist, da dieser den mehrheitlichen Maximalkonsens darstellen sollte[117]. Allerdings ist eine eindeutige Kategorisierung in der Praxis bisweilen schwierig oder gar unmöglich und es bleibt das Problem der Beeinflussung des Ergebnisses durch die Reihenfolge bestehen. Alternativ könnte daher nach dem Vorbild einer Personenwahl zunächst gleichzeitig über alle Anträge abgestimmt und der mehrheitlich präferierte Vorschlag nachfolgend herausgefiltert werden, wie es in § 50 Abs. 2 S. 3 GO-BT für einen Sonderfall der Sachentscheidung vorgesehen ist[118]. Ein solches Verfahren wäre jedenfalls ohne Weiteres in Fällen möglich, in denen es vergleichbar zu der Konstellation in § 50 Abs. 2 S. 3 GO-BT zwingend zu einer positiven Entscheidung kommen muss, eine gänzliche Ablehnung also keine Alternative darstellt. Durch entsprechende Wiederholung der Abstimmungen, ein nacheinander vollzogenes Aussortieren der nicht mehrheitsfähigen Vorschläge oder einen – wie in § 50 Abs. 2 S. 3 GO-BT vorgesehenen – Stichentscheid würde dem Erfordernis einer absoluten Mehrheit der Abstimmenden und damit der verfassungsrechtlichen Vorgabe des Art. 42 Abs. 2 S. 1 GG hinreichend Rechnung getragen[119].

d) Demokratischer Gehalt des einfachen Mehrheitserfordernisses

Aus einer demokratietheoretischen Perspektive könnte sich hinsichtlich der Regelung des Art. 42 Abs. 2 S. 1 GG die Frage ergeben, warum sie lediglich

---

mung in der Bonn-Berlin-Frage angelehnte Beispiel bei *C. Thiele*, Regeln, 2008, S. 522 ff. zeigt. Bei der Abstimmung über die allgemeine Corona-Impfpflicht standen ebenfalls die Abstimmungsreihenfolge und taktische Erwägungen im Fokus, siehe dazu www.lto.de/recht/nachrichten/n/covid19-kompromiss-bundestag-impfpflicht-60 (letzter Abruf: 31.7.2024).

[116] *Achterberg*, Verhandlung, 1979, S. 106; *C. Thiele*, Regeln, 2008, S. 529; *Huster/Rux*, in: Epping/Hillgruber (Hrsg.), GG, 3. Aufl. 2020, Art. 20 Rn. 87.1; ausführlich zur Diskussion und Anwendung dieses Verfahrens *Kemmler*, Abstimmungsmethode, 1969, S. 171 ff.; *C. Thiele*, Regeln, 2008, S. 525 ff.

[117] Dazu *C. Thiele*, Regeln, 2008, S. 526 f.; *Huster/Rux*, in: Epping/Hillgruber (Hrsg.), GG, 3. Aufl. 2020, Art. 20 Rn. 87.1.

[118] Hierfür *Kemmler*, Abstimmungsmethode, 1969, S. 216 f., der mit dieser „Wahlmethode" entsprechende Verzerrungseffekte der Reihenfolgeabstimmung verhindern und damit die Chancengleichheit der Anträge sicherstellen möchte; zu diesem Verfahren mit Hinweis auf seine praktische Anwendung beim 5. Strafrechtsänderungsgesetz *C. Thiele*, Regeln, 2008, S. 540 ff.

[119] So betont *Kemmler*, Abstimmungsmethode, 1969, S. 194 f., dass in keinem Fall die relative Mehrheit genügt, sondern Art. 42 Abs. 2 S. 1 GG zwingend die absolute Mehrheit verlangt. Unzutreffend insoweit *Jarass*, in: ders./Pieroth (Hrsg.), GG, 18. Aufl. 2024, Art. 42 Rn. 5, der die Abstimmungsmehrheit mit der relativen Mehrheit gleichsetzt und die meisten Stimmen bei mehr als zwei Alternativen genügen lässt.

an die Mehrheit der Abstimmenden anknüpft. Im Parlamentarischen Rat ist zwar die Alternative einer absoluten Mitgliedermehrheit im Kontext dieser Regelung angesprochen, aber lediglich hinsichtlich der Ausnahmen bei bestimmten Wahlen näher diskutiert worden[120]. Dass bei Sachentscheidungen des Parlaments grundsätzlich keine Mitgliedermehrheit erforderlich ist, lässt sich insbesondere mit zwei Aspekten erklären. Zum einen genügt dieses Erfordernis in der Praxis, um stets die Parlamentsmehrheit sachgerecht abzubilden. Entsprechende Vereinbarungen stellen regelmäßig sicher, dass auch bei Abwesenheit vieler Abgeordnete die Mehrheitsverhältnisse zwischen den Fraktionen gewahrt bleiben[121]. Sollte dies ausnahmsweise einmal nicht der Fall sein, ist es der tatsächlichen Parlamentsmehrheit grundsätzlich jederzeit möglich, einen solchen Beschluss durch eine neue Mehrheitsentscheidung wieder abzuändern[122]. Zum anderen ist die Abstimmungsmehrheit in demokratischer Hinsicht idealer, weil sie die Möglichkeit zur Enthaltung ermöglicht, sowohl die faktische Enthaltung durch Nichtteilnahme also auch die ausdrückliche Enthaltung bei der Abstimmung. Die Neutralität der Enthaltung, die wie aufgezeigt einen spezifischen demokratischen Gehalt aufweist, wird allein im Rahmen der Abstimmungsmehrheit geachtet. Deshalb bildet die Regelung des Art. 52 Abs. 3 S. 1 GG, die für Beschlüsse des Bundesrates eine absolute Mitgliedermehrheit verlangt und damit Enthaltungen als faktische Ablehnung wertet, eine vom Verfassunggeber vorgesehene Ausnahme vom demokratischen Grundsatz des Mehrheitsprinzips und sieht sich daher vor allem aufgrund der dysfunktionalen Wirkung in der Praxis berechtigterweise Kritik ausgesetzt[123].

Für die zugrundeliegende Fragestellung entscheidend ist die Erkenntnis, dass Art. 42 Abs. 2 S. 1 GG unabhängig von der Anzahl an Abstimmungsalternativen auf eine, Enthaltungen ausblendende, absolute Mehrheit der Abstimmenden abzielt und damit prinzipiell keine relative Mehrheit für wirksame Be-

---

[120] Siehe dazu die Debatte in der Sechsten Sitzung des Kombinierten Ausschusses, 24. September 1948, in: Deutscher Bundestag/Bundesarchiv (Hrsg.), Der Parlamentarische Rat 1948–1949, Bd. XIII, 2002, S. 182 ff.; näher dazu unten 2. c).

[121] So *Krüper*, Stichwahlen, in: DÖV 2009, S. 758 (762); *ders.*, Mehrheitsprinzip, in: ZJS 2009, S. 477 (480); näher zu diesen Pairing-Vereinbarungen *Achterberg*, Verhandlung, 1979, S. 115 f.; *C. Thiele*, Regeln, 2008, S. 470 ff.

[122] In diesem Sinne *Krüper*, Stichwahlen, in: DÖV 2009, S. 758 (762); *ders.*, Mehrheitsprinzip, in: ZJS 2009, S. 477 (480). – Einzuräumen ist allerdings, dass die jederzeitige Abänderbarkeit in der Praxis beschränkt sein kann, etwa im Falle einer echten Rückwirkung, bei völkerrechtlichen Verträgen oder im Falle einer notwendigen Beteiligung des Bundesrates. Dieser Umstand kann zwar aus demokratietheoretischer Sicht kritisiert werden, ist aber als Entscheidung des Verfassunggebers bei diesen Abstimmungsgegenständen hinzunehmen.

[123] Siehe *C. Thiele*, Regeln, 2008, S. 445 ff.; *Magsaam*, Mehrheit, 2014, S. 279 ff.; *Dörr*, in: Epping/Hillgruber (Hrsg.), GG, 3. Aufl. 2020, Art. 52 Rn. 12.1. Von einem „Konstruktionsfehler" spricht insofern *Jesse*, Wahlsystem, in: v. Arnim (Hrsg.), Volkssouveränität, Wahlrecht und direkte Demokratie, 2014, S. 43 (49 Fn. 27).

schlüsse des Bundestages genügen lässt. Das Abstimmungsprozedere im Bundestag muss der allgemeinen Erkenntnis Rechnung tragen, dass eine absolute Mehrheit mit Sicherheit – den unwahrscheinlichen Fall der Stimmengleichheit einmal ausgeblendet – nur bei einer Auswahl zwischen genau *zwei* Optionen erreichbar ist[124]. Dies entspricht der klassischen Entscheidung über Zustimmung oder Ablehnung eines Vorschlages. Bei mehr als zwei Alternativen können sich die Präferenzen der Abstimmenden hingegen derart verteilen, dass unmittelbar keine der Alternativen eine absolute Mehrheit erreicht. Bereits bei *Aristoteles* taucht das Problem der Mehrheitsbildung bei mehr als zwei Alternativen auf[125]. In solchen Konstellationen muss die „Bildung einer absoluten Mehrheit Ergebnis einer Übereinkunft"[126] sein. Soweit diese nicht auf Verhandlungswege zu erreichen ist, bedarf es entsprechender Verfahren, die darauf gerichtet sind „die Anzahl der jeweiligen Alternativen auf ein Mindestmaß, im Idealfall auf zwei, zu verringern"[127]. Ein solches gestuftes Abstimmungsverfahren führt dazu, dass entweder alle Anträge von der Mehrheit abgelehnt werden oder aber – zumindest im Idealfall – der am weitestgehende Antrag, den noch eine absolute Mehrheit der Abstimmenden akzeptiert, angenommen wird. Auf diese Weise kann bei parlamentarischen Sachentscheidungen „keine Entscheidung gegen den ausdrücklich erklärten Willen der Mehrheit zustande kommen."[128] Zugleich werden die Abgeordneten dazu angeregt, Kompromisse einzugehen und nachrangige Präferenzen zum Ausdruck zu bringen, indem sie etwa nicht nur für den eigentlich gewünschten, aus ihrer Sicht idealen Antrag stimmen, sondern auch einen weniger weitreichenden, aber mehrheitsfähigen Antrag unterstützen[129]. Das von Art. 42 Abs. 2 S. 1 GG vorausgesetzte und eingeforderte Abstimmungsprozedere kann somit ähnlich wie ein gestufter Wahlmodus zur nachträglichen Bildung einer absoluten Mehrheit

---

[124] Dazu *Heun*, Mehrheitsprinzip, 1983, S. 130 ff.; *Bobbio*, Mehrheitsregel, in: Guggenberger/Offe (Hrsg.), An den Grenzen der Mehrheitsdemokratie, 1984, S. 108 (129).

[125] Siehe die Ausführungen bei *Aristoteles*, Politik, 1268 b 4 ff. hinsichtlich der Bildung des Richterspruchs in Volksgerichten, der deshalb die Abstimmung der Richter auf die Entscheidung zwischen den beiden Anträgen beschränkt sieht; dazu auch *Kemmler*, Abstimmungsmethode, 1969, S. 32 f.

[126] *Bobbio*, Mehrheitsregel, in: Guggenberger/Offe (Hrsg.), An den Grenzen der Mehrheitsdemokratie, 1984, S. 108 (129). Bereits *Aristoteles*, Politik, 1268 b 4 ff. hielt folglich in Schiedsgerichten, bei denen im Gegensatz zu Volksgerichten ein Austausch zwischen den Richtern stattfand, eine vermittelnde Lösung als dritte Alternative für möglich und zulässig.

[127] Prägnant *Heun*, Mehrheitsprinzip, 1983, S. 139.

[128] So zutreffend VerfGH NRW, Urteil vom 20.12.2019, 35/19, S. 44, der jedoch in diesem Kontext fälschlicherweise von „relativer Mehrheit" statt von „einfacher Mehrheit" spricht.

[129] Die Kompromissfunktion eines solchen, keine relativen Mehrheiten zulassenden Mehrheitserfordernisses betont auch *Morlok*, Demokratie, in: Badura/Dreier (Hrsg.), FS BVerfG, Bd. II, 2001, S. 559 (583). Auf die potentielle Relevanz der Präferenzreihenfolge der Wähler bei einer Direktwahl wird noch ausführlich in Teil 4, A. III. 1. eingegangen.

führen. Nicht die relative Mehrheit, die lediglich dem für Ideal gehaltenen Antrag zustimmt, sondern die absolute Mehrheit, die sich unter Umständen mit einem Kompromiss abfindet, ist nach dem verfassungsrechtlichen Grundsatz des Art. 42 Abs. 2 S. 1 GG entscheidungsbefugt. Art. 42 Abs. 2 S. 1 GG bestätigt somit als konkretisierende Vorschrift des Mehrheitsprinzips zunächst einmal den demokratischen Vorrang der absoluten vor der relativen Mehrheit.

e) Keine generelle Relativierung durch bereichsspezifische Ausnahmen

Allerdings wird die Grundregel des Art. 42 Abs. 2 S. 1 Hs. 1 GG zum einen nach Art. 42 Abs. 2 S. 1 Hs. 2 GG durch explizit im Grundgesetz geregelte Ausnahmen sowie gemäß Art. 42 Abs. 2 S. 2 GG für Wahlen durch in der Geschäftsordnung des Bundestages vorgesehene Ausnahmen beschränkt. Letzterer Satz bestätigt in systematischer Hinsicht, dass der Grundsatz des Art. 42 Abs. 1 S. 1 GG ebenso für Wahlen Anwendung findet[130]. Es gilt die aufgeführten Ausnahmen im Folgenden darauf hin zu untersuchen, inwieweit es dabei zur Absenkung des Grundsatzes der einfachen Mehrheit kommt und damit entsprechende Regelungen die Wertung des Art. 42 Abs. 2 S. 1 GG möglicherweise derart relativieren, dass diese kein allgemeingültiges verfassungsrechtliches Modell und notwendige Ausprägung des Demokratieprinzips darstellt.

An vielen Stellen des Grundgesetzes lassen sich gesteigerte Anforderungen gegenüber dem einfachen Mehrheitsprinzip finden. So statuieren die Art. 29 Abs. 7 S. 2 GG, Art. 52 Abs. 3 S. 1 GG, Art. 67 Abs. 1 S. 1 GG, Art. 68 Abs. 1 S. 1 GG, Art. 77 Abs. 4 S. 1 GG oder Art. 87 Abs. 3 S. 2 GG das Erfordernis einer absoluten Mitgliedermehrheit, die Art. 42 Abs. 1 S. 2 GG oder Art. 80a Abs. 1 S. 2 GG verlangen eine Zwei-Drittel-Mehrheit der Abstimmenden und Art. 61 Abs. 1 S. 3 GG und Art. 79 Abs. 2 GG setzen sogar eine Zwei-Drittel-Mehrheit der Mitglieder voraus. Das demokratische Problem qualifizierter Mehrheiten ist bereits angesprochen worden und kann hier nicht näher untersucht werden. Von Bedeutung für das vorliegende Thema wären vielmehr solche Ausnahmen, die das von Art. 42 Abs. 2 S. 1 GG geforderte Quorum unterschreiten und damit den demokratischen Vorrang der absoluten vor der relativen Mehrheit in Zweifel ziehen.

Zu einer solchen Regelung könnte zunächst die Wahl des Bundeskanzlers nach Art. 63 GG zählen, bei der das Quorum in den ersten Wahlphasen mit einer absoluten Mehrheit der Mitglieder des Bundestages zunächst erhöht ist, während es im letzten Wahlgang mit einer relativen Mehrheit der Abstimmenden reduziert wird. Wenngleich die nach vergleichbarer Grundstruktur ablaufende Wahl des Bundespräsidenten aufgrund des eigenständigen Wahlkörpers formal gesehen keine Ausnahme i.S.d. Art. 42 Abs. 2 S. 1 Hs. 2 GG bildet, weicht sie ebenso von dem allgemeinen, in Art. 42 Abs. 2 S. 1 GG zum Aus-

---

[130] So auch explizit *L. Weber*, Beschlußfassung, 1951, S. 83.

druck kommenden Grundsatz der einfachen Mehrheit ab. Da Art. 42 Abs. 2 S. 1 GG keine relative Mehrheit genügen lässt, kann deren Anordnung im letzten Wahlgang in formaler Hinsicht als gegenüber dem Grundsatz reduziertes Erfordernis aufgefasst werden[131]. Jedoch wäre es in materieller Hinsicht eine unzulässige Verkürzung, das relative Mehrheitserfordernis im letzten Wahlgang isoliert herauszugreifen und als generell zulässige Relativierung des Mehrheitsprinzips für Wahlen zu proklamieren, ohne den systematischen Kontext der jeweiligen Regelung zu berücksichtigen, wonach die relative Mehrheit erst nach mehreren erfolglosen Wahlgängen, in denen noch dazu eine Mitgliedermehrheit erforderlich ist, genügt. Daher können diese Regelungen weder ohne Weiteres als Erleichterung noch als Erschwerung des in Art. 42 Abs. 2 S. 1 GG niedergelegten Grundsatzes eingestuft werden. Auf diese Vorschriften ist deshalb noch gesondert einzugehen.

Darüber hinaus finden sich im Grundgesetz noch besondere Quoren für Minderheitenrechte – so nach Art. 23 Abs. 1a S. 2 GG für die Subsidiaritätsrüge, nach Art. 39 Abs. 3 S. 3 GG für die Einberufung des Bundestages, nach Art. 44 Abs. 1 S. 1 GG für die Einsetzung eines Untersuchungsausschusses, nach Art. 45a Abs. 2 S. 2 GG für die Untersuchung im Ausschuss für auswärtige Angelegenheiten und Verteidigung sowie nach Art. 93 Abs. 1 Nr. 2 GG für die abstrakte Normenkontrolle. Nicht nur missverständlich, sondern geradezu falsch erscheint in diesem Zusammenhang der Gebrauch des Begriffs „geringere Mehrheit“[132] sowie die schon sprachlich paradoxe Formulierung „Mehrheit einer Abgeordnetenminderheit“[133]. Die genannten Minderheitenrechte üben typischerweise Minderheiten aus. Dazu bedarf es lediglich einer gewissen Größe der Minderheit, keinesfalls aber einer „geringen Mehrheit“. In diesen Fällen will „das Verfassungsorgan Bundestag […] keinen verbindlichen Staatswillen bilden, sondern zum Schutz der parlamentarischen Minderheit bestimmte Verfahrenshandlungen ermöglichen.“[134] Es handelt sich deshalb auch formal gesehen nur um Antragsrechte und keine Bundestagsbeschlüsse i.S.d. Art. 42 Abs. 2 GG[135]. Aufgrund dessen stellen diese Regelungen weder in for-

---

[131] In diese Richtung *Klein/Schwarz*, in: Dürig/Herzog/Scholz (Hrsg.), GG, Art. 42 (2021), Rn. 103; *Magiera*, in: Sachs (Hrsg.), GG, 9. Aufl. 2021, Art. 42 Rn. 13.

[132] *Versteyl*, in: v. Münch/Kunig (Hrsg.), GG, Bd. I, 6. Aufl. 2012, Art. 42 Rn. 28.

[133] *Magiera*, in: Sachs (Hrsg.), GG, 9. Aufl. 2021, Art. 42 Rn. 13.

[134] Prägnant *Schliesky*, in: Huber/Voßkuhle (Hrsg.), GG, Bd. II, 8. Aufl. 2024, Art. 42 Rn. 71. Man mag wie *Achterberg*, Verhandlung, 1979, S. 51 f. die Einsetzung eines Untersuchungsausschusses begrifflich nicht nur als Verfahrens-, sondern auch als Sachfrage einordnen, die aber zumindest im materiellen Kern ein parlamentarisches Untersuchungsverfahren darstellt, das nicht auf die Bildung eines allgemeingültigen, mit rechtlicher Außenwirkung versehenen Staatswillens gerichtet ist, sondern dem politischen Aufklärungsinteresse dient und daher nicht den demokratischen Anforderungen an die Ausgestaltung der Mehrheitserfordernisse genügen muss.

[135] Ebenso *Morlok*, in: Dreier (Hrsg.), GG, Bd. II, 3. Aufl. 2015, Art. 42 Rn. 39; *Klein/Schwarz*, in: Dürig/Herzog/Scholz (Hrsg.), GG, Art. 42 (2021), Rn. 107.

meller noch in materieller Hinsicht eine Ausnahme oder Reduzierung des in Art. 42 Abs. 2 S. 1 GG verankerten Mehrheitsprinzips dar[136].

Somit gehen die besonderen grundgesetzlichen Regelungen zu parlamentarischen Beschlüssen regelmäßig über die Grundregel des Art. 42 Abs. 2 S. 1 GG hinaus. Zur Absenkung des Quorums kommt es allenfalls nachrangig in der besonderen Konstellation der Kanzlerwahl und der Bundespräsidentenwahl, ohne dass hieraus eine prinzipielle Relativierung des einfachen Mehrheitsprinzips folgen muss. Die Regelungen des Grundgesetzes unterstreichen vielmehr den Charakter des Art. 42 Abs. 2 S. 1 Hs. 1 GG als Mindestvoraussetzung und damit als Grundprinzip für staatliche Entscheidungen.

Hinsichtlich der in der GO-BT vorgesehenen besonderen Regelungen ist ebenfalls von Interesse, inwieweit diese unter dem von Art. 42 Abs. 2 S. 1 Hs. 1 GG statuierten Mehrheitserfordernis bleiben und damit verfassungsrechtlich zulässig sind. Für die Wahl des Bundestagspräsidenten und seiner Stellvertreter wird gemäß § 2 Abs. 2 GO-BT in den ersten zwei Wahlgängen die absolute Mitgliedermehrheit verlangt. Bei mehreren Bewerbern wird durch eine Stichwahl ebenfalls sichergestellt, dass mindestens die Abstimmungsmehrheit erreicht wird. Ferner sehen die § 80 Abs. 2 S. 1 GO-BT, § 81 Abs. 1 S. 2 GO-BT, § 84 S. 1 lit. b GO-BT und § 126 GO-BT bei bestimmten Abstimmungen eine Zwei-Drittel-Mehrheit der Anwesenden vor. Da es sich bei diesen Beschlussgegenständen nicht um Wahlen handelt und daher diese Ausnahmen nicht vom Wortlaut des Art. 42 Abs. 2 S. 2 GG gedeckt sind, stufen Teile der Literatur diese als verfassungswidrig ein[137]. Jedenfalls handelt es sich bei diesen Regelungen nur um eine Erhöhung, nicht aber um eine Absenkung des Mehrheitserfordernisses nach Art. 42 Abs. 2 S. 2 GG. Eine Absenkung liegt hingegen bei der Wahl des Vermittlungsausschusses gemäß § 12 S. 1 i.V.m. § 54 Abs. 2 GO-BT vor. Dieser vom Grundsatz abweichende Wahlmodus ist jedoch in der damit bezweckten Abbildung der parlamentarischen Mehrheits-

---

[136] In diesem Sinne *Morlok*, in: Dreier (Hrsg.), GG, Bd. II, 3. Aufl. 2015, Art. 42 Rn. 39; *Brocker*, in: Epping/Hillgruber (Hrsg.), GG, 3. Aufl. 2020, Art. 42 Rn. 20.3; *Klein/Schwarz*, in: Dürig/Herzog/Scholz (Hrsg.), GG, Art. 42 (2021), Rn. 107; *Schliesky*, in: Huber/Voßkuhle (Hrsg.), GG, Bd. II, 8. Aufl. 2024, Art. 42 Rn. 71; anders aber BVerfGE 142, 25 (55 Rn. 86); *Versteyl*, in: v. Münch/Kunig (Hrsg.), GG, Bd. I, 6. Aufl. 2012, Art. 42 Rn. 28; *Magiera*, in: Sachs (Hrsg.), GG, 9. Aufl. 2021, Art. 42 Rn. 13.

[137] So ausdrücklich *Höfling/Burkiczak*, Mehrheitsprinzip, in: Jura 2007, S. 561 (567); kritisch ferner *Magiera*, in: Sachs (Hrsg.), GG, 9. Aufl. 2021, Art. 42 Rn. 14. – Hingegen hält *Klein/Schwarz*, in: Dürig/Herzog/Scholz (Hrsg.), GG, Art. 42 (2021), Rn. 106 diese Vorschriften aufgrund der Geschäftsordnungsautonomie nach Art. 40 Abs. 1 S. 2 GG für verfassungskonform. Dies ist insofern überzeugend, als es sich hier nicht um Sachentscheidungen, sondern um Verfahrensfragen handelt, die nach der Wertung des Art. 40 Abs. 1 S. 2 GG der Geschäftsordnung überlassen sind, so *Achterberg*, Verhandlung, 1979, S. 48; *Brocker*, in: Epping/Hillgruber (Hrsg.), GG, 3. Aufl. 2020, Art. 42 Rn. 20.2.

verhältnisse im Vermittlungsausschuss begründet, weshalb er durch das Mehrheitsprinzip selbst gefordert und mithin gerechtfertigt ist[138].

Es lässt sich folglich festhalten, dass die in der Geschäftsordnung vorgesehenen Ausnahmen keine Relativierung des Art. 42 Abs. 2 S. 1 Hs. 1 GG bedeuten. In den meisten Fällen stellen die Regelungen erhöhte Anforderungen. In den seltenen Fällen, in denen tatsächlich das Erfordernis einer einfachen Abstimmungsmehrheit unterschritten wird, ist dies aus verfassungsrechtlichen Gründen und zur zutreffenden Anwendung des Mehrheitsprinzips selbst notwendig und damit gerechtfertigt. Daher dreht sich die Debatte, ob die Geschäftsordnung aufgrund der Ermächtigung des Art. 42 Abs. 2 S. 2 GG grundsätzlich lediglich erschwerende und keine erleichternden Voraussetzungen statuieren darf, regelmäßig um den falschen Ausgangspunkt. Maßgeblich für diese Sichtweise spricht nicht der Umstand, dass im Falle der Erleichterung die Voraussetzungen der Verfassungsänderung umgangen werden, da dieser Einwand gleichermaßen gegen erschwerende Ausnahmen spricht[139]. Entscheidend ist vielmehr die Erkenntnis, dass Art. 42 Abs. 2 S. 1 Hs. 1 GG ein Grundprinzip für staatliche Entscheidungen enthält, das auch für die im Grundgesetz nicht geregelten Wahlverfahren nur in verfassungsrechtlich *begründeten* Ausnahmefällen unterschritten werden darf[140].

f) Zwischenergebnis: Die schlichte absolute Mehrheit als Regelfall des Mehrheitsprinzips

Die von Art. 42 Abs. 2 S. 1 Hs. 1 GG vorgesehene einfache Abstimmungsmehrheit hat *Jellinek* einmal sehr treffend als „schlichte absolute Mehrheit"[141] bezeichnet. Auf diese Weise ist eine klare Abgrenzung zur relativen Mehrheit gewährleistet, die häufig mit der einfachen Mehrheit gleichgesetzt oder verwechselt wird. Zugleich wird damit der aus demokratietheoretischer Sicht bestehende Idealcharakter dieses Mehrheitserfordernisses unterstrichen. Enthaltungen mögen politisch unerwünscht sein, sind aber vom Demokratieprinzip

---

[138] Siehe dazu BVerfGE 112, 118 (141). Die spiegelbildliche Repräsentation im Rahmen der Parlamentsarbeit sieht auch *Klein/Schwarz*, in: Dürig/Herzog/Scholz (Hrsg.), GG, Art. 42 (2021), Rn. 87 im Mehrheitsprinzip selbst verankert.

[139] So zu Recht *Klein/Schwarz*, in: Dürig/Herzog/Scholz (Hrsg.), GG, Art. 42 (2021), Rn. 108; *Magiera*, in: Sachs (Hrsg.), GG, 9. Aufl. 2021, Art. 42 Rn. 15; nicht überzeugend daher die Argumentation von *Versteyl*, in: v. Münch/Kunig (Hrsg.), GG, Bd. I, 6. Aufl. 2012, Art. 42 Rn. 31.

[140] Anders hingegen *Magiera*, in: Sachs (Hrsg.), GG, 9. Aufl. 2021, Art. 42 Rn. 15; *Schliesky*, in: Huber/Voßkuhle (Hrsg.), GG, Bd. II, 8. Aufl. 2024, Art. 42 Rn. 73.

[141] *Jellinek*, Kabinettsfrage, in: DÖV 1949, S. 381 (381); sinngemäß sprechen *Höfling/Burkiczak*, Mehrheitsprinzip, in: Jura 2007, S. 561 (566) von „der einfachen absoluten Mehrheiten"; *Kemmler*, Abstimmungsmethode, 1969, S. 194 bezeichnet sie ohne weitere Differenzierungen als „absolute Mehrheit". Hingegen lehnt *C. Thiele*, Regeln, 2008, S. 315 f. diese Begriffsverwendung für die einfache Mehrheit unzutreffend ab.

verfassungsrechtlich zugelassen. Daher ist die einfache Mehrheit, wie sie Art. 42 Abs. 2 S. 1 Hs. 1 GG statuiert, nicht nur eine „fiktive Erscheinungsform der demokratischen absoluten Mehrheit der Abstimmenden“[142], sondern sie stellt vielmehr die aus demokratischer Sicht erforderliche Mehrheit dar[143]. Bei den übrigen Regelungen im Grundgesetz mit besonderen Mehrheitserfordernissen handelt es sich lediglich um bereichsspezifische Abweichungen, die eine Unterschreitung der einfachen Mehrheit allenfalls in begründeten Ausnahmefällen zulassen. Die konkreten Verfassungsbestimmungen relativieren den demokratischen Grundgehalt des einfachen Mehrheitsprinzips deshalb nicht. Staatliche Entscheidungen – sowohl Sachabstimmungen als auch Personalwahlen – sind nach der Entscheidung des Verfassunggebers grundsätzlich mit der einfachen Mehrheit der Abstimmenden zu treffen. Die einfache Abstimmungsmehrheit beziehungsweise die „schlichte absolute Mehrheit“, wie sie in Art. 42 Abs. 2 S. 1 GG verankert ist, wird daher zurecht als der „Regelfall des Mehrheitsprinzips“[144] für alle staatlichen Entscheidungen bezeichnet.

2. Die absolute Mehrheit nach Art. 63 Abs. 2 S. 1 GG als funktionale Qualifizierung

Die bedeutendste Abweichung vom Entscheidungsmodus nach Art. 42 Abs. 2 S. 1 Hs. 1 GG findet sich in der Kanzlerwahl nach Art. 63 GG, die das „Herzstück des parlamentarischen Regierungssystems“[145] darstellt. Diese Einordnung lässt zunächst vermuten, dass das Wahlsystem des Art. 63 GG mit den spezifischen Besonderheiten des parlamentarischen Regierungssystems zusammenhängt und ihm daher keine Vorbildwirkung hinsichtlich der Wahl anderer, auf abweichenden Funktionsbedingungen beruhenden Ämter zukommt. Allerdings könnte der Regelung zur detaillierten Abstufung in verschiedene Wahlgänge mit unterschiedlichen Mehrheitserfordernissen zwar nicht in ihrer konkreten Ausprägung, aber doch zumindest in der Grundstruktur eine generelle Vorgabe des Grundgesetzes zur Besetzung monokratischer Ämter entnommen werden. In welchem Maße eine solche Generalisierung des Verfahrens nach Art. 63 GG möglich ist, hängt maßgeblich von der dahinterstehenden

[142] So aber *Heun*, Mehrheitsprinzip, 1983, S. 125.

[143] Ebenso BayVerfGHE 2 (1949), 181 (218 f.); *Natus*, Verfassungsmissbrauch, 2017, S. 180 ff.; *Huster/Rux*, in: Epping/Hillgruber (Hrsg.), GG, 3. Aufl. 2020, Art. 20 Rn. 85 ff.; *Grzeszick*, in: Dürig/Herzog/Scholz (Hrsg.), GG, Art. 20 II (2022), Rn. 43.

[144] *R. Kaiser*, Mehrheitserfordernisse, in: JuS 2017, S. 221 (222); sinngemäß *Roscheck*, Enthaltung, 2003, S. 137; *Morlok*, in: Dreier (Hrsg.), GG, Bd. II, 3. Aufl. 2015, Art. 42 Rn. 34; *Brocker*, in: Epping/Hillgruber (Hrsg.), GG, 3. Aufl. 2020, Art. 42 Rn. 18; *Klein/Schwarz*, in: Dürig/Herzog/Scholz (Hrsg.), GG, Art. 42 (2021), Rn. 93; *Schliesky*, in: Huber/Voßkuhle (Hrsg.), GG, Bd. II, 8. Aufl. 2024, Art. 42 Rn. 70.

[145] *Stern*, Staatsrecht, Bd. I, 1984, S. 979; zustimmend *Schröder*, Bildung, in: Isensee/Kirchhof (Hrsg.), HStR III, 3. Aufl. 2005, § 65 Rn. 4; *Hermes*, in: Dreier (Hrsg.), GG, Bd. II, 3. Aufl. 2015, Art. 63 Rn. 8.

Funktion der Norm ab. Wenn dieses Wahlverfahren allein einen *funktionalen* Zweck im parlamentarischen Regierungssystem ausübt, kann aus ihm keine Aussage hinsichtlich der Wahl anderer, unter abweichenden Funktionsbedingungen stehenden Ämtern folgen. Sollte der Verfassunggeber hingegen solche Anforderungen aus *legitimatorischen* Gründen statuiert haben, könnte dies als generelle Vorentscheidung für die Besetzung monokratischer Ämter fungieren.

a) Genese: Art. 63 GG als Endpunkt einer demokratischen Entwicklung

Die entsprechenden Vorgängervorschriften des Art. 63 GG zur Bestellung des Kanzlers sahen keine Wahl, sondern die Ernennung des Kanzlers durch den Kaiser beziehungsweise durch den Reichspräsidenten vor. Nach Art. 15 RVerf. wurde der Kanzler nach einem weder rechtlich noch faktisch beschränktem Ermessen des Kaisers ernannt und entlassen, sodass keine Rückbindung an die parlamentarischen Mehrheitsverhältnisse stattfand[146]. Erst im Zusammenbruch des Kaiserreichs wurde mit der Oktoberreform 1918 der Kanzler in seiner Amtsführung vom Vertrauen des Parlaments abhängig[147]. Durch diese Regelung wurde eine bereits mit Ernennung des Prinzen Max von Baden vollzogene Hinwendung zum parlamentarischen Regierungssystem normativ bestätigt, wonach der Kanzler nunmehr des Vertrauens der Reichstagsmehrheit bedurfte und daher zwar immer noch nicht gewählt, aber zumindest unter Berücksichtigung der Reichstagsmehrheit vom Kaiser ernannt werden sollte[148]. Zur tatsächlichen Anwendung gelangte diese Vorschrift in Folge der Novemberrevolution zwar nicht mehr, fand jedoch in ihrer Grundkonzeption eines modifizierten parlamentarischen Regierungssystems Aufnahme in die Weimarer Verfassung[149]. Der Reichspräsident ernannte gemäß Art. 53 WRV den Kanzler, der jedoch zugleich gemäß Art. 54 WRV vom Vertrauen des Reichstages abhängig

---

[146] Im Überblick *Lippert*, Bestellung, 1973, S. 216 f.; *Steiger*, Kreationsaufgaben, in: Schneider/Zeh (Hrsg.), Parlamentsrecht und Parlamentspraxis in der Bundesrepublik Deutschland, 1989, § 26 Rn. 5. Aus der zeitgenössischen Literatur etwa *Preuß*, Volk, 1915, S. 185, der darlegt, dass sich in diesem System die parlamentarische Mehrheit nur punktuell für die einzelnen Beschlüsse bildet.

[147] Siehe *Lippert*, Bestellung, 1973, S. 219; *Steiger*, Kreationsaufgaben, in: Schneider/Zeh (Hrsg.), Parlamentsrecht und Parlamentspraxis in der Bundesrepublik Deutschland, 1989, § 26 Rn. 5; *Roßner*, Verfahren, in: Morlok/Schliesky/Wiefelspütz (Hrsg.), Parlamentsrecht, 2016, § 41 Rn. 51.

[148] So die Schlussfolgerung bei *Lippert*, Bestellung, 1973, S. 219.

[149] Dazu *Anschütz*, Die Verfassung des Deutschen Reichs vom 11. August 1919, 14. Aufl. 1933, S. 244; *Lippert*, Bestellung, 1973, S. 220; *Steiger*, Kreationsaufgaben, in: Schneider/Zeh (Hrsg.), Parlamentsrecht und Parlamentspraxis in der Bundesrepublik Deutschland, 1989, § 26 Rn. 6; *Gusy*, Verfassung, 2018, S. 180 f. Gegenüber der Regelung der Oktoberreform wurde eine ausdrückliche Rücktrittsverpflichtung in Art. 54 S. 2 WRV verankert. – Insofern hatte *Preuß*, Volk, 1915, S. 186 bereits einige Jahre zuvor angemerkt, dass die politische Entwicklung in Deutschland nicht unbedingt durch das „reine parlamentarische System" erfolgen muss.

war. Insofern beruhte die Stellung des Kanzlers durch das Zusammenspiel dieser beiden Verfassungsnormen in theoretischer Hinsicht auf einer Reichstagsmehrheit, wenngleich diese nicht ausdrücklich durch eine Wahl gefordert und die verfassungsrechtliche Relevanz der Mehrheitsverhältnisse für die Kanzlerernennung daher umstritten blieb[150]. In praktischer Hinsicht wurde eine Regierungsmehrheit im Reichstag nur selten erreicht und war in der Endphase der Weimarer Republik überhaupt nicht mehr vorhanden, als es unter Androhung oder Ausübung des Auflösungsrechts des Reichspräsidenten zu gänzlich von den Mehrheitsverhältnissen im Reichstag losgelösten Ernennungen der Regierung kam[151]. Auf diese verhängnisvolle Entwicklung in der Weimarer Republik hat das Grundgesetz mit der Entscheidung für die Kanzlerwahl durch das Parlament und damit für ein rein parlamentarisches Regierungssystem reagiert[152]. Damit hat es zugleich das bereits in der historischen Entwicklung trotz fehlender Wahl des Kanzlers zunehmend entwickelte Streben nach einer parlamentarischen Regierungsmehrheit eindeutig festgeschrieben.

b) Die Kanzlermehrheit als Ziel des gestuften Wahlverfahrens

Das Verfahren der Kanzlerwahl wird gemäß Art. 63 Abs. 1 GG mit einem Vorschlag des Bundespräsidenten eingeleitet[153]. Da in diesem Rahmen eine Auswahl zwischen mehreren Kandidaten nicht möglich ist, handelt es sich streng-

---

[150] Zum umstrittenen Verhältnis von Art. 53 WRV und Art. 54 WRV aus der zeitgenössischen Staatsrechtslehre *Anschütz*, Die Verfassung des Deutschen Reichs vom 11. August 1919, 14. Aufl. 1933, S. 313 ff.; aus der Retrospektive dazu *Lippert*, Bestellung, 1973, S. 225 ff.; *Gusy*, Verfassung, 2018, S. 189 ff.

[151] Zur historischen Entwicklung *Lippert*, Bestellung, 1973, S. 228 ff.; *Gusy*, Verfassung, 2018, S. 182 ff.

[152] *Stern*, Staatsrecht, Bd. I, 1984, S. 979; *Mußgnug*, Verschiebungen, in: Jeserich/Pohl/v. Unruh (Hrsg.), Deutsche Verwaltungsgeschichte, Bd. V, 1987, S. 100 (102); *Steiger*, Kreationsaufgaben, in: Schneider/Zeh (Hrsg.), Parlamentsrecht und Parlamentspraxis in der Bundesrepublik Deutschland, 1989, § 26 Rn. 7 f.; *Schröder*, Bildung, in: Isensee/Kirchhof (Hrsg.), HStR III, 3. Aufl. 2005, § 65 Rn. 3. – Diese Auffassung hatte sich bereits im Verfassungskonvent auf Herrenchiemsee gebildet, siehe dazu den Abschlussbericht, in: Deutscher Bundestag/Bundesarchiv (Hrsg.), Der Parlamentarische Rat 1948–1949, Bd. II, 1981, S. 538; ausführlich zur Entstehungsgeschichte des Art. 63 GG *Lippert*, Bestellung, 1973, S. 236 ff.

[153] Zur Ausübung und zum Zweck des Vorschlagrechts des Bundespräsidenten *Schröder*, Bildung, in: Isensee/Kirchhof (Hrsg.), HStR III, 3. Aufl. 2005, § 65 Rn. 6 ff.; *Herzog*, in: Dürig/Herzog/Scholz (Hrsg.), GG, Art. 63 (2008), Rn. 15 ff.; *Hermes*, in: Dreier (Hrsg.), GG, Bd. II, 3. Aufl. 2015, Art. 63 Rn. 17 ff., die zutreffend erläutern, dass sich seine praktische Relevanz lediglich in Konstellationen unklarer Mehrheitsverhältnisse zeigt. In diesem Fall beauftragt und ermächtigt die Regelung den Bundespräsidenten als Vermittler zwischen den Fraktionen zu agieren, um diese doch noch zu einer Koalitionsregierung zusammenzubringen. Dies gewann zuletzt nach der Bundestagswahl 2017 praktische Relevanz, dazu *Pieper*, in: Epping/Hillgruber (Hrsg.), GG, 3. Aufl. 2020, Art. 54 Rn. 4.1.

genommen um keinen echten Wahlgang, sondern lediglich um eine Abstimmung über den Vorschlag des Bundespräsidenten[154]. Soweit bei dieser Abstimmung die nach Art. 63 Abs. 2 S. 1 GG erforderliche Mitgliedermehrheit nicht erreicht wird, kommt es gemäß Art. 63 Abs. 3 GG zu einer zweiten, nunmehr echten vierzehntätigen „Wahlphase“[155], in der zur erfolgreichen Wahl des Kanzlers ebenfalls die Mitgliedermehrheit erforderlich ist. Die in den ersten beiden Wahlphasen nötige „Kanzlermehrheit“[156] verlangt also nicht nur die Mehrheit der abgegebenen Stimmen, sondern die Mehrheit der Mitglieder des Bundestages i.S.d. Art. 121 GG. Bei einem solchen Mehrheitserfordernis wirken „nicht abgegebene Stimmen, ungültige Stimmen oder Stimmenthaltungen praktisch wie Nein-Stimmen“[157]. Gegenüber dem Grundsatz des Art. 42 Abs. 2 S. 1 GG sind die Anforderungen an die Mehrheitsbildung somit erhöht, weshalb die Mitgliedermehrheit als ein *qualifiziertes* Mehrheitserfordernis aufzufassen ist[158]. Deshalb ist die Mitgliedermehrheit zur Abgrenzung gegenüber der Abstimmungsmehrheit statt der üblichen Bezeichnung als „absolute Mehrheit“[159] besser als „volle absolute Mehrheit“[160] zu bezeichnen.

Soweit die zweite Wahlphase erfolglos verstrichen ist, kommt es gemäß Art. 63 Abs. 4 S. 1 GG zu einem weiteren Wahlgang, indem nur noch das Er-

---

[154] *Jellinek*, Kabinettsfrage, in: DÖV 1949, S. 381 (382); *Münch*, Bundesregierung, 1954, S. 136; *Lippert*, Bestellung, 1973, S. 286; *Steiger*, Kreationsaufgaben, in: Schneider/Zeh (Hrsg.), Parlamentsrecht und Parlamentspraxis in der Bundesrepublik Deutschland, 1989, § 26 Rn. 11; *Schröder*, Bildung, in: Isensee/Kirchhof (Hrsg.), HStR III, 3. Aufl. 2005, § 65 Rn. 15; *Magsaam*, Mehrheit, 2014, S. 120.

[155] *Austermann*, Wahl, in: DÖV 2013, S. 865 (866); *Magsaam*, Mehrheit, 2014, S. 123 weisen zu Recht darauf hin, den Begriff „Wahlgang“ zu vermeiden, da innerhalb der Phase des Art. 63 Abs. 3 GG mehrere Wahlgänge möglich sind.

[156] Klassischer Begriff, siehe nur BVerfGE 112, 118 (145); *Schröder*, Bildung, in: Isensee/Kirchhof (Hrsg.), HStR III, 3. Aufl. 2005, § 65 Rn. 18; *Herzog*, in: Dürig/Herzog/Scholz (Hrsg.), GG, Art. 63 (2008), Rn. 3; *Austermann*, Wahl, in: DÖV 2013, S. 865 (868); *Hermes*, in: Dreier (Hrsg.), GG, Bd. II, 3. Aufl. 2015, Art. 63 Rn. 16; *Brinktrine*, in: Sachs (Hrsg.), GG, 9. Aufl. 2021, Art. 63 Rn. 23; *Mager*, in: v. Münch/Kunig (Hrsg.), GG, Bd. I, 7. Aufl. 2021, Art. 63 Rn. 23.

[157] *Herzog*, in: Dürig/Herzog/Scholz (Hrsg.), GG, Art. 63 (2008), Rn. 29.

[158] So *Heun*, Mehrheitsprinzip, 1983, S. 107; *Helfen*, Mehrheitsprinzip, 1991, S. 93; *Höfling/Burkiczak*, Mehrheitsprinzip, in: Jura 2007, S. 561 (564); *Krüper*, Mehrheitsprinzip, in: ZJS 2009, S. 477 (481); ebenso bereits im Parlamentarischen Rat die Äußerung des Abgeordneten *Walter*, Sechste Sitzung des Kombinierten Ausschusses, 24. September 1948, in: Deutscher Bundestag/Bundesarchiv (Hrsg.), Der Parlamentarische Rat 1948–1949, Bd. XIII, 2002, S. 183; anders jedoch die Einordnung bei *C. Thiele*, Regeln, 2008, S. 318; *Magsaam*, Mehrheit, 2014, S. 76 f.

[159] *Austermann*, Wahl, in: DÖV 2013, S. 865 (868); *Hermes*, in: Dreier (Hrsg.), GG, Bd. II, 3. Aufl. 2015, Art. 63 Rn. 11; *Hölscheidt/Mundil*, Stimmen, in: DVBl. 2019, S. 73 (74); *Brinktrine*, in: Sachs (Hrsg.), GG, 9. Aufl. 2021, Art. 63 Rn. 23; *Mager*, in: v. Münch/Kunig (Hrsg.), GG, Bd. I, 7. Aufl. 2021, Art. 63 Rn. 23.

[160] Prägnant *Jellinek*, Kabinettsfrage, in: DÖV 1949, S. 381 (381).

fordernis der meisten Stimmen gilt, das gewöhnlich als „relative Mehrheit“[161] bezeichnet wird. Die Anzahl der auf einen Kandidaten entfaltenden Stimmen muss also lediglich höher sein als bei jedem anderen Kandidaten, während sie aber nicht die Gesamtheit der übrigen Stimmen überschreiten muss. Allerding ist für den Fall, dass nicht zugleich die Mitgliedermehrheit erreicht wird, die Ernennung zum Kanzler gemäß Art. 63 Abs. 4 S. 3 GG von der Entscheidung des Bundespräsidenten abhängig, der alternativ den Bundestag auflösen kann. Dieses Auswahlentscheidung steht nach überwiegender Auffassung als einer der wenigen Befugnisse im freien Ermessen des Bundespräsidenten[162]. Daher führt eine bloße relative Mehrheit für einen Kandidaten selbst nach mehreren erfolglosen Versuchen, eine Mitgliedermehrheit zu erreichen, keinesfalls zwingend zu dessen Ernennung. Dies zeigt deutlich das Streben des Grundgesetzes nach einer absoluten Mitgliedermehrheit bei der Kanzlerwahl[163].

---

[161] *Höfling/Burkiczak*, Mehrheitsprinzip, in: Jura 2007, S. 561 (566); *Herzog*, in: Dürig/Herzog/Scholz (Hrsg.), GG, Art. 63 (2008), Rn. 38; *Magsaam*, Mehrheit, 2014, S. 128. Hinsichtlich der Konstellation eines einzigen Wahlbewerbers ist diese Bezeichnung allerdings womöglich unpräzise, kritisch insoweit *Hölscheidt/Mundil*, Stimmen, in: DVBl. 2019, S. 73 (76). – Jedenfalls unzutreffend ist für diesen Fall die erstaunlich verbreitete Bezeichnung als „einfache Mehrheit“, siehe *Schröder*, Bildung, in: Isensee/Kirchhof (Hrsg.), HStR III, 3. Aufl. 2005, § 65 Rn. 20; *Austermann*, Wahl, in: DÖV 2013, S. 865 (870); *Hermes*, in: Dreier (Hrsg.), GG, Bd. II, 3. Aufl. 2015, Art. 63 Rn. 33; *Brinktrine*, in: Sachs (Hrsg.), GG, 9. Aufl. 2021, Art. 63 Rn. 27; *Mager*, in: v. Münch/Kunig (Hrsg.), GG, Bd. I, 7. Aufl. 2021, Art. 63 Rn. 39; *Merdian*, Mehrheitsprinzip, 2022, S. 51, die vermutlich aus der der bereits in der Einführung angesprochenen Definitionsmöglichkeit der relativen Mehrheit als Mehrheit der Abstimmenden resultiert.

[162] So *Austermann*, Wahl, in: DÖV 2013, S. 865 (870); *Hermes*, in: Dreier (Hrsg.), GG, Bd. II, 3. Aufl. 2015, Art. 63 Rn. 39 f.; *Roßner*, Verfahren, in: Morlok/Schliesky/Wiefelspütz (Hrsg.), Parlamentsrecht, 2016, § 41 Rn. 56; *Epping*, in: ders./Hillgruber (Hrsg.), GG, 3. Aufl. 2020, Art. 63 Rn. 28.1; *Mager*, in: v. Münch/Kunig (Hrsg.), GG, Bd. I, 7. Aufl. 2021, Art. 63 Rn. 41; *B. Weber*, Minderheitsregierung, 2022, S. 75 f. Hingegen sehen *Stern*, Staatsrecht, Bd. II, 1980, S. 253 f.; *Schröder*, Bildung, in: Isensee/Kirchhof (Hrsg.), HStR III, 3. Aufl. 2005, § 65 Rn. 23; *Brinktrine*, in: Sachs (Hrsg.), GG, 9. Aufl. 2021, Art. 63 Rn. 31; *Merdian*, Mehrheitsprinzip, 2022, S. 138 ff. die Auflösung des Bundestages als Ausnahmefall, die daher nur zulässig sei, wenn offensichtlich keine stabilen Regierungsverhältnisse zu erwarten sind. Nach Auffassung von *Puhl*, Minderheitsregierung, 1986, S. 45; *Handt*, Auflösung, 2008, S. 193 sei die Entscheidung lediglich im Fall des offenkundigen Ermessensmissbrauchs verfassungswidrig; unklar bleiben insoweit die Ausführungen bei *Magsaam*, Mehrheit, 2014, S. 128.

[163] *Roscheck*, Enthaltung, 2003, S. 145; *Schröder*, Bildung, in: Isensee/Kirchhof (Hrsg.), HStR III, 3. Aufl. 2005, § 65 Rn. 22; *Handt*, Auflösung, 2008, S. 190 f.; *Herzog*, in: Dürig/Herzog/Scholz (Hrsg.), GG, Art. 63 (2008), Rn. 41 f.; *Brinktrine*, in: Sachs (Hrsg.), GG, 9. Aufl. 2021, Art. 63 Rn. 27; *Schröder*, in: Huber/Voßkuhle (Hrsg.), GG, Bd. II, 8. Aufl. 2024, Art. 63 Rn. 37.

c) Demokratischer Gehalt des absoluten Mehrheitserfordernisses

Es stellt sich allerdings die Frage, inwiefern diese Ausgestaltung des Art. 63 GG allein auf funktionalen Gründen beruht oder zugleich mit der erforderlichen demokratischen Legitimation des Kanzlers zusammenhängt. Bereits im Zusammenhang mit der Abschaffung der Stichwahl bei Bürgermeister- und Landratswahlen war strittig, inwiefern die Aussage des Art. 63 GG, wonach ein Kandidat zunächst einmal die absolute Mehrheit erreichen muss, für andere Wahlen monokratischer Ämter wie die des Bürgermeisters und Landrats eine relevante Vorbildwirkung entfaltet[164]. Zunächst ist festzustellen, dass die Konzeption des Art. 63 GG darauf ausgerichtet ist, die Regierung auf der Grundlage einer absoluten Parlamentsmehrheit zu bilden. Daher wurde im Rahmen der Debatte über die Stichwahl bei kommunalen Hauptverwaltungsbeamten der Zweck dieser Regelung auf die Funktionsfähigkeit des parlamentarischen Regierungssystems durch die Schaffung einer parlamentarischen Regierungsmehrheit verengt[165]. Soweit – wie bei den kommunalen Hauptverwaltungsbeamten – durch eine Direktwahl eine Unabhängigkeit des monokratischen Amtes zur Vertretung geschaffen wird, entfalle die Vergleichbarkeit und damit die Vorbildwirkung dieser Regelung, sodass aus ihr kein Erfordernis einer absoluten Mehrheit bei Direktwahlen folge[166]. Aus einem solchen Blickwinkel erscheint das Streben nach absoluter Mehrheit bei der Kanzlerwahl lediglich als rechtspolitisch sinnvolle Festlegung des Verfassunggebers im Sinne des parlamentarischen Regierungssystems, nicht aber als verfassungsrechtlich unumkehrbare Entscheidung[167].

Soweit man die Regelung des Art. 63 GG hinsichtlich der Mehrheitserfordernisse undifferenziert und isoliert betrachtet, bleibt von dieser tatsächlich allein die funktionale Bedeutung für das parlamentarische Regierungssystem im Sinne einer Verknüpfung der Regierung mit der Parlamentsmehrheit. Wenn man sie jedoch in Beziehung zur Grundregel des Art. 42 Abs. 2 S. 1 GG mit einer schlichten absoluten Mehrheit und damit zu den demokratischen Grund-

---

[164] Hierfür *Seybold*, Stichwahl, in: DVP 2010, S. 453 (454 Fn. 13); *Bätge*, Stellungnahme zum Gesetzentwurf der Landesregierung Drs. 17/3776 und zum Änderungsantrag Drs. 17/4305 des Landtages Nordrhein-Westfalen, Stellungnahme 17/1194, S. 15; ablehnend hingegen VerfGH NRW, NVwZ 2009, S. 1096 (1098); *Mehde*, Stichwahlen, in: KommJur 2013, S. 446 (452); *Wißmann*, Stellungnahme zum Gesetzentwurf der Landesregierung Drs. 17/3776 und zum Änderungsantrag Drs. 17/4305 des Landtages Nordrhein-Westfalen, Stellungnahme 17/1195 vom 10.2.2019, S. 2.

[165] Siehe VerfGH NRW, NVwZ 2009, S. 1096 (1098); Sondervotum zu VerfGH NRW, Urteil vom 20.12.2019, 35/19, S. 82 f.; *Groß*, Direktwahl, in: LKRZ 2010, S. 93 (95 f.); *Mehde*, Stichwahlen, in: KommJur 2013, S. 446 (452).

[166] *Groß*, Direktwahl, in: LKRZ 2010, S. 93 (95 f.); ebenso VerfGH NRW, NVwZ 2009, S. 1096 (1098), der eine Vergleichbarkeit aber bereits deshalb ablehnt, weil es sich auf kommunaler Ebene lediglich um Organe der Verwaltung handelt.

[167] In diesem Sinne etwa *Magsaam*, Mehrheit, 2014, S. 590.

sätzen des Mehrheitsprinzips setzt, so lässt sich eine differenziertere Betrachtung der geforderten Mehrheit und ihres Zwecks vornehmen. Insofern ist bedeutsam, dass in den ersten beiden Wahlphasen gemäß Art. 63 Abs. 2 und 3 GG nicht nur die vom Grundsatz des Art. 42 Abs. 2 S. 1 GG geforderte Abstimmungsmehrheit, sondern die Mitgliedermehrheit erforderlich ist. Diese *Qualifizierung* des Mehrheitserfordernisses gegenüber der Grundregel in Art. 42 Abs. 2 S. 1 GG ist unter dem funktionalen Aspekt der Sicherung einer stabilen Regierungsmehrheit durch Verhinderung von „Zufallsmehrheiten (durch Abwesenheit, Krankheit, Unentschiedenheit)“[168] zu sehen. Denn wer an der Kanzlerwahl nicht teilnimmt oder sich ausdrücklich der Stimme enthält, wird sich nicht unbedingt bei allen anderen Entscheidungen zur Regierungsarbeit in dieser Weise neutral verhalten und sich etwa bei Gesetzentwürfen der Regierung enthalten[169]. Folglich liegt der Zweck dieser Regelung darin, im Interesse der Regierungsstabilität eine Regierung hervorzubringen, die sich möglichst auf eine dauerhafte Parlamentsmehrheit stützen kann[170]. Dies belegen auch die im Parlamentarischen Rat geführten Diskussionen zur Ausgestaltung der Kanzlerwahl. Danach hat sich der Parlamentarische Rat insbesondere aufgrund der negativen Erfahrungen in der Weimarer Zeit hinsichtlich der Regierungsstabilität und deshalb explizit aus dieser Zweckmäßigkeitserwägung für das Erfordernis der absoluten Mitgliedermehrheit in den ersten beiden Wahlphasen entschieden[171].

---

[168] So für die entsprechende Regelung in der thüringischen Landesverfassung zur Wahl des Ministerpräsidenten *Morlok*, Die verfassungsrechtlichen Rahmenbedingungen der Wahl des Ministerpräsidenten im dritten Wahlgang nach Art. 70 Abs. 3 S. 3 der Verfassung des Freistaats Thüringen, Gutachterliche Stellungnahme im Auftrag des Thüringer Justizministeriums vom 22.11.2014, S. 13; gleichermaßen zur Berufung des Regierungschefs durch eine Mitgliedermehrheit im Allgemeinen *Münch*, Bundesregierung, 1954, S. 136; *Busse*, Regierungsbildung, 1992, S. 34; *Roscheck*, Enthaltung, 2003, S. 144 f.; *Morlok/Michael*, Staatsorganisationsrecht, 2023, Rn. 186.

[169] So betonte der Abgeordnete *Schwalber*, Siebte Sitzung des Kombinierten Ausschusses, 29. September 1948, in: Deutscher Bundestag/Bundesarchiv (Hrsg.), Der Parlamentarische Rat 1948–1949, Bd. XIII, 2002, S. 224 f. den Umstand, dass im Falle eines einfachen Mehrheitserfordernisses eine Regierung schnell zu einer Minderheitsregierung werden könnte, wenn Parteien, die sich bei der Wahl enthalten haben, nunmehr eine „negative Einstellung zum Kabinett beziehen“.

[170] Allgemein zu diesem Zweck des Art. 63 GG *Mußgnug*, Verschiebungen, in: Jeserich/Pohl/v. Unruh (Hrsg.), Deutsche Verwaltungsgeschichte, Bd. V, 1987, S. 100 (102 f.); *Schröder*, Bildung, in: Isensee/Kirchhof (Hrsg.), HStR III, 3. Aufl. 2005, § 65 Rn. 20; *Handt*, Auflösung, 2008, S. 18; *Herzog*, in: Dürig/Herzog/Scholz (Hrsg.), GG, Art. 63 (2008), Rn. 8; *Groß*, Direktwahl, in: LKRZ 2010, S. 93 (96); *Austermann*, Wahl, in: DÖV 2013, S. 865 (873); *Magsaam*, Mehrheit, 2014, S. 132.

[171] Dies zeigt die im Kombinierten Ausschuß geführte Diskussion um die Regierungsbildung, insbesondere die Begründung für die absolute Mitgliedermehrheit durch den Abgeordneten *Schwalber*, woraufhin dieses Mehrheitserfordernis in den entsprechenden Vorschlag des Unterausschusses einfloss, siehe Siebte Sitzung des Kombinierten Ausschusses,

Das Demokratieprinzip fordert hingegen lediglich den in Art. 42 Abs. 2 S. 1 GG konkretisierten Grundsatz einer „schlichten absoluten Mehrheit“, sodass die absolute Mitgliedermehrheit in den ersten Wahlgängen zwar funktionell angemessen, in legitimatorischer Hinsicht aber nicht zwingend erforderlich wäre. Dies bestätigt ein Blick auf die Regelungen in den Landesverfassungen zur Wahl des Regierungschefs. So ist für die Wahl des Ministerpräsidenten in Bayern gemäß Art. 44 Abs. 1 i.V.m. Art. 23 Abs. 1 BayVerf. und für die Wahl des Präsidenten des Senats in Bremen gemäß Art. 107 Abs. 2 BremVerf. – wie auch bei sonstigen Parlamentsbeschlüssen – lediglich die einfache Abstimmungsmehrheit erforderlich. Dieses Erfordernis gilt gleichermaßen auch in allen weiteren Wahlgängen[172], sodass diese Regelungen vollkommen dem demokratischen Grundprinzip, wie es in Art. 42 Abs. 2 S. 1 GG konkretisiert ist, entsprechen. Insofern geht die Einordnung des Verfassungsgerichtshofs für das Land Nordrhein-Westfalen fehl, der die Wahl des bayerischen Ministerpräsidenten und des Präsidenten des Bremer Senats als Ausnahme vom sonstigen Grundsatz der absoluten Mehrheit auffasst, die jedoch mit der besonderen Anforderung in der Beschlussfähigkeit aufgewogen werde[173]. Die Regelungen in Bayern und Bremen sind keine Ausnahmen, sondern vielmehr Ausprägung des allgemeinen demokratischen Grundsatzes für alle staatlichen Entscheidungen in Sach- und Personalfragen grundsätzlich eine schlichte absolute Mehrheit zu erreichen. Daher mag die in allen anderen Bundesländern – mittlerweile auch in Berlin[174] – zumindest zunächst erforderliche Mitgliedermehrheit aus *funktionalen* Gründen vorzugswürdig, aber keinesfalls aus *demokratischen* Gesichts-

29. September 1948, in: Deutscher Bundestag/Bundesarchiv (Hrsg.), Der Parlamentarische Rat 1948–1949, Bd. XIII, 2002, S. 230 f., 244 f. Bereits zuvor bemerkte der Abgeordneten *Walter*, Sechste Sitzung des Kombinierten Ausschusses, 24. September 1948, a.a.O., S. 183: „Bei der Bestellung des Bundeskanzlers wäre es zweckmäßig, die absolute Mehrheit vorzuschreiben.“

[172] Dazu *Magsaam*, Mehrheit, 2014, S. 411, der an dieser Stelle schreibt, dass sich „Bei mehreren Bewerbern um das Amt des Ministerpräsidenten […] das Mehrheitserfordernis zurecht weder in Bayern noch Bremen auf eine relative Mehrheit [ermäßigt]“. Bei der bayerischen Ministerpräsidentenwahl ist seiner Ansicht nach die Regelung des § 45 Abs. 1 S. 1 GO-BayLT anwendbar, wonach bei Scheitern des ersten Wahlgangs eine Stichwahl zwischen den Bewerbern mit den meisten Stimmen stattfinden kann, a.a.O., S. 401 f.; ebenso *B. Weber*, Minderheitsregierung, 2022, S. 39.

[173] VerfGH NRW, NVwZ 2009, S. 1096 (1098); VerfGH NRW, Urteil vom 20.12.2019, 35/19, S. 46.

[174] Nach der Neufassung des Art. 56 BerlVerf. verlangt dieser nunmehr ebenfalls eine absolute Mitgliedermehrheit, siehe *Magsaam*, Mehrheit, 2014, S. 402. Die Begründung des ersten Antrages zu dieser Änderung in Berlin stützte sich bezeichnenderweise auf die Stärkung der demokratischen Legitimation des regierenden Bürgermeisters, siehe den Gesetzentwurf der Fraktion Bündnis 90/Die Grünen und der CDU-Fraktion zur Änderung der Verfassung von Berlin, LT-Drs. 16/0109, S. 2.

punkten zwingend nötig sein[175]. Mit dem Erfordernis der Mitgliedermehrheit in Art. 63 Abs. 2 und 3 GG geht das Grundgesetz somit über das vom Demokratieprinzip verlangte Mehrheitserfordernis hinaus. Entgegen verbreiteter Auffassung beruht daher lediglich die Qualifizierung des Mehrheitserfordernisses als Mitgliedermehrheit nach Art. 63 Abs. 2 und 3 GG auf dem spezifischen, funktionalen Grund, einen Gleichlauf mit der Mitgliedermehrheit im Parlament sicherzustellen. Hingegen knüpft das darin zugleich enthaltene, grundsätzliche Streben nach einer Abstimmungsmehrheit bei der Wahl des Regierungschefs, wie ein Blick in die Landesverfassungen zeigt, an den demokratischen Grundsatz an, möglichst eine einfache Mehrheit für staatliche Entscheidungen zu erreichen.

d) Relative Mehrheit als funktional begründeter Notfallmechanismus

Erst in der dritten Wahlphase wird das demokratische Mehrheitserfordernis des Art. 42 Abs. 2 S. 1 GG unterschritten, indem nach Art. 63 Abs. 4 S. 1 GG die relative Mehrheit genügen kann. In diesem Fall erfolgt allerdings nicht automatisch eine Ernennung des mit relativer Mehrheit Gewählten zum Kanzler, sondern die Entscheidung über die Ernennung steht gemäß Art. 63 Abs. 4 S. 2 GG im politischen Ermessen des Bundespräsidenten. Die darin zusätzlich zum Ausdruck kommende Zurückhaltung gegenüber einem „Minderheitskanzler“[176] beruht jedoch insbesondere mit Blick auf die Entstehungsgeschichte weniger auf einem legitimatorischen als vielmehr auf einem funktionalen Grund. Für den Fall, dass die Bundestagsmehrheit keinen Kanzler benennen will oder kann, sah Art. 88 HChE noch ein Ernennungsrecht des Bundespräsidenten auf Vorschlag des Bundesrates vor. Danach sollte der Bundesrat als „Legalitätsreserve“ eingeschaltet werden, wenngleich der Bundespräsident nicht gebunden war, den Vorgeschlagenen zu ernennen[177]. Sofern er sich dafür entschied, konnte er ferner nach Art. 88 HChE eine Auflösung des Bundestages vornehmen. Von dieser Konzeption rückte der Parlamentarische Rat ab und entschied sich stattdessen als letzten Ausweg für die relative Mehrheit im Bundestag, da

---

[175] Zur ausreichenden demokratischen Legitimation zentraler Ämter durch einfache Mehrheitsentscheidung und Einordnung qualifizierter Mehrheitserfordernisse als bloße verfassungspolitische Entscheidung BVerfG, NVwZ 1999, S. 638 (640); *Magsaam*, Mehrheit, 2014, S. 408 f.; *Möstl*, in: Lindner/Möstl/Wolff (Hrsg.), Verfassung des Freistaates Bayern, 2. Aufl. 2017, Art. 23 Rn. 6.

[176] So die verbreitete Bezeichnung des nur mit relativer Mehrheit gewählten Kanzlers, siehe BVerfGE 62, 1 (73); *Stern*, Staatsrecht, Bd. I, 1984, S. 982; *Puhl*, Minderheitsregierung, 1986, S. 20; *Herzog*, in: Dürig/Herzog/Scholz (Hrsg.), GG, Art. 54 (2009), Rn. 54; *Austermann*, Wahl, in: DÖV 2013, S. 865 (870); *Brinktrine*, in: Sachs (Hrsg.), GG, 9. Aufl. 2021, Art. 63 Rn. 34; *Schröder*, in: Huber/Voßkuhle (Hrsg.), GG, Bd. II, 8. Aufl. 2024, Art. 63 Rn. 37.

[177] Siehe dazu den Abschlussbericht, in: Deutscher Bundestag/Bundesarchiv (Hrsg.), Der Parlamentarische Rat 1948–1949, Bd. II, 1981, S. 548.

diese gegenüber der Wahl durch den Bundesrat als Länderexekutive deutlich weniger problematisch sei[178]. Die Kritik an der relativen Mehrheit im letzten Wahlgang beschränkte sich im Parlamentarischen Rat auf den *funktionalen* Aspekt der vor dem Hintergrund der Weimarer Erfahrungen in der politischen Praxis als problematisch angesehenen Minderheitsregierungen und knüpfte deshalb die Ernennung des Minderheitskanzlers an die Ermessensentscheidung des Bundespräsidenten, der eine Prognose über die Funktionsfähigkeit der Regierung trotz fehlender Parlamentsmehrheit fällen sollte[179].

Die extreme Ausprägung einer solchen Reaktion auf die Weimarer Erfahrungen findet sich in den Landesverfassungen von Baden-Württemberg, Hamburg, Hessen, Rheinland-Pfalz und dem Saarland, die für die Wahl des Ministerpräsidenten uneingeschränkt eine absolute Mitgliedermehrheit verlangen, ohne die Möglichkeit eines nachfolgenden Ausweichens auf eine relative Mehrheit zuzulassen[180]. Die bereits angesprochenen bayerischen und bremischen Regelungen verlangen zwar lediglich eine schlichte absolute Mehrheit, sehen aber ebenfalls keine Abschwächung dieses Erfordernisses auf eine relative Mehrheit vor[181]. In Sachsen und Sachsen-Anhalt erfolgt nach dem Wortlaut der Verfassung im zweiten beziehungsweise dritten Wahlgang lediglich eine Reduktion der absoluten Mitgliedermehrheit auf eine einfache, also

---

[178] Siehe die Äußerung des Abgeordneten *Dehler*, Dritte Sitzung des Hauptausschusses, 16. November 1948, in: Deutscher Bundestag/Bundesarchiv (Hrsg.), Der Parlamentarische Rat 1948–1949, Bd. XIV, 2009, S. 82 und des Abgeordneten *Katz*, Vierte Sitzung des Hauptausschusses, 17. November 1948, a.a.O., S. 107; zur Ablehnung der Legalitätsreserve des Bundesrates im Parlamentarischen Rat *Kersten*, Regierung, in: Gusy (Hrsg.), Weimars lange Schatten, 2003, S. 281 (290 f.).

[179] Dies belegen die Diskussionen im Parlamentarischen Rat, bei denen es im Kern um die Frage der Regierungsstabilität im Hinblick auf die Weimarer Erfahrungen mit Minderheitsregierungen ging, siehe dazu insbesondere die Dritte, Vierte und Dreiunddreißigste Sitzung des Hauptausschusses, in: Deutscher Bundestag/Bundesarchiv (Hrsg.), Der Parlamentarische Rat 1948–1949, Bd. XIV, 2009, S. 71 ff., 105 ff., 1012 ff. Die Regierungsstabilität sieht die heutige Literatur ebenfalls als maßgeblichen Zweck des Art. 63 Abs. 4 S. 3 GG an, siehe *Handt*, Auflösung, 2008, S. 190 f.; *Herzog*, in: Dürig/Herzog/Scholz (Hrsg.), GG, Art. 63 (2008), Rn. 41 f.; *Hermes*, in: Dreier (Hrsg.), GG, Bd. II, 3. Aufl. 2015, Art. 63 Rn. 39; *Epping*, in: ders./Hillgruber (Hrsg.), GG, 3. Aufl. 2020, Art. 63 Rn. 28.1.

[180] Siehe Art. 46 Abs. 1 BWVerf., Art. 34 Abs. 1 HmbVerf., Art. 101 Abs. 1 HessVerf., Art. 98 Abs. 2 S. 1 RhPfVerf. und Art. 87 Abs. 1 S. 1 SaarlVerf.; zum historischen Hintergrund etwa *Wendt*, Sperrklauseln, in: Ruffert (Hrsg.), FS Schröder, 2012, S. 431 (441), nach dessen Ansicht die kategorische Ablehnung von Minderheitsregierungen in der saarländischen Verfassung eine Reaktion auf die Weimarer Erfahrungen darstellt.

[181] Diesen Umstand übersieht *Busse*, Regierungsbildung, 1992, S. 34 f., wenn sie ausgerechnet diese Regelungen wegen der Gefahr der Minderheitsregierung und damit fehlenden Regierungsstabilität kritisiert, weil diese anders als etwa die niedersächsische Regelung – die jedoch bei Scheitern der absoluten Mehrheitswahl als Alternative zur Landtagsauflösung die Wahl mit relativer Mehrheit zulässt – keinen „Einigungszwang auf die Fraktionen aus[üben]".

schlichte absolute Mehrheit, wenngleich die Praxis diese Regelung dennoch als relatives Mehrheitserfordernis auslegt[182].

Solche Regelungen verstärken den Kompromissdruck und bringen dadurch womöglich doch noch eine Regierungsmehrheit hervor, sind aber nach dem Demokratieprinzip des Grundgesetzes nicht zwingend. Denn das Verfassungsrecht muss sich der praktischen Realität stellen, wonach keine Garantie für das Zustandekommen einer absoluten Mehrheit existiert. Insoweit besteht ein gewichtiger Unterschied zu Sachentscheidungen, bei denen im Gegensatz zu einer Wahl regelmäßig kein Zwang zu einer positiven Entscheidung besteht, weshalb etwa das Nichterreichen der nach Art. 42 Abs. 2 S. 1 GG erforderlichen Mehrheit für einen Gesetzesvorschlag grundsätzlich unschädlich ist[183]. Ein solches Ergebnis ist hingegen bei einer Wahl unstatthaft, da die periodische Neubesetzung der Ämter eine zentrale Grundbedingung der Demokratie als „Herrschaft auf Zeit"[184] darstellt. Während bei einer klassischen Sachentscheidung im letzten Schritt stets die gänzliche Ablehnung aller Alternativen als Option verbleibt, ist bei einer Wahl „die Beibehaltung des Status Quo (‚Nein')

---

[182] Siehe Art. 60 Abs. 2 SächsVerf. und Art. 65 Abs. 2 S. 4 SachsAnhVerf., welche „die Mehrheit der abgegebenen Stimmen" verlangen. Dennoch hält *B. Weber*, Minderheitsregierung, 2022, S. 49 sowohl in Sachsen als auch Sachsen-Anhalt nur die relative Mehrheit für erforderlich, während *Magsaam*, Mehrheit, 2014, S. 405, 407 in Sachsen explizit die „einfache Mehrheit der Abstimmenden" verlangt, in Sachsen-Anhalt hingegen die relative Mehrheit für ausreichend hält. Die bestehende Unsicherheit zeigte sich in der Praxis bei der Wahl des sächsischen Ministerpräsidenten *Colditz* im November 2004, in der einige Fraktionen auf dem Wahlzettel die Möglichkeit der Nein-Stimme im zweiten Wahlgang verlangten, was dem Erfordernis der einfachen Mehrheit der abgegebenen Stimmen entsprochen hätte. Dieser Antrag wurde jedoch durch einen Landtagsbeschluss mehrheitlich abgelehnt und damit praktisch nur ein Meiststimmenverfahren mit der rechtlich bedeutungslosen Möglichkeit der expliziten Enthaltung durchgeführt, bei dem die relative Mehrheit für einen Kandidaten genügte, siehe Plenarprotokoll 4/2 des sächsischen Landtages, S. 55 ff. Dieses Verfahren fand auch in Sachsen-Anhalt bei der Wahl des Ministerpräsidenten *Höppner* 1994 statt, siehe Plenarprotokoll 2/1 des Landtages von Sachsen-Anhalt, S. 24 f.

[183] In diesem Sinne *Morlok*, Die verfassungsrechtlichen Rahmenbedingungen der Wahl des Ministerpräsidenten im dritten Wahlgang nach Art. 70 Abs. 3 S. 3 der Verfassung des Freistaats Thüringen, Gutachterliche Stellungnahme im Auftrag des Thüringer Justizministeriums vom 22.11.2014, S. 6 f., der zugleich auf die Ausnahme hinsichtlich des Haushaltsgesetzes hinweist, für das daher in Art. 111 GG eine Notfallregelung besteht. Ähnlich bedarf es für die Wahl des Sitzes einer Behörde einer positiven Auswahlentscheidung, weshalb dafür nach § 50 GO-BT ein vom Grundsatz abweichendes Entscheidungsprozedere gilt, dazu bereits oben 1. c).

[184] Zum Prinzip der „Herrschaft auf Zeit" als elementarer Bestandteil des Demokratieprinzips und dem damit verbundenen Erfordernis periodischer Wahlen *Stern*, Staatsrecht, Bd. I, 1984, S. 608 f.; *Hofmann/Dreier*, Repräsentation, in: Schneider/Zeh (Hrsg.), Parlamentsrecht und Parlamentspraxis in der Bundesrepublik Deutschland, 1989, § 5 Rn. 28; *Böckenförde*, Demokratie, in: Isensee/Kirchhof (Hrsg.), HStR II, 3. Aufl. 2004, § 24 Rn. 50; *Dreier*, in: ders. (Hrsg.), GG, Bd. II, 3. Aufl. 2015, Art. 20 (Demokratie), Rn. 73; *Grzeszick*, in: Dürig/Herzog/Scholz (Hrsg.), GG, Art. 20 II (2022), Rn. 52.

[…] keine Option."[185] Im Gegensatz zu einer Sachabstimmung geht es bei einer Wahl deshalb nicht um die Zustimmung oder Ablehnung eines Vorschlages, sondern um die *Auswahl* aus mehreren Personalvorschlägen, die früher oder später zu einer positiven Entscheidung für einen Kandidaten führen muss[186].

Eine absolute Mehrheit der Abstimmenden kann bei einer solchen Auswahl ausbleiben, weil es womöglich auch in nachfolgenden Wahlgängen zu keiner mehrheitlichen Einigung auf einen Kompromisskandidaten kommt[187]. In solchen Konstellationen lässt das Demokratieprinzip deshalb schließlich eine relative Mehrheit als noch größtmöglich erreichbare Zahl für die Legitimation des Amtes genügen, um die Neubesetzung des Amtes zu ermöglichen und damit dem ebenso bedeutenden, demokratischen Verfassungsprinzip der „Herrschaft auf Zeit"[188] Rechnung zu tragen. Daher darf – auch unter Berücksichtigung der erörterten Entstehungsgeschichte – der Aussagegehalt der Regelung

---

[185] *Natus*, Verfassungsmissbrauch, 2017, S. 187; sinngemäß *Morlok*, Die verfassungsrechtlichen Rahmenbedingungen der Wahl des Ministerpräsidenten im dritten Wahlgang nach Art. 70 Abs. 3 S. 3 der Verfassung des Freistaats Thüringen, Gutachterliche Stellungnahme im Auftrag des Thüringer Justizministeriums vom 22.11.2014, S. 7.

[186] In diesem Sinne *L. Weber*, Beschlußfassung, 1951, S. 82; *Natus*, Verfassungsmissbrauch, 2017, S. 187 f. Bereits der Vorsitzende des Ausschusses für Wahlrechtsfragen *Becker*, Dritte Sitzung des Ausschusses für Wahlrechtsfragen, 23. September 1948, in: Deutscher Bundestag/Bundesarchiv (Hrsg.), Der Parlamentarische Rat 1948–1949, Bd. VI, 1994, S. 60 f. wies zu Recht darauf hin, dass nur bei Sachabstimmungen ein „klares mehrheitsmäßiges Verhältnis möglich ist." Im Gegensatz dazu könne bei einer Wahl nicht nur mit „Ja" oder „Nein" gestimmt werden: „Es ist nicht wie in der Schule, wo ein Lehrer gesagt haben soll: Wenn man die Frage stellt, wer größer gewesen sei, Cäsar oder Augustus, kann man nur mit ja antworten. So geht es bei der Wahl von Personen nicht. Da muß man sagen: entweder Cäsar oder Augustus oder ein Dritter."

[187] Deshalb hebt *Backmann*, Direktwahl, 2006, S. 343 berechtigterweise hervor, dass „bei einer freien Wahl nur eine relative Mehrheit zwingend zustande kommt"; implizit auch *L. Weber*, Beschlußfassung, 1951, S. 85.

[188] Dieses Prinzip führt *Morlok*, Die verfassungsrechtlichen Rahmenbedingungen der Wahl des Ministerpräsidenten im dritten Wahlgang nach Art. 70 Abs. 3 S. 3 der Verfassung des Freistaats Thüringen, Gutachterliche Stellungnahme im Auftrag des Thüringer Justizministeriums vom 22.11.2014, S. 8 sogar explizit dafür an, dass eine Entscheidungsnotwendigkeit besteht und deshalb sogar eine ablehnende Mehrheit bei nur einem Kandidaten genügen kann; dazu näher unten e). Insofern betont *Busse*, Regierungsbildung, 1992, S. 77, dass eine „Minderheitsregierung […] sich immerhin – anders als die Geschäftsregierung – zum Zeitpunkt ihrer Wahl auf die aktuelle relative Mehrheit […] stützen kann, also derzeit am ehesten demokratisch legitimiert ist." Auch für *Münch*, Bundesregierung, 1954, S. 141 hat eine Minderheitsregierung „immerhin noch die bestmögliche demokratische Legitimation aus der verhältnismäßig stärksten politischen Gruppe"; ähnlich *Mußgnug*, Verschiebungen, in: Jeserich/Pohl/v. Unruh (Hrsg.), Deutsche Verwaltungsgeschichte, Bd. V, 1987, S. 100 (104). Hingegen sieht *Natus*, Verfassungsmissbrauch, 2017, S. 189 Fn. 128 die Kanzlerwahl mit relativer Mehrheit als „demokratisch defizitär", der diese Auffassung damit begründet, dass es sich aufgrund der Rechtssetzungsbefugnis der Regierung um eine Sachentscheidung handelt, bei der zwingend eine einfache Mehrheit zustimmen müsse.

des Art. 63 Abs. 4 S. 3 GG nicht überbewertet werden, sondern ist ebenso wie die in Art. 63 Abs. 2 und 3 GG normierte absolute Mitgliedermehrheit auf den funktionalen Grund der Regierungsstabilität zurückzuführen. Unter dieser Prämisse ist der Regelung des Art. 63 Abs. 4 S. 2 GG die allgemeine verfassungsrechtliche Wertung zu entnehmen, dass eine relative Mehrheit zwar erst nach erfolglosen Versuchen, eine absolute Mehrheit zu erreichen, ausreichend ist. Unter diesen Voraussetzungen kann sie aber in legitimatorischer Hinsicht genügen. Konsequenterweise sieht die allgemeine Auffassung daher zu Recht die Rechtstellung des Minderheitskanzlers als vollkommen gleichwertig mit einem mit absoluter Mehrheit gewählten Kanzlers an[189]. Dies bedeutet keine generelle Relativierung des in Art. 42 Abs. 2 S. 1 GG niedergelegten Grundsatzes der schlichten absoluten Mehrheit für staatliche Entscheidungen. Vielmehr wird dieses Erfordernis nur in einem nachrangigen Wahlgang abgeschwächt, um eine erneute Besetzung des Amtes zu ermöglichen. Das relative Mehrheitserfordernis kann daher nicht isoliert, sondern lediglich *nachgeordnet* im Ausnahmefall hinreichende demokratische Legitimation vermitteln[190]. Der nur mit relativer Mehrheit gewählte Kanzler stellt deshalb aus der Perspektive des Grundgesetzes eine „Ausnahme ohne Ausnahmezustand“[191] dar.

e) Stimmengleichheit als Herausforderung der relativen Mehrheit

Wenngleich die Wahl mit relativer Mehrheit als verfassungsrechtlicher Notfallmechanismus bei der Kanzlerwahl fungiert, kann selbst dieser Notfallmechanismus in besonderen Ausnahmefällen versagen. So kann die relative Mehrheit bei einer praktisch unwahrscheinlichen, aber keinesfalls ausgeschlossenen Stimmengleichheit zwischen mehreren Kandidaten verfehlt werden[192]. Für die unmittelbare Auflösung dieser Pattsituation finden sich in der Literatur zwei Vorschläge, denen jeweils die Auffassung zugrunde liegt, dass der Wahlakt nach Art. 63 Abs. 4 S. 1 GG vom Parlamentarischen Rat als abschließender, letzter Wahlgang konzipiert sei, um eine schnelle und klare Entscheidung

[189] *Puhl*, Minderheitsregierung, 1986, S. 181 ff.; *Herzog*, in: Dürig/Herzog/Scholz (Hrsg.), GG, Art. 63 (2008), Rn. 55; *Hermes*, in: Dreier (Hrsg.), GG, Bd. II, 3. Aufl. 2015, Art. 63 Rn. 44; *Epping*, in: ders./Hillgruber (Hrsg.), GG, 3. Aufl. 2020, Art. 63 Rn. 30; *Brinktrine*, in: Sachs (Hrsg.), GG, 9. Aufl. 2021, Art. 63 Rn. 34.

[190] Daher ordnet *Merdian*, Mehrheitsprinzip, 2022, S. 44 f. die Wahl mit relativer Mehrheit gegenüber der Wahl mit absoluter Mehrheit als „subsidiär“ ein; allgemein klingt diese Subsidiarität des relativen Mehrheitserfordernisses auch bei *Magsaam*, Mehrheit, 2014, S. 569 an.

[191] Prägnant *Merdian*, Mehrheitsprinzip, 2022, S. 51, die die Vorschrift des Art. 63 Abs. 4 nach dem Vorbild des von *A. Kaiser* entwickelten „heuristischen Schichtenmodell der Verfassung“ als „einfaches Krisenrecht“ einordnet.

[192] Eine Stimmengleichheit trat tatsächlich bei der Ministerpräsidentenwahl in Schleswig-Holstein im Jahr 2005 ein, die sich erst im fünften Wahlgang auflöste, dazu *Dressel/Gogolin*, Wahl, in: LKV 2015, S. 433 (440).

in der Kanzlerfrage sicherzustellen[193]. Danach schlagen einige analog zur Auflösung anderer Pattsituationen bei staatlichen Auswahlverfahren ein Losentscheid vor[194]. Andere möchten hingegen dem Bundespräsidenten ein zusätzliches Wahlrecht zwischen den beiden Kandidaten und der Auflösung des Bundestages gewähren[195].

Im Vergleich beider Möglichkeiten erscheint es zunächst aus demokratischer Perspektive wenig einsichtig, warum ein vom Zufall bestimmtes Losverfahren gegenüber einer Entscheidung des auf breiter demokratischer Legitimation stehenden Staatsoberhaupts vorzuziehen sein sollte. Für eine solche Sichtweise spricht aber die in Art. 63 Abs. 4 S. 1 GG zum Ausdruck kommende Konzeption des parlamentarischen Regierungssystems des Grundgesetzes, in welchem der Bundespräsident auf eine Entscheidung zwischen der Ernennung des vom Bundestag mit relativer Mehrheit Gewählten und der Auflösung des Bundestages beschränkt sein soll. Er darf zwar, wenn der Losentscheid zugunsten des nicht favorisierten Kandidaten ausgeht, diesem die Ernennung verweigern und den Bundestag auflösen. Er kann jedoch nicht aus sich heraus seinen Favoriten zum Bundeskanzler machen, sondern wäre von einem positiven Ausgang des Losentscheides abhängig und träfe im verfassungsrechtlichen Idealbild lediglich eine Prognose über die Stabilität seiner Regierung. Dies wahrt das in Art. 63 GG niedergelegte Konzept eines reinen parlamentarischen Regierungssystems, wonach nur dem Bundestag, nicht aber dem Bundespräsidenten eine personelle Auswahlentscheidung zwischen den Kandidaten zugewiesen ist[196]. Eine Auswahlentscheidung des Bundespräsidenten zwischen den Kandidaten lehnt die herrschende Auffassung daher zu Recht ab[197]. Aber auch der Ausweg des Losentscheides ist aufgrund der maßgeblichen Bedeutung der Kanzlerwahl fragwürdig[198]. Ein Losverfahren bei der Kanzlerwahl erscheint nicht nur in legitimatorischer Hinsicht problematisch, sondern vor allem dys-

---

[193] So *Jellinek*, Kabinettsfrage, in: DÖV 1949, S. 381 (382); in diese Richtung *Münch*, Bundesregierung, 1954, S. 142; *Magsaam*, Mehrheit, 2014, S. 137.

[194] *Jellinek*, Kabinettsfrage, in: DÖV 1949, S. 381 (382); *L. Weber*, Beschlußfassung, 1951, S. 85; *Magsaam*, Mehrheit, 2014, S. 137; als Notlösung erachtet *Puhl*, Minderheitsregierung, 1986, S. 43 ihn nach mehreren erfolglosen Wiederholungen für zulässig. – Zur Genese des Losentscheids als Besetzungsmechanismus für öffentliche Ämter ausführlich *Buchstein*, Lostrommel, in: ZParl 44 (2013), S. 384 (386 ff.).

[195] *Münch*, Bundesregierung, 1954, S. 143.

[196] In diesem Sinne *Lippert*, Bestellung, 1973, S. 313; *Puhl*, Minderheitsregierung, 1986, S. 43; *Handt*, Auflösung, 2008, S. 131 f.

[197] *Lippert*, Bestellung, 1973, S. 313; *Puhl*, Minderheitsregierung, 1986, S. 43; *Zeh*, Verfahren, in: Isensee/Kirchhof (Hrsg.), HStR III, 3. Aufl. 2005, § 53 Rn. 24; *Handt*, Auflösung, 2008, S. 132; *Herzog*, in: Dürig/Herzog/Scholz (Hrsg.), GG, Art. 63 (2008), Rn. 45; *Austermann*, Wahl, in: DÖV 2013, S. 865 (870); *B. Weber*, Minderheitsregierung, 2022, S. 73 Fn. 143.

[198] Daher lehnen ihn ab *Lippert*, Bestellung, 1973, S. 313; *Handt*, Auflösung, 2008, S. 130 f.; *Herzog*, in: Dürig/Herzog/Scholz (Hrsg.), GG, Art. 63 (2008), Rn. 45.

funktional, weil die langfristige Regierungsstabilität bei einem durch Los bestimmten Kanzlers regelmäßig noch unwahrscheinlicher sein dürfte als bei einem zumindest doch noch mit relativer Mehrheit gewählten Kanzlers[199].

Die herrschende Auffassung schlägt daher eine Wiederholung des letzten Wahlganges zur Auflösung der Pattsituation vor[200]. Dabei ist allerdings zu berücksichtigen, dass eine ständige Wiederholung zu einem „immer aussichtsloser und unwürdiger werdenden Wahlverfahren"[201] führt. Wenngleich in nachfolgenden Wahlgängen noch eine Auflösung des Stimmenpatts eintritt, muss dies nicht unbedingt Ausdruck demokratischer Kompromissbereitschaft sein, sondern kann – wie bei einem Losentscheid – Folge des Zufalls sein. Es ist nämlich in einem solchen Fall nicht ausgeschlossen, dass das veränderte Wahlverhalten eines Abgeordneten weniger auf eine plötzliche Präferenzänderung hinsichtlich der Kandidaten beruht, sondern schlichtweg erfolgt, weil der Abgeordnete nach den vielen Wahlgängen „mürbe geworden ist und dem scheinbar unendlichen Treiben ein Ende bereiten möchte"[202]. Um den Eintritt einer solchen Situation zu vermeiden, sollen weitere Wahlgänge lediglich so lange abgehalten werden, wie die Möglichkeit einer Mehrheitsbildung für einen der beiden Kandidaten besteht, andernfalls soll der Bundespräsidenten den Bundestag auflösen[203]. Allerdings ist zu beachten, dass keine verfassungsrechtliche Pflicht zu einem solchen Abwarten besteht. Dies gilt schon deshalb, weil es sich um eine hochgradig politische Prognoseentscheidung handelt, die keiner gerichtlichen Überprüfung zugänglich ist[204]. Zudem folgt dies aus einem teleologischen Aspekt. Wenn es schon der freien politischen Entscheidung des Bundespräsidenten obliegt, im Fall eines mit relativer Mehrheit gewählten Kandidaten, den Bundestag aufzulösen, dann muss dies erst für den Fall gelten, wenn der Wahlgang aufgrund der Stimmengleichheit ohne Ergebnis verlaufen ist[205]. Es steht daher dem Bundespräsidenten frei, ob er bereits nach dem ersten, zum

---

[199] Kritisch zu diesem Argument hingegen *Puhl*, Minderheitsregierung, 1986, S. 43; *Magsaam*, Mehrheit, 2014, S. 137.

[200] *Lippert*, Bestellung, 1973, S. 313 f.; *Zeh*, Verfahren, in: Isensee/Kirchhof (Hrsg.), HStR III, 3. Aufl. 2005, § 53 Rn. 24; *Handt*, Auflösung, 2008, S. 130 ff.; *Herzog*, in: Dürig/Herzog/Scholz (Hrsg.), GG, Art. 63 (2008), Rn. 45; *Brinktrine*, in: Sachs (Hrsg.), GG, 9. Aufl. 2021, Art. 63 Rn. 30; *Schröder*, in: Huber/Voßkuhle (Hrsg.), GG, Bd. II, 8. Aufl. 2024, Art. 63 Rn. 39.

[201] *Herzog*, in: Dürig/Herzog/Scholz (Hrsg.), GG, Art. 63 (2008), Rn. 45.

[202] *Magsaam*, Mehrheit, 2014, S. 135.

[203] So *Zeh*, Verfahren, in: Isensee/Kirchhof (Hrsg.), HStR III, 3. Aufl. 2005, § 53 Rn. 24; *Handt*, Auflösung, 2008, S. 132 f.; *Herzog*, in: Dürig/Herzog/Scholz (Hrsg.), GG, Art. 63 (2008), Rn. 45; *Austermann*, Wahl, in: DÖV 2013, S. 865 (870).

[204] Dazu *Magsaam*, Mehrheit, 2014, S. 135 f.

[205] In diesem Sinne *Puhl*, Minderheitsregierung, 1986, S. 43; *Austermann*, Wahl, in: DÖV 2013, S. 865 (870), die sich allerdings explizit nur auf bereits erfolglos wiederholte Wahlgänge beziehen.

Stimmenpatt führenden Wahlgang den Bundestag auflöst oder zunächst noch weitere Wahlgänge abwartet[206].

Die verschiedenen und im Detail mit bleibenden Unsicherheiten behafteten Lösungsvorschläge zeigen, welche Probleme im Rahmen eines Wahlverfahrens entstehen, wenn nicht einmal die als Notfallmechanismus fungierende relative Mehrheit zustande kommt. Insofern können zentrale demokratische Grundsätze wie das Mehrheitsprinzip in der Praxis an ihre Grenzen stoßen, ohne damit ihren konzeptionellen, normativen Vorrang einzubüßen. Das Grundgesetz lässt nur im Ausnahmefall eine relative Mehrheit für die Kanzlerwahl genügen, ermöglicht aber selbst dann noch einen Ausweg, wenn im Falle eines Stimmenpatts nicht einmal die relative Mehrheit erreicht wird.

f) Ablehnende Mehrheit gegenüber dem einzigen Kandidaten als demokratisches Dilemma

Während das Mehrheitsprinzip im Falle des Stimmenpatts bereits an seine Grenzen gerät, scheint es seine normative Kraft endgültig einzubüßen, wenn in der dritten Wahlphase des Art. 63 Abs. 4 S. 1 GG lediglich ein einziger Kandidat antritt, der dazu noch einer ablehnenden Parlamentsmehrheit gegenübersteht. Die Annahme, eine relative Mehrheit für eine Alternative sei stets zu erreichen[207], ist daher nicht nur wegen der Möglichkeit der Stimmengleichheit, sondern auch wegen der Konstellation eines einzigen Kandidaten unzutreffend. Aufgrund der fehlenden praktischen Bedeutung auf Bundesebene fanden solche Konstellationen bisher kaum Beachtung[208]. Dass es sich dabei nicht um eine blanke Theorie handelt, zeigt die Wahl des Ministerpräsidenten von Schleswig-Holstein im Jahr 1951, die mit mehr Nein- als Ja-Stimmen erfolgte, jedoch bemerkenswerterweise keinerlei Diskussionen hervorrief und ohne Einwände akzeptiert wurde[209]. Erst aufgrund der unklaren Mehrheitsverhältnisse

---

[206] So auch explizit *Herzog*, in: Dürig/Herzog/Scholz (Hrsg.), GG, Art. 63 (2008), Rn. 45; a.A. *Magsaam*, Mehrheit, 2014, S. 130; *Hermes*, in: Dreier (Hrsg.), GG, Bd. II, 3. Aufl. 2015, Art. 63 Rn. 41.

[207] Diese Aussage findet sich aber bei *L. Weber*, Beschlußfassung, 1951, S. 85; *Natus*, Verfassungsmissbrauch, 2017, S. 187; wegen der Konstellation der Stimmengleichheit dazu kritisch *Magsaam*, Mehrheit, 2014, S. 75.

[208] So weisen *Hölscheidt/Mundil*, Stimmen, in: DVBl. 2019, S. 73 (73) darauf hin, dass bislang alle Bundeskanzler bereits im ersten Wahlgang gewählt wurden. Bei den Wahlen der Bundespräsidenten, die erst im dritten Wahlgang erfolgten, gab es immer mehrere Kandidaten, sodass der konkrete Fall auch hier noch nicht aufgetreten ist, siehe *Pracht*, Wahl, in: ZJS 2015, S. 573 (576).

[209] Hinweis bei *Morlok*, Die verfassungsrechtlichen Rahmenbedingungen der Wahl des Ministerpräsidenten im dritten Wahlgang nach Art. 70 Abs. 3 S. 3 der Verfassung des Freistaats Thüringen, Gutachterliche Stellungnahme im Auftrag des Thüringer Justizministeriums vom 22.11.2014, S. 26; *Dressel/Gogolin*, Wahl, in: LKV 2015, S. 433 (440); *Hölscheidt/Mundil*, Stimmen, in: DVBl. 2019, S. 73 (77).

bei der Wahl des Ministerpräsidenten von Thüringen in den Jahren 2009, 2014 und 2020 geriet das Thema in den Fokus der juristischen und öffentlichen Debatte[210].

Eine erfolgreiche Wahl durch eine Minderheit, die eine ausdrückliche Mehrheit gegen sich hat, erscheint vordergründig als schlechthin untragbar, als eklatanter Widerspruch zum Mehrheitsprinzip und folglich als mit dem Demokratieprinzip unvereinbar[211]. Es wäre nicht mit dem in Art. 42 Abs. 2 S. 1 GG niedergelegten Grundsatz vereinbar, wonach für einen Beschluss des Parlamentes stets mehr Ja- als Nein-Stimmen erforderlich sind[212]. Aus diesem Grund nehmen einige als offensichtliche Konsequenz an: „Steht nur ein Kandidat zur Wahl, ist selbstverständlich die einfache Mehrheit der zustimmenden gegenüber den den Wahlvorschlag ablehnenden Stimmen maßgeblich."[213] Wenn dieses Mehrheitserfordernis nicht gewahrt ist, sei der vorgeschlagene Kandidat daher nach dieser Auffassung nicht gewählt. Als Konsequenz wären bei der Kanzlerwahl entsprechend der Konstellation des Stimmenpatts entweder weitere Wahlgänge oder die Auflösung des Bundestages durch den Bundespräsidenten möglich[214].

Auf den zweiten Blick erscheint diese Sichtweise aber nicht mehr so überzeugend, wenn man die Konstellation eines einzigen Kandidaten in Verhältnis zur Situation mit mehreren Kandidaten setzt. Das nötige Stimmenquorum würde in Folge der fehlenden Aufstellung eigener Kandidaten und damit durch ein Verhalten der übrigen Mitglieder im Vergleich zur Konstellation mit mehreren Kandidaten erhöht werden können[215]. Dies lässt sich anschaulich an der

---

[210] Siehe *Dressel/Gogolin*, Wahl, in: LKV 2015, S. 433 (433 f.) sowie www.lto.de/recht/nachrichten/n/thueringen-ministerpraesident-wahl-bodo-ramelow-mehrheit-stimmen (letzter Abruf: 31.7.2024).

[211] Siehe *B. Weber*, Minderheitsregierung, 2022, S. 73 f., der dieses Ergebnis bei genauerer Betrachtung aber doch für zutreffend hält.

[212] So *Zeh*, Anforderungen, in: ThürVBl. 2015, S. 161 (166), nach dessen Ansicht es sich im Falle eines einzigen Kandidaten nicht mehr um eine Wahl, sondern um eine parlamentarische Abstimmung handele und deshalb das Erfordernis einer einfachen Mehrheit Anwendung finden solle.

[213] So *Magsaam*, Mehrheit, 2014, S. 128; in ähnlicher Weise mit der Legitimation des Gewählten argumentiert *Zeh*, Anforderungen, in: ThürVBl. 2015, S. 161 (163). Insofern gesteht *Morlok*, Die verfassungsrechtlichen Rahmenbedingungen der Wahl des Ministerpräsidenten im dritten Wahlgang nach Art. 70 Abs. 3 S. 3 der Verfassung des Freistaats Thüringen, Gutachterliche Stellungnahme im Auftrag des Thüringer Justizministeriums vom 22.11.2014, S. 5 dem Erfordernis von mehr Ja- als Nein-Stimmen „zunächst eine gewisse Plausibilität" zu.

[214] *Hölscheidt/Mundil*, Stimmen, in: DVBl. 2019, S. 73 (76); die Durchführung weiterer Wahlgänge bei der thüringischen Regel zur Ministerpräsidentenwahl sieht auch *Zeh*, Anforderungen, in: ThürVBl. 2015, S. 161 (165) als Ausweg.

[215] *Morlok*, Die verfassungsrechtlichen Rahmenbedingungen der Wahl des Ministerpräsidenten im dritten Wahlgang nach Art. 70 Abs. 3 S. 3 der Verfassung des Freistaats Thürin-

Ministerpräsidentenwahl in Thüringen im März 2020 verdeutlichen, bei der lediglich *Bodo Ramelow* antrat und die einfache Mehrheit durch die Enthaltungen der CDU-Abgeordneten erhielt[216]. Wenn im dritten Wahlgang neben *Bodo Ramelow* ein weiterer Kandidat etwa von der CDU angetreten wäre, der 21 Stimmen erhalten hätte, wäre *Bodo Ramelow* ebenso unstreitig mit den 42 Stimmen der Parteien SPD, Bündnis 90/Die Grünen und Die Linken gewählt worden. Hätten die CDU, FDP und AfD hingegen in der Situation eines fehlenden Gegenkandidaten geschlossen gegen *Bodo Ramelow* gestimmt, sodass dieser 48 Gegenstimmen bekommen hätte, hätten ihm nach der dargelegten Sichtweise die 42 Stimmen nunmehr nicht zur erfolgreichen Wahl gereicht. Diese unterschiedlichen Ergebnisse erscheinen angesichts der gleichen Stimmenzahl äußerst fragwürdig. Zudem würde eine solche Auslegung zu entsprechenden Ausweichstrategien anregen. So könnte das politische Lager des Kandidaten diese unerwünschte Folge schlicht dadurch verhindern, dass sie neben ihrem wirklich gewünschten Kandidaten einen zweiten Scheinkandidaten aufstellt. In der thüringischen Konstellation hätten etwa die SPD oder die Bündnis 90/Die Grünen zur Sicherheit noch einen eigenen Kandidaten aufstellen können, der gar keine Stimmen erhalten sollte. In dem Fall wäre *Bodo Ramelow* mit 42 Stimmen unstreitig gewählt worden. Das Verfassungsrecht darf aber den Erfolg einer Wahl nicht von solchen taktischen Schachzügen oder Zufälligkeiten abhängig machen, weshalb die teleologische Auslegung des Demokratieprinzips für eine Gleichbehandlung beider Konstellationen spricht.

In historischer Hinsicht ist zudem die potentielle Konsequenz zu bedenken, die sich aus der Differenzierung beider Konstellationen ergeben könnte. Wenn die zerstrittene Mehrheit sich auf keinen gemeinsamen Kandidaten einigen kann und ihre einzelnen Gruppen relativ unterlegen sind, würde sie beim Aufstellen eigener Kandidaten Gefahr laufen, dass der von ihnen unerwünschte Kandidat gewählt wird. Sie würden daher aus taktischen Erwägungen exakt umgekehrt handeln und aus diesem Grund auf eigene Kandidaten verzichten, um den Gegenkandidaten zu verhindern. Während die politischen Akteure eigentlich bestrebt sein sollten, eigene Alternativen zu präsentieren und zur Mehrheitsfindung Kompromisse einzugehen, würde an dieser Stelle eine destruktive Haltung gefördert. Diese Konsequenz ist nicht nur politisch bedenklich, sondern sie tritt zugleich in Widerspruch zum Demokratieprinzip des Grundgesetzes. So würde die Forderung einer Stimmenmehrheit im Falle eines einzigen Kandidaten ermöglichen, dass die Bildung einer „destruktiven Mehrheit“[217] tatsächlichen Erfolg versprechen und eine Amtsbesetzung verhindern

---

gen, Gutachterliche Stellungnahme im Auftrag des Thüringer Justizministeriums vom 22.11.2014, S. 21 f.; *Pracht*, Wahl, in: ZJS 2015, S. 573 (578).

[216] Siehe dazu www.faz.net/aktuell/politik/inland/thueringen-bodo-ramelow-im-dritten-wahlgang-gewaehlt-16662892-p2.html (letzter Abruf: 31.7.2024).

[217] Prägnant *Hölscheidt/Mundil*, Stimmen, in: DVBl. 2019, S. 73 (78).

kann. Die Demokratie lebt aber – das zeigt dieser Fall anschaulich – von vorgeschlagenen Alternativen wie auch der Schaffung von Kompromissen, an der prinzipiell eine Mehrheit mitwirken soll. Das Grundgesetz wollte in bewusster Erinnerung an die Weimarer Erfahrungen solchen destruktiven Mehrheiten keine Wirkungsmacht zusprechen[218]. Besondere Ausprägung dieser aus den historischen Erfahrungen resultierende, abwehrende Haltung des Parlamentarischen Rates gegenüber destruktiven Mehrheiten stellt das aus dem Entwurf von Herrenchiemsee übernommene konstruktive Misstrauensvotum in Art. 67 GG dar[219]. Der gegen das Erfordernis des konstruktiven Misstrauensvotums im Parlamentarischen Rat erhobene Vorwurf, dass dadurch eine Regierung im Amt bleibt, die „nunmehr nicht von der absoluten Mehrheit des Parlaments getragen wird, sondern in Widerspruch zu dem Majoritätsgedanken der Demokratie nur von einer relativen Mehrheit, praktisch von einer Minderheit getra-

---

[218] In diesem Sinne *Morlok*, Die verfassungsrechtlichen Rahmenbedingungen der Wahl des Ministerpräsidenten im dritten Wahlgang nach Art. 70 Abs. 3 S. 3 der Verfassung des Freistaats Thüringen, Gutachterliche Stellungnahme im Auftrag des Thüringer Justizministeriums vom 22.11.2014, S. 22; *Dressel/Gogolin*, Wahl, in: LKV 2015, S. 433 (439); *Hölscheidt/Mundil*, Stimmen, in: DVBl. 2019, S. 73 (78). Zutreffend weist *Höpker*, Grundlagen, 1957, S. 158 darauf hin, dass sich im Falle negativer Mehrheiten „im Grunde genommen nur noch feindliche Minderheiten […] gegenüber stehen."

[219] Siehe die Äußerung des Abgeordneten *Süsterhenn*, Zweite Sitzung des Plenums, 8. September 1948, in: Deutscher Bundestag/Bundesarchiv (Hrsg.), Der Parlamentarische Rat 1948–1949, Bd. IX, 1996, S. 60 sowie des Abgeordneten *Löwenthal*, Dritte Sitzung des Hauptausschusses, 16. November 1948, in: Dies. (Hrsg.), Der Parlamentarische Rat 1948–1949, Bd. XIV, 2009, S. 78; zur Begründung des Art. 90 HChE den Abschlussbericht, in: Dies. (Hrsg.), Der Parlamentarische Rat 1948–1949, Bd. II, 1981, S. 551 f.; ausführlich zur Entstehung des Art. 67 GG *Lippert*, Bestellung, 1973, S. 413 ff. – Zu beachten gilt es allerdings, dass diese Auffassung hinsichtlich des Misstrauensvotums tatsächlich historisch wie praktisch kaum überzeugt. In der Weimarer Republik fand das destruktive Misstrauensvotum nach Art. 54 WRV tatsächlich nur zwei Mal im Jahr 1926 – also in einer vergleichsweise noch stabilen Phase der Weimarer Republik – erfolgreich Anwendung, dazu aus der zeitgenössischen Literatur *Anschütz*, Die Verfassung des Deutschen Reichs vom 11. August 1919, 14. Aufl. 1933, S. 321. Insofern weist *Roßner*, Verfahren, in: Morlok/Schliesky/Wiefelspütz (Hrsg.), Parlamentsrecht, 2016, § 41 Rn. 58 Fn. 146 zutreffend darauf hin, dass eine destabilisierende Wirkung nicht hinreichend belegt ist. In praktischer Hinsicht macht es hinsichtlich der Stabilität im Falle des Verlusts der Regierungsmehrheit kaum einen Unterschied, ob sich die Regierung mangels mehrheitsfähiger Alternative aufgrund des Art. 67 GG im Amt hält oder nach Art. 54 WRV durch ein destruktives Misstrauensvotum formal abgelöst wird, aber dennoch als geschäftsführende Regierung im Amt bleibt, so zu Recht *Friesenhahn*, Parlament, in: VVDStRL 16 (1958), S. 9 (61 f.); *Hesse*, Grundzüge, 1995, Rn. 635; *Kersten*, Regierung, in: Gusy (Hrsg.), Weimars lange Schatten, 2003, S. 281 (293 ff.); anders hingegen *Merdian*, Mehrheitsprinzip, 2022, S. 164 ff. – Dieser Umstand hindert jedoch nicht, den in dieser Vorschrift zum Ausdruck gekommenen Willen des Verfassunggebers, destruktiven Minderheiten möglichst keine Wirkungsmacht zuzusprechen, auch im Bereich der Kanzlerwahl nach Art. 63 GG zu berücksichtigen, in der er tatsächliche Relevanz entfaltet.

gen wird“[220], konnte sich nicht durchsetzen. Wenngleich die Abberufung der Regierung nicht unmittelbar mit deren Einsetzung gleichzusetzen ist, so lässt sich aus dieser Entscheidung doch der historische Wille des Verfassunggebers herauslesen, dass das Interesse der Stabilität des politischen Systems notfalls unter Einschränkung des Mehrheitsprinzips gegenüber destruktiven Mehrheiten durchzusetzen und damit höher zu gewichten ist. Unter Berücksichtigung der Entstehungsgeschichte wäre es deshalb mit „dem Geiste des Grundgesetzes [nicht vereinbar], wenn Minderheiten, welche sich ihrerseits nicht auf einen gemeinsamen Kandidaten verständigen können, durch ihre bloße ‚Nein-Stimme‘ die Wahl des aussichtsreichsten Bewerbers verhindern könnten.“[221]

Dies gilt umso mehr, wenn man den Blick auf die Konsequenzen der gegenteiligen Auffassung richtet, die eine Mehrheit an Ja-Stimmen fordert. Anders als in der Konstellation des Stimmenpatts, in der womöglich noch erfolgreiche Verständigungsversuche und damit eine Auflösung des Patts gelingt, ist bei einer destruktiven Mehrheit regelmäßig nicht zu erwarten, dass diese nachfolgend von sich aus über ihren politischen Schatten springt und noch eigene Kandidaten aufstellt oder gar für den bislang abgelehnten Kandidaten stimmt. Eine mehrmalige Wiederholung des letzten Wahlganges würde in diesem Fall folglich sehr geringe Erfolgsaussichten haben[222]. Dem Bundespräsidenten bliebe schließlich nur die Möglichkeit den Bundestag aufzulösen. In einer solchen politischen Notlage wäre aber gerade die „Reservefunktion“ des Bundespräsi-

---

[220] So die Äußerung des Abgeordneten *Becker*, Fünfte Sitzung des Kombinierten Ausschusses, 23. September 1948, in: Deutscher Bundestag/Bundesarchiv (Hrsg.), Der Parlamentarische Rat 1948–1949, Bd. XIII, 2002, S. 136; dazu ferner *Lehr*, Bericht, in: Parlamentarischer Rat (Hrsg.), Schriftlicher Bericht zum Entwurf des Grundgesetzes für die Bundesrepublik Deutschland, 1949, S. 17 (20). – Aus diesem Grund ist die Ausführung bei *Zeh*, Anforderungen, in: ThürVBl. 2015, S. 161 (162) unpräzise, wonach sich die Abgeordneten nach dem Willen des Parlamentarischen Rates „dauerhaft mit ihr [der Regierung] verbinden (Mehrheit) oder sich als Alternative positionieren müssen (Opposition).“ Dies war gewiss die Wunschvorstellung des Parlamentarischen Rates, die er aber mit der Möglichkeit eines Minderheitskanzlers sowohl in Folge des Art. 63 Abs. 4 GG als auch des Art. 67 GG – aus guten Gründen – nicht mit letzter Konsequenz anstrebte.

[221] Prägnant *Pracht*, Wahl, in: ZJS 2015, S. 573 (578); in ähnlicher Hinsicht argumentiert *Lippert*, Bestellung, 1973, S. 312 bezüglich der Konstellation eines einzigen Kandidaten im dritten Wahlgang, der zwar nicht die Möglichkeit der Gegenstimmen in Betracht zieht, aber die Gefahr sieht, dass die Parlamentsmehrheit durch Nichtbeteiligung an der Wahl einen erfolgreichen Wahlausgang verhindern kann, wenn man die Regelung wörtlich verstehen und danach zwei Bewerber für eine gültige Wahl fordern würde.

[222] Insofern erscheint der Vergleich mit Fällen der Stimmengleichheit bei *Pracht*, Wahl, in: ZJS 2015, S. 573 (578) nicht überzeugend. Gleiches gilt für die Argumentationslinie von *Zeh*, Anforderungen, in: ThürVBl. 2015, S. 161 (165), der den Ausweg bei einer Mehrheit aus Nein-Stimmen in weiteren Wahlgängen sucht und dabei einen Vergleich mit der Nichtannahme der Wahl oder dem Rücktritt anstellt. Einen weiteren Wahlgang in diesem Fall hält *B. Weber*, Minderheitsregierung, 2022, S. 74 explizit für unzulässig.

denten angesprochen, der den Ausweg aus der Krise einleiten soll[223]. Dabei kann ein solcher Ausweg auch in der Ernennung eines solchen Minderheitskanzlers liegen, um die politische Lage zu beruhigen und damit politischen Druck auf die destruktive Mehrheit auszuüben, sich zukünftig konstruktiver zu verhalten. Sie können den vom Bundespräsidenten ernannten Kanzler nur noch im Wege eines konstruktiven Misstrauensvotums stürzen oder sich doch auf ein kooperatives Verhältnis zum Minderheitenkanzler besinnen. Sowohl die Weimarer Erfahrungen als auch die jüngsten Vorgänge in Thüringen zeigen, dass eine Regierung trotz einer zunächst ablehnenden Haltung der Parlamentsmehrheit möglicherweise nachfolgend wenigstens auf eine zeitweise Tolerierung bauen kann, die ein Mindestmaß an Stabilität und Handlungsfähigkeit in einer politischen Krise erzeugt. Ob dies tatsächlich Erfolg verspricht und gegenüber der Auflösung vorzugswürdig ist, ist nicht abstrakt zu beantworten und ist daher dem politischen Ermessen des Bundespräsidenten überlassen. Die gegenteilige Auffassung liefe Gefahr, dem Bundespräsidenten diese durch Art. 63 Abs. 4 S. 3 GG überantwortete Auswahlentscheidung zwischen der Ernennung des Minderheitenkanzlers und der Auflösung des Bundestages zu nehmen, obwohl sie in einer solchen Notlage geboten wäre[224].

Eine solche Auslegung könnte ferner vom Wortlaut des Art. 63 Abs. 4 S. 1 GG gedeckt sein, der im Gegensatz zu Art. 42 Abs. 2 S. 1 GG weder von der Mehrheit der abgegebenen Stimmen noch von einer relativen Mehrheit, sondern lediglich von den „meisten Stimmen" spricht[225]. Allerdings geht Art. 63 Abs. 4 S. 1 GG nach seinem Wortlaut „die meisten Stimmen" typischerweise von einem Verhältnis der Stimmen zueinander und damit mindestens von zwei Kandidaten aus, sodass die Vorschrift den Fall eines einzigen Kandidaten womöglich gar nicht unmittelbar erfasst[226]. Auch könnte aus der Formulierung ein Verhältnis von einem „Mehr" und „Weniger" folgen, sodass man bei einem

---

[223] So explizit *B. Weber*, Minderheitsregierung, 2022, S. 74. Allgemein zur Bedeutung dieser „Reservefunktion" im Falle einer fehlenden Kanzlermehrheit *Handt*, Auflösung, 2008, S. 190 ff.; *Epping*, in: ders./Hillgruber (Hrsg.), GG, 3. Aufl. 2020, Art. 63 Rn. 28; *Mager*, in: v. Münch/Kunig (Hrsg.), GG, Bd. I, 7. Aufl. 2021, Art. 63 Rn. 41.

[224] Das vom Grundgesetz vorgesehene Wahlrecht des Bundespräsidenten führen auch *Lippert*, Bestellung, 1973, S. 312; *Hölscheidt/Mundil*, Stimmen, in: DVBl. 2019, S. 73 (78); *B. Weber*, Minderheitsregierung, 2022, S. 74 als Argument für eine gültige Wahl des einzigen Kandidaten an.

[225] Dies betonen *Dressel/Gogolin*, Wahl, in: LKV 2015, S. 433 (434 ff.); *Hölscheidt/Mundil*, Stimmen, in: DVBl. 2019, S. 73 (76). Hingegen hält *Pracht*, Wahl, in: ZJS 2015, S. 573 (576) den Wortlaut für uneindeutig.

[226] Auf diese Möglichkeit verweisen *Lippert*, Bestellung, 1973, S. 312; *Handt*, Auflösung, 2008, S. 129; *Pracht*, Wahl, in: ZJS 2015, S. 573 (576). Hingegen sieht *Morlok*, Die verfassungsrechtlichen Rahmenbedingungen der Wahl des Ministerpräsidenten im dritten Wahlgang nach Art. 70 Abs. 3 S. 3 der Verfassung des Freistaats Thüringen, Gutachterliche Stellungnahme im Auftrag des Thüringer Justizministeriums vom 22.11.2014, S. 17 den Fall eines einzigen Kandidaten nicht vom Wortlaut ausgeschlossen.

einzigen Kandidaten die abgegebenen Ja- und Nein-Stimmen zueinander ins Verhältnis setzen könnte[227]. Die Formulierung „die meisten Stimmen" könnte daher bewusst gewählt worden sein, weil damit sowohl die relative als auch absolute Mehrheit umfasst ist[228]. Allerdings besagt die Vorschrift ihrem Wortlaut nach, dass gewählt ist, wer die meisten Stimmen erhält. Aufgrund dieser maßgeblichen Anknüpfung an Personen entspricht es dem Wortlaut, nur die für Personen positiv abgegebenen Stimmen zu werten und Nein-Stimmen außer Betracht zu lassen[229]. Für diese Sichtweise lässt sich in historischer Hinsicht zudem die Erläuterung des Allgemeinen Redaktionsausschusses des Parlamentarischen Rates anführen, der die Entscheidung des Bundespräsidenten nach Art. 63 Abs. 4 S. 2 GG generell auf einen „Gewählten [bezog], der nicht die Mehrheit der Stimmen auf sich vereinigen konnte"[230].

Schließlich findet eine solche Auslegung des Mehrheitserfordernisses durch einen systematischen Vergleich mit Art. 54 Abs. 6 S. 2 GG Bestätigung, der ebenfalls von den meisten Stimmen spricht, aber noch stärker darauf ausgerichtet ist, einen erfolgreich Gewählten hervorzubringen[231]. Besteht bei der fehlgeschlagenen Wahl des Bundeskanzlers theoretisch noch ein Ausweg in der Auflösung des Bundestages und einer Neuwahl, müssen die Bundespräsidentenwahl, die Wahl von Wahlkreisabgeordneten und die Wahl anderer Ämter zu einer unmittelbaren Besetzung des Amtes führen. Es gilt der bereits erörterte Grundsatz, dass es bei Wahlen aufgrund der Notwendigkeit der Ämterbesetzung prinzipiell im Gegensatz zu Sachabstimmungen nicht um die Zustimmung oder Ablehnung eines Vorschlages, sondern nur um die *Auswahl* zwischen verschiedenen Kandidaten gehen kann. Insofern wäre es im Falle eines einzigen Kandidaten konsequent, im Meiststimmenverfahren schlichtweg keine Nein-Stimmen durch entsprechende Gestaltung des Wahlzettels zuzulassen und damit solche als ungültig zu behandeln[232], wie es etwa Art. 51 Abs. 3

---

[227] So argumentiert *Zeh*, Anforderungen, in: ThürVBl. 2015, S. 161 (161).

[228] In diesem Sinne *Herzog*, in: Dürig/Herzog/Scholz (Hrsg.), GG, Art. 63 (2008), Rn. 38.

[229] Ebenso für den wortlautgleichen Art. 70 Abs. 3 S. 3 ThürVerf. *Dressel/Gogolin*, Wahl, in: LKV 2015, S. 433 (434 f.).

[230] So *Dressel/Gogolin*, Wahl, in: LKV 2015, S. 433 (436) unter Berufung auf Drucksache Nr. 374, nachgewiesen in: Deutscher Bundestag/Bundesarchiv (Hrsg.), Der Parlamentarische Rat 1948–1949, Bd. VII, 1995, S. 162.

[231] Ebenso *Hölscheidt/Mundil*, Stimmen, in: DVBl. 2019, S. 73 (77); dazu noch näher unten 3. c).

[232] So für die Bundespräsidentenwahl *Nierhaus/Brinktrine*, in: Sachs (Hrsg.), GG, 9. Aufl. 2021, Art. 54 Rn. 19 Fn. 46; für die thüringische Ministerpräsidentenwahl *Morlok*, Die verfassungsrechtlichen Rahmenbedingungen der Wahl des Ministerpräsidenten im dritten Wahlgang nach Art. 70 Abs. 3 S. 3 der Verfassung des Freistaats Thüringen, Gutachterliche Stellungnahme im Auftrag des Thüringer Justizministeriums vom 22.11.2014, S. 21; dagegen *Zeh*, Anforderungen, in: ThürVBl. 2015, S. 161 (166).

S. 4 BayGO vorsieht[233]. Auch das Bundesverfassungsgericht scheint davon auszugehen, dass im Meiststimmenverfahren keine Nein-Stimmen, sondern allenfalls Enthaltungen gültig abgegeben werden können, indem es ausführt: „Die Wahl einer Person kann nur verhindert werden, wenn ein Alternativkandidat vorgeschlagen wird, der mehr Stimmen erhält. Im Extremfall ist ein Kandidat mit einer Stimme gewählt, wenn im Übrigen nur Stimmenthaltungen abgegeben worden sind.“[234] In einem Wahlgang, der wie Art. 63 Abs. 4 S. 1 GG lediglich die meisten Stimmen verlangt, ist ein einziger Kandidat daher selbst gegen eine potentielle Mehrzahl von auf dem Wahlzettel zugelassenen Gegenstimmen und damit im Extremfall mit nur einer Ja-Stimme gewählt[235].

Eine demokratische Wahl bedarf zwar im Grundsatz begrifflich als auch inhaltlich einer freien Entscheidungsmöglichkeit zwischen mehreren Alternativen[236]. Die verfassungsrechtliche Garantie dieser Auswahlfreiheit ist jedoch – wiederum folgend aus dem Prinzip der Wahl- und Entscheidungsfreiheit – freiwillig von Kandidaten auszufüllen und kann deshalb nicht erzwungen, mithin nicht garantiert werden. Die Konstellation eines einzigen Kandidaten ist deshalb vom Demokratieprinzip nicht erwünscht, aber auch nicht verboten. Das dabei auftretende, problematische Phänomen einer ablehnenden Mehrheit bei einem einzigen Kandidaten bestätigt jedoch das grundsätzliche Problem der „relativen Mehrheit“, dass diese tatsächlich nur eine Minderheit repräsentiert. Bleibt diese Erkenntnis bei mehreren Kandidaten häufig verdeckt, wird sie im

---

[233] Zur Zulässigkeit dieser Regelung BayVGH, NVwZ 1993, S. 398; bestätigend BVerwG, NVwZ 1993, S. 378.

[234] BVerfGE 120, 82 (119); zustimmend *Morlok*, Die verfassungsrechtlichen Rahmenbedingungen der Wahl des Ministerpräsidenten im dritten Wahlgang nach Art. 70 Abs. 3 S. 3 der Verfassung des Freistaats Thüringen, Gutachterliche Stellungnahme im Auftrag des Thüringer Justizministeriums vom 22.11.2014, S. 24. – Der Einwand bei *Zeh*, Anforderungen, in: ThürVBl. 2015, S. 161 (165 f.), die Entscheidung bezöge sich auf Wahlverfahren in der kommunalen Vertretung und sei daher nicht auf parlamentarische Verfahren übertragbar, verkennt die prinzipielle Vergleichbarkeit im Hinblick auf die demokratischen Grundsätze und Verfahrensweisen.

[235] So auch *Morlok*, Die verfassungsrechtlichen Rahmenbedingungen der Wahl des Ministerpräsidenten im dritten Wahlgang nach Art. 70 Abs. 3 S. 3 der Verfassung des Freistaats Thüringen, Gutachterliche Stellungnahme im Auftrag des Thüringer Justizministeriums vom 22.11.2014, S. 7 ff.; *Dressel/Gogolin*, Wahl, in: LKV 2015, S. 433 (433 ff.); *Hölscheidt/Mundil*, Stimmen, in: DVBl. 2019, S. 73 (73 ff.); dagegen *Magsaam*, Mehrheit, 2014, S. 128; *Zeh*, Anforderungen, in: ThürVBl. 2015, S. 161 (161 ff.); *Schliesky*, Parlamentsfunktion, in: Morlok/Schliesky/Wiefelspütz (Hrsg.), Parlamentsrecht, 2016, § 5 Rn. 13.

[236] In diesem Sinne *Gusy*, Mehrheitsprinzip, in: AöR 106 (1981), S. 329 (345); *Morlok*, in: Dreier (Hrsg.), GG, Bd. II, 3. Aufl. 2015, Art. 38 Rn. 86. Im Falle eines einzigen Kandidaten im dritten Wahlgang tritt exakt ein, was *Heun*, Entstehungsvoraussetzungen, in: Flaig (Hrsg.), Genesis und Dynamiken der Mehrheitsentscheidung, 2013, S. 21 (34) allgemein für Mehrheitsentscheidungen konstatiert: „ohne jegliche Alternative degeneriert die Mehrheitsentscheidung zur bloßen Akklamation.“

Fall eines einzigen Kandidaten offensichtlich[237]. Daher stellt die aufgezeigte Ausnahmekonstellation das grundsätzliche Streben des Grundgesetzes nach einer schlichen absoluten Mehrheit nicht in Frage, sondern legt vielmehr die Bedeutung und den Zweck des absoluten Mehrheitsprinzips offen, eine Minderheitenherrschaft möglichst zu vermeiden.

g) Zwischenergebnis: Absolute Mehrheit im Spannungsfeld von Theorie und Praxis

Die Wahl des Bundeskanzlers ist vom Streben nach einer absoluten Mehrheit dominiert. Dieser Verfassungsentscheidung liegt nicht nur ein funktionaler, sondern auch ein legitimatorischer Zweck zugrunde. Lediglich aus funktionalen Gründen reicht das Wahlverfahren in der Anknüpfung an die Mitgliederzahl anstatt an die Zahl der Abstimmenden über das legitimatorisch erforderliche Maß hinaus. Das Erfordernis der relativ meisten Stimmen kann hingegen lediglich nachrangig im letzten Wahlgang genügen, wenngleich in diesem Fall die Ernennung – wiederum aus funktionalen Gründen – dem Bundespräsidenten überantwortet wird. In den besonders problematischen Konstellationen der dritten Wahlphase – der Stimmengleichheit zwischen mehreren Kandidaten und der ablehnenden Mehrheit gegenüber einem einzigen Kandidaten – treten das besondere Spannungsfeld von demokratischer Theorie und praktischer Umsetzbarkeit besonders anschaulich zu Tage. Es ist nach der aktuellen Verfassungslage nicht ausgeschlossen, dass ein Minderheitskanzler dem Wortsinn entsprechend von einer Minderheit, bei Fehlen eines Gegenkandidaten sogar gegen eine ausdrücklich ablehnende Mehrheit ins Amt gelangt. Dieses auf den ersten Blick als Perversion des demokratischen Mehrheitsprinzips erscheinende Ergebnis ist letztlich eine logische Konsequenz entsprechender Konstel-

[237] So weist *Morlok*, Die verfassungsrechtlichen Rahmenbedingungen der Wahl des Ministerpräsidenten im dritten Wahlgang nach Art. 70 Abs. 3 S. 3 der Verfassung des Freistaats Thüringen, Gutachterliche Stellungnahme im Auftrag des Thüringer Justizministeriums vom 22.11.2014, S. 21 für die thüringische Ministerpräsidentenwahl darauf hin, dass in dieser Konstellation lediglich „deutlicher [wird], dass der Ministerpräsident von einer Minderheit gewählt wurde". Diese Deutlichkeit führt zu falschen Schlussfolgerungen, wie sich anschaulich an den Ausführungen bei *Zeh*, Anforderungen, in: ThürVBl. 2015, S. 161 (162) zeigt. Dieser erkennt zwar an, dass im Falle der relativen Mehrheit eine „Minderheitsregierung" verfassungsrechtlich möglich und zulässig ist. Für ein Erfordernis von mehr Ja- als Nein-Stimmen für den Kandidaten führt er jedoch an, dass „andernfalls eine von ihm geführte Regierung auch in Gestalt einer Minderheitsregierung mehrheitlich abgelehnt wäre." Er verkennt bei seiner Argumentation, dass auch bei mehreren Bewerbern die Anhänger der unterlegenen Kandidaten dem mit relativer Mehrheit Gewählten möglicherweise ihre Zustimmung verweigert hätten und dieser Umstand lediglich aufgrund der Mehrzahl an Bewerbern verdeckt bleibt. Diese Konstellation kalkuliert das Grundgesetz bei einer Wahl mit relativer Mehrheit ein, indem es die Prognose über das Verhältnis von Parlamentsmehrheit und Minderheitsregierung mit der Regelung des Art. 63 Abs. 4 S. 2 GG dem Bundespräsidenten überantwortet.

lationen. Die repräsentative Demokratie lebt von der stetigen Besetzung ihrer Ämter, weshalb die Wahl im Gegensatz zu einer Sachentscheidung im Regelfall zu einem positiven Ergebnis führen muss und daher nicht aufgrund fehlender Mehrheiten scheitern darf.

Wird daher zumeist im Hinblick auf Sachenentscheidungen formuliert, dass die Demokratie auf Initiative, Verständigung und Kompromissbereitschaft angewiesen ist, gilt dies umso mehr für Wahlen. In diesem Sinne lebt der demokratische Staat von „Voraussetzungen, die er selbst nicht garantieren kann“[238]. Umso mehr besteht ein Auftrag an den demokratischen Staat, diese zumindest so weit wie möglich und zulässig zu fordern und zu fördern[239]. Eine Ausgestaltung der Wahl, bei der bereits im ersten Wahlgang ein monokratisches Amt wie das des Bundeskanzlers durch eine Minderheit, ohne jeglichen Versuch eine absolute Mehrheit im Wege eines Kompromisses zu erreichen, besetzt werden kann, verfehlt diese verfassungsrechtliche Aufgabenstellung. Ein ausreichender Kompromiss zur Mehrheitsfindung kann auch darin liegen, dass lediglich die Mehrheit der Abstimmenden erreicht wird. Die Nichtteilnahme oder Enthaltung kann in diesem Sinne die Neutralität gegenüber dem Kandidaten ausdrücken und zu einer längerfristigen Tolerierung führen. Eine absolute Mitgliedermehrheit ist daher nicht erforderlich, sondern nur eine „schlicht absolute Mehrheit“. Diese ist dann aber wenigstens im ersten Wahlgang nicht nur politisch wünschenswert, sondern als elementarer Bestandteil des Demokratieprinzips verfassungsrechtlich erforderlich. Demnach bestätigt die Regelung des Art. 63 GG den in Art. 42 Abs. 2 S. 1 GG niedergelegten und im Demokratieprinzip verankerten Grundsatz, dass im Regelfall die schlichte absolute Mehrheit für alle staatlichen Entscheidungen und damit ebenso für die Besetzung monokratischer Ämter zu erreichen ist.

3. Die absolute Mehrheit nach Art. 54 Abs. 6 S. 1 GG als symbolische Qualifizierung

Ein weiteres, zentrales Wahlverfahren zur Besetzung eines monokratischen Staatsamtes findet sich in Art. 54 GG mit der Wahl des Bundespräsidenten. Bei dieser lässt sich im Grundsatz eine mit dem Modus der Kanzlerwahl nach Art. 63 GG vergleichbare Abstufung in mehrere Wahlgänge erkennen. Die bei der Kanzlerwahl gewonnenen Erkenntnisse könnten daher in der Regelung des Art. 54 GG Bestätigung finden. Dies hängt wiederum maßgeblich davon ab, ob

---

[238] *Böckenförde*, Recht, 2013, S. 112. Eine Anlehnung an das Böckenförde-Diktums in einem anderen wahlrechtlichen Zusammenhang findet sich auch bei *Lenski*, Fünfprozenthürde, in: MIP 20 (2014), S. 178 (179).

[239] Anders hingegen zu Recht in Bezug auf die Fünf-Prozent-Sperrklausel *Lenski*, Fünfprozenthürde, in: MIP 20 (2014), S. 178 (179), nach der es dem Staat aufgrund der Wahl- und Parteienfreiheit verwehrt ist, auf die Wahlentscheidung dahingehend einzuwirken, eine Parteienzersplitterung zu verhindern.

diese Festlegung des Verfassunggebers allein aus funktionalen Gründen erfolgte oder er dabei jedenfalls implizit grundlegende Anforderungen des Demokratieprinzips umsetzt, die allgemeine Geltung für die Besetzung monokratischer Ämter beanspruchen.

a) Genese: Art. 54 GG zwischen demokratischer Erneuerung und Kontinuität

Während die Paulskirchenverfassung und die Reichsverfassung von 1871 noch einen Monarchen als Staatsoberhaupt vorsahen, wurde mit der Abschaffung der Monarchie durch die Weimarer Verfassung das Amt des Reichspräsidenten eingeführt, der aufgrund seiner Funktion und Machtfülle nicht ganz unbegründet die Bezeichnung „Ersatzkaiser“[240] erhielt. Dieser wurde nach Art. 41 WRV durch das Volk gewählt. Die konkrete Ausgestaltung dieser Direktwahl war in der Weimarer Reichsverfassung selbst nicht geregelt, sondern gemäß Art. 41 Abs. 2 S. 2 WRV einem Reichsgesetz überlassen. Nach diesem im Jahr 1920 verabschiedeten Wahlgesetz bedurfte es im ersten Wahlgang der absoluten Mehrheit, während im Falle eines erforderlichen zweiten Wahlgangs nunmehr die relative Mehrheit hinreichend war[241]. Damit wurde das Ziel verfolgt, einen möglichst starken Rückhalt im Volk für den Gewählten zu generieren und bei Verfehlen einer absoluten Mehrheit im ersten Wahlgang im zweiten Wahlgang durch Absprachen und Kompromisse zwischen den Parteien einen möglichst hohen Zustimmungsgrad zu erreichen[242]. Wenngleich das Verfahren der Reichspräsidentenwahl nur einfachgesetzlich festgeschrieben war, konkretisierte es daher den allgemeinen demokratischen Grundsatz, möglichst eine absolute Mehrheit für einen Kandidaten hervorzubringen.

Das Grundgesetz hat an dem Amt des Präsidenten als solches festgehalten, jedoch auf die verhängnisvolle Rolle des Reichspräsidenten in der Endphase der Weimarer Republik reagiert und sowohl auf eine starke politische Stellung als auch auf eine Volkswahl des Bundespräsidenten verzichtet[243]. An die Stelle

[240] *Gusy*, Verfassung, 2018, S. 175, der betont, dass diese Bezeichnung erst im Hinblick auf die Amtszeit *Paul von Hindenburgs* verwendet wurde.

[241] Dazu aus der zeitgenössischen Literatur *Kaisenberg*, Wahl, 1925, S. 1; *Anschütz*, Die Verfassung des Deutschen Reichs vom 11. August 1919, 14. Aufl. 1933, S. 248.

[242] So die Begründung für den Gesetzentwurf über die Reichspräsidentenwahl, nachgewiesen bei *Kaisenberg*, Wahl, 1925, S. 1 ff. Im zweiten Wahlgang konnte daher ein neuer Kompromisskandidat auftreten, wodurch überhaupt die Wahl *Paul von Hindenburgs* 1925 ermöglicht wurde, siehe *Hermens*, Verfassungslehre, 1968, S. 385; *Gusy*, Verfassung, 2018, S. 178.

[243] Dazu BVerfGE 136, 277 (310 Rn. 93); *Jülich*, Wahl, in: DÖV 1969, S. 92 (92 f.); *Stern*, Staatsrecht, Bd. II, 1980, S. 197 f.; *Steiger*, Kreationsaufgaben, in: Schneider/Zeh (Hrsg.), Parlamentsrecht und Parlamentspraxis in der Bundesrepublik Deutschland, 1989, § 26 Rn. 40; *Nettesheim*, Amt, in: Isensee/Kirchhof (Hrsg.), HStR III, 3. Aufl. 2005, § 61 Rn. 27; *Herzog*, in: Dürig/Herzog/Scholz (Hrsg.), GG, Art. 54 (2009), Rn. 8 ff.; *Heun*, in: Dreier (Hrsg.), GG, Bd. II, 3. Aufl. 2015, Art. 54 Rn. 4. – Diese Neuerungen waren bereits

der Volkswahl des Präsidenten ist die Wahl durch die Bundesversammlung getreten, die sich gemäß Art. 54 Abs. 3 GG aus den Mitgliedern des Bundestages und der gleichen Anzahl an Vertretern der Länder zusammensetzt. Damit rückte der Parlamentarische Rat von der zunächst in Art. 75 HChE vorgesehenen Konzeption einer Wahl durch Bundestag und Bundesrat ab[244]. Das nach Art. 54 Abs. 3 GG vorgesehene Wahlverfahren der Ländervertreter nach den Grundsätzen der Verhältniswahl bildet die Stimmverhältnisse in den Landesparlamenten entsprechend anteilig in der Bundesversammlung ab[245]. Diese gleichmäßige Beteiligung der Länder trägt dem föderalen Staatsaufbau Rechnung[246]. Ferner dient diese – die politische Vielfalt im ganzen Bundesstaat be-

ein wesentliches Ergebnis des Verfassungskonvents auf Herrenchiemsee, siehe den Abschlussbericht, in: Deutscher Bundestag/Bundesarchiv (Hrsg.), Der Parlamentarische Rat 1948–1949, Bd. II, 1981, S. 547, wenngleich eine Minderheit sogar völlig auf das Amt des Bundespräsidenten verzichten wollte und stattdessen ein Dreierkollegium aus Bundestagspräsident, Bundesratspräsident und Bundeskanzler vorschlug, siehe Deutscher Bundestag/Bundesarchiv (Hrsg.), Der Parlamentarische Rat 1948–1949, Bd. II, 1981, S. 549.

244 Siehe dazu *Lehr*, Bericht, in: Parlamentarischer Rat (Hrsg.), Schriftlicher Bericht zum Entwurf des Grundgesetzes für die Bundesrepublik Deutschland, 1949, S. 17 (26); *Jülich*, Wahl, in: DÖV 1969, S. 92 (92 f.). Der Vorschlag zur Wahl durch die auf diese Weise gebildete Bundesversammlung geht auf einen Antrag der FDP zurück, der letztlich mehrheitlich angenommen wurde, siehe Zweiundzwanzigste Sitzung des Kombinierten Ausschusses, 24. November 1948, in: Deutscher Bundestag/Bundesarchiv (Hrsg.), Der Parlamentarische Rat 1948–1949, Bd. XIII, 2002, S. 809 ff. Die Idee dazu wird bezeichnenderweise dem ersten Bundespräsidenten *Heuss* zugeschrieben, so *Stern*, Staatsrecht, Bd. II, 1980, S. 180. – Im Verfassungskonvent von Herrenchiemsee bestand noch ein größerer Dissens dahingehend, ob es einen Bundesrat oder einen Senat geben sollte, siehe den Abschlussbericht, in: Deutscher Bundestag/Bundesarchiv (Hrsg.), Der Parlamentarische Rat 1948–1949, Bd. II, 1981, S. 539 ff.; zum Verlauf der Diskussion und Entscheidung für das Bundesratsmodell im Parlamentarischen Rat *Lehr*, Bericht, in: Parlamentarischer Rat (Hrsg.), Schriftlicher Bericht zum Entwurf des Grundgesetzes für die Bundesrepublik Deutschland, 1949, S. 17 (18 f.); *Stern*, Staatsrecht, Bd. II, 1980, S. 117 ff.; Deutscher Bundestag/Bundesarchiv (Hrsg.), Der Parlamentarische Rat 1948–1949, Bd. XIII, 2002, S. LVII ff.

245 *Hermens*, Verfassungslehre, 1968, S. 409; *v. Arnauld*, in: v. Münch/Kunig (Hrsg.), GG, Bd. I, 7. Aufl. 2021, Art. 54 Rn. 24.

246 So BVerfGE 136, 277 (306 Rn. 81); *Nettesheim*, Bundesversammlung, in: Isensee/Kirchhof (Hrsg.), HStR III, 3. Aufl. 2005, § 63 Rn. 1; *Herzog*, in: Dürig/Herzog/Scholz (Hrsg.), GG, Art. 54 (2009), Rn. 28; *Nierhaus/Brinktrine*, in: Sachs (Hrsg.), GG, 9. Aufl. 2021, Art. 54 Rn. 10; *Fink*, in: Huber/Voßkuhle (Hrsg.), GG, Bd. II, 8. Aufl. 2024, Art. 54 Rn. 3. Dieser Aspekt stand im Parlamentarischen Rat im Mittelpunkt, der daher insbesondere eine Beteiligung des Bundesrates intensiv diskutierte, siehe die Zehnte Sitzung des Hauptausschusses, 30. November 1948, in: Deutscher Bundestag/Bundesarchiv (Hrsg.), Der Parlamentarische Rat 1948–1949, Bd. XIV, 2009, S. 284 ff. – Die fehlende Bedeutung des föderalen Aspekts in der Praxis kritisiert *Jülich*, Wahl, in: DÖV 1969, S. 92 (95).

rücksichtigende – Zusammensetzung der Bundesversammlung dazu, „die Wahl auf eine möglichst breite Basis zu stellen“[247].

Der Wahlmodus ist in der grundsätzlichen Konzeption mit dem Modus der Kanzlerwahl gemäß Art. 63 GG vergleichbar. Gemäß Art. 54 Abs. 6 GG ist zur Wahl des Bundespräsidenten in den ersten beiden Wahlgängen eine absolute Mehrheit im Sinne der Mehrheit der Mitglieder der Bundesversammlung erforderlich und erst im dritten Wahlgang die relative Mehrheit hinreichend[248]. An der geregelten Abstufung der Mehrheitserfordernisse zeigt sich, dass das Grundgesetz auch bei der Bundespräsidentenwahl auf eine absolute Mitgliedermehrheit abzielt. Insoweit hat der Wahlmodus des Art. 54 GG das in der direkten Wahl der Weimarer Republik bestehende Streben nach einer absoluten Mehrheit für den Präsidenten mit einem weiteren Wahlgang verstärkt und überdies verfassungsrechtlich festgeschrieben.

b) Der demokratische Gehalt des absoluten Mehrheitserfordernisses

Hinsichtlich des Wahlmodus des Art. 54 GG stellt sich ebenfalls die Frage, inwiefern die konkrete Ausgestaltung insbesondere auf demokratisch-legitimatorischen Gründen beruht und sie damit eine generalisierende Aussage über die Besetzung monokratischer Ämter enthält. Im Zuge der Diskussion um die Direktwahl des kommunalen Hauptverwaltungsbeamten führte der Verfassungsgerichtshof die Regelung zur Wahl des Bundespräsidenten auf seine „besondere Stellung als Staatsoberhaupt“[249] zurück, weshalb Art. 54 GG ebenfalls

---

[247] BVerfGE 136, 277 (312 Rn. 97); ähnlich *Höpker*, Grundlagen, 1957, S. 376 f.; *Jülich*, Wahl, in: DÖV 1969, S. 92 (93); *Heun*, in: Dreier (Hrsg.), GG, Bd. II, 3. Aufl. 2015, Art. 54 Rn. 28; *v. Arnauld*, in: v. Münch/Kunig (Hrsg.), GG, Bd. I, 7. Aufl. 2021, Art. 54 Rn. 23; *Fink*, in: Huber/Voßkuhle (Hrsg.), GG, Bd. II, 8. Aufl. 2024, Art. 54 Rn. 2. Bereits im Parlamentarischen Rat wurde die Wahl durch die Bundesversammlung in diesem Sinne begründet, siehe zum entsprechenden Vorschlag der FDP die Ausführungen des Abgeordneten *Dehler*, Achte Sitzung des Hauptausschusses, 24. November 1948, in: Deutscher Bundestag/Bundesarchiv (Hrsg.), Der Parlamentarische Rat 1948–1949, Bd. XIV, 2009, S. 260 f. sowie im Übrigen die Äußerungen der Abgeordneten *Katz*, Zehnte Sitzung des Hauptausschusses, 30. November 1948, a.a.O., S. 284 und *Heus*, Zehnte Sitzung des Hauptausschusses, 30. November 1948, a.a.O., S. 293.

[248] *Stern*, Staatsrecht, Bd. II, 1980, S. 186; *Nettesheim*, Bundesversammlung, in: Isensee/Kirchhof (Hrsg.), HStR III, 3. Aufl. 2005, § 63 Rn. 13; *Höfling/Burkiczak*, Mehrheitsprinzip, in: Jura 2007, S. 561 (567); *Herzog*, in: Dürig/Herzog/Scholz (Hrsg.), GG, Art. 54 (2009), Rn. 43 f.; *Magsaam*, Mehrheit, 2014, S. 337; *Fink*, in: Huber/Voßkuhle (Hrsg.), GG, Bd. II, 8. Aufl. 2024, Art. 54 Rn. 45 f. Unrichtig ist insoweit, worauf *Heun*, in: Dreier (Hrsg.), GG, Bd. II, 3. Aufl. 2015, Art. 54 Rn. 35 Fn. 170 zutreffend hinweist, die für den dritten Wahlgang als Mehrheitserfordernis genutzte Formulierung der „Anwesenheitsmehrheit“ bei *Nierhaus/Brinktrine*, in: Sachs (Hrsg.), GG, 9. Aufl. 2021, Art. 54 Rn. 19 wie auch die Formulierung „die Mehrheit der abgegebenen Stimmen“ in der früheren, nunmehr korrigierten Auflage bei *v. Arnauld*, in: v. Münch/Kunig (Hrsg.), GG, Bd. I, 7. Aufl. 2021, Art. 54 Rn. 26.

[249] VerfGH NRW, NVwZ 2009, S. 1096 (1098).

keine Vorbildwirkung für andere Wahlen monokratischer Ämter zukäme[250]. Dieser unspezifische Verweis auf die Besonderheit des Amtes lässt sich in zwei Richtungen deuten. Entweder bedeutet er, das Streben nach einer absoluten Mehrheit als legitimatorische Anforderung gelte lediglich bei herausragenden Staatsämtern. Abgesehen davon, ob diese Einschränkung sachgerecht wäre, bedürfte es im Einzelfall einer Abwägungsentscheidung mit Blick auf die jeweilige Bedeutung des Amtes. Oder aber dieser Einwand zielt darauf ab, wie bei der Kanzlerwahl das Streben nach einer absoluten Mehrheit allein mit funktionalen Aspekten zu begründen. Allerdings lässt sich ein solcher funktionaler Aspekt im Gegensatz zur Kanzlerwahl nicht ohne Weiteres herleiten, weil das Amt des Bundespräsidenten in seiner effektiven Ausübung auf keine parlamentarische Mehrheit angewiesen ist[251].

Die Wahl des Bundespräsidenten erfolgt nicht durch den Bundestag, den Bundesrat oder durch beide Staatsorgane gemeinsam, sondern durch die Bundesversammlung als eigenständiges, oberstes Bundesorgan. Der Wahlmodus des Bundespräsidenten ist in diesem Sinne darauf gerichtet „eine eigenständige demokratische Legitimation [zu vermitteln], die ihm Selbstbestand gegenüber den anderen Staatsorganen verschafft."[252] Dieser Aspekt der *Unabhängigkeit* des Bundespräsidenten von entsprechenden Mehrheitskoalitionen in den Gesetzgebungsorganen fungierte im Parlamentarischen Rat als ein maßgebliches Motiv für die Ausgestaltung[253]. Weiter gestärkt werden sollte die Unabhängigkeit des Bundespräsidenten zudem durch die von der Wahlperiode des Bundestages entkoppelte Amtszeit von fünf Jahren gemäß Art. 54 Abs. 2 S. 1 GG[254].

---

[250] In diesem Sinne VerfGH NRW, NVwZ 2009, S. 1096 (1098); Sondervotum zu VerfGH NRW, Urteil vom 20.12.2019, 35/19, S. 83 f.

[251] In dieser Hinsicht weist *Höpker*, Grundlagen, 1957, S. 177 darauf hin, dass es für den Bundespräsidenten funktionell unerheblich ist, ob er mit relativer oder absoluter Mehrheit gewählt werde.

[252] *Nettesheim*, Bundesversammlung, in: Isensee/Kirchhof (Hrsg.), HStR III, 3. Aufl. 2005, § 63 Rn. 2; aufgenommen in VerfGH NRW, NVwZ 2009, S. 1096 (1098); in diese Richtung ferner BVerfGE 136, 277 (312 Rn. 97); *Herzog*, in: Dürig/Herzog/Scholz (Hrsg.), GG, Art. 54 (2009), Rn. 28.

[253] So hat der Abgeordnete und spätere Bundespräsident *Heus* in diesem Wahlmodus den Zweck gesehen, den Bundespräsidenten „etwas stärker von den Organen der Legislative abzuheben", Zehnte Sitzung des Hauptausschusses, 30. November 1948, in: Deutscher Bundestag/Bundesarchiv (Hrsg.), Der Parlamentarische Rat 1948–1949, Bd. XIV, 2009, S. 286. Bereits der Verfassungskonvent auf Herrenchiemsee beabsichtigte mit der vorgeschlagenen Wahl durch Bundestag und Bundesrat „dem Bundespräsidenten auch ohne eine Wahl durch das Volk gegenüber den anderen Organen eine möglichst unabhängige Stellung zu geben", siehe den Abschlussbericht, in: Dies. (Hrsg.), Der Parlamentarische Rat 1948–1949, Bd. II, 1981, S. 547.

[254] So *Heun*, in: Dreier (Hrsg.), GG, Bd. II, 3. Aufl. 2015, Art. 54 Rn. 38; *v. Arnauld*, in: v. Münch/Kunig (Hrsg.), GG, Bd. I, 7. Aufl. 2021, Art. 54 Rn. 18; *Nierhaus/Brinktrine*, in: Sachs (Hrsg.), GG, 9. Aufl. 2021, Art. 54 Rn. 20. Dies hatte ebenfalls schon der Verfas-

Möglicherweise lässt sich aber nicht nur der besondere Wahlkörper der Bundesversammlung und die Dauer der Amtszeit, sondern zugleich das Erfordernis der absoluten Mehrheit in den ersten beiden Wahlgängen auf den Aspekt der Unabhängigkeit des Bundespräsidenten zurückführen. Somit ist ein gegenüber der Kanzlerwahl in Teilen gegenteiliger, funktionaler Zweck erkennbar, wonach die parlamentarische Mehrheit nicht allein über die Wahl des Bundespräsidenten entscheiden soll. In Kombination aus der hälftigen Besetzung der Bundesversammlung durch die Ländervertreter und dem absoluten Mehrheitserfordernis in den ersten beiden Wahlgängen ist der Wahlmodus darauf gerichtet, dass die aktuelle Regierungskoalition möglichst nicht allein über den künftigen Bundespräsidenten bestimmen kann, sondern sich mit Teilen der Opposition auf einen Kompromisskandidaten verständigen muss, um das entsprechende Quorum zu erfüllen.

Die mit dem Erfordernis der absoluten Mehrheit bezweckte Unabhängigkeit des Bundespräsidenten ist nicht als Selbstzweck zu verstehen, sondern könnte insbesondere auf der *Repräsentations- und Integrationsfunktion* des Bundespräsidenten beruhen[255]. Dies zielt auf die repräsentative Rolle des Bundespräsidenten ab, der eine vom politischen Tagesgeschäft getrennte, neutrale Position im Staatswesen einnehmen soll[256]. Nach verbreiteter Ansicht, die auf *Ru-*

---

sungskonvent auf Herrenchiemsee herausgestellt, siehe den Abschlussbericht, in: Deutscher Bundestag/Bundesarchiv (Hrsg.), Der Parlamentarische Rat 1948–1949, Bd. II, 1981, S. 547.

[255] Insoweit hebt das Sondervotum zu VerfGH NRW, Urteil vom 20.12.2019, 35/19, S. 83 f. die Bedeutung der Wahl des Bundespräsidenten und ihre Integrationsfunktion heraus, weshalb die Regelung des Art. 54 Abs. 6 S. 1 GG keine Vorbildwirkung für die kommunale Ebene haben könne. Auch *Pieper*, in: Epping/Hillgruber (Hrsg.), GG, 3. Aufl. 2020, Art. 54 Rn. 28 sieht das Erfordernis der absoluten Mehrheit „als Ausdruck der vom Verfassungsgeber intendierten Integrationsfunktion des Bundespräsidenten". Zur Repräsentations- und Integrationsfunktion des Bundespräsidenten *Nettesheim*, Amt, in: Isensee/Kirchhof (Hrsg.), HStR III, 3. Aufl. 2005, § 61 Rn. 31 ff.; *Herzog*, in: Dürig/Herzog/Scholz (Hrsg.), GG, Art. 54 (2009), Rn. 97, 99; *Heun*, in: Dreier (Hrsg.), GG, Bd. II, 3. Aufl. 2015, Art. 54 Rn. 15 ff.; *v. Arnauld*, in: v. Münch/Kunig (Hrsg.), GG, Bd. I, 7. Aufl. 2021, Art. 54 Rn. 8 f.

[256] Im Parlamentarischen Rat sprachen die Abgeordneten von einem „pouvoir neutre", so zuerst der Vorsitzende des Kombinierten Ausschusses *Lehr*, Fünfte Sitzung des Kombinierten Ausschusses, 23. September 1948, in: Deutscher Bundestag/Bundesarchiv (Hrsg.), Der Parlamentarische Rat 1948–1949, Bd. XIII, 2002, S. 119; ebenso von den Abgeordneten *Menzel*, Dritte Sitzung des Hauptausschusses, 16. November 1948, in: Dies (Hrsg.), Der Parlamentarische Rat 1948–1949, Bd. XIV, 2009, S. 80, *Süsterhenn*, Zehnte Sitzung des Hauptausschusses, 30. November 1948, a.a.O., S. 301 und *Katz*, Zehnte Sitzung des Hauptausschusses, 30. November 1948, a.a.O., S. 304; dazu ferner *Lehr*, Bericht, in: Parlamentarischer Rat (Hrsg.), Schriftlicher Bericht zum Entwurf des Grundgesetzes für die Bundesrepublik Deutschland, 1949, S. 17 (18). – Diesen Begriff lehnen *Nettesheim*, Amt, in: Isensee/Kirchhof (Hrsg.), HStR III, 3. Aufl. 2005, § 61 Rn. 20 ff.; *Herzog*, in: Dürig/Herzog/Scholz (Hrsg.), GG, Art. 54 (2009), Rn. 89 ff. schon mit Blick auf die Kompetenzen des Bundespräsidenten ab und fordern hinsichtlich der Neutralität eine differen-

dolf Smend zurückgeht, übt der Bundespräsidenten eine persönliche Integrationswirkung aus, indem dieser als Gesamtrepräsentant des Volkes fungiert und damit die Einheit des Staates verkörpert[257]. Im Parlamentarischen Rat führte der spätere Bundespräsident *Theodor Heuss* dazu aus, dass für eine Steigerung der „Integrationskraft des Bundespräsidenten [...] die Basis seiner Wahl verbreiter[t]“[258] werden müsse. Bezog sich dieser Gedanke unmittelbar auf die Zusammensetzung des Wahlkörpers, so lässt er sich gleichermaßen auf das Erfordernis einer entsprechend breiten Zustimmung und damit dem Erfordernis einer Mitgliedermehrheit beziehen. Für die Förderung seiner politisch neutralen Position müsste sich der Bundespräsident möglichst als ein parteiübergreifender Kompromisskandidat darstellen, der nicht allein eine bestimmte politische Anschauung und damit etwa ausschließlich die aktuelle Regierungsmeinung vertritt. Insoweit verbindet sich der Gedanke der Repräsentations- und Integrationsfunktion mit dem bereits erörterten Aspekt der angestrebten Unabhängigkeit von der aktuellen Regierungsmehrheit.

Allerdings ist zu berücksichtigen, dass es bei der Zusammensetzung der Bundesversammlung keinesfalls ausgeschlossen ist, dass die Regierungsmehrheit im Bundestag aufgrund vergleichbarer Stärke in den Landesparlamenten die absolute Mehrheit in der Bundesversammlung innehat und daher bereits im ersten Wahlgang ohne etwaige Kompromissbemühungen ihren Kandidaten wählen kann. Zudem besteht ebenso die Gefahr, dass die größte Fraktion oder die gesamte Regierungsmehrheit, selbst wenn sie sich in der Bundesversammlung in der Minderheit befindet, einer gespaltenen, nicht kompromissfähigen Opposition gegenübersteht und sich daher im dritten Wahlgang mit der relati-

---

zierte Betrachtung, wonach der Bundespräsident zwar eine parteipolitische Distanz zu wahren hat, aber sich keinesfalls jeglichen politischen Äußerungen und Einflussnahmen enthalten muss; ähnlich auch *v. Arnauld*, in: v. Münch/Kunig (Hrsg.), GG, Bd. I, 7. Aufl. 2021, Art. 54 Rn. 9.

[257] Dazu BVerfGE 136, 277 (310 Rn. 93 f.); *Stern*, Staatsrecht, Bd. II, 1980, S. 218 f.; *Nettesheim*, Amt, in: Isensee/Kirchhof (Hrsg.), HStR III, 3. Aufl. 2005, § 61 Rn. 32; *Herzog*, in: Dürig/Herzog/Scholz (Hrsg.), GG, Art. 54 (2009), Rn. 99; zur persönlichen Integration durch staatliche Führpersönlichkeiten klassisch *Smend*, Verfassung, 1928, S. 28; auf den Ursprung in der Integrationslehre weist *Fink*, in: Huber/Voßkuhle (Hrsg.), GG, Bd. II, 8. Aufl. 2024, Art. 54 Rn. 14 explizit hin. Gegen dieses „Smendsche Verständnis“ der Rolle des Bundespräsidenten deutlich *van Ooyen*, Integration, 2014, S. 45 ff.; ebenfalls kritisch *v. Arnauld*, in: v. Münch/Kunig (Hrsg.), GG, Bd. I, 7. Aufl. 2021, Art. 54 Rn. 8 f.

[258] So *Heuss*, Zehnte Sitzung des Hauptausschusses, 30. November 1948, in: Deutscher Bundestag/Bundesarchiv (Hrsg.), Der Parlamentarische Rat 1948–1949, Bd. XIV, 2009, S. 293. – Allgemein zielte die Zusammensetzung der Bundesversammlung darauf ab, eine stärkere parteipolitische Neutralität des Gewählten zu erreichen, wenngleich dieser Wunsch des Verfassunggebers praktisch nicht erreicht wurde, so *Stern*, Staatsrecht, Bd. II, 1980, S. 181.

ven Mehrheit durchsetzt[259]. Um eine deutlich stärkere Unabhängigkeit und Neutralität des Bundespräsidenten von den politischen Mehrheitsverhältnissen zu erreichen, hätte der Wahlmodus daher ein deutlich erhöhtes Mehrheitsquorum vorsehen müssen. Allein das Streben nach einer absoluten Mitgliedermehrheit in den ersten beiden Wahlgängen vermag diese in der Praxis nicht hinreichend sicherzustellen. Wenngleich man dennoch den funktionalen Aspekt der Unabhängigkeit als vordergründiges Motiv für das Streben nach einer absoluten Mehrheit bei der Bundespräsidentenwahl ansehen mag, so geht dieser doch in gewissem Maße in einem demokratisch-legitimatorischen Grund auf. So stellt der mit der Integrationsfunktion verbundene Gedanke, einzelne Partikularinteressen nicht zur Durchsetzung gelangen zu lassen und möglichst einen Kompromiss herbeizuführen, eine allgemeine Ausprägung des Mehrheitsprinzips und Teil seiner demokratischen Begründung dar, der allgemein für die Wahlen monokratischer Ämter Geltung beanspruchen kann[260]. Im Sinne der demokratischen Legitimation sollten alle staatlichen Entscheidungen möglichst auf einer tatsächlichen Mehrheit und nicht lediglich auf der stärksten Minderheit beruhen. Wenngleich die Deutung bei der Bundespräsidentenwahl weniger eindeutig ist, lässt sich das Erfordernis der Mitgliedermehrheit anstelle einer einfachen Abstimmungsmehrheit ähnlich wie bei der Kanzlerwahl mit dem Aspekt der „besonderen Stellung des Bundespräsidenten“ begründen, die möglichst eine neutrale, von den parlamentarischen Mehrheitsverhältnissen unabhängige Position voraussetzt. Dazu soll die Wahl auf einer breiten, über das demokratisch anzustrebende Maß hinausreichenden Zustimmung beruhen, die sich auf ein positives Bekenntnis und nicht etwa lediglich auf Gleichgültigkeit der Abstimmenden in Folge einer größeren Anzahl an Enthaltungen stützt. Nur diese Qualifizierung, die eher eine *symbolische* Bedeutung aufweist, unterfällt der freien verfassungspolitischen Entscheidung, während das grundsätzliche Streben nach einer absoluten Mehrheit der Abstimmenden eine notwendige Ausprägung des Demokratieprinzips darstellt, die sich mittelbar auch in der Regelung des Art. 54 GG ausdrückt.

Zugleich genügt bei der Bundespräsidentenwahl wie bei der Kanzlerwahl nachrangig eine relative Mehrheit. Allerdings fehlt es für den Fall der bloßen relativen Mehrheit im dritten Wahlgang an einem mit Art. 63 Abs. 4 S. 3 GG vergleichbaren Mechanismus, weil schon kein entsprechend höheres Entscheidungsorgan existiert, das eine solche Entscheidung über die Ernennung oder Auflösung treffen könnte[261]. Ferner würde keine Möglichkeit einer gesonderten Neuwahl der Bundesversammlung bestehen, da diese nicht aus einer ge-

---

[259] Zu diesem Problem der relativen Mehrheit im letzten Wahlgang noch näher unten Teil 4, B. I. 2. a).

[260] Zur Kompromissfunktion des Mehrheitsprinzips bereits oben I. 4.

[261] In diesem Sinne *Herzog*, in: Dürig/Herzog/Scholz (Hrsg.), GG, Art. 54 (2009), Rn. 44. Auf das Fehlen einer vergleichbaren Regelung weisen ferner hin *Magsaam*, Mehrheit, 2014, S. 341; *Fink*, in: Huber/Voßkuhle (Hrsg.), GG, Bd. II, 8. Aufl. 2024, Art. 54 Rn. 46.

sonderten Wahl hervorgeht, sondern auf der aktuellen Zusammensetzung des Bundestages und der Landtage beruht. Aus der Notwendigkeit, im Wahlverfahren eine Besetzung des Amtes zu erreichen, darf daher die relative Mehrheit im dritten Wahlgang ohne Einschränkung genügen[262]. Zwar war nach dem Entwurf in Art. 75 Abs. 2 S. 1 HChE für den Fall, dass nach zwei Wahlgängen keine gleichgerichtete Mitgliedermehrheit in Bundestag und Bundesrat erreicht werde, die Einberufung einer besonderen Wahlversammlung vorgesehen, die sich zu gleichen Teilen aus Vertretern beider Bundesorgane zusammensetzen sollte. Aber auch in dieser besonderen Wahlversammlung sollte gemäß Art. 75 Abs. 2 S. 3 HChE nach zwei erfolglosen Versuchen, eine absolute Mitgliedermehrheit zu erreichen, im dritten Wahlgang die relative Mehrheit der Stimmen genügen[263]. Somit bestand bereits in der Entstehungsgeschichte ein Konsens darüber, notfalls die relative Mehrheit genügen zu lassen, um überhaupt eine Besetzung des Amtes zu ermöglichen, wenngleich die absolute Mehrheit das anzustrebende Ideal darstellte.

c) Stimmengleichheit und Stimmenminderheit als demokratische Herausforderung

Dennoch ist es praktisch nicht nur möglich, dass am Ende eine Minderheit in Gestalt der relativen Mehrheit über die Besetzung des Bundespräsidentenamtes entscheidet, sondern es können im dritten Wahlgang die bereits bei der Kanzlerwahl diskutierten Konstellationen der Stimmengleichheit und der Ablehnung des einzigen Kandidaten durch die Mehrheit auftreten. Für den Fall der Stimmengleichheit befürwortet die überwiegende Ansicht die Durchführung weiterer Wahlgänge, da der Parlamentarische Rat entgegen dem Vorschlag des Art. 75 Abs. 2 S. 4 HChE einen Losentscheid wegen „Unwürdigkeit" für die Wahl des Bundespräsidenten ausdrücklich abgelehnt und die Durchführung eines weiteren Wahlgangs empfohlen hat[264]. Trotz dieses gewichtigen, entstehungsgeschichtlichen Arguments kann ein Losentscheid jedoch im Gegensatz zur Kanzlerwahl nicht verzichtbar sein, soweit weitere Wahlgänge zu keiner

---

[262] So auch *Magsaam*, Mehrheit, 2014, S. 341.

[263] Siehe den Abschlussbericht, in: Deutscher Bundestag/Bundesarchiv (Hrsg.), Der Parlamentarische Rat 1948–1949, Bd. II, 1981, S. 594.

[264] Siehe die Aussage des Abgeordneten *Katz*, Zehnte Sitzung des Hauptausschusses, 30. November 1948, in: Deutscher Bundestag/Bundesarchiv (Hrsg.), Der Parlamentarische Rat 1948–1949, Bd. XIV, 2009, S. 284; aus diesem entstehungsgeschichtlichen Grund lehnen einen Losentscheid ab *Stern*, Staatsrecht, Bd. II, 1980, S. 186; *Heun*, in: Dreier (Hrsg.), GG, Bd. II, 3. Aufl. 2015, Art. 54 Rn. 35; *Nierhaus/Brinktrine*, in: Sachs (Hrsg.), GG, 9. Aufl. 2021, Art. 54 S. 19; den Losentscheid für „unwürdig" halten *Nettesheim*, Bundesversammlung, in: Isensee/Kirchhof (Hrsg.), HStR III, 3. Aufl. 2005, § 63 Rn. 13; *Herzog*, in: Dürig/Herzog/Scholz (Hrsg.), GG, Art. 54 (2009), Rn. 46; *v. Arnauld*, in: v. Münch/Kunig (Hrsg.), GG, Bd. I, 7. Aufl. 2021, Art. 54 Rn. 29; dagegen *L. Weber*, Beschlußfassung, 1951, S. 93 f.; *Magsaam*, Mehrheit, 2014, S. 341 f., die einen Losentscheid befürworten.

Entscheidung führen, um die von der Verfassung geforderte Besetzung des Amtes in angemessener Zeit sicherzustellen. Dieser Umstand lässt sich zugleich als zusätzliches Argument anführen, warum in der Konstellation einer ablehnenden Mehrheit gegenüber dem einzigen Kandidaten dieses Ergebnis im Falle der Bundespräsidentenwahl zwingend hinzunehmen ist.

Die unbedingte Notwendigkeit der Amtsbesetzung in angemessener Zeit lässt sich aus dem schon angesprochenen Unterschied zur Kanzlerwahl herleiten. Bei der Bundespräsidentenwahl sieht die Verfassung keinen vergleichbaren Ausweg für eine gescheiterte Wahl vor, wie er bei der Kanzlerwahl mit dem Auflösungsrecht des Bundespräsidenten nach Art. 63 Abs. 4 S. 3 GG besteht[265]. Es sind in der Verfassung keine Anhaltspunkte dafür ersichtlich, erst nach einiger Zeit einen erneuten Wahlversuch unternehmen zu dürfen und diesen im Falle zwischenzeitlicher Bundes- oder Landtagswahlen womöglich in einer neuen Zusammensetzung der Bundesversammlung durchzuführen[266]. Vielmehr konstituiert sich die Bundesversammlung lediglich aus Anlass einer erforderlichen Neuwahl gemäß den Grundsätzen des Art. 54 Abs. 3 GG und gilt daher als ein „nicht ständiges Organ“[267]. Die Bundesversammlung muss demnach in überschaubarem Zeitrahmen zu einer positiven Entscheidung über die Nachfolge im Amt des Bundespräsidenten gelangen. Für die zeitliche Dringlichkeit lässt sich in systematischer Hinsicht die Frist des Art. 54 Abs. 4 S. 1 GG anführen, die im Gegensatz zur Regelung des Art. 63 Abs. 1 GG einen zeitlichen Rahmen für den Beginn der Wahl vorgibt. Wenngleich sich diese Frist – insoweit anders als die Regelungen in Art. 63 Abs. 3 und 4 GG – nicht

---

[265] Entsprechend argumentieren *Morlok*, Die verfassungsrechtlichen Rahmenbedingungen der Wahl des Ministerpräsidenten im dritten Wahlgang nach Art. 70 Abs. 3 S. 3 der Verfassung des Freistaats Thüringen, Gutachterliche Stellungnahme im Auftrag des Thüringer Justizministeriums vom 22.11.2014, S. 16; *Dressel/Gogolin*, Wahl, in: LKV 2015, S. 433 (437) hinsichtlich der Wahl des Ministerpräsidenten in Thüringen für die Gültigkeit der Wahl eines einzigen Kandidaten gegen eine ausdrückliche Mehrheit, bei der die Verfassung ebenfalls kein Korrektiv für einen ergebnislosen Wahlausgang vorgesehen hat.

[266] Hingegen steht der zum Teil diskutierte, gewisser Maßen umgekehrte Fall, wonach die Ländervertreter in der Bundesversammlung für eine gewisser Wahlperiode zu wählen sind, dem Verfassungswortlaut nicht zwingend entgegen, würde aber die aktuellen politischen Kräfteverhältnisse nicht abbilden und deshalb dem Zweck des Wahlverfahrens widersprechen, dagegen deshalb *Nettesheim*, Bundesversammlung, in: Isensee/Kirchhof (Hrsg.), HStR III, 3. Aufl. 2005, § 63 Rn. 1 Fn. 2; anders hingegen *Herzog*, in: Dürig/Herzog/Scholz (Hrsg.), GG, Art. 54 (2009), Rn. 29.

[267] So *v. Arnauld*, in: v. Münch/Kunig (Hrsg.), GG, Bd. I, 7. Aufl. 2021, Art. 54 Rn. 22; sinngemäß *Jülich*, Wahl, in: DÖV 1969, S. 92 (93); *Stern*, Staatsrecht, Bd. II, 1980, S. 179; *Nettesheim*, Bundesversammlung, in: Isensee/Kirchhof (Hrsg.), HStR III, 3. Aufl. 2005, § 63 Rn. 1; *Nierhaus/Brinktrine*, in: Sachs (Hrsg.), GG, 9. Aufl. 2021, Art. 54 Rn. 11; *Fink*, in: Huber/Voßkuhle (Hrsg.), GG, Bd. II, 8. Aufl. 2024, Art. 54 Rn. 37.

auf den Abschluss des Verfahrens bezieht[268], enthält sie doch die verfassungsrechtliche Wertung, durch eine rechtzeitig vorgenommene Wahl eine Vakanz des Amtes zu verhindern oder diesen Zeitraum jedenfalls möglichst kurz zu halten. Dieser zeitliche Aspekt ist umso bedeutender, weil die Verfassung die Amtsführung nicht entsprechend dem Art. 69 Abs. 3 GG – soweit möglich – dem bisherigen Bundespräsidenten geschäftsführend anvertraut, sondern gemäß Art. 57 GG eine Übernahme der Amtsgeschäfte durch den Bundesratspräsidenten vorsieht. Bereits der unterschiedliche Wortlaut lässt den Charakter dieser Regelung als Ausnahmevorschrift erkennen, weil der Passus „bis zur Ernennung seines Nachfolgers" fehlt, der bei Art. 69 Abs. 3 GG die Möglichkeit einer gewissen Dauer andeutet. Zudem ist der Bundesratspräsident – anders als der geschäftsführende Bundeskanzler – zu keinem früheren Zeitpunkt von dem für die Besetzung dieses Amtes zuständigen Wahlkörpers demokratisch legitimiert worden, weshalb eine langfristige Übernahme der Befugnisse des Bundespräsidenten in legitimatorischer Hinsicht äußerst problematisch wäre[269]. Um eine längerfristige Vakanz des Amtes aus diesen Gründen zu verhindern, zielt Art. 54 Abs. 6 S. 2 GG deshalb auf einen erfolgreichen Abschluss der Wahl ab, sodass im dritten Wahlgang bei einem einzigen Kandidaten eine Stimmenminderheit genügt[270]. Sowohl die im Notfall erforderliche Durchführung eines Losentscheides als auch das Genügen einer einzigen Ja-Stimme für den einzigen Kandidaten folgt somit aus der allgemeinen Erkenntnis, dass „ein Verfassungsstillstand vermieden werden muss."[271] Dies führt aber wie schon bei der Kanzlerwahl nicht dazu, das Mehrheitsprinzip und ins-

---

[268] Dies betonen *Nettesheim*, Bundesversammlung, in: Isensee/Kirchhof (Hrsg.), HStR III, 3. Aufl. 2005, § 63 Rn. 8; *v. Arnauld*, in: v. Münch/Kunig (Hrsg.), GG, Bd. I, 7. Aufl. 2021, Art. 54 Rn. 25.

[269] So hebt *Pracht*, Wahl, in: ZJS 2015, S. 573 (578 Fn. 42) die fehlende Vergleichbarkeit mit einem geschäftsführenden Ministerpräsidenten hervor, der immerhin zu einem früheren Zeitpunkt durch das zuständige Organ gewählt wurde. Auch dessen Legitimation hält *Morlok*, Die verfassungsrechtlichen Rahmenbedingungen der Wahl des Ministerpräsidenten im dritten Wahlgang nach Art. 70 Abs. 3 S. 3 der Verfassung des Freistaats Thüringen, Gutachterliche Stellungnahme im Auftrag des Thüringer Justizministeriums vom 22.11.2014, S. 8 f. wegen des demokratischen Grundsatzes der „Herrschaft auf Zeit" längerfristig für nicht ausreichend; gegen dieses Argument wiederum *Zeh*, Anforderungen, in: ThürVBl. 2015, S. 161 (164).

[270] Wie hier *Pracht*, Wahl, in: ZJS 2015, S. 573 (579); *Hölscheidt/Mundil*, Stimmen, in: DVBl. 2019, S. 73 (77); anders hingegen mit dem Erfordernis einer einfachen Mehrheit im Falle eines einzigen Kandidaten *Magsaam*, Mehrheit, 2014, S. 341, der dabei die daraus folgende Konsequenz weiterer, im Extremfall unendlich vieler Wahlgänge, die er selbst im Falle der Stimmengleichheit ablehnt und als Argument für den Losentscheid anführt, wohl überhaupt nicht berücksichtigt.

[271] Gleichfalls allerdings mit Blick auf die Notwendigkeit weiterer Wahlgänge im Falle der Stimmengleichheit *Nierhaus/Brinktrine*, in: Sachs (Hrsg.), GG, 9. Aufl. 2021, Art. 54 Rn. 19; sinngemäß *v. Arnauld*, in: v. Münch/Kunig (Hrsg.), GG, Bd. I, 7. Aufl. 2021, Art. 54 Rn. 29.

besondere das Streben nach einer absoluten Mehrheit generell in Frage zu stellen.

d) Zwischenergebnis: Absolute Mehrheit als Grundsatz bei der Wahl monokratischer Ämter

Die Wahl des Bundespräsidenten ist in den ersten Wahlgängen ebenfalls vom Streben nach einer absoluten Mehrheit geprägt. Dieser Umstand beruht im Grundsatz nicht auf funktionalen Gründen, sondern ist Ausprägung grundsätzlicher Anforderungen an die demokratische Legitimation monokratischer Ämter, die eine Integrations- und Repräsentationsfunktion ausüben. Es bestätigt damit die bereits hinsichtlich der Kanzlerwahl gewonnene Erkenntnis, dass das Grundgesetz generell zur Besetzung von monokratischen Ämtern nach einer absoluten Mehrheit strebt. Dabei reicht die Regelung des Art. 54 GG einerseits wie bei der Kanzlerwahl mit der Anknüpfung an die Mitgliederzahl statt an die Zahl der Abstimmenden über die demokratisch notwendige Mehrheit hinaus. Andererseits ist es im dritten Wahlgang möglich, dass ein Bundespräsident nur durch eine Minderheit oder sogar gegen eine ausdrücklich erklärte Mehrheit ins Amt gelangt. Dies folgt aus der Notwendigkeit der Besetzung dieses Amtes, bedeutet jedoch aufgrund des Ausnahmecharakters dieser Situationen keine generelle Relativierung des absoluten Mehrheitsprinzips.

4. Ergebnis: Die schlichte absolute Mehrheit als verfassungsrechtliches Grundmodell

Die grundgesetzlichen Regelungen gestalten das Mehrheitsprinzip näher aus. Dabei stellt die Regelung des Art. 42 Abs. 2 S. 1 GG das demokratische Grundmodell einer einfachen Mehrheit oder genauer einer schlichten absoluten Mehrheit dar. Die Regelungen zur Wahl des Kanzlers in Art. 63 GG und des Bundespräsidenten in Art. 54 GG bestätigen unter Berücksichtigung ihrer Entstehungsgeschichte und Zweckbestimmung, dass diese Mehrheit bei Wahlen solcher Ämter anzustreben ist, wenngleich beide Regelungen in den ersten Wahlgängen sogar eine absolute Mitglieder- statt einer Abstimmungsmehrheit verlangen. Lediglich aufgrund der Notwendigkeit zur Besetzung dieser Ämter darf dieses Erfordernis in nachfolgenden Wahlgängen fallen gelassen und auf die relative Mehrheit ausgewichen werden. Dementsprechend lassen die grundgesetzlichen Regelungen erkennen, dass bei solchen Wahlen „eine relative Mehrheit erst dann hinreichend sein soll, wenn eine absolute Mehrheit nicht erreichbar ist."[272] Das Erfordernis der absoluten Mehrheit in den ersten Wahl-

[272] Insoweit zutreffend VerfGH NRW, NVwZ 2009, S. 1096 (1097); VerfGH NRW, Urteil vom 20.12.2019, 35/19, S. 44.

gängen zur Besetzung von monokratischen Ämtern ist somit als das verfassungsrechtliche Grundmodell einzustufen[273].

III. Fazit: Streben nach absoluter Mehrheit als Bestandteil des Demokratieprinzips

Bereits die Herleitung des Mehrheitsprinzips als elementarer Entscheidungsgrundsatz der Demokratie zeigt, dass das Mehrheitsprinzip nicht als „relative Größe" zu verstehen ist, sondern sowohl Verschärfungen als auch Abschwächungen des Prinzips der einfachen Mehrheit eine *rechtfertigungsbedürftige* Abweichung vom demokratischen Grundsatz darstellen. Wenngleich zunächst keine entsprechende Mehrheit besteht, verlangt das Demokratieprinzip daher prinzipiell eine Verfahrensgestaltung, wonach die unterschiedlichen Präferenzen zu einer kompromissbereiten *Mehrheit* zusammengeführt werden, anstatt die relativ stärkste *Minderheit* obsiegen zu lassen. Es ist somit Aufgabe demokratischer Verfahren, möglichst „jeweils dem Willen der tatsächlichen Mehrheit des Volkes für die einzelnen Entscheidungen Geltung zu verschaffen"[274]. Das Prinzip der Volkssouveränität strebt deshalb bei einer Personal- wie Sachentscheidung nach einer „schlichten absoluten Mehrheit", wie sie das Grundgesetz als bereichsspezifischen Grundsatz für Entscheidungen des Bundestages ausdrücklich in Art. 42 Abs. 2 S. 1 GG statuiert. Dieses Erfordernis, das häufig als einfache Mehrheit bezeichnet wird, stellt daher das im Demokratieprinzip enthaltene Grundmodell für alle staatlichen Entscheidungen dar[275].

Da es sich um einen allgemeinen Grundsatz demokratischer Entscheidungsverfahren handelt, gilt dieser als generelle Voraussetzung der demokratischen Legitimation ebenso für die Besetzung monokratischer Ämter. Demnach haben die Regelungen zur Wahl des Bundeskanzlers und Bundespräsidenten zwar nicht im Hinblick auf das detaillierte Verfahren, aber im Hinblick auf den demokratischen Kern – dem Erfordernis einer absoluten Mehrheit in den ersten Wahlgängen – eine verfassungsrechtliche Vorbildfunktion. Dies gilt zugleich für die notwendige Erkenntnis, dass eine solche Mehrheit nicht in jedem Fall zustande kommt und deshalb das Grundgesetz einen Minderheitskanzler oder Minderheitspräsidenten anerkennt. In diesen Fällen darf in späteren Wahlgängen beim Scheitern von Kompromissbemühungen die relative Mehrheit genügen, wenngleich sie dem demokratischen Ideal nicht vollkommen entspricht. Unter besonderen Umständen ist eine Besetzung des Amtes durch einen Los-

---

[273] So bereits die Antragsteller in VerfGH NRW, Urteil vom 26.5.2009, 2/09, S. 11; *Krüper*, Stichwahlen, in: DÖV 2009, S. 758 (758); zurückhaltender *Magsaam*, Mehrheit, 2014, S. 543.

[274] BVerfGE 5, 85 (198); *Hillgruber*, Herrschaft, in: AöR 127 (2002), S. 460 (464).

[275] Ebenso *Natus*, Verfassungsmissbrauch, 2017, S. 180 ff.; *Grzeszick*, in: Dürig/Herzog/Scholz (Hrsg.), GG, Art. 20 II (2022), Rn. 43; sinngemäß bereits *Schmitt*, Legalität, 1932, S. 40 f.; anders hingegen *Sachs*, in: ders. (Hrsg.), GG, 9. Aufl. 2021, Art. 20 Rn. 24.

entscheid oder im Fall eines einzigen Kandidaten sogar entgegen einer ausdrücklichen Mehrheit zulässig. Diese Ausnahmesituationen bedeuten aber keine generelle Relativierung des demokratischen Mehrheitsprinzips, sondern unterstreichen vielmehr den Vorzug einer absoluten Mehrheitsentscheidung. Die Absenkung des Quorums auf eine relative Mehrheit ist ein Notfallmechanismus, der prinzipiell erst in nachfolgenden Wahlgängen eingesetzt werden darf. In einem entscheidenden Punkt bedarf deshalb die häufig anzutreffende Bewertung des Mehrheitsprinzips einer Präzisierung. Nicht das Mehrheitsprinzip als solches, sondern lediglich die relative Mehrheit stellt in der Demokratie eine „Notlösung“[276] dar. Deshalb muss die Ausgestaltung der Wahl monokratischer Ämter nach dem Prinzip der Volkssouveränität in Art. 20 Abs. 2 GG grundsätzlich zunächst eine *absolute* Mehrheit anstreben.

B. Die Repräsentationsfunktion der Wahl als Ausdruck der Wahlrechtsgrundsätze

Ein zentraler verfassungsrechtlicher Maßstab für die Ausgestaltung der Wahlen durch das Volk sind klassischerweise die Wahlrechtsgrundsätze, wie sie normtechnisch in Art. 38 Abs. 1 S. 1 GG und Art. 28 Abs. 1 S. 2 GG verankert sind, also die Allgemeinheit, Unmittelbarkeit, Freiheit, Gleichheit und Geheimheit der Wahl. Zu deren Verständnis und Anwendung existiert eine fast unüberschaubare Fülle an Literatur und Rechtsprechung. Allerdings beziehen sich diese regelmäßig auf die Anwendung im System der personalisierten Verhältniswahl, während die Wahlrechtsgrundsätze im Hinblick auf eine reine Mehrheitswahl allenfalls am Rande Erwähnung finden. Nachvollziehbar ist dies insoweit, als die Wahlen zu den Volksvertretungen im Grundsatz als Verhältniswahl ausgestaltet sind. Zudem erscheint diese Schwerpunktsetzung auf den ersten Blick auch sachgerecht, weil eine Mehrheitswahl unabhängig von ihrer konkreten Ausgestaltung und dem erforderlichen Mehrheitsquorum scheinbar gar nicht in einen Konflikt mit den Wahlrechtsgrundsätzen geraten kann. Die Wähler wählen die Kandidaten direkt, sodass sich die mit der Verhältniswahl verbundenen Probleme einer Listenwahl bezüglich des Unmittelbarkeitskriteriums nicht stellen. Bei einer Mehrheitswahl gibt es jeweils nur einen Wahlsieger, sodass sich die Gleichheit der Stimmen im Gegensatz zur Verhältniswahl jedenfalls nicht auf eine proportionale Umsetzung der Stimmen in Mandate, sondern zunächst allein auf das Wahlergebnis selbst beziehen

---

[276] So speziell zur Wahl des Kanzlers mit relativer Mehrheit *Mußgnug*, Verschiebungen, in: Jeserich/Pohl/v. Unruh (Hrsg.), Deutsche Verwaltungsgeschichte, Bd. V, 1987, S. 100 (104); *Handt*, Auflösung, 2008, S. 27; sinngemäß mit dem Begriff „Notbehelf“ *Morlok*, Stellungnahme zum Gesetzentwurf der Landesregierung, Drs. 17/3776 und zum Änderungsantrag Drs. 17/4305 des Landtages Nordrhein-Westfalen, Stellungnahme 17/1203, S. 2 f.

kann. Soweit die Stimmen gleichermaßen zählen und damit die gleiche Berücksichtigung im Wahlergebnis finden, scheint der Wahlgleichheit somit unabhängig von einem relativen oder absoluten Mehrheitserfordernis Rechnung getragen zu sein. Daher vereint die überwiegende Auffassung einen Eingriff in die Wahlgleichheit durch eine Ausgestaltung der Direktwahl der kommunalen Hauptverwaltungsbeamte als einstufige, relative Mehrheitswahl mit dem Verweis auf die formal gleichen Erfolgschancen der Wahlbewerber[277]. Erst recht ist nicht ersichtlich, wie eine Ausgestaltung des Wahlsystems die Freiheit der Wahl tangieren soll. Die Garantien der Allgemeinheit und Geheimheit der Wahl sind schließlich gänzlich unabhängig vom geltenden Mehrheitserfordernis. Die Wahlrechtsgrundsätze scheinen somit für die vorliegende Fragestellung keinen Erkenntnisgewinn zu versprechen.

Allerdings basiert diese Sichtweise auf dem vorherrschenden, formalen Verständnis der Wahlrechtsgrundsätze und des Wahlverfahrens, das beinah ausschließlich mit Blick auf das personalisierte Verhältniswahlsystem entwickelt wurde. Die praktisch endlose Auseinandersetzung über einzelne wahlrechtliche Mechanismen in diesem Wahlsystem scheint dabei zu einer gewissen Vernachlässigung des allgemeinen, übergeordneten Verständnisses der Wahlrechtsgrundsätze geführt zu haben (I.). Dies beginnt schon damit, dass erstaunlich viele Unklarheiten hinsichtlich der Anwendung der Wahlrechtsgrundsätze auf solche Wahlen bestehen, die nicht vom Wortlaut der Art. 38 Abs. 1 S. 1 GG und Art. 28 Abs. 1 S. 2 GG erfasst sind. Ebenso ist die inhaltliche Reichweite der Wahlrechtsgrundsätze dahingehend ungeklärt, ob die faktischen Auswirkungen eines Wahlsystems auf das Verhalten der Wähler und Wahlbewerber zu einer Beeinträchtigung derselben führen können. Daher ist es angezeigt, sich näher mit dem Verständnis der Wahlrechtsgrundsätze zu befassen. Möglicherweise ist danach nicht nur die verfassungsrechtliche Beurteilung wahlrechtlicher Mechanismen im Bereich der Verhältniswahl zu modifizieren, sondern vor allem auch die *Ausgestaltung* der Mehrheitswahl einer verfassungsrechtlichen Prüfung anhand der Wahlrechtsgrundsätze zu unterwerfen.

Hinsichtlich der einzelnen Wahlrechtsgrundsätze lässt sich für die vorliegende Untersuchung der Grundsatz der allgemeinen und geheimen Wahl aus dem bereits genannten Grunde ausklammern. Ebenso scheint die Unmittelbarkeit der Wahl für die vorliegende Untersuchung keine Relevanz zu besitzen, wenngleich dies noch genauer zu erörtern sein wird (II.). Daher bleiben in erster Linie die Wahlfreiheit (III.), die Wahlgleichheit (IV.) und damit verbunden

---

[277] So VerfGH NRW, NVwZ 2009, S. 1096 (1100); *Groß*, Direktwahl, in: LKRZ 2010, S. 93 (95); *Mehde*, Stichwahlen, in: KommJur 2013, S. 446 (451); im Ergebnis auch Sondervotum zu VerfGH NRW, Urteil vom 20.12.2019, 35/19, S. 84; *Henneke/Ritgen*, Direktwahl, in: DÖV 2010, S. 665 (675 f.); a.A. *Krüper*, Stichwahlen, in: DÖV 2009, S. 758 (763 f.); *Morlok*, Stellungnahme zum Gesetzentwurf der Landesregierung, Drs. 17/3776 und zum Änderungsantrag Drs. 17/4305 des Landtages Nordrhein-Westfalen, Stellungnahme 17/1203, S. 3 f.

die Chancengleichheit der Wahlbewerber (V.) als verfassungsrechtlicher Maßstab für die Ausgestaltung der Mehrheitswahl. Dies entspricht dem Umstand, dass das Mehrheitsprinzip eine notwendige Verbindung mit dem aktiven und passiven Wahlrecht als Ausdruck der Freiheit und Gleichheit aller Staatsbürger aufweist[278]. Insoweit gilt es zu berücksichtigen: „Eine demokratische Mehrheitsbildung kann erst stattfinden, wenn alle vorhandenen Ideen zumindest eine reale Zugangschance zum Willensbildungs- und Entscheidungsprozeß besitzen.“[279] Dieser Gedanke weist auf die Wahlrechtsgrundsätze hin, die den tatsächlich gleichen und freien Zugang der Wähler und Wahlbewerber zum Wahlrecht garantieren und damit auch für die Wahl eines monokratischen Amtes nach dem Mehrheitsprinzip relevant sein können.

I. Vorbemerkungen: Allgemeine Reichweite der Wahlrechtsgrundsätze

Zunächst gilt es, sich grundsätzlich mit der möglichen Relevanz der Wahlrechtsgrundsätze für die Mehrheitswahl zur Besetzung monokratischer Ämter zu befassen. Es geht dabei in erster Linie um die Frage, inwiefern die Wahlrechtsgrundsätze auf die Direktwahl monokratischer Ämter wie die des kommunalen Hauptverwaltungsbeamten anzuwenden sind. Neben dieser sachlichen Reichweite (1.) ist ferner die inhaltliche Reichweite (2.) der Wahlrechtsgrundsätze zu betrachten. Dabei ist zu erörtern, ob bestimmte wahlrechtliche Regelungen weniger aufgrund ihrer Umsetzung des Wahlergebnisses in Mandate, sondern schon aufgrund ihrer tatsächlichen Wirkung auf Wähler und Wahlbewerber zu einem Eingriff in die Wahlrechtsgrundsätze führen können.

1. Sachliche Reichweite der Wahlrechtsgrundsätze im Hinblick auf Direktwahlen

Die Wahlrechtsgrundsätze finden sich im Grundgesetz nicht in einer Generalklausel als allgemeingültige Regelungen für Wahlen, sondern lediglich bereichsspezifisch für bestimmten Wahlen in Art. 38 Abs. 1 S. 1 GG und Art. 28 Abs. 1 S. 2 GG. Somit bedarf der Anwendungsbereich der Wahlrechtsgrundsätze für andere Direktwahlen möglicherweise einer deutlich differenzierteren Betrachtung, als sie gemeinhin vorgenommen wird.

a) Demokratieprinzip als allgemeiner Maßstab für das Wahlrecht

Nach dem Wortlaut der Art. 38 Abs. 1 S. 1 GG und Art. 28 Abs. 1 S. 2 GG gelten die darin niedergelegten Wahlrechtsgrundsätze für die Wahlen zum Bundestag, den Landtagen und den kommunalen Vertretungen. Dabei meint der Begriff der kommunalen Vertretung das Hauptrepräsentativorgan der Ge-

---

[278] Dazu näher *Heun*, Mehrheitsprinzip, 1983, S. 109 ff.; *Walther*, Mehrheitswahlsysteme, 2017, S. 54 ff.

[279] *Gusy*, Mehrheitsprinzip, in: AöR 106 (1981), S. 329 (335).

meinde oder des Kreises, also den Gemeinderat und Kreistag[280]. Daher sind von der Vorschrift des Art. 28 Abs. 1 S. 2 GG weder die Wahl zur Bezirksvertretung[281] noch die Direktwahl des kommunalen Hauptverwaltungsbeamten[282] erfasst. Erst recht sind die Wahlrechtsgrundsätze nicht unmittelbar auf Wahlen in der funktionalen Selbstverwaltung wie etwa in berufsständischen Körperschaften anwendbar[283]. Dennoch sprechen viele mit großer Selbstverständlichkeit und damit verbundener Pauschalität davon, dass die Wahlrechtsgrundsätze Relevanz für alle Wahlen im öffentlich-rechtlichen Bereich entfalten[284]. Daher ist ihre Bezeichnung als „allgemeine Rechtsprinzipien für Wahlen“[285] weit verbreitet. In diesem Sinne hat das Bundesverfassungsgericht die Wahlrechtsgrundsätze, häufig ohne nähere Begründung, auf entsprechende Wahlen außerhalb des Regelungsbereichs der Art. 38 Abs. 1 S. 1 GG und Art. 28 Abs. 1 S. 2 GG angewendet[286]. All dies mag nicht zu unzutreffenden Ergebnissen führen, ist aber zumindest in der dogmatischen Begründung zu unspezifisch. Verfassungsrechtlicher Maßstab für Wahlen außerhalb des Anwendungsbereichs von Art. 38 Abs. 1 S. 1 GG und Art. 28 Abs. 1 S. 2 GG und damit auch die Wahl des kommunalen Hauptverwaltungsbeamten können nur die allgemeinen, verfassungsrechtlichen Regelungen und damit in erster Linie das Demokratieprinzip nach Art. 20 Abs. 1 und 2 GG sowie Art. 28 Abs. 1 S. 1 GG sein[287]. Folg-

---

[280] *Dreier*, in: ders. (Hrsg.), GG, Bd. II, 3. Aufl. 2015, Art. 28 Rn. 65; *Ernst*, in: v. Münch/Kunig (Hrsg.), GG, Bd. I, 7. Aufl. 2021, Art. 28 Rn. 33; *Schwarz*, in: Huber/Voßkuhle (Hrsg.), GG, Bd. II, 8. Aufl. 2024, Art. 28 Rn. 108.

[281] BVerfGE 47, 253 (275); BerlVerfGH, Urteil vom 13.5.2013 – 155/11 –, juris, Rn. 32; HmbVerfG, NVwZ 2016, S. 381 (386 Rn. 89 f.); VerfGH NRW, NVwZ 2018, S. 159 (170 Rn. 131 ff.); *Ernst*, in: v. Münch/Kunig (Hrsg.), GG, Bd. I, 7. Aufl. 2021, Art. 28 Rn. 30; *Mehde*, in: Dürig/Herzog/Scholz (Hrsg.), GG, Art. 28 Abs. 1 (2023), Rn. 101.

[282] *Oebbecke*, Wahlrechtsgleichheit, in: NWVBl. 2010, S. 333 (334); *Dreier*, in: ders. (Hrsg.), GG, Bd. II, 3. Aufl. 2015, Art. 28 Rn. 65; *Schwarz*, in: Huber/Voßkuhle (Hrsg.), GG, Bd. II, 8. Aufl. 2024, Art. 28 Rn. 108 ff.

[283] So explizit *Oebbecke*, Legitimation, in: VerwArch. 81 (1990), S. 349 (364).

[284] So etwa *Stern*, Staatsrecht, Bd. IV/2, 2011, S. 184 f.; *Kotzur*, Freiheit, in: Merten/Papier (Hrsg.), HGR V, 2013, § 120 Rn. 23; *Ernst*, in: v. Münch/Kunig (Hrsg.), GG, Bd. I, 7. Aufl. 2021, Art. 28 Rn. 36; *Müller/Drossel*, in: Huber/Voßkuhle (Hrsg.), GG, Bd. II, 8. Aufl. 2024, Art. 38 Rn. 59.

[285] BVerfGE 47, 253 (276); aufgenommen in *Ernst*, in: v. Münch/Kunig (Hrsg.), GG, Bd. I, 7. Aufl. 2021, Art. 28 Rn. 36; *Magiera*, in: Sachs (Hrsg.), GG, 9. Aufl. 2021, Art. 38 Rn. 79; *Mehde*, in: Dürig/Herzog/Scholz (Hrsg.), GG, Art. 28 Abs. 1 (2023), Rn. 95; kritisch insoweit zu Recht *Schwarz*, in: Huber/Voßkuhle (Hrsg.), GG, Bd. II, 8. Aufl. 2024, Art. 28 Rn. 91.

[286] BVerfGE 30, 227 (246); 39, 247 (254); 41, 1, (12); 47, 253 (276 f.), 51, 222 (234 f.); 60, 162 (167); 71, 81 (94 f.).

[287] Implizit *Oebbecke*, Wahlrechtsgleichheit, in: NWVBl. 2010, S. 333 (334); *Schwarz*, in: Huber/Voßkuhle (Hrsg.), GG, Bd. II, 8. Aufl. 2024, Art. 28 Rn. 110. Hingegen wenden BVerwG, NVwZ 2003, S. 1507 (1508); *Ernst*, in: v. Münch/Kunig (Hrsg.), GG, Bd. I, 7. Aufl. 2021, Art. 28 Rn. 36 die Wahlrechtsgrundsätze unmittelbar auf die Wahl des kommu-

lich ist bei solchen Wahlen allein entscheidend, inwieweit die Wahlrechtsgrundsätze im Demokratieprinzip verankert sind[288].

Das Bundesverfassungsgericht hat in einer Entscheidung formuliert, dass

> „allen Wahlrechtsgrundsätzen [...] gemeinsam [ist], daß sie grundlegende Anforderungen an demokratische Wahlen stellen. Ihnen kommt gleichermaßen die Funktion zu, bei politischen Wahlen und Abstimmungen im Sinne von Art. 20 Abs. 2 S. 2 GG das demokratische Prinzip wirksam zur Geltung zu bringen."[289]

In diesem Sinne fassen viele die Wahlrechtsgrundsätze generalisierend als notwendige Ausprägung des Demokratieprinzips auf[290]. Dies könnte zwar die allgemein unterstellte Geltung für alle öffentlich-rechtlichen Wahlen begründen, ist aber bei genauerer Betrachtung zu undifferenziert. So sind nach allgemeiner Ansicht nicht alle Wahlrechtsgrundsätze als notwendige Ausprägungen des demokratischen Prinzips einzustufen und damit der Ewigkeitsklausel nach Art. 79 Abs. 3 GG unterworfen, sondern üblicherweise der Grundsatz der Unmittelbarkeit[291], zum Teil auch der Grundsatz der Geheimheit der Wahl[292], hiervon ausgenommen. Somit könnten allenfalls die Wahlrechtsgrundsätze der Allgemeinheit, Gleichheit und Freiheit unstreitig zum Bestandteil des Demokra-

---

nalen Hauptverwaltungsbeamten an. Ungenau bleiben die Ausführungen in VerfGH NRW, NVwZ 2009, S. 1096 (1099). Der Verfassungsgerichtshof spricht zwar einerseits von den „aus dem Demokratieprinzip folgenden Wahlrechtsgrundsätzen" und begründet wenigstens kurz die Verankerung der Wahlgleichheit im Demokratieprinzip, unterstellt dies dann aber ohne nähere Begründung auch für den Unmittelbarkeitsgrundsatz.

[288] Insoweit vorbildhaft die Entscheidung BVerfGE 134, 25 (29 f. Rn. 12), in der die Verankerung der relevanten Wahlrechtsgrundsätze im Demokratieprinzip zumindest kurze Erwähnung findet.

[289] BVerfGE 99, 1 (13).

[290] So können die Ausführungen bei *Morlok*, Demokratie, in: Badura/Dreier (Hrsg.), FS BVerfG, Bd. II, 2001, S. 559 (589); *Unruh*, Verfassungsbegriff, 2002, S. 464; *Stern*, Staatsrecht, Bd. IV/2, 2011, S. 182; *Boehl*, in: Schreiber (Hrsg.), BWahlG, 11. Aufl. 2021, § 1 Rn. 5; *Klein/Schwarz*, in: Dürig/Herzog/Scholz (Hrsg.), GG, Art. 38 (2021), Rn. 83; *Sachs*, in: ders. (Hrsg.), GG, 9. Aufl. 2021, Art. 20 Rn. 34 verstanden werden; gegen diese Pauschalisierung ausdrücklich *Wolf*, Stimmgewicht, 2016, S. 370.

[291] *Nahrgang*, Grundsatz, 2004, S. 76; *Graßhof*, Wahlen, in: Kube u. a. (Hrsg.), FS Kirchhof, Bd. I, 2013, § 62 Rn. 9; *Dreier*, in: ders. (Hrsg.), GG, Bd. II, 3. Aufl. 2015, Art. 79 Abs. 3 Rn. 38; *Klein/Schwarz*, in: Dürig/Herzog/Scholz (Hrsg.), GG, Art. 38 (2021), Rn. 88; *Sachs*, in: ders. (Hrsg.), GG, 9. Aufl. 2021, Art. 79 Rn. 70; *Hain*, in: Huber/Voßkuhle (Hrsg.), GG, Bd. II, 8. Aufl. 2024, Art. 79 Rn. 82.

[292] Ausdrücklich *S. Lenz*, Kommunalverwaltung, 2020, S. 87, in diese Richtung auch einschränkend *Dreier*, in: ders. (Hrsg.), GG, Bd. II, 3. Aufl. 2015, Art. 79 Abs. 3 Rn. 38; *Wolf*, Stimmgewicht, 2016, S. 369; *Sachs*, in: ders. (Hrsg.), GG, 9. Aufl. 2021, Art. 79 Rn. 70. Dahinter steht der Gedanke, dass das Wahlgeheimnis lediglich ein Sicherungsmittel der Wahlfreiheit darstellt und deshalb nur erforderlich ist, soweit die Wahlfreiheit andernfalls nicht gewährleistet ist.

tieprinzips zu zählen sein[293]. Selbst dieser Versuch der Präzisierung bleibt jedoch noch zu unbestimmt. So ist etwa im Bereich der Wahlgleichheit höchst umstritten, welche konkreten Gewährleistungsgehalte ihr zu entnehmen sind und umso mehr, welche von diesen wiederum als Bestandteil des Demokratieprinzips einzuordnen sind. Andersherum könnte bei entsprechendem Verständnis ein Ausschnitt des Grundsatzes der Unmittelbarkeit an der Gewährleistung des Demokratieprinzip teilhaben.

b) Differenzierte Betrachtung der einzelnen Gewährleistungsgehalte

Aus diesem Grund muss jeder einzelne Wahlrechtsgrundsatz und seine konkreten Gewährleistungen gesondert in den Blick genommen werden, um in einem weiteren Schritt über die jeweilige Verankerung im Demokratieprinzip urteilen zu können[294]. Dass eine derart differenzierende Betrachtung der einzelnen Gewährleistungsgehalte bislang kaum erfolgte[295], mag mit den allgemeinen Schwierigkeiten der Auslegung des Demokratieprinzips zusammenhängen, entsprechend verbindliche, normative Kriterien zu erarbeiten. Wie bereits die Herleitung des Mehrheitsprinzips zeigt, erfordert dies selbst im Falle eines offenkundigen, demokratischen Grundsatzes einen erheblichen Aufwand. In vergleichbarer Weise sind in diesem Abschnitt die spezifischen Wahlrechtsgehalte in historischer und teleologischer Hinsicht bezüglich ihrer Verankerung im Demokratieprinzip zu prüfen.

Entsprechend den allgemeinen Grundsätzen gilt ebenso für die vom Demokratieprinzip erfassten Wahlrechtsgrundsätze, dass diese prinzipiell ebenfalls einer Einschrankbarkeit unterliegen[296]. So lässt sich der Grundsatz der Allgemeinheit der Wahl als zwingende Ausprägung demokratischer Gleichheit den elementaren Grundsätzen des Demokratieprinzips im Sinne des Art. 79 Abs. 3 GG zuordnen[297]. Zugleich kann selbst dieser Wahlrechtsgrundsatz zulässigen Einschränkungen unterfallen, wie sie etwa das Grundgesetz bereits selbst in

---

[293] So *Dreier*, in: ders. (Hrsg.), GG, Bd. II, 3. Aufl. 2015, Art. 20 (Demokratie), Rn. 98; *Wolf*, Stimmgewicht, 2016, S. 367; *S. Lenz*, Kommunalverwaltung, 2020, S. 84.

[294] Für eine differenzierte Betrachtung und eine Beschränkung auf den „Kern der Wahlrechtsgrundsätze" jedenfalls im Hinblick auf Art. 79 Abs. 3 GG *W. Roth*, Sperrklausel, 2015, S. 88; implizit *Wolf*, Stimmgewicht, 2016, S. 370, der „Teilelemente der Wahlrechtsgrundsätze […] nicht zum änderungsfesten Kernbestand der ‚Grundsätze' des Art. 20 GG" zählt; ähnlich *Boehl*, in: Schreiber (Hrsg.), BWahlG, 11. Aufl. 2021, § 1 Rn. 6, nach dessen Ansicht sie nur „in ihrem Kerngehalt dem Schutz des Art. 79 Abs. 3 GG unterliegen."

[295] Lediglich im Hinblick auf den Aspekt der Erfolgswertgleichheit finden sich ausführliche Erörterungen, die häufig aber ebenfalls unspezifisch agieren, näher unten IV. 2. a).

[296] Siehe dazu oben Teil 1, B.

[297] *Herdegen*, in: Dürig/Herzog/Scholz (Hrsg.), GG, Art. 79 (2014), Rn. 138; *Dreier*, in: ders. (Hrsg.), GG, Bd. II, 3. Aufl. 2015, Art. 79 Abs. 3 Rn. 38; *Sachs*, in: ders. (Hrsg.), GG, 9. Aufl. 2021, Art. 79 Rn. 70; *Hain*, in: Huber/Voßkuhle (Hrsg.), GG, Bd. II, 8. Aufl. 2024, Art. 79 Rn. 82.

Art. 38 Abs. 2 GG hinsichtlich des Wahlalters und in Art. 137 Abs. 1 GG mit der Beschränkung der Wählbarkeit von Personen des öffentlichen Dienstes vorsieht[298]. Die Beschränkung eines Wahlrechtsgrundsatzes, der dem Gewährleistungsgehalt des Demokratieprinzips zugeordnet ist, führt also nicht *per se* zur Verfassungswidrigkeit der entsprechenden wahlrechtlichen Regelung. Vielmehr kann die Beschränkung solcher demokratischen Grundsätze in Abwägung mit ebenfalls in Art. 20 GG verankerten Belangen verfassungsrechtlich gerechtfertigt werden[299]. Dabei muss wiederum gemäß den allgemeinen Grundsätzen auf der Abwägungsebene eine Differenzierung zwischen dem einfachen und verfassungsändernden Gesetzgeber dahingehend erfolgen, dass letzterem ein größerer Spielraum bei der Modifizierung der im Demokratieprinzip enthaltenden Wahlrechtsgrundsätze zukommt[300].

c) Exkurs: Bindung des verfassungsändernden Gesetzgebers auf Landesebene

Während auf Bundesebene der verfassungsändernde Gesetzgeber stets allein an die Anforderungen des Demokratieprinzips gebunden ist und damit eine unterschiedliche Bindungswirkung von einfachem und verfassungsänderndem Gesetzgeber gegeben ist, zeigt sich im Anwendungsbereich des Art. 28 Abs. 1 S. 2 GG eine Besonderheit. Diese Norm scheint sich gleichermaßen an den einfachen als auch den landesverfassungsändernden Wahlrechtsgesetzgeber zu richten und beide *gleichermaßen* an die ebenfalls in Art. 38 Abs. 1 S. 1 GG genannten Wahlrechtsgrundsätze zu binden. Dennoch fordern einige Stimmen in der Literatur im Hinblick auf die Einführung einer verfassungsunmittelbaren Sperrklausel für die Wahl zu den kommunalen Vertretungen einen reduzierten

---

[298] Zu den Einschränkungen der Allgemeinheit der Wahl näher *H. Meyer*, Wahlgrundsätze, in: Isensee/Kirchhof (Hrsg.), HStR III, 3. Aufl. 2005, § 46 Rn. 3 ff.; *Morlok*, in: Dreier (Hrsg.), GG, Bd. II, 3. Aufl. 2015, Art. 38 Rn. 72 ff.; *Klein/Schwarz*, in: Dürig/Herzog/Scholz (Hrsg.), GG, Art. 38 (2021), Rn. 92 ff.; *Magiera*, in: Sachs (Hrsg.), GG, 9. Aufl. 2021, Art. 38 Rn. 83; *Trute*, in: v. Münch/Kunig (Hrsg.), GG, Bd. I, 7. Aufl. 2021, Art. 38 Rn. 35 ff.; *Müller/Drossel*, in: Huber/Voßkuhle (Hrsg.), GG, Bd. II, 8. Aufl. 2024, Art. 38 Rn. 67 ff.

[299] Zutreffend heißt es in BVerfGE 134, 25 (30 f. Rn. 13): „In diesem Zusammenhang ist es zwar in erster Linie Sache des Gesetzgebers, bei der Ausgestaltung des Wahlrechts die kollidierenden Grundentscheidungen einem angemessenen Ausgleich zuzuführen. Dabei muss er jedoch dafür Sorge tragen, dass keiner der vor allem das Demokratieprinzip konkretisierenden Wahlrechtsgrundsätze unverhältnismäßig eingeschränkt wird oder in erheblichem Umfang leer zu laufen droht.“ – Allgemein zur Beschränkbarkeit des Art. 38 Abs. 1 GG als einfaches Verfassungsrecht *Morlok*, in: Dreier (Hrsg.), GG, Bd. II, 3. Aufl. 2015, Art. 38 Rn. 65; *Klein/Schwarz*, in: Dürig/Herzog/Scholz (Hrsg.), GG, Art. 38 (2021), Rn. 86; *Trute*, in: v. Münch/Kunig (Hrsg.), GG, Bd. I, 7. Aufl. 2021, Art. 38 Rn. 31; *Müller/Drossel*, in: Huber/Voßkuhle (Hrsg.), GG, Bd. II, 8. Aufl. 2024, Art. 38 Rn. 61.

[300] Explizit zum weiteren Spielraum des verfassungsändernden Gesetzgebers im Wahlrecht VerfGH NRW, NVwZ 2018, S. 159 (171 Rn. 146 ff.); Sondervotum zu BerlVerfGH, Urteil vom 13.5.2013 – 155/11 –, juris, Rn. 55; ausführlich dazu unten IV. 2. b).

Prüfungsmaßstab und vertreten dazu ein eigenständiges Verständnis der Wahlrechtsgrundsätze und insbesondere der Wahlgleichheit[301]. Nach dieser Auffassung wolle der Art. 28 Abs. 1 GG trotz der ausdrücklichen Statuierung der Wahlrechtsgrundsätze in Satz 2 lediglich ein Mindestmaß an Homogenität und damit nur die grundlegenden Anforderungen des Demokratieprinzips festschreiben, ohne den verfassungsändernden Landesgesetzgeber über die Ewigkeitsklausel des Art. 79 Abs. 3 GG hinauszubinden und damit die Verfassungsautonomie der Länder zu beschneiden[302]. Es führe zu einem „Wertungswiderspruch", den verfassungsändernden Landesgesetzgeber einer strengeren Bindung zu unterwerfen als den verfassungsändernden Bundesgesetzgeber[303]. Dieser vermeintliche „Wertungswiderspruch" ist aber eine logische Konsequenz der in Art. 1 GG, Art. 20 GG, Art. 28 GG und Art. 31 GG verankerten, bundesstaatlichen Normhierarchie, wonach kompetenzgerecht erlassenes Bundesrecht jeden Ranges sogar dem Landesverfassungsrecht vorgeht und dem verfassungsändernden Bundesgesetzgeber wirksame Änderungen, beispielsweise an den Grundrechten oder der Selbstverwaltungsgarantie möglich sind, die dem landesverfassungsändernden Gesetzgeber praktisch verwehrt sind[304]. Der Ausgangspunkt der Ansicht, Art. 28 Abs. 1 S. 2 GG wolle lediglich grundlegende demokratische Erfordernisse konkretisieren, ist ebenfalls unzutreffend. Schon mit der Gewährleistung des Unmittelbarkeitsgrundsatzes geht Art. 28 Abs. 1 S. 2 GG über das hinaus, was nach allgemeiner Auffassung gemäß Art. 79 Abs. 3 GG dem verfassungsändernden Gesetzgeber auf Bundesebene zwingend vorgeschrieben ist[305]. Die Regelung des Art. 28 Abs. 1 S. 2 GG garantiert die *Einheitlichkeit* des Wahlverfahrens zu den Volksvertretungen, weshalb die Norm als eine besondere, gegenüber Art. 28 Abs. 1 S. 1 GG und Art. 79 Abs. 3 GG weitergehende Bindung im Hinblick auf das Wahlrecht

---

[301] Siehe *Michael*, Sperrklauseln, 2015, S. 115 ff.; *W. Roth*, Sperrklausel, 2015, S. 106 ff.

[302] So *Michael*, Sperrklauseln, 2015, S. 111 ff.; *W. Roth*, Sperrklausel, 2015, S. 106 ff.

[303] In diesem Sinne *W. Roth*, Sperrklausel, 2015, S. 109 f.; ähnlich argumentiert *Michael*, Sperrklauseln, 2015, S. 116: „Wenn der verfassungsändernde Gesetzgeber des Bundes Art. 38 Abs. 1 GG soll modifizieren können (durch eine Sperrklauselregelung im Grundgesetz), dann sollte das für die verfassungsändernden Gesetzgeber der Länder für den Regelungsbereich ihres Wahlrechts auch gelten."

[304] Wie hier *S. Lenz*, Kommunalverwaltung, 2020, S. 240 f. Hinsichtlich des zweiten Arguments bezüglich der Änderung von Grundrechten oder der Selbstverwaltungsgarantie ist auf den Begriff „wirksame" Änderung wert zu legen. Es soll insoweit nicht unterschlagen werden, dass es dem landesverfassungsändernden Gesetzgeber nach zutreffender Ansicht aus bundesverfassungsrechtlicher Sicht freisteht, solche Gewährleistungen aus der Landesverfassung zu streichen. Ebenso kann er die Wahlrechtsgrundsätze aus der Verfassung streichen. Verwehrt sind ihm aber Regelungen, die den Homogenitätsvorgaben des Art. 28 Abs. 1 GG und damit den Wahlrechtsgrundsätzen widersprechen, wie etwa nicht ausreichend gerechtfertigte Sperrklauselregelungen.

[305] Siehe näher unten II. 2.

einzuordnen ist[306]. Dafür sprechen schließlich der Wortlaut und die Entstehungsgeschichte der Norm[307]. Es ist folglich eine gleichmäßige Verfassungsinterpretation von Art. 28 Abs. 1 S. 2 GG und Art. 38 Abs. 1 S. 1 GG angezeigt[308]. Demnach ist der verfassungsändernde Landesgesetzgeber für das Wahlrecht zu den Volksvertretungen den gleichen, strengen Bindungen unterworfen wie der einfache Bundesgesetzgeber im Hinblick auf die Bundestagswahl nach Art. 38 Abs. 1 S. 1 GG[309].

d) Zwischenergebnis: Dreistufige Differenzierung der Gewährleistungsgehalte

Entgegen der weitverbreiteten Ansicht wirken die Wahlrechtsgrundsätze nicht *per se* als allgemeine Prinzipien für alle staatlichen Wahlen. Außerhalb des Anwendungsbereichs der Art. 28 Abs. 1 S. 1 GG und Art. 38 Abs. 1 S. 1 GG stellt allein das Demokratieprinzip den verfassungsrechtlichen Maßstab dar. Folglich muss im Einzelnen geprüft werden, inwieweit die einzelnen Gewährleistungsgehalte der Wahlrechtsgrundsätze zu diesen demokratischen Grundsätzen zählen. Eine solche Einordnung der Gewährleistungsgehalte bedeutet aber keinesfalls ihre unbeschränkte Geltung. Vielmehr sind sie nach dem allgemeinen Verständnis des Demokratieprinzips aufgrund entsprechender, ebenso in den Prinzipien des Art. 20 GG verankerter Belange einschränkbar. Die erst auf der Rechtfertigungsebene vorzunehmende Differenzierung zwischen einfacher und verfassungsändernder Gesetzgebung wird gegenüber den Ländern durch Art. 28 Abs. 1 S. 2 GG dahingehend modifiziert, dass in dem Anwendungsbereich dieser Vorschrift auch der verfassungsändernde Landesgesetzgeber den strengeren Rechtfertigungsanforderungen unterfällt und an alle genannten Wahlrechtsgrundsätze gebunden ist.

Demnach ist die sachliche Reichweite der Wahlrechtsgrundsätze in drei Stufen unterteilt, die den Wahlgesetzgeber unterschiedlich weitreichenden Bin-

---

[306] So VerfGH NRW, NVwZ 2018, S. 159 (164 Rn. 82 ff.); allgemein zur Sicherung der Homogenität der Wahlen zu den Volksvertretungen durch Art. 28 Abs. 1 S. 2 GG BVerfGE 83, 37 (53); *H. Meyer*, Wahl, in: Isensee/Kirchhof (Hrsg.), HStR III, 3. Aufl. 2005, § 45 Rn. 18.

[307] Zum Wortlautargument *S. Lenz*, Kommunalverwaltung, 2020, S. 239; zur Entstehungsgeschichte ausführlich VerfGH NRW, NVwZ 2018, S. 159 (165 Rn. 85 ff.); gegenteilige Deutung hingegen bei *Michael*, Sperrklauseln, 2015, S. 115 ff.

[308] Dazu allgemein BVerfGE 120, 82 (102); VerfGH NRW, NVwZ 2018, S. 159 (162 Rn. 62 ff.); *Dietlein/Riedel*, Zugangshürden, 2012, S. 24; *Dreier*, in: ders. (Hrsg.), GG, Bd. II, 3. Aufl. 2015, Art. 28 Rn. 61; *S. Lenz*, Kommunalverwaltung, 2020, S. 239; *Mehde*, in: Dürig/Herzog/Scholz (Hrsg.), GG, Art. 28 Abs. 1 (2023), Rn. 93; *Müller/Drossel*, in: Huber/Voßkuhle (Hrsg.), GG, Bd. II, 8. Aufl. 2024, Art. 38 Rn. 59.

[309] Wie hier VerfGH NRW, NVwZ 2018, S. 159 (164 Rn. 82 ff.); *S. Lenz*, Kommunalverwaltung, 2020, S. 240 ff.; dagegen nicht überzeugend *Michael*, Sperrklauseln, 2015, S. 116 ff.; *W. Roth*, Sperrklausel, 2015, S. 110.

dungen unterwirft. Die umfassendste Bindung statuieren die Art. 38 Abs. 1 S. 1 GG und Art. 28 Abs. 1 S. 2 GG. Sowohl der einfache als auch der verfassungsändernde Landesgesetzgeber und der einfache Bundesgesetzgeber sind in deren Anwendungsbereich umfassend an die dort normierten Wahlrechtsgrundsätze gebunden. Außerhalb dieses Anwendungsbereichs hat der einfache Wahlgesetzgeber lediglich solche Gewährleistungsgehalte der Wahlrechtsgrundsätze zu berücksichtigen, die als Bestandteil des Demokratieprinzips aufzufassen sind. Der verfassungsändernde Bundesgesetzgeber hat generell, der verfassungsändernde Landesgesetzgeber außerhalb des Anwendungsbereichs des Art. 28 Abs. 1 S. 2 GG, lediglich diese demokratischen Grundsätze zu beachten und unterliegt auf der Rechtfertigungsebene den weniger strengen Anforderungen der Verfassungsänderung.

2. Inhaltliche Reichweite der Wahlrechtsgrundsätze im Hinblick auf das Wahlsystem

Des Weiteren stellt sich die Frage nach der inhaltlichen Reichweite der Wahlrechtsgrundsätze. Die überwiegende Ansicht beschränkt sich insoweit auf ein formales Verständnis und misst daher etwa dem möglichen Auftreten „taktischen Wahlverhaltens" bei der relativen Mehrheitswahl keine Relevanz im Hinblick auf die Wahlrechtsgrundsätze zu, ohne sich mit diesem Phänomen näher zu befassen[310]. Insofern gilt es kritisch zu hinterfragen, ob diese Begrenzung der Wahlrechtsgrundsätze auf ein formales Verständnis im Hinblick auf die Ausgestaltung des Wahlsystems überzeugend ist. Möglicherweise ist es angezeigt, sich den Erkenntnissen der Wahlforschung über die Wirkungsweise von Wahlsystemen zu öffnen und die tatsächlichen Auswirkungen auf Wähler und Wahlbewerber zu berücksichtigen.

a) Auswirkungen des Wahlsystems in rechtlicher und tatsächlicher Hinsicht

Die Wahlforschung unterscheidet zwischen zwei verschiedenen Wirkungsweisen, die die Ausgestaltung eines Wahlsystems mit sich bringt. Erstens handelt es sich um die klassische Auswirkung der technischen Regelungen auf die Umsetzung der Wählerstimmen in Mandate, also die Übertragung des rechnerischen Wahlergebnisses auf die Besetzung einer Vertretungskörperschaft oder eines Einzelamtes. Dies stellt die „mechanische"[311] Wirkungsweise des Wahlsystems dar. Dabei handelt es sich um Mechanismen wie die Sperrklausel, das

---

[310] Siehe VerfGH NRW, NVwZ 2009, S. 1096 (1100); *Groß*, Direktwahl, in: LKRZ 2010, S. 93 (95); *Henneke/Ritgen*, Direktwahl, in: DÖV 2010, S. 665 (675 f.); *Mehde*, Stichwahlen, in: KommJur 2013, S. 446 (449).

[311] Grundlegend *Duverger*, Parteien, 1959, S. 238 ff.; dazu ferner *Nohlen*, Wahlrecht, 2014, S. 70; *Bytzek*, Wählen, in: Faas/Gabriel/Maier (Hrsg.), Handbuch der politikwissenschaftlichen Einstellungs- und Verhaltensforschung, 2020, S. 554 (554); *Dehmel*, Wahlrechtsdilemma, 2020, S. 112; *S. Lenz*, Kommunalverwaltung, 2020, S. 220.

Reststimmenverfahren oder das Auftreten von Überhang- und Ausgleichsmandaten. Diese wahltechnischen Regeln gestalten die Besetzung der Mandate maßgeblich und rufen unter Umständen ein „Mißverhältnis zwischen abgegebenen Stimmen für eine Partei und deren tatsächlicher Stärke im Parlament oder in der Regierung“[312] hervor. Anhand dieser *formalen* Wirkungsweise des Wahlsystems vollzieht sich praktisch die gesamte Diskussion in der Rechtsprechung und Literatur über die Verfassungsmäßigkeit wahlrechtlicher Regelungen.

Zweitens haben diese Wahlregelungen aufgrund ihrer technischen Wirkungsweise zugleich faktische Auswirkung auf das Verhalten von Wähler und Wahlbewerbern, üben damit also bereits im Vorfeld der Wahl eine „psychologische“[313] Wirkung aus. Diese faktische Einwirkung bestimmter Wahlmechanismen auf die Wahlentscheidung kann sogar „ein gewollter Effekt von Wahlsystemen“[314] sein. Dies wirft die Frage auf, ob insoweit nicht faktische Beeinträchtigungen wahlrechtlicher Grundsätze eintreten können, die verfassungsrechtlich relevant sind. Die geringe Beachtung der psychologischen Wirkung könnte darauf zurückzuführen sein, dass sich die Beeinträchtigung von Wahlrechtsgrundsätzen durch wahlrechtliche Regelungen wie der Sperrklausel bereits aus formeller Perspektive durch die Erfolglosigkeit der abgegebenen Stimmen ergibt. Dieser Aspekt ist bereits anhand des Wahlergebnisses eindeutig erkennbar, während die psychologische Vorwirkung entsprechender soziologischer Untersuchungen bedarf und damit schwer zu ermitteln ist[315]. Womöglich deshalb fand diese im Rahmen der bisherigen Wahlrechtsdiskussionen kaum Beachtung. Im Hinblick auf die Ausgestaltung der Mehrheitswahl könnte diese *materielle* Betrachtungsweise aber im Hinblick auf das bereits angesprochene Phänomen des taktischen Wahlverhaltens von großer Relevanz sein.

b) Erweiterter Eingriffsbegriff in der Grundrechtsdogmatik als Ausgangspunkt

Eine solche realitätsnahe Beurteilung der Eingriffswirkung wahlrechtlicher Regelungen lässt sich an die Entwicklung der Grundrechtsdogmatik anknüpfen. In klassischer Weise liegt hiernach ein Eingriff in ein Grundrecht vor, wenn ein staatlicher Rechtsakt den grundrechtlichen Schutzbereich unmittel-

---

[312] *Krippendorff*, Legitimität, in: ZfP 9 (1962), S. 1 (3).

[313] Grundlegend *Duverger*, Parteien, 1959, S. 238 ff.; dazu auch *Nohlen*, Wahlrecht, 2014, S. 70; *Bytzek*, Wählen, in: Faas/Gabriel/Maier (Hrsg.), Handbuch der politikwissenschaftlichen Einstellungs- und Verhaltensforschung, 2020, S. 554 (554); *Dehmel*, Wahlrechtsdilemma, 2020, S. 112; *S. Lenz*, Kommunalverwaltung, 2020, S. 220.

[314] Pointiert *Nohlen*, Erfolgswertgleichheit, in: ZParl 40 (2009), S. 179 (182).

[315] Darauf weisen *Dehmel*, Wahlrechtsdilemma, 2020, S. 112; *S. Lenz*, Kommunalverwaltung, 2020, S. 220 hin.

bar, final und imperativ beschränkt[316]. Es ist jedoch mittlerweile allgemein anerkannt, dass staatliche Maßnahmen nicht nur bei Vorliegen dieser vier Voraussetzungen eingreifenden Charakter haben können, sondern auch jede dem Staat zuzurechnende faktische Verkürzung grundrechtlich gewährter Freiheit zu einem rechtfertigungsbedürftigen Eingriff führen kann[317]. Dahinter steht der zutreffende Gedanke, dass es für den Betroffenen keinen wesentlichen Unterschied macht, ob er in seiner grundrechtlichen Freiheit unmittelbar und zielgerichtet mit rechtlichem Zwang beschränkt ist oder dies in Folge einer staatlichen Maßnahme in faktischer Hinsicht der Fall ist. Sofern lediglich der klassische Eingriffsbegriff Anwendung fände, würden die grundrechtlichen Gewährleistungen an vielen Stellen leerlaufen oder der Staat könnte sie sogar bewusst aushebeln[318]. Die umfassende Grundrechtsbindung der staatlichen Gewalt gemäß Art. 1 Abs. 3 GG verlangt daher eine von dem Wesen der staatlichen Maßnahme *unabhängige* Einordnung der Grundrechtsbeschränkung und mithin ein weites Verständnis des Eingriffsbegriffs[319]. Nach diesem modernen Verständnis ist ein Eingriff

> „jedes staatliche Handeln, das dem Einzelnen ein Verhalten, das in den Schutzbereich eines Grundrechts fällt, *ganz oder teilweise unmöglich macht* [Hervorhebung im Original], gleichgültig ob diese Wirkung final oder unbeabsichtigt, unmittelbar oder mittelbar, rechtlich oder tatsächlich (faktisch, informal) mit oder ohne Befehl und Zwang eintritt“[320].

Ein klassisches Beispiel stellen staatliche Produktinformationen dar, durch die potentielle Kunden unter Umständen vom Kauf bestimmter Produkte abgehalten werden und damit die Beeinträchtigung der Berufsfreiheit in ihrer Intensität

---

316 Zur Definition dieses „klassischen Eingriffsbegriff“ *Peine*, Grundrechtseingriff, in: Merten/Papier (Hrsg.), HGR III, 2009, § 57 Rn. 20; *Kingreen/Poscher*, Grundrechte, 2022, Rn. 332; *Michael/Morlok*, Grundrechte, 2023, Rn. 492; *Epping*, Grundrechte, 2024, Rn. 392.

317 Siehe nur BVerfGE 105, 279 (300 f.); 110, 177 (191); ausführlich zum Verständnis und Anwendung dieses „erweiterten Eingriffsbegriffs“ mit jeweils unterschiedlichen Ansätzen *Peine*, Grundrechtseingriff, in: Merten/Papier (Hrsg.), HGR III, 2009, § 57 Rn. 31 ff.; *Kingreen/Poscher*, Grundrechte, 2022, Rn. 339 ff.; *Michael/Morlok*, Grundrechte, 2023, Rn. 493 ff.; *Epping*, Grundrechte, 2024, Rn. 393 ff.

318 So *Wolf*, Stimmgewicht, 2016, S. 143; *Epping*, Grundrechte, 2024, Rn. 393.

319 In diesem Sinne *Michael/Morlok*, Grundrechte, 2023, Rn. 494. Die Begrenzungen des „klassischen“ Eingriffsbegriffs lässt sich, wie *Cremer*, Freiheitsgrundrechte, 2003, S. 149 f. nachweist, weder in historischer noch in teleologischer Hinsicht mit dem Grundrechtsverständnis des Grundgesetzes in Einklang bringen.

320 *Kingreen/Poscher*, Grundrechte, 2022, Rn. 340; sinngemäß *Peine*, Grundrechtseingriff, in: Merten/Papier (Hrsg.), HGR III, 2009, § 57 Rn. 31. – Einschränkend fordert die überwiegende Ansicht für die Zurechnung eine objektive Vorhersehbarkeit, so *Cremer*, Freiheitsgrundrechte, 2003, S. 159 ff.; *Michael/Morlok*, Grundrechte, 2023, Rn. 497; *Epping*, Grundrechte, 2024, S. 395. Zielgerichtetes Handeln ist hingegen nicht erforderlich, dies heben *Cremer*, Freiheitsgrundrechte, 2003, S. 155; *Wolf*, Stimmgewicht, 2016, S. 143 zu Recht hervor.

sogar einem staatlichen Verkaufsverbot, mithin einem klassischen Eingriff gleichkommen kann[321]. Wenngleich die Umsatzeinbußen unmittelbar auf die eigenverantwortliche Entscheidung der Verbraucher zurückgehen, muss sich der Staat dieses Verhalten zurechnen lassen, weil er durch sein Informationshandeln auf deren Willensbildung maßgeblich Einfluss genommen hat[322]. Folglich schützen die Grundrechte ebenso vor Beeinträchtigungen, die unmittelbar auf Entscheidungen Dritter beruhen, wenn diese maßgeblich durch das staatliche Handeln beeinflusst wurden[323]. Schließlich ist zu berücksichtigen, dass ein staatlicher Rechtsakt sowohl einen Eingriff in klassischer Weise bewirken als auch darüber hinaus faktische Beeinträchtigungen auslösen kann, die dem erweiterten Eingriffsbegriff unterfallen. So hat das Bundesverfassungsgericht etwa die Ladenschlusszeiten als klassischen Eingriff in die Berufsfreiheit der Gewerbetreibenden angesehen und zugleich als faktischen Eingriff in die allgemeine Handlungsfreiheit der Kunden gewertet[324].

Folglich lässt sich diese Eingriffsdogmatik ebenso auf den Bereich des Wahlrechts anwenden, wenn Wähler oder Wahlbewerber durch wahlrechtliche Gestaltungen in einem durch die Wahlrechtsgrundsätze statuierten Recht faktisch beeinträchtigt werden[325]. Danach können nicht nur die klassischen Beschränkungen in formeller Hinsicht, sondern gleichzeitig auch die tatsächlichen Auswirkungen auf Wähler und Wahlbewerber relevant sein. Entsprechend dem aufgezeigten Verständnis des erweiterten Eingriffsbegriffs wären dem Staat auch faktische Beeinträchtigungen zuzurechnen, die auf einer in formaler Hinsicht freien Entscheidung der Wähler oder Wahlbewerber beruhen,

---

[321] Dazu *Schoch*, Entformalisierung, in: Isensee/Kirchhof (Hrsg.), HStR III, 3. Aufl. 2005, § 37 Rn. 91, 112; *Martini/Kühl*, Informationshandeln, in: JA 2014, S. 1221 (1226). Unklar daher die bekannte „Glykol-Entscheidung" in BVerfGE 105, 252 (267 ff.), welche die Eingriffs- und Rechtfertigungsebene nicht voneinander trennt; ähnlich problematisch auch die nachfolgende „Osho-Entscheidung" des BVerfGE 105, 279 (294 ff.) zur Religionsfreiheit; berechtigte Kritik bei *Cremer*, Freiheitsgrundrechte, 2003, S. 158 f. Zutreffend nimmt nunmehr das BVerfGE 148, 40 (51 f. Rn. 29) hinsichtlich der Information der Öffentlichkeit über Verstöße im Lebensmittel- und Futtermittelrecht einen Eingriff in die Berufsfreiheit an.

[322] Wie hier *Cremer*, Freiheitsgrundrechte, 2003, S. 165 f.; *Michael/Morlok*, Grundrechte, 2023, Rn. 497. Ebenso weisen *Schoch*, Entformalisierung, in: Isensee/Kirchhof (Hrsg.), HStR III, 3. Aufl. 2005, § 37 Rn. 91; *Martini/Kühl*, Informationshandeln, in: JA 2014, S. 1221 (1222) auf die staatliche Beeinflussung der Willensbildung der Verbraucher hin, ohne damit explizit die Eingriffsqualität zu begründen.

[323] Insoweit ausdrücklich BVerfGE 113, 63 (76 f.); 148, 40 (51 f. Rn. 29).

[324] BVerfGE 13, 230 (233); BVerfGE 125, 39 (90); kritisch hingegen *Voßkuhle/A.-B. Kaiser*, Grundwissen, in: JuS 2009, S. 313 (314), die tendenziell die Annahme eines Eingriffs gegenüber solchen Drittbetroffenen ablehnen und insoweit eine Begrenzung des Eingriffsbegriffs befürworten.

[325] So speziell im Hinblick auf faktische Einschränkungen der Allgemeinheit der Wahl in Folge der Komplexität des Wahlsystems *Wolf*, Stimmgewicht, 2016, S. 141 ff.; dazu noch näher unten Teil 4, A. II. 2. c).

soweit sie spezifische Folge der jeweiligen wahlrechtlichen Gestaltung sind. Demnach unterfallen Beeinträchtigungen durch die angesprochenen *mechanischen* Wirkungen des Wahlsystems dem klassischen Eingriffsbegriff, während die *psychologischen* Wirkungen vom erweiterten Eingriffsbegriff erfasst sein können.

c) Dogmatik der Wahlrechtsgrundsätze als grundrechtsgleiche Rechte

Für eine solche Übertragung des grundrechtlichen Eingriffsverständnisses auf die Wahlrechtsgrundsätze spricht zunächst einmal die vergleichbare Dogmatik. Die in Art. 38 Abs. 1 S. 1 GG verankerten Wahlrechtsgrundsätze gewähren den Wahlberechtigten subjektive Rechte auf Beachtung dieser Grundsätze[326]. In dieser Hinsicht wirkt das Wahlrecht in seiner Funktion als staatsbürgerliches Teilhaberecht zugleich als ein individuelles Abwehrrecht gegenüber staatlichen Eingriffen in den Gewährleistungsbereich der Wahlrechtsgrundsätze, die nicht verfassungsrechtlich gerechtfertigt sind[327]. Diese Vergleichbarkeit mit den klassischen Grundrechten unterstreicht die prozessuale Ebene, nach der die Rechte aus Art. 38 GG gemäß Art. 93 Abs. 1 Nr. 4 a) GG mit der Verfassungsbeschwerde geltend gemacht werden können, soweit nicht das Wahlprüfungsverfahren einschlägig ist[328]. Folglich wird das durch die Wahlrechtsgrundsätze gewährleistete demokratische Wahlrecht bisweilen als „grundrechtsgleiches Recht"[329] oder – noch treffender – als „politisches Grundrecht"[330] bezeichnet.

---

[326] Explizit BVerfGE 89, 155 (171); 123, 267 (330); *Pauly*, Wahlrecht, in: AöR 123 (1998), S. 232 (280); *Nahrgang*, Grundsatz, 2004, S. 40 f.

[327] Zu dieser doppelten Wirkungsweise des Wahlrechts *Höfling*, Grundrechte, in: Der Staat 33 (1994), S. 493 (502); *Labrenz*, Wahlpflicht, in: ZRP 2011, S. 214 (216 f.); *Wolf*, Stimmgewicht, 2016, S. 104 f. Allgemein zum Wahlrecht als subjektives Recht BVerfGE 123, 267 (340 f.); *Funke*, Wahlrecht, in: Der Staat 46 (2007), S. 395 (395 f.); *Klein/Schwarz*, in: Dürig/Herzog/Scholz (Hrsg.), GG, Art. 38 (2021), Rn. 153 ff.; *Thum*, in: Schreiber (Hrsg.), BWahlG, 11. Aufl. 2021, Einführung Rn. 19; *Müller/Drossel*, in: Huber/Voßkuhle (Hrsg.), GG, Bd. II, 8. Aufl. 2024, Art. 38 Rn. 106 f.; gegen diese „individual-rechtliche Sicht" hingegen *Franz*, Wahlrecht, 2019, S. 103 ff., deren Argumente insofern zutreffend sind, als das Wahlrecht nicht allein subjektiven Charakter hat, dies aber keinesfalls zu dem Schluss zwingt, dass dem Wahlrecht neben dem funktionellen Teilhaberecht nicht auch ein subjektives Individualrecht innewohnt.

[328] Zu diesem prozessualen Aspekt *Morlok*, in: Dreier (Hrsg.), GG, Bd. II, 3. Aufl. 2015, Art. 38 Rn. 59; *Klein/Schwarz*, in: Dürig/Herzog/Scholz (Hrsg.), GG, Art. 38 (2021), Rn. 168 ff.; *Magiera*, in: Sachs (Hrsg.), GG, 9. Aufl. 2021, Art. 38 Rn. 111; kritisch zu diesem prozessualen Argument hingegen *Franz*, Wahlrecht, 2019, S. 89 f.

[329] BVerfGE 123, 267 (340); 142, 123 (173 Rn. 81); *Höfling*, Grundrechte, in: Der Staat 33 (1994), S. 493 (499); *Wolf*, Stimmgewicht, 2016, S. 104; *Klein/Schwarz*, in: Dürig/Herzog/Scholz (Hrsg.), GG, Art. 38 (2021), Rn. 154; *Jarass*, in: ders./Pieroth (Hrsg.), GG, 18. Aufl. 2024, Art. 38 Rn. 3.

[330] Klassisch BVerfGE 1, 208 (242); zustimmend *Stern*, Staatsrecht, Bd. IV/2, 2011, S. 179; *Magiera*, in: Sachs (Hrsg.), GG, 9. Aufl. 2021, Art. 38 Rn. 105. Zur Kategorie des

Deshalb ist es folgerichtig, den gleichen, strengen Maßstab anzulegen, wonach auch faktische Beeinträchtigungen als Eingriff in die Wahlrechtsgrundsätze zu werten sind[331].

Allgemein anerkannt ist dies bezüglich der Wahlfreiheit oder des Wahlgeheimnisses, die typischerweise nicht durch formale Regelungen, sondern durch tatsächliches Verhalten von Dritten verletzt werden. Insofern trifft den Staat sogar eine Garantenpflicht, entsprechende Maßnahmen zur Vermeidung solcher Beeinträchtigungen seitens Privater zu ergreifen[332]. Konsequenterweise müssen dann auch die staatseigenen Maßnahmen und damit die Gestaltung des Wahlrechts einer Prüfung auf faktische Beeinträchtigungen der Wahlrechtsgrundsätze unterfallen. Dies gilt umso mehr, wenn die allgemeine Reichweite des Grundrechtsschutzes berücksichtigt wird. Die herrschende Ansicht versteht die Gewährleistung des Art. 2 Abs. 1 GG als allgemeine Handlungsfreiheit, die jedes menschliche Verhalten erfasst und damit jegliche beschränkenden staatlichen Maßnahmen unter Rechtfertigungszwang setzt, etwa auch vermeintliche Banalitäten wie das Verbot des Taubenfütterns oder des Reitens im Wald[333]. In Verbindung mit der Anerkennung des erweiterten Eingriffsbegriffs können alle in irgendeiner Form belastende staatliche Maßnahmen als Grundrechtseingriff zu werten und einer – wenngleich im Einzelfall sehr geringen – Rechtfertigungslast zu unterwerfen sein. So kann etwa der durch eine Polizeiabsperrung verursachte Stau eine verfassungsrechtliche Relevanz besitzen[334]. Es ist aber

politischen Grundrechts näher *Höfling*, Grundrechte, in: Der Staat 33 (1994), S. 493 (498 f.), der dies als Oberbegriff auffasst und das Wahlrecht der Untergruppe der „demokratischen Grundrechte" zuordnet. Ablehnung erfährt die Einordnung als politisches Grundrecht hingegen bei *Wolf*, Stimmgewicht, 2016, S. 103 Fn. 49, der dies mit der Differenzierung in Art. 93 Abs. 1 Nr. 4a GG begründet.

331 Ebenso im Hinblick auf faktische Ausschlüsse vom Wahlrecht *Wolf*, Stimmgewicht, 2016, S. 105 f., der dies jedoch mit „der Klassifikation des Wahlrechts als Leistungsanspruch gegenüber dem Staat" begründet. Die insoweit vorgenommene Differenzierung zwischen Abwehr- und Leistungsanspruch, wonach nicht nur ungerechtfertigte, ausdrückliche Ausschlüsse vom Wahlrecht „verboten" sind, sondern es gleichzeitig auch „geboten" ist, das Wahlrecht so zu gestalten, dass es nicht zu faktischen Ausschlüssen kommt, ist letztlich überflüssig. Vielmehr lässt sich dem Wahlrecht in seinem Gehalt als Abwehrrecht ein generelles Verbot entnehmen, wahlrechtliche Regelungen ungerechtfertigterweise in einer Weise zu gestalten, die rechtlich oder faktisch zu einem Ausschluss vom Wahlrecht führen können.

332 So explizit *Höfling*, Grundrechte, in: Der Staat 33 (1994), S. 493 (504 f.); siehe dazu BVerfGE 59, 119 (127).

333 Grundlegend zum umfassenden Grundrechtsschutz durch Art. 2 Abs. 1 GG die „Elfes-Entscheidung" BVerfGE 6, 32 (36 ff.); zum Taubenfüttern BVerfGE 54, 143 (144); zum Reiten im Wald BVerfGE 80, 137 (154 ff.); näher dazu *Michael/Morlok*, Grundrechte, 2023, Rn. 438 ff.; *Epping*, Grundrechte, 2024, Rn. 549 ff.

334 Zwar versuchen einige, solche „Bagatellen" vom Grundrechtsschutz auszunehmen und eine gewisse Intensität zu fordern, so *Kingreen/Poscher*, Grundrechte, 2022, Rn. 342 f.; *Epping*, Grundrechte, 2024, Rn. 568. Jedoch lässt sich nur schwer ermitteln, wo diese Gren-

nicht überzeugend, im Randbereich der klassischen Grundrechte einen derart strengen Maßstab anzulegen, jedoch die verfassungsrechtliche Betrachtung des elementaren demokratischen Wahlrechts auf formale Gesichtspunkte zu reduzieren und damit deutlich weniger intensiv zu prüfen. Diese in der Praxis häufig anzutreffende Unterscheidung der verfassungsrechtlichen Prüfungsintensität im Hinblick auf die Grundrechte einerseits und die Wahlrechtsgrundsätze andererseits stellt einen eklatanten Widerspruch dar[335]. Wenn ein weites Eingriffsverständnis berechtigterweise im Bereich der klassischen Grundrechte anerkannt ist, muss dies erst recht umfassend für das „vornehmste Recht des Bürgers im demokratischen Staat, sein Wahlrecht,“[336] gelten.

Dies entspricht schließlich den Anforderungen des grundgesetzlichen Demokratieprinzips, das sich nicht in formalen Gewährleistungsgehalten erschöpft, sondern materiellen Erwägungen Raum gewährt und diese einfordert. In diesem Sinne hat das Bundesverfassungsgericht zutreffend formuliert: „Das ‚Ausgehen der Staatsgewalt‘ vom Volk muss für das Volk wie auch die Staatsorgane jeweils konkret erfahrbar und praktisch wirksam sein.“[337] Um diese praktische Wirksamkeit der Volkssouveränität zu garantieren, bedarf es in der Wahl als maßgeblichen Legitimationsakt der Staatsorgane eine möglichst weitgehende Wirkung der durch die Wahlrechtsgrundsätze garantierten Rechte. Nur auf diese Weise erfüllen die Wahlrechtsgrundsätze ihre Funktion umfassend, die „politische Bestimmungsmacht des Volkes in ihrem materiellen Gehalt“[338] zu schützen und damit die tatsächliche Anbindung der Wahl der Mandatsträger an den Volkswillen zu garantieren. Unabhängig von der Einordnung des Wahlrechts als subjektives Recht darf das Verständnis der Wahlrechtsgrundsätze daher nicht die praktischen Auswirkungen des Wahlsystems und damit die psychologischen Wirkungen auf das Verhalten von Wahlbewerbern und Wählern im Wahlverfahren ausblenden.

---

ze im Einzelnen verläuft. Kritisch gegenüber einer solchen Einschränkung daher zu Recht *Peine*, Grundrechtseingriff, in: Merten/Papier (Hrsg.), HGR III, 2009, § 57 Rn. 49.

335 Diesen Widerspruch zwischen Grundrechts- und Wahlrechtsrechtsprechung hebt auch *v. Arnim*, Wahlgesetze, in: JZ 2009, S. 813 (820) im Hinblick auf die Wahlfreiheit und das Institut der „starren Listen“ kritisch hervor.

336 So die prägnante Bezeichnung in BVerfGE 1, 14 (33); in ähnlicher Weise heißt es in BVerfGE 123, 267 (340): „Das Wahlrecht ist der wichtigste vom Grundgesetz gewährleistete subjektive Anspruch der Bürger auf demokratische Teilhabe“.

337 BVerfGE 107, 59 (91); 147, 50 (127 Rn. 198). Explizit führt das BVerfGE 123, 267 (341) in der Lissabon-Entscheidung – wenngleich mit einer anderen Zielrichtung – aus: „Das jedem Bürger zustehende Recht auf gleiche Teilhabe an der demokratischen Selbstbestimmung (demokratisches Teilhaberecht) kann auch dadurch verletzt werden, dass die Organisation der Staatsgewalt so verändert wird, dass der Wille des Volkes sich nicht mehr wirksam im Sinne des Art. 20 Abs. 2 GG bilden kann und die Bürger nicht mit Mehrheitswillen herrschen können.“

338 Prägnant *Morlok*, Demokratie, in: Badura/Dreier (Hrsg.), FS BVerfG, Bd. II, 2001, S. 559 (588 f.).

d) Zwischenergebnis: Psychologische Wirkungen als potentielle Eingriffe

Neben den klassischen, mechanischen Wirkungen des Wahlsystems können die wahlrechtlichen Regelungen psychologische Wirkung ausüben und damit Wähler und Wahlbewerber in ihrem Verhalten beeinflussen. In der Grundrechtsdogmatik unterfallen solche faktischen Beeinträchtigungen durch das Verhalten von Dritten, die dem Staat zurechenbar sind, dem erweiterten Eingriffsbegriff. Da das Wahlrecht als grundrechtsgleiches Recht vergleichbar ist und das Demokratieprinzip ein auf die Wirklichkeit bezogenes Verständnis verlangt, müssen die Wahlrechtsgrundsätze prinzipiell auch vor den psychologischen Wirkungen des Wahlsystems schützen. Wenn das Bundesverfassungsgericht betont, bei der Beurteilung wahlrechtlicher Regelungen müssen die tatsächlichen, politischen Verhältnisse Berücksichtigung finden[339], gilt dies ebenso für die Erkenntnisse der Wahlforschung über die faktischen Auswirkungen des Wahlsystems auf das Wahlverhalten[340]. Inwiefern den jeweiligen Gewährleistungsgehalten ein solches materielles Verständnis innewohnt und in welchen Fällen dies konkret relevant sein kann, ist noch im Einzelnen zu prüfen.

3. Ergebnis: Demokratieprinzip als wirklichkeitsorientierter Maßstab für Direktwahlen

Verfassungsrechtlicher Maßstab für die im Grundgesetz nicht erwähnten Wahlen, wie die des kommunalen Hauptverwaltungsbeamten, ist nicht die Gesamtheit der Wahlrechtsgrundsätze, sondern zunächst einmal lediglich das Demokratieprinzip gemäß Art. 20 Abs. 1 und 2, Art. 28 Abs. 1 S. 1 GG. Es muss daher differenziert werden, ob ein einzelner Gewährleistungsgehalt der Wahlrechtsgrundsätze als Bestandteil des Demokratieprinzips aufzufassen ist und damit als Maßstab entsprechender Wahlgestaltungen fungiert. Dabei können nicht nur formale Aspekte hinsichtlich des Berechnungsmodus, sondern auch materielle Aspekte hinsichtlich der möglichen Auswirkung auf das Wahlverhalten eine Rolle spielen. Insofern findet der erweiterte Eingriffsbegriff der Grundrechtsdogmatik gleichermaßen im Bereich der Wahlrechtsgrundsätze Anwendung. Das Demokratieprinzip fordert insoweit praktische Wirksamkeit seiner Gewährleistungsgehalte. Andererseits strapaziert es damit den Spielraum des Gesetzgebers nicht übermäßig, weil Rechtfertigungen von Beeinträchtigungen durch gegenläufige Belange möglich bleiben. Die Unterscheidung zwischen einfachgesetzlichen und verfassungsändernden Regelungen

---

[339] Dies betrifft etwa die Beurteilung der Sperrklausel, siehe BVerfGE 1, 208 (259); 82, 322 (338 f.), wie auch des Anfalls von Überhangmandaten, siehe BVerfGE 95, 335 (365 f.); 131, 316 (368); dazu noch näher unten Teil 3, B. II.

[340] Hierfür wohl auch *Nohlen*, Erfolgswertgleichheit, in: ZParl 40 (2009), S. 179 (182), der die fehlende Berücksichtigung dieser Erkenntnisse in der Rechtsprechung zum Wahlrecht kritisiert.

kann dabei allenfalls auf der Abwägungsebene beachtlich sein. Wenngleich sich der Bundesgesetzgeber zu einer Direktwahl des Bundespräsidenten entscheiden würde oder der Landesgesetzgeber auf die Idee käme, analog zur verfassungsunmittelbaren Sperrklausel die relative Mehrheitswahl kommunaler Hauptverwaltungsbeamter in der Landesverfassung zu verankern, ist dieser Umstand an dieser Stelle nicht relevant. Es geht im Folgenden vielmehr darum, unter den vorstehenden Prämissen mögliche Beeinträchtigungen der vom Demokratieprinzip erfassten Wahlrechtsgrundsätze durch die Ausgestaltung des Wahlrechts herauszuarbeiten und damit womöglich eine weitere Bestätigung für das Prinzip der absoluten Mehrheit als Bestandteil des Demokratieprinzips zu gewinnen.

II. Unmittelbarkeit: Vorhersehbarkeit der Auswirkung der Wählerstimme

Der Grundsatz der Unmittelbarkeit der Wahl ist in seinem historischen Ursprung darauf gerichtet, ein klassisches Wahlmännersystem auszuschließen[341]. Wenngleich sein Gewährleistungsgehalt im Grundgesetz möglicherweise weiter reicht, erscheinen zunächst keine Anhaltspunkte für eine Relevanz hinsichtlich der Ausgestaltung der Direktwahl eines monokratischen Amtes gegeben. Dennoch fand er im Rahmen der Diskussion über die Abschaffung der Stichwahl Erwähnung[342], weshalb zunächst eine nähere Auseinandersetzung mit diesem Wahlrechtsgrundsatz erfolgen soll (1.). Möglicherweise lässt sich ein aus dem Demokratieprinzip folgender Gewährleistungsgehalt des Unmittelbarkeitsgrundsatzes feststellen (2.), der als genereller Maßstab auch hinsichtlich der Ausgestaltung der Mehrheitswahl Bedeutung entfaltet (3.).

1. Allgemeines Verständnis des Unmittelbarkeitsgrundsatzes

Der Grundsatz der Unmittelbarkeit zielt in seinem klassischen, gegen ein Wahlmännersystem gerichteten Verständnis, darauf ab, dass die Vergabe der einzelnen Mandate und damit die personelle Zusammensetzung der Volksvertretung allein auf der Entscheidung der Wähler fußt, ohne dass diese durch

---

[341] BVerfGE 7, 63 (68); *Bryde*, Demokratie, in: Brink/Wolff (Hrsg.), FS Arnim, 2004, S. 679 (683); *H. Meyer*, Wahlgrundsätze, in: Isensee/Kirchhof (Hrsg.), HStR III, 3. Aufl. 2005, § 46 Rn. 16; *Stern*, Staatsrecht, Bd. IV/2, 2011, S. 221; *Sacksofsky*, Wahlrecht, in: Morlok/Schliesky/Wiefelspütz (Hrsg.), Parlamentsrecht, 2016, § 6 Rn. 40; *Klein/Schwarz*, in: Dürig/Herzog/Scholz (Hrsg.), GG, Art. 38 (2021), Rn. 103.

[342] Siehe VerfGH NRW, NVwZ 2009, S. 1096 (1099 f.); *Mehde*, Stichwahlen, in: KommJur 2013, S. 446 (451); *Bätge*, Stellungnahme zum Gesetzentwurf der Landesregierung Drs. 17/3776 und zum Änderungsantrag Drs. 17/4305 des Landtages Nordrhein-Westfalen, Stellungnahme 17/1194, S. 19 ff.

Dritte verändert werden kann[343]. Im Allgemeinen ist daher nach dem Bundesverfassungsgericht

> „jedes Wahlverfahren aus[geschlossen], bei dem sich zwischen Wähler und Wahlbewerber nach der Wahlhandlung eine Instanz einschiebt, die nach ihrem Ermessen die Abgeordneten auswählt und damit dem einzelnen Wähler die Möglichkeit nimmt, die zukünftigen Abgeordneten durch die Stimmabgabe selbsttätig zu bestimmen."[344]

Neben dem klassischen Ausschluss eines Wahlmännersystems ist daher die Ausgestaltung als ausschließliche Parteienwahl ohne eine Personenliste[345] und jegliche nachträgliche Veränderung der Wahlvorschlagsliste durch die Partei[346] mit dem Unmittelbarkeitsgrundsatz unvereinbar. In diesem Kontext wird der Unmittelbarkeitsgrundsatz stets als „unabdingbares formales Prinzip verstanden"[347]. Deshalb sollen im Rahmen seiner Geltung Einschränkungen nicht möglich sein, entweder ist er vollständig erfüllt oder nicht erfüllt[348]. Insoweit bleibt er der unbedingten, klassischen Forderung nach einer „direkten Wahl"[349] verhaftet.

Allerdings hat das Bundesverfassungsgericht in neueren Entscheidungen aus dem Unmittelbarkeitsgrundsatz einen weiteren, über dieses formale Verständnis hinausgehenden, Gewährleistungsgehalt abgeleitet: „Der Grundsatz der Unmittelbarkeit der Wahl verlangt, daß für den Wähler die Wirkungen sei-

---

[343] Dabei ist der Gewählte selbst kein „Dritter", ihm steht es selbstverständlich frei, das Mandat nicht anzunehmen. So BVerfGE 3, 45 (50); *H. Meyer*, Wahlgrundsätze, in: Isensee/Kirchhof (Hrsg.), HStR III, 3. Aufl. 2005, § 46 Rn. 17; *Morlok*, in: Dreier (Hrsg.), GG, Bd. II, 3. Aufl. 2015, Art. 38 Rn. 80; *Wolf*, Stimmgewicht, 2016, S. 331.

[344] BVerfGE 7, 63 (68); sinngemäß BVerfGE 47, 253 (279 f.).

[345] Dies folgt allerdings bereits aus dem Wortlaut des Art. 38 Abs. 1 S. 1 GG, so BVerfGE 95, 335 (349); *Pauly*, Wahlrecht, in: AöR 123 (1998), S. 232 (235); *Stern*, Staatsrecht, Bd. IV/2, 2011, S. 181; *Morlok*, in: Dreier (Hrsg.), GG, Bd. II, 3. Aufl. 2015, Art. 38 Rn. 81; *Klein/Schwarz*, in: Dürig/Herzog/Scholz (Hrsg.), GG, Art. 38 (2021), Rn. 103; *Trute*, in: v. Münch/Kunig (Hrsg.), GG, Bd. I, 7. Aufl. 2021, Art. 38 Rn. 42.

[346] Siehe dazu *Morlok*, in: Dreier (Hrsg.), GG, Bd. II, 3. Aufl. 2015, Art. 38 Rn. 81; *Sacksofsky*, Wahlrecht, in: Morlok/Schliesky/Wiefelspütz (Hrsg.), Parlamentsrecht, 2016, § 6 Rn. 41; *Klein/Schwarz*, in: Dürig/Herzog/Scholz (Hrsg.), GG, Art. 38 (2021), Rn. 106; *Magiera*, in: Sachs (Hrsg.), GG, 9. Aufl. 2021, Art. 38 Rn. 89; *Trute*, in: v. Münch/Kunig (Hrsg.), GG, Bd. I, 7. Aufl. 2021, Art. 38 Rn. 43; *Jarass*, in: ders./Pieroth (Hrsg.), GG, 18. Aufl. 2024, Art. 38 Rn. 28; *Müller/Drossel*, in: Huber/Voßkuhle (Hrsg.), GG, Bd. II, 8. Aufl. 2024, Art. 38 Rn. 71.

[347] Ausdrücklich BVerfGE 7, 77 (85); sinngemäß *Stern*, Staatsrecht, Bd. IV/2, 2011, S. 222; *Graßhof*, Wahlen, in: Kube u. a. (Hrsg.), FS Kirchhof, Bd. I, 2013, § 62 Rn. 9; *Klein/Schwarz*, in: Dürig/Herzog/Scholz (Hrsg.), GG, Art. 38 (2021), Rn. 105.

[348] Dazu *Wolf*, Stimmgewicht, 2016, S. 336 f. Insofern hatte bereits *Leibholz*, Wahlrechtsreform, in: VVDStRL 7 (1932), S. 159 (167) ausgeführt, dass keine Zwischenstufen möglich sind, sondern es „in Wirklichkeit nur unmittelbare oder mittelbare Wahlen [gibt]."

[349] Für eine solche Beschränkung des Verständnisses der Unmittelbarkeit *Nohlen*, Erfolgswertgleichheit, in: ZParl 40 (2009), S. 179 (190); *Wolf*, Stimmgewicht, 2016, S. 340.

ner Stimmabgabe erkennbar sind"[350], also „wie sich die eigene Stimmabgabe auf Erfolg oder Mißerfolg der Wahlbewerber auswirken kann"[351]. Dieser Auslegung des Unmittelbarkeitsgrundsatzes hält *Wolf* entgegen, dass eine solche Prognose für den einzelnen Wähler nicht möglich sei, da er dazu das Verhalten der anderen Wähler kennen müsse, was weder praktisch möglich noch rechtlich mit der Geheimheit der Wahl vereinbar wäre[352]. Der Wähler müsse sich daher lediglich „darüber im Klaren sein können, wie sich seine Stimmabgabe theoretisch auswirken kann"[353]. Dies sei bereits durch die Bekanntmachung des Wahlgesetzes sichergestellt, ohne das besondere Bedingungen erfüllt sein müssten, weshalb dem Unmittelbarkeitsgrundsatz kein besonderer Gewährleistungsgehalt der „Vorhersehbarkeit" innewohne[354].

Dem ist allerdings entgegenzuhalten, dass es Wahlgesetze gibt, bei denen selbst in theoretischer Hinsicht eine erhebliche Unsicherheit verbleibt, wie sich die einzelnen Stimmen auf das Wahlergebnis auswirken. Damit dem Wähler tatsächlich unmittelbarer Einfluss auf das Wahlergebnis zukommt, muss das Wahlgesetz im Voraus ausreichend Auskunft über die Wirkung der einzelnen Stimme geben können. Der Grundsatz der Unmittelbarkeit garantiert somit, dass der Wähler im Bewusstsein der Wirkung seiner Stimme „eine rationale Entscheidung"[355] treffen kann. Demnach muss „das Verfahren der Mandatszuteilung [...] grundsätzlich frei von willkürlichen oder widersinnigen Effekten sein."[356] Aus diesem Grund ist der Effekt des negativen Stimmgewichts, bei dem Stimmen für eine Partei sogar zu einem Verlust an Mandaten für diese Partei führen kann, als Beeinträchtigung des Unmittelbarkeitsgrundsatzes an-

---

[350] BVerfGE 97, 317 (326).

[351] BVerfGE 95, 335 (350); 121, 266 (307); 131, 316 (336); zustimmend *Morlok*, in: Dreier (Hrsg.), GG, Bd. II, 3. Aufl. 2015, Art. 38 Rn. 79; *Sacksofsky*, Wahlrecht, in: Morlok/Schliesky/Wiefelspütz (Hrsg.), Parlamentsrecht, 2016, § 6 Rn. 44; *Boehl*, in: Schreiber (Hrsg.), BWahlG, 11. Aufl. 2021, § 1 Rn. 16; *Trute*, in: v. Münch/Kunig (Hrsg.), GG, Bd. I, 7. Aufl. 2021, Art. 38 Rn. 43; *Müller/Drossel*, in: Huber/Voßkuhle (Hrsg.), GG, Bd. II, 8. Aufl. 2024, Art. 38 Rn. 72.

[352] *Wolf*, Stimmgewicht, 2016, S. 337 ff.

[353] *Wolf*, Stimmgewicht, 2016, S. 341.

[354] Diese Argumentation vertritt ausdrücklich *Wolf*, Stimmgewicht, 2016, S. 341 f.; im Ergebnis auch Sondervotum zu BVerfGE 95, 335 (391 f.); *Nohlen*, Erfolgswertgleichheit, in: ZParl 40 (2009), S. 179 (190 f.).

[355] Diese Wendung bei *Morlok*, in: Dreier (Hrsg.), GG, Bd. II, 3. Aufl. 2015, Art. 38 Rn. 79; gleichermaßen spricht *Sacksofsky*, Wahlrecht, in: Morlok/Schliesky/Wiefelspütz (Hrsg.), Parlamentsrecht, 2016, § 6 Rn. 44 davon, dass „der Grundsatz der Unmittelbarkeit ein ‚rationales Wahlrecht' [verlangt]"; sinngemäß *Krüper*, Wahlrechtsmathematik, in: Jura 2013, S. 1147 (1153), nach dessen Ansicht „der Grundsatz der Unmittelbarkeit der Wahl einen grundlegenden verfassungsrechtlichen Rationalitätsanspruch an das Wahlsystem ausformuliert"; ähnlich *Dehmel*, Wahlrechtsdilemma, 2020, S. 105; *Boehl*, in: Schreiber (Hrsg.), BWahlG, 11. Aufl. 2021, § 1 Rn. 15, die von „Durchschaubarkeit des Wahlverfahrens" sprechen.

[356] BVerfGE 131, 316 (336); sinngemäß bereits BVerfGE 121, 266 (300).

zusehen[357]. Anders ist hingegen etwa die Wirkung der Fünf-Prozent-Sperrklausel im Hinblick auf die Vorhersehbarkeit zu beurteilen. Zwar ist bei der Sperrklausel zum Zeitpunkt der Stimmabgabe für den Wähler nicht mit Sicherheit bekannt, ob die von ihm gewählte Parteiliste die Fünf-Prozent-Hürde überwindet und seiner Stimme damit tatsächliche Wirkung, also ein Erfolg zukommt[358]. Allerdings stellt die Sperrklausel einen im Voraus bekannten und von einer konkret festgelegten Prozenthürde abhängigen Mechanismus dar, dessen Eingreifen allein von der Anzahl der für die Partei abgegebenen Wählerstimmen im Verhältnis zur Gesamtstimmenzahl abhängt[359]. Folglich sind „die Wirkungen einer Sperrklausel […] vorhersehbar."[360] Aufgrund dieser bereits im Voraus bekannten Bedingungen und deren Auswirkung auf den Erfolg der Stimme ist der Unmittelbarkeitsgrundsatz durch eine Sperrklausel nicht tangiert.

2. *Verankerung der Vorhersehbarkeit im Demokratieprinzip*

Das klassische, formale Verständnis der Unmittelbarkeit ist bereits aufgrund der im Grundgesetz in Art. 54 GG und Art. 63 GG selbst festgesetzte Möglichkeit einer mittelbaren demokratischen Legitimation sowie der Anwendung von Wahlmännersystemen in anderen anerkannten Demokratien, wie bei der US-Präsidentschaftswahl, jedenfalls für die Wahl monokratischer Ämter nicht als elementarer Bestandteil des Demokratieprinzips einzuordnen[361]. Daher darf die

---

[357] So BVerfGE 121, 266 (294); 131, 316 (347); *Krüper*, Wahlrechtsmathematik, in: Jura 2013, S. 1147 (1152 f.); *Morlok*, in: Dreier (Hrsg.), GG, Bd. II, 3. Aufl. 2015, Art. 38 Rn. 117; *Sacksofsky*, Wahlrecht, in: Morlok/Schliesky/Wiefelspütz (Hrsg.), Parlamentsrecht, 2016, § 6 Rn. 44; *Trute*, in: v. Münch/Kunig (Hrsg.), GG, Bd. I, 7. Aufl. 2021, Art. 38 Rn. 46; *Müller/Drossel*, in: Huber/Voßkuhle (Hrsg.), GG, Bd. II, 8. Aufl. 2024, Art. 38 Rn. 72; a.A. *Nohlen*, Erfolgswertgleichheit, in: ZParl 40 (2009), S. 179 (191); *Wolf*, Stimmgewicht, 2016, S. 341. Siehe zu diesem Phänomen ausführlich *Lenski*, Paradoxien, in: AöR 134 (2009), S. 473 (490 ff.); *Lang*, Wahlrecht, 2014, S. 19 ff.; *Wolf*, Stimmgewicht, 2016, S. 33 ff.; *Boehl*, in: Schreiber (Hrsg.), BWahlG, 11. Aufl. 2021, § 6 Rn. 63 ff.

[358] Dazu *Wolf*, Stimmgewicht, 2016, S. 333.

[359] In diesem Sinne *Wolf*, Stimmgewicht, 2016, S. 333; *Meinel*, Die Verfassungsmäßigkeit der Einführung einer verbundenen Mehrheitsregel zur proporzgerechten Ermittlung von Wahlkreissiegern. Rechtsgutachten im Auftrag der Bertelsmann Stiftung, Kommissionsdrucksache 20(31)20 vom 25.3.2022, S. 28.

[360] BVerfGE 121, 266 (308); *Nohlen*, Erfolgswertgleichheit, in: ZParl 40 (2009), S. 179 (180).

[361] Insofern differenziert *Herdegen*, in: Dürig/Herzog/Scholz (Hrsg.), GG, Art. 79 (2014), Rn. 138 dahingehend, dass für das Parlament „eine unmittelbare demokratische Legitimation unabdingbar" ist; dagegen ausdrücklich *Wolf*, Stimmgewicht, 2016, S. 368, der eine mittelbare Wahl des Parlaments für zulässig erachtet. Viele beschränken sich darauf festzustellen, dass der Unmittelbarkeitsgrundsatz jedenfalls nicht im Sinne von Art. 79 Abs. 3 GG unantastbar ist, ohne zu dieser Streitfrage detailliert Stellung zu nehmen, so *Stern*, Staatsrecht, Bd. IV/2, 2011, S. 182; *Graßhof*, Wahlen, in: Kube u. a. (Hrsg.), FS Kirchhof, Bd. I, 2013, § 62 Rn. 9; *Dreier*, in: ders. (Hrsg.), GG, Bd. II, 3. Aufl. 2015, Art. 20 (Demokratie), Rn. 98;

Wahl des kommunalen Hauptverwaltungsbeamten grundsätzlich – das konkrete Wahlverfahren unberücksichtigt lassend – im Wege eines Wahlmännersystems oder schlicht durch die gewählte Volksvertretung der jeweiligen Körperschaft erfolgen, ohne mit dem Demokratieprinzip in Konflikt zu geraten[362]. Inwiefern dies auch für die Wahlen der Vertretungen gilt und die Anforderungen des Unmittelbarkeitsgrundsatzes hinsichtlich einer Listenwahl dem Gewährleistungsbereich des Demokratieprinzips zuzuordnen sind, ist erstaunlicherweise bislang noch ungeklärt, bedarf hier jedoch keiner näheren Erörterung. Von Interesse ist aber, inwieweit das materielle Verständnis der Unmittelbarkeit unter dem Topos der „Vorhersehbarkeit" zu den Grundsätzen des Demokratieprinzips zählt. Damit der Wähler die Entscheidung über die Stimmabgabe adäquat treffen kann, muss er zumindest eine abstrakte Vorstellung davon haben, wie sich seine Stimme auf das Wahlergebnis auswirkt. Ansonsten würde die Wahl zu einer „Lotterie" verkommen und damit ihren legitimatorischen Gehalt einbüßen. Ein Wahlsystem, das dem Wähler im Voraus nicht einmal über die *potentielle* Wirkung seiner Stimmabgabe eine hinreichend sichere Auskunft geben kann, ist demnach als Verstoß gegen demokratische Grundsätze zu werten. Das Bundesverfassungsgericht hat dies im Hinblick auf das negative Stimmgewicht explizit festgestellt: „Ein Berechnungsverfahren, das dazu führt, dass eine Wählerstimme für eine Partei eine Wirkung gegen diese Partei hat, widerspricht aber Sinn und Zweck einer demokratischen Wahl."[363] Die abstrakte Vorhersehbarkeit der Auswirkung der Stimmabgabe ist deshalb als besonderer Gehalt des Unmittelbarkeitsgrundsatzes im Demokratieprinzip verankert.

3. Anwendung der Vorhersehbarkeit auf die Ausgestaltung der Mehrheitswahl

Im Hinblick auf die Vorhersehbarkeit der Auswirkung der Wählerstimmen erscheint die relative Mehrheitswahl im ersten Wahlgang zunächst problematisch, weil sich das erforderliche Quorum relativ zur Verteilung der Stimmen bestimmt, es also „keine feste Stimmquote"[364] gibt. Anders als im Fall einer Fünf-Prozent-Sperrklausel oder einer absoluten Mehrheitswahl ist die konkrete Prozenthürde, ab der die Stimme einen Erfolgswert entfaltet, etwa schon bei

Sachs, in: ders. (Hrsg.), GG, 9. Aufl. 2021, Art. 79 Rn. 70; *Hain*, in: Huber/Voßkuhle (Hrsg.), GG, Bd. II, 8. Aufl. 2024, Art. 79 Rn. 82.

[362] Zur unstrittigen Zulässigkeit der mittelbaren Wahl des kommunalen Hauptverwaltungsbeamten VerfGH NRW, NVwZ 2009, S. 1096 (1097); VerfGH NRW, Urteil vom 20.12.2019, 35/19, S. 42; *Dreier*, in: ders. (Hrsg.), GG, Bd. II, 3. Aufl. 2015, Art. 28 Rn. 65; *Ernst*, in: v. Münch/Kunig (Hrsg.), GG, Bd. I, 7. Aufl. 2021, Art. 28 Rn. 36; *Mehde*, in: Dürig/Herzog/Scholz (Hrsg.), GG, Art. 28 Abs. 1 (2023), Rn. 103.

[363] BVerfGE 121, 266 (300); sinngemäß BVerfGE 131, 316 (347).

[364] *R. Kaiser*, Mehrheitserfordernisse, in: JuS 2017, S. 221 (222).

20 % oder erst bei über 50 % der Stimmen für den jeweiligen Kandidaten, nicht vorhersehbar. Vergleichbar ist dies mit einer Verhältniswahl, in der es keine rechtliche Sperrklausel gibt. Aufgrund der begrenzten Zahl an Mandaten besteht bei jedem Verfahren der Sitzverteilung eine faktische Sperrklausel, deren exakte Höhe nicht im Voraus bestimmt werden kann. Es lässt sich hierbei lediglich anhand der Zahl der Kandidaten und der zu vergebenden Mandate abstrakt abschätzen, ab welchem Stimmquorum mit Sicherheit eine Mandatszuteilung erfolgt und unter welchem Stimmquorum in jedem Fall keine Mandatszuteilung erfolgt[365]. Somit bleibt eine Spannbreite bestehen, in der es von der Verteilung der insgesamt abgegebenen Stimmen abhängt, ob die Stimmen zu einem Mandat führen. Ähnlich verhält es sich bei der relativen Mehrheitswahl. Hier lässt sich im Voraus lediglich mit Sicherheit sagen, dass über dem Quorum von 50 % die Stimmen für einen Kandidaten mit Sicherheit zum Erfolg führen. Unter welchem Quorum Stimmen in jedem Fall keinen Erfolg haben, hängt von der Anzahl an Kandidaten ab. Die Spannbreite, in der Stimmen für einen Kandidaten Erfolg haben können, läge zum Beispiel bei fünf Kandidaten zwischen 20 % und 50 % der gültig abgegebenen Stimmen – unterstellt es gäbe bei Stimmengleichheit ein Losverfahren. Es ist also möglich, dass einmal bereits 20 % der Stimmen zum Erfolg reichen, während ein anderes Mal 50 % der Stimmen nötig sind.

Diese erhebliche Spannbreite stellt zwar aus Sicht der Wähler ein unbefriedigendes Ergebnis dar, weil sie die konkreten Erfolgsaussichten der einzelnen Kandidaten kaum abschätzen können und ihnen daher die Entscheidung schwerfällt, ob sie gemäß ihrer Erstpräferenz abstimmen oder ihre Stimme einem vermeintlich aussichtsreicheren Kandidaten zukommen lassen sollten. Diese mit der erheblichen Spannbreite verbundene Konsequenz tangiert womöglich andere Wahlrechtsgrundsätze. Der Unmittelbarkeitsgrundsatz verlangt aber lediglich die abstrakte Vorhersehbarkeit der Erfolgschancen. Bei einer relativen Mehrheitswahl ist im Voraus festgelegt, dass die Stimme für einen Kandidaten nur Erfolg hat, wenn dieser mehr Stimmen als alle anderen erhält. Auch bei einer relativen Mehrheitswahl stehen daher „die normativen Man-

---

[365] Dazu näher *S. Lenz*, Kommunalverwaltung, 2020, S. 221, der erläutert, dass zwischen zwei Schwellenwerten zu differenzieren ist, die sich im Voraus für die jeweilige Wahl bestimmen lassen: „Wer den unteren Schwellenwert verfehlt, wird mit Sicherheit kein Mandat erhalten, wer den oberen Schwellenwert erreicht, dem steht mit Sicherheit ein Mandat zu.“ Nicht überzeugend ist jedoch die Einordnung des oberen Schwellenwerts als faktische Sperrklausel mit der Begründung, dass „er zwar auf eine andere Weise, aber im Ergebnis ebenso wie eine gesetzliche Sperrklausel dazu führt, dass einige Stimmen keinen Einfluss haben, wie sich die Vertretung zusammensetzt“. Diese faktische Hürde, unter der die Stimmen keinen Einfluss haben, liegt zwischen den beiden Schwellenwerten, weshalb dieser konkret schwankende Wert die faktische Sperrklausel darstellt; so auch *Benken*, Wahlsysteme, 2022, S. 85 Fn. 101.

datszuteilungsregeln […] ex ante fest."[366] Soweit der Wähler seine Stimme für den mit relativer Mehrheit präferierten Kandidaten abgegeben hat, hat sie Erfolg, im Falle der Wahl eines anderen Kandidaten hat sie keinen Erfolg. Obwohl keine feste prozentuale Erfolgsgrenze besteht, ist für den Wähler daher im Voraus abstrakt vorhersehbar, wie sich seine Stimme auf den Erfolg oder Misserfolg der Wahlbewerber auswirken kann. Unvorhersehbare, widersinnige Effekte wie das negative Stimmgewicht sind bei einer einstufigen, relativen Mehrheitswahl ausgeschlossen, sodass diese zu keiner Beeinträchtigung des Unmittelbarkeitsgrundsatzes führt[367].

4. Ergebnis: Wahrung der Vorhersehbarkeit in der relativen Mehrheitswahl

Über das Verständnis eines *formalen* Prinzips der direkten Wahl hinaus enthält der Unmittelbarkeitsgrundsatz eine *materielle* Komponente der abstrakten Vorhersehbarkeit der Auswirkung der Stimmabgabe auf das Wahlergebnis. Im Gegensatz zum klassischen Gewährleistungsgehalt ist dieser materielle Teilgehalt der Unmittelbarkeit auch Bestandteil des Demokratieprinzips. Durch ein undurchsichtiges Wahlsystem, das Paradoxien wie das negative Stimmgewicht hervorruft, wird dieser Gewährleistungsgehalt beeinträchtigt. Hingegen ist bei einer einstufigen, relativen Mehrheitswahl trotz der praktischen Unsicherheit, ab wann eine Stimme zum Erfolg führt, eine abstrakte Vorhersehbarkeit der Auswirkung der Stimme gegeben. Deshalb ist der Unmittelbarkeitsgrundsatz durch eine solche Ausgestaltung der Mehrheitswahl nicht tangiert, wenngleich dieser Umstand im Hinblick auf andere Wahlrechtsgrundsätze Bedeutung entfalten kann.

III. Freiheit: Entschließungsfreiheit als Ausdruck der Präferenzaffinität des Wahlrechts

Der Grundsatz der Freiheit der Wahl ist der klassischste Wahlrechtsgrundsatz in der Demokratie, weil ohne ihn eine funktionierende Demokratie überhaupt nicht denkbar wäre: „Freie Wahl […] ist Kern des demokratischen Systems

---

[366] Zutreffend *Wolf*, Stimmgewicht, 2016, S. 334; sinngemäß *Meinel*, Die Verfassungsmäßigkeit der Einführung einer verbundenen Mehrheitsregel zur proporzgerechten Ermittlung von Wahlkreissiegern. Rechtsgutachten im Auftrag der Bertelsmann Stiftung, Kommissionsdrucksache 20(31)20 vom 25.3.2022, S. 26 ff. hinsichtlich der bei der Bundestagswahl vorgeschlagenen Ergänzung der relativen Mehrheit für einen parteigebunden Wahlkreisbewerber um eine zusätzliche Bedingung der ausreichenden Deckung durch Zweitstimmen der jeweiligen Partei; zu Letzterem siehe unten Teil 3, C. II. 3.

[367] Im Ergebnis ebenso VerfGH NRW, NVwZ 2009, S. 1096 (1100); *Mehde*, Stichwahlen, in: KommJur 2013, S. 446 (451); anders hingegen die Antragsteller in VerfGH NRW, Urteil vom 26.5.2009, 2/09, S. 9. – Inwiefern dies auch für ein mehrstufiges Wahlverfahren wie die Stichwahl gilt, wird in Teil 4, B. I. 1. c) näher erörtert.

und dessen wesentlicher Unterschied zur Diktatur“[368]. Wenn keine echte und freie Entscheidungsfreiheit bei der Stimmabgabe besteht, ist die Wahl nicht demokratisch legitimiert[369]. Im Hinblick auf diese grundsätzliche Bedeutung der Wahlfreiheit erscheint es zunächst provokant, diese im Hinblick auf die Ausgestaltung einer Direktwahl in Stellung bringen zu wollen. Dies wäre allerdings gerechtfertigt, wenn die Freiheit der Wahl über dem klassischen Schutz hinaus vor Einflüssen durch das Wahlsystem schützt (1.), in diesem Umfang durch das Demokratieprinzip garantiert ist (2.) und bestimmte Ausgestaltungen der Mehrheitswahl diese Entscheidungsfreiheit verkürzen (3.).

1. Allgemeines Verständnis der Wahlfreiheit

Die Wahlfreiheit sichert nach ihrem allgemeinen Begriffsverständnis die Entscheidungsfreiheit des Wählers bei der Stimmabgabe. Diese kann durch vielfältige Einflüsse tangiert werden, sodass sich die Frage stellt, wie weit der Schutzumfang der Wahlfreiheit im Einzelnen reicht. Möglicherweise lassen sich daraus Anforderungen für die Ausgestaltung des Wahlsystems herleiten, die potentiell Einfluss auf die Wahlentscheidung nehmen können.

a) Das klassische Verständnis der Wahlfreiheit

Die klassische Schutzfunktion der Wahlfreiheit liegt darin, dass „der Wähler sein Wahlrecht […] ohne Zwang oder sonstige unzulässige Beeinflussung von außen ausüben kann“[370]. In erster Linie zielt die Freiheit der Wahl damit auf einen Schutz vor unmittelbarer Einflussnahme auf die Stimmabgabe durch entsprechenden Druck auf den Wähler ab. Dies betrifft insbesondere den Fall einer echten Wählernötigung, wie er in § 108 StGB unter Strafe gestellt ist[371]. Ferner erfasst er aber auch den Schutz vor anderen Arten der unzulässigen Einflussnahmen auf die Wahlentscheidung, namentlich die mit § 108a StGB sanktio-

[368] Prägnant *Bryde*, Demokratie, in: Brink/Wolff (Hrsg.), FS Arnim, 2004, S. 679 (685), nach dessen Einschätzung dieser Wahlrechtsgrundsatz in seiner „Kernbedeutung […] in der Bundesrepublik nicht gefährdet [ist]“, es davon abgesehen aber durchaus Beeinträchtigungen der Wahlfreiheit geben kann. – Zur historischen Entwicklung der Wahlfreiheit und ihrer praktischen Durchsetzung im Wege der Wahlprüfung *v. Heyl*, Wahlfreiheit, 1975, S. 46 ff.

[369] So BVerfGE 44, 125 (139); 73, 40 (85); 99, 1 (13); *Boehl*, in: Schreiber (Hrsg.), BWahlG, 11. Aufl. 2021, § 1 Rn. 19; *Klein/Schwarz*, in: Dürig/Herzog/Scholz (Hrsg.), GG, Art. 38 (2021), Rn. 110; *Müller/Drossel*, in: Huber/Voßkuhle (Hrsg.), GG, Bd. II, 8. Aufl. 2024, Art. 38 Rn. 73.

[370] BVerfGE 7, 53 (69); 15, 165 (166); 47, 253 (282); sinngemäß BVerfGE 66, 369 (380); 95, 335 (350); *Morlok*, in: Dreier (Hrsg.), GG, Bd. II, 3. Aufl. 2015, Art. 38 Rn. 87; *Sacksofsky*, Wahlrecht, in: Morlok/Schliesky/Wiefelspütz (Hrsg.), Parlamentsrecht, 2016, § 6 Rn. 46; *Magiera*, in: Sachs (Hrsg.), GG, 9. Aufl. 2021, Art. 38 Rn. 90; *Mehde*, in: Dürig/Herzog/Scholz (Hrsg.), GG, Art. 28 Abs. 1 (2023), Rn. 106; *Müller/Drossel*, in: Huber/Voßkuhle (Hrsg.), GG, Bd. II, 8. Aufl. 2024, Art. 38 Rn. 73.

[371] Hinweis in BVerfGE 66, 369 (380); *S. Lenz*, Kommunalverwaltung, 2020, S. 86.

nierte Wählerbestechung sowie die von § 108b StGB erfasste Wählertäuschung[372]. Darüber hinaus könnte der Grundsatz der Wahlfreiheit noch weitere Schutzgehalte umfassen.

So leitet die überwiegende Auffassung aus der Wahlfreiheit das Erfordernis einer Auswahlentscheidung zwischen mehreren Wahlvorschlägen her[373]. Dies erscheint jedoch zweifelhaft. Ist dieses Verständnis lediglich darauf gerichtet, staatliche Beschränkungen von Auswahlmöglichkeiten durch das Zurückweisen oder Nichtberücksichtigen von Vorschlägen zu verhindern, erschöpft es sich letztlich in einem bereits in der Chancengleichheit der Wahlbewerber zutreffend verankerten Gewährleistungsbereich. Zielt das Verständnis hingegen darauf ab, eine tatsächliche Auswahlmöglichkeit rechtlich garantieren zu wollen, so ist es praktisch nicht umsetzbar. Wie bereits im Kontext des „Ein-Kandidaten-Problems“ erläutert, ist die reale Wirksamkeit demokratischer Grundsätze im Rahmen von Wahlen von der Auswahl zwischen mehreren Kandidaten abhängig, die allerdings eine entsprechende Anzahl freiwilliger Wahlbewerbungen voraussetzt. Dem Staat ist verfassungsrechtlich daher lediglich verwehrt, ungerechtfertigte Hürden bei der Kandidatenaufstellung aufzustellen und damit eine Reduktion auf wenige oder gar einen Kandidaten bewusst anzustreben. Umgekehrt kann der Staat aber niemanden zu einer Kandidatur zwingen und ist deshalb auf den Gebrauch der Aufstellungsfreiheit durch die Parteien und Wählergruppen angewiesen. Wenn hiervon kein Gebrauch gemacht und daher keine Alternative präsentiert wird, hat sich die Gesamtheit der Wähler durch die fehlende Einbringung weiterer Wahlvorschläge und damit durch ihre eigene Entscheidung die Auswahlfreiheit im Wahlakt selbst genommen. Das Erfordernis einer Auswahl zwischen mehreren Wahlvorschlägen ist deshalb richtigerweise kein Bestandteil der Wahlfreiheit. Allenfalls könnte man im Sinne des Demokratieprinzips erwägen, dem einzelnen Wähler in einer solchen Konstellation die Möglichkeit zu gegeben, bei einer starren Listenwahl aus der einzigen Liste frei zu wählen[374] oder bei einer Personenwahl nicht vor-

---

[372] *Kotzur*, Freiheit, in: Merten/Papier (Hrsg.), HGR V, 2013, § 120 Rn. 31; *Sacksofsky*, Wahlrecht, in: Morlok/Schliesky/Wiefelspütz (Hrsg.), Parlamentsrecht, 2016, § 6 Rn. 48; *Boehl*, in: Schreiber (Hrsg.), BWahlG, 11. Aufl. 2021, § 1 Rn. 26; *Trute*, in: v. Münch/Kunig (Hrsg.), GG, Bd. I, 7. Aufl. 2021, Art. 38 Rn. 58.

[373] So BVerfGE 47, 253 (283); *Kotzur*, Freiheit, in: Merten/Papier (Hrsg.), HGR V, 2013, § 120 Rn. 31; *Morlok*, in: Dreier (Hrsg.), GG, Bd. II, 3. Aufl. 2015, Art. 38 Rn. 87; *Sacksofsky*, Wahlrecht, in: Morlok/Schliesky/Wiefelspütz (Hrsg.), Parlamentsrecht, 2016, § 6 Rn. 47; *Klein/Schwarz*, in: Dürig/Herzog/Scholz (Hrsg.), GG, Art. 38 (2021), Rn. 110; *Trute*, in: v. Münch/Kunig (Hrsg.), GG, Bd. I, 7. Aufl. 2021, Art. 38 Rn. 52. Der Grundsatz der Auswahlfreiheit lässt sich historisch als Reaktion auf die „Blockbildung“ im Dritten Reich und der DDR verstehen, dazu näher *v. Heyl*, Wahlfreiheit, 1975, S. 97 ff.

[374] Siehe dazu *H. Meyer*, Wahlsystem, 1973, S. 251, der diesem Vorschlag den Sinn damit verleiht, dass die Liste in diesem Fall mehr Personen vorschlagen müsse als Mandate zu besetzen sind und der Wähler so zwar keine Wahl zwischen Listen, dafür aber direkt zwi-

geschlagene Person zu wählen, worauf noch im Rahmen der Ausgestaltung der Direktwahl zurückzukommen ist.

Ferner begründen viele Stimmen die Unzulässigkeit von staatlicher Wahlbeeinflussung durch Äußerungen oder Maßnahmen von Amtsträgern mit dem Verweis auf den Grundsatz der Freiheit der Wahl[375]. Hiergegen führt *Lenz* an, der Grundsatz der Freiheit der Wahl „schützt die Willensbetätigung, nicht die Willensbildung."[376] Eine solche formale Aufspaltung ist etwa im Hinblick auf die besondere Art des Schutzes der Willensbetätigung in Gestalt des § 108 StGB naheliegend. In materieller Hinsicht wird sie jedoch dem vom Demokratieprinzip an den staatlichen Willensbildungsprozess gestellten Anforderung nicht gerecht. Hierfür ist ein weiterreichender Schutz auch der Willensbildung des Einzelnen gegenüber unzulässiger Einflussnahme geboten[377]. Da sich staatliche Organe auch ohne unmittelbaren Bezug zu Wahlen äußern, kann diese Schutzfunktion dogmatisch ebenso in einem übergeordneten Grundsatz der staatlichen Neutralität verortet werden. Als maßgebliche Erkenntnis bleibt aber, dass die Wahlfreiheit nicht nur auf den Schutz der Willensbetätigung, sondern auch der Willensbildung des Wählers gerichtet ist. Sie soll umfassend vor einer Einwirkung auf die Bildung und die Abgabe der Wählerpräferenzen schützen[378].

b) Der materielle Gewährleistungsgehalt der Entschließungsfreiheit

Daher hat das Bundesverfassungsgericht aus der Freiheit der Wahl zu Recht einen weiteren, materiell angereicherten Gewährleistungsgehalt der „Entschließungsfreiheit"[379] hergeleitet. Nach diesem Topos verbietet „der Grundsatz der Wahlfreiheit eine Gestaltung des Wahlverfahrens, die die Entschließungsfreiheit des Wählers in einer innerhalb des gewählten Wahlsystems ver-

---

schen Personen habe. Allerdings kann diese Forderung ebenso wenig mit Sicherheit erfüllt werden, weil man niemanden zu einer Kandidatur verpflichten kann.

[375] *H. Meyer*, Wahlgrundsätze, in: Isensee/Kirchhof (Hrsg.), HStR III, 3. Aufl. 2005, § 46 Rn. 23 f.; *Morlok*, in: Dreier (Hrsg.), GG, Bd. II, 3. Aufl. 2015, Art. 38 Rn. 93 ff.; *Sacksofsky*, Wahlrecht, in: Morlok/Schliesky/Wiefelspütz (Hrsg.), Parlamentsrecht, 2016, § 6 Rn. 49; *Magiera*, in: Sachs (Hrsg.), GG, 9. Aufl. 2021, Art. 38 Rn. 93; *Trute*, in: v. Münch/Kunig (Hrsg.), GG, Bd. I, 7. Aufl. 2021, Art. 38 Rn. 60.

[376] So ausdrücklich *S. Lenz*, Kommunalverwaltung, 2020, S. 86.

[377] BVerfGE 44, 125 (139 ff.); *H. Meyer*, Wahlgrundsätze, in: Isensee/Kirchhof (Hrsg.), HStR III, 3. Aufl. 2005, § 46 Rn. 23 ff.; *Kotzur*, Freiheit, in: Merten/Papier (Hrsg.), HGR V, 2013, § 120 Rn. 28; *Klein/Schwarz*, in: Dürig/Herzog/Scholz (Hrsg.), GG, Art. 38 (2021), Rn. 115; *Trute*, in: v. Münch/Kunig (Hrsg.), GG, Bd. I, 7. Aufl. 2021, Art. 38 Rn. 57 ff.

[378] So auch *Kotzur*, Freiheit, in: Merten/Papier (Hrsg.), HGR V, 2013, § 120 Rn. 31; *Morlok*, in: Dreier (Hrsg.), GG, Bd. II, 3. Aufl. 2015, Art. 38 Rn. 86; *Trute*, in: v. Münch/Kunig (Hrsg.), GG, Bd. I, 7. Aufl. 2021, Art. 38 Rn. 50.

[379] BVerfGE 47, 253 (282); 95, 335 (350); 131, 316 (336).

meidbaren Weise verengt."[380] Ein solches Verständnis ließe sich etwa dafür fruchtbar machen, die starre Listenwahl als Beeinträchtigung der Freiheit der Wahl anzusehen, weil der Wähler nicht nach einzelnen Kandidaten differenzieren kann[381]. So hat sogar das Bundesverfassungsgericht mit Bezug auf die Entschließungsfreiheit ausdrücklich von einer „Beschränkung der Wahlfreiheit [durch die gebundene Liste gesprochen, wenngleich sich diese] noch im Rahmen der dem Gesetzgeber anvertrauten näheren Ausgestaltung des Wahlrechts [hält]"[382]. Zugleich hat es in dieser Entscheidung eine kommunalwahlrechtliche Regelung als Verstoß gegen die Entschließungs- und damit Wahlfreiheit eingeordnet, die im Rahmen einer einheitlichen Stimmabgabe gleichzeitig zur Besetzung des Rates und der Bezirksvertretung führte, sodass der Wähler nicht zwischen den Listen für den Rat einerseits und der Bezirksvertretung andererseits differenzieren konnte[383]. Im Übrigen hat das Bundesverfassungsgericht den Gehalt der Entschließungsfreiheit nicht weiter ausdifferenziert oder in anderen Zusammenhängen konkret angewendet. Allerdings lässt sich diesem Topos der Entschließungsfreiheit eine generelle Forderung an den Wahlgesetzgeber entnehmen, entsprechende Beschränkungen der Entscheidungsfreiheit des Wählers so weit wie möglich zu unterlassen. Entsprechend dem anhand des erweiterten Eingriffsbegriffs eingangs hergeleiteten Verständnis der Wahlrechtsgrundsätze sind dabei nicht nur *formale* Beschränkungen wie eine gebundene Liste, sondern auch *faktische* Beschränkungen der Entscheidungsfreiheit des Wählers durch eine psychologische Wirkung des Wahlsystems in die Betrachtung einzubeziehen.

---

[380] BVerfGE 131, 316 (336); sinngemäß bereits BVerfGE 95, 335 (350).

[381] So etwa *v. Arnim*, Wahlgesetze, in: JZ 2009, S. 813 (818 ff.); dagegen die überwiegende Ansicht BVerfGE 7, 63 (69 f.); *Frowein*, Wahlrecht, in: AöR 99 (1974), S. 72 (104); *Klein/Schwarz*, in: Dürig/Herzog/Scholz (Hrsg.), GG, Art. 38 (2021), Rn. 111; *Trute*, in: v. Münch/Kunig (Hrsg.), GG, Bd. I, 7. Aufl. 2021, Art. 38 Rn. 53.

[382] BVerfGE 47, 253 (283); anders noch BVerfGE 7, 63 (69 f.), wonach „sich aus dem Begriff der Wahlfreiheit keine Grundsätze für die technische Ausgestaltung der Wahlrechtsausübung im einzelnen herleiten" ließe und daher die Wahlfreiheit „durch die Einführung starrer Listen nicht berührt" werde. Auch *Boehl*, in: Schreiber (Hrsg.), BWahlG, 11. Aufl. 2021, § 1 Rn. 27 spricht insoweit von einer „Beschränkung der Wahlfreiheit", die er aber nicht als Verstoß ansieht.

[383] BVerfGE 47, 253 (283 f.). Einen zusätzlichen Verstoß gegen die Unmittelbarkeit der Wahl hat das Bundesverfassungsgericht abgelehnt, obwohl der Stimmzettel keinen Hinweis auf die gleichzeitige Wahl der Bezirksvertretung enthielt. Zutreffend ist die Entscheidung hinsichtlich des Unmittelbarkeitsgrundsatzes jedenfalls insoweit, als sie in der Berufung der Bezirksvertreter durch den Wahlleiter keinen Verstoß sieht, weil er diese anhand der auf die Listen entfaltenden Stimme im Ratswahlergebnis ohne Ermessen vollzieht.

c) Beeinträchtigung der Entschließungsfreiheit durch die Sperrklausel

Auf dieser Grundlage könnte etwa eine Sperrklausel im Sinne des erweiterten Eingriffsbegriffs zu einer faktischen Beschränkung der Wahlfreiheit führen. Eine Sperrklausel übt nämlich nicht nur eine „mechanische Wirkung" dahingehend aus, dass Stimmen unter der entsprechenden Prozent-Hürde unberücksichtigt bleiben, sondern übt bereits im Wahlvorfeld eine „psychologische Wirkung" auf die Anhänger kleinerer Parteien aus, die berechtigterweise besorgt sein müssen, dass ihre präferierte Partei diese Hürde nicht überspringt und ihre Stimmen damit erfolglos bleiben[384]. Aus diesem Grund kann das Bestehen einer Sperrklausel solche Wähler dahingehend beeinflussen, von der Wahl ihrer präferierten Partei abzurücken[385]. Es kommt nämlich praktisch eher selten vor, dass die Gefahr des Scheiterns an der Sperrklausel vor der Wahl nicht absehbar gewesen wäre[386]. Auch das Bundesverfassungsgericht hat darauf hingewiesen, dass durch Sperrklauseln Wähler „davon abgehalten [werden könnten…] eine an sich bevorzugte Partei zu wählen"[387]. Statt einer dem wirklichen Wählerwillen folgenden Stimmabgabe kann es unter Geltung der Sperrklausel folglich zu einem „taktisch"[388] motivierten Verhalten der Wähler kommen. Wenngleich einzuräumen ist, dass sich diese „Auswirkungen von Sperrklauseln auf das Wahlverhalten nicht quantifizieren lassen, lässt sich die Existenz derartiger

[384] *Becht*, 5%-Klausel, 1990, S. 85; *Nohlen*, Wahlrecht, 2014, S. 70.

[385] Siehe *Linck*, Gestaltung, in: DÖV 1984, S. 884 (885); *Jesse*, Wahlrecht, 1985, S. 254; *Grimm*, Parteien, in: Benda/Maihofer/Vogel (Hrsg.), HdbVerfR I, 2. Aufl. 1995, § 15 Rn. 43; *v. Arnim*, Urteil, in: DÖV 2012, S. 224 (225); *W. Roth*, Sperrklausel, 2015, S. 29.

[386] Die Bedeutung von Wahlumfragen und Wahlprognosen in diesem Zusammenhang betonen *Jesse*, Wahlrecht, 1985, S. 255; *Wenner*, Sperrklauseln, 1986, S. 301; *W. Roth*, Sperrklausel, 2015, S. 29; *Fremuth*, Verfassung, in: JZ 2018, S. 13 (15); *S. Lenz*, Kommunalverwaltung, 2020, S. 223. – Diesen Umstand verkennt *Bull*, Erfolgswertgleichheit, in: DVBl. 2014, S. 1213 (1215), wenn er meint: „Niemand wusste vorher, dass die Stimmen für die Partei X oder Y nicht zu einem Parlamentssitz führen würden."

[387] BVerfGE 129, 300 (345), wenngleich es auf die entgegengesetzte Möglichkeit hinweist, wonach die Sperrklausel „aber auch bewirkt haben [kann], dass eine Reihe von Wählern ihre Stimme demonstrativ kleinen Parteien gerade im Hinblick auf die voraussichtliche Folgenlosigkeit dieser Wahlentscheidung gegeben hat"; letztere Möglichkeit hält *Fremuth*, Verfassung, in: JZ 2018, S. 13 (15) zu Recht für wenig realitätsnah und verfassungsrechtlich irrelevant.

[388] Siehe *Linck*, Gestaltung, in: DÖV 1984, S. 884 (885); *Puhl*, Sperrklausel, in: Depenheuer u. a. (Hrsg.), FS Isensee, 2007, S. 441 (446); *W. Roth*, Sperrklausel, 2015, S. 29; *Barlet*, Entscheidungsbesprechung, in: ZJS 2018, S. 179 (183); *S. Lenz*, Kommunalverwaltung, 2020, S. 223; teilweise findet sich auch die Bezeichnung als „strategisches Wählerverhalten", so BVerfGE 129, 300 (344 f.); *Behnke*, Nachwahl, in: PVS 49 (2008), S. 695 (709); *Wolf*, Stimmgewicht, 2016, S. 339; *Fremuth*, Verfassung, in: JZ 2018, S. 13 (14).

Wechselwirkungen nicht bestreiten."[389] Die Wahlforschung geht davon aus, dass der rational agierende Wähler stets bemüht ist, mit seiner Stimme tatsächlichen Einfluss auf die Mandatsbesetzung auszuüben, dieser also möglichst einen Erfolgswert zu verleihen[390]. Solche Wähler geben daher nicht ihrer erstpräferierten Partei die Stimme, wenn diese voraussichtlich an der Sperrklausel scheitern wird, sondern eine der größeren, voraussichtlich sicher ins Parlament einziehenden Partei[391]. Die rational agierenden Wähler weichen demnach gezwungenermaßen auf eine *nachrangige* Präferenz aus, sodass sich die eigentlichen, von taktischen Erwägungen unabhängigen politischen Präferenzen nicht im Wahlergebnis niederschlagen und der Wählerwille damit letztlich „verfälscht"[392] wird.

Folglich setzt die Sperrklausel „den Wähler bereits vor Stimmabgabe psychologisch unter Druck"[393]. Insofern übt diese Wahlgestaltung erheblichen Einfluss auf die Entscheidung des Wählers aus und beeinträchtigt damit faktisch dessen Entschließungsfreiheit. Dagegen lässt sich nicht anführen, dass in jedem Wahlsystem zumindest faktische Sperrklauseln bestehen und der Wähler daher immer mit der Gefahr erfolgloser Stimmen konfrontiert ist. Erstens ist die Gefahr im Falle einer faktischen Sperrklausel aufgrund der regelmäßig deutlich niedrigeren Prozenthürde entsprechend geringer und damit die Auswirkungen auf das Wahlverhalten gemildert. Und zweitens sind faktische Sperrklauseln als solche im Gegensatz zu rechtlichen Sperrklauseln in tatsächlicher Hinsicht und damit im rechtlichen Sinne „unvermeidbar"[394]. Somit tangiert eine gesetzliche Sperrklausel die Freiheit der Wahl in Gestalt der Entschließungsfreiheit[395].

---

[389] *W. Roth*, Sperrklausel, 2015, S. 28; ausführlich zur Schwierigkeit der „Messung strategischen Wählens" *Bytzek*, Wählen, in: Faas/Gabriel/Maier (Hrsg.), Handbuch der politikwissenschaftlichen Einstellungs- und Verhaltensforschung, 2020, S. 554 (556 ff.).

[390] Dazu näher *Behnke*, Nachwahl, in: PVS 49 (2008), S. 695 (709 ff.); *Herrmann*, Wählen, 2015, S. 8 ff.; *Bytzek*, Wählen, in: Faas/Gabriel/Maier (Hrsg.), Handbuch der politikwissenschaftlichen Einstellungs- und Verhaltensforschung, 2020, S. 554 (554).

[391] *Speckmann*, Klausel, in: ZRP 1970, S. 198 (198); *Antoni*, Grundgesetz, in: ZParl 11 (1980), S. 93 (105); *Linck*, Gestaltung, in: DÖV 1984, S. 884 (885); *Puhl*, Sperrklausel, in: Depenheuer u. a. (Hrsg.), FS Isensee, 2007, S. 441 (446); *Behnke*, Nachwahl, in: PVS 49 (2008), S. 695 (710 f.); *A. Thiele*, Neugestaltung, in: ZRP 2017, S. 105 (106).

[392] So ausdrücklich *Linck*, Gestaltung, in: DÖV 1984, S. 884 (885); *Puhl*, Sperrklausel, in: Depenheuer u. a. (Hrsg.), FS Isensee, 2007, S. 441 (446).

[393] Pointiert *Antoni*, Grundgesetz, in: ZParl 11 (1980), S. 93 (105); sinngemäß *Speckmann*, Klausel, in: ZRP 1970, S. 198 (198); *Becht*, 5%-Klausel, 1990, S. 86 f.

[394] Wie hier *Wenner*, Sperrklauseln, 1986, S. 303 f. Noch näher zur verfassungsrechtlichen Einordnung der faktischen Sperrklausel insbesondere hinsichtlich ihrer Höhe unten Teil 3, B. I. 1.

[395] So bereits *Benken*, Wahleinspruch gegen die Wahl zum Deutschen Bundestag am 22. September 2013, S. 8 f.; *Barlet*, Entscheidungsbesprechung, in: ZJS 2018, S. 179 (183); in diese Richtung ferner *Wenner*, Sperrklauseln, 1986, S. 304, der von einer „Beschränkung

d) Historische Auslegung als Stütze eines solchen Verständnisses der Wahlfreiheit

Den grundgesetzlichen Gehalt der Entschließungsfreiheit und seiner Beeinträchtigung durch die Sperrklausel lässt sich ferner mit der Entstehungsgeschichte der Wahlfreiheit im Grundgesetz belegen. Ursprünglich sollte die Wahlfreiheit gesondert im Grundrechtsteil in Art. 18 GG verankert werden und dabei den folgenden Passus enthalten:

> „Jede Beschränkung der Freiheit der Entscheidung bei einer Wahl oder Abstimmung ist verboten. Insbesondere darf durch die Vorschriften über die Wahlvorbereitungen und das Wahlverfahren dem Wähler die Möglichkeit freier Entscheidung zwischen mehreren Kandidaten oder Parteien nicht genommen werden“[396].

Dem Ausschuss für Wahlrechtsfragen des Parlamentarischen Rates wurde vor diesem Hintergrund die Frage vorgelegt, wie sich diese Bestimmung zu der in Art. 45 Abs. 3 S. 2 GG vorgesehenen Ermächtigung zu einer gesetzlichen Sperrklausel verhält und ob die Normen in einem Widerspruch zueinander ste-

---

der Entscheidungsfreiheit“ spricht. Anders hingegen *Becht*, 5%-Klausel, 1990, S. 86 f., der keinen Eingriff in die Wahlfreiheit annimmt, dennoch aber die psychologischen Auswirkungen bei der Rechtfertigung der Sperrklausel berücksichtigen will. Ähnlich unklar bleiben insofern die Ausführungen bei *Wolf*, Stimmgewicht, 2016, S. 194 ff. Auf S. 200 f. nimmt dieser jedoch ausdrücklich einen aufgrund der „negativen psychologischen Wirkungen“ nicht zu rechtfertigenden Verstoß gegen die Wahlfreiheit bei einer Sperrklausel an, die der Höhe nach in der Nähe der faktischen Sperrklausel liegt. Abgesehen davon das dies, wie er selbst einräumt, einen rein theoretischen Fall betrifft, ist die Schlussfolgerung nicht überzeugend. Die Erfolglosigkeit der Stimmen tritt bereits unvermeidbar in Folge der faktischen Sperrklausel ein. Eine ausdrücklich normierte Hürde in der Nähe der faktischen Sperrklausel könnte im Interesse der Transparenz des Wahlverfahrens und damit im Hinblick auf die Wahlfreiheit tendenziell sogar positiv zu beurteilen sein, weil dem Wähler die mögliche Erfolglosigkeit der Stimme nicht verborgen bliebe, dazu *Michael*, Sperrklauseln, 2015, S. 146; *S. Lenz*, Kommunalverwaltung, 2020, S. 223. Man darf das materielle Verständnis der Wahlfreiheit keinesfalls dahingehend missdeuten, dass dem Wähler die Kenntnis unvermeidlicher Mechanismen vorenthalten werden sollte, nur damit er allein nach seiner wahren politischen Präferenz stimmt. – Auch im Hinblick auf die Wahlgleichheit erscheint eine solche Hürde daher, anders als *Wolf*, Stimmgewicht, 2016, S. 201 meint, durchaus rechtfertigungsfähig. Dies gilt aber nur soweit sich diese auf dieselbe Wahl bezieht und kann daher nicht für landesweite Kommunalwahlen in Anspruch genommen werden, weil die faktische Sperrklausel in den einzelnen Gemeinden erheblich schwankt. Dies verkennt *Michael*, Sperrklauseln, 2015, S. 144 ff. bei seiner Argumentation; dazu *Dietlein/Riedel*, Zugangshürden, 2012, S. 74 ff.; *S. Lenz*, Kommunalverwaltung, 2020, S. 266.

[396] Siehe Drucksache Nr. 543: Synopse der 2. Lesung des Hauptausschusses und der Stellungnahme des Allgemeinen Redaktionsausschusses, nachgewiesen in: Deutscher Bundestag/Bundesarchiv (Hrsg.), Der Parlamentarische Rat 1948–1949, Bd. VII, 1995, S. 216 f.; zur Entstehungsgeschichte der Wahlfreiheit im Grundgesetz ausführlich *v. Heyl*, Wahlfreiheit, 1975, S. 99 ff.; *Franz*, Wahlrecht, 2019, S. 48 ff.

hen[397]. Im Rahmen der Debatte im Ausschuss für Wahlrechtsfragen haben Abgeordnete explizit auf den Umstand hingewiesen, dass die Anhänger kleinerer Parteien im Falle einer Sperrklausel davon abgehalten werden könnten, für ihre wirkliche Präferenz zu stimmen und deshalb maßgeblich in ihrer Wahlentscheidung beeinflusst werden[398]. Der Ausschuss nahm schließlich einstimmig eine Beschränkung der Wahlfreiheit durch die Abschreckungswirkung der Sperrklausel gegenüber den Anhängern der kleineren Parteien in Gestalt der „vis suggestiva" an und empfahl auf dieser Grundlage die Streichung der Sperrklausel-Ermächtigung[399]. Im Hauptausschuß war die Streichung zwar deutlich umstrittener und wurde mit nur einer Stimme Mehrheit angenommen, wobei dieses knappe Ergebnis vor allem auf die vorherrschende Ansicht zurückzuführen war, dass ohne eine solche Ermächtigung die spätere Einführung einer einfachgesetzlichen Sperrklausel verfassungswidrig sei und man demnach diese Frage des Wahlrechts präjudiziere[400]. Deshalb ist die Haltung des Hauptausschusses nicht als Relativierung des Gutachtens des Ausschusses für Wahlrechtsfragen anzusehen, sondern vielmehr als Bestätigung dieser Ansicht zu

---

[397] Siehe die Diskussion und den entsprechenden Beschluss in der Vierundvierzigsten Sitzung des Hauptausschusses, 19. Januar 1949, in: Deutscher Bundestag/Bundesarchiv (Hrsg.), Der Parlamentarische Rat 1948–1949, Bd. XIV, 2009, S. 1418 ff. sowie die Ausführungen des Vorsitzenden des Wahlrechtsausschusses *Becker*, Einundzwanzigste Sitzung des Ausschusses für Wahlrechtsfragen, 1. Februar 1949, in: Dies. (Hrsg.), Der Parlamentarische Rat 1948–1949, Bd. VI, 1994, S. 651 f.

[398] Siehe die Diskussion im Ausschuss für Wahlrechtsfragen, insbesondere die Äußerung der Abgeordneten *Wessel*, *Becker* und *Diederichs*, Einundzwanzigste Sitzung des Ausschusses für Wahlrechtsfragen, 1. Februar 1949, in: Deutscher Bundestag/Bundesarchiv (Hrsg.), Der Parlamentarische Rat 1948–1949, Bd. VI, 1994, S. 651 ff.

[399] Siehe Einundzwanzigste Sitzung des Ausschusses für Wahlrechtsfragen, 1. Februar 1949, in: Deutscher Bundestag/Bundesarchiv (Hrsg.), Der Parlamentarische Rat 1948–1949, Bd. VI, 1994, S. 655 f.; ferner die Zusammenfassung durch den Vorsitzenden des Ausschusses für Wahlrechtsfragen *Becker*, Achtundvierzigsten Sitzung des Hauptausschusses, 9. Februar 1949, in: Dies. (Hrsg.), Der Parlamentarische Rat 1948–1949, Bd. XIV, 2009, S. 1525 f. Auf diese Stellungnahme des Wahlrechtsausschusses verweisen *Lehr*, Bericht, in: Parlamentarischer Rat (Hrsg.), Schriftlicher Bericht zum Entwurf des Grundgesetzes für die Bundesrepublik Deutschland, 1949, S. 17 (18); *Antoni*, Grundgesetz, in: ZParl 11 (1980), S. 93 (94); *Wenner*, Sperrklauseln, 1986, S. 93 f.; *Becht*, 5%-Klausel, 1990, S. 85; *Robbe/Weinzierl*, Wahlrecht, in: ZRP 2015, S. 84 (86); *Fremuth*, Verfassung, in: JZ 2018, S. 13 (16).

[400] Siehe insbesondere die Äußerung der Abgeordneten *Katz*, *Laforet*, *Lehr* und *Stock* in der Achtundvierzigsten Sitzung des Hauptausschusses, 9. Februar 1949, in: Deutscher Bundestag/Bundesarchiv (Hrsg.), Der Parlamentarische Rat 1948–1949, Bd. XIV, 2009, S. 1526 ff. Insofern konstatiert *Lehr*, Bericht, in: Parlamentarischer Rat (Hrsg.), Schriftlicher Bericht zum Entwurf des Grundgesetzes für die Bundesrepublik Deutschland, 1949, S. 17 (18), dass sich der Hauptausschuß mit dieser Abstimmung der Ansicht des Ausschusses für Wahlrechtsfragen anschloss. – Die Aussage bei *Drossel*, Wahlsystem, 2021, S. 230, wonach „nur kleine Teile der Abgeordneten eine Unvereinbarkeit mit der Wahlfreiheit an[nahmen]", ist damit ebenso wie seine daraus gezogene Schlussfolgerung unzutreffend.

werten. Folglich sah das Grundgesetz keine verfassungsrechtliche Ermächtigung für eine Sperrklausel vor. Der gesonderte Artikel 18 zur Wahlfreiheit wurde am Ende der Beratungen im Hauptausschuß mit der Begründung der Entlastung des Grundgesetzes gestrichen, ohne dass dies einen weitergehenden, inhaltlichen Hintergrund gehabt zu haben scheint[401]. Es sind keine Anhaltspunkte ersichtlich, dass damit die Reichweite der an anderer Stelle in Art. 28 Abs. 1 S. 2 GG und Art. 38 Abs. 1 S. 1 GG bereits geregelten Wahlfreiheit beschränkt und etwaige frühere Aussagen des Parlamentarischen Rates zur Wahlfreiheit aufgehoben werden sollten. Wenngleich das spätere Wahlgesetz entgegen dem Willen des Parlamentarischen Rates letztlich doch eine Sperrklausel vorsah[402], bleibt die in vielfältigen Äußerungen und den aufgezeigten Abstimmungen belegte Erkenntnis bestehen, dass sich der Parlamentarische Rat als Verfassunggeber ausdrücklich mit den Folgewirkungen wahlrechtlicher Regelungen auf das Wahlverhalten auseinandergesetzt hat und der Wahlfreiheit eine materielle Komponente der Entscheidungsfreiheit des Wählers zugeschrieben hat, die nach seiner Ansicht durch eine Sperrklausel tangiert werde. Folglich spricht auch die Entstehungsgeschichte für ein entsprechendes Verständnis der Wahlfreiheit in Gestalt der Entschließungsfreiheit, wonach die Sperrklausel einen rechtfertigungsbedürftigen Eingriff in die Wahlfreiheit darstellt.

e) Zwischenergebnis: Schutz der Willensbildung auch im Hinblick auf das Wahlverfahren

Die Wahlfreiheit ist umfassend zu verstehen, sodass sie nicht lediglich in klassischer Hinsicht die *Willensbetätigung*, sondern bereits die *Willensbildung* vor staatlicher Einflussnahme schützt. Dies gilt richtigerweise aber nicht nur im Hinblick auf staatliche Äußerungen, sondern auch hinsichtlich der wahlrechtlichen Gestaltungen und ihrer faktischen Auswirkungen auf das Wahlverhalten. Unter diesem Blickwinkel tangiert die Sperrklausel aufgrund ihrer Abschreckungswirkung gegenüber den Anhängern kleinerer Parteien den Gewährleistungsgehalt der Entschließungsfreiheit. Dieses Verständnis findet Bestätigung in der Entstehungsgeschichte des Grundgesetzes zur Wahlfreiheit und der Auffassung des Parlamentarischen Rates zur Sperrklausel.

---

[401] Siehe dazu die Darstellung bei *H. Meyer*, Wahlsystem, 1973, S. 30 f.; *v. Heyl*, Wahlfreiheit, 1975, S. 101 f. Der Antrag des Abgeordneten *Zinn* wurde ohne Aussprache bei einer Gegenstimme angenommenen, siehe Siebenundfünfzigste Sitzung des Hauptausschusses, 5. Mai 1949, in: Deutscher Bundestag/Bundesarchiv (Hrsg.), Der Parlamentarische Rat 1948–1949, Bd. XIV, 2009, S. 1791.

[402] Dazu ausführlich unten Teil 3, C. I. 1. b).

2. Verankerung der Entschließungsfreiheit im Demokratieprinzip

Die Wahlfreiheit gilt nach einhelliger Auffassung als elementarer Bestandteil des Demokratieprinzips[403]. Typischerweise bezieht sich diese Aussage allerdings auf das klassische Verständnis der Wahlfreiheit und berücksichtigt nicht das kaum erörterte Verständnis der Entschließungsfreiheit hinsichtlich faktischer Beeinträchtigungen durch die Ausgestaltung des Wahlrechts. Daher ist genauer zu prüfen, ob und in welcher Form dieser Bestandteil der Wahlfreiheit ebenfalls in den Gewährleistungsbereich des Demokratieprinzips fällt.

a) Volkssouveränität und Entschließungsfreiheit

Das Demokratieprinzip des Grundgesetzes zielt nicht lediglich auf eine theoretische, sondern auf eine praktische Wirksamkeit der Volkssouveränität ab. Jeder einzelne Bürger muss demnach die reale Möglichkeit haben, sich effektiv und frei an den staatlichen Entscheidungen zu beteiligen: „Der spezifische Beitrag der Freiheit der Wahl zur Realisierung der Volkssouveränität liegt in der Sicherung des wahren Ausdrucks der Präferenzen der Wähler."[404] In dieser Hinsicht kann sich das demokratische Prinzip nicht im Schutz vor staatlichem Einfluss etwa durch die Äußerung von Amtsträgern erschöpfen, sondern muss zugleich vor entsprechenden faktischen Auswirkungen der staatlichen Wahlrechtsgestaltung auf die Wahlentscheidung schützen. Es muss sich demnach in Gestalt der Entschließungsfreiheit solchen materiellen Erwägungen öffnen und hinterfragen, inwiefern der Wähler in seiner Stimmabgabe beeinflusst und damit die Abbildung der tatsächlichen Wählerpräferenzen beeinträchtigt wird.

Unter diesem Blickwinkel muss das Wahlrecht hinsichtlich der Abgabe der Wählerpräferenzen so gestaltet sein, dass „der Grundsatz der Selbstbestimmung des Volkes in möglichst optimaler Weise realisiert [wird]"[405]. Dem Demokratieprinzip ist demnach das Gebot zu entnehmen, dass in der Wahl möglichst die tatsächlichen Wählerpräferenzen zum Ausdruck kommen, das Wahlrecht also „präferenzsensibel auszugestalten"[406] ist. Demnach tangiert ein Wahlrecht das demokratische Prinzip, wenn es bei der Stimmabgabe dazu verleitet, weniger der inneren Überzeugung, als vielmehr taktischen Erwägungen

---

[403] Exemplarisch BVerfGE 47, 253 (283); *Sacksofsky*, Wahlrecht, in: Morlok/Schliesky/Wiefelspütz (Hrsg.), Parlamentsrecht, 2016, § 6 Rn. 46.

[404] Diese Wendung bei *Morlok*, in: Dreier (Hrsg.), GG, Bd. II, 3. Aufl. 2015, Art. 38 Rn. 86.

[405] So die Antragsteller in VerfGH NRW, Urteil vom 26.5.2009, 2/09, S. 9. In ähnlicher Weise formuliert bereits *H. Meyer*, Wahlsystem, 1973, S. 202 zum Parlamentswahlrecht: „Selbstbestimmung kann nur bedeuten, daß eine optimale Beteiligung für jeden an der staatlichen Entscheidungsgewalt gewährleistet ist."

[406] Dazu die Antragsteller in VerfGH NRW, Urteil vom 26.5.2009, 2/09, S. 9; sinngemäß spricht *Krüper*, Stichwahlen, in: DÖV 2009, S. 758 (763) vom verfassungsrechtlichen Gebot der „Präferenzaffinität".

zu folgen und damit die Abbildung der tatsächlichen Wählerpräfenzen verhindert. In diesem Sinne führt *Barlet* hinsichtlich der Sperrklausel zu Recht aus, dass „eine Regelung, die Anreize schafft, für eine Partei zu stimmen, die man nicht präferiert, [...] eine Einschränkung des Demokratieprinzips [darstellt]"[407].

Unterstützung findet dieser Ansatz in der Diskussion zur Sperrklausel im Parlamentarischen Rat. In der Sitzung des Hauptausschusses, in der die endgültige Streichung der verfassungsrechtlichen Sperrklausel-Ermächtigung mehrheitlich beschlossen wurde, haben die Abgeordneten die Verknüpfung der so umfassend verstandenen Wahlfreiheit mit den elementaren, demokratischen Grundsätzen besonders deutlich hervorgehoben[408]. Somit ist davon auszugehen, dass der Parlamentarischer Rat diesen demokratischen Grundsätzen bewusst Rechnung tragen wollte. Wenn zugleich nach dem Gutachten des Wahlausschusses entsprechende „Einschränkungen der Wahlfreiheit" durch die Mehrheitswahl nicht als *Verstoß* gegen den vormals geplanten Art. 18 GG zu werten sind[409], kann dieser Umstand nicht als Relativierung dieser Auffassung gedeutet werden. Zum einen lässt sich diese Aussage darauf zurückführen, dass die Frage nach dem Mehrheitswahlrecht noch nicht politisch geklärt war und der Parlamentarische Rat sich daher noch nicht abschließend dazu verhalten wollte. Zum anderen hat der Ausschuss für Wahlrechtsfragen mit der Formulierung „Einschränkungen der Wahlfreiheit" eingeräumt, dass auch eine Mehrheitswahl die Wahlfreiheit *tangieren* kann, er diese Einschränkungen jedoch als rechtfertigungsfähig ansah. Insofern spricht dieser entstehungsgeschichtliche Hintergrund ebenso für die Anerkennung der materiellen Entschließungsfreiheit als allgemeiner Gewährleistungsgehalt der Wahlfreiheit, die im Ganzen dem Demokratieprinzip zuzuordnen ist.

---

[407] Prägnant *Barlet*, Entscheidungsbesprechung, in: ZJS 2018, S. 179 (182).

[408] So positionierte sich der Abgeordnete *Seebohm*, Achtundvierzigste Sitzung des Hauptausschusses, 9. Februar 1949, in: Deutscher Bundestag/Bundesarchiv (Hrsg.), Der Parlamentarische Rat 1948–1949, Bd. XIV, 2009, S. 1527 im Hinblick auf die Wahlfreiheit gegen eine Sperrklausel-Ermächtigung: „Man verletzt damit eines der wesentlichen demokratischen Grundrechte und gibt der Verfassung eindeutig einen undemokratischen Charakter." In diese Richtung ging auch die Äußerung der Abgeordneten *Wessel*, Achtundvierzigste Sitzung des Hauptausschusses, 9. Februar 1949, a.a.O., S. 1528: „Wenn die Demokratie sich nicht anders helfen kann als mit solchen Maßnahmen, dann bin ich der Auffassung, daß diese Demokratie wirklich nicht gut ist."

[409] Siehe die abschließende Zusammenfassung des Vorsitzenden *Becker*, Einundzwanzigste Sitzung des Ausschusses für Wahlrechtsfragen, 1. Februar 1949, in: Deutscher Bundestag/Bundesarchiv (Hrsg.), Der Parlamentarische Rat 1948–1949, Bd. VI, 1994, S. 655, die einstimmig abgesegnet wurde.

b) Einschränkbarkeit der Entschließungsfreiheit

Zugleich liegt in der Auffassung des Wahlrechtsausschusses implizit der zutreffende Hinweis, dass eine solche Zuordnung zum Demokratieprinzip, wie bereits an verschiedenen Stellen betont, keinesfalls eine schrankenlose Beachtung der Entschließungsfreiheit verlangt. Diese erfordert lediglich, dass die potentielle Beeinflussung des Wählers durch entsprechende Wahlrechtsgestaltungen so weit wie möglich reduziert und damit zugleich die Entscheidungsfreiheit des Wählers möglichst weitgehend verwirklicht wird. In diesem Sinne ist etwa die Ausgestaltung der Verhältniswahl mit starren Listen zutreffend am Maßstab der Entschließungsfreiheit zu messen. Genauso folgerichtig ist aber zugleich ihre Zulässigkeit festzustellen. Zwar wird die vom Demokratieprinzip im Grundsatz geschützte Entscheidungsfreiheit des Wählers hierdurch beschränkt. Jedoch kann dieser Eingriff in die Wahlfreiheit als elementarer, demokratischer Grundsatz mit der in Art. 21 GG konkretisierten, ebenso im Demokratieprinzip verankerten Anerkennung der besonderen Stellung der Parteien in der modernen Demokratie gerechtfertigt werden, der im Wahlrecht durch eine Listenwahl Rechnung getragen wird[410].

Wie alle anderen demokratischen Gehalte der Wahlrechtsgrundsätze ist daher auch die Entschließungsfreiheit stets in Abwägung mit anderen demokratischen Grundsätzen und praktischen Realisierungsmöglichkeiten zu bringen. Die Entschließungsfreiheit selbst beinhaltet dies bereits, indem sie lediglich davor schützt, „in vermeidbarer Weise verengt“ zu werden. Daran zeigt sich anschaulich die Wirkungsweise des Demokratieprinzips als *Optimierungsgebot*, das entsprechende Anforderungen an die wahlrechtliche Gestaltung hinsichtlich der Auswirkungen auf die Entscheidungsfreiheit des Wählers lediglich unter Beachtung von verfassungsrechtlichen Gegengründen und praktischen Notwendigkeiten statuiert[411].

c) Zwischenergebnis: Entschließungsfreiheit als demokratisches Optimierungsgebot

Nicht nur das klassische Verständnis der Wahlfreiheit, sondern auch das Verständnis der Entschließungsfreiheit ist aufgrund der elementaren Bedeutung einer freien, unbeeinflussten Präferenzbildung des Wählers als Bestandteil des

---

[410] In diesem Sinne auf den Grundsatz der Unmittelbarkeit bezogen *Rinck*, Grundsatz, in: JZ 1958, S. 193 (196); angedeutet ist die Rechtfertigung mit Art. 21 GG auch bei *Morlok*, Chancengleichheit, in: JZ 2012, S. 76 (79); eine solche Rechtfertigung lehnt hingegen *v. Arnim*, Wahlgesetze, in: JZ 2009, S. 813 (819 f.) ab.

[411] In diesem Sinne formuliert *Krüper*, Stichwahlen, in: DÖV 2009, S. 758 (763) im Hinblick auf das Gebot der „Präferenzaffinität“ zutreffend: „Dies erfordert daher eine Ausgestaltung des Wahlrechts, durch die der abstimmende Bürger nicht *ohne zwingende verfassungsrechtliche* [Hervorhebung im Original] Gründe zu einer Wahlentscheidung gezwungen ist, die seinen primären politischen Präferenzen nicht entspricht.“

Demokratieprinzips aufzufassen. Dabei schützt dieser Gewährleistungsgehalt im Sinne des demokratischen Optimierungsgebots vor faktischen Einwirkungen auf den Wähler durch die Ausgestaltung des Wahlsystems, die weder in praktischer noch rechtlicher Hinsicht notwendig und damit gerechtfertigt sind.

3. Anwendung der Entschließungsfreiheit auf die Ausgestaltung der Mehrheitswahl

Hinsichtlich der Ausgestaltung der Mehrheitswahl ist zunächst festzuhalten, dass aus formalen Gesichtspunkten keine Beeinträchtigung der Wahlfreiheit denkbar ist. Im Rahmen einer einstufigen, relativen Mehrheitswahl stehen formal alle Kandidaten zur freien Auswahl der Wähler. Vielmehr könnten sogar umgekehrt bestimme Gestaltungen der absoluten Mehrheitswahl, etwa in Form einer Stichwahl, Bedenken hervorrufen, da die Auswahlfreiheit der Wähler im weiteren Wahlgang auf zwei Kandidaten verengt wäre[412]. Allerdings könnte die vom Demokratieprinzip gebotene Entschließungsfreiheit durch die tatsächlichen Auswirkungen einer einstufigen, relativen Mehrheitswahl auf das Wahlverhalten beeinträchtigt werden. Es gilt daher zu untersuchen, ob und welchen Einfluss eine einstufige, relative Mehrheitswahl auf die Wahlentscheidung des einzelnen Wählers ausübt.

a) Das Dilemma der Wahlentscheidung im Mehrheitswahlsystem

Die Gesetzesbegründung zur Abschaffung der Stichwahl sprach diesen Umstand sogar implizit an, wobei sie ihn bemerkenswerterweise als positiven Umstand einer einstufigen Mehrheitswahl einordnete:

> „Allgemeine Erfahrungsgrundsätze und die bislang mit dem bereits erprobten einstufigen Wahlsystem in Nordrhein-Westfalen konkret gemachten Erfahrungen legen nahe, dass bei der Mehrheitswahl mit nur einem Wahlgang die Wählerinnen und Wähler noch sorgfältiger prüfen werden, wem sie ihre Stimme geben."[413]

Auch die Wahlforschung geht bei einer relativen Mehrheitswahl ebenso wie bei einer Sperrklausel von einem taktischen Wahlverhalten aus, weil der rational agierende Wähler mit seiner Stimme einen möglichst weitgehenden, wirklichen Einfluss auf die Mandatsbesetzung ausüben möchte[414]. Der Anhänger

---

[412] Auf diese im ersten Moment plausibel erscheinende Deutung der Stichwahl als Beschränkung der Wahlrechtsgrundsätze wird in Teil 4, B. I. 1. a) näher eingegangen.

[413] Siehe die Gesetzesbegründung zur Abschaffung der Stichwahl in Nordrhein-Westfalen im Änderungsantrag der Fraktionen der CDU und FDP zum Gesetzentwurf der Landesregierung zur Änderung des Kommunalwahlgesetzes und weiterer wahlrechtlicher Vorschriften vom 2.4.2019, LT-Drs. 17/5639, S. 4; zustimmend Sondervotum zu VerfGH NRW, Urteil vom 20.12.2019, 35/19, S. 86.

[414] *Behnke*, Nachwahl, in: PVS 49 (2008), S. 695 (710); *Herrmann*, Wählen, 2015, S. 21; *Bytzek*, Wählen, in: Faas/Gabriel/Maier (Hrsg.), Handbuch der politikwissenschaftlichen Einstellungs- und Verhaltensforschung, 2020, S. 554 (554).

eines vermeintlich aussichtslosen Kandidaten ist demnach geneigt, seine Stimme nicht für diesen, sondern für den am meisten präferierten der beiden aussichtsreichsten Kandidaten abzugeben[415]. In der Folge beschränkt eine relative Mehrheitswahl die Auswahlentscheidung des Wählers faktisch auf die beiden aussichtsreichsten Kandidaten[416]. Dieses strategische Wahlverhalten lässt sich etwa im Bereich der Erststimme für den Direktwahlkreiskandidaten beobachten, bei der zumindest in früheren Zeiten viele der FDP-Anhänger dem CDU-Kandidaten, Grünen-Anhänger dem SPD-Kandidaten ihre Stimme gegeben haben[417]. Zwar mag das Ausmaß des strategischen Wahlverhaltens bei Abgabe der Erststimme im Rahmen der Bundestagswahl eher als gering einzustufen sein[418]. Dies kann aber auf die eher geringe Bedeutung der Erststimme im System der personalisierten Verhältniswahl oder dem, jedenfalls bislang, häufig vorhandenen großen Vorsprung eines Kandidaten zurückzuführen sein[419]. Maßgeblich bleibt in jedem Fall die Erkenntnis, dass dieses Phänomen in der Wahlforschung anerkannt ist und im Bereich der relativen Mehrheitswahl auftritt.

Jedoch ist deren verfassungsrechtliche Einordnung bislang nicht hinreichend geklärt. Im Gegensatz zur Wirkung der Sperrklausel im Verhältniswahlsystem fällt diese hinsichtlich der relativen Mehrheitswahl insoweit schwerer, als es hier im Ergebnis nur einen Wahlsieger geben kann und demnach Anhänger aussichtsloser Kandidaten im Sinne eines mehrheitlichen Kompromisses geradezu angehalten sind, auf nachfolgende Wahlpräferenzen auszuweichen. Demnach könnte das strategische Wählen in diesem Fall sogar positiv wirken, weil hierdurch am ehesten der von der absoluten Mehrheit gewünschte Kandidat gewählt wird, als wenn die Wähler allein nach ihrer wahren Erstpräferenz abstimmen würden[420]. Allerdings setzt dies voraus, dass die Wähler aufgrund von repräsentativen Umfragen die beiden aussichtsreichsten Kandidaten zutreffend erkennen und dementsprechend strategisch wählen können[421]. Andern-

415 Dazu *Behnke*, Überhangmandate, in: ZParl 41 (2010), S. 247 (258); *Herrmann*, Wählen, 2015, S. 21 ff.

416 *H. Meyer*, Wahl, in: Isensee/Kirchhof (Hrsg.), HStR III, 3. Aufl. 2005, § 45 Rn. 12 Fn. 27; *Herrmann*, Wählen, 2015, S. 10 f.

417 So *Behnke*, Nachwahl, in: PVS 49 (2008), S. 695 (710 ff.), der im Folgenden noch auf die hier nicht relevante Frage eingeht, inwieweit die Erst- und Zweitstimme hinsichtlich des strategischen Wählens zueinander in Beziehung stehen.

418 So *Herrmann*, Wählen, 2015, S. 54.

419 So erläutert *Bytzek*, Wählen, in: Faas/Gabriel/Maier (Hrsg.), Handbuch der politikwissenschaftlichen Einstellungs- und Verhaltensforschung, 2020, S. 554 (562), dass in letzterem Fall keine Veranlassung für strategisches Wählen besteht. Dies setzt nämlich voraus, dass der Wähler davon ausgeht, mit der Abgabe der Stimme für einen anderen Kandidaten tatsächlichen Einfluss auszuüben. Daran fehlt es, wenn ein Kandidat sowieso sicher den Wahlkreis gewinnen und die eigene Stimme daher keine Bedeutung entfalten wird.

420 Dazu *Herrmann*, Wählen, 2015, S. 133.

421 *Herrmann*, Wählen, 2015, S. 133.

falls wäre es möglich, dass der mehrheitlich präferierte Kandidat bei einem ehrlichen Wahlverhalten gewählt wird, bei strategischem Wahlverhalten aber nicht, weil ihn die Wähler nicht zu den beiden aussichtsreichsten Kandidaten zählen[422]. Somit besteht im Fall einer relativen Mehrheitswahl die erhebliche Gefahr, dass das strategische Wahlverhalten unter falschen Annahmen ausgeübt wird und nicht den wirklich mehrheitlich präferierten Wahlbewerber hervorbringt[423]. Das Problem liegt bei der einstufigen, relativen Mehrheitswahl also weniger im faktischen Zwang zum strategischen Wählen als solchem, sondern insbesondere in der damit verbundenen Unsicherheit, dieses zielgerichtet einsetzen zu können.

b) Verschärfung des Problems im Zuge der Auffächerung des politischen Systems

Dieses Phänomen hat sich durch die zunehmende Fragmentierung der politischen Landschaft erheblich verstärkt, die sich auch auf Personenwahlen wie der Bürgermeister- und Landratswahl auswirkt und daher als verfassungsrechtliches Argument gegen die Abschaffung der Stichwahl Verwendung findet[424]. Es ist nicht unwahrscheinlich, dass in der Folge dieser politischen Veränderungen regelmäßig drei, vier oder sogar fünf aussichtsreiche Kandidaten zur Wahl stehen[425]. Für den Wähler entfällt damit die klassische, faktische Beschränkung der Auswahl auf die zwei Kandidaten der CDU und SPD. Folglich wird der Entscheidungskonflikt des einzelnen Wählers im Hinblick auf taktische Erwägungen keinesfalls reduziert, sondern sogar verschärft. Weil umso unvorhersehbarer ist, wie stark die einzelnen Kandidaten nun wirklich sind, ist es für den Wähler umso schwieriger eine Entscheidung zwischen seiner tatsächlichen Erstpräferenz und der taktisch vielleicht klügeren – weil am Ende erfolgreichen – nachgeordneten Präferenz zu treffen. Die Stimmabgabe kann deshalb einen schwierigen Entscheidungskonflikt für den Wähler aufwerfen.

Als anschauliches Beispiel kann die Bürgermeisterwahl in Görlitz 2019 dienen, in der im ersten Wahlgang der AfD-Kandidat die relative Mehrheit der Stimmen erreichte, der im in Sachsen vorgesehenen zweiten Wahlgang mit relativem Mehrheitserfordernis aber gegenüber dem CDU-Kandidaten unterlag,

---

[422] *Herrmann*, Wählen, 2015, S. 133 Fn. 1.

[423] Auf dieses Problem der relativen Mehrheitswahl hat bereits *Geyerhahn*, Vertretung, 1902, S. 16 hingewiesen. Ähnlich auch zum Vorzug des Stichwahlsystems *Seybold*, Qual, in: DVP 2021, S. 79 (81).

[424] Siehe VerfGH NRW, Urteil vom 20.12.2019, 35/19, S. 55 ff.; *Morlok*, Stellungnahme zum Gesetzentwurf der Landesregierung, Drs. 17/3776 und zum Änderungsantrag Drs. 17/4305 des Landtages Nordrhein-Westfalen, Stellungnahme 17/1203, S. 5.

[425] So die Äußerung des Sachverständigen *Wißmann*, Ausschussprotokoll 17/551 des Landtages NRW, S. 39; aufgenommen in VerfGH NRW, Urteil vom 20.12.2019, 35/19, S. 61.

da selbst die Linkspartei diesen mehr oder weniger unterstützt hatte[426]. Hätte es lediglich eine einstufige, relative Mehrheitswahl und dennoch die gleiche Auswahl an Kandidaten gegeben, so hätten viele Wähler vor eine äußerst schwierige Entscheidung gestanden, wenn sie den CDU-Kandidaten dem AfD-Kandidaten klar vorzogen, jedoch eine andere, zunächst nicht vollkommen aussichtslose Alternative wie die Kandidatin der Bündnis 90/Die Grünen präferierten[427]. Entweder hätten sie auf die aussichtsreiche Erstpräferenz von vorneherein verzichten müssen, um zumindest ihrer nachrangigen Präferenz zum Erfolg zu verhelfen. Dieser Zwang zum taktischen Wählen wird auch als Verstoß gegen die „verfassungsrechtlich gebotene Präferenzsensibilität des Wahlrechts"[428] bezeichnet. Oder aber sie hätten ihrer Erstpräferenz treu bleiben und damit das Risiko tragen müssen, dass weder die unterstützte Erstpräferenz noch die nachrangig gewünschte Zweitpräferenz Erfolg hat. Letzteres könnte – dies ist noch zu prüfen – zu einem Verstoß gegen die Erfolgswertgleichheit der Stimmen führen[429].

Soweit die Parteien und Wählergruppen dem Wähler diese Entscheidung nicht schon durch Vorabkonstellationen genommen und damit die Auswahlfreiheit der Wähler beschnitten haben[430], ist durch diese taktischen Zwänge die Entscheidungsfreiheit der Wähler im Wahlverfahren erheblich verkürzt. Es ist ihnen nicht möglich, „jedenfalls einmal frei von rechtlich veranlassten taktischen Erwägungen ihrer politischen Primärpräferenz Ausdruck verleihen [zu]

[426] Siehe dazu www.zeit.de/politik/deutschland/2019-06/goerlitz-octavian-ursu-cdu-buergermeisterwahl-afd (letzter Abruf: 31.7.2024).

[427] Diese hatte im ersten Wahlgang immerhin 27,9 % der Stimmen erreicht, während der CDU-Kandidat mit 30,3 % der Stimmen nur unwesentlich mehr erhalten hatte; siehe www.goerlitz.de/uploads/OB2019_1WG.pdf (letzter Abruf: 31.7.2024). Dieses allgemeine Dilemma im Falle eines von einer Mehrheit eindeutig nicht gewollten Kandidaten sieht auch *Seybold*, Gerechtigkeitsdiskussion, in: NVwZ 2021, S. 293 (295) kritisch. Er führt insofern das Beispiel der französischen Präsidentschaftswahl an, bei der es dem Wähler möglich ist, zunächst für seinen präferierten Kandidaten zu stimmen und im zweiten Wahlgang „demjenigen Kandidaten die Stimme zu geben, der nicht dem extremen Front National angehört. Ohne einen zweiten Wahlgang müsste man sich bereits vorab derart abstimmen, dass auch aussichtsreichere Kandidaten eher verzichten als das Risiko des Siegs einer radikalen Kraft in Kauf zu nehmen. Dies würde die Auswahlmöglichkeit und damit den eigentlichen Wählerwillen von vornherein einschränken." Zugleich betont er zutreffend, dass die Bekämpfung bestimmter Parteien ein sachfremdes Motiv darstellt. Die Beispiele können aber zur Verdeutlichung des Entscheidungskonflikts des Wählers herangezogen werden, der sich bei Kandidaten anderer Parteien gleichermaßen – vielleicht nur weniger deutlich – stellt.

[428] So die Antragsteller in VerfGH NRW, Urteil vom 26.5.2009, 2/09, S. 10; sinngemäß *Krüper*, Stichwahlen, in: DÖV 2009, S. 758 (763).

[429] Dafür die Antragsteller in VerfGH NRW, Urteil vom 26.5.2009, 2/09, S. 10; *Krüper*, Stichwahlen, in: DÖV 2009, S. 758 (764); dazu näher unten IV. 3. b).

[430] Darauf verweisen die Antragsteller im ersten Verfahren zur Abschaffung der Stichwahl VerfGH NRW, Urteil vom 26.5.2009, 2/09, S. 9 f.; *Seybold*, Stichwahl, in: DVP 2010, S. 453 (455).

können“[431]. Vielmehr müssen sie die Erfolgschancen ihrer Präferenzen auf unsicherer Grundlage abwägen und anhand dessen taktische Überlegungen anstellen, inwieweit sie anhand ihrer tatsächlichen Erstpräferenz oder der vermeintlich aussichtsreicheren, nachfolgenden Präferenz abstimmen. Die relative Mehrheitswahl zwingt den Wähler bereits im ersten Wahlgang in dieses Entscheidungsdilemma und beeinträchtigt durch diese taktischen Zwänge den Gewährleistungsgehalt der Entschließungsfreiheit, wonach dem Wähler eine möglichst freie, in erster Linie anhand politischer Präferenzen zu treffende Wahlentscheidung zu ermöglichen ist[432].

c) Zwischenergebnis: Relative Mehrheitswahl als Verkürzung der Entschließungsfreiheit

Eine Mehrheitswahl zur Besetzung monokratischer Ämter kann nur einen Wahlsieger hervorbringen, weshalb das Ausweichen auf nachfolgende Präferenzen erforderlich sein kann, um eine entsprechende demokratische Mehrheit zu erhalten. Problematisch ist es jedoch, wenn der Wähler diese Entscheidung auf unzureichender Grundlage treffen muss und dadurch womöglich sogar von der Wahl eines aussichtsreichen Kandidaten abgehalten wird. Im Zuge der Veränderungen in der politischen Landschaft und der damit verbundenen steigenden Anzahl aussichtsreicher Kandidaten hat sich dieser Entscheidungskonflikt für den Wähler noch verschärft. Die einstufige, relative Mehrheitswahl zwingt den Wähler bereits im ersten Wahlgang zu dieser Entscheidung, ohne ihm zunächst die Abgabe seiner Primärpräferenz zu ermöglichen und die Stärkeverhältnisse zwischen den Kandidaten abzuwarten. In diesem Sinne tangiert die Ausgestaltung als relative Mehrheitswahl den demokratischen Grundsatz der Wahlfreiheit.

---

[431] *Krüper*, Stichwahlen, in: DÖV 2009, S. 758 (764). Wenngleich taktische Erwägungen in mehrstufigen Wahlverfahren nicht gänzlich beseitigt werden können, sind sie gegenüber einer einstufigen, relativen Mehrheitswahl deutlich reduziert, so *Matauschek*, Wahlsystemreform, 2020, S. 229 f.; *Seybold*, Qual, in: DVP 2021, S. 79 (81).

[432] In diese Richtung auch die Antragsteller in VerfGH NRW, Urteil vom 26.5.2009, 2/09, S. 10; *Krüper*, Stichwahlen, in: DÖV 2009, S. 758 (763 f.); wenngleich sie als verfassungsrechtlichen Maßstab nicht den Begriff der Entschließungsfreiheit, sondern das Gebot der „Präferenzsensibilität“ beziehungsweise „Präferenzaffinität“ des Wahlrechts anführen. Allgemein eine potentielle Beschränkung der Wahlfreiheit in der Mehrheitswahl infolge der psychologischen Beeinflussung des Wählers nimmt *Wolf*, Stimmgewicht, 2016, S. 422 an. Bereits *Geyerhahn*, Vertretung, 1902, S. 15 stellte daher fest, dass eine relative Mehrheitswahl schon „im Voraus das Resultat [verfälscht]“.

4. Ergebnis: Beeinträchtigung der Wahlfreiheit durch eine relative Mehrheitswahl

Der Grundsatz der Wahlfreiheit ist nicht auf sein klassisches Verständnis hinsichtlich des Schutzes vor unmittelbaren Beeinflussungen zu beschränken, sondern erfasst zugleich die Entschließungsfreiheit des Wählers, die durch wahlrechtliche Gestaltungen nicht in vermeidbarer Weise beschränkt werden darf. Dieser Belang ist aufgrund der gebotenen materiellen Betrachtungsweise als Bestandteil des Demokratieprinzips anzusehen. Sowohl eine Sperrklausel im Verhältniswahlsystem als auch eine einstufige, relative Mehrheitswahl beeinträchtigt durch die damit verbundenen taktischen Zwänge die Entschließungsfreiheit. Inwiefern diese Beeinträchtigung *vermeidbar* ist, also durch mehrstufige Wahlen unter Berücksichtigung ihrer potentiellen Nachteile aufgewogen wird, ist noch zu erörtern. Die Wahlfreiheit fungiert insofern als Optimierungsgebot, wonach eine möglichst von taktischen Erwägungen freigehaltene Wahlentscheidung anhand der eigenen Präferenzen anzustreben ist.

IV. Gleichheit: Erfolgswertgleichheit der Wählerpräferenzen

Neben der Wahlfreiheit zählt die Wahlgleichheit zu den wichtigsten demokratischen Wahlrechtsgrundsätzen. Die Wahlgleichheit gilt daher als „eine der wesentlichen Grundlagen der Staatsordnung“[433]. Sie ist für die allermeisten Wahlrechtsfragen maßgeblich, die in verschiedenen Konstellationen im Bereich der Verhältniswahl oder der spezifischen Mischform der personalisierten Verhältniswahl auftreten. Dazu zählen etwa die Sperrklausel, der Anfall von Überhangmandaten oder das Verfahren der Reststimmenverwertung. Unter diesem Blickwinkel ist die Wahlgleichheit der mit Abstand relevanteste Wahlrechtsgrundsatz[434]. Andererseits sind zumindest nach der herrschenden Dogmatik kaum Ansatzpunkte für eine Relevanz hinsichtlich einer Mehrheitswahl ersichtlich. Diese könnte sich ergeben, wenn die Wahlgleichheit generell einen möglichst weitgehenden Erfolg der Wählerstimmen verlangt (1.), dieser Gewährleistungsgehalt dem Demokratieprinzip unterfällt (2.) und sogar als Maßstab für die konkrete Ausgestaltung der Direktwahl eines monokratischen Amtes fungiert (3.).

---

[433] BVerfGE 6, 84 (91); 41, 399 (413); 51, 222 (234); 120, 82 (102); 146, 327 (349 Rn. 59); *Müller/Drossel*, in: Huber/Voßkuhle (Hrsg.), GG, Bd. II, 8. Aufl. 2024, Art. 38 Rn. 79; sinngemäß *Hesse*, Grundzüge, 1995, Rn. 145; *Morlok*, Demokratie, in: Badura/Dreier (Hrsg.), FS BVerfG, Bd. II, 2001, S. 559 (590 f.).

[434] *Morlok*, Demokratie, in: Badura/Dreier (Hrsg.), FS BVerfG, Bd. II, 2001, S. 559 (591); *Wild*, Gleichheit, 2003, S. 11; *H. Meyer*, Wahlgrundsätze, in: Isensee/Kirchhof (Hrsg.), HStR III, 3. Aufl. 2005, § 46 Rn. 29 f.; *Trute*, in: v. Münch/Kunig (Hrsg.), GG, Bd. I, 7. Aufl. 2021, Art. 38 Rn. 64; *Müller/Drossel*, in: Huber/Voßkuhle (Hrsg.), GG, Bd. II, 8. Aufl. 2024, Art. 38 Rn. 79.

1. Allgemeines Verständnis der Wahlgleichheit

Während die Allgemeinheit der Wahl den Zugang zum Wahlrecht und damit das gleiche Recht zur Stimmabgabe gewährleistet, soll die Wahlgleichheit das gleiche Recht der abgegebenen Stimme sichern[435]. Im Gegensatz zur Allgemeinheit der Wahl ist damit für die Gewährleistung der Wahlgleichheit die konkrete Ausgestaltung des Wahlverfahrens von maßgeblicher Relevanz[436]. Insofern bedarf es im Folgenden einer genaueren Untersuchung, welche verfassungsrechtlichen Anforderungen die Wahlgleichheit an die Ausgestaltung des Wahlsystems stellt.

a) Die grundlegende Differenzierung zwischen Zählwert- und Erfolgswertgleichheit

Zunächst einmal ist der Grundsatz der Wahlgleichheit als Garantie der klassischen Zählwertgleichheit aufzufassen, wonach jede Stimme gleichermaßen ohne Unterschied rechnerisch im Wahlergebnis zu berücksichtigen ist[437]. Dieser Grundsatz ist als Verwirklichung der demokratischen Gleichheit aller Staatsbürger für den heutigen Verfassungsstaat konstitutiv und darf daher unter keinem denkbaren Gesichtspunkt beschränkt werden[438]. Jede persönliche Differenzierung im Stimmrecht, wie sie etwa noch im preußischen Dreiklassenwahlrecht bestand, ist damit ausgeschlossen. In diesem Sinne verhält sich der Grundsatz der Zählwertgleichheit wie die absoluten Differenzierungsverbote nach Art. 3 Abs. 3 GG, da beide Gewährleistungsgehalte Differenzierungen nach bestimmten persönlichen Merkmalen ausschließen[439]. Über die Zählwertgleichheit besteht somit ein allgemeiner Konsens.

Darüber hinaus ist das weitere Verständnis der Wahlrechtsgleichheit hingegen trotz der herausragenden Bedeutung dieses Wahlrechtsgrundsatzes äußerst umstritten. Es geht im Kern um die Frage, inwiefern die Wahlgleichheit neben der Zählwertgleichheit zugleich eine Erfolgswertgleichheit garantiert, nach der „jeder Wähler mit seiner Stimme auch den gleichen Einfluss auf die Zusam-

---

[435] Zur Abgrenzung von Allgemeinheit und Gleichheit der Wahl *Wild*, Gleichheit, 2003, S. 174; *Wolf*, Stimmgewicht, 2016, S. 108; *Magiera*, in: Sachs (Hrsg.), GG, 9. Aufl. 2021, Art. 38 Rn. 95.

[436] Zur maßgeblichen Bedeutung des Verständnisses der Wahlgleichheit für die Zulässigkeit bestimmter Wahlsysteme *Drossel*, Wahlsystem, 2021, S. 77 f.

[437] Dazu BVerfGE 1, 208 (246); 7, 63 (70); 16, 130 (138 f.); 34, 81 (99); *Stern*, Staatsrecht, Bd. IV/2, 2011, S. 204; *Möllers*, Wahlrecht, in: RuP 48 (2012), S. 1 (1); *Wendt*, Sperrklauseln, in: Ruffert (Hrsg.), FS Schröder, 2012, S. 431 (432); *Krüper*, Wahlrechtsmathematik, in: Jura 2013, S. 1147 (1148).

[438] So ausdrücklich BVerfGE 1, 208 (247); 6, 84 (91); *Mager/Uerpmann*, Überhangmandate, in: DVBl. 1995, S. 273 (276); *Möllers*, Wahlrecht, in: RuP 48 (2012), S. 1 (1).

[439] Prägnant *S. Lenz*, Kommunalverwaltung, 2020, S. 238; ähnlich BVerfGE 6, 84 (91); *Mager/Uerpmann*, Überhangmandate, in: DVBl. 1995, S. 273 (276).

mensetzung der zu wählenden Vertretung“[440] ausübt. Vor allem wegen der maßgeblichen Bedeutung der Wahlgleichheit für die Ausgestaltung des Wahlrechts ist diese Frage seit der verfassungsrechtlichen Verankerung der Wahlgleichheit vor über 100 Jahren stetiger Gegenstand intensiver Auseinandersetzung in Rechtsprechung und Literatur gewesen[441]. In der Weimarer Republik hatte der Reichsstaatsgerichtshof unter der verfassungsrechtlichen Anordnung der Verhältniswahl gemäß Art. 22 WRV und Art. 17 WRV aus der Wahlgleichheit die Garantie des gleichen Erfolgswerts hergeleitet, wonach jede Stimme nicht nur gleich gezählt, sondern gleichermaßen Einfluss auf die Zusammensetzung der Volksvertretung haben muss[442]. Auf dieser Grundlage sah er eine Sperrwirkung entfaltende Regelung im württembergischen Wahlrecht als verfassungswidrig an, weil er eine Rechtfertigung der Beeinträchtigung der Erfolgswertgleichheit der Stimmen ausschloss[443]. Hingegen ließ er in einer späteren Entscheidung zum preußischen Wahlrecht eine Einschränkung des Erfolgswerts zur Vermeidung einer übermäßigen Zersplitterung des Parlamentes zu[444]. Letztere Regelung entsprach dem Wahlrecht zum Reichstag, das – anders als vielfach angenommen – aufgrund der Einteilung in Wahlkreise und Wahlkreisverbände und damit zusammenhängender Regelungen zur Mandatsverteilung kein reines Verhältniswahlrecht darstellte, das die Erfolgswertgleichheit

[440] BVerfGE 129, 300 (318); 135, 259 (284 Rn. 45); 146, 327 (350 Rn. 59).

[441] Mit Art. 17 und 22 WRV wurde die Wahlgleichheit erstmals verfassungsrechtlich ausdrücklich verankert, siehe *H. Meyer*, Wahlsystem, 1973, S. 111. Allerdings wurde die Zählwertgleichheit bereits zuvor aus dem Grundsatz der Allgemeinheit der Wahl gemäß Art. 20 RVerf. abgeleitet, weshalb ein Dreiklassenwahlrecht bei der Wahl zum Reichstag schon zu dieser Zeit unzulässig war, während bei der Wahl zum preußischen Abgeordnetenhaus bis 1918 gemäß Art. 71 PreußVerfU 1850 das Dreiklassenwahlrecht existierte; dazu *H. Meyer*, Wahlsystem, 1973, S. 118; allgemein zur historischen Entwicklung der Wahlgleichheit *H. Meyer*, Wahlsystem, 1973, S. 83 ff.; *Becht*, 5%-Klausel, 1990, S. 22 ff.; *Wild*, Gleichheit, 2003, S. 14 ff.

[442] StGH, RGZ 124, Anhang, S. 1 (13); RGZ 128, Anhang, S. 1 (8); dazu näher *Leibholz*, Wahlrechtsreform, in: VVDStRL 7 (1932), S. 159 (165); *Rinck*, Wahlgleichheit, in: DVBl. 1958, S. 221 (222); *H. Meyer*, Wahlsystem, 1973, S. 106 f.; *Wenner*, Sperrklauseln, 1986, S. 26 ff.; *Wild*, Gleichheit, 2003, S. 54 ff.; *Michael*, Sperrklauseln, 2015, S. 35 f.; *Gusy*, Verfassung, 2018, S. 148 f.; *S. Lenz*, Kommunalverwaltung, 2020, S. 253 ff.

[443] StGH, RGZ 124, Anhang, S. 1 (12 f.). Nach Auffassung von *Michael*, Sperrklauseln, 2015, S. 30; *Gusy*, Verfassung, 2018, S. 147 f. habe sich der Reichsstaatsgerichtshof dabei über den Willen des Verfassunggebers hinweggesetzt, mit der Anordnung der Verhältniswahl kein strenges proportionales Wahlsystem vorzuschreiben, sondern lediglich einen modifizierbaren Grundsatz der Verhältniswahl festzulegen.

[444] StGH, RGZ 128, Anhang, S. 1 (10 ff.); dazu in der Retrospektive *Rinck*, Wahlgleichheit, in: DVBl. 1958, S. 221 (222); *H. Meyer*, Wahlsystem, 1973, S. 106 f.; *Wenner*, Sperrklauseln, 1986, S. 29 ff.; *Becht*, 5%-Klausel, 1990, S. 142 ff.; *Gusy*, Verfassung, 2018, S. 148 f.; *S. Lenz*, Kommunalverwaltung, 2020, S. 254 f.

in größtmöglichem Maße verwirklicht hätte[445]. Statt einer wirklichen Änderung der Rechtsprechung lässt sich die Entscheidung zum preußischen Wahlrecht somit auch als Umsetzung des Willens des Verfassunggebers hinsichtlich der Auslegung der Art. 17 und 22 WRV deuten, wonach Beschränkungen der Erfolgswertgleichheit unzulässig sind, soweit sie von dem in der Nationalversammlung verabschiedeten Reichswahlgesetzes abweichen[446]. Wenngleich diese Rechtsprechung des Staatsgerichtshofs insofern nicht unbedingt als inkonsequent gelten muss, so sind die genauen Anforderungen der Wahlgleichheit an das Wahlgesetz in der Endphase der Weimarer Republik doch ungeklärt geblieben[447]. Allerdings konnte bislang die bundesrepublikanische Rechtsprechung und Staatsrechtslehre ebenso wenig einen Rechtsfrieden hinsichtlich der Auslegung und Anwendung der Wahlgleichheit schaffen.

b) Das Missverständnis um die Erfolgschancengleichheit

Die vom Reichsstaatsgerichtshof vorgenommene Differenzierung zwischen Zählwert und Erfolgswert der Stimme hat sich in der bundesrepublikanischen Rechtsprechung und Staatsrechtslehre fortgesetzt[448]. In der Folge sind typischerweise drei verschiedene Auslegungsvarianten denkbar, wonach die Wahlgleichheit entweder nur die Zählwertgleichheit, sowohl die Zählwertgleichheit als auch die Erfolgswertgleichheit oder aber die Erfolgswertgleichheit neben der Zählwertgleichheit lediglich im Falle der gesetzgeberischen Entscheidung für eine Verhältniswahl beinhaltet[449]. Zusätzlich verkompliziert die Debatte um

---

[445] Siehe *Wenner*, Sperrklauseln, 1986, S. 10 ff.; *Becht*, 5%-Klausel, 1990, S. 138 ff.; *Wild*, Gleichheit, 2003, S. 44 f.

[446] In diesem Sinne *Wenner*, Sperrklauseln, 1986, S. 29 ff., nach dessen Deutung der Staatsgerichtshof eine durchaus konsequente Rechtsprechungslinie verfolgt hat. Dieser argumentierte ausdrücklich mit der Übereinstimmung des preußischen Wahlrechts mit dem Reichswahlgesetz und wies auf den Unterschied zum württembergischen Wahlrecht hin, siehe StGH, RGZ 128, Anhang, S. 1 (13 ff.). Überwiegend erblickt die Literatur in der Preußen-Entscheidung dennoch einen vollkommener Rechtsprechungswechsel, so bereits die zeitgenössische Deutung bei *Leibholz*, Wahlrechtsreform, in: VVDStRL 7 (1932), S. 159 (166); ferner *Becht*, 5%-Klausel, 1990, S. 141; *Wild*, Gleichheit, 2003, S. 57; *S. Lenz*, Kommunalverwaltung, 2020, S. 254.

[447] So das Fazit bei *Wild*, Gleichheit, 2003, S. 49; *S. Lenz*, Kommunalverwaltung, 2020, S. 255.

[448] Siehe BVerfGE 6, 84 (91); 24, 300 (340); 82, 322 (337); *Wenner*, Sperrklauseln, 1986, S. 140; *Krüper*, Wahlrechtsmathematik, in: Jura 2013, S. 1147 (1148); *Morlok*, in: Dreier (Hrsg.), GG, Bd. II, 3. Aufl. 2015, Art. 38 Rn. 102; *Sacksofsky*, Wahlrecht, in: Morlok/Schliesky/Wiefelspütz (Hrsg.), Parlamentsrecht, 2016, § 6 Rn. 62; *Magiera*, in: Sachs (Hrsg.), GG, 9. Aufl. 2021, Art. 38 Rn. 95; *Trute*, in: v. Münch/Kunig (Hrsg.), GG, Bd. I, 7. Aufl. 2021, Art. 38 Rn. 66; *Müller/Drossel*, in: Huber/Voßkuhle (Hrsg.), GG, Bd. II, 8. Aufl. 2024, Art. 38 Rn. 82.

[449] Dazu *Wendt*, Sperrklauseln, in: Ruffert (Hrsg.), FS Schröder, 2012, S. 431 (432); *S. Lenz*, Kommunalverwaltung, 2020, S. 243 f.

die Wahlgleichheit in jüngerer Zeit die Einführung eines weiteren Begriffs, der unterschiedliche Deutungen zulässt. So hat das Bundesverfassungsgericht in neueren Entscheidungen aus der Wahlgleichheit neben dem gleichen Zählwert zugleich das Erfordernis einer „gleichen rechtlichen Erfolgschance" der Stimmen hergeleitet, das *übergeordnet* sowohl für das Verhältnis- als auch das Mehrheitswahlrecht gelten soll[450]. Diese Erfolgschancengleichheit sei bereits gewahrt, wenn jeder Wähler im Voraus „die gleiche rechtliche Möglichkeit hat, auf das Wahlergebnis Einfluß zu nehmen."[451] Unter diesem Blickwinkel sah das Bundesverfassungsgerichts in der damaligen Entscheidung Überhangmandate nicht als Beeinträchtigung der Wahlgleichheit an, weil „– ex ante betrachtet – jeder Wähler eine gleiche rechtliche Chance darauf hat, mit seiner Stimme ein höheres Gewicht zu erzielen als andere Wähler"[452]. Bei einem solchen Verständnis der Wahlgleichheit wäre auch eine Sperrklausel nicht als Beeinträchtigung der Wahlrechtsgleichheit einzuordnen, da im Voraus gesehen alle Wähler dieselbe Möglichkeit haben mit ihrer Stimme der gewählten Partei zum nötigen Quorum zu verhelfen und damit tatsächlichen Einfluss auf die Sitzverteilung auszuüben[453]. So verstanden würde die Wahlgleichheit „zu einer gleichen Chance auf Teilhabe an einem ungleichen Ergebnis"[454]. Diese Konsequenz hat das Bundesverfassungsgericht allerdings vermieden, indem es die Erfolgschancengleichheit lediglich als allgemeinen, übergeordneten Grundsatz der Wahlgleichheit versteht, für den Bereich der Verhältniswahl aber weiterhin zusätz-

---

[450] Siehe BVerfGE 95, 335 (353); 120, 82 (102); 121, 266 (295); 124, 1 (18); 129, 300 (317 f.); 130, 212 (225); 146, 327 (349 f. Rn. 59). Zuvor verwendeten bereits *Nicolaus*, Stimmgewicht, in: ZParl 26 (1995), S. 353 (362); *C. Lenz*, Wahlrechtsgleichheit, in: AöR 121 (1996), S. 337 (354) diesen Begriff. Zur Verwendung des Begriffs in der neueren Rechtsprechung des Bundesverfassungsgerichts *Backhaus*, Verständnis, in: DVBl. 1997, S. 737 (738 f.); *Ehlers/Lechleitner*, Verfassungsmäßigkeit, in: JZ 1997, S. 761 (761); *Pauly*, Wahlrecht, in: AöR 123 (1998), S. 232 (247 ff.); *Wild*, Gleichheit, 2003, S. 142 ff.; *Sacksofsky*, Wahlrecht, in: Morlok/Schliesky/Wiefelspütz (Hrsg.), Parlamentsrecht, 2016, § 6 Rn. 62; *Drossel*, Wahlsystem, 2021, S. 84 ff.

[451] BVerfGE 95, 335 (362).

[452] So die treffende und zugleich kritische Schlussfolgerung von *Backhaus*, Verständnis, in: DVBl. 1997, S. 737 (743) aus den Ausführungen des BVerfGE 95, 355 (362 f.); entsprechend die Kritik des Sondervotums zu BVerfGE 95, 335 (376). Das Bundesverfassungsgericht folgerte lediglich aus dem „Grundcharakter der Verhältniswahl" eine Obergrenze für den Anfall von Überhangmandaten, siehe BVerfGE 95, 355 (365 ff.).

[453] Ausdrücklich vertreten von *C. Lenz*, Wahlrechtsgleichheit, in: AöR 121 (1996), S. 337 (356); ähnlich *Bull*, Erfolgswertgleichheit, in: DVBl. 2014, S. 1213 (1215). Auf diese Konsequenz einer solchen Auslegung weisen kritisch hin Sondervotum zu BVerfGE 95, 355 (371); *Backhaus*, Verständnis, in: DVBl. 1997, S. 737 (743); *Ehlers/Lechleitner*, Verfassungsmäßigkeit, in: JZ 1997, S. 761 (761); *Pauly*, Wahlrecht, in: AöR 123 (1998), S. 232 (248 f.).

[454] *Backhaus*, Verständnis, in: DVBl. 1997, S. 737 (743); sinngemäß bereits Sondervotum zu BVerfGE 95, 335 (376).

lich die Erfolgswertgleichheit verlangt[455]. Das mit dem Topos der Erfolgschancengleichheit möglicherweise verfolgte Ziel, einen *einheitlichen* Maßstab der Wahlgleichheit herzuleiten, wurde folglich nicht erreicht[456].

c) Der Topos von der Systemrelativität der Wahlgleichheit

Das Bundesverfassungsgericht bleibt vielmehr der bereits in der ersten Wahlrechtsentscheidung aus dem Jahr 1952 niedergelegten Auffassung von der *System-Relativität* der Wahlgleichheit treu, wonach für die Mehrheitswahl nur die Voraussetzung des gleichen Zählwerts und der annähernd gleich großen Wahlkreise gilt, während im Falle der gesetzgeberischen Entscheidung für die Verhältniswahl die weitergehende Erfolgswertgleichheit anzuwenden ist und daher etwa Sperrklauseln als Beschränkung der Wahlgleichheit unter Rechtfertigungszwang stehen[457]. Somit leitet diese Auffassung abhängig vom gewählten Wahlsystem unterschiedliche Anforderungen aus der Wahlgleichheit ab und lehnt einen Erst-recht-Schluss von zulässiger Wahlgestaltung im Mehrheitswahlsystem auf die in der Wirkung milderen Beschränkungen des Erfolgswerts im Rahmen des Verhältniswahlsystems ab[458]. Diese vorherrschende Auffas-

---

[455] So bereits die Entscheidung BVerfGE 95, 335 (353 f.), in der das Bundesverfassungsgericht erstmals auf den Topos der Erfolgschancengleichheit zurückgreift, darauf verweisen auch *Pauly*, Wahlrecht, in: AöR 123 (1998), S. 232 (248 f.); *Drossel*, Wahlsystem, 2021, S. 85; nachfolgend entsprechend BVerfGE 120, 82 (103); 121, 266 (296); 124, 1 (18); 129, 300 (318); 146, 327 (349 f. Rn. 59).

[456] Ebenso kritisch *Morlok*, Demokratie, in: Badura/Dreier (Hrsg.), FS BVerfG, Bd. II, 2001, S. 559 (601 f.).

[457] Grundlegend die Entscheidung zum Schleswig-Holsteinischen Landeswahlgesetz vom 22.10.1951 in BVerfGE 1, 208 (245 ff.). Sie hat sich in der Folge als ständige Rechtsprechung etabliert, siehe BVerfGE 13, 243 (246); 16, 130 (139); 95, 335 (353); 120, 82 (103); 121, 266 (296); 129, 300 (318); 135, 259 (284 Rn. 45); 146, 327 (349 f. Rn. 59). Zur Analyse dieser Rechtsprechung ausführlich *Morlok*, Demokratie, in: Badura/Dreier (Hrsg.), FS BVerfG, Bd. II, 2001, S. 559 (600 ff.); *Wild*, Gleichheit, 2003, S. 98 ff.; *Michael*, Sperrklauseln, 2015, S. 56 ff. Die Rechtsprechung ist stets auf überwiegende Zustimmung in der Literatur gestoßen, siehe *Rinck*, Wahlgleichheit, in: DVBl. 1958, S. 221 (223); *Leibholz*, Strukturprobleme, 1967, S. 45 ff.; *Stern*, Staatsrecht, Bd. I, 1984, S. 305 f.; *Brenner*, Entwicklung, in: AöR 116 (1991), S. 537 (583 f.); *Ehlers/Lechleitner*, Verfassungsmäßigkeit, in: JZ 1997, S. 761 (761); *Jakob*, Überhangmandat, 1998, S. 89; *Graßhof*, Wahlen, in: Kube u. a. (Hrsg.), FS Kirchhof, Bd. I, 2013, § 62 Rn. 22 ff.; *Kotzur*, Freiheit, in: Merten/Papier (Hrsg.), HGR V, 2013, § 120 Rn. 36; *Klein/Schwarz*, in: Dürig/Herzog/Scholz (Hrsg.), GG, Art. 38 (2021), Rn. 133; *Magiera*, in: Sachs (Hrsg.), GG, 9. Aufl. 2021, Art. 38 Rn. 95; *Jarass*, in: ders./Pieroth (Hrsg.), GG, 18. Aufl. 2024, Art. 38 Rn. 13; *Müller/Drossel*, in: Huber/Voßkuhle (Hrsg.), GG, Bd. II, 8. Aufl. 2024, Art. 38 Rn. 82 f.

[458] Dazu BVerfGE 1, 208 (246), 6, 84 (90); Sondervotum zu BVerfGE 95, 335 (372 f.); *Kautz*, Überhangmandate, in: NJW 1995, S. 1871 (1873); *Nicolaus*, Stimmgewicht, in: ZParl 26 (1995), S. 353 (359); *Backhaus*, Verständnis, in: DVBl. 1997, S. 737 (741); *Lembcke/Peuker/Seifarth*, Wandel, in: DVBl. 2012, S. 401 (402); *Roßner*, Verfassungswidrigkeit, in: NVwZ 2012, S. 22 (24); *Graßhof*, Wahlen, in: Kube u. a. (Hrsg.), FS Kirchhof, Bd. I, 2013,

sung hat seit jeher aus unterschiedlichen Richtungen Kritik erfahren. Im Kern lassen sich dabei zwei verschiedene Sichtweisen differenzieren, die der Wahlgleichheit jeweils einen einheitlichen Maßstab entnehmen wollen.

Auf der einen Seite der Kritik stehen diejenigen, die den Grundsatz der Erfolgswertgleichheit und die damit verbundene Überprüfung von gesetzgeberischen Beschränkungen wie der Sperrklausel ablehnen oder jedenfalls erheblich reduzieren wollen[459]. Da das Bundesverfassungsgericht dem Gesetzgeber die Einführung der Mehrheitswahl richtigerweise freistelle, sei es nicht nachvollziehbar, an weniger weitreichende Maßnahmen wie der Sperrklausel derart strenge Gleichheitsanforderungen zu stellen[460]. Manche entnehmen daher der Wahlgleichheit als einheitlichen Maßstab für das Wahlrecht lediglich die bereits angesprochene Erfolgschancengleichheit, wonach die Stimmen zwar *ex ante* die gleiche Chance haben müssen, nicht aber der tatsächliche Erfolg garantiert wird, sodass etwa eine Sperrklausel überhaupt nicht rechtfertigungsbedürftig sei[461]. Andere sehen aufgrund dieser gleichen Erfolgschancen der Wählerstimmen in der Sperrklausel „nur eine [weniger eingriffsintensive] ‚Erfolgswertdifferenzierung' […], an deren Rechtfertigung auch nur entsprechend maßvolle Anforderungen zu stellen sind"[462].

Auf der anderen Seite der Kritik stehen diejenigen, die der Wahlgleichheit generell, unabhängig von einer Systementscheidung des Gesetzgebers eine Erfolgswertgleichheit entnehmen[463]. Sie kritisieren unter anderem die fragwür-

---

§ 62 Rn. 24 Fn. 59; *Wolf*, Stimmgewicht, 2016, S. 198 f. – Diese Auffassung findet ihren Ursprung bereits in der Rechtsprechung des Staatsgerichtshofs, siehe StGH, RGZ 124, Anhang, S. 1 (13); dazu *H. Meyer*, Wahlsystem, 1973, S. 106; *Wenner*, Sperrklauseln, 1986, S. 28 f.

[459] Ablehnung der Erfolgswertgleichheit explizit bei *Henrichs*, Verfassungsmäßigkeit, in: NJW 1956, S. 1703 (1704); *C. Lenz*, Wahlrechtsgleichheit, in: AöR 121 (1996), S. 337 (339 ff.); *Bull*, Erfolgswertgleichheit, in: DVBl. 2014, S. 1213 (1214 ff.); *Drossel*, Wahlsystem, 2021, S. 226 ff.; sehr kritisch und für einen reduzierten Prüfungsmaßstab Sondervotum zu BVerfGE 129, 300 (348 ff.); *Geerlings/Hamacher*, Wegfall, in: DÖV 2012, S. 671 (676); *Haug*, Parlament, in: ZParl 45 (2014), S. 467 (472); *Michael*, Sperrklauseln, 2015, S. 68 ff.

[460] In diesem Sinne Sondervotum zu BVerfGE 129, 300 (348 f.); *Bull*, Erfolgswertgleichheit, in: DVBl. 2014, S. 1213 (1215 f.). Nach *C. Lenz*, Wahlrechtsgleichheit, in: AöR 121 (1996), S. 337 (345) ist insofern „der Schluß von der vom Bundesverfassungsgericht für zulässig erachteten relativen Mehrheitswahl auf die Zulässigkeit weniger restriktiver Wahlverfahren ein korrekter Schluß a maiore ad minus".

[461] Ausdrücklich *C. Lenz*, Wahlrechtsgleichheit, in: AöR 121 (1996), S. 337 (354 ff.); ferner im Ergebnis *Bull*, Erfolgswertgleichheit, in: DVBl. 2014, S. 1213 (1215 f.), nach dessen Ansicht das herrschende Verständnis die Wahlgleichheit im Bereich der Verhältniswahl in eine „Erfolgsgarantie" verwandelt.

[462] *Haug*, Parlament, in: ZParl 45 (2014), S. 467 (472); sinngemäß Sondervotum zu BVerfGE 129, 300 (348 ff.); *Geerlings/Hamacher*, Wegfall, in: DÖV 2012, S. 671 (675 f.).

[463] Ausdrücklich *H. Meyer*, Wahlsystem, 1973, S. 191 f.; *Bakker*, Verfassungswidrigkeit, in: ZRP 1994, S. 457 (458); *Mager/Uerpmann*, Überhangmandate, in: DVBl. 1995, S. 273

dige Konsequenz der System-Relativitäts-These, wonach der Gesetzgeber durch die Wahl des Wahlsystems den Gewährleistungsgehalt der Wahlgleichheit beeinflussen und dadurch selbst bestimmen könne, an welchem verfassungsrechtlichen Maßstab sein Wahlgesetz zu messen ist[464]. Nach ihrer Ansicht verlange die demokratische Gleichheit, dass jeder Bürger den gleichen Einfluss auf die staatliche Willensbildung ausüben kann, weshalb das Wahlsystem eine möglichst umfassende Berücksichtigung jeder Stimme ermöglichen müsse[465]. Die meisten Anhänger verabsolutieren die Erfolgswertgleichheit jedoch nicht, sondern erkennen an, dass eine vollständige Verwirklichung praktisch nicht möglich ist und Beschränkungen derselben zulässig sein können. Es könne bei dieser verfassungsrechtlichen Prüfung aber nicht darauf ankommen, für welches Wahlsystem sich der Gesetzgeber entscheidet[466].

d) Auslegung des Grundgesetzes in historischer, systematischer und teleologischer Hinsicht

Argumentativer Ausgangspunkt der Debatte um die Erfolgswertgleichheit ist regelmäßig die historische Auslegung, die von jeder Seite als Argument für die eigene Sichtweise in Anspruch genommen wird. So führen die Kritiker der Erfolgswertgleichheit an, dass Art. 38 GG und Art. 28 GG im Gegensatz zu Art. 22 Abs. 1 S. 1 WRV und Art. 17 Abs. 1 S. 2 WRV die Frage des Wahlsystems bewusst offengelassen habe, die Auslegung der Wahlgleichheit damit auch eine reine Mehrheitswahl zulassen müsse und folglich keine Erfolgswertgleichheit statuiere[467]. Das Bundesverfassungsgericht hat diesen Umstand ebenfalls von Beginn an für seine Sichtweise in Anspruch genommen und damit die vom Grundgesetz – im Gegensatz zur Weimarer Verfassung – gewährte Entscheidungsfreiheit des Gesetzgebers zwischen Verhältnis- und Mehrheits-

---

(276); *Morlok*, Demokratie, in: Badura/Dreier (Hrsg.), FS BVerfG, Bd. II, 2001, S. 559 (607); zumindest implizit *Nicolaus*, Demokratie, 1995, S. 34; *Krüper*, Wahlrechtsmathematik, in: Jura 2013, S. 1147 (1155 f.); *Trute*, in: v. Münch/Kunig (Hrsg.), GG, Bd. I, 7. Aufl. 2021, Art. 38 Rn. 66.

[464] *H. Meyer*, Wahlsystem, 1973, S. 118 f.; *Morlok*, Demokratie, in: Badura/Dreier (Hrsg.), FS BVerfG, Bd. II, 2001, S. 559 (601 f.); *H. Meyer*, Wahl, in: Isensee/Kirchhof (Hrsg.), HStR III, 3. Aufl. 2005, § 45 Rn. 22 ff.

[465] *H. Meyer*, Wahlsystem, 1973, S. 202 f.; *Bakker*, Verfassungswidrigkeit, in: ZRP 1994, S. 457 (458); *Morlok*, Demokratie, in: Badura/Dreier (Hrsg.), FS BVerfG, Bd. II, 2001, S. 559 (597 f.).

[466] So *Bakker*, Verfassungswidrigkeit, in: ZRP 1994, S. 457 (458); *Mager/Uerpmann*, Überhangmandate, in: DVBl. 1995, S. 273 (276); *Morlok*, Demokratie, in: Badura/Dreier (Hrsg.), FS BVerfG, Bd. II, 2001, S. 559 (607).

[467] So ausdrücklich *Henrichs*, Verfassungsmäßigkeit, in: NJW 1956, S. 1703 (1704); in diese Richtung ferner *Geerlings/Hamacher*, Wegfall, in: DÖV 2012, S. 671 (676); *Nohlen*, Politik, in: Armingeon (Hrsg.), FS Schmidt, 2013, S. 527 (536 f.); siehe zu dieser möglichen Auslegungsvariante *Wild*, Gleichheit, 2003, S. 109; *Michael*, Sperrklauseln, 2015, S. 56.

wahl sowie die daraus folgende System-Relativität der Wahlgleichheit begründet[468]. Bei genauerer Betrachtung erscheint die Entstehungsgeschichte jedoch deutlich diffiziler.

Im Parlamentarischen Rat herrschte die Ansicht vor, dass eine Sperrklausel ohne eine entsprechende verfassungsrechtliche Ermächtigung als unzulässige Einschränkung der Wahlgleichheit anzusehen sei[469]. Wenngleich man dieser historischen Auffassung keine maßgebliche, abschließende Aussage zur Zulässigkeit einfachgesetzlicher Sperrklauseln zuweist, worauf noch an späterer Stelle einzugehen ist, ist damit die Anerkennung der Erfolgswertgleichheit durch den Parlamentarischen Rat deutlich belegt. Andererseits wollte der Parlamentarische Rat dem Vorschlag des Verfassungskonvents auf Herrenchiemsee folgen und sich im Gegensatz zur Weimarer Verfassung nicht auf ein konkretes Wahlsystem in der Verfassung festlegen[470]. Im Rahmen der Diskussion um das erste Wahlgesetz haben viele Abgeordnete das reine Mehrheitswahlrecht als eine mögliche Option angesehen und entsprechend intensiv disku-

---

[468] Bereits die erste Entscheidung zur Sperrklausel BVerfGE 1, 208 (245 f.) stützt sich auf diesen Aspekt. Entsprechend geht die herrschende Meinung davon aus, dass das Grundgesetz dem Gesetzgeber die freie Entscheidung zwischen Mehrheits- und Verhältniswahl überlässt, so BVerfGE 6, 104 (111); 95, 335 (349); 121, 266 (296); 131, 316 (335 f.); *Rinck*, Wahlgleichheit, in: DVBl. 1958, S. 221 (223); *Leibholz*, Strukturprobleme, 1967, S. 41; *Becht*, 5%-Klausel, 1990, S. 69 ff.; *G. Roth*, Grundmandatsklausel, in: NJW 1994, S. 3269 (3270); *Lang*, Wahlrecht, 2014, S. 52 f.; *Wolf*, Stimmgewicht, 2016, S. 344 f.; *Boehl*, in: Schreiber (Hrsg.), BWahlG, 11. Aufl. 2021, § 1 Rn. 109 f.; *Klein/Schwarz*, in: Dürig/Herzog/Scholz (Hrsg.), GG, Art. 38 (2021), Rn. 178 ff.; *Magiera*, in: Sachs (Hrsg.), GG, 9. Aufl. 2021, Art. 38 Rn. 115; *Müller/Drossel*, in: Huber/Voßkuhle (Hrsg.), GG, Bd. II, 8. Aufl. 2024, Art. 38 Rn. 224. – Zu diesem „Obiter dictum" hinsichtlich der Zulässigkeit der Mehrheitswahl in der Rechtsprechung des Bundesverfassungsgerichts kritisch *H. Meyer*, Zukunft, 2010, S. 15 ff.; *C. Vogel*, Wahl, in: Krüper (Hrsg.), FS Morlok, 2019, S. 467 (468 ff.).

[469] Dazu ausführlich unten Teil 3, C. I. 1. b).

[470] Diesen Umstand führt *Drossel*, Wahlsystem, 2021, S. 19 ff. daher für die Entscheidungsfreiheit des Gesetzgebers hinsichtlich des Wahlsystems an. Siehe dazu ferner BVerfGE 95, 335 (349); *Lehr*, Bericht, in: Parlamentarischer Rat (Hrsg.), Schriftlicher Bericht zum Entwurf des Grundgesetzes für die Bundesrepublik Deutschland, 1949, S. 17 (18); *H. Meyer*, Wahlsystem, 1973, S. 77 f.; *Poscher*, Wahlrechtsgespenst, in: Gusy (Hrsg.), Weimars lange Schatten, 2003, S. 256 (263 f.). – Im Verfassungskonvent auf Herrenchiemsee entschied man sich trotz der Bedeutung des Wahlrechts, dieses nicht in die Verfassung aufzunehmen, siehe den Abschlussbericht, in: Deutscher Bundestag/Bundesarchiv (Hrsg.), Der Parlamentarische Rat 1948–1949, Bd. II, 1981, S. 280 Fn. 1. Der Parlamentarische Rat schloss sich dieser Auffassung an, siehe insbesondere die Äußerung des Abgeordneten *Schmid*, Zweite Sitzung des Plenums, 8. September 1948, in: Dies. (Hrsg.), Der Parlamentarische Rat 1948–1949, Bd. IX, 1996, S. 39; des Abgeordneten *Seebohm*, Dritte Sitzung des Plenums, 9. September 1948, a.a.O., S. 124 sowie des Abgeordneten *Diederichs*, Siebte Sitzung des Plenums, 21. Oktober 1948, a.a.O., S. 278 f.

tiert[471]. Folglich scheint die Entstehungsgeschichte zunächst der System-Relativitätsthese des Bundesverfassungsgerichts tatsächlich zu entsprechen[472].

Allerdings ist der fehlenden verfassungsrechtlichen Festlegung auf ein Wahlsystem eine weniger weitreichende Bedeutung zuzusprechen, wenn man die Umstände und Inhalte der Wahlrechtsdiskussionen im Parlamentarischen Rat genauer betrachtet. So beschränkte sich der Parlamentarische Rat auch wegen Unklarheiten seiner Kompetenz in Wahlrechtsfragen sowie dem „provisorischen Charakter" des Grundgesetzes auf die Erarbeitung eines ersten Wahlgesetzes, sodass sich schon deshalb aus den Beratungen zu den Wahlsystemen kaum weitergehende verfassungsrechtliche Schlussfolgerungen ziehen lassen[473]. Ferner ist der Parlamentarische Rat der im Verfassungskonvent auf Herrenchiemsee durch Festlegung der Abgeordnetenzahl beabsichtige Anbahnung eines Mehrheitswahlrechts nicht gefolgt[474]. Außerdem wurde das letztlich be-

---

[471] Die Entscheidung zwischen Mehrheits- und Verhältniswahl war tatsächlich ein zentrales Thema im Parlamentarischen Rat und nahm hohen zeitlichen Umfang in den Beratungen ein, dazu näher Deutscher Bundestag/Bundesarchiv (Hrsg.), Der Parlamentarische Rat 1948–1949, Bd. VI, 1994, S. XXXI ff.

[472] Dafür *Wild*, Gleichheit, 2003, S. 110; auch *S. Lenz*, Kommunalverwaltung, 2020, S. 259 f. ist der Auffassung, dass sich „der Grundgesetzgeber […] sie sich […] zu eigen gemacht" hat.

[473] Dazu ausführlich *Nicolaus*, Offenheit, in: ZRP 1997, S. 185 (187 ff.). Diesen „provisorischen Charakter" betonen *Stern*, Staatsrecht, Bd. I, 1984, S. 289 f.; Deutscher Bundestag/Bundesarchiv (Hrsg.), Der Parlamentarische Rat 1948–1949, Bd. VI, 1994, S. XXVI ff.; *Robbe/Weinzierl*, Wahlrecht, in: ZRP 2015, S. 84 (85); *S. Lenz*, Kommunalverwaltung, 2020, S. 255 f. Siehe dazu die entsprechende Aussage des Vorsitzenden des Ausschusses für Wahlrechtsfragen *Becker*, Zweite Sitzung des Ausschusses für Wahlrechtsfragen, 22. September 1948, in: Deutscher Bundestag/Bundesarchiv (Hrsg.), Der Parlamentarische Rat 1948–1949, Bd. VI, 1994, S. 32, des Vorsitzenden des Hauptausschusses *Schmidt*, Zweiundfünfzigste Sitzung des Hauptausschusses, 22. Februar 1949, in: Dies. (Hrsg.), Der Parlamentarische Rat 1948–1949, Bd. XIV, 2009, S. 1667 sowie des Abgeordneten *Kaufmann*, Zweiundfünfzigste Sitzung des Hauptausschusses, 22. Februar 1949, in: Dies. (Hrsg.), Der Parlamentarische Rat 1948–1949, Bd. XIV, 2009, S. 1682, wonach es sich nur um die Diskussion über das erste Wahlgesetz handele. – Zu den Unklarheiten hinsichtlich der Kompetenz des Parlamentarischen Rates in Wahlrechtsfragen *H. Meyer*, Wahlsystem, 1973, S. 28 ff.; Deutscher Bundestag/Bundesarchiv (Hrsg.), Der Parlamentarische Rat 1948–1949, Bd. VI, 1994, S. VII ff.; *Faber*, Föderalismus, 2015, S. 147 ff.

[474] Siehe *Lehr*, Bericht, in: Parlamentarischer Rat (Hrsg.), Schriftlicher Bericht zum Entwurf des Grundgesetzes für die Bundesrepublik Deutschland, 1949, S. 17 (18); *Robbe/Weinzierl*, Wahlrecht, in: ZRP 2015, S. 84 (85 f.); *Klein/Schwarz*, in: Dürig/Herzog/Scholz (Hrsg.), GG, Art. 38 (2021), Rn. 6; zumindest angedeutet bei *Nicolaus*, Offenheit, in: ZRP 1997, S. 185 (188), der ferner erläutert, dass die Festlegung der Abgeordnetenzahl genaugenommen lediglich das personalisierte Verhältniswahlrecht, nicht aber die reine Mehrheits- oder Verhältniswahl ausgeschlossen hätte, sodass der Verzicht auf die Festlegung keinesfalls als positiver Umstand für eine Entscheidungsfreiheit zwischen Mehrheits- und Verhältniswahl gedeutet werden kann. – Im Bericht über den Verfassungskonvent hieß es hingegen noch explizit: „Der Ausschuß wollte insoweit die Entscheidung für die Mehrheitswahl zwar

schlossene personalisierte Verhältniswahlrecht als echte Kombination aus Verhältnis- und Mehrheitswahlrecht verstanden, weshalb es nach Auffassung des Parlamentarischen Rates im Falle der verfassungsrechtlichen Festlegung auf eine Verhältniswahl unzulässig gewesen wäre und er schon deshalb auf eine solche Festlegung verzichten musste[475]. Darüber hinaus ist zwar davon auszugehen, dass der Parlamentarische Rat dem Gesetzgeber im Hinblick auf die Weimarer Erfahrungen die Möglichkeit notwendiger Wahlrechtsreformen nicht *per se* verschließen wollte und deshalb eine verfassungsrechtliche Festlegung vermied[476]. Daraus folgt jedoch umgekehrt nicht, dass der Parlamentarische Rat keine verfassungsrechtlichen Anforderungen an solche Wahlrechtsreformen – wie die Einführung einer Mehrheitswahl – stellen wollte, nur weil Teile diese als mögliche Option ansahen[477]. Es sind zudem einige Aussagen von Abgeordneten belegt, die auf den Konflikt des Mehrheitswahlrechts mit dem Grundsatz der Wahlgleichheit hinwiesen[478]. Wenngleich diese Auffassung

---

nicht vorweg nehmen, sie ist aber dadurch angebahnt, daß die Wahl der Abgeordneten fest bestimmt ist.", nachgewiesen in: Deutscher Bundestag/Bundesarchiv (Hrsg.), Der Parlamentarische Rat 1948–1949, Bd. II, 1981, S. 537. Die Streichung der Abgeordnetenzahl in der Verfassung erfolgte auf Antrag des Abgeordneten *Menzel*, siehe Zweite Sitzung des Hauptausschusses, 11. November 1948, in: Dies. (Hrsg.), Der Parlamentarische Rat 1948–1949, Bd. XIV, 2009, S. 15.

[475] Hinweis bei *S. Lenz*, Kommunalverwaltung, 2020, S. 252; angedeutet auch bei *H. Meyer*, Wahlsystem, 1973, S. 193. – Im Parlamentarischen Rat herrschte fälschlicherweise die Auffassung vor, es handele sich um einen echten Kompromiss zwischen den beiden Wahlsystemen, siehe dazu *Poscher*, Wahlrechtsgespenst, in: Gusy (Hrsg.), Weimars lange Schatten, 2003, S. 256 (275); *Jesse*, Wahlsystem, in: v. Arnim (Hrsg.), Volkssouveränität, Wahlrecht und direkte Demokratie, 2014, S. 43 (47); *Dehmel*, Wahlrechtsdilemma, 2020, S. 185.

[476] Zu dieser Schlussfolgerung *Poscher*, Wahlrechtsgespenst, in: Gusy (Hrsg.), Weimars lange Schatten, 2003, S. 256 (263 f.); *Wild*, Gleichheit, 2003, S. 81; *S. Lenz*, Kommunalverwaltung, 2020, S. 252.

[477] Ein späterer Wechsel in ein reines Mehrheitswahlrecht wurde im Parlamentarischen Rat zwar angesprochen, aber schon dessen praktische politische Durchsetzungsmöglichkeit deutlich bezweifelt, siehe dazu *H. Meyer*, Wahlsystem, 1973, S. 39 ff. mit Verweis auf die Aussage des Abgeordneten *Schmid* „Wenn wir ein Stück weiter sein werden, Herr von Brentano, können wir wieder miteinander reden" und die Reaktion des Abgeordneten *v. Brentano* „Dann ist es zu spät!", siehe Achte Sitzung des Plenums, 24. Februar 1949, in: Deutscher Bundestag/Bundesarchiv (Hrsg.), Der Parlamentarische Rat 1948–1949, Bd. IX, 1996, S. 335.

[478] Siehe die Äußerung des Abgeordneten *Renner*, Zweiundfünfzigste Sitzung des Hauptausschusses, 22. Februar 1949, in: Deutscher Bundestag/Bundesarchiv (Hrsg.), Der Parlamentarische Rat 1948–1949, Bd. XIV, 2009, S. 1676 sowie des Abgeordneten *Brockmann*, Zweiundfünfzigste Sitzung des Hauptausschusses, 22. Februar 1949, a.a.O., S. 1687. Zuvor wies der Abgeordnete *Kaufmann*, Vierundvierzigste Sitzung des Hauptausschusses, 19. Januar 1949, a.a.O., S. 1420 darauf hin, dass das Mehrheitswahlrecht unzulässig würde, wenn man die Wahlgleichheit als eine Erfolgswertgleichheit versteht. – Allgemein führt *H. Meyer*,

nicht der Mehrheit des Parlamentarischen Rates entsprochen haben mag und sie daher nicht in negativer Hinsicht gegen die Zulässigkeit der Mehrheitswahl sprechen, lässt sich mangels entsprechender systematischer Debatte oder Abstimmung zu dieser Frage aber auch nicht zwingend auf das Gegenteil schließen[479]. Da sich keine ausreichende Mehrheit für ein reines Mehrheitswahlrecht im Parlamentarischen Rat gefunden hat – in diesem Fall hätte unterstellt werden können, dass der Parlamentarische Rat kein verfassungswidriges Wahlgesetz verabschieden wollte und deshalb die Mehrheitswahl nach seiner Ansicht mit dem Grundgesetz vereinbar ist –, darf man aus der fehlenden Regelung zum Wahlsystem in der Verfassung nicht auf deren *unbedingte* Zulässigkeit schließen[480].

Die Deutung, der Verzicht auf die Festlegung eines Wahlsystems impliziere die völlige Abkehr von der Erfolgswertgleichheit, ist angesichts der Debatte im parlamentarischen Rat um die Sperrklausel unzutreffend. Aber auch die System-Relativitäts-These des Bundesverfassungsgerichts lässt sich nicht auf einen Umkehrschluss zur Weimarer Verfassung stützen, da der Entstehungsgeschichte keine eindeutige Aussage zur unbeschränkten Zulässigkeit der Mehrheitswahl sowie eines entsprechend reduzierten Verständnisses der Wahlgleichheit zu entnehmen ist. Somit führt die historische Auslegung lediglich zu der allgemeinen Erkenntnis, „daß der einfache Gesetzgeber in der Form des Wahlgesetzgebers alle Wahlsysteme einführen kann, die nicht mit Verfassungsbestimmungen kollidieren“[481]. Folglich ist anhand der weiteren Auslegungsmethoden zu untersuchen, inwieweit dem Grundgesetz Anhaltspunkte für die System-Relativitäts-These und die damit verbundene Statuierung einer Auswahlfreiheit zwischen den Wahlsystemen zu entnehmen sind.

Zunächst könnte die Gesamtsystematik des Grundgesetzes gegen eine unbedingte Zulässigkeit der Mehrheitswahl sprechen, da viele zentrale Artikel offensichtlich eine parteipolitische Vielfalt im Parlament voraussetzen, die ein

---

Wahlsystem, 1973, S. 31 dazu aus, dass im Parlamentarischen Rat die Argumente gegen eine Sperrklausel „auch gegen das Mehrheitswahlrecht vorgebracht wurden“.

[479] *Drossel*, Wahlsystem, 2021, S. 34 konstatiert insoweit, dass im Parlamentarischen Rat kein einhelliges Verständnis der Wahlgleichheit bestand und demnach die historische Auslegung „eine Verengung der Möglichkeiten der Wahlsystemauswahl aufgrund der Wahlgleichheit nicht nahelegt.“ Im Umkehrschluss schließt sie diese mangels entsprechender Entscheidung des Parlamentarischen Rates aber genauso wenig aus.

[480] Wie hier *H. Meyer*, Wahlsystem, 1973, S. 193; *Wenner*, Sperrklauseln, 1986, S. 157; *H. Meyer*, Wahl, in: Isensee/Kirchhof (Hrsg.), HStR III, 3. Aufl. 2005, § 45 Rn. 31; im Ergebnis ebenso *Stern*, Staatsrecht, Bd. I, 1984, S. 300 f.; *Nicolaus*, Offenheit, in: ZRP 1997, S. 185 (190); *Morlok*, Demokratie, in: Badura/Dreier (Hrsg.), FS BVerfG, Bd. II, 2001, S. 559 (595 f.).

[481] Prägnant *H. Meyer*, Wahlsystem, 1973, S. 193; zustimmend *Nicolaus*, Offenheit, in: ZRP 1997, S. 185 (187), der zudem mit Verweis auf die Rechtsprechung des Bundesverfassungsgerichts eine objektive Auslegung der Verfassung gegenüber einer historisch subjektiven Auslegung für vorrangig hält.

reines Mehrheitswahlrecht typischerweise nicht in dem Umfang zu garantieren vermag[482]. Insoweit verweisen einige auf den ausdifferenzierten Modus der Kanzlerwahl nach Art. 63 GG, der bei nur zwei oder drei Parteien im Parlament überflüssig sei[483]. Gleiches gelte für die Ablösung des Kanzlers im Wege des konstruktiven Misstrauensvotums nach Art. 67 GG oder der Vertrauensfrage nach Art. 68 GG, denen eine parteipolitische Vielfalt zugrunde liege[484]. Ferner

---

[482] So *H. Meyer*, Wahlsystem, 1973, S. 218 f.; *Bakker*, Verfassungswidrigkeit, in: ZRP 1994, S. 457 (458); *Nicolaus*, Demokratie, 1995, S. 26 Fn. 64. – Ausführlich zum Verhältnis von Wahlsystem- und Parteiensystem mit historischer Perspektive und der Tendenz der Mehrheitswahl zur Bildung eines Zwei-Parteiensystems klassisch *Duverger*, Parteien, 1959, S. 232 ff.; zu diesem „Duverger`s Law" ausführlich *Wolf*, Stimmgewicht, 2016, S. 413 ff. Die Frage, ob eine Mehrheitswahl zwingend zu einem Zwei-Parteien-System führen muss, war bereits Gegenstand intensiver Diskussionen im Parlamentarischen Rat, so bei der Dritten Sitzung des Ausschusses für Wahlrechtsfragen, 23. September 1948, in: Deutscher Bundestag/Bundesarchiv (Hrsg.), Der Parlamentarische Rat 1948–1949, Bd. VI, 1994, S. 62 ff. sowie bei der Zweiundfünfzigste Sitzung des Hauptausschusses, 22. Februar 1949, in: Dies. (Hrsg.), Der Parlamentarische Rat 1948–1949, Bd. XIV, 2009, S. 1666 ff. Dabei fungierte als Gegenargument die Zeit des Kaiserreichs, in der der Reichstag trotz Mehrheitswahl eine erhebliche Pluralität aufwies, so *Poscher*, Wahlrechtsgespenst, in: Gusy (Hrsg.), Weimars lange Schatten, 2003, S. 256 (269). Dagegen wendet *H. Meyer*, Wahlsystem, 1973, S. 163 Fn. 32 ein, dass es sich dabei um eine absolute Mehrheitswahl mit Stichwahl gehandelt hat und daher die Chance für kleine Parteien bestand, durch Absprachen im zweiten Wahlgang zum Erfolg zu kommen. Insoweit konstatieren *Geyerhahn*, Vertretung, 1902, S. 16 f.; *Duverger*, Parteien, 1959, S. 252 ff., dass eine Mehrheitswahl mit Stichwahl tendenziell zu einem Vielparteienparlament führt. – Entscheidend für die Frage, ob eine Mehrheitswahl zu einem Zwei-Parteien-System führt, ist vor allem das Bestehen von lokalen Hochburgen kleiner Parteien, so zu Recht *H. Meyer*, Wahlsystem, 1973, S. 164; *Bytzek*, Wählen, in: Faas/Gabriel/Maier (Hrsg.), Handbuch der politikwissenschaftlichen Einstellungs- und Verhaltensforschung, 2020, S. 554 (562). Diese sind aber selbst in der jüngeren Zeit der Bundesrepublik nur in sehr begrenztem Ausmaß feststellbar. So erhielt bei der Bundestagswahl 2017 Die Linke 5, die AfD 3 und Bündnis 90/Die Grünen 1 Direktmandat, während 59 Direktmandate auf die SPD und die restlichen 231 Direktmandate auf die CDU und CSU entfielen. Auch wenn man diese aus den Erststimmen in den Wahlkreisen folgenden Ergebnisse nicht unmittelbar auf eine reine, relative Mehrheitswahl übertragen kann, zeigt dies anschaulich die möglichen Konsequenzen einer reinen Mehrheitswahl. Die CDU/CSU-Fraktion hätte – dieselben Wahlkreisergebnisse unterstellt – ca. 77 % der Sitze im Parlament erhalten. In diesem Sinne kritisiert *Langheid*, Mehrheitswahlrecht, in: ZRP 1995, S. 94 (95 f.), dass unter einem reinen Mehrheitswahlrecht selbst große Parteien womöglich nur in geringem Maße oder sogar überhaupt nicht mehr im Parlament vertreten sind; anders hingegen *Kluckert*, Grabenwahlrecht, in: NVwZ 2020, S. 1217 (1220 f.), der mit Blick auf die Entwicklung unter einem Mehrheitswahlsystem zu einem Zwei-Parteien-System solch hypothetischen Annahmen für nicht realistisch erachtet.

[483] So *H. Meyer*, Wahlsystem, 1973, S. 193, der darauf hinweist, dass der Parlamentarische Rat bei den Beratungen dieser Grundgesetzartikel von einem Vielparteienparlament ausging.

[484] *H. Meyer*, Wahlsystem, 1973, S. 218; *Bakker*, Verfassungswidrigkeit, in: ZRP 1994, S. 457 (458).

wäre die erschwerte Abänderbarkeit der Verfassung nach Art. 79 Abs. 2 GG in Folge eines reinen Mehrheitswahlrechts unter Umständen nicht mehr ausreichend gewährleistet[485]. Allerdings sind die Argumente insoweit wenig überzeugend, weil auch ein Verhältniswahlrecht eine starke Konzentration auf wenige Parteien hervorrufen kann, wie die ersten Jahrzehnte der Bundesrepublik zeigen. Ferner können die Vorschriften der Art. 63, 67 und 68 GG Relevanz entfalten, wenn nicht alle Abgeordnete einer Partei den Kanzler unterstützen, was in einem womöglich weniger parteipolitisch dominierten Mehrheitswahlrecht wahrscheinlicher sein kann. Somit enthalten die übrigen Normen des Grundgesetzes keinen eindeutigen Hinweis auf ein bestimmtes Wahlsystem und eine entsprechende Auslegung der Wahlgleichheit[486].

Bedeutsamer ist die Systematik des Art. 38 GG selbst, der keine Anhaltspunkte für eine Dispositionsfreiheit des Gesetzgebers über die Anforderungen der Wahlgleichheit enthält. Dieser Artikel statuiert zunächst im *ersten* Absatz den Grundsatz der Wahlgleichheit und formuliert erst nachfolgend, im *dritten* Absatz, einen Regelungsauftrag an den Gesetzgeber. Dieser wird von der überwiegenden Ansicht berechtigterweise nur als *Kompetenznorm*, nicht aber als *Gesetzesvorbehalt* gedeutet, der Einschränkungen der Wahlrechtsgrundsätze von vorneherein gestatten würde[487]. Bei der Ausübung dieses systematisch

---

[485] So *Bakker*, Verfassungswidrigkeit, in: ZRP 1994, S. 457 (458); *Dreier*, in: ders. (Hrsg.), GG, Bd. II, 3. Aufl. 2015, Art. 79 Abs. 2 Rn. 23. Allerdings ist zu bedenken, dass stets der Bundesrat mit einer 2/3-Mehrheit zustimmen müsste und insoweit entscheidend wäre, ob sich eine entsprechende Anzahl an Landesregierung ebenfalls ausschließlich auf diese Partei stützen oder dort eine entsprechende, politische Vielfalt gewährleistet wäre. Dabei muss berücksichtigt werden, dass die Einführung einer reinen Mehrheitswahl auf Bundesebene sicherlich nicht ohne Auswirkungen auf die politische Struktur in den Ländern bleiben würde – unabhängig von dem dort angewendeten Wahlsystem. Insofern erscheint es nicht ausgeschlossen, dass eine einzelne Partei sowohl im Bundestag als auch im Bundesrat über die erforderlichen Mehrheiten verfügt und damit im Alleingang Verfassungsänderungen beschließen kann. Den Aspekt des Bundesrates hält *Drossel*, Wahlsystem, 2021, S. 237 f. nicht für beachtlich, sieht aber dennoch in Art. 79 Abs. 2 GG letztlich zutreffend kein Argument gegen eine reine Mehrheitswahl.

[486] Insoweit zutreffend die Argumentation bei *Drossel*, Wahlsystem, 2021, S. 216 f.

[487] *Nahrgang*, Grundsatz, 2004, S. 95; *Kotzur*, Freiheit, in: Merten/Papier (Hrsg.), HGR V, 2013, § 120 Rn. 43; *Morlok*, in: Dreier (Hrsg.), GG, Bd. II, 3. Aufl. 2015, Art. 38 Rn. 65; *Drossel*, Wahlsystem, 2021, S. 198 f.; *Trute*, in: v. Münch/Kunig (Hrsg.), GG, Bd. I, 7. Aufl. 2021, Art. 38 Rn. 138; *Jarass*, in: ders./Pieroth (Hrsg.), GG, 18. Aufl. 2024, Art. 38 Rn. 7; anders scheinbar jedoch BVerfGE 95, 335 (354): „Vielmehr eröffnet Art. 38 Abs. 3 GG dem Gesetzgeber einen breiten Entscheidungsspielraum, der etwa eine Wahl des Deutschen Bundestages hälftig nach dem Mehrheits- und hälftig nach dem Verhältniswahlprinzip zuließe (Grabensystem), eine Erstreckung des Verhältniswahlprinzips auf die gesamte Sitzverteilung unter Vorbehalt angemessener Gewichtung der Direktmandate gestattete (wie das geltende Wahlrecht dies vorsieht), aber auch andere Kombinationen erlaubte, wenn dabei die Gleichheit der Wahl im jeweiligen Teilwahlsystem gewahrt wird, die Systeme sachgerecht zusammenwirken und Unmittelbarkeit und Freiheit der Wahl nicht gefährdet werden". Siehe

nachgeordneten Regelungsauftrags muss der Wahlgesetzgeber aber konsequenterweise umfassend und gleichmäßig an die ihm *übergeordnete* Wahlgleichheit gebunden sein[488]. Folglich lässt sich die systematische Auslegung nicht für die System-Relativitäts-These in Anspruch nehmen.

Auch aus teleologischen Gesichtspunkten erscheint das Postulat der uneingeschränkten Zulässigkeit der Mehrheitswahl und die damit verbundene Reduktion der Wahlgleichheit als nicht überzeugend. Wäre diese Ansicht zutreffend, erscheint es kaum begründbar, wieso im Rahmen der Verhältniswahl eine derart strenge gerichtliche Prüfung der deutlich weniger eingriffsintensiven Sperrklauseln vorzunehmen sei[489]. Konsequenterweise müsste selbst eine Zehn- oder Zwanzig-Prozent-Hürde noch verfassungskonform sein[490]. Tatsächlich aber führt das Verständnis des Bundesverfassungsgerichts zu dem fragwürdigen Ergebnis, dass sehr *hohe* Sperrklauseln als Mehrheitswahlrecht zulässig wären oder sehr *niedrige* Sperrklauseln als Ausnahmen zum Verhältniswahlrecht, während *mittlere* Sperrklauseln zwischen etwa Fünf-Prozent bis Zwanzig-Prozent unzulässig sein müssten[491]. Aufgrund der dabei kontinuierlich ansteigenden Zahl an erfolglosen Wählerstimmen stellt dies aus der Perspektive der Wahlgleichheit ein kaum begründbares Ergebnis dar. Insofern ist eine bedeutsame Erkenntnis der Wahlsystemforschung die Einordnung der

---

hierzu *Pauly*, Wahlrecht, in: AöR 123 (1998), S. 232 (239 ff.); *Morlok*, Demokratie, in: Badura/Dreier (Hrsg.), FS BVerfG, Bd. II, 2001, S. 559 (595 ff.), nach deren Ansicht das Bundesverfassungsgericht die Freiheit des Gesetzgebers aber auch nicht aus Art. 38 Abs. 3 GG, sondern aus der fehlenden Festlegung eines Wahlsystems in Art. 38 Abs. 1 GG herleite.

[488] In diesem Sinne argumentiert *Backhaus*, Verständnis, in: DVBl. 1997, S. 737 (740), wenngleich er im Ergebnis scheinbar dennoch die System-Relativität-These des Bundesverfassungsgerichts hinnimmt. Explizit für die Bindung an die Wahlrechtsgrundsätze in Art. 38 Abs. 1 GG bereits im Rahmen der Wahlsystementscheidung Sondervotum zu BVerfGE 95, 335 (368); *H. Meyer*, Wahlsystem, 1973, S. 190; *Morlok*, Demokratie, in: Badura/Dreier (Hrsg.), FS BVerfG, Bd. II, 2001, S. 559 (601); *Dehmel*, Wahlrechtsdilemma, 2020, S. 110; *Trute*, in: v. Münch/Kunig (Hrsg.), GG, Bd. I, 7. Aufl. 2021, Art. 38 Rn. 138; allgemein die Bindung an Art. 38 Abs. 1 GG bei der Wahlrechtsausgestaltung betonen auch *Krüper*, Wahlrechtsmathematik, in: Jura 2013, S. 1147 (1148); *Fremuth*, Verfassung, in: JZ 2018, S. 13 (16).

[489] Diese Auffassung kritisieren daher Sondervotum zu BVerfGE 129, 300 (348); *Cancik*, Wahlrecht, in: VVDStRL 72 (2013), S. 268 (304 Fn. 147); *Bull*, Erfolgswertgleichheit, in: DVBl. 2014, S. 1213 (1215 f.); *Mehde*, in: Dürig/Herzog/Scholz (Hrsg.), GG, Art. 28 Abs. 1 (2023), Rn. 119.

[490] Darauf verweisen *Morlok*, Demokratie, in: Badura/Dreier (Hrsg.), FS BVerfG, Bd. II, 2001, S. 559 (605); *H. Meyer*, Wahl, in: Isensee/Kirchhof (Hrsg.), HStR III, 3. Aufl. 2005, § 45 Rn. 32.

[491] Diese Konsequenz kritisieren daher *C. Lenz*, Wahlrechtsgleichheit, in: AöR 121 (1996), S. 337 (349 f.); *S. Lenz*, Kommunalverwaltung, 2020, S. 248 ff.; a.A. *Nicolaus*, Stimmgewicht, in: ZParl 26 (1995), S. 353 (359), der „kein ‚Kontinuum' zwischen gleichwertigen Polen" sieht; ebenso *Pauly*, Wahlrecht, in: AöR 123 (1998), S. 232 (236 f.) mit der Unterscheidung zwischen „Personen- und Parteienwahl".

Wahlsysteme in ein *Kontinuum*, an deren Beginn die reine Verhältniswahl in einem Einheitswahlkreis und am Ende die relative Mehrheitswahl in einem Einheitswahlkreis steht, während dazwischen eine Vielzahl an wahlrechtlichen Gestaltungen denkbar sind, die *zunehmend* intensiv den Erfolgswert beeinträchtigen[492].

Mit Blick auf die elementare Bedeutung der Wahlgleichheit für die Teilhabe der Wähler am politischen Willensbildungsprozess ist es nicht begründbar, den Gesetzgeber zwar bei Detailregelungen im Bereich der Verhältniswahl einem strengen Gleichheitsmaßstab zu unterwerfen, ihm jedoch gleichzeitig die viel weitreichendere Entscheidung für ein Mehrheitswahlrecht völlig freizustellen[493]. Die herrschende Auffassung lehnt eine solch vergleichende Betrachtung schlicht mit dem Verweis auf die getrennt zu betrachtenden Wahlsysteme ab. Eine tragfähige Begründung für diesen Ansatz lässt sich, wie die historische,

---

[492] Zu diesem Kontinuum der Wahlsysteme *H. Meyer*, Wahlsystem, 1973, S. 172 ff.; *Heun*, Mehrheitsprinzip, 1983, S. 114 f.; *C. Lenz*, Wahlrechtsgleichheit, in: AöR 121 (1996), S. 337 (342 ff.); *H. Meyer*, Wahl, in: Isensee/Kirchhof (Hrsg.), HStR III, 3. Aufl. 2005, § 45 Rn. 26 ff.; *Michael*, Sperrklauseln, 2015, S. 72; *C. Vogel*, Wahl, in: Krüper (Hrsg.), FS Morlok, 2019, S. 467 (470 f.); *S. Lenz*, Kommunalverwaltung, 2020, S. 245. – Wenngleich seine Schlussfolgerung in die verkehrte Richtung führt, da er die Erfolgswertgleichheit gänzlich ablehnt, hielt es bereits *Henrichs*, Verfassungsmäßigkeit, in: NJW 1956, S. 1703 (1704) zutreffend für nicht überzeugend, Mehrheitswahl oder Verhältniswahl unbeschränkt zuzulassen, nicht aber eine mit Blick auf den Proporz vermittelnde Wahlrechtsgestaltung; ebenso die Kritik bei *Drossel*, Wahlsystem, 2021, S. 148. Dieses „Loch in der Mitte des Kontinuums" hält hingegen *Wild*, Gleichheit, 2003, S. 202 ff. aus einer Perspektive des dualistischen Ansatzes für zutreffend, wonach die Wahl entweder das Ziel der „Entscheidung" oder der „Abbildung" verfolgen und damit entweder als Mehrheitswahl oder als Verhältniswahl ausgestaltet sein muss. Jedoch lässt sich dieser dualistische Ansatz entgegen seiner Ansicht weder aus der Entstehungsgeschichte herleiten noch ersetzt der Rückgriff auf überkommene Vorstellungen des „liberalen" und „demokratischen" Verständnisses der Wahl eine verfassungsrechtliche Auslegung des Grundgesetzes. Ebenso mangelt es der ähnlichen Ansicht bei *Möllers*, Wahlrecht, in: RuP 48 (2012), S. 1 (4 f.); *Kluckert*, Grabenwahlrecht, in: NVwZ 2020, S. 1217 (1223) an einer verfassungsrechtlichen Fundierung, wonach für jedes Wahlsystem ein eigener, konsequent zu beachtender Gleichheitsmaßstab gelten müsse und ein „Verbot der Mischrepräsentation" bestehe, sodass zwar Verhältnis- oder Mehrheitswahl, nicht aber Kombinationen wie ein Grabenwahlsystem zulässig sein. Gegen ein Kontinuum zwischen Mehrheitswahl argumentieren ferner *Nicolaus*, Stimmgewicht, in: ZParl 26 (1995), S. 353 (359); *Pauly*, Wahlrecht, in: AöR 123 (1998), S. 232 (236 f.).

[493] Diesen Widerspruch betonen auch *Morlok*, Demokratie, in: Badura/Dreier (Hrsg.), FS BVerfG, Bd. II, 2001, S. 559 (601); *Cancik*, Wahlrecht, in: VVDStRL 72 (2013), S. 268 (304 Fn. 147); *Krüper*, Wahlrechtsmathematik, in: Jura 2013, S. 1147 (1155 f.). Allgemein gegen eine geringere Bindung an die Wahlgleichheit bei der Systembestimmung gegenüber dessen Ausgestaltung *Backhaus*, Verständnis, in: DVBl. 1997, S. 737 (740). – Wenn insofern *Wild*, Gleichheit, 2003, S. 201 ausführt „Im dualistischen System ist beides vereint: der Verzicht des Grundgesetzes auf die Festlegung eines Gleichheitsmaßstabes und die volle Bindung des Gesetzgebers an die Wahlgleichheit", wird der innere Widerspruch dieser Auffassung selbst offenbart.

systematische und teleologische Auslegung zeigen, aber nicht finden. Der Topos der Systemrelativität wird damit zu einem Selbstzweck, der sich verfassungsrechtlich nicht herleiten lässt[494]. Obendrein kann diese Auffassung keine sachgerechte Beurteilung wahlrechtlicher Mechanismen ermöglichen, die weder dem einen noch dem anderen Wahlsystem eindeutig zugeordnet werden können, wie sich anschaulich an der Debatte um die Überhangmandate zeigt[495]. All dies spricht dafür, dass das Postulat der System-Relativität der Wahlrechtsgleichheit und der damit verbundenen freien, keiner verfassungsrechtlichen Prüfung unterworfenen Entscheidung zwischen Verhältnis- und Mehrheitswahl abzulehnen ist. Daher ist die Erfolgswertgleichheit als ein allgemeiner Gewährleistungsgehalt der Wahlgleichheit konsequenterweise auf alle Wahlsysteme anzuwenden, sodass neben der Errichtung einer Sperrklausel im Verhältniswahlsystem auch die Einführung einer Mehrheitswahl aufgrund der erfolglosen Stimmen für die unterlegenen Kandidaten eine rechtfertigungsbedürftige Beeinträchtigung der Wahlgleichheit darstellt[496].

e) Zwischenergebnis: Umfassende Geltung der Erfolgswertgleichheit als materieller Maßstab

Die Auslegung der Wahlgleichheit hängt somit ebenfalls von der – allgemein für die Wahlrechtsgrundsätze relevanten – Frage ab, inwiefern lediglich auf eine formelle oder auch eine materielle Betrachtungsweise abzustellen ist. Bei der Diskussion um die Erfolgswertgleichheit geht es um den maßgeblichen

---

494 In dieser Hinsicht kritisiert *Morlok*, Demokratie, in: Badura/Dreier (Hrsg.), FS BVerfG, Bd. II, 2001, S. 559 (605), dass hiermit „versucht wird, eine inhaltliche Begründung durch den Verweis auf die ‚Natur‘ von Verhältnis- und Mehrheitswahlsystems zu ersetzen“; ähnlich kritisch, wenngleich mit anderer Zielrichtung *Michael*, Sperrklauseln, 2015, S. 68 ff.; a.A. *Wild*, Gleichheit, 2003, S. 200 ff.; *S. Lenz*, Kommunalverwaltung, 2020, S. 259 f., die ihre Argumentation maßgeblich – aber unzutreffend – auf die Entstehungsgeschichte stützen.

495 In diesem Sinne *Mager/Uerpmann*, Überhangmandate, in: DVBl. 1995, S. 273 (276); *Morlok*, Demokratie, in: Badura/Dreier (Hrsg.), FS BVerfG, Bd. II, 2001, S. 559 (606). Siehe dazu insbesondere die innerhalb des Bundesverfassungsgerichts äußerst umstrittene 4:4 Entscheidung aus dem Jahr 1997 BVerfGE 95, 335 (365), wonach Überhangmandate bis zu einer gewissen Grenze zulässig wären. Die Literatur schlussfolgerte zu Recht, dass hier nicht einmal ein Konsens über die dogmatischen Grundsätze herrschte, siehe *Backhaus*, Verständnis, in: DVBl. 1997, S. 737 (737 ff.); *H. Meyer*, Wahlgrundsätze, in: Isensee/Kirchhof (Hrsg.), HStR III, 3. Aufl. 2005, § 46 Rn. 48; *Kluckert*, Grabenwahlrecht, in: NVwZ 2020, S. 1217 (1220).

496 Wie hier im Ergebnis *Bakker*, Verfassungswidrigkeit, in: ZRP 1994, S. 457 (458); *Mager/Uerpmann*, Überhangmandate, in: DVBl. 1995, S. 273 (276); *Morlok*, Demokratie, in: Badura/Dreier (Hrsg.), FS BVerfG, Bd. II, 2001, S. 559 (607); *H. Meyer*, Wahl, in: Isensee/Kirchhof (Hrsg.), HStR III, 3. Aufl. 2005, § 45 Rn. 35; *Morlok*, in: Dreier (Hrsg.), GG, Bd. II, 3. Aufl. 2015, Art. 38 Rn. 102, 106; *Trute*, in: v. Münch/Kunig (Hrsg.), GG, Bd. I, 7. Aufl. 2021, Art. 38 Rn. 29, 66.

Zeitpunkt, nämlich eine rein formelle Gleichheit im Zeitpunkt des Wahlaktes oder eine nachgelagerte, materielle Gleichheit im Hinblick auf die Umsetzung der Wählerstimmen in Mandate[497]. Die Diskussionen um Sperrklauseln, Überhangmandate und die Einführung einer relativen Mehrheitswahl zeigen, dass die Wahlgleichheit mit dem Verweis auf eine innerhalb des Wahlaktes garantierte, formale Gleichbehandlung erheblich relativiert werden kann. Die Auslegung des Grundgesetzes ergibt jedoch, dass es solche Relativierungen nicht ohne entsprechende Rechtfertigungen zulässt und von einem *materiellen* Verständnis der Wahlgleichheit in Gestalt der auf das Wahlergebnis gerichteten Erfolgswertgleichheit ausgeht. Somit ist nicht die – in ihrer Wirkung unklar bleibende – Erfolgschancengleichheit, sondern der verständliche und strenge Grundsatz der Erfolgswertgleichheit der aus der Wahlgleichheit folgende Maßstab für die Ausgestaltung des Wahlrechts.

2. Verankerung der Erfolgswertgleichheit im Demokratieprinzip

Nach allgemeiner Ansicht sichert der Grundsatz der Wahlrechtsgleichheit „die vom Demokratieprinzip vorausgesetzte Egalität der Staatsbürger“[498]. Jedoch bleibt unklar, inwiefern lediglich der klassische Grundsatz der Zählwertgleichheit oder darüberhinausgehende Gewährleistungsgehalte, insbesondere die Erfolgswertgleichheit, dem Schutz des Demokratieprinzips unterfallen. Da die Erfolgswertgleichheit bereits selbst äußerst umstritten ist, erscheint es fragwürdig, diese sogar im Demokratieprinzip zu verorten. Das gilt umso mehr deshalb, weil die Erfolgswertgleichheit keinesfalls zum Allgemeingut westlicher Demokratien gehört und es sich daher um einen deutschen „Sonderweg“[499] handelt. Insofern spricht die in diesem Zusammenhang häufig bemühte Rechtsvergleichung dagegen, die Erfolgswertgleichheit als einen zwingenden, demo-

---

[497] Dazu *Wild*, Gleichheit, 2003, S. 155 f.; für die Einordnung der Erfolgswertgleichheit als materielle Komponente ausdrücklich *Michael*, Sperrklauseln, 2015, S. 79; entsprechend weist *Möllers*, Wahlrecht, in: RuP 48 (2012), S. 1 (2) darauf hin, dass „der Maßstab der Erfolgswertgleichheit […] nicht rein formaler Natur“ ist; ähnlich bereits *Leibholz*, Wahlrechtsreform, in: VVDStRL 7 (1932), S. 159 (165).

[498] BVerfGE 120, 82 (102); 135, 259 (284 Rn. 44); 146, 327 (349 f. Rn. 59). Die notwendige Verbindung von Demokratieprinzip und Wahlgleichheit betonen auch BVerfGE 41, 399 (413); 51, 222 (234); 82, 322 (337); *Stern*, Staatsrecht, Bd. I, 1984, S. 614; *Brenner*, Entwicklung, in: AöR 116 (1991), S. 537 (578); *H. Meyer*, Wahlgrundsätze, in: Isensee/Kirchhof (Hrsg.), HStR III, 3. Aufl. 2005, § 46 Rn. 30; *Kotzur*, Freiheit, in: Merten/Papier (Hrsg.), HGR V, 2013, § 120 Rn. 35; *Morlok*, in: Dreier (Hrsg.), GG, Bd. II, 3. Aufl. 2015, Art. 38 Rn. 99; *Müller/Drossel*, in: Huber/Voßkuhle (Hrsg.), GG, Bd. II, 8. Aufl. 2024, Art. 38 Rn. 79.

[499] Siehe Sondervotum zu BVerfGE 129, 300 (353); Sondervotum zu BVerfGE 135, 259 (300); *Nohlen*, Politik, in: Armingeon (Hrsg.), FS Schmidt, 2013, S. 527 (543); *Michael*, Sperrklauseln, 2015, S. 33; *S. Lenz*, Kommunalverwaltung, 2020, S. 219.

kratischen Gewährleistungsgehalt aufzufassen[500]. Andererseits könnte dieser „deutsche Sonderweg" insoweit in das Grundgesetz Einzug erhalten haben, dass das Demokratieprinzip die Erfolgswertgleichheit bei der Wahl – zumindest in gewissem Maße und in Abwägung mit anderen Belangen – garantiert. Diese Frage ist bemerkenswerterweise bislang nicht hinreichend beantwortet, wenngleich sie insbesondere im Kontext kommunaler Wahlen durchaus praktische Relevanz besitzt.

a) Aussagen der Rechtsprechung und Literatur im Bereich kommunaler Wahlen

Die Verankerung der Erfolgswertgleichheit im Demokratieprinzip haben bislang im Hinblick auf Wahlen zu den kommunalen Vertretungen besonders diejenigen diskutiert, die die Bindungswirkung des Art. 28 Abs. 1 S. 2 GG gegenüber dem verfassungsändernden Landesgesetzgeber reduzieren und auf dieser Grundlage eine verfassungsunmittelbare Sperrklausel beurteilen wollen[501]. Abgesehen davon, dass diese Ansicht – wie bereits ausgeführt – abzulehnen ist, enthalten sich die Vertreter auch einer Beurteilung über die Verankerung der Erfolgswertgleichheit im Demokratieprinzip[502]. Aufschlussreicher ist daher die Diskussion um die Wahlen zu den Bezirksvertretungen, die nicht in den Anwendungsbereich des Art. 28 Abs. 1 S. 2 GG fallen und daher nicht unmittelbar an den dort niedergelegten Wahlrechtsgrundsätzen, sondern lediglich an dem in der Homogenitätsklausel des Art. 28 Abs. 1 S. 1 GG verankerten Demokratieprinzips zu messen sind[503].

Allerdings lassen die in diesem Zusammenhang getroffenen, gerichtlichen Entscheidungen keine klare Aussage erkennen, ob die Erfolgswertgleichheit als Teilgehalt des Demokratieprinzips zumindest in der Abwägung zu berück-

[500] So argumentiert *Michael*, Sperrklauseln, 2015, S. 99; *Drossel*, Wahlsystem, 2021, S. 202. Allgemein zur Rechtsvergleichung als Indiz für die Ermittlung wesentlicher Bestandteile des Demokratieprinzips *Herdegen*, in: Dürig/Herzog/Scholz (Hrsg.), GG, Art. 79 (2014), Rn. 113; *Hain*, in: Huber/Voßkuhle (Hrsg.), GG, Bd. II, 8. Aufl. 2024, Art. 79 Rn. 58.

[501] *Michael*, Sperrklauseln, 2015, S. 107 ff.; *W. Roth*, Sperrklausel, 2015, S. 106 ff.; zur Auseinandersetzung mit dieser Auffassung bereits oben I. 1. c).

[502] *Michael*, Sperrklauseln, 2015, S. 100, 132 enthält sich ausdrücklich einer Entscheidung; unklar bleiben aber ebenso die Ausführungen bei *W. Roth*, Sperrklausel, 2015, S. 91, wonach „sich dem Demokratieprinzip keine Festlegung auf den Grundsatz der Wahlrechtsgleichheit in der Ausprägung als absolute Erfolgswertgleichheit entnehmen [lässt]", womit aber nur gemeint ist, dass „keine Verpflichtung [besteht], ein Verhältniswahlrecht als reines Verhältniswahlrecht auszugestalten."

[503] Siehe die nachfolgenden Entscheidungen BerlVerfGH, Urteil vom 13.5.2013 – 155/11 –, juris, Rn. 32 ff.; HmbVerfG, NVwZ 2016, S. 381 (386 Rn. 89 ff.); VerfGH NRW, NVwZ 2018, S. 159 (170 Rn. 131 ff.).

sichtigen ist. Der Hamburger Verfassungsgerichtshof nimmt dazu in seiner Entscheidung nicht unmittelbar Stellung, sondern stellt lediglich fest:

> „Durch die Drei-Prozent-Sperrklausel werden weder das grundsätzliche Mehrheitsprinzip in Frage gestellt noch setzt es elementare Grundprinzipien des Verhältniswahlrechts außer Kraft; es schränkt diese lediglich ein.“[504]

Der Berliner Verfassungsgerichtshof drückt sich etwas konkreter aus, indem er betont:

> „Eine unbedingt zu beachtende verfassungsrechtliche Grundentscheidung, die auch den verfassungsändernden Gesetzgeber absolut binden könnte, stellt das Gebot des gleichen Erfolgswerts als Ausfluss [sic] des Grundsatzes der Wahlrechtsgleichheit für Verhältniswahlen nicht dar.“[505]

Noch konkreter und ausführlicher äußert sich der nordrhein-westfälische Verfassungsgerichtshof, der die Wahlgleichheit zumindest nicht insoweit zu den elementaren demokratischen Grundsätzen zählt,

> „als danach über die Zählwertgleichheit hinaus bei der Verhältniswahl auch die Erfolgswertgleichheit der abgegebenen Stimmen garantiert ist, diesbezügliche Differenzierungen nur aus ‚zwingenden‘ Gründen zulässig sind und das Ziel der Sicherung der Funktionsfähigkeit der zu wählenden Volksvertretung nach der jüngeren Sperrklausel-Rechtsprechung des Bundesverfassungsgerichts einen tragfähigen Differenzierungsgrund nur bei mit einiger Wahrscheinlichkeit zu erwartenden Funktionsstörungen aufgrund bestehender oder gegenwärtig verlässlich zu prognostizierender künftiger Umstände darzustellen vermag, während der durch eine Sperrklausel bewirkte Eingriff in die Wahlgleichheit nicht schon unter Aspekten der Vorsorge gegen Gefahren für die Funktionsfähigkeit gerechtfertigt ist.“[506]

Diese Bemerkung sagt lediglich aus, dass das vorherrschende, strenge Verständnis der Erfolgswertgleichheit hinsichtlich möglicher Rechtfertigungen nicht in dieser konkreten Weise gegenüber dem verfassungsändernden Gesetzgeber Anwendung findet. Es legt andersherum aber nahe – sonst hätte es diesen Ausführungen gar nicht bedurft –, dass die Gerichte die Erfolgswertgleichheit im Grundsatz durchaus als ein aus dem Demokratieprinzip folgenden Belang anerkennen. Dies untermauert die Entscheidung des nordrhein-westfälischen Verfassungsgerichtshof, indem sie die Sicherung der Funktionsfähigkeit der Volksvertretung anführt, wonach die dazu dienende Sperrklausel eine „sachgerechte Modifikation der Wahlgleichheit“[507] darstelle. Ebenso sieht der Hamburger Verfassungsgerichtshof die „Gleichheit der Wahl [durch eine Sperrklausel…] nicht willkürlich eingeschränkt.“[508] Ferner besteht in den Entscheidungen ein Konsens darüber, dass auch eine verfassungsunmittelbare Sperr-

---

[504] HmbVerf, NVwZ 2016, S. 381 (384 Rn. 70).
[505] BerlVerfGH, Urteil vom 13.5.2013 – 155/11 –, juris, Rn. 22.
[506] VerfGH NRW, NVwZ 2018, S. 159 (171 Rn. 143).
[507] VerfGH NRW, NVwZ 2018, S. 159 (172 Rn. 147).
[508] HmbVerfG, NVwZ 2016, S. 381 (386 Rn. 84).

klausel nur zu einer begrenzten Höhe zulässig sei[509]. Diese Ausführungen hinsichtlich der *Betroffenheit* der Wahlgleichheit durch eine Sperrklausel und zur begrenzten Höhe derselben ergeben nur Sinn, wenn letztlich die Erfolgswertgleichheit als eine – zumindest dem Grunde nach – zu achtende Konkretisierung des Demokratieprinzips aufgefasst wird.

b) Einschränkbarkeit der im Demokratieprinzip verankerten Erfolgswertgleichheit

Unbestritten muss die Erfolgswertgleichheit auch im Falle der Einbeziehung in das Demokratieprinzip im Wege entgegenstehender, ebenfalls vom Demokratieprinzip geschützten Belange wie der Funktionsfähigkeit der Volksvertretung eingeschränkt werden können[510]. Insofern ist es unzweifelhaft, dass Sperrklauseln nicht *per se* einen Verstoß „gegen den Kern des Demokratieprinzips"[511] darstellen. Dies bedeutet aber weder, dass die Erfolgswertgleichheit kein Bestandteil des Demokratieprinzips ist, noch dass Sperrklauseln, die der verfassungsändernde Bundesgesetzgeber oder Landesgesetzgeber außerhalb des Anwendungsbereichs des Art. 28 Abs. 1 S. 2 GG normiert und daher ausschließlich am Demokratieprinzip zu messen sind, stets unbeschränkt zulässig sein müssen. Zu Recht führt das Sondervotum zur Entscheidung des Berliner Verfassungsgerichtshof daher aus:

> „Allein der Umstand, dass sich für ein solches Gesetz im Parlament eine verfassungsändernde Mehrheit gefunden hat, kann nicht dazu führen, auf eine sachliche Legitimierung des mit ihm verbundenen Eingriffs in die Wahlrechtsgleichheit gänzlich zu verzichten."[512]

Zutreffend ist vielmehr von einer deutlich zurückgenommenen Prüfungsintensität gegenüber verfassungsunmittelbaren Sperrklauseln auszugehen, bei der es nur auf eine abstrakte Abwägung der Belange ohne Rücksicht auf konkrete Umstände und Prognosen ankommt[513]. Dieser Maßstab muss gleichermaßen

---

[509] Ausdrücklich BerlVerfGH, Urteil vom 13.5.2013 – 155/11 –, juris, Rn. 23; VerfGH NRW, NVwZ 2018, S. 159 (172 Rn. 150 f.); in diese Richtung zumindest HmbVerfG, NVwZ 2016, S. 381 (384 Rn. 70, 73 f.).

[510] Dafür VerfGH NRW, NVwZ 2018, S. 159 (172 Rn. 147); *Herdegen*, in: Dürig/Herzog/Scholz (Hrsg.), GG, Art. 79 (2014), Rn. 138; *Krüper*, Sperrklauseln, in: ZRP 2014, S. 130 (131); *Michael*, Sperrklauseln, 2015, S. 100.

[511] So *W. Roth*, Sperrklausel, 2015, S. 90 ff.; sinngemäß *Michael*, Sperrklauseln, 2015, S. 100 ff. Die Ausführlichkeit der dortigen Begründungen ist angesichts der Offensichtlichkeit des Ergebnisses verwunderlich und ist obendrein für die von den Autoren behandelte Frage einer landesverfassungsrechtlichen Sperrklausel für die Wahl kommunaler Vertretungen schon deshalb wertlos, weil diese – wie oben in I. 1. c) ausgeführt – an der konkretisierten Wahlgleichheit des Art. 28 Abs. 1 S. 2 GG und nicht lediglich am Demokratieprinzip zu messen sind.

[512] Sondervotum zu BerlVerfGH, Urteil vom 13.5.2013 – 155/11 –, juris, Rn. 54.

[513] In diesem Sinne VerfGH NRW, NVwZ 2018, S. 159 (171 Rn. 146 ff.); Sondervotum zu BerlVerfGH, Urteil vom 13.5.2013 – 155/11 –, juris, Rn. 55; ebenso *Michael*, Sperrklau-

für die mögliche Einführung eines Mehrheitswahlrechts gelten, da eine generelle System-Relativität der demokratischen Wahlgleichheit genauso wenig für den verfassungsändernden Gesetzgeber Anwendung finden kann. Vor diesem Hintergrund muss daher der Hinweis des Verfassungsgerichtshof gelesen werden, wonach

> „ein Mehrheitswahlrecht mit dem Demokratieprinzip des Grundgesetzes in Einklang steht [...,] obwohl nur die Stimmen Einfluss auf die Zusammensetzung der Volksvertretung [haben], die für den Bewerber abgegeben wurden, der die meisten Stimmen auf sich vereinigt."[514]

Diese Aussage mag im Ergebnis nicht unzutreffend sein. Man gelangt zur ihr aber lediglich über den Umweg, die Erfolgswertgleichheit in abstrakter Hinsicht mit gegenläufigen, dem Demokratieprinzip innewohnenden Belangen wie der Funktionsfähigkeit der Volksvertretung oder der Stärkung der persönlichen Repräsentation abzuwägen und dabei dem verfassungsändernden Gesetzgeber einen vergleichsweise weiten Entscheidungsspielraum zu gewähren, der auch die Einführung einer Mehrheitswahl zulässt[515].

c) Auslegung des Demokratieprinzips als normative Begründung

Das in Rechtsprechung und Literatur zumindest implizit angenommene Ergebnis der Verortung der Erfolgswertgleichheit im Demokratieprinzip lässt sich normativ bestätigen. Wenn staatliche Entscheidungen nach dem Prinzip der Volkssouveränität auf die Mehrheit des Volkes zurückzuführen sein sollen, dann muss nicht nur jede Stimme gleichermaßen zählen, sondern muss auch möglichst einen *gleichmäßigen* Einfluss auf die Mandatsverteilung ausüben. Nur auf diese Weise ist der parlamentarische Willensbildungsprozess in ausreichendem Maße auf die Mehrheit der Wähler zurückzuführen. Insoweit erlangt der bereits erörterte, notwendige Zusammenhang zwischen dem Mehrheitsprinzip und dem Prinzip der demokratischen Gleichheit Bedeutung[516]. Demnach lösen Beschränkungen der Erfolgswertgleichheit durch eine Sperrklausel oder ein Mehrheitswahlrecht nicht nur ein individuelles Gleichheitsproblem aus, sondern verursachen auch eine, unter dem Gesichtspunkt des

---

seln, 2015, S. 148 f.; *W. Roth*, Sperrklausel, 2015, S. 126 f., wenngleich sie diese geringeren Anforderungen auch auf den Anwendungsbereich des Art. 28 Abs. 1 S. 2 GG beziehen wollen.

[514] VerfGH NRW, NVwZ 2018, S. 159 (171 Rn. 144).

[515] Nach Ansicht von *Nicolaus*, Demokratie, 1995, S. 35 kann ein Mehrheitswahlrecht nicht einmal durch eine Verfassungsänderung eingeführt werden; anders hingegen *Herdegen*, in: Dürig/Herzog/Scholz (Hrsg.), GG, Art. 79 (2014), Rn. 138; *Dreier*, in: ders. (Hrsg.), GG, Bd. II, 3. Aufl. 2015, Art. 79 Abs. 3 Rn. 38.

[516] Dazu näher *Heun*, Mehrheitsprinzip, 1983, S. 109 ff.; *Natus*, Verfassungsmissbrauch, 2017, S. 176.

Mehrheitsprinzips problematische, „Mehrheitsumkehr“[517]. Unter Geltung der Fünf-Prozent-Hürde im Verhältniswahlsystem kann die Parlamentsmehrheit in Folge der Erfolglosigkeit vieler Wählerstimmen auf deutlich weniger als 50 % der Stimmen und damit auf einer Minderheit der Wähler beruhen[518]. Gleiches gilt für ein reines Mehrheitswahlrecht, bei dem die regierende Parlamentsmehrheit häufig auf einer Minderheit der Gesamtwählerschaft beruht[519]. Solche Phänomene lassen sich zwar in keinem Wahlsystem gänzlich vermeiden, dennoch sprechen sie dafür, dass unter demokratischen Gesichtspunkten eine weitgehend wirklichkeitsgetreue Abbildung der politischen Verhältnisse im Wahlvolk anzustreben ist und entsprechende Beschränkungen daher zumindest rechtfertigungsbedürftig sind. Demnach spricht eine auf dem demokratischen Mehrheitsprinzip beruhende, kollektive Perspektive für eine Einbeziehung der Erfolgswertgleichheit in den Gewährleistungsbereich des Demokratieprinzips.

Darüber hinaus lässt sich hierfür eine individuelle Perspektive der demokratischen Gleichheit aller Staatsbürger anführen. In diesem Sinne erscheint die folgende Formulierung – wenngleich dieses Ideal nicht vollkommen erreichbar ist – überzeugend: „Die Gerechtigkeit erfordert, daß keine Stimmen verlorengehen“[520]. Dies ist keine unzulässige Rückbindung auf naturgesetzliche Prin-

---

[517] Prägnant *Benken*, Ersatzstimme, in: Mörschel (Hrsg.), Wahlen und Demokratie, 2016, S. 165 (167).

[518] *Speckmann*, Klausel, in: ZRP 1970, S. 198 (198); *Wenner*, Sperrklauseln, 1986, S. 306; *Wild*, Gleichheit, 2003, S. 230; *Benken*, Ersatzstimme, in: Mörschel (Hrsg.), Wahlen und Demokratie, 2016, S. 165 (167).

[519] Mit diesem Umstand argumentieren aus der Perspektive des Demokratieprinzips gegen die Mehrheitswahl daher *Bakker*, Verfassungswidrigkeit, in: ZRP 1994, S. 457 (458); *Nicolaus*, Demokratie, 1995, S. 36. Allgemein zu dieser Folge der Mehrheitswahl Sondervotum zu BVerfGE 129, 300 (349); *Heun*, Mehrheitsprinzip, 1983, S. 116; *Steffani*, Mehrheitsentscheidungen, in: ZParl 17 (1986), S. 569 (573); *Hofmann/Dreier*, Repräsentation, in: Schneider/Zeh (Hrsg.), Parlamentsrecht und Parlamentspraxis in der Bundesrepublik Deutschland, 1989, § 5 Rn. 34; *H. Meyer*, Wahl, in: Isensee/Kirchhof (Hrsg.), HStR III, 3. Aufl. 2005, § 45 Rn. 27; *Sacksofsky*, Wahlrecht, in: Morlok/Schliesky/Wiefelspütz (Hrsg.), Parlamentsrecht, 2016, § 6 Rn. 7; *Trute*, in: v. Münch/Kunig (Hrsg.), GG, Bd. I, 7. Aufl. 2021, Art. 38 Rn. 29. Dieses Argument der „Minderheitenherrschaft“ gegen das Mehrheitswahlrecht tauchte bereits im Parlamentarischen Rat auf, siehe die Äußerung des Abgeordneten *Becker*, Siebente Sitzung des Plenums, 21. Oktober 1948, in: Deutscher Bundestag/Bundesarchiv (Hrsg.), Der Parlamentarische Rat 1948–1949, Bd. IX, 1996, S. 293 sowie des Abgeordneten *Diederichs*, Zweite Sitzung des Ausschusses für Wahlrechtsfragen, 22. September 1948, in: Dies. (Hrsg.), Der Parlamentarische Rat 1948–1949, Bd. VI, 1994, S. 50.

[520] Prägnant *C. Friedrich*, Verfassungsstaat, 1953, S. 320, der auf die Grundlegung dieser Forderung des Proporzes bei *John Stuart Mill* hinweist; in diesem Sinne mit Bezug zur Figur der austeilenden Gerechtigkeit Aristoteles *Nicolaus*, Demokratie, 1995, S. 25 ff.; ähnlich spricht BVerfGE 1, 208 (248) von einer „Forderung der Gerechtigkeit […], daß jede Stimme grundsätzlich den gleichen Erfolgswert hat.“ Auch im Wahlrechtsausschuss des Parlamentarischen Rates wurde hinsichtlich der Entscheidung zwischen Verhältnis- und Mehrheitswahlrecht immer wieder auf den Aspekt der Gerechtigkeit rekurriert, eingeleitet bereits in

zipien[521], sondern nur die Konsequenz einer entsprechenden Auslegung des Demokratieprinzips. Denn „die verfassungsrechtliche Kerngröße der Demokratie ist der einzelne, [...] zu demokratischer Teilhabe berechtigte Bürger, dessen politische Entfaltung das demokratische System ermöglichen muss, auch und gerade im Wahlrecht."[522] In diesem Sinne ist der Grundsatz der demokratischen Teilhabe am demokratischen Willensbildungsprozess nicht auf die formale Teilnahmemöglichkeit am Wahlakt reduziert, sondern muss sich in materieller Hinsicht jedenfalls mittelbar auf den politischen Willensbildungsprozess in der Volksvertretung beziehen. Zur praktischen Verwirklichung der durch Art. 20 Abs. 2 GG garantierten Volkssouveränität erfordert der Grundsatz der demokratischen Teilhabe daher einen möglichst tatsächlichen Einfluss jedes Wählers auf die politische Zusammensetzung der Volksvertretung[523]. Folglich ist eine ausreichende „Repräsentation der verschiedenen Präferenzen im Parlament"[524] anzustreben: „Die Volksvertretung stellt dann eine Art Mikrokosmos der Gesamtgesellschaft dar, die sich nach einem Ausspruch Mirabeaus zu dieser wie die Landkarte zum Territorium verhält."[525] Aus diesem

---

den Referaten des Sachverständigen *Thoma*, Zweite Sitzung des Ausschusses für Wahlrechtsfragen, 22. September 1948, in: Deutscher Bundestag/Bundesarchiv (Hrsg.), Der Parlamentarische Rat 1948–1949, Bd. VI, 1994, S. 4 ff. sowie des Abgeordneten *Diederichs*, Zweite Sitzung des Ausschusses für Wahlrechtsfragen, 22. September 1948, a.a.O., S. 45 ff. Die Bedeutung des Gerechtigkeitsaspekts im Parlamentarischen Rat betonen auch *H. Meyer*, Wahlsystem, 1973, S. 38; *Poscher*, Wahlrechtsgespenst, in: Gusy (Hrsg.), Weimars lange Schatten, 2003, S. 256 (276).

[521] In diese Richtung aber scheinbar *Michael*, Sperrklauseln, 2015, S. 92 f.

[522] So prägnant *Krüper*, Wahlrechtsmathematik, in: Jura 2013, S. 1147 (1156); in diesem Sinne fordert *Nicolaus*, Demokratie, 1995, S. 38, dass in der Demokratie „die einzelnen Wahlberechtigten mit gleichen Teilhaberechten ausgestattet sein müssen".

[523] *H. Meyer*, Wahlsystem, 1973, S. 202 f.; *Bakker*, Verfassungswidrigkeit, in: ZRP 1994, S. 457 (458); *Nicolaus*, Demokratie, 1995, S. 38; *Morlok*, Demokratie, in: Badura/Dreier (Hrsg.), FS BVerfG, Bd. II, 2001, S. 559 (597); siehe zur Einordnung der Vertreter dieser Auffassung als „Proportionalisten" mit entsprechender Kritik *Michael*, Sperrklauseln, 2015, S. 45 ff.; klassische Kritik bereits bei *Smend*, Verschiebung, in: ders. (Hrsg.), Staatsrechtliche Abhandlungen und andere Aufsätze, 4. Aufl. 2010, S. 60 (60 ff.); gegenteilige Auffassung hingegen bei *Geyerhahn*, Vertretung, 1902, S. 4 ff.

[524] *Morlok*, Demokratie, in: Badura/Dreier (Hrsg.), FS BVerfG, Bd. II, 2001, S. 559 (599); aus diesem Grund lehnt *Nicolaus*, Demokratie, 1995, S. 38 f. die Mehrheitswahl ab; ähnlich hebt *Herdegen*, in: Dürig/Herzog/Scholz (Hrsg.), GG, Art. 79 (2014), Rn. 138 hervor, dass nach dem Demokratieprinzip „signifikante Minderheiten eine wirklichkeitsnahe Chance auf Repräsentation im Parlament haben" müssen, wenngleich er diese Anforderung scheinbar auf die Verhältniswahl beschränkt.

[525] Siehe *Ehlers*, Sperrklauseln, in: Jura 1999, S. 660 (660); sinngemäß *Dreier*, Demokratieprinzip, in: Jura 1997, S. 249 (254); auch die Abgeordnete *Wessel*, Zweiundfünfzigste Sitzung des Hauptausschusses, 22. Februar 1949, in: Deutscher Bundestag/Bundesarchiv (Hrsg.), Der Parlamentarische Rat 1948–1949, Bd. XIV, 2009, S. 1668 hatte auf diesen Ursprung des Verhältniswahlrechts hingewiesen; dagegen die ebenfalls metaphorische Kritik

Grund „streitet die starke individualrechtliche Prägung des grundgesetzlichen Demokratieprinzips für ein Verhältniswahlsystem“[526].

Sowohl eine kollektive Betrachtung des Demokratieprinzips hinsichtlich des Mehrheitsprinzips als auch die individuelle Perspektive der Gleichheit ergibt folglich eine verfassungsrechtliche Präferenz für eine weitgehende Erfolgswertgleichheit der Wählerstimmen. Zugegebenermaßen verfolgen diese Konzepte in erster Linie ein demokratietheoretisches Ideal der Volkssouveränität, das in dieser Weise nicht restlos zu verwirklichen und stets in die Abwägung mit anderen bedeutsamen Funktionsbedingungen der Demokratie zu bringen ist. Demnach ist das Demokratieprinzip nicht nur auf eine Form der Ausgestaltung beschränkt, sondern gewährt dem – insbesondere verfassungsändernden – Gesetzgeber Spielräume[527]. Dabei ist aber die Erfolgswertgleichheit unter dem Gesichtspunkt des Mehrheitsprinzips und der demokratischen Gleichheit ein mit in die verfassungsrechtliche Abwägungsentscheidung einzustellender Bestandteil des Demokratieprinzips[528].

Für ein solches Verständnis des Demokratieprinzips lassen sich schließlich Anhaltspunkte in der Entstehungsgeschichte finden. So brachte der Abgeordnete *Brockmann* im Parlamentarischen Rat das Verhältniswahlrecht und die damit verbundene Erfolgswertgleichheit als Grundlage für „eine wahre und echte Demokratie“[529] in Stellung. Ferner trug die Abgeordnete *Wessel* vor:

---

des Abgeordneten *Kaufmann*, Zweiundfünfzigste Sitzung des Hauptausschusses, 22. Februar 1949, a.a.O., S. 1685: „Wenn Sie in dem Bild der gut gezeichneten Landkarte bleiben, so finden Sie auf einer gut gezeichneten Landkarte keineswegs alle Nuancen der Landschaft. Sie finden die Darstellung etwa so wie in einem von einem guten Künstler gezeichneten Porträt, in dem das Wesentliche des betreffenden Antlitzes dargestellt ist an Stelle einer Fotografie, die Wesentliches und Unwesentliches nebeneinander wiedergibt.“

[526] *Krüper*, Wahlrechtsmathematik, in: Jura 2013, S. 1147 (1156); in diese Richtung auch *Bakker*, Verfassungswidrigkeit, in: ZRP 1994, S. 457 (458); gegen eine solche Präferenz des Demokratieprinzips ausdrücklich *W. Roth*, Sperrklausel, 2015, S. 94 ff.

[527] Insofern argumentiert *S. Lenz*, Kommunalverwaltung, 2020, S. 292 gegen die Erfassung der Erfolgswertgleichheit durch das Demokratieprinzip, dass der verfassungsändernde Gesetzgeber „völlig frei in der Gestaltung des Wahlsystems“ sein sollte.

[528] Dafür implizit Sondervotum zu BerlVerfGH, Urteil vom 13.5.2013 – 155/11 –, juris, Rn. 48 ff.; *Bakker*, Verfassungswidrigkeit, in: ZRP 1994, S. 457 (458 f.); *Nicolaus*, Demokratie, 1995, S. 35 ff.; *Wernsmann*, Verfassungsfragen, in: JZ 2014, S. 23 (28); *Huster/Rux*, in: Epping/Hillgruber (Hrsg.), GG, 3. Aufl. 2020, Art. 20 Rn. 73 f.; gegen eine Erfassung der Erfolgswertgleichheit vom Demokratieprinzip ausdrücklich *S. Lenz*, Kommunalverwaltung, 2020, S. 292; skeptisch jedenfalls *Michael*, Sperrklauseln, 2015, S. 99 f.

[529] So die Äußerung des Abgeordneten *Brockmann*, Dritte Sitzung des Ausschusses für Wahlrechtsfragen, 23. September 1948, in: Deutscher Bundestag/Bundesarchiv (Hrsg.), Der Parlamentarische Rat 1948–1949, Bd. VI, 1994, S. 94, der zuvor ausdrücklich „das gleiche Recht“ des Wählers anspricht, aus dem „naturnotwendig [folgt], daß auch jede Stimme das gleiche Gewicht haben muß.“

„Im demokratischen Staat ist das Parlament an Stelle des Volkes, das ja gewöhnlich nur im Wahlakt unmittelbar zur Geltung kommt, oberstes Organ der staatlichen Willensbildung. Man sollte also bei der Frage des Wahlrechts davon ausgehen, daß das Parlament eine echte Repräsentation des Volkes sein muß und nur dann als solche gelten kann, wenn sich das Volk in seiner Ganzheit darin verkörpert und seinen Willen in diesem Parlament zur Geltung kommen sieht."[530]

Wenngleich es sich hierbei um vereinzelte Äußerungen handelte, zeigt dies doch, dass der Zusammenhang zwischen Erfolgswertgleichheit und Demokratieprinzip bereits im Parlamentarischen Rat bekannt war. Andererseits haben im Zusammenhang mit der Diskussion um die Sperrklausel-Ermächtigung selbst die Gegner einer Sperrklausel eingeräumt, dass diese zumindest durch Verfassungsänderung eingeführt werden könne und damit nicht *per se* gegen das Demokratieprinzip verstoße[531]. Dies bestätigt die Erkenntnis, dass jedenfalls durch Verfassungsänderung Sperrklauseln im Verhältniswahlsystem, aber auch die Mehrheitswahl oder andere wahlrechtliche Gestaltungen keinesfalls ausgeschlossen sind. Diese müssen jedoch stets die hinreichende Teilhabe des gesamten Wahlvolkes an der politischen Willensbildung im Blick haben und damit die Erfolgswertgleichheit in eine angemessene Abwägung mit anderen Belangen bringen.

d) Zwischenergebnis: Erfolgswertgleichheit als Ausprägung demokratischer Grundsätze

Die Erfolgswertgleichheit der Stimmen ist folglich in dem Sinne Bestandteil eines „deutschen Sonderwegs", als sie als Ausprägung des Demokratieprinzips einen generellen Maßstab für Wahlgesetze und sogar Verfassungsänderungen darstellt. Dies lässt sich sowohl mit dem demokratischen Mehrheitsprinzip als auch dem demokratischen Teilhaberecht aller Bürger begründen. Diese „demokratische Erfolgswertgleichheit" ist aber keinesfalls in einem derart strengen Sinne zu verstehen, dass die Einführung von Sperrklauseln oder der Mehrheitswahl generell und damit auch durch eine Verfassungsänderung ausgeschlossen wäre. Gemäß den allgemeinen Regelungen können solche Bestandteile des Demokratieprinzips aus immanenten Gegengründen wie der Funktionsfähigkeit der Volksvertretung eingeschränkt werden.

---

[530] So die Abgeordnete *Wessel*, Zweiundfünfzigste Sitzung des Hauptausschusses, 22. Februar 1949, in: Deutscher Bundestag/Bundesarchiv (Hrsg.), Der Parlamentarische Rat 1948–1949, Bd. XIV, 2009, S. 1667.

[531] Siehe dazu die Äußerungen der Sperrklausel-Gegner *Seebohm* und *Renner* sowie die in dieser Hinsicht zustimmende Äußerungen des Sperrklausel-Befürworters *Katz* in der Achtundvierzigsten Sitzung des Hauptausschusses, 9. Februar 1949, in: Deutscher Bundestag/Bundesarchiv (Hrsg.), Der Parlamentarische Rat 1948–1949, Bd. XIV, 2009, S. 1527 f.; darauf nimmt bei seiner Argumentation auch *Michael*, Sperrklauseln, 2015, S. 26 f. Bezug.

3. Anwendung der Erfolgswertgleichheit auf die Mehrheitswahl

Wenngleich aus dem Demokratieprinzip eine generelle Erfolgswertgleichheit folgt und damit die Einführung einer Mehrheitswahl im Bereich der Parlamentswahlen unter Rechtfertigungszwang steht, bleibt die Bedeutung für die konkrete Ausgestaltung der Mehrheitswahl unklar, insbesondere wenn diese zur Besetzung eines monokratischen Amtes alternativlos ist[532]. Nach der herrschenden Auffassung gelte im Rahmen der Mehrheitswahl lediglich die Garantie eines gleichen Zählwerts und annähernd gleich großer Wahlkreise[533]. Diese Schlussfolgerung beruht maßgeblich auf der weit verbreiteten Ansicht, dass eine Erfolgswertgleichheit innerhalb der Mehrheitswahl nicht möglich ist, da die für die unterlegenen Kandidaten abgegebenen Stimmen keinen Erfolg haben können[534]. Diese auf den ersten Blick logisch erscheinende Annahme gerät jedoch in Zweifel, wenn eine genauere Betrachtung der möglichen Konsequenzen einer Verhältniswahl erfolgt. Danach lässt sich womöglich eine Präzisierung des Gebots der Erfolgswertgleichheit herleiten, das ebenso für die Frage der Ausgestaltung der Mehrheitswahl Relevanz entfalten kann.

a) Umfang der Erfolgswertgleichheit im Verhältniswahlsystem

Sogar im Falle der reinen Verhältniswahl können, sofern die Volksvertretung nicht einer Volksversammlung gleichkommen soll, aufgrund der notwendigen Reststimmenverteilung und der damit zusammenhängenden faktischen Sperrklausel niemals alle Stimmen Erfolg haben[535]. Schon der Reichsstaatsgerichtshof stellte fest, „daß bei jedem Wahlakt Stimmen abgegeben werden, die schließlich keinen Einfluß auf das sachliche Wahlergebnis und die Zusammen-

---

[532] Diese Frage stellen auch *Geerlings/Hamacher*, Wegfall, in: DÖV 2012, S. 671 (677).

[533] BVerfGE 16, 130 (139); 95, 335 (353); 121, 266 (295 f.); 124, 1 (18); 130, 212 (225 f.); *Nicolaus*, Stimmgewicht, in: ZParl 26 (1995), S. 353 (362 f.); *Böckenförde*, Demokratie, in: Isensee/Kirchhof (Hrsg.), HStR II, 3. Aufl. 2004, § 24 Rn. 43; *Graßhof*, Wahlen, in: Kube u. a. (Hrsg.), FS Kirchhof, Bd. I, 2013, § 62 Rn. 22; *Wolf*, Stimmgewicht, 2016, S. 259 ff.; *Magiera*, in: Sachs (Hrsg.), GG, 9. Aufl. 2021, Art. 38 Rn. 95; *Müller/Drossel*, in: Huber/Voßkuhle (Hrsg.), GG, Bd. II, 8. Aufl. 2024, Art. 38 Rn. 82.

[534] BVerfGE 1, 208 (244); *Kautz*, Überhangmandate, in: NJW 1995, S. 1871 (1872); *Ehlers/Lechleitner*, Verfassungsmäßigkeit, in: JZ 1997, S. 761 (761); *Jakob*, Überhangmandat, 1998, S. 81; *Möllers*, Wahlrecht, in: RuP 48 (2012), S. 1 (1); *Wolf*, Stimmgewicht, 2016, S. 260.

[535] Darauf verweisen *Kelsen*, Demokratie, 1929, S. 60; *H. Meyer*, Wahlsystem, 1973, S. 169 f.; *Bryde*, Demokratie, in: Brink/Wolff (Hrsg.), FS Arnim, 2004, S. 679 (688); *Geerlings/Hamacher*, Wegfall, in: DÖV 2012, S. 671 (677); *W. Roth*, Sperrklausel, 2015, S. 92 f. Entsprechend formuliert *Antoni*, Grundgesetz, in: ZParl 11 (1980), S. 93 (100), dass eine absolute Erfolgswertgleichheit nicht zu erreichen ist, sonst müsste „in letzter Konsequenz auf jeden Wähler ein Mandat entfallen" oder man müsste alternativ – wie *Becht*, 5%-Klausel, 1990, S. 78 zutreffend bemerkt – „den Abgeordneten mit Bruchteilsstimmrecht einführen".

setzung der zu wählenden Körperschaft gewinnen"[536]. Ebenso konstatiert das Bundesverfassungsgericht: „Absolute Gleichheit des Erfolgswerts der Stimmen kann mit keinem Sitzverteilungsverfahren erreicht werden."[537] Je nach konkreter Ausgestaltung der Verhältniswahl können durchaus erhebliche Beeinträchtigungen der Erfolgswertgleichheit auftreten. Das Bundesverfassungsgericht hat etwa eine faktische Sperrklausel im Rahmen der Verhältniswahl von mehr als 15 % für zulässig befunden, die durch eine sehr geringe Größe des zu wählenden Gremiums verursacht wurde[538]. Ferner hat das Bundesverfassungsgericht eine Verhältniswahl in Wahlkreisen ohne einen umfassenden Gesamtstimmenausgleich für verfassungsgemäß erachtet, obwohl es hierbei zu einer erheblichen Anzahl von erfolglosen Stimmen jenseits einer Fünf-Prozent-Hürde kommen konnte[539]. Schließlich kann eine gesetzliche Sperrklausel ein deutlich über die eigentliche Prozent-Hürde hinausreichendes Ausmaß annehmen, wenn viele Parteien an ihr scheitern. So blieben bei der Bundestagswahl 2013 unter Geltung der Fünf-Prozent-Hürde insgesamt sogar 15,7 % der Stimmen ohne Erfolg[540].

Demnach kann auch im Verhältniswahlsystem eine nicht unerhebliche Anzahl an Stimmen erfolglos bleiben. Deshalb überzeugt die These nicht, die Erfolgswertgleichheit gelte lediglich für Verhältniswahlsysteme, da diese nur dort verwirklicht werden könnte[541]. Umgekehrt erscheint es jedoch ebenso

---

[536] StGH, in RGZ 124, Anhang, S. 1 (9).

[537] BVerfGE 79, 169 (172); sinngemäß Sondervotum zu BVerfGE 95, 335 (372); BVerfGE 121, 266 (300).

[538] BVerfGE 13, 243 (246 ff.) zum damaligen nordrhein-westfälischen Kommunalwahlgesetz, nach dem in Gemeinden unter 1000 Einwohnern lediglich 6 Vertreter zu wählen waren; darauf verweist *Morlok*, Demokratie, in: Badura/Dreier (Hrsg.), FS BVerfG, Bd. II, 2001, S. 559 (603).

[539] So BVerfGE 34, 81 (99 ff.) zum damaligen rheinland-pfälzischen Landeswahlgesetz, das es letztlich nur deshalb für verfassungswidrig erachtete, da Wahlvorschläge, die den erforderlichen Wahlquotienten im Wahlkreis nicht erreichten, auch von der vorgesehenen Reststimmenverteilung ausgeschlossen wurden; dazu ausführlich *Frowein*, Wahlrecht, in: AöR 99 (1974), S. 72 (86 ff.); Hinweis auch bei *Morlok*, Demokratie, in: Badura/Dreier (Hrsg.), FS BVerfG, Bd. II, 2001, S. 559 (603).

[540] www.bundeswahlleiter.de/bundestagswahlen/2013/ergebnisse.html (letzter Abruf: 31.7.2024); dazu auch BVerfGE 146, 327 (354 Rn. 70); *Sacksofsky*, Wahlrecht, in: Morlok/Schliesky/Wiefelspütz (Hrsg.), Parlamentsrecht, 2016, § 6 Rn. 66; *Fremuth*, Verfassung, in: JZ 2018, S. 13 (13).

[541] Ebenso *Morlok*, Demokratie, in: Badura/Dreier (Hrsg.), FS BVerfG, Bd. II, 2001, S. 559 (604 f.). Insoweit führt *S. Lenz*, Kommunalverwaltung, 2020, S. 244 zu Recht aus, dass beides nicht zusammenhängen muss: „Verhältniswahlsysteme können zu beachtlicher Erfolgswertungleichheit führen, ohne dass sie dadurch aufhörten, Verhältniswahlsysteme zu sein, genauso wie Mehrheitswahlsysteme zu einem ansehnlichen Maße an Erfolgswertgleichheit führen können, ohne dass sie dadurch aufhörten, Mehrheitswahlsysteme zu sein." ähnlich die Ausführungen bei *Benken*, Wahlsysteme, 2022, S. 29, wonach insofern allenfalls ein „quantitativer und kein qualitativer Unterschied" besteht.

fraglich, ein verfassungsrechtliches Gebot zu statuieren, das selbst im reinen Verhältniswahlsystem nicht vollständig erreichbar ist[542]. Demnach ist es geboten, dass Verständnis der Erfolgswertgleichheit zu präzisieren und damit zugleich seine generelle Anwendung auf alle Wahlsysteme zu begründen.

Dabei kann wiederum die im Zusammenhang mit der Sperrklausel getroffenen Aussagen weiterhelfen. Wenn überwiegend eine Fünf-Prozent-Hürde noch für zulässig erachtet wird, während dies bei einer Fünfzehn-Prozent-Hürde nicht mehr der Fall ist, lässt sich dies allein mit Blick auf die Erfolgswertgleichheit aus der individuellen Sicht des Wählers nicht erklären. Für ihn ist hinsichtlich des Wahlergebnisses zunächst nur beachtlich, ob seine individuelle Stimme Erfolg oder keinen Erfolg hat, unabhängig davon wie hoch die Prozenthürde ist[543]. Dies legt daher eine kollektive Betrachtungsweise nahe, wonach zumindest der Erfolg möglichst vieler Stimmen zu erreichen ist. In diesem Sinne formulierte das Bundesverfassungsgericht im Hinblick auf die erfolglosen 15,7 % der Stimmen bei der Bundestagswahl 2013, dass „sich die Intensität des Eingriffs in die Wahlrechtsgleichheit [erhöht], je größer die Zahl derjenigen Stimmen ist, die bei der Mandatsverteilung unberücksichtigt bleiben."[544] Daher dürfe nach verbreiteter Auffassung die tatsächliche Wirkung der Fünf-Prozent-Hürde nicht uferlos viele Stimmen erfassen und müsste ab einem gewissen Ausmaß abgesenkt werden[545].

Folglich zielt die Erfolgswertgleichheit weniger auf eine *individuelle* Gleichheit aller Wählerstimmen ab, sondern ist vielmehr auf eine möglichst weitgehende *kollektive* Gleichheit des Erfolgswerts der Stimmen ausgerichtet, wonach „der Wert der Globalabweichung möglichst gering"[546] sein muss. Ver-

---

[542] In diesem Sinne *Benken*, Wahlsysteme, 2022, S. 36

[543] Dies betrifft allerdings lediglich die subjektive Perspektive der Erfolgswertgleichheit, mit der die herrschende Meinung die Grenze der Prozent-Hürde begründet. Für die psychologische Abschreckungswirkung der Sperrklausel spielt die Höhe hingegen für jeden einzelnen Wähler eine Rolle. Je höher die Hürde und je größer die Gefahr des Scheiterns der präferierten Partei ist, umso größer sind die taktischen Zwänge und umso stärker ist die Wahlfreiheit betroffen.

[544] BVerfGE 146, 327 (354 f. Rn. 70 f.); ebenso *Lenski*, Fünfprozenthürde, in: MIP 20 (2014), S. 178 (179).

[545] So *Wild*, Gleichheit, 2003, S. 231; *Lenski*, Fünfprozenthürde, in: MIP 20 (2014), S. 178 (180); in diese Richtung auch BVerfGE 146, 327 (355 Rn. 71); HmbVerfG, NVwZ 2016, S. 381 (384 Rn. 73). Daher schlägt *Lenski*, Fünfprozenthürde, in: MIP 20 (2014), S. 178 (180) eine flexible Sperrklausel im Sinne einer Eventualregelung vor; dazu näher *Wolf*, Stimmgewicht, 2016, S. 238 ff., der diese allerdings für verfassungsrechtlich unzulässig hält, insbesondere aufgrund des weiter bestehenden psychologischen Abschreckungseffekts.

[546] Prägnant *Wolf*, Stimmgewicht, 2016, S. 280 f.; in diesem Sinne führt *Lenski*, Fünfprozenthürde, in: MIP 20 (2014), S. 178 (179) zutreffend aus: „Stellt man hinsichtlich der Wahlrechtsgleichheit nicht auf den individuellen Wähler, sondern auf die Qualität der Wahl insgesamt ab, so wird die Intensität der Beeinträchtigung bei zunehmender Anzahl der nicht

gleichbar mit dem Grundsatz der Entschließungsfreiheit untersagt die Erfolgswertgleichheit folglich eine vermeidbare Erfolglosigkeit von Wählerstimmen, hält den Gesetzgeber also dazu an, möglichst vielen Stimmen zur tatsächlichen Wirkung zu verhelfen. In diesem Sinne trifft die Aussage des Reichsstaatsgerichtshof zu, wonach „die Gleichheit aller Deutschen so weit durchgeführt werden [muss], als das Wahlsystem es zuläßt."[547] Die Erfolgswertgleichheit fungiert in diesem Sinne als Prinzip, das lediglich insoweit relativiert ist, wie dies praktisch notwendig beziehungsweise verfassungsrechtlich gerechtfertigt ist. Folglich enthält auch der demokratische Grundsatz der Wahlgleichheit ein „verfassungsrechtliches Optimierungsgebot"[548].

b) Erfolgswertgleichheit als Optimierungsgebot für die Mehrheitswahl

Unter diesem Gesichtspunkt ist es folgerichtig, die Erfolgswertgleichheit nicht nur gegen die Einführung einer Mehrheitswahl in Stellung zu bringen, sondern auch auf die Ausgestaltung derselben anzuwenden, wenn sie im Rahmen der Besetzung monokratischer Ämter praktisch notwendig ist. Es ist zwar das zwangsläufige Ergebnis einer Mehrheitswahl zu berücksichtigen, wonach „nur die Stimmen zum Erfolg führen, die für den siegreichen Kandidaten als Person abgegeben werden."[549] Allerdings kann sich die Zahl der erfolgreichen und umgekehrt der erfolglosen Stimmen abhängig von der Ausgestaltung der Mehrheitswahl erheblich unterscheiden. Zwar kann selbst im Falle einer absoluten Mehrheitswahl beinah 50 % der Wählerstimmen kein Erfolg zukommen. Dies ist aber letztlich die Konsequenz des demokratischen Mehrheitsprinzips, wonach es zwangsläufig eine unterlegene Minderheit geben muss. Hingegen können im Falle der relativen Mehrheitswahl erheblich mehr als 50 % der Stimmen erfolglos bleiben, ohne dass dies auf den ersten Blick eine zwingende Folge des Mehrheitsprinzips wäre. Dieser Umstand wird unter Berücksichtigung der bereits angesprochenen Ausdifferenzierung des politischen Systems umso bedeutsamer. Bei fünf aussichtsreichen Kandidaten ist es keinesfalls ausgeschlos-

---

berücksichtigten Zweitstimmen und damit – in Termini des Gleichheitssatzes – mit zunehmender Größe der ungleich behandelten Wählergruppe eklatant – vielleicht sogar überproportional – größer."

[547] StGH, RGZ 128, Anhang, S. 1 (8); zitiert in BVerfGE 1, 208 (245). In einem solchen Sinne explizit *Wolf*, Stimmgewicht, 2016, S. 281, nach dessen Ansicht die Wahlgleichheit erfüllt ist, „wenn das systematisch bedingte Maximum an Erfolgswertgleichheit gegeben ist"; ähnlich *Benken*, Wahlsysteme, 2022, S. 47.

[548] *Stern*, Staatsrecht, Bd. IV/2, 2011, S. 205; *Morlok*, in: Dreier (Hrsg.), GG, Bd. II, 3. Aufl. 2015, Art. 38 Rn. 103. Deshalb ist der Aspekt der Gleichheit sehr wohl einem Maximierungsgedanken zugänglich, anders hingegen mit Blick auf das Gleichheitsargument zur Rechtfertigung des Mehrheitsprinzips *Fach*, Demokratie, in: ARSP 61 (1975), S. 201 (219); *R. Kaiser*, Mehrheitsprinzip, 2020, S. 101.

[549] BVerfGE 1, 208 (244); sinngemäß *Rinck*, Wahlgleichheit, in: DVBl. 1958, S. 221 (223); *Groß*, Direktwahl, in: LKRZ 2010, S. 93 (95); *Wolf*, Stimmgewicht, 2016, S. 260.

sen, dass im Falle einer relativen Mehrheitswahl bereits etwas über 20 % der Stimmen für den Wahlsieg ausreichen, sodass umgekehrt knapp 80 % der Stimmen erfolglos blieben. Insofern verkürzt eine relative Mehrheitswahl die Erfolgswertgleichheit erheblich weitreichender. Bei einer absoluten Mehrheitswahl erhalten immerhin über 50 % der Wählerstimmen einen Erfolgswert, während bei einer relativen Mehrheitswahl womöglich nur deutlich unter 50 % der Stimmen Erfolg haben[550]. Das Problem der Beeinträchtigung des Erfolgswerts durch die Mehrheitswahl wird somit durch das Erfordernis einer absoluten Mehrheit „abgeschwächt“[551].

Gegen diese Sichtweise könnte jedoch sprechen, dass die Bildung einer absoluten Mehrheit auf Kompromisse angewiesen sein kann und die Wähler aussichtsloser Kandidaten auf nachfolgende Präferenzen ausweichen müssten[552]. In weiteren Wahlgängen muss demnach für eine wirksame Wahl entweder das Quorum doch noch auf eine relative Mehrheit abgesenkt werden oder eine Beschränkung der Kandidatenzahl erfolgen. Somit kann auch eine absolute Mehrheitswahl keinesfalls den Erfolgswert von über 50 % der ursprünglichen Stimmen garantieren. Allerdings ist zu berücksichtigen, dass dem Wähler hierbei zumindest die Möglichkeit verbleibt, seine weiteren, nachrangigen Präferenzen zum Ausdruck zu bringen und zumindest damit Erfolg zu haben. Auf diese Weise kann zumindest ein deutlich größerer Teil der Wählerstimmen – im Idealfall über 50 % – Erfolg haben und damit zur *gebotenen* Optimierung der Anzahl erfolgreicher Stimmen führen. Dies ist konzeptionell vergleichbar mit der Konstellation einer Ersatzstimme für den Fall des Scheiterns der Erstpräferenz an der Sperrklausel. Durch die damit verbundene Möglichkeit, die nachfolgende Präferenz zum Ausdruck zu bringen, wird nach verbreiteter Ansicht die Beeinträchtigung der Erfolgswertgleichheit gemildert und deshalb ihre Einführung gefordert[553]. Daher fällt das bei der Wahlfreiheit erörterte Prinzip der „Präferenzaffinität des Wahlrechts“ zugleich unter den Grundsatz der Erfolgswertgleichheit, der durch eine einstufige, relative Mehrheitswahl beschränkt wird, die eine solch abgestufte Darstellung der Wählerpräferenzen nicht ermöglicht[554]. Somit stellt die Ausgestaltung als relative Mehrheitswahl eine Be-

[550] Darauf verweist auch *Backmann*, Direktwahl, 2006, S. 343.

[551] So *Backmann*, Direktwahl, 2006, S. 343; ähnlich *Rauber*, Wahlkreissieger, in: ZG 35 (2020), S. 149 (159).

[552] Zu dieser Konsequenz noch ausführlich unten Teil 4, A. III. 1.

[553] *Linck*, Gestaltung, in: DÖV 1984, S. 884 (885 f.); *v. Arnim*, Urteil, in: DÖV 2012, S. 224 (225); *Benken*, Ersatzstimme, in: Mörschel (Hrsg.), Wahlen und Demokratie, 2016, S. 165 (179); *Decker*, Sperrklausel, in: ZParl 47 (2016), S. 460 (464); zu einer solchen Alternativstimme näher unten Teil 4, B. II. 1. a).

[554] Siehe zu letzterem die Argumentation der Antragsteller in VerfGH NRW, Urteil vom 26.5.2009, 2/09, S. 10; *Krüper*, Stichwahlen, in: DÖV 2009, S. 758 (764); *Bätge*, Stellungnahme zum Gesetzentwurf der Landesregierung Drs. 17/3776 und zum Änderungsantrag Drs. 17/4305 des Landtages Nordrhein-Westfalen, Stellungnahme 17/1194, S. 8.

einträchtigung der Wahlgleichheit dar, die sich nicht aus der praktischen Konsequenz des Mehrheitsprinzips rechtfertigt[555].

c) Zwischenergebnis: Relative Mehrheitswahl als Beeinträchtigung der Erfolgswertgleichheit

Eine vollkommene Erfolgswertgleichheit kann kein Wahlsystem erreichen. Selbst im Rahmen der Verhältniswahl kann es zu erheblichen Verzerrungen kommen. Folglich gilt die Erfolgswertgleichheit keinesfalls absolut, sondern ist als *Optimierungsgebot* aufzufassen, wonach möglichst vielen Stimmen ein Erfolg zukommen soll. Auf dieser Grundlage ist auch die Ausgestaltung einer Mehrheitswahl am Maßstab der Erfolgswertgleichheit zu messen. Danach beeinträchtigt die relative Mehrheitswahl diese erheblich mehr als eine absolute Mehrheitswahl, ohne dass dies unmittelbar durch das demokratische Mehrheitsprinzip begründet wäre. Folglich präferiert die Wahlgleichheit in Gestalt der Erfolgswertgleichheit eine absolute Mehrheitsentscheidung.

4. Ergebnis: Wahlgleichheit als Rechtfertigungshürde für die relative Mehrheitswahl

Der neben der Freiheit elementarste Grundsatz der Demokratie, die Gleichheit, ist im Bereich des Wahlrechts zugleich der umstrittenste Aspekt. Die allermeisten Wahlgestaltungen und Effekte des Wahlsystems sind an diesem Wahlrechtsgrundsatz zu messen. Im Mittelpunkt steht dabei letztlich immer die Frage, inwieweit sich die Wählerstimmen tatsächlich in der Besetzung der Mandate niederschlagen und in diesem Sinne erfolgreich sein müssen. Dabei zeigt eine eingehende Analyse, dass die Erfolgswertgleichheit als Ausdruck einer materiellen Komponente der Wahlgleichheit nicht nur im Bereich der Verhältniswahl Relevanz entfaltet, sondern als Ausprägung des Demokratieprinzips generell für alle Wahlsysteme gilt. Dabei fungiert sie nicht nur als Rechtfertigungshürde für die Einführung einer Mehrheitswahl, sondern insbesondere auch für die konkrete Ausgestaltung als relative Mehrheitswahl. Da die Erfolgswertgleichheit keinen Absolutheitsanspruch entfaltet, sondern als demokratisches Optimierungsgebot zu verstehen ist, heißt dies nicht, die rela-

---

[555] Zutreffend formuliert *Pauly*, Wahlrecht, in: AöR 123 (1998), S. 232 (250) im Hinblick auf die parlamentarische Mehrheitswahl: „Jede Ungleichbehandlung von Wählerstimmen bedarf folglich der Rechtfertigung. Dies muß dann konsequenterweise aber ebenso für die Stimmen zugunsten erfolgloser Kandidaten in der Mehrheitswahl [gelten]“. Richtigerweise ist dieser Gedanke gleichermaßen auf die Mehrheitswahl zur Besetzung monokratischer Ämter zu übertragen. Die Erfolglosigkeit der Stimmen bei der absoluten Mehrheitswahl ist bereits mit der praktischen Notwendigkeit des Mehrheitsprinzips gerechtfertigt, während das höhere Ausmaß an erfolglosen Stimmen im Falle der relativen Mehrheitswahl nicht zwingend ist und daher einer besonderen Rechtfertigung bedarf.

tive Mehrheitswahl wäre *per se* verfassungsrechtlich unzulässig. Sie steht aber aus Sicht der Wahlgleichheit nicht im Belieben des Gesetzgebers.

V. Chancengleichheit: Erfolgschancengleichheit für vermeintliche Außenseiter

Abschließend ist für die vorliegende Frage noch die Perspektive der Wahlbewerber einzubeziehen. Die Chancengleichheit der Wahlbewerber ist kein klassischer, verfassungsrechtlich ausdrücklich verankerter Wahlrechtsgrundsatz. Die allgemeine Auffassung behandelt ihn als Unterfall der Wahlgleichheit, wobei unterschiedliche normative Anknüpfungen vertreten werden[556]. Er ist jedoch ebenso elementarer Bestandteil der demokratischen Wahl: „Die Demokratie kann nicht funktionieren, wenn nicht die Parteien grundsätzlich unter gleichen rechtlichen Bedingungen in den Wahlkampf eintreten."[557] Die Chancengleichheit der Wahlbewerber ist das Gegenstück zur Gleichheit der Wähler, sodass man beide Gewährleistungsgehalte zunächst gleichgerichtet für die Fragen des Wahlrechts in Stellung bringen kann. Möglicherweise ist dem Grundsatz der Chancengleichheit der Wahlbewerber aber abseits der bereits erörterten Erfolgswertgleichheit der Wählerstimmen ein eigenständiger Gewährleistungsgehalt zu entnehmen (1.). Dieser könnte gleichermaßen im Demokratieprinzip verankert sein (2.) und damit ein weiteres verfassungsrechtliches Kriterium zur Ausgestaltung der Mehrheitswahl liefern (3.).

1. Allgemeines Verständnis der wahlrechtlichen Chancengleichheit

Wie die Wahlgleichheit eine Gleichbehandlung der Wähler und ihrer Stimmen sichert, zielt der Grundsatz der Chancengleichheit auf die Gleichbehandlung der Wahlbewerber ab. Während das eigentliche Wahlverfahren für den Wähler erst mit der Stimmabgabe beginnt, ist für die Wahlbewerber bereits die Wahlvorbereitung bedeutsam. Der Gewährleistungsgehalt der Chancengleichheit kann daher bereits insoweit besondere Bedeutung entfalten. Möglicherweise

---

[556] Für die Herleitung der Chancengleichheit der Wahlbewerber aus der Wahlgleichheit BVerfGE 41, 399 (413), 63, 230 (242); *Frowein*, Wahlrecht, in: AöR 99 (1974), S. 72 (83); *Stern*, Staatsrecht, Bd. IV/2, 2011, S. 217 f.; *Morlok*, in: Dreier (Hrsg.), GG, Bd. II, 3. Aufl. 2015, Art. 38 Rn. 99 f.; *Klein/Schwarz*, in: Dürig/Herzog/Scholz (Hrsg.), GG, Art. 38 (2021), Rn. 129; *Magiera*, in: Sachs (Hrsg.), GG, 9. Aufl. 2021, Art. 38 S. 95; *Trute*, in: v. Münch/Kunig (Hrsg.), GG, Bd. I, 7. Aufl. 2021, Art. 38 Rn. 70; *Müller/Drossel*, in: Huber/Voßkuhle (Hrsg.), GG, Bd. II, 8. Aufl. 2024, Art. 38 Rn. 81. Hingegen rekurrieren einige für die Chancengleichheit der Parteien bei Wahlen zum Teil auf Art. 21 Abs. 1 GG, so BVerfGE 4, 27 (30 f.); 6, 84 (90); 44, 125 (146); 82, 322 (337); 95, 408 (417); 120, 82 (104); *Brenner*, Entwicklung, in: AöR 116 (1991), S. 537 (579 f.); *Streinz*, in: Huber/Voßkuhle (Hrsg.), GG, Bd. II, 8. Aufl. 2024, Art. 21 Rn. 132.

[557] Prägnant BVerfGE 82, 322 (337).

stellt er aber zugleich Anforderungen an die Ausgestaltung des eigentlichen Wahlverfahrens.

a) Klassische Anwendungsbereiche der wahlrechtlichen Chancengleichheit

Die Chancengleichheit garantiert jedem Wahlbewerber „grundsätzlich die gleichen Möglichkeiten im Wahlkampf und Wahlverfahren und damit die gleiche Chance im Wettbewerb um die Wählerstimmen“[558]. Demnach sind jegliche differenzierende Maßnahmen gegenüber den Wahlbewerbern unzulässig, soweit sie sich nicht durch einen „zwingenden Grund“ rechtfertigen lassen[559]. In erster Linie gilt dies für das eigentliche Wahlverfahren. Demnach müssen die für einen Wahlbewerber „gültig abgegebenen Stimmen bei der Ermittlung des Wahlergebnisses für ihn berücksichtigt und mit gleichem Gewicht gewertet werden wie die für andere Bewerber abgegebenen Stimmen.“[560] In dieser Hinsicht bringt das Bundesverfassungsgericht die Chancengleichheit der Wahlbewerber gleichgerichtet mit der Wahlgleichheit gegenüber wahlrechtlichen Mechanismen wie Sperrklauseln oder Überhangmandaten in Stellung, ohne zwischen der aktiven und passiven Wahlgleichheit inhaltlich zu differenzieren[561].

Eine *eigenständige* Bedeutung entfaltet der Grundsatz der Chancengleichheit daher vor allem außerhalb des eigentlichen Wahlakts. Er findet nach allgemeiner Ansicht auf den gesamten Zeitraum Anwendung, der im Kontext der Wahl steht, von der Wahlvorbereitung über den Wahlkampf und Wahlakt bis hin zur Wahlkampfkostenerstattung[562]. Auf dieser Grundlage sind etwa Unterschriftenquoren, die als Zulassungsvoraussetzung für die Wahl nur gegenüber nicht etablierten Parteien gelten, am Grundsatz der Chancengleichheit der Wahlbewerber zu messen. Die Ungleichbehandlung zwischen Neulingen und Etablierten sei nach herrschender Auffassung gerechtfertigt, weil die im Parlament vertretenen Parteien die Ernsthaftigkeit des Wahlvorschlages nicht mehr belegen müssten, während dieser Nachweis für Neulinge nur durch eine aus-

---

[558] BVerfGE 14, 121 (134); 21, 196 (200); 47, 198 (226); zustimmend *Stern*, Staatsrecht, Bd. IV/2, 2011, S. 218; *Trute*, in: v. Münch/Kunig (Hrsg.), GG, Bd. I, 7. Aufl. 2021, Art. 38 Rn. 70; *Müller/Drossel*, in: Huber/Voßkuhle (Hrsg.), GG, Bd. II, 8. Aufl. 2024, Art. 38 Rn. 81.

[559] In diesem Sinne BVerfGE 8, 51 (65); 14, 121 (133); 34, 160 (163); 44, 125 (146); 69, 92 (106); 82, 322 (338); 124, 1 (20). Zum Begriff des „zwingenden Grundes“ noch ausführlich unten Teil 3, B. I. 1.

[560] BVerfGE 85, 148 (157).

[561] Siehe BVerfGE 95, 335 (357 ff.); 120, 82 (106 ff.); 129, 300 (316 ff.); 131, 316 (339 ff.).

[562] Dazu *Boehl*, in: Schreiber (Hrsg.), BWahlG, 11. Aufl. 2021, § 1 Rn. 53; *Magiera*, in: Sachs (Hrsg.), GG, 9. Aufl. 2021, Art. 38 Rn. 96; *Trute*, in: v. Münch/Kunig (Hrsg.), GG, Bd. I, 7. Aufl. 2021, Art. 38 Rn. 70; *Müller/Drossel*, in: Huber/Voßkuhle (Hrsg.), GG, Bd. II, 8. Aufl. 2024, Art. 38 Rn. 81.

reichende Anzahl an Unterstützungsunterschriften erbracht werden könne[563]. Ein besonders strittiges Thema im Hinblick auf die Chancengleichheit der Wahlbewerber ist die Vergabe von Wahlsendezeiten im öffentlichen Rundfunk, bei der das Bundesverfassungsgericht keine absolut gleiche Zuteilung an die Parteien fordert, sondern eine Differenzierung nach „der Bedeutung der Partei" für gerechtfertigt hält[564]. Diese Auffassung ist sogleich noch kritisch zu erörtern. Schließlich ist im Hinblick auf den Wahlkampf die staatliche Öffentlichkeitsarbeit zu nennen, die nicht nur die Freiheit der Wähler, sondern auch die Chancengleichheit der Wahlbewerber beeinträchtigen kann[565]. Hier zeigt sich anschaulich die eigenständige Bedeutung der Chancengleichheit der Wahlbewerber gegenüber der Gleichheit der Wähler im Vorfeld der Wahl. Wenn Wähler durch unzulässige Äußerungen von Amtsträgern von der Wahl ihrer präferierten Partei Abstand nehmen, stellt dies aus der Perspektive der Wähler eine Verletzung der Wahlfreiheit, nicht aber der Wahlgleichheit dar. Hingegen ist die ursprünglich präferierte Partei durch diesen Stimmverlust in ihrer Chancengleichheit verletzt.

b) Die getrennte Betrachtung von aktiver und passiver Wahlgleichheit

Im Hinblick auf die Ausgestaltung des Wahlverfahrens bescheinigen jedoch viele einer gesonderten Betrachtung von aktiver und passiver Wahlgleichheit keinen Erkenntnisgewinn und halten sie deshalb für entbehrlich[566]. Nach dieser Ansicht steht und fällt beides miteinander, weil der Erfolg des gewählten Kandidaten zugleich den Erfolg der Stimmen, der Misserfolg des Kandidaten zugleich den Misserfolg der jeweiligen Stimmen bedeutet: „Indem der Staat einen Wahlberechtigten benachteiligt, benachteiligt er den von diesem Wahlberechtigten bevorzugten Wahlbewerber. Die Ungleichbehandlungen gehen Hand in

---

[563] So BVerfGE 3, 19 (27); 4, 375 (382 ff.); im Ergebnis zustimmend *Morlok*, in: Dreier (Hrsg.), GG, Bd. II, 3. Aufl. 2015, Art. 38 Rn. 107; *Klein/Schwarz*, in: Dürig/Herzog/Scholz (Hrsg.), GG, Art. 38 (2021), Rn. 136; kritisch *H. Meyer*, Wahlgrundsätze, in: Isensee/Kirchhof (Hrsg.), HStR III, 3. Aufl. 2005, § 46 Rn. 59 ff.; *Stern*, Staatsrecht, Bd. IV/2, 2011, S. 218 f.; ablehnend *Lege*, Unterschriftenquoren, 1996, S. 38, der diesen Umstand nicht als „zwingenden Grund" ansieht.

[564] BVerfGE 7, 99 (108); 14, 121 (134 ff.); 34, 160 (163 f.); 47, 198 (225); zustimmend *Stern*, Staatsrecht, Bd. IV/2, 2011, S. 220 f.; *Morlok*, in: Dreier (Hrsg.), GG, Bd. II, 3. Aufl. 2015, Art. 38 Rn. 120; *Müller/Drossel*, in: Huber/Voßkuhle (Hrsg.), GG, Bd. II, 8. Aufl. 2024, Art. 38 Rn. 98.

[565] BVerfGE 44, 125 (144); *Morlok*, in: Dreier (Hrsg.), GG, Bd. II, 3. Aufl. 2015, Art. 38 Rn. 104; allgemein auf die Überschneidung von Wahlfreiheit und Chancengleichheit verweist *v. Heyl*, Wahlfreiheit, 1975, S. 180; *Kotzur*, Freiheit, in: Merten/Papier (Hrsg.), HGR V, 2013, § 120 Rn. 32.

[566] Ausdrücklich *Wild*, Gleichheit, 2003, S. 190; zur gleichen Wirkungsweise von Wahlrechtsgleichheit und Chancengleichheit ferner BVerfGE 95, 408 (417); 131, 316 (339); *Wolf*, Stimmgewicht, 2016, S. 353; *S. Lenz*, Kommunalverwaltung, 2020, S. 242.

Hand."[567] Im Hinblick auf die Erfolgswertgleichheit ist dieser Sichtweise vollkommen zuzustimmen. Es stellt sich aber die Frage, ob aus der Chancengleichheit ein davon unabhängiger Gewährleistungsgehalt folgt, wenn man das tatsächliche Wahlverhalten in die Betrachtung einbezieht.

Diejenigen, die die Erfolgswertgleichheit ablehnen und stattdessen nur eine Erfolgschancengleichheit fordern, argumentieren gleichermaßen im Hinblick auf die Chancengleichheit der Wahlbewerber, dass eine Sperrklausel an alle die gleichen Anforderungen stelle und jeder dieselbe Möglichkeit habe, diese zu überwinden[568]. Der Grundsatz der Chancengleichheit der Wahlbewerber sei demnach durch eine Sperrklausel gar nicht betroffen[569]. Diese Sichtweise verkennt jedoch die bereits angesprochenen faktischen Auswirkungen einer Sperrklausel. Selbst wenn die Erfolgswertgleichheit kein Bestandteil der Wahlgleichheit wäre, kann eine Beeinträchtigung der Wahlgleichheit in Gestalt der Chancengleichheit der Wahlbewerber in dieser Hinsicht eintreten. Bereits im Parlamentarischen Rat haben einige Abgeordnete betont, dass die Sperrklausel in psychologischer Hinsicht die Gefahr einer Monopolstellung bestehender Parteien hervorrufe und dies letztlich ihre Zielrichtung sei, um die Bildung zu vieler kleiner Parteien zu verhindern[570]. Dahinter steht die bereits erörterte Einsicht, dass die Sperrklausel nicht nur in ihrer mechanischen Wirkung den Einzug ins Parlament, sondern in ihrer psychologischen Wirkung bereits im Vorfeld einen ausreichenden Stimmgewinn der Partei vereiteln kann. Eine Sperrklausel übt bereits im Vorfeld der Wahl eine negative Wirkung auf kleinere Parteien aus, da ihre Anhänger dazu animiert werden, die Stimmen den größeren Parteien zu geben, bei denen ein Scheitern an der Sperrklausel nicht zu erwarten ist[571]. Infolge dieses taktischen Wahlverhaltens können der eigentlich

---

[567] *S. Lenz*, Kommunalverwaltung, 2020, S. 242.

[568] So *Geerlings/Hamacher*, Wegfall, in: DÖV 2012, S. 671 (675); *Haug*, Parlament, in: ZParl 45 (2014), S. 467 (472); siehe dazu bereits oben IV. 1. b).

[569] Ausdrücklich *Geerlings/Hamacher*, Wegfall, in: DÖV 2012, S. 671 (675); *Bull*, Erfolgswertgleichheit, in: DVBl. 2014, S. 1213 (1215).

[570] So die Aussage des Vorsitzenden des Ausschusses für Wahlrechtsfragen *Becker*, Einundzwanzigsten Sitzung des Ausschusses für Wahlrechtsfragen, 1. Februar 1949, in: Deutscher Bundestag/Bundesarchiv (Hrsg.), Der Parlamentarische Rat 1948–1949, Bd. VI, 1994, S. 652; ähnlich der Vorwurf der Abgeordneten *Wessel*, Zweiundfünfzigste Sitzung des Hauptausschusses, 22. Februar 1949, in: Deutscher Bundestag/Bundesarchiv (Hrsg.), Der Parlamentarische Rat 1948–1949, Bd. XIV, 2009, S. 1672: „Dann soll man die Dinge auch ehrlich darstellen und sagen: Wir wollen mit der Sperrklausel erreichen, daß keine neuen Parteibildungen in Deutschland mehr möglich sind. Wir stabilisieren mit einer solchen Sperrklausel […] einen Parteimonopolismus, der einer wahren und echten Demokratie und einer wahren Freiheit des Staatsbürgers nicht würdig ist."

[571] Manche sprechen ausdrücklich von „abschreckender Wirkung", so *Jesse*, Wahlrecht, 1985, S. 255; *Buchwald/Rauber/Grzeszick*, Sperrklausel, in: LKRZ 2012, S. 441 (444); andere von „psychologischer Vorwirkung", so *v. Arnim*, Urteil, in: DÖV 2012, S. 224 (225);

ausreichend präferierten Partei die entscheidenden Stimmen für die Überwindung der Fünf-Prozent-Hürde fehlen[572]. Deshalb können sich „schlechte Umfrageergebnisse […] in eine selbsterfüllende Prophezeiung verwandeln."[573] Dieses Phänomen führt zu einer erheblichen Benachteiligung der kleineren Parteien im politischen Wettbewerb, weil immer „mehr ihrer ursprünglichen Anhänger bei der Wahl die Gefolgschaft [verweigern], bis nur noch diejenigen Wähler übrigbleiben, die sich von den Erfolgsaussichten nicht beeinflussen lassen, die sich also streng genommen nicht rational verhalten."[574] Nur für letztere, vermeintlich „irrational" handelnde Wähler stellt die Sperrklausel eine Beeinträchtigung der Erfolgswertgleichheit dar. Für die anderen Wähler, die sich in der Folge einer größeren Partei zuwenden, ist hingegen nicht die Wahlgleichheit, sondern die Wahlfreiheit in Gestalt der Entschließungsfreiheit tangiert. Aus der Perspektive der Parteien und Kandidaten könnte in diesem Fall jedoch ihre Chancengleichheit betroffen sein. Insofern sind die Auswirkungen mit der Fallkonstellation der amtlichen Öffentlichkeitsarbeit vergleichbar, bei der die Wähler in ihrer Wahlfreiheit, die Wahlbewerber in ihrer Chancengleichheit betroffen sein können. Eine eigenständige Bedeutung gegenüber der Wahlgleichheit erlangt die Chancengleichheit der Wahlbewerber daher gleichfalls im Hinblick auf die *Ausgestaltung* des Wahlsystems. Folglich ist eine getrennte Betrachtung der aktiven und passiven Wahlgleichheit auch hinsichtlich des eigentlichen Wahlverfahrens angezeigt.

c) Taktisches Wahlverhalten als Beeinträchtigung der Chancengleichheit

Ein solch eigenständiges, materielles Verständnis der Chancengleichheit der Wahlbewerber im Hinblick auf die Auswirkungen von taktischem Wählverhalten, das durch entsprechende wahlrechtliche Mechanismen hervorgerufen

Roßner, Verfassungswidrigkeit, in: NVwZ 2012, S. 22 (24); zu diesem Aspekt bereits oben III. 1. c).

572 Auf diesen Umstand verweisen *Speckmann*, Klausel, in: ZRP 1970, S. 198 (198); *W. Roth*, Sperrklausel, 2015, S. 29; *S. Lenz*, Kommunalverwaltung, 2020, S. 223.

573 *S. Lenz*, Kommunalverwaltung, 2020, S. 223; sinngemäß *Behnke*, Wahlsystem, 2007, S. 97; *W. Roth*, Sperrklausel, 2015, S. 29.

574 Prägnant *Behnke*, Nachwahl, in: PVS 49 (2008), S. 695 (711). Dieser Umstand führt tendenziell zu einer Konzentration der Wählerstimmen auf wenige Parteien. Dies vermeidet, dass sich die Stimmen zu weit aufteilen und dadurch an der faktischen Sperrklausel scheitern, weshalb zumindest eine geringe, gesetzliche Sperrklausel paradoxerweise sogar die Erfolgswertgleichheit steigern könnte, dazu *Nohlen*, Erfolgswertgleichheit, in: ZParl 40 (2009), S. 179 (188); *Michael*, Sperrklauseln, 2015, S. 146; *W. Roth*, Sperrklausel, 2015, S. 98; *S. Lenz*, Kommunalverwaltung, 2020, S. 223. Daran zeigt sich anschaulich, dass die Beeinträchtigung der Chancengleichheit der Wahlbewerber nicht zwingend mit der Beeinträchtigung der Erfolgswertgleichheit der Wählerstimmen einhergehen muss, sondern diese Belange sogar in einem Gegensatz stehen können. Auch deshalb ist eine getrennte Betrachtung der Gleichheit der Wahl und der Chancengleichheit der Wahlbewerber geboten.

wird, hat in der verfassungsrechtlichen Beurteilung bislang überwiegend keinen Anklang gefunden. Das Bundesverfassungsgericht nimmt zwar in der Entscheidung zur Europawahl 2009 an, dass es bedingt durch die Sperrklausel zu „strategischem Wahlverhalten"[575] gekommen ist. Diesem Umstand weist es allerdings keine Bedeutung für die verfassungsrechtliche Beurteilung der Sperrklausel und im speziellen der Chancengleichheit der Wahlbewerber zu[576]. Vielmehr begründet es hiermit unverständlicherweise sogar, wieso eine Berichtigung des Wahlfehlers – es hat die Sperrklausel wegen des nicht gerechtfertigten Verstoßes gegen die Erfolgswertgleichheit für verfassungswidrig erachtet – durch Neuverteilung der Sitze nicht möglich sein soll[577]. Im Übrigen ist ein taktisches Wahlverhalten jedem Wahlsystem immanent, sodass es in verfassungsrechtlicher Hinsicht nicht problematisch sei[578]. Tatsächlich kann selbst im reinen Verhältniswahlsystem ohne Sperrklausel unter dem Gesichtspunkt der späteren Koalitionsbildung taktisches Wahlverhalten auftreten, weil der Wähler eine andere als seine eigentlich präferierte Partei wählt, um eine unliebsame Regierungskoalition zu verhindern[579]. Insoweit ist jedoch entscheidend, dass diese Wirkung nicht auf bestimmte gesetzgeberische Maßnahmen zurückzuführen ist und jede Partei gleichermaßen betreffen kann. Hingegen wird im Falle einer Sperrklausel durch eine *gesetzgeberische* Maßnahme eine Abschreckungswirkung gegenüber kleinen Parteien hervorgerufen, welche

---

[575] BVerfGE 129, 300 (344 f.).

[576] Im Zusammenhang mit den Ausführungen zur Anzahl an unberücksichtigt gebliebenen Parteien in Folge der Sperrklausel heißt es in BVerfGE 129, 300 (320) lediglich: „Etwaige Auswirkungen der Sperrklausel auf das Wählerverhalten bleiben bei diesen Berechnungen unberücksichtigt."

[577] BVerfGE 129, 300 (344 f.), zustimmend HmbVerfG, NordÖR 2013, S. 156 (164). Das Bundesverfassungsgericht begründet dies maßgeblich damit, dass die Sperrklausel „eine nicht bestimmbare Anzahl von Wählern davon abgehalten haben [mag], eine an sich bevorzugte kleinere Partei zu wählen, sie kann aber auch bewirkt haben, dass eine Reihe von Wählern ihre Stimme demonstrativ kleinen Parteien gerade im Hinblick auf die voraussichtliche Folgenlosigkeit dieser Wahlentscheidung gegeben hat." Letztere Annahme unterstellt den Wählern ein rein symbolisches Zeichen des Protestes gesetzt haben zu wollen, ohne damit wirklichen Erfolg zu bezwecken. Was dies mit strategischem Wählen zu tun haben soll, bleibt schleierhaft. Ferner legt eine solche Mutmaßung über die Motivlage der Wähler die Vermutung nahe, dass das Bundesverfassungsgericht die Wahl kleiner, aussichtsloser Parteien automatisch als symbolische Protestwahl einordnet. Mit einem solchen Argument die Korrektur des wahlrechtlichen Fehlers abzulehnen, zeugt von einem merkwürdigen Demokratieverständnis. Im Ergebnis für eine Korrektur des Wahlergebnisses in diesem Fall zu Recht *Roßner*, Verfassungswidrigkeit, in: NVwZ 2012, S. 22 (24).

[578] In diesem Sinne BVerfGE 124, 1 (21); *Nohlen*, Erfolgswertgleichheit, in: ZParl 40 (2009), S. 179 (189).

[579] Dazu näher *Brunner*, Einfluss, in: Bräuninger/Bächtiger/Shikano (Hrsg.), Jahrbuch für Handlungs- und Entscheidungstheorie, Bd. VII, 2012, S. 125 (132 ff.); *Herrmann*, Wählen, 2015, S. 90 ff.

diese im politischen Wettbewerb um Wählerstimmen über die eigentliche Sperrwirkung hinaus faktisch benachteiligt.

Das Bundesverfassungsgericht selbst betont, dass der Staat „nicht ohne zwingenden Grund eine Regelung treffen [darf], die eine schon bestehende faktische Ungleichheit der Wettbewerbschancen der Parteien verschärft“[580]. Genau dies erfolgt aber durch eine Ausgestaltung des Wahlverfahrens, deren faktische Auswirkungen einseitig zulasten kleinerer Parteien wirken[581]. Hier zeigt sich wie im Rahmen der Diskussion um die Erfolgswertgleichheit, dass die Wahlgleichheit nicht mit dem Hinweis auf eine innerhalb des Wahlaktes garantierte, formale Gleichbehandlung relativiert werden darf: „Formale Gleichheit zu fordern, heißt von den materiellen Verhältnissen abzusehen und damit die Überwindung bestehender Konflikte auf der Grundlage sachgerechter Kriterien abzulehnen.“[582] Daher ist eine materielle Betrachtungsweise im Hinblick auf das Wahlverfahren vorzunehmen, die im Gegensatz zur Erfolgswertgleichheit nicht auf den Zeitpunkt des Wahlergebnisses, sondern bereits auf die Stimmabgabe des Wählers und dessen potentielle Beeinflussung durch wahlrechtliche Regelungen gerichtet ist, die zur faktischen Benachteiligung von Wahlbewerbern führen können. Eine Abhilfe gegen die von der Sperrklausel hervorgerufene Vorwirkung auf das Wahlverhalten könnte die Einführung einer Alternativstimme bieten, die vorsorglich für den Fall des Scheiterns der präferierten Partei an der Sperrklausel abgegeben wird[583]. Die aktuell geltenden Sperrklauseln beeinträchtigen hingegen nicht nur wegen der eigentlichen Sperrwirkung gegenüber den abgegebenen Wählerstimmen, sondern auch bereits wegen ihrer Auswirkung auf das Wahlverhalten die Chancengleichheit der Parteien[584].

---

580 BVerfGE 8, 51 (67); sinngemäß BVerfGE 52, 63 (89); 73, 40 (89); 85, 264 (297). Auf diese Ausführungen stützt auch *Linck*, Gestaltung, in: DÖV 1984, S. 884 (886) seine Argumentation gegen die Wirkung der Sperrklausel.

581 In diese Richtung zur Sperrklausel *Linck*, Gestaltung, in: DÖV 1984, S. 884 (886); sinngemäß hinsichtlich der Abschaffung der Stichwahl die Antragsteller in VerfGH NRW, Urteil vom 20.12.2019, 35/19, S. 18.

582 Diese Formulierung findet sich bei *Bull*, Erfolgswertgleichheit, in: DVBl. 2014, S. 1213 (1214), der diese Aussage jedoch mit einer gänzlich anderen Zielrichtung trifft und ihr später eigentlich selbst widerspricht, indem er die Sperrklausel nicht als Beeinträchtigung der Chancengleichheit ansieht, weil doch jede Partei die rechtliche und damit formal gleiche Chance habe, in das Parlament einzuziehen.

583 *Speckmann*, Klausel, in: ZRP 1970, S. 198 (198); *Linck*, Gestaltung, in: DÖV 1984, S. 884 (885 f.); *Buchwald/Rauber/Grzeszick*, Sperrklausel, in: LKRZ 2012, S. 441 (444); *Jesse*, Wahlsystem, in: v. Arnim (Hrsg.), Volkssouveränität, Wahlrecht und direkte Demokratie, 2014, S. 43 (51); *A. Thiele*, Neugestaltung, in: ZRP 2017, S. 105 (107); hierzu ausführlich unten Teil 4, B. II. 1. a).

584 Wie hier *Benken*, Wahleinspruch gegen die Wahl zum Deutschen Bundestag am 22. September 2013, S. 9 f.; *Speckmann*, Klausel, in: ZRP 1970, S. 198 (198); *Linck*, Gestaltung, in: DÖV 1984, S. 884 (886); *Barlet*, Entscheidungsbesprechung, in: ZJS 2018, S. 179 (182);

Ähnliches gilt im Hinblick auf den Anfall von unausgeglichenen Überhangmandaten im früheren Bundestagswahlrecht, das zu einem taktischen Stimmensplitting verleiten konnte[585]. Die Wahrscheinlichkeit für Überhangmandate steigt, je mehr Direktmandate und je weniger Zweitstimmen die großen Parteien erhalten. Daher ist der Wähler in strategischer Hinsicht dazu angehalten, seine Erststimme der großen Partei und seine Zweitstimme an eine kleinere Partei aus seinem politisch präferierten Lager zu geben[586]. Soweit er im Interesse seiner Wunschkoalition in dieser Weise taktisch abstimmt, beeinflusst er damit die Erfolgschance der einzelnen Bewerber im Wahlkreis und zugleich der jeweiligen Parteien im Gesamtwahlergebnis. Dieses strategische Wahlverhalten bevorteilt Kandidaten und Parteien und benachteiligt damit zugleich andere erheblich. Folglich tangiert die Möglichkeit nichtausgeglichener Überhangmandate im Zweistimmensystem bereits durch den damit verbundenen Anreiz zum taktischen Wahlverhalten die Chancengleichheit der Wahlbewerber[587].

d) Zwischenergebnis: Eigenständiger Gewährleistungsgehalt der Chancengleichheit

Die Chancengleichheit der Wahlbewerber entfaltet nicht nur im Bereich des *Wahlvorfelds*, sondern auch im Hinblick auf die *Ausgestaltung* des Wahlsystems eigenständige Bedeutung. Dabei sind die tatsächlichen Auswirkungen auf das Wahlverhalten zu berücksichtigen, die sich insbesondere bei Sperrklauseln und im Falle unausgeglichener Überhangmandate zeigen. Wenn Wähler aufgrund der damit verbundenen taktischen Erwägungen von der Wahl des präferierten Wahlbewerbers Abstand nehmen, ist dieser in seiner Chancengleichheit betroffen. Die Beeinträchtigung der Entschließungsfreiheit der Wähler und der Chancengleichheit der Wahlbewerber hängen somit zusammen. Auch abseits der Erfolgswertgleichheit sind derartige Mechanismen im Wahlrecht somit rechtfertigungsbedürftig.

Fremuth, Verfassung, in: JZ 2018, S. 13 (14 f.); jedenfalls implizit *Puhl*, Sperrklausel, in: Depenheuer u. a. (Hrsg.), FS Isensee, 2007, S. 441 (446); *W. Roth*, Sperrklausel, 2015, S. 28 f.

[585] Siehe dazu *Behnke*, Nachwahl, in: PVS 49 (2008), S. 695 (713 f.); *Fürnberg/Knothe*, Wahlsiege, in: ZRP 2009, S. 56 (60 ff.); *Lenski*, Paradoxien, in: AöR 134 (2009), S. 473 (498 f.); *Sacksofsky*, Wahlrecht, in: Morlok/Schliesky/Wiefelspütz (Hrsg.), Parlamentsrecht, 2016, § 6 Rn. 71; *Wolf*, Stimmgewicht, 2016, S. 292 ff.

[586] *Fürnberg/Knothe*, Wahlsiege, in: ZRP 2009, S. 56 (61); *Sacksofsky*, Wahlrecht, in: Morlok/Schliesky/Wiefelspütz (Hrsg.), Parlamentsrecht, 2016, § 6 Rn. 71; *Wolf*, Stimmgewicht, 2016, S. 295.

[587] Ähnlich formuliert *Sacksofsky*, Wahlrecht, in: Morlok/Schliesky/Wiefelspütz (Hrsg.), Parlamentsrecht, 2016, § 6 Rn. 71: „Ein Wahlrecht, das in diesem Ausmaß für strategisches Wählen anfällig ist, verstößt gegen die Wahlgleichheit."

2. Verankerung der wahlrechtlichen Chancengleichheit im Demokratieprinzip

Im Gegensatz zur Erfolgswertgleichheit ist die Chancengleichheit der Wahlbewerber im Allgemeinen unbestritten als elementarer demokratischer Grundsatz einzuordnen[588]. Allerdings wird diese scheinbar bislang in einem bloß formalen Kontext verstanden, wenn es um die Ausgestaltung des Wahlrechts geht. Daher gilt es zu untersuchen, inwieweit das Demokratieprinzip die Berücksichtigung tatsächlicher Umstände einfordert und damit das aufgezeigte Verständnis der Chancengleichheit hinsichtlich der Einwirkung wahlrechtlicher Regelungen auf das Wählerverhalten umfasst. Dafür kann der bereits angesprochene Grundsatz der „abgestuften Chancengleichheit" hinsichtlich staatlicher Leistungen Anhaltspunkte bieten, der auf elementare demokratische Grundsätze zurückgreift und bei dem auch nach herrschender Auffassung materielle Erwägungen eine Rolle spielen.

a) Die „abgestufte Chancengleichheit" als formelle Relativierung eines materiellen Prinzips

Das Bundesverfassungsgericht und die herrschende Literatur vertreten im Hinblick auf die Gewährung staatlicher Leistungen gegenüber Parteien wie der Vergabe von Wahlsendezeiten das bereits angesprochene Prinzip der „abgestuften Chancengleichheit"[589]. Danach dürfe der Umfang der Leistungen an die Parteien „nach dem Zuspruch, den diese bei den Bürgern finden, [differenziert werden]"[590]. Entgegen dem ansonsten geforderten, formalen Charakter der Chancengleichheit der Parteien sei es dem Staat an dieser Stellte gestattet, aus

---

[588] Exemplarisch BVerfGE 44, 125 (145); 82, 322 (337).

[589] Zu diesem vom Bundesverfassungsgericht selbst lediglich implizit verwendeten Begriff ausführlich *Pauly*, Wahlrecht, in: AöR 123 (1998), S. 232 (273 f.); *Stern*, Staatsrecht, Bd. IV/2, 2011, S. 220 f.; *Kotzur*, Freiheit, in: Merten/Papier (Hrsg.), HGR V, 2013, § 120 Rn. 26; *Streinz*, in: Huber/Voßkuhle (Hrsg.), GG, Bd. II, 8. Aufl. 2024, Art. 21 Rn. 127 ff. – Dieses Verständnis der Chancengleichheit sehen *Klein*, in: Dürig/Herzog/Scholz (Hrsg.), GG, Art. 21 (2012), Rn. 311 f.; *Morlok*, in: Dreier (Hrsg.), GG, Bd. II, 3. Aufl. 2015, Art. 38 Rn. 120; *Müller/Drossel*, in: Huber/Voßkuhle (Hrsg.), GG, Bd. II, 8. Aufl. 2024, Art. 38 Rn. 98 f. sogar als zwingend an. Kritisch hingegen zu Recht *Grimm*, Parteien, in: Benda/Maihofer/Vogel (Hrsg.), HdbVerfR I, 2. Aufl. 1995, § 15 Rn. 46; *Kunig*, Parteien, in: Isensee/Kirchhof (Hrsg.), HStR III, 3. Aufl. 2005, § 40 Rn. 97 ff.; *H. Meyer*, Wahlgrundsätze, in: Isensee/Kirchhof (Hrsg.), HStR III, 3. Aufl. 2005, § 46 Rn. 63 ff.; *Ipsen*, in: Sachs (Hrsg.), GG, 9. Aufl. 2021, Art. 21 Rn. 41 ff.

[590] *Morlok*, in: Dreier (Hrsg.), GG, Bd. II, 3. Aufl. 2015, Art. 21 Rn. 80; *Streinz*, in: Huber/Voßkuhle (Hrsg.), GG, Bd. II, 8. Aufl. 2024, Art. 21 Rn. 127. Das Bundesverfassungsgericht spricht allgemeiner von „Bedeutung der Partei", die sich aber letztlich in verschiedenen Formen des Zuspruchs ausdrückt, siehe BVerfGE 7, 99 (108); 14, 121 (134 ff.); 34, 160 (163 f.); 47, 198 (225); 69, 92 (109); 104, 287 (300).

materiellen Gründen von der formalen Gleichbehandlung abzuweichen[591]. Die herrschende Auffassung orientiert sich an dieser Stelle bemerkenswerterweise an den *tatsächlichen* Begebenheiten des politischen Wettbewerbs. Diese in die verfassungsrechtliche Betrachtung einzubeziehen ist keineswegs verkehrt. Höchst fragwürdig ist jedoch die daraus gezogene Schlussfolgerung. Dies zeigt sich besonders eindrücklich an einer älteren Entscheidung des Bundesverfassungsgerichts zur Vergabe von Sendezeiten im öffentlichen Rundfunk:

> „Die Bildung von möglicherweise zahlreichen neuen Parteien gefährdet die Funktionsfähigkeit von Parlament und Regierung. Das verfassungsrechtlich legitime Ziel, den Charakter der Wahl als des entscheidenden Integrationsvorganges bei der politischen Willensbildung des Volkes zu sichern, erscheint daher auch in diesem Bereich – ähnlich wie dies bei dem Unterschriftenquorum und der Sperrklausel der Fall ist – als ein wichtiger Grund, der es erlaubt, innerhalb eines eng umgrenzten Rahmens von der formalen Chancengleichheit abzuweichen. Dem kann dadurch Rechnung getragen werden, daß die besondere Bedeutung der Parteien, deren Gegen- und Miteinanderwirken die bisherige Entwicklung entscheidend geprägt haben und deren mehr oder minder großer Einfluß auf die staatliche Willensbildung voraussichtlich die weitere Entwicklung bestimmen wird, der Aktivbürgerschaft auch bei der Wahlwerbung im Rundfunk durch eine Abstufung der Sendezeiten vor Augen geführt und vergegenwärtigt wird.“[592]

Mit dieser Argumentation ist insoweit nichts anders gemeint, als der Staat bewusst auf den Wähler einwirken und diesen zur Wahl der etablierten Parteien bewegen dürfte. Dies stellt ein äußerst merkwürdiges Demokratieverständnis dar. Wenngleich sich die herrschende Auffassung zum Teil von dieser Begründung distanziert hat[593], hat sich an der inhaltlichen Wirkung dieser Rechtsprechung nichts geändert. Insofern wendet *Ipsen* berechtigterweise ein, dass „der Staat mit der Einräumung unterschiedlich bemessener Sendezeiten in die Willensbildung des Volkes selbst eingreift und diese beeinflusst.“[594] Damit verstößt er jedoch gegen elementare Grundsätze des demokratischen Wettbe-

---

[591] Insoweit räumt *Klein*, in: Dürig/Herzog/Scholz (Hrsg.), GG, Art. 21 (2012), Rn. 311 selbst ein, dass „die Modifizierung des Grundsatzes strikt formaler Chancengleichheit durch ihn auflockernde, gewisse Differenzierungen rechtfertigende verfassungsrechtliche Gegengründe das Prinzip strikt formaler Gleichheit aufgibt und durch ein Prinzip materieller Gleichheit ersetzt.“ Kritisch zu dieser Aufgabe des formalen Charakters der Chancengleichheit *Kunig*, Parteien, in: Isensee/Kirchhof (Hrsg.), HStR III, 3. Aufl. 2005, § 40 Rn. 96 ff.; *Ipsen*, in: Sachs (Hrsg.), GG, 9. Aufl. 2021, Art. 21 Rn. 41 f.; *Trute*, in: v. Münch/Kunig (Hrsg.), GG, Bd. I, 7. Aufl. 2021, Art. 38 Rn. 81.

[592] BVerfGE 14, 121 (136).

[593] So etwa ausdrücklich *Streinz*, in: Huber/Voßkuhle (Hrsg.), GG, Bd. II, 8. Aufl. 2024, Art. 21 Rn. 126; implizit auch *Pauly*, Wahlrecht, in: AöR 123 (1998), S. 232 (273).

[594] *Ipsen*, in: Sachs (Hrsg.), GG, 9. Aufl. 2021, Art. 21 Rn. 42.

werbs, weil im Gegensatz zu einer Sperrklausel kein Rechtfertigungsgrund für eine Ungleichbehandlung schon im Wahlvorfeld erkennbar ist[595].

Das Bundesverfassungsgericht weist stets darauf hin, dass staatliche Maßnahmen „die vorgefundene Wettbewerbslage nicht verfälschen [dürfen]"[596]. Nicht überzeugen kann der Einwand, wonach eine solche Verfälschung im Falle einer gleichen Verteilung staatlicher Leistungen eintreten würde und deshalb die abgestufte Behandlung der Parteien und Wahlbewerber gerechtfertigt wäre[597]. Vielmehr stellt diese gleiche Verteilung sicher, dass alle die gleichen Wettbewerbschancen haben und niemand aufgrund von *vergangenen* Wahlergebnissen *staatlicherseits* bevorteilt wird[598]. Dies nivelliert keinesfalls die bestehenden Unterschiede zwischen den Wahlbewerbern, die auf dem unterschiedlichen Zuspruch in der Vergangenheit gründen[599]. Die etablierten Parteien und Wahlbewerber sind weiterhin dadurch im großen Vorteil, dass sie den Wählern durch ihre bisherige Tätigkeit, die damit verbundene Berichterstattung und beständigen öffentlichen Auftritte viel besser vertraut sind. Im Besonderen gilt dies für die herausgehobenen Spitzenämter, denen im Wahlkampf häufig ein „Amtsbonus" zukommt. Das Bundesverfassungsgericht stellt deshalb zu Recht fest:

> „Eine neue oder eine kleine bisher im Parlament nicht vertretene Partei hat in der Regel keine Aussicht, auf Anhieb wesentliche Wahlerfolge zu erringen. Sie ist häufig von vornherein dazu verurteilt, eine kleine Minderheit zu bleiben, weil die Wähler sich scheuen, ihre Stimme Parteien zu geben, die sich in ihren Augen bisher weder in der Regierungsverantwortung noch in der Opposition bewährt noch auf den staatlichen Willensbildungsprozeß Einfluß genommen haben."[600]

Gleiches gilt für die Möglichkeiten und den Umfang des Wahlkampfes, der sich bereits ohne staatliche Parteienfinanzierung durch die Anzahl der ehrenamtlich aktiven Mitglieder, die Mitglieds- und Mandatsbeiträge und Wahlkampfspenden erheblich unterscheiden würde. All dies sind faktische Un-

---

595 So zu Recht *Kunig*, Parteien, in: Isensee/Kirchhof (Hrsg.), HStR III, 3. Aufl. 2005, § 40 Rn. 98; *H. Meyer*, Wahlgrundsätze, in: Isensee/Kirchhof (Hrsg.), HStR III, 3. Aufl. 2005, § 46 Rn. 66.

596 BVerfGE 41, 399 (414); 52, 63 (89); 73, 40 (89); 85, 264 (297); 111, 382 (398).

597 Wie hier *H. Meyer*, Wahlgrundsätze, in: Isensee/Kirchhof (Hrsg.), HStR III, 3. Aufl. 2005, § 46 Rn. 70; *Trute*, in: v. Münch/Kunig (Hrsg.), GG, Bd. I, 7. Aufl. 2021, Art. 38 Rn. 81; so argumentieren aber *Klein*, in: Dürig/Herzog/Scholz (Hrsg.), GG, Art. 21 (2012), Rn. 311; *Morlok*, in: Dreier (Hrsg.), GG, Bd. II, 3. Aufl. 2015, Art. 38 Rn. 120; *Müller/Drossel*, in: Huber/Voßkuhle (Hrsg.), GG, Bd. II, 8. Aufl. 2024, Art. 38 Rn. 98; *Streinz*, in: Huber/Voßkuhle (Hrsg.), GG, Bd. II, 8. Aufl. 2024, Art. 21 Rn. 127. Für den Fall gleicher Sendezeiten spricht *Becht*, 5%-Klausel, 1990, S. 82 sogar von einer dadurch bewirkten „Täuschung beim Wähler".

598 Ebenso *Trute*, in: v. Münch/Kunig (Hrsg.), GG, Bd. I, 7. Aufl. 2021, Art. 38 Rn. 81.

599 Anders aber scheinbar *Klein*, in: Dürig/Herzog/Scholz (Hrsg.), GG, Art. 21 (2012), Rn. 311; *Morlok*, in: Dreier (Hrsg.), GG, Bd. II, 3. Aufl. 2015, Art. 38 Rn. 120.

600 BVerfGE 14, 121 (136).

gleichheiten im Wettbewerb, die in keiner Weise zu vermeiden sind, sondern als Ausdruck des verfassungsrechtlich durch Art. 21 GG geschützten politischen Engagements der Bürger und im Interesse eines gewissen Maßes an Stabilität und Kontinuität im politischen System sogar erwünscht sein können. Deshalb ist die „durch die Parteien selbst verursachte unterschiedliche Stärke der Parteien zu respektieren“[601]. Der elementare demokratische Grundsatz, wonach „Minderheiten die Möglichkeit haben müssen, zur Mehrheit zu werden“ verlangt eben nur die *Möglichkeit* eines Machtwechsels, keinesfalls dessen tatsächliche Durchsetzung.

Nimmt man jedoch die Garantie dieser Möglichkeit als Ausprägung der demokratischen Gleichheit aller Wahlbewerber ernst, muss eine staatliche Bevorzugung im Wahlkampf aufgrund der Vergangenheit ausscheiden. Der Staat darf in dieser Hinsicht nicht selbst zu einer Zementierung des „Status quo“[602] beitragen. Die herrschende Auffassung müsste ihrer eigenen Aussage Rechnung tragen, wonach der Staat weder „bestehende Unterschiede zwischen den Parteien nivellieren noch sie vergrößern [darf]“[603]. Danach darf der Staat weder in die eine noch in die andere Richtung in den politischen Wettbewerb einwirken. Ihm ist vielmehr, wie das Bundesverfassungsgericht selbst feststellt, „grundsätzlich jede unterschiedliche Behandlung der Parteien und Wählergruppen verfassungskräftig versagt.“[604] Daher muss folgendes gelten: „Für den Staat stehen alle an der Wahl sich beteiligenden Parteien an derselben Startlinie und der Wähler entscheidet, wer gewinnt.“[605] Demnach muss der Staat die

---

[601] Insoweit zutreffend *Klein*, in: Dürig/Herzog/Scholz (Hrsg.), GG, Art. 21 (2012), Rn. 458, der daraus jedoch folgert, dass staatliche Leistungen nur nach dem „Grundsatz der Proportionalität“ zu verteilen sind. Dann aber ist die „unterschiedliche Stärke der Parteien“ nicht mehr nur „durch die Parteien selbst verursacht“, sondern auch durch den Staat. Hieran zeigt sich anschaulich, dass die herrschende Auffassung von „inneren Widersprüchen gekennzeichnet“ ist, so treffend *Ipsen*, in: Sachs (Hrsg.), GG, 9. Aufl. 2021, Art. 21 Rn. 41.

[602] Genau dies löst die herrschende Auffassung im Bereich der staatlichen Leistungen aus, so zu Recht *H. Meyer*, Wahlgrundsätze, in: Isensee/Kirchhof (Hrsg.), HStR III, 3. Aufl. 2005, § 46 Rn. 74; *Trute*, in: v. Münch/Kunig (Hrsg.), GG, Bd. I, 7. Aufl. 2021, Art. 38 Rn. 81; sinngemäß *Grimm*, Parteien, in: Benda/Maihofer/Vogel (Hrsg.), HdbVerfR I, 2. Aufl. 1995, § 15 Rn. 45 f. Dieses Problem räumen selbst *Morlok*, in: Dreier (Hrsg.), GG, Bd. II, 3. Aufl. 2015, Art. 21 Rn. 89; *Streinz*, in: Huber/Voßkuhle (Hrsg.), GG, Bd. II, 8. Aufl. 2024, Art. 21 Rn. 128 ein und möchten daher die Differenzierung aufgrund vergangener Erfolge zumindest begrenzen.

[603] *Morlok*, in: Dreier (Hrsg.), GG, Bd. II, 3. Aufl. 2015, Art. 21 Rn. 80; entsprechend *Streinz*, in: Huber/Voßkuhle (Hrsg.), GG, Bd. II, 8. Aufl. 2024, Art. 21 Rn. 124.

[604] BVerfGE 82, 322 (338); sinngemäß bereits BVerfGE 34, 160 (163); 44, 125 (146); 51, 222 (235).

[605] Prägnant *H. Meyer*, Wahlgrundsätze, in: Isensee/Kirchhof (Hrsg.), HStR III, 3. Aufl. 2005, § 46 Rn. 70; anders hingegen *Klein*, in: Dürig/Herzog/Scholz (Hrsg.), GG, Art. 21 (2012), Rn. 311, nach dessen Auffassung der Staat mit einer vollkommenen Gleichbehandlung „die auf den Wählerwillen zurückzuführende tatsächliche Ungleichheit der Startbedingungen verändern [würde]“. Ebenfalls wenig überzeugend sind die Ausführungen bei *Becht*,

Wahlbewerber bei der Vergabe von Leistungen im Wahlkampf strikt gleich behandeln. In diesem Sinne gewährleistet eine formelle Gleichbehandlung eine materielle Chancengleichheit, anstatt eine ansonsten formell verstandene Chancengleichheit materiell zu relativieren. Nur dies erfüllt die Anforderungen des demokratischen Prinzips des Grundgesetzes.

b) Differenzierung nach staatlichem und nichtstaatlichem Einfluss

Im Hinblick auf das eigentliche Wahlverfahren ist offensichtlich, dass es nicht um eine formelle *Ergebnisgleichheit* geht, sondern lediglich um eine tatsächliche *Chancengleichheit*. Wenn eine Partei oder ein Kandidat gegenüber der Konkurrenz deutlich stärker präferiert wird, ist es demokratisch zwingend, dass derjenige die entsprechend hohe Zahl an Wählerstimmen tatsächlich erhält. Insoweit ist dem Ausgangspunkt der herrschenden Ansicht zuzustimmen, dass das Demokratieprinzip lediglich eine Gleichheit der Chancen und der Möglichkeit des Mehrheitswechsels fordert, keinesfalls deren tatsächliche Durchsetzung. Daraus zieht die herrschende Ansicht aber die falschen Schlüsse. Wie bereits dargelegt, haben die Wahlbewerber aufgrund der nicht durch den Staat beeinflussten Umstände, die auf die politischen Präferenzen der Wähler zurückgehen, sowieso faktisch unterschiedliche Chancen im Wahlkampf und damit im Wahlverfahren. Der Staat darf diese Wettbewerbslage nicht beeinflussen, weshalb er bei der Gewährung staatlicher Leistungen im Wahlkampf die Parteien *formal* gleich behandeln muss, um auf diese Weise eine *materielle* Chancengleichheit zu gewährleisten.

Im Bereich des eigentlichen Wahlverfahrens ist zu berücksichtigen, dass die dieselben wahlrechtlichen Mechanismen gegenüber den Wahlbewerbern unterschiedlich wirken können, etwa kleinere Parteien durch die Abschreckungswirkung der Sperrklausel betroffen sind, während größere Parteien davon sogar profitieren. Da dies auf staatliche Regelungen zurückzuführen ist und nicht allein auf die politischen Präferenzen der Wähler, greift der Staat selbst in den Wettbewerb ein und verschärft eine bestehende Ungleichheit, was ihm nach Ansicht des Bundesverfassungsgerichts ohne eine entsprechende Rechtfertigung untersagt ist. Der demokratische Charakter einer Wahl beruht maßgeblich auf der freien Auswahl unter mehreren Wahlbewerbern, die prinzipiell die glei-

---

5%-Klausel, 1990, S. 82, wonach die gleiche Zuteilung von Sendezeiten eine „Täuschung beim Wähler" über die Relevanz der Partei erzeugen würde, die damit die Chancengleichheit beeinträchtigt. Abgesehen davon, dass es hier um staatliche Leistungen, die punktuell in den Parteienwettbewerb eingreifen, und nicht um eine vollkommene Nivellierung der Ungleichheit geht, kann eine vermeintliche Täuschung über die Größe im Gegensatz zu einer Täuschung über die Inhalte einer Partei keine verfassungsrechtliche Relevanz haben. Der Wähler sollte im Idealfall unabhängig von der bisherigen Größe, lediglich aufgrund des bisherigen Engagements, der damit verbundenen Glaubwürdigkeit und den politischen Inhalten entscheiden.

chen Chancen im Wahlverfahren haben müssen. Das Bundesverfassungsgericht führt in diesem Sinne zutreffend aus, dass „die Gewährleistung gleicher Chancen im Wahlwettbewerb [...] ein unabdingbares Element des vom Grundgesetz gewollten freien und offenen Prozesses der Meinungs- und Willensbildung des Volkes [ist].“[606] Die vom Demokratieprinzip geforderte Offenheit des politischen Willensbildungsprozesses wird nur hinreichend sichergestellt, wenn auch die Gestaltung des Wahlverfahrens potentielle Einwirkungen auf die Stimmabgabe des Wählers so weit wie möglich vermeidet, durch die bestimmte Wahlbewerber bevorteilt oder benachteiligt werden[607]. Ob von einer wahlrechtlichen Regelung eine solche Wirkung ausgeht, ist unter Rückgriff auf die tatsächlichen Verhältnisse und die gegebene politische Struktur zu bestimmen. Zu Recht hat das Bundesverfassungsgericht bei der ersten gesamtdeutschen Wahl die tatsächlichen Umstände der Wiedervereinigung berücksichtigt und die aus diesen Begebenheiten folgende faktische Benachteiligung kleinerer Parteien beanstandet[608]. Allerdings hat es diese Argumentation auf die besondere Ausnahmesituation der Wiedervereinigung beschränkt. Das Bundesverfassungsgericht und Teile der Literatur scheinen in dieser Hinsicht eine „Stunde null“ konzipiert zu haben, in der eine materielle Chancengleichheit mit gleichen Startvoraussetzungen aller Parteien galt, die anschließend wieder zu einer formellen Chancengleichheit herabgestuft wurde, bei der die faktischen Unterschiede im Wahlverfahren keine Rolle mehr spielen[609].

Um jedoch das der Demokratie zugrundeliegende Prinzip der „Herrschaft auf Zeit“ hinreichend zu verwirklichen, bedarf es stets vor jeder neuen Wahlperiode einer „Stunde null“, in der allen Parteien *staatlicherseits* die gleichen Chancen einzuräumen sind. Dies bedeutet keinesfalls – wie bereits zum Komplex der staatlichen Leistungen ausgeführt – die Forderung nach einer materiellen Gleichheit, die staatliche Intervention zur Nivellierung bestehender tatsächlicher Unterschiede der Wahlbewerber begründen würde, die regelmäßig

---

[606] BVerfGE 44, 125 (145).

[607] In diese Richtung speziell in Bezug auf die Sperrklausel *Linck*, Gestaltung, in: DÖV 1984, S. 884 (886).

[608] Siehe BVerfGE 82, 322 (339 ff.), wenngleich es versucht, dies nicht mit der tatsächlichen „Verschiedenheit“ der Parteien, sondern durch die Rechtsordnung herbeigeführte „Ungleichheit“ zu begründen; zu dieser Rechtsprechung *Brenner*, Entwicklung, in: AöR 116 (1991), S. 537 (564 ff.); *Pauly*, Wahlrecht, in: AöR 123 (1998), S. 232 (257 f.).

[609] Besonders deutlich die Ausführungen bei *Brenner*, Entwicklung, in: AöR 116 (1991), S. 537 (565 f.), nach dessen Ansicht die tatsächlichen Unterschiede der Parteien nicht berücksichtigt werden dürften, eine differenzierte Sperrklausel in der Sonderkonstellation der ersten gesamtdeutschen Wahl aber ausnahmsweise „keine Verfälschung des Parteienwettbewerbs [bedeutet], sondern [...] vielmehr eine verfassungsrechtlich unzulässige Verschärfung bestehender faktischer Ungleichheiten der Wettbewerbschancen der Parteien der ehemaligen DDR aufgrund ihnen nicht zurechenbarer Umstände [verhindert]“. In diesem Sinne auch BVerfGE 82, 322 (349 f.), wonach Maßnahmen gegen die „unterschiedlichen Startbedingungen bei dieser ersten gesamtdeutschen Wahl“ erforderlich seien.

infolge der Entscheidung privater Akteure wie Wähler, Parteimitglieder, Wahlbewerber, Wahlkampfhelfer, Spender oder Medien in erheblichem Maße eintreten. Diese „reale Verschiedenheiten [hat] der Wahlgesetzgeber aufgrund seiner Neutralitätspflicht hinzunehmen"[610]. Er ist ebenso wenig zu einer vollständigen Vermeidung faktischer Vor- und Nachteile im politischen Wettbewerb verpflichtet, die praktisch überhaupt nicht erreichbar ist. Er muss aber zumindest die Verzerrung des politischen Wettbewerbs durch seine wahlrechtlichen Mechanismen mit in die Abwägung einstellen. Damit das Demokratieprinzip insofern nicht praktisch leerläuft, darf es keine Beschränkung auf eine in toten Buchstaben festgeschriebene formale Gleichheit zulassen, sondern muss eine materielle Chancengleichheit verlangen, die die reale Wechselwirkung zwischen der Ausgestaltung des Wahlverfahrens und dem Wahlverhalten einbezieht und ihre unterschiedlichen Auswirkungen auf die Wahlbewerber berücksichtigt[611].

Aus der Perspektive des Demokratieprinzips ist somit letztlich nicht die Kategorisierung nach formellen oder materiellen Aspekten hinsichtlich der Chancengleichheit der Wahlbewerber entscheidend. Vielmehr ist – ganz im Sinne des Zurechnungskriteriums des erweiterten Eingriffsbegriffs – allein maßgeblich, ob die faktische Chancenungleichheit der Wahlbewerber ausschließlich auf ihrem politischen Verhalten und den Entscheidungen der Bürger oder zumindest mittelbar auf *staatliche* Maßnahmen zurückzuführen ist. Soweit letzteres der Fall ist, bedarf es aufgrund der Forderung des Demokratieprinzips nach einem offenen politischen Wettbewerb zumindest einer Rechtfertigung. Wenn daher Wähler, wie im Falle der Sperrklausel, durch wahlrechtliche Mechanismen davon abgehalten werden, kleinere Parteien zu wählen, tangiert dies den Gewährleistungsbereich des Demokratieprinzips.

c) Zwischenergebnis: Materielle Chancengleichheit als Ausprägung des Demokratieprinzips

Das Demokratieprinzip verlangt demnach ein weites Verständnis der Chancengleichheit, das sich nicht auf eine formelle Betrachtung beschränkt, sondern umfassend jegliche staatlichen Maßnahmen unter Rechtfertigungszwang setzt, die den freien und offenen politischen Wettbewerb beeinflussen können. Dem-

---

[610] Insoweit zu Recht *Brenner*, Entwicklung, in: AöR 116 (1991), S. 537 (565); ähnlich bereits BVerfGE 82, 322 (342).

[611] Andeutungsweise *Kotzur*, Freiheit, in: Merten/Papier (Hrsg.), HGR V, 2013, § 120 Rn. 19, nach dem die „egalitär-demokratische Komponente" der Demokratie zumindest ein „Mindestmaß an realer, nicht nur formaler Chancengleichheit" verlangt. Er führt zudem in Rn. 20 Fn. 144 im Hinblick auf die Gleichheitsforderung im Wahlverfahren an, dass „auch Details wie etwa die Reihenfolge der Wahlbewerber auf dem Wahlzettel [...] Einfluß auf die Wählerentscheidung nehmen [können]" und erkennt damit die verfassungsrechtliche Relevanz solcher faktischen Auswirkungen auf das Wählerverhalten an.

nach ist die Auffassung einer „abgestuften Chancengleichheit“ bezüglich staatlicher Leistungen abzulehnen, weil diese eine bereits bestehende, faktische Ungleichheit von Wahlbewerbern weiter verschärft. Gleichzeitig ist die Beschränkung auf formelle Aspekte im Kontext der Wahlgestaltung abzulehnen. Die herrschende Ansicht behandelt materiell gleich, wo sie formell gleichbehandeln müsste und formell gleich, wo sie materiell gleichbehandeln müsste und beeinträchtigt damit in doppelter Hinsicht die vom Demokratieprinzip garantierte Chancengleichheit der Wahlbewerber.

3. Anwendung der Chancengleichheit auf die Mehrheitswahl

Eine Mehrheitswahl weist das Dilemma auf, dass es nur einen Wahlsieger je Wahlbezirk geben kann und damit im Wahlergebnis keine umfassende Erfolgswertgleichheit möglich ist. Umso bedeutsamer ist in diesem Fall aber die Gewährleistung gleicher Chancen der Wahlbewerber auf den Wahlsieg. Man könnte auf den ersten Blick annehmen, dass eine relative Mehrheitswahl diese Anforderung angesichts des regelmäßig niedrigeren Quorums eher erfüllt als eine absolute Mehrheitswahl und die zunehmende Parteienzersplitterung sogar eine positive Entwicklung darstellt. Ob eine solche Sichtweise bei genauerer Betrachtung überzeugt, ist im Folgenden zu untersuchen.

a) Umfang der Chancengleichheit im Mehrheitswahlsystem

Bei der Diskussion um die Abschaffung der Stichwahl bei Bürgermeister- und Landratswahlen war auch die Chancengleichheit der Wahlbewerber ein Thema. Nach der herrschenden Auffassung werde diese durch die einstufige, relative Mehrheitswahl nicht beeinträchtigt, da alle Kandidaten „die formal gleiche Chance haben, die erforderliche relative Mehrheit zu erreichen“[612]. Mögliche taktische Erwägungen der Wähler, wodurch diese von ihrer ursprünglichen Präferenz abweichen, seien als politisches Motiv rechtlich nicht relevant[613]. Das gegenteilige Verständnis würde auf eine „faktische Chancengleichheit“ abzielen, die verfassungsrechtlich nicht geboten, ja sogar verboten sei, weil der Staat die „vorgefundene Wettbewerbslage nicht verfälschen [dürfe]“[614]. Dem ist aber das bereits ausführlich dargelegte Verständnis der Chancengleichheit im Hinblick auf das Wahlverfahren entgegenzuhalten, wonach das taktische Wahlverhalten zu einer Beeinträchtigung führen kann. Die Chancengleichheit der Wahlbewerber darf sich deshalb auch im Bereich der

---

[612] *Groß*, Direktwahl, in: LKRZ 2010, S. 93 (95); sinngemäß VerfGH NRW, NVwZ 2009, S. 1096 (1100); *Mehde*, Stichwahlen, in: KommJur 2013, S. 446 (451).

[613] *Groß*, Direktwahl, in: LKRZ 2010, S. 93 (95); *Mehde*, Stichwahlen, in: KommJur 2013, S. 446 (449).

[614] So die Argumentation der Landesregierung in VerfGH NRW, Urteil vom 20.12.2019, 35/19, S. 32; Übernahme der Formulierung aus VerfGH NRW, NVwZ 2009, 1096 (1099) und allgemein aus BVerfGE 41, 399 (414); 73, 40 (89); 85, 264 (297).

Mehrheitswahl nicht in einer formalen Betrachtung erschöpfen, sondern muss die tatsächlichen Umstände in den Blick nehmen. Die Antragsteller im Verfahren zur Verfassungsmäßigkeit der Abschaffung der Stichwahl argumentieren insoweit zutreffend mit dem Topos des Bundesverfassungsgerichts: „Der Staat dürfe nicht ohne zwingenden Grund eine Regelung treffen, die eine schon bestehende faktische Ungleichheit der Wettbewerbschancen der Parteien verschärfe.“[615] In diesem Sinne können, wie bei der Fünf-Prozent-Sperrklausel, die faktischen Vorwirkungen und Auswirkungen auf das Wahlverhalten bei einer einstufigen, relativen Mehrheitswahl zur Besetzung eines monokratischen Amtes verfassungsrechtlich relevant sein[616].

Auf den ersten Blick scheint dabei jedoch ein entscheidender Unterschied zu bestehen. Bei einer Mehrheitswahl kann anders als bei einer Verhältniswahl keine Vielzahl an Bewerbern, sondern lediglich ein Kandidat erfolgreich sein. Es ist daher – wie bereits bei der Wahlfreiheit erörtert – im Grundsatz nicht bedenklich, sondern kann geradezu erwünscht sein, dass Wähler auf nachfolgende Präferenzen ausweichen, wenn ihr ursprünglich bevorzugter Kandidat nicht mehrheitsfähig ist. Wenn in der Folge tatsächlich aussichtslose Kandidaten noch weniger Stimmen erhalten oder bereits im Voraus auf die Wahl verzichten, führt dies nicht ohne Weiteres zu einer Beeinträchtigung der Chancengleichheit. Deshalb greift das Argument „Die Abschaffung der Stichwahlen begünstige einseitig große Parteien und benachteilige kleine Parteien“[617] zu kurz. *Krüper* kritisiert, dass durch die Abschaffung der Stichwahl der Aushandlungsprozess über eine Wahlempfehlung und die damit verbundene „Verhandlungsmasse“ der kleineren Parteien entfalle[618]. Auch dieser Einwand ist unbeachtlich, weil den Parteien – genauer den Kandidaten – kein Anspruch zukommt, Einfluss auf die politische Ausrichtung der anderen Kandidaten nehmen zu können, sondern dies dem allgemeinen politischen Prozess überlassen bleibt[619]. Genauso wenig verfängt hinsichtlich des möglichen Verzichts der

---

[615] So die Antragsteller in VerfGH NRW, Urteil vom 20.12.2019, 35/19, S. 18.

[616] Anders hingegen das Sondervotum zu VerfGH NRW, Urteil vom 20.12.2019, 35/19, S. 82: „Gestaltet er [der Gesetzgeber] in diesem Rahmen nach seiner Bewertung das Wahlrechtssystem aus, nimmt er keine Eingriffe in verfassungsrechtlich geschützte Rechtsbereiche vor. Entsprechend unterliegt sein Handeln auch nicht denselben strengen Rechtfertigungsanforderungen wie etwa bei einem Eingriff in das grundrechtsgleiche Recht der Gleichheit der Wahl durch Normierung einer Sperrklausel.“

[617] Antragsteller in VerfGH NRW, Urteil vom 20.12.2019, 35/19, S. 18; in diesem Sinne bereits die Antragsteller in VerfGH NRW, Urteil vom 26.5.2009, 2/09, S. 11 f.; *Holste*, Stichwahl, in: ZRP 2007, S. 94 (96); *Krüper*, Stichwahlen, in: DÖV 2009, S. 758 (764); *Henneke/Ritgen*, Direktwahl, in: DÖV 2010, S. 665 (676). Keine Bevorzugung größerer Parteien erkennen hingegen *Franke/Fischer*, Gesetzentwurf, in: NdsVBl. 2010, S. 257 (262); *H. Meyer*, Wahlrecht, in: DVP 2013, S. 53 (56).

[618] Dazu *Krüper*, Stichwahlen, in: DÖV 2009, S. 758 (764).

[619] Zutreffende Ablehnung dieses Arguments daher bei *Mehde*, Stichwahlen, in: KommJur 2013, S. 446 (450).

Teilnahme zugunsten des Kandidaten einer größeren Partei das Argument „Die Aufstellung eines eigenen Bewerbers sei indes wichtig für sie [kleinere Parteien und Wählergruppen], um sich politisch zu positionieren und für den Wähler sichtbar in Erscheinung zu treten“[620]. Damit ist vermutlich gemeint, dass sich kleine Parteien und Wählergruppen durch die Wahlteilnahme mit einem eigenen Kandidaten außenwirksamer präsentieren können und dies für die Zukunft auch Vorteile bei der Teilnahme an anderen Wahlen – etwa zu den kommunalen Vertretungen – hätte. Jedoch sind faktische Benachteiligungen durch das Wahlrecht nur insoweit rechtlich relevant, wie sie sich konkret auf die tatsächlichen Erfolgschancen der Kandidaten im jeweiligen Wahlverfahren auswirken. Ein allgemeiner Anspruch auf eine Ausgestaltung des Wahlrechts, die den Parteien oder Wählergruppen eine möglichst umfassende und wirksame Möglichkeit zur Außendarstellung gewährt, würde den Gewährleistungsgehalt der Wahlrechtsgrundsätze überdehnen. Daher lässt sich mit diesen Argumenten noch keine Beeinträchtigung der Chancengleichheit der Wahlbewerber durch eine einstufige, relative Mehrheitswahl feststellen.

Das Problem der relativen Mehrheitswahl setzt im Hinblick auf die Chancengleichheit vielmehr dort ein, wo die Wähler und Wahlbewerber unter falscher Annahme auf nachfolgende Präferenzen ausweichen und dadurch möglicherweise Kandidaten, die eigentlich am meisten präferiert werden, nicht gewählt werden oder nicht einmal zur Wahl antreten. Im Fall des Erfordernisses einer absoluten Mehrheit wird zunächst die Abbildung der tatsächlichen Präferenzen der Wähler ermöglicht und es kommt dadurch häufig erst in nachfolgenden Wahlgängen zu einer Mehrheitsfindung, während dies bei der relativen Mehrheitswahl schon im ersten Wahlgang erfolgen muss. Während dies für die Wähler einen Eingriff in die *Entschließungsfreiheit* darstellt, sind die betroffenen Kandidaten in ihrer *Chancengleichheit* beeinträchtigt. Insofern stellen sich die Auswirkungen einer relativen Mehrheitswahl auf die Wähler und Kandidaten wieder vergleichbar mit denen einer Sperrklausel dar, an der Parteien in Folge des taktischen Wahlverhaltens scheitern, obwohl sie tatsächlich von genügend Wählern präferiert worden wären, um die Prozent-Hürde zu überwinden. Dieses Problem der relativen Mehrheitswahl kann unter den veränderten Begebenheiten der politischen Strukturen an zusätzlicher Relevanz gewonnen haben.

b) Auswirkungen der veränderten politischen Landschaft auf die Chancengleichheit

Im Hinblick auf die Auffächerung des politischen Systems wäre auf den ersten Blick anzunehmen, dass die Chancengleichheit der Wahlbewerber im Falle der relativen Mehrheitswahl faktisch gestiegen ist, da nunmehr deutlich mehr Kan-

---

[620] So die Antragsteller in VerfGH NRW, Urteil vom 26.5.2009, 2/09, S. 12.

didaten eine realistische Chance auf einen Sieg haben. Dieser Umstand ist aber verfassungsrechtlich nicht nur neutral zu beurteilen, weil der tatsächliche Erfolg oder der tatsächliche Machtwechsel kein Kriterium ist, sondern nach dem Demokratieprinzip die bloße Chance maßgeblich ist. Er führt vielmehr sogar zu einem Problem im Hinblick auf die tatsächliche Garantie der Chancengleichheit der Kandidaten. In früheren Zeiten hat es regelmäßig nur zwei potentiell mehrheitsfähige Kandidaten gegeben, sodass eine Konzentration der Wählerstimmen auf diese bereits im ersten Wahlgang sogar positiv wirken konnte, da damit die Chancen auf eine absolute Mehrheit und einen Verzicht auf weitere, insofern unnötige Wahlgänge stiegen[621]. In Folge der zunehmenden Fragmentierung und insbesondere auf kommunaler Ebene steigenden Anzahl erfolgreicher Wählergruppen und Einzelbewerber können nunmehr regelmäßig deutlich mehr Kandidaten eine realistische Chance haben. Dennoch bleiben die Wähler im Rahmen einer einstufigen relativen Mehrheitswahl geneigt „ihre Stimmen nicht dem vermeintlich chancenlosen Wunschkandidaten zukommen zu lassen, sondern sie einem aus ihrer Sicht aussichtsreicheren Kandidaten zu geben“[622]. Aufgrund der deutlich gesunkenen Vorhersehbarkeit der Erfolgschancen könnte ein „vermeintlich chancenloser Wunschkandidat“ der tatsächliche Wunschkandidat der Mehrheit gewesen sein, jedoch unentdeckt bleiben, weil sich die Wähler fälschlicherweise für den scheinbar aussichtsreicheren, womöglich etablierteren oder bekannteren Kandidaten des jeweiligen politischen Lagers entschieden haben. Dieses problematische taktische Wahlverhalten ist keine „generelle Folge der Mehrheitswahl“[623], sondern stellt präziser eine Folge der einstufigen, relativen Mehrheitswahl dar. Ist im ersten Wahlgang hingegen eine absolute Mehrheit erforderlich, so können die Wähler zunächst allein anhand ihrer wirklichen Präferenzen abstimmen und die tatsächlichen Erfolgschancen anhand des Abbilds der Erstpräferenz im ersten Wahlgang abwarten, sodass die Wahlchancen für neue und vermeintlich aussichtlose Kandidaten gesichert sind[624].

Die einstufige, relative Mehrheitswahl weist zudem das Problem auf, dass sich Kandidaten mit der gleichen politischen Ausrichtung gegenseitig „die Stimmen wegnehmen“, wenn sie die Wähler als ungefähr ähnlich stark einschätzen. Hiervon kann ein Wahlbewerber, der in seinem politischen Lager ohne Konkurrenz steht, profitieren und die meisten Stimmen erhalten, obwohl eine große Mehrheit einen Kandidaten aus dem anderen Lager bevorzugt hätte.

---

[621] Dazu bereits oben III. 3. a).

[622] Dies räumt auch VerfGH NRW, NVwZ 2009, S. 1096 (1100) ein.

[623] So aber VerfGH NRW, NVwZ 2009, S. 1096 (1100); zustimmend *Henneke/Ritgen*, Direktwahl, in: DÖV 2010, S. 665 (676); *Mehde*, Stichwahlen, in: KommJur 2013, S. 446 (451).

[624] In diesem Sinne *Krüper*, Stichwahlen, in: DÖV 2009, S. 758 (764), der die Bedeutung einer unverfälschten Darstellung der Wählpräferenzen im ersten Wahlgang betont; ähnlich *Seybold*, Qual, in: DVP 2021, S. 79 (81).

Eine relative Mehrheitswahl kann die Chancengleichheit der Wahlbewerber also auch beeinträchtigen, weil „die Fragmentierung auf beiden Seiten des politischen Spektrums unterschiedlich stark ausgeprägt“[625] ist. Letzteres ist zwar ein auf die Entscheidung der Wähler und Wahlbewerber zurückzuführender Umstand des politischen Wettbewerbes, in den der Staat selbstverständlich nicht eingreifen darf. Er muss aber aufgrund des materiellen Verständnisses der Chancengleichheit eine solche Auswirkung seiner wahlrechtlichen Regelungen beachten. Während sich das politische Lager bei einer absoluten Mehrheitswahl mit weiteren Wahlgängen wieder vereinigen kann und damit eine tatsächliche Chancengleichheit hergestellt ist, entscheiden bei einer einstufigen, relativen Mehrheitswahl die meisten Stimmen und damit profitiert das nicht aufgespaltene Lager[626]. Eine staatliche Regelung verschärft somit die bestehenden faktischen Unterschiede zwischen den Wahlbewerbern zu einer relevanten Chancenungleichheit. Daher ist den Ausführungen der Antragsteller im Verfahren gegen die Abschaffung der Stichwahl zuzustimmen: „Die vorhersehbaren Nachteile für die Wettbewerber und Wettbewerberinnen mit inhaltlichen Schnittmengen seien nicht das Ergebnis wettbewerbsinhärenter Umstände, sondern die Folge der gesetzgeberischen Maßnahme, die Stichwahl abzuschaffen.“[627]

Nicht überzeugend ist in dieser Hinsicht der Verweis auf die Regelung des § 46d KWahlG NRW, wonach diese Vorschrift

„vor der Wahl Raum für Überlegungen von Parteien und kommunalen Wählervereinigungen [eröffnet], ob die Aufstellung eines eigenen Kandidaten erfolgversprechend ist oder sich die – vom Gesetz ausdrücklich ermöglichte – Präsentation eines gemeinsamen Kandidaten anbietet.“[628]

Denn aufgrund des aufgezeigten Problems der relativen Mehrheitswahl müssen sich Parteien und Wählergruppen desselben politischen Spektrums bereits im Vorfeld – ohne das Wählervotum des ersten Wahlgangs und damit die tatsächlichen Stärkeverhältnisse abwarten zu können – zusammenschließen und sich auf eine gemeinsame Kandidatur einigen[629]. Es kann in der Folge dazu kom-

---

[625] So die Antragsteller in VerfGH NRW, Urteil vom 20.12.2019, 35/19, S. 18.

[626] Insofern wies bereits *Duverger*, Parteien, 1959, S. 252 mit Blick auf die parlamentarische Mehrheitswahl mit Stichwahl darauf hin, dass diese – im Gegensatz zur reinen Mehrheitswahl – ein Vielparteiensystem hervorbringt, weil mehrere Parteien aus demselben Lager risikolos antreten können: „Die Mannigfaltigkeit benachbarter Parteien beeinträchtigt dabei ihre Vertretung im ganzen nicht, da sie sich ja bei der nächsten Abstimmung wieder neu gruppieren können.“

[627] So Argumentation der Antragsteller in VerfGH NRW, Urteil vom 20.12.2019, 35/19, S. 18; anders hingegen *Groß*, Direktwahl, in: LKRZ 2010, S. 93 (95).

[628] So die Argumentation des Sondervotums zu VerfGH NRW, Urteil vom 20.12.2019, 35/19, S. 86.

[629] Insoweit wurde die Bedeutung der Abbildung der tatsächlichen Stärkeverhältnisse der Kandidaten im ersten Wahlgang bereits in der Begründung für den Gesetzentwurf zur

men, dass der eigentlich mehrheitsfähige Kandidat überhaupt nicht zur Wahl antritt. Dies beruht zwar auf einem Entschluss des Kandidaten beziehungsweise der Partei oder Wählergruppe. Diese Entscheidung wäre aber durch die gesetzgeberische Gestaltung des Wahlsystems intendiert. Es besteht insofern ein „faktischer Zwang zur Vorabkoalition zwischen Parteien mit ähnlicher politischer Zielrichtung."[630] Nach dem erweiterten Eingriffsbegriff ist diese Konsequenz folglich dem Staat *zuzurechnen*, wenngleich diese in formaler Hinsicht der freien Entscheidung der Parteien und Wählergruppen überantwortet ist[631]. Daher tritt durch eine einstufige, relative Mehrheitswahl bereits im Aufstellungsprozess eine Beschränkung der Chancengleichheit der Wahlbewerber ein.

c) Zwischenergebnis: Relative Mehrheitswahl als Beeinträchtigung der Chancengleichheit

Eine Mehrheitswahl zur Besetzung monokratischer Ämter kann nur einen Wahlsieger hervorbringen, sodass regelmäßig unbekanntere Kandidaten kleinerer Parteien oder Wählergruppen kaum oder gar keine Erfolgsaussichten haben. Folglich ist es im Hinblick auf die Chancengleichheit im Grundsatz unbedenklich, dass Anhänger von aussichtslosen Kandidaten auf nachfolgende Präferenzen ausweichen. Während dies beim Erfordernis einer absoluten Mehrheit aber erst in *nachfolgenden* Wahlgängen geschieht und damit zunächst die Abbildung der tatsächlichen Präferenzen ermöglicht wird, erfolgt dies bei der relativen Mehrheitswahl schon im *ersten* Wahlgang. Letztere tangiert dadurch die Chancengleichheit, weil die Wähler zu taktischem Verhalten unter womöglich falschen Annahmen gedrängt werden und damit sogar Kandidaten erfolglos bleiben können, die eigentlich von einer Mehrheit präferiert worden wären.

Reichspräsidentenwahl angeführt, nachgewiesen bei *Kaisenberg*, Wahl, 1925, S. 1 f. Unter anderem heißt es dort treffend: „Dieses Verfahren mutet keiner Gruppe zu, bereits beim ersten Wahlverfahren das Opfer eines Verzichts auf eine vielleicht aussichtsreiche eigene Kandidatur zu bringen." In dieser Weise argumentiert zu den Bürgermeister- und Landratswahlen *Morlok*, Stellungnahme zum Gesetzentwurf der Landesregierung, Drs. 17/3776 und zum Änderungsantrag Drs. 17/4305 des Landtages Nordrhein-Westfalen, Stellungnahme 17/1203, S. 3; ähnlich *Krüper*, Stichwahlen, in: DÖV 2009, S. 758 (764), wenngleich er diesen Aspekt mit dem unzutreffenden Argument der „Verhandlungsmasse" der Parteien vermischt.

[630] So die Antragsteller in VerfGH NRW, Urteil vom 26.5.2009, 2/09, S. 9. – Siehe zu den praktischen Auswirkungen der Abschaffung der Stichwahl die damaligen Überlegungen im Jahr 2019 der FDP in Köln: https://ga.de/bonn/stadt-bonn/bonner-fdp-diskutiert-verzicht-auf-ob-kandidaten_aid-46339869 (letzter Abruf: 31.7.2024) oder der Bündnis 90/Die Grünen in Krefeld: https://rp-online.de/nrw/staedte/krefeld/oberbuergermeisterwahl-in-krefeld-hansen-glaubt-an-seine-chance_aid-46871773 (letzter Abruf: 31.7.2024).

[631] Wenn auch nicht unmittelbar vergleichbar, führen *Michael/Morlok*, Grundrechte, 2023, Rn. 497 in ähnlicher Weise im Hinblick auf staatliche Warnungen aus: „Ein mit einer staatlichen Warnung intendiertes Verhalten Privater ist dem Staat zurechenbar, selbst wenn hier den Privaten die Autonomie bleibt, der Warnung zum Trotz zu handeln."

Dieses Phänomen ist im Zuge der veränderten politischen Struktur deutlich wahrscheinlicher geworden. Ferner benachteiligt dieser Wahlmodus mehrere starke Kandidaten aus demselben politischen Lager, weil diese entweder Gefahr laufen sich gegenseitig die Stimmen zu nehmen oder bereits vorab auf die Kandidatur verzichten müssen. Die einstufige, relative Mehrheitswahl beeinträchtigt demnach auch die Chancengleichheit der Kandidaten[632].

4. Fazit: Relative Mehrheitswahl als Verzerrung des demokratischen Wettbewerbs

Die Chancengleichheit ist nicht bloß ein Unterfall der Wahlgleichheit, sondern hat in einem materiellen Verständnis eigenständige Bedeutung für die Wahlgestaltung, die als staatliche Maßnahme den politischen Wettbewerb maßgeblich beeinflusst. Das Demokratieprinzip fordert keine gleichen Ergebnisse, sehr wohl aber gleiche Chancen. Daher ist nicht nur die Auffassung einer „abgestuften Chancengleichheit", sondern zugleich eine bloß formale Betrachtung im Hinblick auf das Wahlverfahren abzulehnen. Deshalb sind die Auswirkungen von taktischem Wahlverhalten auf kleinere Parteien, die entsprechende Wahlrechtsgestaltungen wie die Sperrklausel hervorrufen, verfassungsrechtlich relevant. Gleichermaßen ist eine einstufige, relative Mehrheitswahl, welche die Wähler von der Wahl vermeintlicher Außenseiter abhält und damit deren reale Chance auf den Wahlsieg vermindert, als rechtfertigungsbedürftige Einschränkung dieses demokratischen Grundsatzes zu werten. Dieser Wahlrechtsgrundsatz fungiert daher ebenso als Optimierungsgebot, wonach die Chancengleichheit der Bewerber im Wahlverfahren möglichst weitgehend zu verwirklichen ist.

VI. Fazit: Repräsentation durch unverfälschte Abbildung der Wählerpräferenzen

Die eingehende Analyse der Wahlrechtsgrundsätze konnte einige bedeutsame Unzulänglichkeiten der herrschenden Auffassung aufdecken, die nicht nur die verfassungsrechtliche Betrachtung wahlrechtlicher Mechanismen in der Verhältniswahl unvollständig erfasst, sondern vor allem die Maßstabswirkung der Wahlrechtsgrundsätze für die Ausgestaltung einer Mehrheitswahl missachtet. Entgegen verbreiteter Ansicht finden die Wahlrechtsgrundsätze außerhalb ihres normativen Anwendungsbereichs in Art. 38 Abs. 1 S. 1 GG und Art. 28

---

[632] Im Ergebnis ebenso die Antragsteller in VerfGH NRW, Urteil vom 26.5.2009, 2/09, S. 11 f. sowie in VerfGH NRW, Urteil vom 20.12.2019, 35/19, S. 18; *Krüper*, Stichwahlen, in: DÖV 2009, S. 758 (764); *Morlok*, Stellungnahme zum Gesetzentwurf der Landesregierung, Drs. 17/3776 und zum Änderungsantrag Drs. 17/4305 des Landtages Nordrhein-Westfalen, Stellungnahme 17/1203, S. 3; a.A. hingegen VerfGH NRW, NVwZ 2009, S. 1096 (1100); *Groß*, Direktwahl, in: LKRZ 2010, S. 93 (95); *Henneke/Ritgen*, Direktwahl, in: DÖV 2010, S. 665 (675 f.); *Mehde*, Stichwahlen, in: KommJur 2013, S. 446 (451).

Abs. 1 S. 2 GG lediglich insoweit mittelbar Anwendung, wie ihre spezifischen Ausprägungen dem Gewährleistungsbereich des Demokratieprinzips zuzuordnen sind. Diese gelten nicht zwingend unbeschränkt und ewig im Sinne des Art. 79 Abs. 3 GG. Jedoch müssen etwaige Beschränkungen dieser Gewährleistungsgehalte durch die Gestaltung des Wahlsystems gerechtfertigt werden können. Hierunter fallen nicht nur die *mechanischen* Wirkungen des Wahlverfahrens hinsichtlich der Umsetzung der Stimmen in Mandate, sondern auch die damit verbundenen *psychologischen* Wirkungen auf das Verhalten der Wähler. Trotz des im Bereich der Grundrechtsdogmatik weithin anerkannten Erweiterung des Eingriffsbegriffs sind solche faktischen Auswirkungen bislang kaum erörtert, geschweige denn einer verfassungsrechtlichen Bedeutung zugewiesen worden. So bleibt üblicherweise unerwähnt, dass eine Sperrklausel nicht nur als mechanische Hürde wirkt und damit die Erfolgswertgleichheit tangiert, sondern auch eine psychologische Hürde für die Wähler errichtet und damit eine faktische Beeinträchtigung der Wahlfreiheit und der Chancengleichheit der Wahlbewerber auslöst. Mag dies noch zu verschmerzen sein, da die herrschende Auffassung im Bereich der Verhältniswahl eine Erfolgswertgleichheit anwendet und demnach eine verfassungsrechtliche Prüfung von Sperrklauseln vornimmt, übersieht sie auf diese Weise die von einer einstufigen, relativen Mehrheitswahl ausgehenden Beeinträchtigungen einzelner Wahlrechtsgehalte.

So tangiert eine relative Mehrheitswahl – anders als gemeinhin angenommen – die Wahlfreiheit in Gestalt der Entschließungsfreiheit, indem Wähler zu taktischen Überlegungen gezwungen und deshalb davon abgehalten werden, ihre eigentliche Präferenz zum Ausdruck zu bringen. Insbesondere bei einer Vielzahl an Kandidaten besteht die Gefahr, dass so ein Kandidat die Wahl gewinnt, den eine große Mehrheit der Wähler eigentlich nicht gewollt hätte. Dies führt zugleich zu einer Bevorteilung der vermeintlich stärksten Kandidaten und zugleich zu einer Benachteiligung für vermeintliche Außenseiter und Kandidaten aus demselben politischen Lager, weil die Wähler nicht zunächst ihre tatsächlichen Präferenzen zum Ausdruck bringen können. Insofern ist die Chancengleichheit der Wahlbewerber in ihrem materiellen Gehalt betroffen. Schließlich kann in Folge eines relativen Mehrheitserfordernisses nur ein geringer Teil an Wählerstimmen ein Erfolgswert zukommen, sodass die relative Mehrheitswahl in die Wahlgleichheit eingreift, die für alle Wahlsysteme und damit auch die Mehrheitswahl eine möglichst große Zahl erfolgreicher Stimmen fordert. Die relative Mehrheitswahl in einem einzigen Wahlgang ist daher auch unter dem Gesichtspunkt der vom Demokratieprinzip erfassten Wahlrechtsgrundsätze *rechtfertigungsbedürftig*. Hierzu bedarf es vergleichbar mit der Sperrklausel im Verhältniswahlsystem gewichtiger, verfassungsrechtlicher Gründe, die die Beschränkung auf einen einzigen Wahlgang rechtfertigen.

C. Fazit: Absolute Mehrheit als demokratischer Grundsatz

Bereits im Ausgangspunkt der Herleitung des Mehrheitsprinzips hat die Ideengeschichte der Demokratie einen Vorrang der *absoluten* Mehrheit gegenüber der *relativen* Mehrheit hervorgebracht, der aus den im Demokratieprinzip verankerten Grundsätzen, insbesondere der gleichen Freiheit aller Staatsbürger, folgt. Bei staatlichen Entscheidungen und damit auch der Besetzung monokratischer Ämter ist deshalb prinzipiell eine absolute Mehrheit erforderlich. Stellt man diese abstrakten Erkenntnisse in Bezug zu den konkreten Regelungen des Grundgesetzes, so zeigen diese einen eindeutigen Vorrang der absoluten Mehrheit an, der in erster Linie auf *legitimatorischen* Gründen beruht und allenfalls aus *funktionalen* Gründen mit der Anknüpfung an die Bezugszahl der Abstimmungsberechtigten erweitert wird. Zwar zeigen diese Wahlverfahren bereits, dass eine absolute Mehrheit im Hinblick auf die Abstimmenden nicht ohne Bereitschaft zu einem Kompromiss auskommt und deshalb zur notwendigen Besetzung von Ämtern nicht in letzter Konsequenz nötig ist. Dies bedeutet aber nicht, *a priori* auf das Erreichen der absoluten Mehrheit verzichten zu dürfen. Vielmehr verlangt das Demokratieprinzip, den Versuch einer Kompromissfindung zu unternehmen und möglichst doch noch eine absolute Mehrheit der Abstimmenden hervorzubringen. Die im Demokratieprinzip verankerten Wahlrechtsgrundsätze unterstreichen den Vorzug einer solchen mehrstufigen, nach einer absoluten Mehrheit strebenden Direktwahl. Zugleich lässt sich insofern feststellen, dass die Rechtsprechung und Literatur die Relevanz dieser Belange und insbesondere des Mehrheitsprinzips im Parlamentswahlrecht bislang nur unzureichend würdigen. Deshalb kann eine ganzheitliche Betrachtung aller Wahlverfahren unter dem Blickwinkel des Mehrheitsprinzips geboten sein. Ob und inwieweit dies bei den einzelnen Wahlen auf Bundes-, Landes- und kommunaler Ebene umzusetzen ist, ist damit noch nicht entschieden. Womöglich können dabei die praktischen Besonderheiten der einzelnen Ebene, die Bedeutung des jeweiligen Amtes und die Unterschiede einer Direktwahl gegenüber einer indirekten Wahl durch eine Vertretungskörperschaft eine Rolle spielen. Anders als im Zuge um die Debatte über die ersatzlose Abschaffung der Stichwahl bei Bürgermeister- und Landratswahlen bisweilen vertreten, verlangt das Streben nach einer absoluten Mehrheit bei der Besetzung monokratischer Ämter als Bestandteil des Demokratieprinzips jedenfalls nach einem solchen *verfassungsrechtlichen* Abwägungsvorgang.

Teil 3

Das Mehrheitsprinzip als Optimierungsgebot für die Wahlrechtsgestaltung

Der demokratische Grundsatz „Mehrheit entscheidet" zielt nach den bislang gewonnenen Erkenntnissen im Wahlrecht und im Besonderen bei der Besetzung monokratischer Ämter prinzipiell auf eine absolute Mehrheitsentscheidung ab. Wie schon der Grundsatz der absoluten Mehrheit bislang nur unzureichend verfassungsrechtlich verankert ist, fehlt es ebenso an strukturierten, in die allgemeine Dogmatik des Wahlrechts eingebundenen Vorgaben für die konkrete Umsetzung und die damit zusammenhängende Prüfung etwaiger Rechtfertigungsgründe für eine Beschränkung oder gar einen Verzicht auf dieselbe. Folglich muss im Folgenden eine Konkretisierung des Grundsatzes der absoluten Mehrheit hinsichtlich der praktischen Umsetzung im Wahlrecht erfolgen. Das Wahlrecht steht als kollektiver Willensbildungsprozess vor dem Dilemma, aus der Vielfalt der individuellen Wählerpräferenzen ein einheitliches Wahlergebnis und eine entsprechende Besetzung der Ämter und Mandate herzustellen. In dieser Hinsicht können sich praktische Schwierigkeiten und Grenzen der Mehrheitsbildung ergeben, die den Grundsatz der *absoluten* Mehrheit einschränken und damit in gewissem Maße – so paradox dies auf den ersten Blick klingt – *relativieren* können.

Im Folgenden ist daher zu prüfen, auf welche Weise die wahlrechtlichen Gestaltungen den Anforderungen des demokratischen Mehrheitsprinzips hinreichend Rechnung tragen. Hierbei kann analog zu den bisherigen Ausführungen zu den Wahlrechtsgrundsätzen auf die im Bereich des Parlamentswahlrechts entwickelten und dort anerkannten Grundsätze rekurriert werden. Wenngleich eine große Übereinstimmung über die prinzipielle Geltung bestimmter Grundsätze im Bereich des Wahlrechts festzustellen ist, herrscht im Einzelnen ein intensiver Streit über deren mögliche Einschränkungen, wie sich anschaulich an der nicht enden wollenden Debatte um die Sperrklausel und die ausgleichslosen Überhangmandate zeigt. Dies führt zu einer starken Fokussierung der verfassungsrechtlichen Auseinandersetzung auf spezifische Wahlrechtsmechanismen, wodurch eine übergeordnete Dogmatik in diesem Bereich kaum erkennbar ist. Womöglich kann unter dem Gesichtspunkt des Mehrheitsprinzips ein allgemeingültiger Rahmen hinsichtlich des gesetzgeberischen Spielraums hergeleitet werden, der ebenso für die Direktwahl monokratischer Ämter gilt. Die Herleitung einer solchen allgemeingültigen Dogmatik mit zentraler

Bedeutung des demokratischen Mehrheitsprinzips erscheint auch deshalb erforderlich und konsequent, weil an die Stelle einer Direktwahl eines monokratischen Amtes die mittelbare Wahl durch die Volksvertretung treten kann. Im Ergebnis darf dieser Zwischenschritt hinsichtlich der demokratischen Legitimation des Amtes und der damit verbundenen Verwirklichung des Mehrheitsprinzips keinen wesentlichen Unterschied machen, sondern muss sich im selben verfassungsrechtlichen Rahmen bewegen.

An erster Stelle bedarf es einer näheren Auseinandersetzung mit dem Charakter der Wahl als kollektiver Willensbildungsprozess, der im Spannungsverhältnis zwischen der Vielfalt an Präferenzen im Wahlvolk und der Einheit eines daraus hervorgehenden Vertretungsorgans steht. Dies kann unter dem im wahlrechtlichen Kontext häufig verwendeten Begriff der „Integrationsfunktion der Wahl“[1] näher beleuchtet werden, der womöglich einen ersten Anhaltspunkt für den verfassungsrechtlichen Rahmen des Wahlrechts bietet (A.).

Im Anschluss daran wird erörtert, wie viel Freiheit dieser verfassungsrechtliche Rahmen dem Gesetzgeber bei der Ausgestaltung des Wahlsystems einräumt. Dabei ist insbesondere zu untersuchen, inwiefern das im Wahlrecht bestehende Spannungsverhältnis zwischen rechtlicher *Theorie* und politischer *Praxis* aufzulösen ist. Auf diese Weise kann zunächst ein allgemeiner Rahmen für die Beurteilung des Wahlrechts nach dem Grundgesetz anhand der aus dem Parlamentswahlrecht bekannten Grundsätzen entworfen werden. (B.).

Anhand der bekannten und ausführlich erörterten Streitpunkte im Bereich des Bundestagswahlrechts sind diese verfassungsrechtlichen Kriterien einer praktischen Anwendung zuzuführen. Diese nähere Betrachtung der einzelnen Mechanismen und Bestandteile des Bundestagswahlrechts zielt im Kern nicht darauf ab, diese einer umfassenden und abschließenden Bewertung zuzuführen, sondern damit den allgemeinen Rahmen des Wahlrechts anhand dieser Beispiele zu konkretisieren (C.).

Auf diese Weise soll schließlich ein strukturierter Rahmen für die Beurteilung wahlrechtlicher Gestaltungen anhand des Mehrheitsprinzips gebildet werden, der das Spannungsverhältnis zwischen der Vielfalt an individuellen Präferenzen und der vereinheitlichenden Mehrheitsbildung aufgreift und eine Auflösung desselben im Wahlrecht aufzeigt. Diese grundsätzlichen Vorgaben können in der Folge auf die Wahl monokratischer Ämter übertragen werden, um einen Beurteilungsmaßstab für die unterschiedlichen Ausgestaltungsvarianten zu schaffen (D.).

---

[1] BVerfGE 131, 316 (343); 146, 327 (355 Rn. 71); *v. Heyl*, Wahlfreiheit, 1975, S. 135; *Buchwald/Rauber/Grzeszick*, Sperrklausel, in: LKRZ 2012, S. 441 (446); *Kotzur*, Freiheit, in: Merten/Papier (Hrsg.), HGR V, 2013, § 120 Rn. 11; *Bull*, Erfolgswertgleichheit, in: DVBl. 2014, S. 1213 (1214); *W. Roth*, Sperrklausel, 2015, S. 42; *Volkmann*, Wahlen, in: Mörschel (Hrsg.), Wahlen und Demokratie, 2016, S. 9 (10); *Klein/Schwarz*, in: Dürig/Herzog/Scholz (Hrsg.), GG, Art. 38 (2021), Rn. 70.

A. Die Integrationsfunktion der Wahl zwischen Vielfalt und Einheit

Nachdem die *Legitimations-* und *Repräsentationsfunktion* der Wahl bereits im vorherigen Teil als Herleitung des Prinzips der absoluten Mehrheit thematisiert worden ist, ist nun in der Konkretisierung dieses Prinzips näher auf die *Integrationsfunktion* der Wahl einzugehen. Im Gegensatz zu den anderen Wahlfunktionen lässt sich der Inhalt und die Bedeutung der Integrationsfunktion nicht auf den ersten Blick erfassen. So scheint es sich zunächst weniger um eine rechtliche als vielmehr um eine politische Kategorie zu handeln. In diesem Sinne bezeichnet das Bundesverfassungsgericht den Wahlvorgang als „Grundlage der politischen Integration“[2]. Insoweit bleibt nicht nur unklar, wie der Begriff der Integration im Kontext des Wahlaktes zu verstehen ist, sondern auch, inwieweit dieser Wahlfunktion eine verfassungsrechtliche Wirkung zukommt.

Im Allgemeinen meint Integration die „Einfügung eines Teils in ein größeres Ganzes“[3]. Der Begriff tritt im alltäglichen – und vor allem politischen Sprachgebrauch – regelmäßig im Kontext der Migrationspolitik auf und meint dabei die soziologische Einbindung ethnischer Minderheiten in eine Mehrheitsgesellschaft[4]. Daneben wird der Zusammenschluss und die Kooperation der Mitgliedsstaaten der europäischen Union und die damit einhergehende Vereinheitlichung der Rechtsordnung als „europäischer Integrationsprozess“[5] bezeichnet. Insofern betrifft der Integrationsbegriff den in verschiedenen Zusammenhängen auftretenden Gegensatz von Minderheit und Mehrheit beziehungsweise von Vielfalt und Einheit, der letztlich jedem demokratischen Staatswesen zu eigen ist. Damit lässt sich ein Zusammenhang zwischen dem Begriff der Integration und dem demokratischen Willensbildungsprozess erkennen, der sich in diesem Spannungsverhältnis vollzieht. Bei diesen Vorgängen muss jeweils aus den vielfältigen Einzelwillen der Staatsbürger ein einheitlicher Volkswille gebildet werden. Im Kontext der verfassungsrechtlichen Wahl-

---

[2] BVerfGE 123, 39 (68); hingegen sieht *Heintzen*, Bundestagswahl, in: DVBl. 1997, S. 744 (748) im Begriff der Integration eine politische Kategorie und bezeichnet ihn ausdrücklich als „unjuristische Vokabel“.

[3] *Uhle*, Integration, in: Görres-Gesellschaft (Hrsg.), StL III, 8. Aufl. 2019, Sp. 343 (343). Nach *Smend*, Integration, in: ders. (Hrsg.), Staatsrechtliche Abhandlungen und andere Aufsätze, 4. Aufl. 2010, S. 482 (482) meint Integration die „Herstellung oder Entstehung einer Einheit oder Ganzheit aus einzelnen Elementen, so daß die gewonnene Einheit mehr als die Summe der vereinigten Teile ist.“

[4] Hinweis bei *Bühler*, Verfassung, 2011, S. 15 f.; siehe etwa *Uhle*, Integration, in: Görres-Gesellschaft (Hrsg.), StL III, 8. Aufl. 2019, Sp. 343 (344).

[5] Dazu *Kalina*, Integrationsprozess, in: Görres-Gesellschaft (Hrsg.), StL II, 8. Aufl. 2018, Sp. 455 (455 ff.). Bereits *Smend*, Integration, in: ders. (Hrsg.), Staatsrechtliche Abhandlungen und andere Aufsätze, 4. Aufl. 2010, S. 482 (483) spricht im Hinblick auf überstaatliche Kooperationen den Begriff der Integration an.

rechtsdebatte versteht die herrschende Auffassung den Wahlakt daher als „Integrationsvorgang“[6]. Im Besonderen gilt dies für die Wahl zur Besetzung monokratischer Ämter, die von der vorhandenen politischen Pluralität der Wählerpräferenzen zur Benennung eines einzigen Amtswalters – mithin von der *Vielfalt* zur *Einheit* – führen muss. Aus diesem Grund findet der Begriff auch im Rahmen der Debatte um die Stichwahl bei Bürgermeister- und Landratswahlen Verwendung[7]. Dabei bleibt jedoch der konkrete Inhalt dieses Begriffs regelmäßig ebenso unklar wie die Frage, inwieweit ihm überhaupt eine verfassungsrechtliche Relevanz zukommt. Daher soll er im Folgenden eine nähere Erörterung erfahren, um sowohl das konkrete Verständnis als auch die verfassungsrechtliche Relevanz dieses in erster Linie soziologischen Begriffs zu erläutern.

Um das Verständnis dieses Topos sachgerecht zu erfassen, ist zunächst sein historischer Ursprung in der Integrationslehre *Rudolf Smends* näher zu untersuchen und damit ein erster Zugang zum Verständnis der Integrationsfunktion zu gewinnen (I.). Darauf aufbauend ist seine weitere Verwendung in der verfassungsgerichtlichen Rechtsprechung und Staatsrechtslehre zu erörtern, in der er zunächst insbesondere zur Rechtfertigung der Sperrklausel Verwendung fand (II.). Zugleich ist sich mit der vor allem in der neueren Rechtsprechung zu erkennenden gegenteiligen Deutung der Integrationsfunktion als Argumentationstopos hinsichtlich der Ausgestaltung des Wahlrechts zu beschäftigen (III.). Dieser Dichotomie des Integrationsbegriffs soll abschließend eine verfassungsrechtliche Leitlinie in der Frage der Ausgestaltung des Wahlrechts entnommen werden (IV.)

I. Ursprung der Integrationsfunktion in der Integrationslehre Rudolf Smends

Wenn im staatsrechtlichen Umfeld der Begriff der Integration näher erörtert wird, so bedarf es einer genaueren Betrachtung der Integrationslehre *Rudolf Smends*, die insofern als maßgeblicher, historischer Ausgangspunkt für die deutsche Staatsrechtslehre und die verfassungsgerichtliche Rechtsprechung anzusehen ist[8]. Im Folgenden ist deshalb zunächst in gebotener Kürze auf die

---

[6] BVerfGE 6, 84 (93); 71, 81 (97); 95, 408 (418); 146, 327 (351 Rn. 62); *Stern*, Staatsrecht, Bd. IV/2, 2011, S. 179; *Buchwald/Rauber/Grzeszick*, Sperrklausel, in: LKRZ 2012, S. 441 (445); *Kluckert*, Grabenwahlrecht, in: NVwZ 2020, S. 1217 (1222); *Klein/Schwarz*, in: Dürig/Herzog/Scholz (Hrsg.), GG, Art. 38 (2021), Rn. 70; *Müller/Drossel*, in: Huber/Voßkuhle (Hrsg.), GG, Bd. II, 8. Aufl. 2024, Art. 38 Rn. 58.

[7] Siehe *Krüper*, Stichwahlen, in: DÖV 2009, S. 758 (761); *Groß*, Direktwahl, in: LKRZ 2010, S. 93 (97); *Mehde*, Stichwahlen, in: KommJur 2013, S. 446 (446); *Bätge*, Stellungnahme zum Gesetzentwurf der Landesregierung Drs. 17/3776 und zum Änderungsantrag Drs. 17/4305 des Landtages Nordrhein-Westfalen, Stellungnahme 17/1194, S. 2.

[8] Zur grundlegenden Bedeutung und Wirkung der Integrationslehre *Smends* ausführlich *Badura*, Staat, in: Der Staat 16 (1977), S. 305 (305 ff.); *Hennis*, Integration, in: JZ 1999, S. 485 (486 ff.); *Lhotta*, Integrationslehre, in: ders. (Hrsg.), Die Integration des modernen

Grundlagen der Integrationslehre und ihre generelle Wirkung einzugehen. Anschließend sind die zum Bereich der Integrationswirkung der Wahl getätigten Aussagen *Smends* in den Blick zu nehmen, um sich auf diese Weise einen ersten Zugang zum Topos der Integrationsfunktion der Wahl zu verschaffen.

1. Grundlage und Einordnung der Integrationslehre

Für *Smend* ist die staatliche Ordnung nicht auf das in der Verfassung festgeschriebene Normgefüge beschränkt, sondern er fasste diese als einen tatsächlichen Lebensvorgang auf, bei dem der Staat „von einem Plebiszit [lebt], das sich jeden Tag wiederholt“[9]. Mit dem Begriff der Integration kennzeichnet er diesen täglichen Vorgang des Erlebens und der damit verbundenen Anerkennung des Staates durch die Bürger[10]. Seiner Ansicht nach besteht ein verfassungsrechtlicher Auftrag, diesen Vorgang der Anerkennung zu fördern und damit die staatliche Einheit dauerhaft zu gewährleisten[11]. Folglich konstatierte *Smend*: „Der Staat ist nur, weil und sofern er sich dauernd integriert, in und aus den Einzelnen aufbaut – dieser dauernde Vorgang ist sein Wesen als geistig-soziale Wirklichkeit.“[12]

In diesem Sinne entwickelte er die Integrationslehre als Reaktion auf die nach seiner Ansicht bestehende Krise der Weimarer Verfassung und richtete sich damit in erster Linie gegen den damals vorherrschenden Positivismus in der Staatsrechtslehre[13]. Er knüpfte an die in der Weimarer Republik weit verbreitete Besorgnis über die politische und gesellschaftliche Spaltung an, auf

---

Staates, 2005, S. 37 (37 ff.); *Morlok/Schindler*, Smend, in: Lhotta (Hrsg.), Die Integration des modernen Staates, 2005, S. 13 (16 ff.).

[9] *Smend*, Verfassung, 1928, S. 18, der hier auf *Renans* berühmte Charakterisierung der Nation zurückgreift; dazu näher *Gangl*, Integration, in: Brunkhorst/Voigt (Hrsg.), Rechts-Staat, 2008, S. 73 (77).

[10] Siehe *Smend*, Verfassung, 1928, S. 18; so auch die Schlussfolgerung bei *v. Campenhausen*, Smend, in: JZ 1975, S. 621 (622); *M. Friedrich*, Smend, in: AöR 112 (1987), S. 1 (11); *Bühler*, Verfassung, 2011, S. 18.

[11] Dazu *Morlok/Schindler*, Smend, in: Lhotta (Hrsg.), Die Integration des modernen Staates, 2005, S. 13 (16 ff.), die auf die Übernahme dieses Gedankens *Smends* in BVerfGE 62, 1 (45) hinweisen, wonach „die Verfassung der aufgegebenen politischen Einheit des Staates zu dienen bestimmt ist“. Nach *Badura*, Staat, in: Der Staat 16 (1977), S. 305 (307) stellt die Integration für *Smend* „ein Sinnprinzip des verfassungsrechtlich geordneten politischen Prozesses“ dar.

[12] *Smend*, Verfassung, 1928, S. 20.

[13] Im Überblick *v. Campenhausen*, Smend, in: JZ 1975, S. 621 (622); *Badura*, Staat, in: Der Staat 16 (1977), S. 305 (307 f.); *Bickenbach*, Smend, in: JuS 2005, S. 588 (588); *Lhotta*, Integrationslehre, in: ders. (Hrsg.), Die Integration des modernen Staates, 2005, S. 37 (41). Einleitend spricht *Smend*, Verfassung, 1928, S. 2 ff. von einer „Krise nicht nur der Staatsrechtslehre, sondern auch des Staatsrechts“, die sich in „theoretischer und praktischer Staatsfremdheit“ niederschlage und auf den „reinen Formalismus“ in der Staatsrechtslehre zurückzuführen sei.

deren Überwindung die Integrationslehre durch das Streben nach staatlicher Einheit abzielt[14]. Bereits einleitend definiert *Smend* daher die anzustrebende Integration als „einigenden Zusammenschluss“[15]. Die Integrationslehre richtete sich folglich auch gegen den Liberalismus und Individualismus der damaligen Zeit[16]. Dies zeigt sich besonders anschaulich an den Ausführungen *Smends* zum Faschismus, dessen positive Seite er in dessen weitreichender Integrationswirkung erblickt[17]. Vor diesem Hintergrund hat insbesondere die zeitgenössische Literatur der Integrationslehre einen tendenziell antidemokratischen Charakter und eine Nähe zur faschistischen Auffassung einer „Volksgemeinschaft“ attestiert[18]. In Folge seiner antipositivistischen Haltung konnte

---

[14] Dazu *M. Friedrich*, Smend, in: AöR 112 (1987), S. 1 (11); *Gangl*, Integration, in: Brunkhorst/Voigt (Hrsg.), Rechts-Staat, 2008, S. 73 (75 f.). Im Rückblick hebt *Smend*, Integration, in: ders. (Hrsg.), Staatsrechtliche Abhandlungen und andere Aufsätze, 4. Aufl. 2010, S. 482 (485) die Relevanz der Integrationslehre für die Weimarer Republik hervor, indem er ihr Scheitern auf diese innere Spaltung und insbesondere die radikalen Flügelparteien zurückführt.

[15] *Smend*, Verfassung, 1928, S. VIII; kritisch dazu *Kelsen*, Staat, 1930, S. 45 f., der dies für einen „Pleonasmus“ hält: „Denn jede Einigung ist ein Zusammenschluß und jeder Zusammenschluß eine Einigung.“ Nach seiner Ansicht kann man den Begriff der Integration schlicht durch „Verbindung“ ersetzen, wodurch die Bedeutungslosigkeit der Integrationslehre offensichtlich werde: „Der Staat ist ein dauernder Vorgang der Verbindung von Menschen. Das ist nicht gerade originell […]. Nur das Fremdwort verdeckt die schlechthin nichtssagende Trivialität der Phrase.“

[16] Siehe *Badura*, Staat, in: Der Staat 16 (1977), S. 305 (309); *Lhotta*, Integrationslehre, in: ders. (Hrsg.), Die Integration des modernen Staates, 2005, S. 37 (52); *van Ooyen*, Integration, 2014, S. 32. Dies zeigt sich nach *Kelsen*, Staat, 1930, S. 86 f. insbesondere an der „Haßliebe Smends“ zu den Grundrechten in der Weimarer Verfassung, denen er zunächst abstrakt eine wesentliche Integrationswirkung zuspricht, deren konkrete Garantien in der Weimarer Verfassung er dann aber als desintegrierend brandmarkt.

[17] So heißt es bei *Smend*, Verfassung, 1928, S. 62: „Es gehört zu den starken Seiten des Faschismus, über den man im übrigen [sic] urteilen mag, wie man will, daß er diese Notwendigkeit allseitiger Integration mit großer Klarheit gesehen hat“. Auf diese positive Sicht *Smends* auf den Faschismus verweisen *Kelsen*, Staat, 1930, S. 58; *v. Campenhausen*, Smend, in: JZ 1975, S. 621 (623); *Anter*, Verfassungslehre, in: Lhotta (Hrsg.), Die Integration des modernen Staates, 2005, S. 71 (83); *Gangl*, Integration, in: Brunkhorst/Voigt (Hrsg.), Rechts-Staat, 2008, S. 73 (86). Nach Auffassung von *M. Friedrich*, Smend, in: AöR 112 (1987), S. 1 (14) werden diese Aussagen „aus dem Zusammenhang seiner Schrift herausgerissen […] und ihnen eine weit über ihren Sinn hinausgehende Bedeutung beigelegt“.

[18] Siehe *Gangl*, Integration, in: Brunkhorst/Voigt (Hrsg.), Rechts-Staat, 2008, S. 73 (90 f.); so formuliert *Radbruch*, Parteienstaat, in: Die Gesellschaft 6 (1929), S. 97 (97) pointiert: „Was in der volkstümlichen Sprache des Tages ‚Volksgemeinschaft‘ heißt, nimmt mit dem Begriff der ‚Integration‘ wissenschaftliche Gestalt an.“ Eine zumindest ursprünglich offen antidemokratische Haltung attestiert *van Ooyen*, Integration, 2014, S. 31 ff.; gegen diesen Vorwurf *M. Friedrich*, Smend, in: AöR 112 (1987), S. 1 (13 ff.); *Bickenbach*, Smend, in: JuS 2005, S. 588 (590). Nach *Anter*, Verfassungslehre, in: Lhotta (Hrsg.), Die Integration

nach *Smends* Auffassung eine abweichende Auslegung der Verfassung im Interesse der Integration des Staates gestattet, womöglich sogar geboten sein[19]. *Smends* entschiedener Gegner *Hans Kelsen* sah daher in der Integrationslehre den „Kampf gegen die Verfassung der deutschen Republik“[20]. Inwiefern diese Vorwürfe gegenüber der Integrationslehre insgesamt berechtigt waren und sind, kann an dieser Stelle nicht näher geprüft werden. In jedem Fall lässt sich festhalten, dass der Integrationslehre eine gewisse Beliebigkeit gegenüber verfassungsrechtlichen Grundsätzen innewohnt, die damit jedenfalls die Möglichkeit bietet, für antidemokratische Bestrebungen genutzt zu werden[21].

Trotz einer insoweit berechtigten Skepsis gegenüber der Integrationslehre darf der bereits eingangs angesprochene Einfluss auf die Rechtsprechung des Bundesverfassungsgerichts und die Staatsrechtslehre nicht vergessen werden. So hat *Rudolf Smend* die Grundlage für einige bedeutsame, allgemein anerkannte Grundsätze des Verfassungsrechts gelegt, zu denen etwa das Prinzip der „Bundestreue“, das Auslegungsziel der „Einheit der Verfassung“ oder die Einstufung der Grundrechte als eine „objektive Werteordnung“ zählen[22]. Ferner hat die Integrationslehre wesentlich dazu beigetragen, die verfassungsrechtliche Auslegung nicht auf den Normtext zu beschränken, sondern verstärkt soziologische, geschichtliche oder philosophische Aspekte zu berücksichtigen[23].

---

des modernen Staates, 2005, S. 71 (84) lässt *Smends* Integrationslehre in dieser Hinsicht eine „tiefe Ambivalenz erkennen“.

[19] So formuliert *Smend*, Verfassung, 1928, S. 78 f.: „Es ist also der Sinn der Verfassung selbst, ihre Intention nicht auf Einzelheiten, sondern auf die Totalität des Staates und die Totalität seines Integrationsprozesses, die jene elastische, ergänzende, von aller sonstigen Rechtsauslegung weit abweichende Verfassungsauslegung nicht nur erlaubt, sondern sogar fordert.“ – Unter dem Deckmantel der Integration könnte in letzter Konsequenz der Integrationslehre daher die vollständige Aufhebung der Verfassung, also der offene Verfassungsbruch, legitimiert werden, so kritisch *Kelsen*, Staat, 1930, S. 90; *Gangl*, Integration, in: Brunkhorst/Voigt (Hrsg.), Rechts-Staat, 2008, S. 73 (90); *van Ooyen*, Integration, 2014, S. 30.

[20] *Kelsen*, Staat, 1930, S. 91; zustimmend *van Ooyen*, Integration, 2014, S. 35 f.

[21] So sieht *van Ooyen*, Integration, 2014, S. 41 die Integrationslehre als „inhaltsleer“ an, die sich deshalb „sowohl für den Faschismus als auch für die bundesdeutsche Demokratie in den Dienst nehmen ließ“; sinngemäß *Anter*, Verfassungslehre, in: Lhotta (Hrsg.), Die Integration des modernen Staates, 2005, S. 71 (83 f.).

[22] Dazu *Badura*, Staat, in: Der Staat 16 (1977), S. 305 (323 ff.); *M. Friedrich*, Smend, in: AöR 112 (1987), S. 1 (18); *Morlok/Schindler*, Smend, in: Lhotta (Hrsg.), Die Integration des modernen Staates, 2005, S. 13 (21 ff.).

[23] In diesem Sinne *v. Campenhausen*, Smend, in: JZ 1975, S. 621 (623); *Bickenbach*, Smend, in: JuS 2005, S. 588 (591). – *Smend*, Verfassung, 1928, S. VII hat insofern für die „Staats- und Verfassungslehre“ eine „geisteswissenschaftliche Methode“ gefordert; dazu *Badura*, Staat, in: Der Staat 16 (1977), S. 305 (312 ff.); *M. Friedrich*, Smend, in: AöR 112 (1987), S. 1 (10 f.); *Lhotta*, Integrationslehre, in: ders. (Hrsg.), Die Integration des modernen Staates, 2005, S. 37 (51 ff.). Bereits 1919 warb *Smend*, Verschiebung, in: ders. (Hrsg.), Staatsrechtliche Abhandlungen und andere Aufsätze, 4. Aufl. 2010, S. 60 (67) für eine „so-

Die Auslegung der Verfassung soll danach nicht normtheoretisch verhaftet bleiben, sondern auf die *Wirklichkeit* der staatlichen Ordnung bezogen sein[24]. Eine solche Auslegung der Verfassung darf jedoch keinesfalls zur Relativierung oder gar Aufhebung derselben führen, sondern dieser lediglich zu ihrer tatsächlichen Wirksamkeit verhelfen. Nur unter dieser Prämisse lässt sich eine positive Wirkung auf die Staatsrechtslehre konstatieren:

„Die Integrationslehre verwehrt der verfassungsrechtlichen Betrachtung die Vereinfachung durch Isolierung einzelner Bestandteile der Verfassung. Sie zwingt zur Überschreitung des juristisch-technischen Horizonts, nicht aber, um das Recht zugunsten der Anpassung an soziale Macht oder politische Rationalität abzudanken, sondern um Verfassung und Verfassungsrecht in Staatstheorie und politischer Praxis zur Fülle ihrer Wirkung zu bringen.“[25]

2. *Integrationswirkung der Wahl durch gemeinsame Teilnahme*

Von Interesse für das vorliegende Thema sind in erster Linie die Aussagen *Smends* zur möglichen Integrationswirkung von Wahlen. Für *Smend* ist „die staatliche Einheit das anzustrebende Ziel, die Integration das Mittel und die einzelnen, später beschriebenen Integrationsfunktionen Kriterien und Indizien für deren Realisierung.“[26] Dabei hat er drei verschiedene Wirkungsfaktoren des staatlichen Integrationsvorganges herausgearbeitet, die er als persönliche, funktionelle und sachliche Integration bezeichnet[27]. Mit der *funktionellen* Integration meint er „Vorgänge, deren Sinn eine soziale Synthese ist, die irgendeinen geistigen Gehalt gemeinsam machen oder das Erlebnis seiner Gemeinsamkeit verstärken wollen“[28]. Von den staatlichen Beratungs- und Entscheidungsverfahren geht nach *Smends* Ansicht folglich eine integrierende Wirkung aus, wobei er ausdrücklich die Wahl als das „wichtigste Beispiel“[29] der funktionellen Integration hervorhebt. Die Integrationswirkung dieser Verfahren erläu-

---

ziologisch begründete Verfassungstheorie [… als] notwendige Grundlage einer neuen Staatsrechtslehre im neuen Deutschland.“

[24] So *v. Campenhausen*, Smend, in: JZ 1975, S. 621 (623); *Lhotta*, Integrationslehre, in: ders. (Hrsg.), Die Integration des modernen Staates, 2005, S. 37 (55); *Morlok/Schindler*, Smend, in: Lhotta (Hrsg.), Die Integration des modernen Staates, 2005, S. 13 (19). – Zutreffend weist insofern *Kelsen*, Staat, 1930, S. 59 darauf hin, dass der Begriff der „Wirklichkeit“ des Staates im Duktus der Integrationslehre eigentlich auf die „Wirksamkeit der sozialen Ordnung“ abzielt.

[25] *Badura*, Wahlen, in: AöR 97 (1972), S. 1 (11).

[26] So *Gangl*, Integration, in: Brunkhorst/Voigt (Hrsg.), Rechts-Staat, 2008, S. 73 (80). Bei *Smend*, Verfassung, 1928, S. 22 heißt es insoweit wörtlich: „Wenn das überempirisch aufgegebene Wesen des Staates sein Charakter als souveräner Willensverband und seine dauernde Integration zur Wirklichkeit als solcher ist, so ist es Sache empirischer Beobachtung, die Faktoren dieser Verwirklichung aufzuzeigen“.

[27] Siehe *Smend*, Verfassung, 1928, S. 25 ff.; dazu *Mols*, Integrationslehre, in: AöR 94 (1969), S. 513 (518 ff.); *Bickenbach*, Smend, in: JuS 2005, S. 588 (590 f.).

[28] *Smend*, Verfassung, 1928, S. 33.

[29] *Smend*, Verfassung, 1928, S. 90.

tert er in folgender Weise: „Wahlen, parlamentarische Verhandlungen, Kabinettsbildungen, Volksabstimmungen [...] integrieren, d. h. schaffen zu ihrem Teile die jeweilige politische Individualität des Volksganzen und damit die Voraussetzung für sein rechtlich faßbares, inhaltlich gutes oder schlechtes Tätigwerden."[30]

Nach der Integrationslehre ist dabei weniger der Inhalt beziehungsweise das *Ergebnis* der Abstimmung oder der Wahl für die Integrationswirkung maßgeblich, sondern vielmehr die durch das *Verfahren* ermöglichte Einbeziehung der Bürger in den staatlichen Entscheidungsprozess bedeutsam[31]. Idealerweise solle deshalb eine „Beteiligung aller"[32] am politischen Leben erreicht werden. Die Integrationsfunktion der Wahl liegt nach *Smends* Auffassung folglich darin, dass möglichst alle Staatsbürger an dem staatlichen Willensbildungsprozess teilnehmen und sich dadurch als politische Gemeinschaft erfahren[33]. Das konkrete Wahlverfahren spielt in dieser Sichtweise erst einmal keine Rolle. Auch gegenwärtige Stimmen in der Literatur sehen die Integrationsfunktion der Wahl darin begründet, dass diese als niederschwellige Möglichkeit der gemeinsamen, politischen Teilhabe aller Staatsbürger die Einheit des Staatsvolkes fördert[34]. Der „Wahlakt als solcher [stellt] eine politische Gemeinsamkeit unter den Bürgern her"[35]. Auf den ersten Blick scheint sich die Integrationsfunktion der Wahl daher neutral gegenüber der konkreten Ausgestaltung des Wahlrechts zu verhalten.

3. Integrationswirkung der Wahl durch vereinheitlichende Mehrheitsbildung

Allerdings hat *Smend* die Integrationswirkung im Hinblick auf das Wahlverfahren im Weiteren konkretisiert. Demnach sei es zur Erfüllung dieser Integrationsfunktion als

„erste[r] Sinn dieser Verfahrensweise [...erforderlich], daß die parlamentarische Dialektik innerhalb des Parlaments und in dem miterlebenden Staatsvolk Gruppenbildung, Zusam-

---

[30] *Smend*, Verfassung, 1928, S. 38 f.

[31] In diesem Sinne die Ausführungen bei *Smend*, Verfassung, 1928, S. 39; dazu ferner *Hurrelmann*, Integration, in: Lhotta (Hrsg.), Die Integration des modernen Staates, 2005, S. 163 (163); *Bühler*, Verfassung, 2011, S. 162 f. Hier sehen *Morlok/Schindler*, Smend, in: Lhotta (Hrsg.), Die Integration des modernen Staates, 2005, S. 13 (18); *Gangl*, Integration, in: Brunkhorst/Voigt (Hrsg.), Rechts-Staat, 2008, S. 73 (83) einen Zusammenhang mit dem Gedanken, den *Luhmann* später als „Legitimation durch Verfahren" geprägt hat.

[32] *Smend*, Verfassung, 1928, S. 41.

[33] In diese Richtung *Hurrelmann*, Integration, in: Lhotta (Hrsg.), Die Integration des modernen Staates, 2005, S. 163 (169); *Bühler*, Verfassung, 2011, S. 162.

[34] In diesem Sinne *Kotzur*, Freiheit, in: Merten/Papier (Hrsg.), HGR V, 2013, § 120 Rn. 11; *Volkmann*, Wahlen, in: Mörschel (Hrsg.), Wahlen und Demokratie, 2016, S. 9 (23); ähnlich im Hinblick auf die dadurch geschaffene „gemeinsame republikanische Identität" *Funke*, Wahlrecht, in: Der Staat 46 (2007), S. 395 (412).

[35] *Volkmann*, Wahlen, in: Mörschel (Hrsg.), Wahlen und Demokratie, 2016, S. 9 (10).

menschluß, Bildung einer bestimmten politischen Gesamthaltung herbeiführt – ebenso wie das Wahlrecht zunächst parteibildend und dann mehrheitsbildend wirken, nicht lediglich einzelne Abgeordnete liefern soll."[36]

Smend sieht die Integrationsfunktion der Wahl demnach darin, die politische Vielfalt im Wahlvolk durch Zusammenschlüsse in den Parteien zu reduzieren und damit schließlich die Mehrheitsbildung zu ermöglichen. Unter diesem Blickwinkel spricht die Integrationsfunktion der Wahl gegen eine starke politische Zersplitterung, die den Prozess der Mehrheitsbildung und damit die staatliche Einheit gefährden könnte. Diese Sichtweise entspricht der in der Weimarer Republik weithin als problematisch aufgefassten Spaltung der Gesellschaft in viele, unterschiedliche politische Gruppen, die maßgeblicher Anlass für die Entwicklung der Integrationslehre war. Konsequenterweise war *Smend* daher ein Gegner des mit der Weimarer Verfassung eingeführten reinen Verhältniswahlrechts, das seiner Auffassung nach zu einer starken, parteipolitischen Zersplitterung des Parlamentes geführt habe[37]. Er bemängelte insbesondere die damit verbundene Aufgabe der „stärker gruppenbildenden Wirkung der Mehrheitswahl, also ihrer größeren Integrationseffekte"[38].

Zudem konnte nach *Smend* „Die Integrationswirkung der Organe [...] von ihrem Bildungsvorgang nur dann [ausgehen], wenn er zum Integrationsmittel entwickelt, d. h. wenn er integrierender Kampf ist."[39] Nach der Integrationslehre muss deshalb ein Prozess der Auseinandersetzung verschiedener Positionen erfolgen, der zur Offenlegung von inneren Differenzen im Volk führt und zugleich durch eine abschließende Mehrheitsentscheidung diese Gegensätze zu

---

[36] *Smend*, Verfassung, 1928, S. 39.

[37] Zur ablehnenden Haltung *Smends* gegenüber der Verhältniswahl *Badura*, Wahlen, in: AöR 97 (1972), S. 1 (10); *M. Friedrich*, Smend, in: AöR 112 (1987), S. 1 (6); *van Ooyen*, Integration, 2014, S. 30. Diese Auffassung hatte *Smend*, Verschiebung, in: ders. (Hrsg.), Staatsrechtliche Abhandlungen und andere Aufsätze, 4. Aufl. 2010, S. 60 ff. bereits 1919 niedergelegt. In den Ausführungen ist eine allgemein kritische Haltung zu Parteien und Fraktionen feststellbar, deren Position nach Ansicht *Smends* durch das Verhältniswahlsystem weiter gestärkt werde.

[38] So die Analyse von *M. Friedrich*, Smend, in: AöR 112 (1987), S. 1 (6); im Hinblick auf die Mehrheitswahl spricht *Smend*, Verschiebung, in: ders. (Hrsg.), Staatsrechtliche Abhandlungen und andere Aufsätze, 4. Aufl. 2010, S. 60 (64) davon, dass „es sich bei dieser Willens- und Mehrheitsbildung der Wählerschaft wieder um einen dialektischen Prozeß, um die von der Verfassung gewollte und organisierte Form der politischen Willens- und Gruppenbildung der Staatsbürger und damit um einen zweiten Zentralvorgang des verfassungsmäßigen politischen Lebensprozesses im konstitutionellen Staat [handelt]."

[39] *Smend*, Verfassung, 1928, S. 90; bereits in *ders.*, Verschiebung, in: ders. (Hrsg.), Staatsrechtliche Abhandlungen und andere Aufsätze, 4. Aufl. 2010, S. 60 (61) heißt es: „Parlamentswahl und Parlamentsverhandlung sind die beiden wichtigsten im Verfassungsstaat vorgesehenen und geregelten Stadien des politischen Kampfes und der politischen Auseinandersetzung."

überwinden sucht[40]. Seine ablehnende Haltung gegenüber der Verhältniswahl begründet *Smend* daher damit, dass

> „über der Steigerung der individualistischen Sinnkomponente des allgemeinen gleichen Wahlrechts durch die Verhältniswahl die gleichzeitige Minderung seiner Integrationskraft übersehen wird, die mit der Aufgabe der Mehrheitswahl und deren schöpferischer Dialektik, deren stärkerem Erleben von Sieg und Niederlage und deren vielfacher Anregung zu örtlicher politischer Aktivität bei Kandidatenauswahl und Wahlbündnissen, unvermeidlich verbunden ist."[41]

Folglich erkennt *Smend* weniger in der Abbildung der im Wahlvolk vorhandenen politischen Pluralität bei der Verhältniswahl als vielmehr in der durch die Mehrheitswahl angeregten Zusammenschlüsse und dem abschließenden Entscheidungsprozess im Wege der Mehrheitsbildung eine integrierende Wirkung des Wahlverfahrens.

Diesem Gedanken weist *Smend* schließlich, wie seiner gesamten Integrationslehre, Relevanz für die verfassungsrechtliche Auslegung zu, indem er feststellt: „Ganz allgemein folgt aus dem Charakter des Organbildungsrechts als integrierenden Selbstzwecks, daß seine Normen materielles, nicht formelles Recht sind"[42]. Nach *Smends* Auffassung ist somit das Wahlrecht nicht nur als ein formaler Mechanismus der Willensbildung aufzufassen, sondern muss im Hinblick auf die Integrationswirkung der Wahl betrachtet werden und sich den daraus folgenden Anforderungen stellen[43]. In Konsequenz der von *Smend* allgemein geforderten Auslegung der Verfassung im Sinne des Integrationsziels kann folglich die Integrationsfunktion der Wahl zu einem Maßstab der verfassungsrechtlichen Beurteilung des Wahlrechts werden. Diese ist nach *Smends* Auffassung auf Zusammenschlüsse und die Mehrheitsbildung und damit zugleich gegen eine Zersplitterung des Parteiensystems und des Parlaments als Gefahr für die staatliche Einheit gerichtet.

4. Ergebnis: Integrationsfunktion der Wahl als Beitrag zur Einheit des Staates

Nach der Integrationslehre *Rudolf Smends* soll die Auslegung der Verfassung nicht auf das positive Recht beschränkt bleiben, sondern es sollen auch die gegebenen Umstände seiner Wirkung miteinbezogen werden. Für *Smend* zählt dazu in erster Linie die Integration des Volkes in das staatliche Ganze. Die

---

[40] *Smend*, Verfassung, 1928, S. 35 f.

[41] *Smend*, Verfassung, 1928, S. 91; zuvor ähnlich – noch ohne Verwendung des Integrationsbegriffs – *ders.*, Verschiebung, in: ders. (Hrsg.), Staatsrechtliche Abhandlungen und andere Aufsätze, 4. Aufl. 2010, S. 60 (64 f.). In entsprechender Weise wurde später gegenüber der Verhältniswahl der Vorwurf der „Desintegration" erhoben, siehe *Hermens*, Demokratie, 1951, S. 4 ff.; *Unkelbach*, Grundlagen, 1956, S. 59 ff.

[42] *Smend*, Verfassung, 1928, S. 139.

[43] Dazu *Badura*, Wahlen, in: AöR 97 (1972), S. 1 (1 ff.).

Wahl leiste als ein Verfahren der politischen Willensbildung dazu einen wichtigen Beitrag, indem der gemeinsame Wahlakt ein Zugehörigkeitsgefühl beim Wähler erzeugt. Zugleich konkretisiert *Smend* die Integrationsfunktion der Wahl jedoch weitergehend dahin, dass das Verfahren der Schaffung von Zusammenschlüssen und letztlich der Mehrheitsbildung dienen müsse. Daher war *Smend* ein Anhänger des Mehrheitswahlrechts, das seiner Meinung nach im Gegensatz zur Verhältniswahl einer politischen Zersplitterung und damit verbundenen Gefahr für die staatliche Einheit entgegenwirke. Wenngleich *Smend* ein differenziertes Verständnis andeutet, ist in seinem Verständnis der Integrationsfunktion der Wahl wie in seiner gesamten Integrationslehre im Kern eine kritische Einstellung gegenüber einem ausgeprägten politischen Pluralismus ersichtlich[44].

II. Integrationsfunktion durch Ausschluss

In der bundesrepublikanischen Staatsrechtslehre und Rechtsprechung ist die Integrationsfunktion der Wahl ebenso ein Thema geblieben wie die Zersplitterung des Parteiensystems und die daraus resultierenden Schwierigkeiten für die Mehrheitsbildung im Parlament, obgleich diese im Gegensatz zu Weimar in der Praxis der Bundesrepublik bislang kaum nennenswert aufgetreten sind. Vermutlich durch *Smends* Anhänger *Leibholz* und *Hesse*, die Richter am Bundesverfassungsgericht waren, hat der Topos der Integrationsfunktion Eingang in die Rechtsprechung des Bundesverfassungsgerichts zum Wahlrecht gefunden[45]. Es gilt im Folgenden zu untersuchen, inwieweit dabei inhaltlich der Integrationsgedanke *Smends* im Hinblick auf das Wahlverfahren fortgewirkt hat. Daran anknüpfend kann festgestellt werden, inwieweit die Integrationsfunktion der Wahl in einem ausschließenden Gehalt gegenüber parteipolitischer Vielfalt und damit als Rechtfertigung für die Sperrklausel zu verstehen ist.

---

[44] Allgemein zu dessen antipluralistischer Haltung *van Ooyen*, Integration, 2014, S. 31 ff.; anders hingegen *Morlok/Schindler*, Smend, in: Lhotta (Hrsg.), Die Integration des modernen Staates, 2005, S. 13 (21), die ausführen: „Die Verschiedenheit des Volkes, der Kampf der Meinungen und die Bündelung der politisch aktiven Bürger – im Ganzen: Pluralismus und Verbände –, sind notwendige Folge des Verständnisses Smends von Bürger, Staat und Verfassung."

[45] Zum Ursprung dieser Rechtsprechung in der Integrationslehre siehe *Faber*, Föderalismus, 2015, S. 195 f.; Andeutung auch bei *Badura*, Staat, in: Der Staat 16 (1977), S. 305 (305 Fn. 3); *Morlok/Schindler*, Smend, in: Lhotta (Hrsg.), Die Integration des modernen Staates, 2005, S. 13 (17 Fn. 23); *Klein/Schwarz*, in: Dürig/Herzog/Scholz (Hrsg.), GG, Art. 38 (2021), Rn. 70 Fn. 4. – Auf die personelle Verbindung zum Bundesverfassungsgericht verweisen *Krausnick*, Integration, in: Lhotta (Hrsg.), Die Integration des modernen Staates, 2005, S. 135 (143); *van Ooyen*, Integration, 2014, S. 17. Allgemein zur Wirkung der Integrationslehre auf die Rechtsprechung näher *Hennis*, Integration, in: JZ 1999, S. 485 (486 ff.), der *Smend* sogar als „Hausgott" des Bundesverfassungsgerichts bezeichnet.

1. Das Bundesverfassungsgericht und die Integrationslehre im Hinblick auf Sperrklauseln

Eine kritische Haltung gegenüber parlamentarischen Splittergruppen war auch im Parlamentarischen Rat vorhanden. Manche Abgeordneten drängten vehement auf Regelungen zum Wahlrecht, die einer Parteienzersplitterung in der Bundesrepublik entgegenwirken sollten[46]. Die durch das reine Verhältniswahlrecht hervorgerufene Vielzahl an kleinen Parteien im Reichstag sahen einige als zentralen Grund für das Scheitern der Weimarer Republik an[47]. Allerdings kritisierten andere Abgeordnete diese Annahme deutlich[48]. Zudem hat sich der Parlamentarische Rat im Ergebnis weder für ein Mehrheitswahlrecht noch für eine Sperrklausel im Verhältniswahlsystem entschieden. Wie bereits zur Wahlfreiheit und Wahlgleichheit ausgeführt, haben diese Umstände in der Rechtsprechung und Staatsrechtslehre jedoch zunächst wenig Beachtung gefunden. Vielmehr scheint eine ausgeprägte Sorge gegenüber einer Fragmentierung des Parteiensystems dominiert zu haben. Dabei fungierten die Weimarer Erfahrun-

[46] Siehe stellvertretend die Debatte über die in Art. 47 Abs. 5 HChE vorgeschlagene Sperrklausel-Ermächtigung in der Sechsten Sitzung des Kombinierten Ausschusses, 24. September 1948, in: Deutscher Bundestag/Bundesarchiv (Hrsg.), Der Parlamentarische Rat 1948–1949, Bd. XIII, 2002, S. 177 ff. und in der Zweiten Sitzung des Hauptausschusses, 11. November 1949, in: Dies. (Hrsg.), Der Parlamentarische Rat 1948–1949, Bd. XIV, 2009, S. 23 ff. sowie die Debatte über das Wahlsystem in der Dritten Sitzung des Ausschusses für Wahlrechtsfragen, 23. September 1948, in: Dies. (Hrsg.), Der Parlamentarische Rat 1948–1949, Bd. VI, 1994, S. 55 ff.; siehe ferner die Begründung für die Ablehnung des Grundgesetzes durch die CSU in der Erklärung des Abgeordneten *Schwalber*, Zehnte Sitzung des Plenums, 8. Mai 1949, in: Dies. (Hrsg.), Der Parlamentarische Rat 1948–1949, Bd. IX, 1996, S. 616.

[47] So etwa die Äußerungen des Abgeordneten *Kroll*, Siebente Sitzung des Plenums, 21. Oktober 1948, in: Deutscher Bundestag/Bundesarchiv (Hrsg.), Der Parlamentarische Rat 1948–1949, Bd. IX, 1996, S. 288, 290 oder des Vorsitzenden des Kombinierten Ausschusses *Lehr*, Sechste Sitzung des Kombinierten Ausschusses, 24. September 1948, in: Dies. (Hrsg.), Der Parlamentarische Rat 1948–1949, Bd. XIII, 2002, S. 178. Dieser Aspekt war somit ein maßgebliches Argument der Befürworter einer Mehrheitswahl, dazu *H. Meyer*, Wahlsystem, 1973, S. 32 f.; *Poscher*, Wahlrechtsgespenst, in: Gusy (Hrsg.), Weimars lange Schatten, 2003, S. 256 (267 f.); siehe etwa die Argumentation bei *Hermens*, Demokratie, 1951, S. 191 ff.

[48] So etwa der Abgeordnete *Dehler*, Sechste Sitzung des Kombinierten Ausschusses, 24. September 1948, in: Deutscher Bundestag/Bundesarchiv (Hrsg.), Der Parlamentarische Rat 1948–1949, Bd. XIII, 2002, S. 179. Der Abgeordnete *Renner* wies darauf hin, dass unter einem Mehrheitswahlrecht die NSDAP früher und legal die Macht hätte ergreifen können, Achte Sitzung des Plenums, 24. Februar 1949, in: Dies. (Hrsg.), Der Parlamentarische Rat 1948–1949, Bd. IX, 1996, S. 350; zu letzterem ausführlich auch *Jäckel*, Wahlsysteme, in: Commager u. a. (Hrsg.), FS Loewenstein, 1971, S. 241 (249 ff.).

gen zum Teil sogar ausdrücklich als Rechtfertigung von entsprechenden Abwehrmechanismen wie der Sperrklausel[49].

Zugleich stellten viele Stimmen in der Wahlrechtsdebatte der frühen Bundesrepublik einen Bezug zum Integrationsgedanken *Smends* her und brachten diesen gegen eine Zersplitterung des Parteiensystems in Stellung. Besonders deutlich zeigte sich dies bei den Anhängern der Mehrheitswahl, welche diese als Förderung der staatlich notwendigen Integration lobten, während sie der Verhältniswahl den Weg in eine gefährliche, politische Spaltung attestierten[50]. Aber auch die frühe Rechtsprechung des Bundesverfassungsgerichts lässt – wenngleich in weniger drastischer Weise – ein solches, gegen die politische Fragmentierung gerichtetes Verständnis der Integrationsfunktion der Wahl erkennen. So wird die Sperrklausel in der ersten Wahlrechtsentscheidung

> „unter dem Gesichtswinkel einer Bekämpfung der Splitterparteien gerechtfertigt. Der Gesetzgeber versucht gerade durch diese Differenzierung dem staatspolitischen Element bei der Wahl, das auch Bestandteil des zu ordnenden Lebensverhältnisses ist, Rechnung zu tragen."[51]

Bereits hier klingt der Duktus *Smends* an, wenngleich das Bundesverfassungsgericht an späterer Stelle auf die Parteienfreiheit und deren Beeinträchtigung durch die Sperrklausel hinweist, weshalb diese nur ausnahmsweise gerechtfertigt werden könne[52]. In einer nachfolgenden Entscheidung rekurriert es jedoch explizit auf die Integrationsfunktion der Wahl als Ausschlussfunktion gegenüber Splittergruppen, wonach die Sperrklausel „zur Verhütung der Parteienzersplitterung im Parlament und damit zur Bewahrung der integrierenden Funktion der Wahlen gerechtfertigt ist."[53] Dabei begründet es den Ausschluss kleiner Interessensgruppen von der parlamentarischen Vertretung wie folgt:

> „Der unbegrenzte Proporz würde die Möglichkeit schaffen, daß auch solche kleinen Gruppen eine parlamentarische Vertretung erlangen, die nicht ein am Gesamtwohl orientiertes

---

[49] Explizit BVerfGE 14, 121 (135); 34, 81 (99); *Rinck*, Wahlgleichheit, in: DVBl. 1958, S. 221 (225); zur Bedeutung der vermeintlichen „Weimarer Erfahrungen" für die anfängliche Rechtsprechung des Bundesverfassungsgerichts *Antoni*, Grundgesetz, in: ZParl 11 (1980), S. 93 (104); *Ehlers*, Sperrklauseln, in: Jura 1999, S. 660 (662); *H. Meyer*, Wahlgrundsätze, in: Isensee/Kirchhof (Hrsg.), HStR III, 3. Aufl. 2005, § 46 Rn. 38; *Sacksofsky*, Wahlrecht, in: Morlok/Schliesky/Wiefelspütz (Hrsg.), Parlamentsrecht, 2016, § 6 Rn. 65. Bisweilen werden heute noch die „Weimarer Erfahrungen" als Argument für die Sperrklausel angeführt, siehe *Ehlers*, Sperrklauseln, in: Jura 1999, S. 660 (665); *Geerlings/Hamacher*, Wegfall, in: DÖV 2012, S. 671 (672); *Kotzur*, Freiheit, in: Merten/Papier (Hrsg.), HGR V, 2013, § 120 Rn. 39; *Boehl*, in: Schreiber (Hrsg.), BWahlG, 11. Aufl. 2021, § 6 Rn. 66.

[50] *Hermens*, Demokratie, 1951, S. 4 ff.; *Unkelbach*, Grundlagen, 1956, S. 27 f.

[51] BVerfGE 1, 208 (252). Einen Bezug zum Integrationsgedanken der Wahl sieht in diesen Ausführungen auch *W. Roth*, Sperrklausel, 2015, S. 51.

[52] Siehe BVerfGE 1, 208 (255).

[53] BVerfGE 6, 84 (94 f.); ähnlich argumentiert *Rinck*, Wahlgleichheit, in: DVBl. 1958, S. 221 (225).

politisches Programm vertreten, sondern im wesentlichen nur einseitige Interessen verfechten."[54]

Diese ausdrücklich gegen Einzelinteressen und damit zugleich auf die Förderung der Einheit des politischen Systems gerichtete Rechtsprechung scheint deutlich von dem Verständnis der Integrationslehre *Smends* beeinflusst zu sein. Bis heute fasst das Bundesverfassungsgericht die Sperrklausel als einen Beitrag zur „Sicherung des Charakters der Wahl als eines Integrationsvorganges der politischen Willensbildung des Volkes"[55] auf.

2. Integrationsfunktion und Funktionsfähigkeit der Volksvertretung

Neben der Integrationsfunktion der Wahl hat das Bundesverfassungsgericht von Beginn an den technischen Aspekt der Funktionsfähigkeit der Volksvertretung als zentralen Rechtfertigungsgrund für die Sperrklausel angeführt[56]. Dieser Gedanke beruht maßgeblich auf der spezifischen Bedeutung der Wahl im demokratischen Staatswesen: „Als Akt der Volkssouveränität werden politische Präferenzen im Wahlvolk transformiert in institutionalisierte politische Macht."[57] Die staatliche Macht kann nur effektiv ausgeübt werden und damit dem Willen des Volkes zur Geltung verhelfen, wenn die jeweiligen Institutionen tatsächlich handlungsfähig sind. Die Funktion der Wahl ist daher nicht darauf beschränkt, lediglich eine möglichst präzise Darstellung der Wählerpräferenzen zu liefern, sondern aus ihr müssen zugleich handlungsfähige Staatsorgane hervorgehen[58]. Dies setzt voraus, dass in Parlamenten, Vertretungen und

---

[54] BVerfGE 6, 84 (92), sinngemäß BVerfGE 51, 222 (236). Auf den Zusammenhang dieser Aussage mit der Integrationsfunktion der Wahl weist auch *Wahl*, Wahlrecht, in: NJW 1990, S. 2585 (2589) hin. – Einem solchen Verständnis der Integrationsfunktion stimmen zu *Wendt*, Sperrklauseln, in: Ruffert (Hrsg.), FS Schröder, 2012, S. 431 (452); *Haug*, Parlament, in: ZParl 45 (2014), S. 467 (481 f.); *W. Roth*, Sperrklausel, 2015, S. 77.

[55] So zuerst in BVerfGE 6, 84 (93); nachfolgend ständig wiederholt in BVerfGE 14, 121 (135); 24, 300 (341); 41, 399 (421); 51, 222 (236); 71, 81 (97); 95, 408 (418); 129, 300 (320 f.); 135, 259 (286 Rn. 52); 146, 327 (351 Rn. 62).

[56] Bereits die erste Entscheidung zur Sperrklausel in BVerfGE 1, 208 (248) bezeichnet die durch die Verhältniswahl begünstigte Aufspaltung der Volksvertretung in viele kleine Parteien und die damit womöglich eintretende Funktionsunfähigkeit als eine „staatspolitische Gefahr", die „ein zureichender, aus der Natur der Sache sich ergebender Grund für eine differenzierende Behandlung der politischen Parteien bei der Zuteilung von Sitzen in der Verhältniswahl" sei.

[57] So prägnant *Morlok*, in: Dreier (Hrsg.), GG, Bd. II, 3. Aufl. 2015, Art. 38 Rn. 53; sinngemäß *Müller/Drossel*, in: Huber/Voßkuhle (Hrsg.), GG, Bd. II, 8. Aufl. 2024, Art. 38 Rn. 58.

[58] In diesem Sinne BVerfGE 6, 84 (92); 51, 222 (236); *Frowein*, Wahlrecht, in: AöR 99 (1974), S. 72 (77 f.); *Becht*, 5%-Klausel, 1990, S. 67; *Wendt*, Sperrklauseln, in: Ruffert (Hrsg.), FS Schröder, 2012, S. 431 (437); *Bull*, Erfolgswertgleichheit, in: DVBl. 2014, S. 1213 (1214); *Haug*, Parlament, in: ZParl 45 (2014), S. 467 (472); *W. Roth*, Sperrklausel, 2015, S. 39. Bereits *Tecklenburg*, Wahlrecht, in: ZfP 17 (1928), S. 577 (578) konstatiert in-

sonstigen Kollegialorganen eine möglichst arbeits- und mehrheitsfähige Zusammensetzung vorhanden ist. Eine Sperrklausel soll durch den Ausschluss von kleinen Parteien eine zu große Aufspaltung in viele entgegengesetzte politische Lager verhindern, dadurch eine stetige Mehrheitsbildung ermöglichen und damit die Funktionsfähigkeit der Volksvertretung sichern[59].

Mit der Zeit hat sich das Bundesverfassungsgericht auf diesen Aspekt der Funktionsfähigkeit der Volksvertretung fokussiert und zunehmend Abstand vom Topos der Integrationsfunktion als eigenständigen Rechtfertigungsgrund genommen. Dies zeigt sich anschaulich an den verwendeten Formulierungen. Frühere Entscheidungen zählten den Aspekt der Funktionsfähigkeit der Volksvertretung und die Integrationsfunktion der Wahl als eigenständigen Rechtfertigungsgrund auf, wie die sprachliche Trennung beider Aspekte durch die Präposition „und"[60] und noch deutlicher mit „oder"[61] belegt[62]. Davon weicht die neuere Rechtsprechung ohne ausdrücklichen Hinweis ab, indem sie die Integrationsfunktion und Sicherung der Funktionsfähigkeit als „zusammenhängend"[63] bezeichnet. Einige weisen der Integrationsfunktion der Wahl sogar ausdrücklich keine *eigenständige* Bedeutung neben der Funktionsfähigkeit der Volksvertretung zu[64]. Dieser Sichtweise hat sich das Bundesverfassungsgericht jedenfalls für die kommunale Ebene angeschlossen, wonach ausdrücklich „nur die mit einiger Wahrscheinlichkeit zu erwartende Beeinträchtigung der Funktionsfähigkeit der kommunalen Vertretungsorgane [...] die Fünf-Prozent-Sperrklausel rechtfertigen[kann]"[65]. Mangels entsprechender Anhaltspunkte für eine Funktionsstörung ist die Sperrklausel im kommunalen Bereich nach herrschender Auffassung mittlerweile unzulässig[66]. Das Bundesverfassungsge-

---

sofern, dass die Wahl „selbst schon über sich hinaus[weist] auf das beschließende Parlament und seine Aufgaben, Gesetzgebung und Regierungsbildung".

[59] Dazu SHVerfGH, Urteil vom 13.9.2013 – LVerfG 7/12 –, juris, Rn. 112; *Puhl*, Sperrklausel, in: Depenheuer u. a. (Hrsg.), FS Isensee, 2007, S. 441 (448 ff.); *W. Roth*, Sperrklausel, 2015, S. 40; *Mehde*, in: Dürig/Herzog/Scholz (Hrsg.), GG, Art. 28 Abs. 1 (2023), Rn. 113.

[60] BVerfGE 71, 81 (97); 95, 408 (421); 120, 82 (107).

[61] BVerfGE 124, 1 (19).

[62] So *W. Roth*, Sperrklausel, 2015, S. 49 f.

[63] So nunmehr BVerfGE 129, 300 (320 f.); 135, 259 (286 Rn. 52); 146, 327 (351 Rn. 62).

[64] So VerfGH NRW, NVwZ 2009, S. 449 (452); *Wahl*, Wahlrecht, in: NJW 1990, S. 2585 (2589 f.); auch *Ehlers*, Sperrklauseln, in: Jura 1999, S. 660 (664); *H. Meyer*, Wahlgrundsätze, in: Isensee/Kirchhof (Hrsg.), HStR III, 3. Aufl. 2005, § 46 Rn. 40 sehen allein die Funktionsfähigkeit der Volksvertretung als tauglicher Rechtfertigungsgrund für die Sperrklausel an; a.A. *Wendt*, Sperrklauseln, in: Ruffert (Hrsg.), FS Schröder, 2012, S. 431 (451); *W. Roth*, Sperrklausel, 2015, S. 49 ff.

[65] BVerfGE 120, 82 (114); sinngemäß *Puhl*, Sperrklausel, in: Depenheuer u. a. (Hrsg.), FS Isensee, 2007, S. 441 (451).

[66] So BVerfGE 120, 82 (109 ff.); VerfGH NRW, NVwZ 2000, S. 666 (667 ff.); *Ehlers*, Sperrklauseln, in: Jura 1999, S. 660 (666); *H. Meyer*, Wahlgrundsätze, in: Isensee/Kirchhof

richt hat in seiner Entscheidung keine Relevanz der Integrationsfunktion für die kommunale Ebene erblickt, weil

> „doch aus der Garantie der kommunalen Selbstverwaltung [folge], dass die Auslese der Kandidaten für die kommunalen Vertretungskörperschaften jedenfalls auch nach partikularen Zielen möglich sein muss und daher nicht ausschließlich den ihrem Wesen und ihrer Struktur nach in erster Linie am Staatsganzen orientierten politischen Parteien vorbehalten werden darf."[67]

3. Integrationsfunktion und Kompromissförderung

Die Argumentation des Bundesverfassungsgerichts mit dem Verweis auf die kommunale Selbstverwaltungsgarantie stellt bei genauerer Betrachtung aber ein nicht überzeugendes Ausweichmanöver dar, die Integrationsfunktion der Wahl nicht näher spezifizieren zu müssen. Die kommunale Selbstverwaltung ist eine Ausprägung der demokratischen Ordnung auf lokaler Ebene, die denselben Prinzipien unterworfen ist[68]. Wenn man daher auf staatlicher Ebene zwischen partikularen und gemeinwohlorientierten Interessen differenzieren möchte, könnte diese Unterscheidung genauso auf der kommunalen Ebene erfolgen. Allgemeine lokale Interessen der Gemeinde würden aufgrund des Rechts zur Selbstverwaltung für die Gemeindeebene als Gemeinwohlinteresse zu werten sein. Daher hebt das Bundesverfassungsgericht zu Recht die Berechtigung von „ortsgebundenen, lediglich kommunale Interessen verfolgenden Wählergruppen"[69] hervor, ohne zu erkennen, dass es sich hierbei bezogen auf die relevante, kommunale Ebene um Gemeinwohlinteressen handeln kann und der Begriff der „partikularen Ziele" insoweit unzutreffend ist. Der letztere Begriff könnten vielmehr nur auf spezifische Interessen einzelner Gruppen innerhalb der Gemeinde Anwendung finden. Warum solche Partikularinteressen auf der kommunalen Ebene eine andere Beurteilung als auf der staatlichen Ebene erfahren sollen, ist nicht ohne weiteres nachvollziehbar und lässt sich jedenfalls nicht mit der kommunalen Selbstverwaltungsgarantie begründen. Aus diesem Grund begründen einige die Rechtfertigung der Sperrklausel auf kommunaler Ebene mit einem Verständnis der Integrationsfunktion, wonach Splittergruppen wegen ihrer regelmäßigen fehlenden Gemeinwohlorientierung von der

---

(Hrsg.), HStR III, 3. Aufl. 2005, § 46 Rn. 42; *Puhl*, Sperrklausel, in: Depenheuer u. a. (Hrsg.), FS Isensee, 2007, S. 441 (452 ff.); *Schwarz*, in: Huber/Voßkuhle (Hrsg.), GG, Bd. II, 8. Aufl. 2024, Art. 28 Rn. 111; a.A. *Theis*, Sperrklausel, in: KommJur, S. 168 (169 ff.); *Wendt*, Sperrklauseln, in: Ruffert (Hrsg.), FS Schröder, 2012, S. 431 (450 ff.); *Michael*, Sperrklauseln, 2015, S. 137 ff.; *W. Roth*, Sperrklausel, 2015, S. 81.

[67] BVerfGE 120, 82 (109 f.); zustimmend VerfGH NRW, NVwZ 2009, S. 449 (452).

[68] Dazu noch näher unten Teil 4, A. I. 2. a).

[69] BVerfGE 120, 82 (110); insoweit zustimmend *W. Roth*, Sperrklausel, 2015, S. 79.

Sitzverteilung in den kommunalen Vertretungen ausgeschlossen bleiben dürfen[70].

Ein solches Integrationsverständnis ist allerdings sowohl für die kommunale als auch staatliche Ebene abzulehnen. Zwar mag es zu den „Verfassungserwartungen [gehören], dass die Mitglieder der [...] Volksvertretungen [...] gemeinwohlorientiert handeln“[71]. Die den größeren Parteien unterstellte „Gemeinwohlorientierung“ als Argument für die Sperrklausel ist aber abzulehnen[72]. Abgesehen von der Frage, ob diese Annahme in soziologischer Hinsicht überhaupt zutrifft, verbietet die demokratische Ordnung des Grundgesetzes dem Gesetzgeber eine entsprechende Bewertung von Parteiprogrammen und damit eine Prüfung der vermeintlichen Gemeinwohlverträglichkeit vorzunehmen, weshalb diese auch nicht mittelbar als Argument für wahlrechtliche Mechanismen fungieren darf[73]. Wie bereits die Herleitung des Mehrheitsprinzips gezeigt hat, ist eine Begründung oder Rechtfertigung mit Hilfe des „Gemeinwohls“ verfassungsrechtlich untauglich, da dieses in der Demokratie nicht abstrakt vorgegeben sein kann und darf. Bereits nach der Ansicht *Smends* besteht das Gemeinwohl nicht als vorgegebene Größe, sondern kann nur im Wege der politischen Verfahren herausgebildet werden[74]. Die integrierende Wirkung einer Sperrklausel liegt somit in verfassungsrechtlicher Hinsicht nicht in einer vermeintlich gesteigerten Gemeinwohlorientierung der größeren Parteien.

---

[70] In diesem Sinne argumentieren *Wendt*, Sperrklauseln, in: Ruffert (Hrsg.), FS Schröder, 2012, S. 431 (453 f.); *W. Roth*, Sperrklausel, 2015, S. 76 f., dass auch im Falle der Ablehnung einer Funktionsbeeinträchtigung eine kommunale Sperrklausel mit der Integrationsfunktion gerechtfertigt werden kann. Den Aspekt der Gemeinwohlorientierung führen als Rechtfertigung für die Sperrklausel auf kommunaler Ebene SaarlVerfGH, Urteil vom 14.7.1998 – Lv 4/97, Rn. 32; *Theis*, Sperrklausel, in: KommJur, S. 168 (169) an.

[71] So SaarlVerfGH, Urteil vom 14.7.1998 – Lv 4/97, Rn. 32; aufgenommen bei *Theis*, Sperrklausel, in: KommJur, S. 168 (169); *Wendt*, Sperrklauseln, in: Ruffert (Hrsg.), FS Schröder, 2012, S. 431 (452).

[72] So auch VerfGH NRW, NVwZ 2000, S. 666 (670); SaarVerfGH, Urteil vom 18.3.2013 – Lv 12/12 –, juris, Rn. 39 f.; *Ehlers*, Sperrklauseln, in: Jura 1999, S. 660 (664 f.); *Stern*, Staatsrecht, Bd. IV/2, 2011, S. 210; *Fremuth*, Verfassung, in: JZ 2018, S. 13 (17); *Trute*, in: v. Münch/Kunig (Hrsg.), GG, Bd. I, 7. Aufl. 2021, Art. 38 Rn. 74.

[73] Ebenso *Pauly*, Wahlrecht, in: AöR 123 (1998), S. 232 (255); *Ehlers*, Sperrklauseln, in: Jura 1999, S. 660 (664 f.). Hingegen darf nach SaarlVerfGH, Urteil vom 14.7.1998 – Lv 4/97, Rn. 32 „der Gesetzgeber – typisierend – Vorkehrungen treffen, die die Gewähr dafür bieten, dass sie nicht nur singuläre, partikulare oder temporäre Eigeninteressen vertreten“; zustimmend *Theis*, Sperrklausel, in: KommJur, S. 168 (169); *Wendt*, Sperrklauseln, in: Ruffert (Hrsg.), FS Schröder, 2012, S. 431 (452); *W. Roth*, Sperrklausel, 2015, S. 45.

[74] So *Badura*, Wahlen, in: AöR 97 (1972), S. 1 (3); nach *Smend*, Verschiebung, in: ders. (Hrsg.), Staatsrechtliche Abhandlungen und andere Aufsätze, 4. Aufl. 2010, S. 60 (61) ist „eine richtig geregelte Dialektik des Verfahrens die sicherste Gewähr für die Findung eines wahren, richtigen, guten Ergebnisses“. – In diesem Sinne räumt *W. Roth*, Sperrklausel, 2015, S. 61 selbst ein, dass das Gemeinwohl nicht *per se* feststeht, sondern sich erst im politischen Verfahren herausbilden muss.

Allerdings könnte der dahinterstehende Gedanke insofern relevant sein, als demokratische Entscheidung nach dem Mehrheitsprinzip regelmäßig auf einen Ausgleich von verschiedenen, teils gegensätzlichen Interessen zurückgehen und demnach auf die Kompromissfähigkeit der Beteiligten angewiesen sind. Eine Sperrklausel diene daher nach verbreiteter Einschätzung nicht nur in passiver Weise durch den Ausschluss einer Vielzahl von kleinen Gruppen der Funktionsfähigkeit der Volksvertretung, sondern fördere aktiv die Mehrheitsbildung im demokratischen Willensbildungsprozess, indem sie „einen Anreiz zu staatsbürgerlicher Kompromissfähigkeit“[75] setze. Um eine genügende Anzahl an Wählern für sich gewinnen zu können, seien die Parteien dazu angeregt, möglichst viele unterschiedliche Ansichten in ihrem Programm zusammenzuführen, wodurch bereits im Vorfeld der Wahl eine politische Integration von Einzelinteressen im Sinne einer Kompromissbildung erfolge[76]. Je mehr Stimmen eine Partei erhält, umso eher müsse sie bereits erfolgreich unterschiedliche Einzelmeinungen in einen aus Sicht des Wählers überzeugenden Ausgleich gebracht haben, weshalb einige Stimmen in der Literatur größeren Parteien einen höheren Beitrag zur politischen Integration zusprechen[77]. In der Folge könnten die unter Geltung einer Sperrklausel im Parlament vertretenen Parteien tendenziell als kompromissfähiger anzusehen sein, wodurch die Mehrheitsbildung im Parlament gefördert werde. In diesem Sinne hat das Bundesverfassungsgericht in einer frühen Entscheidung zur Sperrklausel festgestellt: „Große Parteien erleichtern die Zusammenarbeit innerhalb des Parlaments, weil sie in sich bereits einen Ausgleich zwischen verschiedenen Volkskreisen und deren Anliegen vollziehen.“[78] Dabei müsse es sich nicht um die etablierten Parteien handeln, vielmehr können diese an Integrationskraft einbüßen und an der Sperrklausel scheitern, während sich neue, ein ausreichendes Spektrum an Wählern anspre-

---

[75] Prägnant *Magiera*, in: Sachs (Hrsg.), GG, 9. Aufl. 2021, Art. 38 Rn. 99; diesen Zusammenhang zwischen Sperrklausel und Kompromissbereitschaft stellen ferner her *Wild*, Gleichheit, 2003, S. 224; *Wendt*, Sperrklauseln, in: Ruffert (Hrsg.), FS Schröder, 2012, S. 431 (451); *Bull*, Erfolgswertgleichheit, in: DVBl. 2014, S. 1213 (1217); demgegenüber ablehnend *Wenner*, Sperrklauseln, 1986, S. 272 ff.

[76] In diesem Sinne SHVerfGH, Urteil vom 13.9.2013 – LVerfG 7/12 –, juris, Rn. 119; *H. Meyer*, Wahlsystem, 1973, S. 227 f.; *Wendt*, Sperrklauseln, in: Ruffert (Hrsg.), FS Schröder, 2012, S. 431 (451); *W. Roth*, Sperrklausel, 2015, S. 43 f.

[77] So *Wendt*, Sperrklauseln, in: Ruffert (Hrsg.), FS Schröder, 2012, S. 431 (451 f.); *Haug*, Parlament, in: ZParl 45 (2014), S. 467 (481 f.); ähnlich *Bull*, Erfolgswertgleichheit, in: DVBl. 2014, S. 1213 (1214). Allerdings folgern diese daraus entsprechend der früheren Rechtsprechung des Bundesverfassungsgerichts zugleich eine stärkere Gemeinwohlorientierung der größeren Parteien; kritisch zur Integrationsfähigkeit größerer Parteien *Wenner*, Sperrklauseln, 1986, S. 321 f.

[78] BVerfGE 6, 84 (92); ähnlich *Puhl*, Sperrklausel, in: Depenheuer u. a. (Hrsg.), FS Isensee, 2007, S. 441 (452).

chende Parteien bilden und Wahlerfolge verbuchen[79]. Wenngleich diese Möglichkeit aufgrund der erheblichen Vorwirkung der Sperrklausel auf Anhänger und Wähler kleiner Parteien praktisch deutlich beschnitten sein kann, nehmen einige in dieser Hinsicht einen Integrationseffekt der Sperrklausel an, der die Kompromissfähigkeit der Wähler und Parteien im staatlichen Willensbildungsprozess fördern soll und so zu einer vorherigen Bündelung von Einzelinteressen führe.

Für diese Sichtweise werden zudem mögliche Probleme einer Entscheidungsfindung angeführt, die ohne eine Sperrklausel unter Beteiligung von kleinen Parteien erfolgen muss. In diesem Fall könnten Konstellationen in der Volksvertretung auftreten, bei denen die Kleinstparteien als „Zünglein an der Waage sehr leicht einen weit überproportionalen, nach dem Gewicht ihrer Wählerschaft und ihrem Wahlergebnis völlig unangemessenen Einfluss auf [...] Entscheidungen gewinnen können."[80] Danach könne der Integrationsgedanke als Rechtfertigungsgrund für eine Sperrklausel in der Weise dienen, „im Interesse eines sachgerechten Interessensausgleichs Splittergruppen hiervon auszuschließen."[81] Eine solche Einschätzung missachtet allerdings den Umstand, dass auch Parteien, die die Sperrklausel überwinden, übermäßiges politisches Gewicht erlangen können[82]. Der Prozess der Kompromiss- und Mehrheitsbildung beruht auf inhaltlichen und individuellen Abwägungsvorgängen, der sich nicht in mathematischen Stimmverhältnissen erschöpft. Insofern bleibt eine solche Inanspruchnahme der Integrationsfunktion zur Rechtfertigung der Sperrklausel jedenfalls zweifelhaft.

---

[79] Sondervotum zu BVerfGE 129, 300 (350 ff.); SaarlVerfGH, Urteil vom 22.3.2012 – Lv 3/12 –, juris, Rn. 46; *Geerlings/Hamacher*, Wegfall, in: DÖV 2012, S. 671 (676); *Bull*, Erfolgswertgleichheit, in: DVBl. 2014, S. 1213 (1214); *Haug*, Parlament, in: ZParl 45 (2014), S. 467 (484).

[80] *W. Roth*, Sperrklausel, 2015, S. 57; sinngemäß SaarlVerfGH, Urteil vom 22.3.2012 – Lv 3/12 –, juris, Rn. 45; SaarlVerfGH, Urteil vom 18.3.2013 – Lv 12/12 –, juris, Rn. 43; *Theis*, Sperrklausel, in: KommJur, S. 168 (170). Auf diesen Effekt des „Züngleins an der Waage" hatte bereits der zweite Vorsitzende der deutschen Wählergesellschaft *Walk*, Neunte Sitzung des Ausschusses für Wahlrechtsfragen, 14. Oktober 1948, in: Deutscher Bundestag/Bundesarchiv (Hrsg.), Der Parlamentarische Rat 1948–1949, Bd. VI, 1994, S. 249 aufmerksam gemacht. Entsprechend argumentierte der Abgeordnete *Schröter*, Zweiundfünfzigste Sitzung des Hauptausschusses, 22. Februar 1949, in: Dies. (Hrsg.), Der Parlamentarische Rat 1948–1949, Bd. XIV, 2009, S. 1665. Gegen diese Argumentation wandte sich der Abgeordnete *Becker*, Siebente Sitzung des Plenums, 21. Oktober 1948, in: Dies. (Hrsg.), Der Parlamentarische Rat 1948–1949, Bd. IX, 1996, S. 297 f.

[81] *W. Roth*, Sperrklausel, 2015, S. 56; sinngemäß SaarlVerfGH, Urteil vom 22.3.2012 – Lv 3/12 –, juris, Rn. 45. *Bull*, Erfolgswertgleichheit, in: DVBl. 2014, S. 1213 (1217) sieht darin explizit ein Mittel gegen die „Desintegration der staatlichen Ordnung".

[82] So *Langheid*, Mehrheitswahlrecht, in: ZRP 1995, S. 94 (96); *Bryde*, Demokratie, in: Brink/Wolff (Hrsg.), FS Arnim, 2004, S. 679 (690).

4. Ergebnis: Integrierende Wirkung des kompromissfördernden Ausschlusses

Die Integrationsfunktion der Wahl wird häufig in dem Sinn aufgefasst, dass sie im Interesse der Mehrheitsbildung in der Volksvertretung auf den Ausschluss von Splittergruppen gerichtet ist. Während das Bundesverfassungsgericht dies zunächst als einen eigenständigen Rechtfertigungsgrund für die Sperrklausel in Stellung gebracht hat, beschränkt es sich mittlerweile in der inhaltlichen Erörterung auf die Funktionsfähigkeit der Volksvertretung. Demgegenüber vertreten Teile der Literatur ein darüberhinausgehendes Verständnis der Integrationsfunktion hinsichtlich der Sperrklausel. Allerdings kann dies keinesfalls in einer vermeintlich ausgeprägteren Gemeinwohlorientierung größerer Parteien, sondern allenfalls in der Förderung der Kompromissfähigkeit der Parteien liegen. Diese ist für die Funktionsfähigkeit der Demokratie im Allgemeinen und der Volksvertretungen im Besonderen unabdingbar. Inwieweit der Wahlgesetzgeber diese mit dem konkreten Mechanismus der Sperrklausel wirksam und zulässigerweise fördern darf, erfordert noch eine genauere Erörterung. Maßgeblich ist an dieser Stelle die Erkenntnis, dass die Integrationsfunktion der Wahl in verschiedener Hinsicht für die Rechtfertigung der Sperrklausel und damit in Abwehrstellung zum parteipolitischen Pluralismus in der Volksvertretung fungiert.

III. Integrationsfunktion durch Einbeziehung

Dieses bislang aufgezeigte Verständnis der Integrationsfunktion, das auf den Ausschluss kleinerer Gruppen von der parlamentarischen Vertretung gerichtet ist, kann allerdings nicht erst aufgrund der damit verbundenen Eingriffe in die Wahlrechtsgrundsätze, sondern bereits im Hinblick auf die integrierende Wirkung der Wahl selbst in Zweifel geraten. Auch nach der Auffassung *Smends* lebt die Integrationsfunktion der Wahl von einer möglichst umfassenden Teilnahme des Volkes. Eine Sperrklausel könnte daher sowohl im Hinblick auf die fehlende Wirkung der Wählerstimmen auf die Zusammensetzung der Volksvertretung als auch aufgrund der bereits erörterten psychologischen Abschreckungswirkung auf die Wähler kleinerer Parteien der integrierenden Wirkung abträglich sein. Deshalb ist auch eine gänzlich gegensätzliche Deutung der Integrationsfunktion der Wahl möglich.

1. Integrationsfunktion durch Abbildung der politischen Vielfalt

Der Begriff Integration lässt sich nicht nur im Sinne des Strebens nach Mehrheitsbildung und der Förderung nach staatlicher Einheit verstehen, sondern könnte nach dem allgemeinen Begriffsverständnis auf die Einbeziehung von Minderheiten gerichtet sein. Eine Sperrklausel könnte unter diesem Blickwinkel sogar zu einer Beeinträchtigung der Integrationsfunktion der Wahl führen. Infolge der Nichtberücksichtigung bei der Mandatsbesetzung seien die Wähler und Wahlbewerber nicht im materiellen Sinne mit ihren politischen Präferenzen in den parlamentarischen Willensbildungsprozess einbezogen und können damit nicht in diesen integriert werden[83].

> „Diese Benachteiligung kleinerer Gruppierungen bei der Sitzverteilung schürt […] beim Bürger das Gefühl mangelnder Fairness ‚der Etablierten' gegenüber unliebsamer Konkurrenz und damit eine ohnehin gefährliche Politikverdrossenheit, wirkt also insoweit dem ‚Integrationsvorgang' der Wahl entgegen."[84]

Dieses Problem verschärft sich, je mehr langfristig ausgerichtete und durchaus beachtliche politische Strömungen an der Sperrklausel scheitern und auf ein außerparlamentarisches Engagement beschränkt bleiben. Wie erläutert ist es in Folge der abschreckenden Wirkung der Sperrklausel gegenüber Anhängern der kleinen Parteien und des dadurch ausgelösten taktischen Wahlverhaltens sogar möglich, dass Parteien trotz eines tatsächlich genügend großen Rückhalts keine ausreichende Zahl an Wählerstimmen erhalten und nicht in das Parlament einziehen: „Erhebliche Schwierigkeiten, die Schwelle zu überwinden, mit der daraus folgenden Entmutigung der Alternativenbildung, lässt das politische System auf längere Sicht verkrusten."[85] Diese fehlende Offenheit des staatlichen Willensbildungsprozesses könnte dazu führen, dass sich ein nicht unbedeutender Teil der Staatsbürger nicht mehr repräsentiert und einbezogen fühlt und damit letztlich die Akzeptanz des politischen Systems und damit die staatliche Einheit leidet. Die Gründe für eine solche Entwicklung können vielschichtig und nicht allein auf eine Sperrklausel zu reduzieren sein. Allerdings scheint aus dieser Perspektive eine Ausgestaltung des Wahlrechts der integrierenden Wirkung der Wahl eher gerecht zu werden, bei der möglichst alle Wählerstimmen Einfluss auf die Mandatsbesetzung haben und damit am staatlichen Willensbildungsprozess materiell *teilhaben*.

Aus diesem Grund lehnen auch Stimmen in der Literatur das für die Sperrklausel in Stellung gebrachte Verständnis der Integrationsfunktion, das im Sinne der Mehrheitsbildung auf den Ausschluss von Splittergruppen abzielt, nachdrücklich ab: „Integration durch Wahlen eines einheitlichen Staatsvolks entsteht eben durch Gleichbehandlung aller Wähler. Integration durch Un-

---

83 Nach *Jesse*, Wahlrecht, 1985, S. 254 „ist der Wahlakt [für jene Bürger] keine wirksame Form der politischen Partizipation", wodurch sich „möglicherweise […] beträchtlicher Verdruß ein[stellt]".

84 *Puhl*, Sperrklausel, in: Depenheuer u. a. (Hrsg.), FS Isensee, 2007, S. 441 (455 f.); in ähnlicher Weise argumentiert hinsichtlich der Integration auch *Becht*, 5%-Klausel, 1990, S. 106 ff.

85 Prägnant *Trute*, in: v. Münch/Kunig (Hrsg.), GG, Bd. I, 7. Aufl. 2021, Art. 38 Rn. 74; sinngemäß *Forsthoff*, Staat, 1971, S. 90; *Gusy*, Mehrheitsprinzip, in: AöR 106 (1981), S. 329 (351); *Wenner*, Sperrklauseln, 1986, S. 330 ff.; *Stern*, Staatsrecht, Bd. IV/2, 2011, S. 210 f. Diese Gefahr hält hingegen *Haug*, Parlament, in: ZParl 45 (2014), S. 467 (484) für kaum relevant.

gleichbehandlung ist ein demokratischer Selbstwiderspruch“[86]. Aus dieser Perspektive schaffe vielmehr eine gleichmäßige Einbeziehung aller Bürger in den staatlichen Willensbildungsprozess ein Zusammengehörigkeitsgefühl im Wahlvolk und fördere damit die Integrationsfunktion der Wahl[87]. Diesem Verständnis der Integrationsfunktion werde ein Wahlverfahren folglich „dann gerecht, wenn es sicherstellt, dass sich das in der Wählerschaft vertretene Meinungsspektrum auch in dieser Breite in der Zusammensetzung des gewählten Vertretungsorgans widerspiegelt.“[88] In dieser Sichtweise stellt die Integrationsfunktion der Wahl keinen zusätzlichen Rechtfertigungsgrund, sondern vielmehr eine zusätzliche Rechtfertigungshürde für eine Sperrklausel dar.

2. Neupositionierung in der Rechtsprechung des Bundesverfassungsgerichts

Diesem Verständnis der Integrationsfunktion scheint sich mittlerweile das Bundesverfassungsgericht zugewendet zu haben, ohne diese Rechtsprechungsänderung hinreichend deutlich kundgetan zu haben. In der Entscheidung zur Grundmandatsklausel hat es in bemerkenswerter Weise zwar noch auf das ursprüngliche Verständnis der Integrationsfunktion als Rechtfertigung für die Sperrklausel rekurriert[89]. Im Weiteren hat das Bundesverfassungsgericht aber die Integrationsfunktion zugleich als Rechtfertigung für die Grundmandatsklausel als Ausnahmeregelung zur Sperrklausel in Stellung gebracht und sie damit in einem gegensätzlichen Sinne verwendet[90]. Nach dieser neuen Sichtweise des Bundesverfassungsgerichts erfordere die Integrationsfunktion der Wahl zu vermeiden, dass „gewichtige Anliegen im Volke von der Volksvertre-

---

[86] Pointiert *Wahl*, Wahlrecht, in: NJW 1990, S. 2585 (2590); zum Zusammenhang zwischen Integration und Gleichheit der Wahl in einer historischen Perspektive *Hattenhauer*, Geschichte, in: ders./Kaltefleiter (Hrsg.), Mehrheitsprinzip, Konsens und Verfassung, 1986, S. 1 (19).

[87] Dazu allgemein ohne Bezug zur Sperrklausel *Volkmann*, Wahlen, in: Mörschel (Hrsg.), Wahlen und Demokratie, 2016, S. 9 (23).

[88] *Buchwald/Rauber/Grzeszick*, Sperrklausel, in: LKRZ 2012, S. 441 (445); in diesem Sinne spricht *Lang*, Wahlrecht, 2014, S. 86 f. von einer „Integration des gesellschaftlichen Pluralismus“; ähnlich *Benken*, Wahleinspruch gegen die Wahl zum Deutschen Bundestag am 22. September 2013, S. 16, wonach Integration „die weitgehend verlustfreie Einbeziehung verschiedener Strömungen meint, aus deren Unterschiedlichkeit am Ende ein gemeinsamer politischer Wille destilliert werden kann“; gegen ein solches Verständnis der Integrationsfunktion *Wendt*, Sperrklauseln, in: Ruffert (Hrsg.), FS Schröder, 2012, S. 431 (451).

[89] So heißt es in BVerfGE 95, 408 (421): „Mit der Sperrklausel sichert der Gesetzgeber die Funktionsfähigkeit des Parlaments und den Charakter der Wahl als eines Integrationsvorgangs“.

[90] Darauf verweisen *Heintzen*, Bundestagswahl, in: DVBl. 1997, S. 744 (748); *Pauly*, Wahlrecht, in: AöR 123 (1998), S. 232 (260 f.); *H. Meyer*, Wahlgrundsätze, in: Isensee/Kirchhof (Hrsg.), HStR III, 3. Aufl. 2005, § 46 Rn. 44; *Cancik*, Wahlrecht, in: VVDStRL 72 (2013), S. 268 (297 Fn. 117).

tung ausgeschlossen bleiben"[91]. Statt zur *Rechtfertigung* der Sperrklausel und des damit verbundenen Ausschlusses kleiner Parteien verwendet es die Integrationsfunktion nunmehr als Argument für eine *Einschränkung* der Sperrklausel[92]. Dies wird besonders deutlich, wenn das Bundesverfassungsgericht die „Grundmandatsklausel als Mittel des Ausgleichs zwischen Funktionsfähigkeit und Integration"[93] bezeichnet, obwohl diese Aspekte bisher „gleichgerichtet und in Abwehrstellung zu Splitterparteien aufgefaßt worden"[94] sind. Dies legt nahe, dass das Bundesverfassungsgericht den Ausschluss kleinerer Gruppen nunmehr nicht als Beitrag zu einem Integrationsvorgang, sondern im Gegenteil als eine Beeinträchtigung desselben ansieht.

Ebenso ist die Entscheidung zur Unzulässigkeit von Sperrklauseln bei der Europawahl zu deuten, wenn es dort die Bedeutung der „Offenheit des politischen Prozesses, der für die parlamentarische Debatte [...] wesentlich ist und zu dem kleine Parteien einen wichtigen Beitrag leisten können"[95], betont. Die Berücksichtigung der politischen Pluralität in der Zusammensetzung der Volksvertretung dient danach als positiver Umstand für den Willensbildungsprozess. Somit ist auch an dieser Stelle eine Abwendung von der früher vertretenen Auffassung der Integrationsfunktion der Wahl als Rechtfertigungsgrund für die Sperrklausel zu erkennen[96]. Eine explizite Bestätigung dieser neuen Deutung der Integrationsfunktion durch das Bundesverfassungsgericht findet sich in der Entscheidung zur Bundestagswahl 2013. Im Hinblick auf den hohen Anteil der insgesamt an der Sperrklausel gescheiterten Stimmen von 15,7 % formulierte das Bundesverfassungsgericht: „Eine andere verfassungsrechtliche

---

[91] BVerfGE 95, 408 (419). Diese Formulierung findet sich nachfolgend in BVerfGE 131, 316 (335); 146, 327 (355 Rn. 71). Dabei werden jeweils alte Entscheidungen zitiert, die für diese Sichtweise der Integrationsfunktion unmittelbar aber nicht in Anspruch genommen werden können. Daher handelt es sich um eine Neupositionierung im Verständnis der Integrationsfunktion, ohne dass diese explizit ausgewiesen wäre.

[92] Auf diesen Wechsel in der Rechtsprechung verweisen *Heintzen*, Bundestagswahl, in: DVBl. 1997, S. 744 (748); *H. Meyer*, Wahlgrundsätze, in: Isensee/Kirchhof (Hrsg.), HStR III, 3. Aufl. 2005, § 46 Rn. 44; *Trute*, in: v. Münch/Kunig (Hrsg.), GG, Bd. I, 7. Aufl. 2021, Art. 38 Rn. 74 Fn. 317.

[93] BVerfGE 95, 408 (424).

[94] *Heintzen*, Bundestagswahl, in: DVBl. 1997, S. 744 (748), der dazu noch ausführt, dass die Integrationsfunktion der Wahl und die Funktionsfähigkeit der Volksvertretung gleichgerichtete Ziele waren, während sie in dieser Entscheidung voneinander isoliert werden und damit in Konflikt treten können; ebenso *Benken*, Wahleinspruch gegen die Wahl zum Deutschen Bundestag am 22. September 2013, S. 16.

[95] BVerfGE 135, 259 (295 Rn. 74), nach dessen Ansicht die Verhinderung einer parteipolitischen Zersplitterung keinen tauglichen Rechtfertigungsgrund für die Sperrklausel darstellt; in diesem Sinne bereits BVerfGE 129, 300 (340): „Es ist nicht Aufgabe der Wahlgesetzgebung, die Bandbreite des politischen Meinungsspektrums – etwa im Sinne einer besseren Übersichtlichkeit der Entscheidungsprozesse in den Volksvertretungen – zu reduzieren."

[96] So auch die Schlussfolgerung bei *W. Roth*, Sperrklausel, 2015, S. 46.

Beurteilung könnte möglicherweise geboten sein, wenn der sperrklauselbedingte Ausfall an Stimmen einen Umfang erreicht, der die Integrationsfunktion der Wahl beeinträchtigen würde."[97] Es deutet die Integrationsfunktion also dahingehend, dass sich zumindest ein großer Teil der Stimmen in der Besetzung der Mandate niederschlagen und damit in den politischen Willensbildungsprozess einfließen muss. Wenn ein erheblicher Teil der Wählerstimmen keine Berücksichtigung findet, könnte dies sogar zu einer Verfassungswidrigkeit des Wahlrechts führen. Die Integrationsfunktion wird erneut nicht im negativen Sinne des *Ausschlusses*, sondern im positiven Sinne der *Einbeziehung* möglichst vieler Wählerstimmen in Stellung gebracht. Zugleich weist das Bundesverfassungsgericht der Integrationsfunktion der Wahl damit explizit eine verfassungsrechtliche Relevanz zu.

3. Ergebnis: Integrierende Wirkung der materiellen Teilhabe

Folglich kann die Integrationsfunktion der Wahl auch im umgekehrten Sinne verstanden werden, wonach der Ausschluss von kleinen Parteien im Wege der Sperrklausel die Teilhabe aller Staatsbürger am politischen Willensbildungsprozess konterkariert und damit die integrierende Wirkung der Wahl beeinträchtigt. Wenngleich das Bundesverfassungsgericht im Zusammenhang mit der Sperrklausel weiterhin auf die Integrationsfunktion der Wahl rekurriert, scheint es sich tendenziell diesem neuen Verständnis angeschlossen zu haben. In dieser Sichtweise ist die Integrationsfunktion der Wahl darauf gerichtet, die politische Pluralität im Wahlvolk möglichst weitgehend in der Volksvertretung abzubilden, anstatt zur Erleichterung der Mehrheitsbildung auf eine vorhergehende Zusammenführung von Interessen in größeren Parteien hinzuwirken.

IV. Ambivalentes Integrationsverständnis als zwei Seiten einer Medaille

Die Analyse der Rechtsprechung und Literatur zeigt somit, dass die „Verwendung des Integrationsbegriffs […] von einer gewissen Dunkelheit geprägt"[98]

[97] BVerfGE 146, 327 (355 Rn. 71); in diesem Sinne argumentiert *Benken*, Wahleinspruch gegen die Wahl zum Deutschen Bundestag am 22. September 2013, S. 44; *Lenski*, Fünfprozenthürde, in: MIP 20 (2014), S. 178 (179); entsprechend sieht VerfGH NRW, NVwZ 2018, S. 159 (172 Rn. 150) der Höhe der Sperrklausel durch die Integrationsfunktion eine Grenze gesetzt.

[98] *Trute*, in: v. Münch/Kunig (Hrsg.), GG, Bd. I, 7. Aufl. 2021, Art. 38 Rn. 68. Deutlich die Unverständlichkeit des Begriffs kritisieren *Becht*, 5%-Klausel, 1990, S. 76; *H. Meyer*, Wahlgrundsätze, in: Isensee/Kirchhof (Hrsg.), HStR III, 3. Aufl. 2005, § 46 Rn. 39. Bereits im Hinblick auf die Integrationslehre *Smends* stellt *Badura*, Staat, in: Der Staat 16 (1977), S. 305 (307) fest: „Die Verwendung des einen Ausdrucks ‚Integration' für viele und verschiedenartige Fragen und Antworten, die hier in einen Punkt zusammengezwungen werden, der nicht auch als ein einziger und eindeutiger Begriff definierbar ist, mußte nicht nur bei flüchtigen Betrachtern, sondern auch bei sorgfältigen Fachleuten Mißverständnisse begüns-

ist. Im Kern ist dem Begriff in der bisherigen Wahlrechtsdiskussion eine Ambivalenz zwischen dem *Ausschluss* und der *Einbeziehung* von kleineren Gruppen und entsprechenden Wählerstimmen zu entnehmen[99]. Während das Bundesverfassungsgericht die Integrationsfunktion der Wahl zunächst eher im antipluralistischen Sinne *Smends* aufgefasst und als Rechtfertigung für eine Sperrklausel angeführt hatte, ist es mittlerweile jedenfalls implizit zur gegenteiligen Auffassung übergegangen, wonach der damit verbundene Ausschluss kleinerer Gruppen von der Sitzverteilung tendenziell zur Beeinträchtigung der Integrationsfunktion der Wahl führe.

Die beiden gegenläufigen Verständnisse der Integrationsfunktion scheinen sich auf den ersten Blick unversöhnlich gegenüberzustehen. Entweder vertritt man ein kollektivistisches Verständnis der Integration, das im Interesse der effektiven Mehrheitsbildung auf den Ausschluss kleinerer Gruppen abzielt. Oder aber man deutet die Integrationsfunktion in einem individualistischen Sinne, wonach auch die Einbeziehung kleinerer Gruppen in den demokratischen Willensbildungsprozess geboten ist. Womöglich lässt sich dieser scheinbare Widerspruch auflösen, indem beide Sichtweisen einer bestimmten Funktion im demokratischen Willensbildungsprozess zugeordnet werden (1.). Damit ist zugleich auf die verfassungsrechtliche Verankerung der Integrationsfunktion einzugehen (2.), die bislang weder die Rechtsprechung noch die Literatur ausdrücklich aufgezeigt hat. Erst auf dieser Grundlage lässt sich das Verständnis der Integrationsfunktion adäquat erfassen und für die verfassungsrechtliche Beurteilung der Ausgestaltung des Wahlsystems fruchtbar machen (3.).

1. Auflösung des scheinbaren Widerspruchs im Integrationsbegriff

Die vermeintlich gegenteiligen Verständnisse der Integrationsfunktion entsprechen bei genauerer Betrachtung unterschiedlichen, aber jeweils für sich bedeutsamen Grundsätzen im demokratischen Verfassungsstaat. Das erstere Verständnis der Integrationsfunktion hinsichtlich des Ausschlusses von kleinen Gruppen weist eine enge Verknüpfung zu den Aspekten der Funktionsfähigkeit politischer Entscheidungsverfahren und dem Streben nach einer Mehrheits- und Kompromissbildung auf. Am Ende jedes demokratischen Willensbildungsprozesses müssen sich die einzelnen Präferenzen in eine aus ihnen gebildete Mehrheit integrieren lassen, um verbindliche Entscheidungen treffen zu können. Dem Prozess der Mehrheitsbildung kommt daher hinsichtlich des da-

---

tigen." *Smend*, Verfassung, 1928, S. 39 selbst führte im Hinblick auf die funktionelle Integration aus: „Dabei bleibt der zugrunde liegende geistige Vorgang, dessen Verständnis die erste Aufgabe einer Geisteswissenschaft wäre, im Dunkeln."

[99] Insofern scheint der Begriff der Integrationsfunktion im Wahlrecht ähnlich ambivalent zum Topos der Funktionsfähigkeit der Volksvertretung zustehen wie der vom Bundesverfassungsgericht zum Teil in Parlamentsrecht verwendete Begriff der „Repräsentationsfähigkeit", dazu näher *Cancik*, Wahlrecht, in: VVDStRL 72 (2013), S. 268 (296 ff.).

mit verbundenen Ausgleichs- und Kompromissvorgangs eine bedeutsame Integrationswirkung zu[100]. Es handelt sich um einen Integrationseffekt, der „sachlicher Natur“[101] ist. Wahlrechtliche Mechanismen, die diesen Prozess der Mehrheitsbildung fördern, könnten somit zur Integrationsfunktion der Wahl beitragen. Insoweit hat das Bundesverfassungsgericht die Integrationsfunktion nachvollziehbarerweise mit der Funktionsfähigkeit der Volksvertretung zur Rechtfertigung für die Sperrklausel angeführt.

Das zweite Verständnis der Integrationsfunktion hinsichtlich der Einbeziehung von kleineren Gruppen ist hingegen vom demokratischen Teilhaberecht aller Staatsbürger geprägt, wonach zunächst auch kleinere, vermeintlich unbedeutende Minderheiten die Möglichkeit haben müssen, ihre Anliegen im politischen Willensbildungsprozess einzubringen und Einfluss auf staatliche Entscheidungen zu nehmen. Wie bereits *Smend* im Rahmen der funktionellen Integration ausgeführt hat, üben staatliche Beteiligungsverfahren eine integrierende Wirkung auf das Wahlvolk aus, indem durch die „Teilhabe am politischen Entscheidungsprozess […] eine Bindung an das politische System erzeugt“[102] wird. Diese Perspektive beschreibt also einen Integrationseffekt „sozial-psychologischer Natur“[103]. Jedoch darf diese Integrationswirkung nicht nur auf eine formale *Teilnahme* am Wahlakt reduziert werden, sondern muss auf eine materielle *Teilhabe* am Willensbildungsprozess gerichtet sein. Nur dann sind tatsächlich alle Staatsbürger in das politische System eingebunden und fühlen sich durch den Wahlakt repräsentiert. Insoweit ist es ebenso nachvollziehbar, die Integrationsfunktion der Wahl – insbesondere wegen ihrer psychologischen Auswirkungen auf die Anhänger kleinerer Parteien – gegen eine Sperrklausel in Stellung zu bringen.

Die beiden Integrationseffekte stehen damit zwar im Hinblick auf die Ausgestaltung des Wahlrechts in einem Gegensatz zueinander. Der scheinbare Widerspruch im Verständnis der Integrationsfunktion der Wahl lässt sich aber dahingehend auflösen, dass dieser Topos nicht einseitig für eine der beiden Wirkungsweisen vereinnahmt werden darf. Beide Aspekte zielen in unterschiedli-

---

[100] In diesem Sinne *Heun*, Mehrheitsprinzip, 1983, S. 262 ff.; *Patzelt*, Mehrheitsprinzip, in: Görres-Gesellschaft (Hrsg.), StL III, 8. Aufl. 2019, Sp. 1521 (1521); *Klein/Schwarz*, in: Dürig/Herzog/Scholz (Hrsg.), GG, Art. 42 (2021), Rn. 84. Bereits *Smend*, Verfassung, 1928, S. 35 wies der Mehrheitsbildung eine bedeutsame Integrationswirkung zu.

[101] So die treffende Bezeichnung bei *Heun*, Mehrheitsprinzip, 1983, S. 263. In dieser Hinsicht weist *Mols*, Integrationslehre, in: AöR 94 (1969), S. 513 (517 f.) darauf hin, dass der Integrationsgedanke bei *Smend* sowohl „äußerlich-organisatorischer wie geistig-kultureller Art, also gleichzeitig technisch und ideell“ ist.

[102] So ausdrücklich in Bezug zu *Smends* Auffassung der funktionellen Integration *Heun*, Mehrheitsprinzip, 1983, S. 263; sinngemäß *Volkmann*, Wahlen, in: Mörschel (Hrsg.), Wahlen und Demokratie, 2016, S. 9 (23).

[103] So prägnant *Heun*, Mehrheitsprinzip, 1983, S. 263; entsprechend auch *Volkmann*, Wahlen, in: Mörschel (Hrsg.), Wahlen und Demokratie, 2016, S. 9 (23).

cher Weise auf einen Beitrag zur politischen Integration des Wahlvolkes ab und sind zugleich aufeinander bezogen. Ohne eine bestehende politische Pluralität ist die Mehrheitsbildung überflüssig. Ohne eine effektive Mehrheitsbildung ist das plurale Gemeinwesen handlungsunfähig, da sich „die Vielfältigkeit der Meinungen […] auf keine andere Weise zur Einheit bringen[lässt].“[104] Beide Integrationseffekte sind folglich als zwei Seiten einer Medaille, nämlich jeweils als Ausprägungen des Demokratieprinzips zu verstehen, die nach der Integrationsfunktion der Wahl in einen Ausgleich zu bringen sind[105]. Dies lässt sich unter Rückgriff auf die verfassungsrechtlichen Konkretisierungen des Demokratieprinzips normativ bestätigen.

2. *Die verfassungsrechtliche Verankerung der Integrationsfunktion*

Insbesondere die in Art. 21 GG niedergelegte Parteienfreiheit garantiert in verfassungsrechtlicher Hinsicht die politische Pluralität als ein Wesenselement der Demokratie[106]. Ohne die Garantie der politischen Vielfalt würden alle anderen verfassungsrechtlichen Grundsätze inhaltsleer und damit wertlos. So erfordert etwa das Mehrheitsprinzip die „Pluralität der Anschauungen“[107], um tatsächliche Relevanz als Entscheidungsprinzip zu besitzen und die im ersten Abschnitt angesprochene Kompromiss- wie auch Verfahrensfunktion auszuüben. Wahlrechtliche Mechanismen, die gegen die politische Vielfalt gerichtet sind oder jedenfalls in dieser Weise wirken, treten daher in ein Spannungsverhältnis zur verfassungsrechtlich geforderten „Offenheit des politischen Meinungs- und Willensbildungsprozesses.“[108] Folglich darf das Wahlrecht

> „nicht dahingehend missbraucht werden, Parteineugründungen zu erschweren und die Wähler an etablierte Parteien zu binden. Wenn sich im Dienste stabiler Mehrheitsverhältnisse der

---

[104] So prägnant zum Geltungsgrund des Mehrheitsprinzips *Krabbe*, Staats-Idee, 1919, S. 90; zur Einheitsbildung durch das Mehrheitsprinzip *Guggenberger/Offe*, Politik, in: dies. (Hrsg.), An den Grenzen der Mehrheitsdemokratie, 1984, S. 8 (8 f.); *Simmel*, Soziologie, 2013, S. 151 ff.

[105] Im Ansatz dazu unter den Aspekten der Legitimation und Partizipation *Benken*, Wahlsysteme, 2022, S. 77 ff.

[106] Zum Pluralismus in der Demokratie im Zusammenhang mit Art. 21 GG *Morlok*, in: Dreier (Hrsg.), GG, Bd. II, 3. Aufl. 2015, Art. 21 Rn. 1; *Streinz*, in: Huber/Voßkuhle (Hrsg.), GG, Bd. II, 8. Aufl. 2024, Art. 21 Rn. 33; zur Einordnung des Pluralismus und der Parteienfreiheit als elementarer Bestandteil des Demokratieprinzips *Badura*, Demokratie, in: Isensee/Kirchhof (Hrsg.), HStR II, 3. Aufl. 2004, § 25 Rn. 32; *Kotzur*, in: v. Münch/Kunig (Hrsg.), GG, Bd. I, 7. Aufl. 2021, Art. 20 Rn. 51; *Sommermann*, in: Huber/Voßkuhle (Hrsg.), GG, Bd. II, 8. Aufl. 2024, Art. 20 Rn. 85.

[107] So *Scheuner*, Mehrheitsprinzip, 1973, S. 57; *Gusy*, Mehrheitsprinzip, in: AöR 106 (1981), S. 329 (334).

[108] In dieser Weise zur Kritik an der Sperrklausel *Puhl*, Sperrklausel, in: Depenheuer u. a. (Hrsg.), FS Isensee, 2007, S. 441 (446); sinngemäß *Wenner*, Sperrklauseln, 1986, S. 330 ff.; *Trute*, in: v. Münch/Kunig (Hrsg.), GG, Bd. I, 7. Aufl. 2021, Art. 38 Rn. 74.

Wählerwille dem Wahlsystem anpassen soll, sind die Voraussetzungen einer freien Wahl nicht mehr erfüllt."[109]

Eine Sperrklausel tangiert aufgrund der damit verbundenen Auswirkungen auf das Engagement und die Erfolgschancen kleinerer Parteien daher auch die Parteienfreiheit nach Art. 21 GG[110]. Wie bereits ausführlich erörtert, beeinträchtigt die Sperrklausel zudem die Freiheit und Gleichheit der Wahl. Diese in Art. 38 Abs. 1 S. 1 GG und Art. 28 Abs. 1 S. 2 GG verankerten Wahlrechtsgrundsätze treten als Gewährleistungsgehalte des Demokratieprinzips für eine möglichst weitgehende, tatsächliche Abbildung der politischen Präferenzen und damit eine Einbeziehung kleiner Minderheiten in den politischen Willensbildungsprozess ein. Die Fragmentierung des Parteiensystems und die vielfältige Zusammensetzung der Volksvertretung stellt insofern eine unvermeidliche und damit keinesfalls unerwünschte Konsequenz dieser elementaren, demokratischen Grundsätze dar[111].

Zugleich steht am Ende jedes demokratischen Willensbildungsprozesses als Entscheidungsgrundsatz das Mehrheitsprinzip, das aus dem Grundsatz der Volkssouveränität nach Art. 20 Abs. 2 GG folgt und für bestimmte Entscheidungsprozesse etwa in den Art. 42 Abs. 2 S. 1 GG, Art. 54 Abs. 6 S. 1 GG und Art. 63 Abs. 1 und 2 GG ausdrücklich angeordnet ist. In praktischer Konsequenz dessen muss aus der Vielfalt der Meinungen und Vorschläge in jedem Einzelfall ein mehrheitsfähiger Kompromiss hergestellt werden können[112]. Genauso wenig wie etwa die Wahlrechtsgrundsätze auf ein formales Verständnis reduziert werden dürfen, darf daher die verfassungsrechtliche Aussage des Mehrheitsprinzips auf den Gehalt eines formalen Entscheidungsgrundsatzes verengt werden. In dem das Demokratieprinzip das Mehrheitsprinzip festschreibt, verlangt es zugleich dessen praktische Wirksamkeit durch entsprechende Verfahrensgestaltung. Folglich ist nicht nur die *Mehrheitsentscheidung*, sondern bereits die *Mehrheitsbildung* wesentlicher Bestandteil des Demokratieprinzips[113]. Dies setzt voraus, dass im Willensbildungsprozess nicht

---

[109] *Lenski*, Fünfprozenthürde, in: MIP 20 (2014), S. 178 (179); in diesem Sinne deutlich kritisch zur Sperrklausel *Wenner*, Sperrklauseln, 1986, S. 181 ff.

[110] BVerfGE 1, 208 (255), 6, 84 (91 f.); *Wenner*, Sperrklauseln, 1986, S. 308 ff.; *Becht*, 5%-Klausel, 1990, S. 82 ff.

[111] So speziell im Hinblick auf die Parteigründungsfreiheit *Lenski*, Fünfprozenthürde, in: MIP 20 (2014), S. 178 (179).

[112] *Gusy*, Mehrheitsprinzip, in: AöR 106 (1981), S. 329 (335, 342); *Heun*, Mehrheitsprinzip, 1983, S. 263.

[113] So formuliert zutreffend der Abgeordnete *Becker*, Siebente Sitzung des Plenums, 21. Oktober 1948, in: Deutscher Bundestag/Bundesarchiv (Hrsg.), Der Parlamentarische Rat 1948–1949, Bd. IX, 1996, S. 293: „Mehrheitsbildung […] ist der Grundsatz der Demokratie". Mittelbar weist *Gusy*, Mehrheitsprinzip, in: AöR 106 (1981), S. 329 (335) darauf hin, indem er dazu ausführt: „Dieser Prozeß ist elementare Voraussetzung demokratischer Entscheidung. Das Mehrheitsprinzip setzt *Mehrheitsbildung* [Hervorhebung im Original] vor-

mehrheitsfähige Vorschläge aussortiert werden und sich so die differenzierten Ansichten zu einer Mehrheit zusammenführen lassen: „Aus diesem Grund ist nicht Gegensatz, sondern politische Integration unabdingbare Notwendigkeit der Wirksamkeit des Mehrheitsprinzips.“[114] Daher bringen einige das Mehrheitsprinzip auch für entsprechende wahlrechtliche Mechanismen in Stellung, die durch die Reduzierung der parteipolitischen Vielfalt den Integrationsprozess der Mehrheitsbildung unterstützen[115]. In diesem Sinne hat auch das Bundesverfassungsgericht ausgeführt:

> „Würde der Grundsatz der getreuen verhältnismäßigen Abbildung der politischen Meinungsschichtung im Volk bis zur letzten Konsequenz durchgeführt, so könnte sich eine Aufspaltung der Volksvertretung in viele kleine Gruppen ergeben, die die Mehrheitsbildung erschweren oder verhindern würde.“[116]

3. Integrationsfunktion der Wahl zwischen Vielfalt und Einheit

Demnach ist die Freiheit und Gleichheit der Parteien, Kandidaten und Wähler sowie die daraus resultierende Fragmentierung des politischen Systems integraler Bestandteil der Demokratie, während sie gleichzeitig auf die Mehrheitsbildung und damit verbundene Kompromissfähigkeit angewiesen ist, die den Ausschluss nicht mehrheitsfähiger Alternativen rechtfertigen könnte. Somit ist die Integrationsfunktion der Wahl in ihren beiden Gehalten verfassungsrechtlich fundiert. Sie steht im Spannungsverhältnis von Vielfalt und Einheit, Minderheit und Mehrheit. Dies zeigt bereits die erste Entscheidung des Bundesverfassungsgerichts zur Sperrklausel deutlich, in der es einerseits den Ausschluss von Splittergruppen als legitimes Mittel anerkennt, jedoch gleichzeitig die damit verbundene Beeinträchtigung der Parteienfreiheit betont[117]. Die demokratische Ordnung muss sich innerhalb dieses Spannungsverhältnisses bewegen und darf weder einem Totalitarismus der Einheit noch der Pluralität erliegen, der entweder in die Diktatur oder aber die Anarchie münden würde[118]. Der Grundsatz der Demokratie lautet also: „So viel Vielfalt wie möglich, so viel Einheit wie nötigt.“ Dieser Ausgleichsprozess konkretisiert sich in der Integrationsfunktion der Willensbildungsprozesse. Bereits *Smend* hat diesen Umstand implizit aufgeworfen, indem er kritisiert hat, dass das bestehende Span-

---

aus“; ähnlich *Friesenhahn*, Parlament, in: VVDStRL 16 (1958), S. 9 (16): „Demokratie kann nur bestehen, wenn das Volk […] die Fähigkeit zur Mehrheitsbildung […] besitzt.“

[114] Prägnant *Gusy*, Mehrheitsprinzip, in: AöR 106 (1981), S. 329 (342).

[115] In diesem Sinne bringt *Kluckert*, Grabenwahlrecht, in: NVwZ 2020, S. 1217 (1221) das Mehrheitsprinzip für ein Mehrheitswahlrecht mit Bildung eines Zwei-Parteien-Systems in Stellung.

[116] BVerfGE 6, 84 (92); sinngemäß BVerfGE 51, 222 (236).

[117] Siehe BVerfGE 1, 208 (255).

[118] Zur Relevanz der Integration in einem pluralen Gemeinwesen für die Beständigkeit des demokratischen Verfassungsstaates explizit *Uhle*, Integration, in: Görres-Gesellschaft (Hrsg.), StL III, 8. Aufl. 2019, Sp. 343 (343 f.).

nungsverhältnis zwischen Individualismus und Kollektivismus in der damaligen Staatstheorie entweder einseitig aufgelöst werde oder unaufgelöst bestehen bleibe[119]. Vor diesem Hintergrund lässt sich die Vorstellung *Smends* von der funktionellen Integration der Wahlen und Abstimmungen in folgender Weise deuten:

> „Die demokratische Staatsvorstellung stimmt mit diesem Gedanken der Integrationslehre überein. Da der demokratische Verfassungsstaat die gesellschaftlichen Verhältnisse, die die Grundlage des in ihm geordneten politischen Systems bilden, als ein von ihm unterschiedenes Ensemble von Bedürfnissen, Interessen und Meinungen auffaßt, stellt er geordnete Verfahren zur Verfügung, um die gesellschaftliche Vielfalt in politisch-staatliche Entscheidungen transformieren zu können."[120]

Aus der Integrationsfunktion der Wahl resultiert folglich ein verfassungsrechtlicher Auftrag an den Gesetzgeber, bei der Ausgestaltung des Wahlrechts beiden Aspekten, die Repräsentation der vielfältigen politischen Strömungen und die Förderung der Mehrheitsbildung, den im konkreten Fall erforderlichen Raum zu verschaffen und in einen angemessenen Ausgleich zu bringen[121]. Auf dieser Grundlage muss die scheinbar widersprüchliche Entscheidung des Bundesverfassungsgerichts zur Grundmandatsklausel in der Weise gedeutet werden, dass die Integrationsfunktion der Wahl einerseits auf die Berücksichtigung von Anliegen mit einer gewissen Relevanz abzielt, andererseits aber den Ausschluss unbedeutender Anliegen rechtfertigen kann[122]. Ob dabei die Sperrklausel mit ihrer Ausnahme durch eine Grundmandatsklausel nach § 6 Abs. 3 S. 1 BWahlG 2020 ein tatsächlich wirksames und zugleich verfassungsrechtlich zulässiges Mittel war, kann bezweifelt werden[123]. Dennoch zeigt sich an der da-

---

[119] Siehe *Smend*, Verfassung, 1928, S. 5 f., der dies allerdings als methodisches Problem auffasst und daher nicht als „Frage der Wertrangordnung", sondern als „Strukturproblem" ansieht. Danach dürfe die geisteswissenschaftliche Betrachtung weder das Individuum noch die Gemeinschaft voneinander isolieren, sondern müsse diese in ihrer Zuordnung und Wechselwirkung betrachten. Dabei greift er methodisch auf *Theodor Litt* zurück; dazu näher *Gangl*, Integration, in: Brunkhorst/Voigt (Hrsg.), Rechts-Staat, 2008, S. 73 (82).

[120] Prägnant *Badura*, Wahlen, in: AöR 97 (1972), S. 1 (4). – Auch *Smends* Schüler *Hesse*, Grundzüge, 1995, Rn. 133 hat insofern zum Prinzip der Volkssouveränität ausgeführt, dass dieses „Vielfalt und Gegensätzlichkeit voraus[setzt], die stets erneut die Herstellung politischer Einheit als Bedingung der Entstehung und des Wirkens staatlicher Gewalt notwendig macht."

[121] In diese Richtung im Hinblick auf das Verständnis der Wahl als Integrationsvorgang *Kluckert*, Grabenwahlrecht, in: NVwZ 2020, S. 1217 (1221 f.); *Klein/Schwarz*, in: Dürig/Herzog/Scholz (Hrsg.), GG, Art. 38 (2021), Rn. 70. In dieser Weise kann man aus der Integrationsfunktion der Wahl – anders als *Buchwald/Rauber/Grzeszick*, Sperrklausel, in: LKRZ 2012, S. 441 (445) meinen – sehr wohl ein verfassungsrechtliches Kriterium für das Wahlrecht entwickeln.

[122] So bereits *W. Roth*, Sperrklausel, 2015, S. 56.

[123] Kritisch mit Blick auf die Integrationsfunktion *Pauly*, Wahlrecht, in: AöR 123 (1998), S. 232 (260 ff.); *Sacksofsky*, Wahlrecht, in: Morlok/Schliesky/Wiefelspütz (Hrsg.), Parla-

maligen Entscheidung des Bundesverfassungsgerichts anschaulich das Spannungsverhältnis der in zwei Richtungen verlaufenden Integrationsfunktion der Wahl, die auf einen Ausgleich von *Pluralität* und *Mehrheitsbildung* im Sinne der Wirksamkeit der demokratischen Grundsätze gerichtet ist. In gleicher Weise ist die angesprochene Entscheidung zur Bundestagswahl 2013 zu deuten. Wenn eine deutliche Anzahl an Wählerstimmen keinen Einfluss auf die Zusammensetzung der Volksvertretung hat, sind nicht lediglich kleine Splittergruppen, sondern durchaus beachtliche, wenngleich sehr diffuse, politische Strömungen von der tatsächlichen Teilhabe am politischen Willensbildungsprozess ausgeschlossen[124]. Die Integrationsfunktion hat die nötige Vereinheitlichung der Willensäußerung auf der Grundlage des Mehrheitsprinzips im Blick, verlangt jedoch zugleich eine hinreichende Berücksichtigung der unterschiedlichen politischen Strömungen, um auf diese Weise möglichst den Mehrheitswillen im Wahlvolk zu verwirklichen.

4. Ergebnis: Integrationsfunktion der Wahl als Konkretisierung des Demokratieprinzips

Die Integrationsfunktion der Wahl kann sowohl für die Abbildung und Einbindung der politischen Pluralität als auch für die Kompromiss- und Mehrheitsbildung unter Ausscheiden von Vorschlägen in Stellung gebracht werden. Sie bewegt sich folglich in dem der Demokratie immanenten Spannungsverhältnis von Vielfalt und Einheit. Beide Aspekte sind daher zwei Seiten einer Medaille, nämlich jeweils des Demokratieprinzips, und müssen daher bei der Ausgestaltung jedes Willensbildungsprozesses und damit auch im Wahlrecht in einen angemessenen Ausgleich gebracht werden. In diesem Sinne ist die Integrationsfunktion zwar nicht als isolierter und eindimensionaler Verfassungsbelang zu verstehen, entfaltet jedoch hinsichtlich der Zulässigkeit eines Wahlverfahrens im Hinblick auf die dahinterstehenden, verfassungsrechtlichen Belange als Abwägungsleitlinie Relevanz.

V. Fazit: Integrationsfunktion der Wahl als Ausgleichsfunktion

Die Integrationsfunktion besitzt zwar keinen isolierten verfassungsrechtlichen Gehalt, kann aber genauso wenig zu einer bloß staatspolitischen Formel degradiert werden. Sie setzt sich wie die Legitimationsfunktion und die Repräsentationsfunktion der Wahl aus zentralen demokratischen Grundsätzen zusammen. Dazu zählen sowohl die Freiheit und Gleichheit der Wähler und Wahlbewerber als auch das aus dem Mehrheitsprinzip folgende Erfordernis der Kompromiss-

---

mentsrecht, 2016, § 6 Rn. 67. Zur Verfassungswidrigkeit der Grundmandatsklausel unten C. I. 2.

[124] In diesem Sinne argumentiert auch *Lenski*, Fünfprozenthürde, in: MIP 20 (2014), S. 178 (178 f.) im Hinblick auf die Integrationsfunktion der Wahl.

und Mehrheitsbildung. In diesem Rahmen kann die Integrationslehre *Smends* bei zutreffender Deutung ihren Platz in der demokratischen Staatslehre finden. In der Integrationsfunktion verkörpert sich das der Demokratie inhärente Spannungsverhältnis zwischen Vielfalt und Einheit, zwischen Minderheit und Mehrheit, zwischen Entscheidungsfreiheit und Kompromissbereitschaft. Dies erklärt die bislang vorhandenen Unklarheiten und Widersprüche in der Verwendung des Integrationsbegriffs, der regelmäßig isoliert für eine der beiden Seiten in Anspruch genommen wird. Dieser Gegensatz darf jedoch nicht einseitig aufgelöst werden, sondern ist im Rahmen der Verfassung vom Wahlgesetzgeber in einen Ausgleich zu bringen.

B. Der verfassungsrechtliche Rahmen des gesetzgeberischen Abwägungsvorganges

Wenn die Wahl sich in dem Spannungsverhältnis von Einheit und Vielfalt bewegt und diese Gegensätze in einen Ausgleich bringen muss, bestätigt dies die praktische Erkenntnis, dass nicht „jeder der verfassungsrechtlich festgelegten Wahlrechtsgrundsätze in voller Reinheit verwirklicht werden kann“[125]. So ist etwa die restlose Verwirklichung der Erfolgswertgleichheit unmöglich, wenngleich dies keinesfalls zu deren genereller Unbeachtlichkeit führt, wonach stärkere Einschränkungen der parteipolitischen Vielfalt im Wege der Sperrklausel oder der Einführung eines Mehrheitswahlrechts der freien Entscheidung des Gesetzgebers überlassen wären[126]. Dasselbe gilt für die im Grundgesetz bei der Bundespräsidenten- und Bundeskanzlerwahl vorgesehene Absenkung des Quorums in nachfolgenden Wahlgängen auf eine relative Mehrheit, die ebenfalls nicht zu einer Aufgabe des absoluten Mehrheitserfordernisses als demokratischen Grundsatz führt. Als Ausprägungen des Demokratieprinzips beanspruchen die Wahlrechtsprinzipien im Einzelnen – wie das Demokratieprinzip im Ganzen – keine absolute, praktisch nicht erfüllbare Geltung, stehen angesichts ihrer verfassungsrechtlichen Verankerung aber auch nicht in der alleinigen Disposition des Wahlgesetzgebers. Deshalb muss im Folgenden herausge-

---

[125] BVerfGE 59, 119 (124); zustimmend *Kotzur*, Freiheit, in: Merten/Papier (Hrsg.), HGR V, 2013, § 120 Rn. 43; *Dehmel*, Wahlrechtsdilemma, 2020, S. 109; *Boehl*, in: Schreiber (Hrsg.), BWahlG, 11. Aufl. 2021, § 1 Rn. 6.

[126] Daher zu Recht kritisch gegenüber der Einschätzung eines weiten gesetzgeberischen Spielraums infolge der Relativierung der Wahlrechtsgrundsätze in BVerfGE 59, 119 (124 f.) *H. Meyer*, Wahlgrundsätze, in: Isensee/Kirchhof (Hrsg.), HStR III, 3. Aufl. 2005, § 46 Rn. 31. Dieser betont zutreffend, dass die fehlende Möglichkeit der reinen Verwirklichung der Wahlrechtsgrundsätze „nur Einschränkungen [… rechtfertigt], die denknotwendig mit dem Charakter der Wahl verbunden sind; eine Legitimation für andere Einschränkungen ergibt sich aus diesem Gemeinplatz der Unreinheit aller Dinge nicht.“ Insoweit zur Erfolgswertgleichheit bereits oben Teil 2, B. IV. 3. a).

arbeitet werden, welche Vorgaben die Verfassung für den bereits von der Integrationsfunktion der Wahl geforderten Abwägungsprozess aufstellt. Dabei ist zunächst auf das allgemeine Spannungsverhältnis zwischen der verfassungsrechtlichen Bindung an die Wahlrechtsprinzipien und dem gesetzgeberischen Gestaltungsspielraum einzugehen (I.), anschließend das besondere Spannungsverhältnis von wahlrechtlicher Theorie und politischer Praxis näher zu beleuchten (II.). und daran anknüpfend das Spannungsverhältnis zwischen der politischen Prognose seitens des Gesetzgebers und deren rechtlicher Kontrolle durch die Verfassungsgerichte zu erörtern (III.).

I. Spannungsverhältnis zwischen verfassungsrechtlicher Bindung und gesetzgeberischem Gestaltungsspielraum

Bereits im klassischen Parlamentswahlrecht besteht erhebliche Unsicherheit über den anzuwendenden verfassungsrechtlichen Maßstab und den damit einhergehenden gesetzgeberischen Spielraum. Das Grundgesetz verzichtet zwar im Hinblick auf die Bundestagswahl auf konkrete Vorgaben zum Wahlsystem und überlässt dessen Ausgestaltung in Art. 38 Abs. 3 GG dem Gesetzgeber. Allerdings – dies ist bereits zur Wahlgleichheit herausgearbeitet worden – hat der Gesetzgeber sowohl bei der grundsätzlichen Festlegung des Wahlsystems als auch dessen konkreter Ausgestaltung die übergeordneten Wahlrechtsgrundsätze zu beachten, die größtenteils Konkretisierungen des demokratischen Prinzips darstellen[127]. Somit weist das Grundgesetz ein Spannungsverhältnis zwischen verfassungsrechtlicher Bindung an die Wahlrechtsprinzipien und gesetzgeberischer Gestaltungsmacht über das konkrete Wahlsystem auf, das im Sinne der grundgesetzlichen Ordnung aufzulösen ist. Dazu bedarf es einer näheren Auseinandersetzung mit dem Begriff des „zwingenden Grundes“ (1.), der womöglich einer Korrektur beziehungsweise Konkretisierung zuzuführen ist (2.), woraus ein allgemeiner Maßstab für den gesetzgeberischen Gestaltungsspielraum gewonnen werden könnte (3.).

1. Das Erfordernis eines „zwingenden Grundes“

Das Bundesverfassungsgericht hat von Beginn an für Eingriffe in die Wahlrechtsgrundsätze jedenfalls in sprachlicher Hinsicht hohe Hürden aufgestellt, indem es mit Blick auf die typischerweise betroffene Wahlgleichheit als praktisch relevantesten Wahlrechtsgrundsatz formulierte, dass Beschränkungen derselben „nur durch zwingende Gründe gerechtfertigt werden“[128] können.

---

[127] Siehe dazu bereits oben Teil 2, B. IV. 1. d).

[128] So bereits BVerfGE 1, 208 (255); ebenso nachfolgend BVerfGE 22, 220 (225); 34, 81 (99); 47, 198 (227); 69, 92 (106); 82, 322 (338); 95, 408 (418); 120, 82 (107); 121, 266 (297); 129, 300 (320). – Zum Begriff des „zwingenden Grundes“ ausführlich *Nahrgang*, Grundsatz, 2004, S. 123 ff., ferner *Heintzen*, Bundestagswahl, in: DVBl. 1997, S. 744

Diese in den nachfolgenden Entscheidungen regelmäßig verwendete Formel könnte den Schluss nahelegen, dass nach Ansicht des Bundesverfassungsgerichts lediglich solche Einschränkungen zulässig sind, die bei der Ausgestaltung des Wahlrechts in jeder Hinsicht *unvermeidlich* sind[129]. Nimmt man dieses Verständnis beim Wort, könnten danach lediglich unbedingt erforderliche Mechanismen wie die faktische Sperrklausel im Verhältniswahlsystem verfassungsrechtlich zulässig sein[130]. Darüber hinaus eine gesetzliche Sperrklausel als zwingende Notwendigkeit des Wahlrechts zu rechtfertigen, wäre mit dem selbstentworfenen, strengen Maßstab schwerlich zu vereinbaren[131]. Jedenfalls wäre die Entscheidung über die Einführung einer Sperrklausel allein der Entscheidung des Verfassungsgerichts überlassen, das abschließend über dessen Notwendigkeit ohne jeglichen Einschätzungsspielraum des Gesetzgebers urteilen müsste. Eine solche Auffassung würde dem Gesetzgeber jeglichen Spielraum bei Auswahl und Gestaltung des Wahlrechts nehmen, da er stets nur diejenigen Regelungen zu treffen hätte, die im Sinne des Wahlrechts unbedingt notwendig sind, beziehungsweise die das Verfassungsgericht als solche ansieht. Dies würde in etwa der vom Reichsstaatsgerichtshof zunächst in der Württemberg-Entscheidung vertretenen Auffassung entsprechen, nach welcher

(747 f.); *Pauly*, Wahlrecht, in: AöR 123 (1998), S. 232 (252 f.); *Ehlers*, Sperrklauseln, in: Jura 1999, S. 660 (662); *H. Meyer*, Wahlgrundsätze, in: Isensee/Kirchhof (Hrsg.), HStR III, 3. Aufl. 2005, § 46 Rn. 33; *Puhl*, Sperrklausel, in: Depenheuer u. a. (Hrsg.), FS Isensee, 2007, S. 441 (447 f.); *Dietlein/Riedel*, Zugangshürden, 2012, S. 35 f.; *Möllers*, Wahlrecht, in: RuP 48 (2012), S. 1 (6); *Morlok*, Chancengleichheit, in: JZ 2012, S. 76 (77 f.); *Klein/Schwarz*, in: Dürig/Herzog/Scholz (Hrsg.), GG, Art. 38 (2021), Rn. 87.

[129] Insofern spricht *Puhl*, Sperrklausel, in: Depenheuer u. a. (Hrsg.), FS Isensee, 2007, S. 441 (447) davon, dass „‚zwingend‘ an sich nur eine Regelung sein kann, die der Gesetzgeber gar nicht anders treffen könnte.“ Deshalb versteht auch *Möllers*, Wahlrecht, in: RuP 48 (2012), S. 1 (6) unter diesem Begriff „faktisch und/oder normativ unvermeidliche Gründe“.

[130] Die faktische Sperrklausel bezeichnet *Wolf*, Stimmgewicht, 2016, S. 434 f. als „mathematisch-systematisch zwingende[n] Umstand“, durch den „die Beeinträchtigung der Wahlgleichheit gerechtfertigt“ ist. Ebenso ist nach *Becht*, 5%-Klausel, 1990, S. 78 diese Sperre „verfassungsrechtlich unbedenklich, weil sie zwangsläufig, systemimmanent und grundsätzlich nicht vermeidbar ist.“

[131] Nicht überzeugend insofern *Möllers*, Wahlrecht, in: RuP 48 (2012), S. 1 (6 f.), der die gesetzliche Sperrklausel als „praktisch alternativlos“ bezeichnet und damit durch „zwingende Gründe“ gerechtfertigt sieht; ähnlich *Heintzen*, Bundestagswahl, in: DVBl. 1997, S. 744 (748), der eine Sperrklausel aus „verfassungsrechtlich gebotenen Gründen“ gerechtfertigt sieht. Andernfalls müsste man konsequenterweise eine Pflicht zur Einführung einer Sperrklausel aufstellen, die jedoch ersichtlich nicht gefordert wird; explizit gegen eine solche Pflicht etwa *Pauly*, Wahlrecht, in: AöR 123 (1998), S. 232 (256), der zugleich andeutet, dass der „zwingende Grund“ nicht mit einem „verfassungsgebotenem Grund“ gleichzusetzen ist. Zutreffend weist *Wild*, Gleichheit, 2003, S. 182 darauf hin, dass es sich insoweit nicht um „logisch-denkgesetzlich aus dem Wesen der Wahl folgende Gleichheitseinschränkungen“, sondern um abwägungsbedürftige „Differenzierungen bei der Wahl“ handelt.

dem Gesetzgeber überhaupt kein Spielraum für Einschränkungen der Erfolgswertgleichheit blieb[132].

Ein derart enger Maßstab im Bereich des Wahlrechts lässt sich mit der Auslegung des Grundgesetzes jedoch nicht in Einklang bringen. Zunächst ist in historischer Hinsicht zu konstatieren, dass der Reichsstaatsgerichtshof seine Auffassung von einer starren Bindung des Gesetzgebers bereits in der nachfolgenden Preußen-Entscheidung aufgab und sogar trotz der verfassungsrechtlichen Anordnung des Verhältniswahlrechts dem Gesetzgeber Spielraum bei Beschränkung der Wahlrechtsgrundsätze, namentlich der Wahlgleichheit einräumte[133]. Die auf dieser Grundlage geführte Debatte im Parlamentarischen Rat lässt – unabhängig von der speziellen Frage der Sperrklauseln – einen zukünftigen Spielraum des Gesetzgebers erkennen, wonach der Gesetzgeber gerade nicht auf ein einziges, in Reinform zu verwirklichendes Wahlsystem festgelegt sein sollte[134].

Des Weiteren folgt schon aus teleologischen Gesichtspunkten, dass die Gestaltung des Wahlrechts keine rein technisch-logische Frage darstellt, auf die es eine eindeutige wissenschaftliche Antwort gibt. Auch die bei der reinen Verhältniswahl auftretenden faktischen Sperrklauseln sind bei genauerer Betrachtung zumindest ihrer Höhe nach, die von der Festlegung der Gesamtzahl an Mandaten abhängt, nicht rein *faktischer* Natur, sondern liegen letztlich einer *gesetzgeberischen* Entscheidung zur Sitzzahl in der Volksvertretung zugrunde, die sich mit der Funktionsfähigkeit der Volksvertretung als verfassungsrechtliches Rechtsgut begründen lässt[135]. Daher kann keine kategoriale Unterscheidung zwischen faktischen Folgen und explizit gesetzlichen Mechanismen dahingehend erfolgen, dass nur letztere verfassungsrechtlich beachtlich wären[136]. Darüber hinaus ist noch keine vollständig zufriedenstellende Lösung für das im Verhältniswahlsystem erforderliche Reststimmenverfahren gefunden wor-

---

[132] StGH, RGZ 124, Anhang, S. 1 (9 ff.). Soweit *Wild*, Gleichheit, 2003, S. 184 in dieser Entscheidung den Ursprung eines strikten Verständnisses der Wahlgleichheit erkennen will, wie es bei *Hans Meyer* vertreten werde, überzeugt dies nicht. Dieser hält nämlich im Gegensatz zur damaligen Rechtsprechung eine Sperrklausel grundsätzlich für rechtfertigungsfähig und möchte lediglich einen strengen Maßstab an die Erforderlichkeit anlegen, siehe *H. Meyer*, Wahlsystem, 1973, S. 225 ff. Wenngleich dieser missverständlich von der „Notwendigkeit der bestehenden Sperrklausel" spricht, siehe a.a.O., S. 236, ist damit letztlich die aus dem Grundrechtsbereich bekannte Prüfung der Erforderlichkeit gemeint, die jedenfalls nicht mit einer strikten, keinen Einschätzungsspielraum zulassenden Notwendigkeitsprüfung gleichgesetzt werden darf.

[133] In diesem Sinne argumentiert auch *Wild*, Gleichheit, 2003, S. 184 f.; zur Entwicklung in Weimar bereits ausführlich oben Teil 2, B. IV. 1. a).

[134] Dazu bereits oben Teil 2, B. IV. 1. d).

[135] Dazu näher *W. Roth*, Sperrklausel, 2015, S. 92 ff. – Unpräzise ist deshalb die Bezeichnung „natürliche Sperrklauseln" etwa bei *C. Lenz*, Wahlrechtsgleichheit, in: AöR 121 (1996), S. 337 (352); *Wolf*, Stimmgewicht, 2016, S. 434.

[136] Tendenziell ebenso *Benken*, Wahlsysteme, 2022, S. 85 ff.

den[137]. Insoweit lässt sich bereits aus diesen praktischen Umständen kein naturgegebenes, perfektes Wahlsystem ausmachen, dass die Wahlrechtsprinzipien vollkommen verwirklicht[138]. Bereits *Hugo Preuß* wies zutreffend darauf hin, dass das

„Wahlsystem […] ein Meßinstrument für die im Volke vorhandenen politischen Energien [darstellt]; je nach seiner besseren oder schlechteren, feineren oder gröberen Konstruktion zeigt es ihren Stand etwas richtiger oder etwas falscher. Ganz richtig zeigt kein solcher Messer“[139].

Zugleich stellen sich über die technischen Variationsmöglichkeiten hinaus Fragen der Effektivität und Wirksamkeit des Wahlsystems im Sinne der Umsetzung des Wählerwillens im staatlichen Willensbildungsprozess, die einer Abwägung entgegenstehender Belange bedürfen und damit keine mathematisch eindeutige Antwort ermöglichen, sondern letztlich einer wertenden Betrachtung unterfallen[140].

An dieser Stelle tritt erneut die Bedeutung des Wirklichkeitsbezugs des Demokratieprinzips hervor, wonach zur Verwirklichung der Volkssouveränität kein rein formalisiertes Festhalten an den Wahlrechtsgrundsätzen, sondern eine die tatsächlichen Auswirkungen des Wahlsystems mitzuberücksichtigende Betrachtung geboten ist. Zugleich wäre es mit dem Demokratieprinzip kaum zu vereinbaren, diese komplexe Abwägungsentscheidung allein und abschließend in die Hände weniger Richter der Verfassungsgerichte zu legen, anstatt sie von einer unmittelbar demokratisch legitimierten Parlamentsmehrheit treffen zu lassen[141]. Die erforderliche Abwägungsentscheidung ist nach dem in Art. 20 Abs. 2 S. 2 GG verankerten Gewaltenteilungsprinzips in erster Linie dem Gesetzgeber überantwortet, weshalb auch die systematische Auslegung gegen eine alleinige Deutungshoheit des Verfassungsgerichts in Wahlrechtsfragen

[137] Zu den unterschiedlichen Verfahren näher *Behnke*, Wahlsystem, 2007, S. 115 ff.; *Sacksofsky*, Wahlrecht, in: Morlok/Schliesky/Wiefelspütz (Hrsg.), Parlamentsrecht, 2016, § 6 Rn. 11 ff.

[138] Explizit *Lang*, Wahlrecht, 2014, S. 68; in ähnlicher Weise *Leibholz*, Wahlrechtsreform, in: VVDStRL 7 (1932), S. 159 (159); *Nohlen*, Erfolgswertgleichheit, in: ZParl 40 (2009), S. 179 (182); *Dehmel*, Wahlrechtsdilemma, 2020, S. 155.

[139] *Preuß*, Volk, 1915, S. 184.

[140] In diesem Sinne *Wild*, Gleichheit, 2003, S. 186 f., der dabei auf die Entscheidung des Staatsgerichtshofs zum preußischen Wahlrecht verweist, in der dieser die Wahlgleichheit nicht als „logisch-mathematischen Begriff“ auffasst, siehe StGH, RGZ 128, Anhang, S. 1 (11); entsprechende Ausführungen finden sich auch bei *Leibholz*, Wahlrechtsreform, in: VVDStRL 7 (1932), S. 159 (159).

[141] Ähnlich im Hinblick auf die Feststellung der „Gemeinwohlverträglichkeit des Wahlrechts“ *Lang*, Wahlrecht, 2014, S. 65 f. Zudem gilt es zu bedenken, dass entsprechende verfassungsgerichtliche Entscheidungen nicht weniger politisch sein müssen, so argumentiert etwa *Michael*, Sperrklauseln, 2015, S. 77 ff.

spricht[142]. Im strengwörtlichen Sinne ist demnach die Forderung nach einem „zwingenden Grund“ als Rechtfertigungshürde unstatthaft.

2. Das Erfordernis eines „Rechtsguts von Verfassungsrang“

In späteren Entscheidungen hat das Bundesverfassungsgericht die Formulierung des „zwingenden Grundes“ zu Recht dahingehend präzisiert, dass damit nicht nur Gründe gemeint sind, die sich „als zwangsläufig oder notwendig darstellen [,sondern auch solche,] die durch die Verfassung legitimiert und von einem Gewicht sind, das der Wahlrechtsgleichheit die Waage halten kann“[143]. Die jüngsten Entscheidungen verzichten auf den missverständlichen Begriff des „zwingenden Grundes“ konsequenterweise gänzlich und betonen stattdessen, dass Einschränkungen eines „besonderen, sachlich legitimierten Grundes [bedürfen]“[144]. Mag die exakte begriffliche Einordnung für die Verfassungspraxis nebensächlich sein, so bilden die vom Bundesverfassungsgericht vorgenommenen Konkretisierungen dieser Begriffe einen zutreffenden Ansatz für den anzuwendenden Maßstab.

Nach den allgemeinen Grundsätzen des Verfassungsrechts müssen sich Eingriffe in die durch Art. 38 Abs. 1 GG gewährleisteten Wahlrechtsgrundsätze, soweit diese keiner ausdrücklichen, verfassungsrechtlichen Einschränkung unterliegen, auf entgegenstehende, verfassungsrechtliche Rechtsgüter stützen können, die im Wege der „praktischen Konkordanz“[145] in einen schonenden

---

[142] In diesem Sinne argumentiert *Wild*, Gleichheit, 2003, S. 187, wenngleich er damit generell die Prüfung der Erforderlichkeit ablehnt und diese in das freie Ermessen des Gesetzgebers stellen will.

[143] BVerfGE 95, 408 (418); 120, 82 (107); 121, 266 (297); sinngemäß BVerfGE 129, 300 (320); 135, 259 (286 Rn. 51). Insofern weisen *Morlok*, Chancengleichheit, in: JZ 2012, S. 76 (78); *Roßner*, Verfassungswidrigkeit, in: NVwZ 2012, S. 22 (23 f.) zutreffend darauf hin, dass das Bundesverfassungsgericht den Begriff des zwingenden Grundes nicht im wörtlichen Sinne verwendet.

[144] BVerfGE 130, 212 (227); 146, 327 (351 Rn. 61); ausdrückliche Distanzierung zum früheren Begriff erfolgt in BVerfGE 135, 259 (286 Rn. 51) mit der Formulierung: „Differenzierungen bedürfen zu ihrer Rechtfertigung stets eines besonderen, sachlich legitimierten, in der Vergangenheit als ‚zwingend‘ bezeichneten Grundes“; zu diesem Wandel in der Rechtsprechung *W. Roth*, Sperrklausel, 2015, S. 31 f.; *Drossel*, Wahlsystem, 2021, S. 101 f. – Diese Entwicklung bedeutet aber keinesfalls eine Abschwächung der verfassungsgerichtlichen Kontrollintensität. Vielmehr hat die frühere Rechtsprechung trotz Verwendung des Begriffs „zwingender Grund“ dem Gesetzgeber große Spielräume eingeräumt und sich damit hinter diesem von ihr selbst nicht ernstgenommenen Topos versteckt. Die Aufgabe dieses missverständlichen Begriffs bei gleichzeitiger Steigerung der Kontrollintensität war daher eine zu begrüßende Rechtsprechungskorrektur; ähnlich die Analyse bei *Morlok*, in: Dreier (Hrsg.), GG, Bd. II, 3. Aufl. 2015, Art. 38 Rn. 65.

[145] Grundlegend *Hesse*, Grundzüge, 1995, Rn. 72.

Ausgleich zu bringen sind[146]. Da es sich bei Art. 38 Abs. 3 GG nicht um einen Gesetzesvorbehalt handelt, erfordern Beschränkungen der Wahlrechtsprinzipien auch im Bundestagswahlrecht abseits der von Art. 38 Abs. 2 GG und Art. 137 GG unmittelbar durch Verfassungsrecht angeordneten Einschränkungen der Allgemeinheit der Wahl entsprechende Rechtsgüter von verfassungsrechtlichem Rang. Es bedarf also – wie das Bundesverfassungsgericht zutreffend ausführt – Gründe, die „durch die Verfassung legitimiert sind", sich also durch Auslegung als ein verfassungsrechtlich beachtliches Rechtsgut herleiten lassen, und zugleich „von einem Gewicht sind, das der Wahlrechtsgleichheit die Waage halten kann", ihnen also eine derart hohe Bedeutung für den Prozess der demokratischen Willensbildung zukommen, dass sie Beschränkungen der elementaren, im Demokratieprinzip selbst verankerten Wahlrechtsprinzipien rechtfertigen können.

Diese Rechtfertigungsgründe ergeben sich aus dem „Wesen und Zweck von ‚Wahlen' in der Demokratie und damit letztlich aus dem Demokratieprinzip des Art. 20 Abs. 1 GG"[147]. Daher muss es sich um „sachgerechte Gründe" handeln, die aus dem Charakter der Wahl als kollektiver Willensbildungsprozess und den damit verbundenen praktischen Begebenheiten folgen, um das gebotene Ziel zu fördern, den politischen Willen des Volkes im gewählten Gremium oder Amt tatsächlich zu repräsentieren und umzusetzen[148]. Hierunter lässt sich etwa der vom Bundesverfassungsgericht betonte Zweck der Wahl fassen, wonach aus ihr funktionsfähige Staatsorgane hervorgehen müssen und der dem Integrationsaspekt der Mehrheitsbildung zuzuordnen ist[149]. Die Beschränkung der im Kern vom Demokratieprinzip erfassten Wahlrechtsgrundsätze müssen also ihrerseits der praktischen Verwirklichung der aus dem Demokratieprinzip folgenden Volkssouveränität dienen. In der verfassungsrechtlichen Abwägungsentscheidung müssen demnach insbesondere „die Notwendigkeit hinreichender demokratischer Legitimation politischer Herrschaft und […] die verfassungsrechtlich unabdingbare praktische Tauglichkeit politischer Entscheidungsverfahren"[150] in einen angemessenen Ausgleich im Sinne der Integrationsfunktion der Wahl gebracht werden.

---

[146] So explizit für das Wahlrecht *Morlok*, Chancengleichheit, in: JZ 2012, S. 76 (78); *Roßner*, Verfassungswidrigkeit, in: NVwZ 2012, S. 22 (23 f.); *Drossel*, Wahlsystem, 2021, S. 207 f.; *Müller/Drossel*, in: Huber/Voßkuhle (Hrsg.), GG, Bd. II, 8. Aufl. 2024, Art. 38 Rn. 61; ähnlich *Trute*, in: v. Münch/Kunig (Hrsg.), GG, Bd. I, 7. Aufl. 2021, Art. 38 Rn. 31.

[147] Prägnant *Wild*, Gleichheit, 2003, S. 181; ähnlich *Wolf*, Stimmgewicht, 2016, S. 150; andeutungsweise im Rahmen der Analyse der Rechtsprechung *Pauly*, Wahlrecht, in: AöR 123 (1998), S. 232 (253). – Das Bundesverfassungsgericht selbst spricht von „aus der Natur des Sachbereichs der Wahl der Volksvertretung sich ergebende[n] Gründe[n]", so BVerfGE 95, 408 (418); 120, 82 (107); in diesem Sinne bereits BVerfGE 1, 208 (247); 6, 84 (92).

[148] Ähnlich *Wild*, Gleichheit, 2003, S. 181 f.

[149] Dazu bereits oben A. II. 2.

[150] Prägnant *Krüper*, Stichwahlen, in: DÖV 2009, S. 758 (760 f.).

3. Das Erfordernis der Optimierung der kollektiven Willensäußerung

Dieser sich innerhalb des Demokratieprinzips vollziehende Abwägungsvorgang rückt den in der Debatte um die Abschaffung der Stichwahl bei Bürgermeister- und Landratswahlen betonten „Charakter des Demokratieprinzips als Optimierungsgebot“[151] in den Fokus. Bereits *Konrad Hesse* hat den erforderlichen Abwägungsvorgang zwischen entgegenstehenden Verfassungsgütern im Wege der *praktischen Konkordanz* als „Aufgabe einer Optimierung“[152] verstanden. Man könnte insoweit verleitet sein, dem Demokratieprinzip ein strenges Gebot zur Perfektionierung des Wahlrechts zu entnehmen, wonach dem Gesetzgeber überhaupt kein Gestaltungsspielraum im Wahlrecht bliebe und einzig die optimale Lösung zulässig wäre. Ein solches Verständnis würde sogar noch über das streng wörtliche Verständnis des Begriffs des „zwingenden Grundes“ hinausreichen, weil es den Gesetzgeber auch abseits der klassischen Wahlrechtsprinzipien auf ein bestimmtes, vermeintlich bestes Wahlsystem festlegen würde, obwohl dies mit der historischen, teleologischen und systematischen Auslegung der Verfassung unvereinbar wäre. Das Verständnis des Demokratieprinzips als Optimierungsgebot fungiert aber auch im Wahlrecht keinesfalls als „das Postulat […] der einzig richtigen Entscheidung“[153]. Das Demokratieprinzip des Grundgesetzes fordert nicht die restlose Realisierung der vermeintlich perfekten Lösung, sondern überlässt es in den Grenzen der verfassungsrechtlichen Wahlrechtsprinzipien prinzipiell dem Gesetzgeber „bei der Regelung des Wahlrechts unter mehreren Varianten jene in Kraft zu setzen, die der Verwirklichung des demokratischen Gedankens nach seiner Einschätzung am nächsten kommt.“[154]

Aus verfassungsrechtlicher Perspektive lässt sich daher in positiver Hinsicht nicht das eine perfekte Wahlrecht im Sinne der vollkommenen Verwirklichung der Volkssouveränität bestimmen. Es lässt sich lediglich in negativer Hinsicht die Verfassungswidrigkeit bestimmter Gestaltungen des Wahlrechts feststellen, die die Wahlrechtsprinzipien ohne hinreichende Gründe einschränken und deshalb verfassungswidrig sind. Das Wahlrecht darf also im Hinblick auf diese Grundsätze nicht „ohne Not suboptimal [bleiben]“[155]. Insofern zielt das Demokratieprinzip nicht auf eine vermeintliche *Perfektionierung* des Wahlrechts im

---

[151] So explizit *Krüper*, Stichwahlen, in: DÖV 2009, S. 758 (761). Zum Demokratieprinzip als Optimierungsgebot im Allgemeinen bereits oben Teil 1, B.

[152] *Hesse*, Grundzüge, 1995, Rn. 72; dazu auch *Michael/Morlok*, Grundrechte, 2023, Rn. 738.

[153] Zu dieser teilweise geäußerten, aber unzutreffenden Kritik am Optimierungsverständnis des Demokratieprinzips näher *Unruh*, Verfassungsbegriff, 2002, S. 412 ff.; ferner *Unger*, Verfassungsprinzip, 2008, S. 131 ff.

[154] Prägnant *Wolf*, Stimmgewicht, 2016, S. 349. Allgemein eine zurückhaltende Auslegung des Demokratieprinzips im Sinne der Wahrung eines gesetzgeberischen Spielraums fordert *Möllers*, Demokratie, in: Herdegen u. a. (Hrsg.), HdbVerfR, 2021, § 5 Rn. 10.

[155] Diese prägnante Wendung bei *Krüper*, Stichwahlen, in: DÖV 2009, S. 758 (763).

Ganzen, sondern auf eine *Optimierung* der von ihm gewährleisteten Wahlrechtsprinzipien[156]. Danach müssen die Beschränkungen der Wahlrechtsprinzipien hinreichend erforderlich sein, also nicht gleichermaßen effektive Alternativmittel zur Verfügung stehen, um das verfassungsrechtlich seinerseits verankerte Ziel zu erreichen[157]. Zudem darf dieses Ziel in seiner Bedeutung nicht hinter dem Ausmaß und damit der Intensität der Beschränkungen zurückbleiben, um den erforderlichen Ausgleich der Belange zu gewährleisten[158].

Dabei können die Auswirkungen der Einschränkungen sowohl in qualitativer Weise hinsichtlich der betroffenen Wahlrechtsprinzipien als auch in quantitativer Hinsicht bezüglich der Anzahl an betroffenen Wählern und Wahlbewerbern beurteilt werden. Aufgrund seines schon angesprochenen Doppelcharakters stellt das Wahlrecht nicht nur ein subjektives Recht des einzelnen Wählers dar, sondern ist zugleich in seiner Funktion als Teilhaberecht des einzelnen Staatsbürgers auf die Verwirklichung der Volkssouveränität gerichtet[159]. Dieser Vorgang bedarf – darauf ist schon hinsichtlich der Begründung des Mehrheitsprinzips aus dem Grundsatz der Freiheit hingewiesen worden – einer Kollektivierung der individuellen Willensäußerungen. Im Gegensatz zu den klassischen Grundrechten kann das Wahlrecht trotz seiner subjektiven Gehalte daher nicht auf eine individuelle Freiheitsentfaltung, sondern lediglich auf die hinreichende *Teilhabe* des Einzelnen an der politischen Willensbildung des gesamten Volkes abzielen[160]. Dieser besondere Charakter des Wahlrechts führt zu einer stärkeren kollektiven Betrachtungsweise entsprechender Beeinträchtigungen im Sinne ihrer Auswirkung auf die Realisierung der Volkssouveränität. Dies folgt bereits aus dem Umstand, dass in keinem denkbaren Wahlsystem jede einzelne Wählerpräferenz vollständig in die Mandatsbesetzung einfließen kann. Die Optimierung der Wahlrechtsgrundsätze ist daher lediglich auf eine möglichst weitgehende Berücksichtigung der Wählerpräferenzen gerichtet. Daher ist – ohne damit bestimmte, womöglich willkürliche und intensive Be-

---

[156] Siehe speziell zum Optimierungsgebot der Wahlfreiheit oben Teil 2, B. III. 2. b), der Wahlgleichheit oben Teil 2, B. IV. 3. a) sowie der Chancengleichheit der Wahlbewerber oben Teil 2, B. V. 4.

[157] In diesem Sinne speziell zur Wahlgleichheit BVerfGE 6, 84 (94); 51, 222 (238); 71, 81 (96); 95, 408 (418); *Möllers*, Wahlrecht, in: RuP 48 (2012), S. 1 (6); *Drossel*, Wahlsystem, 2021, S. 209.

[158] So hinsichtlich der Wahlgleichheit *Dietlein/Riedel*, Zugangshürden, 2012, S. 38. In dieser Hinsicht betont auch das Bundesverfassungsgericht die Relevanz der „Intensität" des Eingriffs, siehe BVerfGE 95, 408 (418); 120, 82 (107); 129, 300 (321); 135, 259 (287 Rn. 53). Diese Ausführungen kann man als Angemessenheitsprüfung auffassen, ohne dass dies explizit ausgesprochen würde, siehe dazu *Drossel*, Wahlsystem, 2021, S. 107 f.

[159] Siehe zum subjektiven Charakter oben Teil 2, B. I. 2. c).

[160] In diesem Sinne *H. Meyer*, Wahlsystem, 1973, S. 202; *Funke*, Wahlrecht, in: Der Staat 46 (2007), S. 395 (417 ff.); ansatzweise *Franz*, Wahlrecht, 2019, S. 58. – Daher spricht *Wild*, Gleichheit, 2003, S. 178 mit Blick auf die Wahlgleichheit durchaus zutreffend von „aus dem Wesen der Wahl als Willensbildungsprozeß ergebenden Einschränkungen".

schränkungen für den einzelnen Wähler *per se* zu rechtfertigen – eine in erster Linie *quantitative* Betrachtungsweise dem Wahlrecht zu eigen[161]. Dieser Umstand verringert aber keinesfalls einseitig den Prüfungsmaßstab, sondern führt umgekehrt infolge der erforderlichen Kollektivierung der individuellen Willensäußerungen zu höheren Rechtfertigungslasten bei quantitativ zunehmender Beschränkung der Wahlrechtsprinzipien, weil diese zunehmend zu einer Verzerrung des im Wahlvolk bestehenden Mehrheitswillens führen[162].

4. Ergebnis: Pflicht zur Optimierung der Wahlrechtsgrundsätze

Das Grundgesetz überlässt dem Gesetzgeber die Ausgestaltung des Wahlrechts nur im Rahmen der verfassungsrechtlich garantierten Wahlrechtsprinzipien, die im Gewährleistungsbereich des Demokratieprinzips als wahlrechtliche Optimierungsgebote fungieren. Diese führen nicht dazu, dem Gesetzgeber ein vermeintlich perfektes Wahlsystem abschließend vorzuschreiben. Sie begrenzen den gesetzgeberischen Ausgestaltungsspielraum aber dahingehend deutlich, dass sich Einschränkungen dieser Wahlrechtsprinzipien ihrerseits auf entsprechende aus dem Demokratieprinzip folgende Belange stützen und diese im Sinne der *praktischen Konkordanz* unter Berücksichtigung des Ausmaßes der Betroffenheit in einen bestmöglichen Ausgleich gebracht werden müssen.

---

[161] Insoweit konstatiert *Wolf*, Stimmgewicht, 2016, S. 185 zutreffend, dass eine Sperrklausel für die betroffenen Wähler und Parteien den denkbar intensivsten Eingriff darstellt, da die Stimmen keine Wirkung haben, dies für die Allgemeinheit aber nur einen „anteilige[n] Verlust“ bedeutet.

[162] So führt *Lenski*, Fünfprozenthürde, in: MIP 20 (2014), S. 178 (179) zur Wahlgleichheit zutreffend aus: „Stellt man hinsichtlich der Wahlrechtsgleichheit nicht auf den individuellen Wähler, sondern auf die Qualität der Wahl insgesamt ab, so wird die Intensität der Beeinträchtigung bei zunehmender Anzahl der nicht berücksichtigten Zweitstimmen […] größer. Umso größer wird dadurch das zur Rechtfertigung notwendige Gewicht der entgegengesetzten verfassungsrechtlichen Belange.“ – Der bei *Wild*, Gleichheit, 2003, S. 173 ff. vertretene Ansatz, wonach er in Beschränkungen der Allgemeinheit der Wahl personenbezogene Beschränkungen, bei der Gleichheit der Wahl lediglich stimmenzahlbezogene Beschränkungen erkennt und damit nach Vorbild des allgemeinen Gleichheitssatzes den Prüfungsmaßstab differenzieren möchte, hat zunächst durchaus etwas für sich, verkennt jedoch, dass die erforderliche Kollektivierung der Wählerstimmen zugleich zu höheren Rechtfertigungslasten bei stärkeren quantitativen Einschränkungen der Wahlgleichheit führt, weil diese die Abbildung des Mehrheitswillens zunehmend verzerren. Aus demselben Grund verfängt die Kritik bei *Möllers*, Demokratie, in: Herdegen u. a. (Hrsg.), HdbVerfR, 2021, § 5 Rn. 51 an der herrschenden Beurteilung der Sperrklausel im Ergebnis nicht, weil diese eben nicht nur aus einer individualrechtlichen, sondern ebenso aus einer kollektiven Perspektive problematisch ist.

II. Spannungsverhältnis von wahlrechtlicher Theorie und Praxis

Die im Demokratieprinzip enthaltene Wirklichkeitsorientierung ist bereits mehrfach angesprochen worden. Dennoch stellt sich die Frage, inwieweit im Rahmen des Abwägungsvorgangs – ebenso wie bei der Beurteilung eines Eingriffs in die Wahlrechtsgrundsätze – die tatsächlichen Gegebenheiten wie das Verhalten der Wähler und Wahlbewerber und die damit verbundenen Auswirkungen auf das Wahlergebnis eine Rolle spielen. Hierzu ist im Folgenden die Wirkung der Berücksichtigung der wahlrechtlichen Praxis zu erläutern (1.), die Reichweite der Berücksichtigung in verfassungsrechtlicher Hinsicht zu untersuchen (2.) und abschließend auf die praktischen Folgen für die Wahlrechtsgestaltung einzugehen (3.).

1. Differenzierte Wirkung der Berücksichtigung tatsächlicher Umstände

Hinsichtlich der Beurteilung des Wahlrechts besteht nach allgemeiner Ansicht eine Pflicht zur Berücksichtigung der tatsächlichen politischen Gegebenheiten[163]. Das Bundesverfassungsgericht fordert insoweit: „Der Gesetzgeber muss sich bei seiner Einschätzung und Bewertung nicht an abstrakt konstruierten Fallgestaltungen, sondern an der politischen Wirklichkeit orientieren."[164] Bei seiner Entscheidung zur Abschaffung der Stichwahl hat der Verfassungsgerichtshof den tatsächlichen Umständen daher eine maßgebliche Bedeutung zugewiesen[165]. Trotz dieser weithin anerkannten Wirklichkeitsorientierung der Wahlrechtsprüfung bestehen erhebliche Unklarheiten hinsichtlich ihrer praktischen Wirkungsweise. Dies zeigt sich anschaulich daran, dass einige diesen Aspekt als deutliche Beschränkung des gesetzgeberischen Spielraums ansehen und insofern kritisch beurteilen[166]. Andere hingegen verstehen ihn in umgekehrter Richtung, wonach das Wahlgesetz trotz wahltheoretischer Mängel erst beim tatsächlichen Auftreten entsprechender Umstände verfassungswidrig zu werden drohe und damit die verfassungsrechtliche Kontrolle deutlich zurückgenommen sei[167]. Dieser scheinbare Widerspruch deckt bei genauerer Betrachtung eine bislang vernachlässigte Ambivalenz des Wirklichkeitsbezuges für die verfassungsrechtliche Beurteilung im Wahlrecht auf. Denn die Berücksichti-

---

[163] *Wild*, Gleichheit, 2003, S. 189; *Lenski*, Paradoxien, in: AöR 134 (2009), S. 473 (507); *Cancik*, Wahlrecht, in: VVDStRL 72 (2013), S. 268 (314); *Krüper*, Wahlrechtsmathematik, in: Jura 2013, S. 1147 (1156 f.); *Heußner*, Sperrklausel, in: LKRZ 2014, S. 7 (9).

[164] BVerfGE 95, 408 (418 f.); 120, 82 (107); 129, 300 (321); 135, 259 (287 Rn. 53); sinngemäß zuvor bereits BVerfGE 1, 208 (259); 82, 322 (388).

[165] Siehe VerfGH NRW, Urteil vom 20.12.2019, 35/19, S. 48 f.

[166] In dieser Weise hinsichtlich der Rechtfertigung einer Sperrklausel *Haug*, Parlament, in: ZParl 45 (2014), S. 467 (481); *Michael*, Sperrklauseln, 2015, S. 40 ff.; *W. Roth*, Sperrklausel, 2015, S. 75.

[167] In diesem Sinne etwa die Kritik bei *Ehlers/Lechleitner*, Verfassungsmäßigkeit, in: JZ 1997, S. 761 (763 f.); *Lenski*, Paradoxien, in: AöR 134 (2009), S. 473 (507 ff.).

gung tatsächlicher Umstände wie das Wählerverhalten und die Wahlergebnisse führt zunächst weder einseitig zu einer Erweiterung noch zu einer Verengung des gesetzgeberischen Spielraums. Soweit hinsichtlich des Eingriffs in die Wahlrechtsprinzipien und der Bewertung seiner Intensität nicht bereits die theoretische Möglichkeit, sondern der tatsächliche Eintritt entsprechender Konstellationen erforderlich wäre, führt dies zu einer geringeren Prüfungsintensität und damit zu einem erweiterten Spielraum des Gesetzgebers. Hingegen bedeutet derselbe Prüfungsmaßstab im Hinblick auf die einschlägigen Rechtfertigungsgründe eine Verschärfung des Prüfungsmaßstabes, weil diese nicht nur theoretisch, sondern auch hinreichend tatsächlich betroffen sein müssen, um eine Einschränkung der Wahlrechtsprinzipien zu rechtfertigen. Diese Ambivalenz zeigt deutlich das Spannungsverhältnis zwischen wahlrechtlicher *Theorie* und *Praxis* auf, sodass sich die Frage stellt, wie damit in der verfassungsrechtlichen Beurteilung zu verfahren ist.

2. *Wahlrecht zwischen theoretischen Annahmen und tatsächlichen Umständen*

Auf der einen Seite kann eine rein theoretische Betrachtungsweise, die auf praktisch unmögliche Extremfälle gerichtet ist, nicht statthaft sein. Dies lässt sich schon mit Blick auf die Sperrklausel zeigen. Theoretisch wäre es denkbar, dass sich die Wählerstimmen bei einer hinreichenden Zahl an zugelassenen Parteilisten derart aufsplitten, dass keine Partei die erforderliche Hürde erreicht. Theoretisch könnte also ein solches Wahlsystem dazu führen, dass das Parlament leer bliebe. Würde eine solch theoretisch denkbare Konstellation bereits für die verfassungsrechtliche Beurteilung beachtlich sein, wäre damit die Verfassungswidrigkeit jeglicher gesetzlicher Sperrklauseln unvermeidlich. Noch deutlichere Absurditäten kann in der theoretischen Betrachtung das personalisierte Verhältniswahlrecht hervorrufen. Hätte etwa unter dem bis 2023 geltenden Bundestagswahlrecht die Partei A alle Direktmandate und die Partei B alle Zweitstimmen gewonnen, würde die Partei A die 299 Direktmandate und die Partei B die 598 Listenmandate erhalten[168]. Ein Verhältnisausgleich wäre nicht einmal annähernd möglich, weil die dazu erforderliche Anzahl an Ausgleichsmandaten für die Partei B bei Unendlich liegen müsste[169]. Nicht weniger problematisch und zugleich widersprüchlich wäre die Konstellation, in der die Partei A neben den 299 Direktmandaten zusätzlich 5 % der Zweitstimmen erhielte. Hier wäre nach dem früheren Bundestagswahlrecht ein vollständiger Verhältnisausgleich erfolgt, durch den die Partei B mit 95 % der Zweitstimmen infolge der Ausgleichsmandate nach vereinfachter Rechnung 5681

[168] Siehe zu diesem Beispiel mit der damaligen gesetzlichen Zahl von 656 Abgeordneten *Pauly*, Wahlrecht, in: AöR 123 (1998), S. 232 (245 f.).

[169] Diese deutliche Konsequenz auszusprechen vermeidet *Pauly*, Wahlrecht, in: AöR 123 (1998), S. 232 (245 f.).

Listenmandate erhielte und sich der Bundestag damit insgesamt aus 5980 Abgeordnete zusammensetzen würde[170]. Wenngleich diese Beispiele potentielle Probleme des bisherigen Bundestagswahlrechts zeigen, können solche theoretischen Extremfälle beinah jedes Wahlsystem abseits der reinen Verhältniswahl ad absurdum führen. Da das Grundgesetz den Gesetzgeber nicht auf dieses eine Wahlsystem beschränken will, kann eine rein theoretische Perspektive nicht statthaft sein.

Auf der anderen Seite würde es zu weit gehen, wenn der tatsächliche Eintritt entsprechender Umstände erforderlich wäre, da diese sich erst im Nachgang der Wahl zeigen und damit „das Kind frühstens nach seinem Fall in den Brunnen […] zu retten sein wird."[171] Das Wahlgesetz wäre im Moment der Wahl noch verfassungsgemäß und würde infolge des Wählerverhaltens und des dadurch eingetretenen Wahlergebnisses *ex post* verfassungswidrig. Zur Vermeidung dieser paradoxen und praktisch untauglichen Folge gilt ebenso im Wahlrecht der allgemeine Grundsatz, dass „eine Norm, die an den Eintritt bestimmter Umstände eine verfassungswidrige Rechtsfolge knüpft, nicht erst dann verfassungswidrig [wird], wenn diese Umstände tatsächlich eintreten."[172] Es überzeugt deshalb nicht, das negative Stimmgewicht als verfassungswidriges Phänomen allein im Falle des konkreten Auftretens für relevant und damit nicht das Wahlgesetz, sondern nur das Wahlergebnis für verfassungswidrig zu halten[173]. Ebenso darf man Überhangmandate nicht ab einer bestimmten Anzahl für verfassungswidrig halten, jedoch gleichzeitig ein Wahlgesetz hinnehmen, das ein entsprechendes Überschreiten voraussichtlich in Kauf nimmt und keinerlei Mechanismen für diesen Fall vorsieht[174].

Folglich muss der gebotene Maßstab bei der verfassungsrechtlichen Beurteilung zwischen der bloß *theoretischen* Möglichkeit und dem *tatsächlichen* Eintritt entsprechender Umstände liegen. Um den verfassungsrechtlichen Be-

---

[170] Siehe das Beispiel bei *Schöneberger*, Verhältniswahl, in: JöR n. F. 67 (2019), S. 1 (14), das allerdings noch nicht die Regelung des § 6 Abs. 5 S. 4 BWahlG 2020 hinsichtlich der Nichtberücksichtigung von drei Direktmandaten enthielt. Sogar ohne Ausgleichsmandate hätte die Abgeordnetenzahl in dem genannten Beispiel bei immerhin 867 gelegen, so zur damaligen Rechtslage *Lenski*, Paradoxien, in: AöR 134 (2009), S. 473 (506).

[171] So *Haug*, Parlament, in: ZParl 45 (2014), S. 467 (481) bezogen auf die Rechtfertigung einer Sperrklausel nur im Falle des tatsächlichen Eintritts von Funktionsstörungen der Volksvertretung.

[172] Insoweit zutreffend *Ehlers/Lechleitner*, Verfassungsmäßigkeit, in: JZ 1997, S. 761 (764); zustimmend *Lenski*, Paradoxien, in: AöR 134 (2009), S. 473 (508); *Wolf*, Stimmgewicht, 2016, S. 525.

[173] Konsequent daher BVerfGE 131, 316 (350); dazu näher *Wolf*, Stimmgewicht, 2016, S. 521 ff.

[174] So zu Recht *Ehlers/Lechleitner*, Verfassungsmäßigkeit, in: JZ 1997, S. 761 (764); allgemein kritisch zum zunehmenden Anfall von Überhangmandaten infolge der politischen Entwicklung *Ipsen*, Wahlrecht, in: JZ 2002, S. 469 (473); *Lenski*, Paradoxien, in: AöR 134 (2009), S. 473 (508 ff.); konsequent daher nunmehr BVerfGE 131, 316 (370).

langen und der damit verbundenen praktischen Wirksamkeit des Demokratieprinzips im Wahlrecht ausreichend Rechnung zutragen, erscheint demnach die aus dem Gefahrenabwehrrecht bekannte Formel einer „hinreichende[n] Wahrscheinlichkeit“[175] des Eintritts entsprechender Umstände am zutreffendsten. Diese muss derart ausgefüllt werden, dass sie solche Umstände erfasst, deren Eintritt zwar noch nicht unmittelbar bevorsteht, die aber unter den aktuellen politischen Gegebenheiten realistischerweise auftreten können.

3. Aktualisierung der verfassungsrechtlichen Beurteilung

Diese Wirklichkeitsorientierung kann zur Konsequenz haben, dass „eine Wahlrechtsbestimmung [...] in dem einen Staat zu einem bestimmten Zeitpunkt gerechtfertigt sein [kann] und in einem anderen Staat oder zu einem anderen Zeitpunkt nicht.“[176] In diesem Sinne hat auch der Verfassungsgerichtshof zur Abschaffung der Stichwahl entschieden, dass „nicht ein für alle Mal abstrakt beurteilt werden [könne], ob eine einstufige Wahl der kommunalen Hauptverwaltungsbeamten und -beamtinnen mit einfacher Mehrheit diesen eine hinreichende demokratische Legitimation vermittelt.“[177] Bei der Verfassungsmäßigkeit eines bestimmten Wahlrechts handelt es sich somit nicht zwingend um einen endgültig zu beurteilenden Vorgang, weshalb nach allgemeiner Ansicht dem Gesetzgeber eine Beobachtungs- und Kontrollpflicht der entsprechenden wahlrechtlichen Regelungen obliegt[178]. Der Wahlgesetzgeber ist somit zu einer stetigen *Aktualisierung* seiner Abwägungsentscheidung verpflichtet. Man mag

---

[175] Siehe *Puhl*, Sperrklausel, in: Depenheuer u. a. (Hrsg.), FS Isensee, 2007, S. 441 (451); *Lenski*, Fünfprozenthürde, in: MIP 20 (2014), S. 178 (180). BVerfGE 131, 316 (350; 370) spricht hinsichtlich des Auftretens des negativen Stimmgewichts sowie der hohen Anzahl von Überhangmandaten von „beachtlicher Wahrscheinlichkeit“. In BVerfGE 120, 82 (114); 129, 300 (323); 135, 259 (290 Rn. 59) wird hinsichtlich der Rechtfertigung einer Sperrklausel eine „mit einiger Wahrscheinlichkeit zu erwartende Beeinträchtigung der Funktionsfähigkeit“ gefordert. Dies weist, wie *Haug*, Parlament, in: ZParl 45 (2014), S. 467 (481) zutreffend anmerkt, obwohl er dies unberechtigterweise aus diesem Grund kritisiert, eine Ähnlichkeit mit einer polizeilichen Gefahrenprognose auf. Diese Parallele hatte bereits *Puhl*, Sperrklausel, in: Depenheuer u. a. (Hrsg.), FS Isensee, 2007, S. 441 (448 ff.) aufgezeigt.

[176] So bereits BVerfGE 1, 208 (259); nachfolgend BVerfGE 82, 322 (338); BVerfGE 120, 82 (108); 129, 300 (322); BVerfGE 135, 259 (287 f. Rn. 54).

[177] VerfGH NRW, Urteil vom 20.12.2019, 35/19, S. 48.

[178] Allgemein dazu *Krüper*, Wahlrechtsmathematik, in: Jura 2013, S. 1147 (1156 f.). Speziell zur fortlaufenden Prüfung der Notwendigkeit einer Sperrklausel BVerfGE 120, 82 (108); 129, 300 (321 f.); 135, 259 (287 f. Rn. 54); *Buchwald/Rauber/Grzeszick*, Sperrklausel, in: LKRZ 2012, S. 441 (442); *Dietlein/Riedel*, Zugangshürden, 2012, S. 34 f.; *Lembcke/Peuker/Seifarth*, Wandel, in: DVBl. 2012, S. 401 (403); *Wendt*, Sperrklauseln, in: Ruffert (Hrsg.), FS Schröder, 2012, S. 431 (435 f.); *Sacksofsky*, Wahlrecht, in: Morlok/Schliesky/Wiefelspütz (Hrsg.), Parlamentsrecht, 2016, § 6 Rn. 65. Eine solche Beobachtungspflicht hatte der Verfassungsgerichtshof in der ersten Entscheidung zur Abschaffung der Stichwahl aufgestellt, siehe VerfGH NRW, NVwZ 2009, S. 1096 (1100).

die damit verbundene Rechtsunsicherheit hinsichtlich der Verfassungsmäßigkeit des Wahlrechts kritisieren. Sie ist jedoch eine notwendige und damit hinzunehmende Folge der Wirklichkeitsorientierung des Demokratieprinzips. Sie stellt sicher, dass der Gesetzgeber einerseits Spielräume besitzt, in der jeweiligen Situation sinnvolle wahlrechtliche Gestaltungen vorzunehmen, die zwar in theoretischer Hinsicht zu verfassungsrechtlich problematischen Konstellationen führen können, die aber realistischerweise gegenwärtig ausgeschlossen sind. Und andererseits findet eine Absicherung dahingehend statt, dass bei hinreichenden Erkenntnissen auf eine negative Entwicklung, die tatsächlich verfassungsrechtlich relevante Fallgestaltungen hervorrufen kann, der Gesetzgeber zum Einschreiten verpflichtet ist und sich nicht darauf berufen darf, das Wahlgesetz sei ursprünglich gebilligt worden, obwohl es sich um eine zum damaligen Zeitpunkt völlig andere politische Lage gehandelt hat. Dieser Grundsatz könnte insbesondere Relevanz für die Beurteilung der Sperrklausel und der Überhangmandate entfalten, die in ihrem Ausmaß und ihrer Wirkungsweise von den tatsächlichen Umständen in Form der parteipolitischen Entwicklung und dem Wählverhalten abhängig sind.

4. Ergebnis: Berücksichtigung hinreichend wahrscheinlicher Umstände

Der verfassungsrechtlich durch das Demokratieprinzip vorgegebene Wirklichkeitsbezug des Wahlrechts kann sich im Rahmen des erforderlichen Abwägungsvorgangs in zwei Richtungen auswirken, indem er einerseits für die Beschränkungen der Wahlrechtsprinzipien und deren Intensität als auch andererseits für die Betroffenheit entgegenstehender Rechtsgüter und deren Ausmaß gilt. In beiden Konstellationen ist ein Mittelmaß zwischen theoretisch denkbaren Konstellationen und tatsächlich bereits eingetretenen Umständen zu finden, das in der hinreichenden Eintrittswahrscheinlichkeit liegt. Dies hat zur Folge, dass die Verfassungsmäßigkeit des Wahlrechts stets aufs Neue beurteilt werden muss und daher dem Gesetzgeber eine stetige Beobachtungspflicht obliegt.

III. Spannungsverhältnis zwischen politischer Prognose und rechtlicher Kontrolle

Mit der Verpflichtung zur Berücksichtigung hinreichend wahrscheinlicher Entwicklungen ist allerdings noch nicht die Frage beantwortet, wie weit die erstmalige und fortlaufende verfassungsrechtliche Prüfung der gesetzgeberischen Abwägungsentscheidung konkret reichen darf. Hinsichtlich der in diesem Rahmen erforderlichen Einschätzungen und Prognosen, die stets mit Unsicherheiten der weiteren Entwicklung verbunden sind und deshalb *ex ante* nicht eindeutig zu beantworten sind, ist in der allgemeinen Verfassungsdogmatik der

Grundsatz der „Einschätzungsprärogative“[179] des Gesetzgebers anerkannt. Der daraus folgende Prognosespielraum lässt sich aus der spezifischen Funktionszuweisung des unmittelbar demokratisch legitimierten Gesetzgebers und damit aus dem in Art. 20 Abs. 2 S. 2 GG konkretisierten Demokratieprinzip wie dem zugleich dort verankerten Gewaltenteilungsgrundsatz herleiten[180]. Folglich fordern einige Stimmen in der Literatur die Anwendung dieses Grundsatzes ohne weitere Einschränkung auch für die verfassungsrechtliche Prüfung des Wahlrechts[181]. Allerdings ist die besondere Wirkungsweise des Wahlrechts zu berücksichtigen, weil der parlamentarische Gesetzgeber bei Verabschiedung des Wahlgesetzes selbst die zukünftige Zusammensetzung des Parlaments und damit die gesamte demokratische Willensbildung maßgeblich beeinflusst (1.). Dies könnte eine modifizierte Handhabung des gesetzgeberischen Spielraums im Wahlrecht mit einer entsprechenden Kontrolle erforderlich machen (2.), die unter Berücksichtigung der praktischen Schwierigkeiten auszugestalten ist (3.).

1. Das Wahlrecht als „Entscheidung in eigener Sache“

Eine verbreitete Auffassung charakterisiert das Wahlrecht – wie die Entscheidung über die Abgeordnetendiäten – als „Entscheidung des Parlaments in eigener Sache“[182], die eine verstärkte verfassungsrechtliche Prüfung erfordere. Hiergegen wenden einige Stimmen ein, dass im Gegensatz zur Entscheidung über die Abgeordnetendiäten keine gleichgerichtete Interessenlage aller Parlamentarier bestehe und deshalb eine kritische Opposition als Kontrollmechanis-

---

179 BVerfGE 50, 290 (332); 73, 40 (56); 102, 197 (218); 115, 276 (309); 120, 274 (321); 126, 112 (145); *Kingreen/Poscher*, Grundrechte, 2022, Rn. 415; *Michael/Morlok*, Grundrechte, 2023, Rn. 621; näher dazu *Cremer*, Freiheitsgrundrechte, 2003, S. 291 ff.; *Puhl*, Sperrklausel, in: Depenheuer u. a. (Hrsg.), FS Isensee, 2007, S. 441 (448 f.).

180 Zu dieser dogmatischen Herleitung der gesetzgeberischen Einschätzungsprärogative etwa BVerfGE 56, 54 (81); *Cremer*, Freiheitsgrundrechte, 2003, S. 298 ff.

181 Explizit *Haug*, Parlament, in: ZParl 45 (2014), S. 467 (486); *Wolf*, Stimmgewicht, 2016, S. 376; für einen entsprechend breiten Spielraum des Gesetzgebers *Pauly*, Wahlrecht, in: AöR 123 (1998), S. 232 (256 f.); *Wild*, Gleichheit, 2003, S. 229.

182 Diesen Begriff hat insbesondere *Hans Herbert von Arnim* geprägt, der dies zunächst mit Blick auf die Abgeordnetendiäten verwendete, siehe hierzu und allgemein zur Begriffsverwendung *Lang*, Gesetzgebung, 2007, S. 16 ff. Später bezog er dies ausdrücklich auf die Wahlgesetzgebung, siehe dazu seinen gleichnamigen Aufsatz *v. Arnim*, Wahlgesetze, in: JZ 2009, S. 813. – In diesem Sinne formuliert BVerfGE 120, 82 (105): „Eine strenge Prüfung ist insoweit auch deshalb erforderlich, weil mit Regelungen, die die Bedingungen der politischen Konkurrenz berühren, die jeweilige parlamentarische Mehrheit gewissermaßen in eigener Sache tätig wird.“; sinngemäß BVerfGE 129, 300 (322); 130, 212 (229); 135, 259 (289 Rn. 57); *Wenner*, Sperrklauseln, 1986, S. 171 f.; *Lembcke/Peuker/Seifarth*, Wandel, in: DVBl. 2012, S. 401 (403); *Morlok*, Chancengleichheit, in: JZ 2012, S. 76 (77); *Roßner*, Verfassungswidrigkeit, in: NVwZ 2012, S. 22 (23); *Heußner*, Sperrklausel, in: LKRZ 2014, S. 7 (8); *Müller/Drossel*, in: Huber/Voßkuhle (Hrsg.), GG, Bd. II, 8. Aufl. 2024, Art. 38 Rn. 61.

mus gewährleistet bleibe[183]. Diese Annahme greift jedoch zumindest nicht bei solchen wahlrechtlichen Regelungen ein, die in erster Linie Parteien außerhalb des Parlaments betreffen. Wenn etwa eine Sperrklausel zur Debatte steht, die für alle im Parlament vertretenen Parteien kaum ein ernsthaftes Risiko für den Wiedereinzug darstellt, teilt die Opposition die Interessen der Regierungsmehrheit und wird daher kaum kritischen Widerstand leisten[184]. Abgesehen von solchen Konstellationen mag es zwar gewisse Interessenunterschiede geben, weshalb die Sachbereiche der Abgeordnetendiäten und des Wahlrechts nicht vollständig vergleichbar sein mögen[185]. Umgekehrt gilt dies aber ebenso, weil es sich bei der Ausgestaltung des Wahlrechts um eine der entscheidenden Machtfragen im demokratischen Verfassungsstaat handelt[186]. Es besteht daher eine realistische und für die demokratische Legitimation bedeutsame Gefahr, dass sich „die jeweilige Parlamentsmehrheit [...] vom Ziel des eigenen Machterhalts leiten lässt.“[187]

Diese Annahme lässt sich mit einem Blick in die deutsche Wahlrechtsgeschichte empirisch belegen. So ist bezeichnenderweise die Stichwahl im Mehrheitswahlsystem des Kaiserreichs offen als Mittel gegen den Erfolg der Sozialdemokraten eingesetzt worden[188]. Gleiches galt für die Wahlkreiseinteilung, deren unterlassene Anpassung den auf dem Lande erfolgreichen, konservativen Parteien zugutekam und die in den urbanen, industriellen Gebieten erfolgreiche

---

[183] In diesem Sinne argumentieren gegen die Einordnung des Wahlrechts als „Entscheidung in eigener Sache“ *Lang*, Gesetzgebung, 2007, S. 35 f.; *Haug*, Parlament, in: ZParl 45 (2014), S. 467 (485).

[184] Dazu *S. Lenz*, Kommunalverwaltung, 2020, S. 234 f. Insoweit bemerkt BVerfGE 120, 82 (113): „Die im Landesparlament vertretenen Parteien können an der Fünf-Prozent-Klausel festhalten“.

[185] Gewisse Unterschiede beider Konstellationen räumt *v. Arnim*, Wahlgesetze, in: JZ 2009, S. 813 (815) ein, die aber seiner Einschätzung nach zu Recht nichts an der entsprechenden Einordnung des Wahlrechts und dessen verstärkter verfassungsrechtlicher Kontrolle ändern.

[186] In diesem Sinne *Poscher*, Wahlrechtsgespenst, in: Gusy (Hrsg.), Weimars lange Schatten, 2003, S. 256 (259); *H. Meyer*, Wahl, in: Isensee/Kirchhof (Hrsg.), HStR III, 3. Aufl. 2005, § 45 Rn. 22; *Morlok*, Chancengleichheit, in: JZ 2012, S. 76 (76).

[187] BVerfGE 120, 82 (113); 129, 300 (322); 130, 212 (229); 135, 259 (289 Rn. 57); ähnlich argumentieren *Wahl*, Wahlrecht, in: NJW 1990, S. 2585 (2588); *H. Meyer*, Wahl, in: Isensee/Kirchhof (Hrsg.), HStR III, 3. Aufl. 2005, § 45 Rn. 37; *Puhl*, Sperrklausel, in: Depenheuer u. a. (Hrsg.), FS Isensee, 2007, S. 441 (449 f.); kritisch zu diesem Postulat hingegen Sondervotum zu BVerfGE 129, 300 (351 f.); *Haug*, Parlament, in: ZParl 45 (2014), S. 467 (485 f.); *Lang*, Wahlrecht, 2014, S. 63 ff.

[188] Siehe aus der zeitgenössischen Literatur *G. Meyer*, Wahlrecht, 1901, S. 618 ff.; auf die entsprechenden Wahlbündnisse zum Nachteil der SPD verweisen *B. Vogel*, Wahlrechtsreform, in: ZfP 14 (1967), S. 246 (246); *Jäckel*, Wahlsysteme, in: Commager u. a. (Hrsg.), FS Loewenstein, 1971, S. 241 (245); *H. Meyer*, Wahlsystem, 1973, S. 97 f.; *Poscher*, Wahlrechtsgespenst, in: Gusy (Hrsg.), Weimars lange Schatten, 2003, S. 256 (260); *S. Lenz*, Kommunalverwaltung, 2020, S. 210.

SPD massiv benachteiligte[189]. Trotz des Wandels zum demokratischen Verfassungsstaat blieben in der Weimarer Republik entsprechend interessengelenkte, gegen mögliche politische Gegner gerichtete Wahlrechtsregelungen nicht aus[190]. Auch zu Beginn der Bundesrepublik erging berechtigterweise der Hinweis, dass „doch die Parlamentsmehrheiten in letzter Zeit in bedenklichem Ausmaß dazu [neigen], das Wahlrecht jeweils so umzugestalten, daß es den an der Macht befindlichen Parteien möglichst günstige Chancen für die nächste Wahl eröffnet"[191]. Bei der Verabschiedung des Wahlgesetzes zur ersten gesamtdeutschen Bundestagswahl zeigte sich erneut recht offensichtlich ein machtpolitisches Eigeninteresse der großen Parteien[192]. Die historische Entwicklung zeigt somit anschaulich, wie das Wahlrecht seit jeher als bewusstes politisches Instrument gebraucht und missbraucht wurde.

2. Verfassungsrechtliches Gebot einer „strikten verfassungsgerichtlichen Kontrolle"

Die Gefahr einer machtpolitisch motivierten Gestaltung des Wahlrechts und eine dadurch bedingte, bedeutsame Einflussnahme auf die politische Willensbildung ist demnach keine theoretische Annahme oder gar anlasslose Unterstellung, sondern lässt sich anhand der Entwicklung des Wahlrechts in Deutschland tatsächlich hinreichend belegen[193]. Dieser Umstand ist aufgrund

---

[189] Dazu aus der zeitgenössischen Literatur *G. Meyer*, Wahlrecht, 1901, S. 623 ff.; retrospektiv ferner *B. Vogel*, Wahlrechtsreform, in: ZfP 14 (1967), S. 246 (246); *Jäckel*, Wahlsysteme, in: Commager u. a. (Hrsg.), FS Loewenstein, 1971, S. 241 (245); *H. Meyer*, Wahlsystem, 1973, S. 97 f.; *Becht*, 5%-Klausel, 1990, S. 28.

[190] Eine solche Tendenz lässt sich etwa bei den nachträglich eingeführten Voraussetzungen für die Zulassung neuer Parteien zur Wahl erkennen, die man möglichst verhindern wollte, dazu *Wenner*, Sperrklauseln, 1986, S. 23 ff.

[191] *Rinck*, Wahlgleichheit, in: DVBl. 1958, S. 221 (226 f.). Als ein bedeutendes Beispiel für eine solche machtpolitisch motivierte Wahlrechtsänderung in der frühen Bundesrepublik gilt nach *v. Arnim*, Wahlgesetze, in: JZ 2009, S. 813 (815) die Anwendung der Fünf-Prozent-Hürde auf das gesamte Bundesgebiet; näher dazu *Wenner*, Sperrklauseln, 1986, S. 106 ff. Allgemein zu den Änderungen im Bundestagswahlrecht in jener Zeit ausführlich *H. Meyer*, Wahlsystem, 1973, S. 46 ff. Zu machtpolitisch motivierten Wahlreformen auf Länderebene in jener Zeit siehe *S. Lenz*, Kommunalverwaltung, 2020, S. 232 f.

[192] So *Brenner*, Entwicklung, in: AöR 116 (1991), S. 537 (547), der hinsichtlich der vermeintlichen Abmilderung der Fünf-Prozent-Hürde durch die Möglichkeit der Listenverbindung von einer „kartellartige[n] Selbstbegünstigung der großen Parteien" spricht. Diese Formulierung hat er von *Wahl*, Wahlrecht, in: NJW 1990, S. 2585 (2588) übernommen, der in dieser Wahlrechtsgestaltung ebenfalls eine verfassungswidrige Gestaltung des Wahlrechts aus machtpolitischen Motiven erkennt. Das BVerfGE 82, 322 (342 ff.) hat die entsprechende Regelung daher zu Recht für verfassungswidrig erachtet.

[193] Daher trägt der pointierte Einwand in SaarlVerfGH, Urteil vom 18.3.2013 – Lv 12/12 –, juris, Rn. 29, zustimmend aufgenommen bei *W. Roth*, Sperrklausel, 2015, S. 36, das de-

der zentralen Bedeutung des Wahlrechts für die demokratische Legitimation aller staatlichen Gewalt äußerst prekär[194]. Daraus lässt sich im Gegensatz zur sonstigen Gesetzgebung das besondere Erfordernis einer strengeren verfassungsrechtlichen Prüfung der Wahlgesetzgebung herleiten[195]. Auch das Bundesverfassungsgericht spricht daher in jüngeren Entscheidungen von „einer strikten verfassungsgerichtlichen Kontrolle"[196]. Hiergegen kann nicht eingewendet werden, dass der Verfassunggeber mit Art. 38 Abs. 3 GG die Ausgestaltung des Wahlrechts dem parlamentarischen Gesetzgeber überantwortet hat, wenngleich ihm – wie die historischen Beispiele im Streit über das Wahlrecht zeigen – die machtpolitische Dimension bewusst gewesen sei, und er diese damit hingenommen habe[197]. Die Vorschrift des Art. 38 Abs. 3 GG ist ebenso wie Art. 48 Abs. 3 S. 3 GG ein bloßer Regelungsauftrag und keine verfassungsrechtlich unbegrenzte Ermächtigungsnorm, weshalb sie nicht gegen eine höhere verfassungsrechtliche Kontrolldichte spricht[198]. Deshalb ist nach dem Demokratieprinzip des Grundgesetzes eine strenge verfassungsrechtliche Prüfung im Wahlrecht geboten.

---

mokratisch gewählte Parlament sei auch im Bereich des Wahlrechts „keine von vornherein des Verfassungsbruchs verdächtigte Institution", nur bedingt.

[194] Prägnant spricht *Stern*, Staatsrecht, Bd. I, 1984, S. 290 davon, dass „das Wahlrecht für die Entwicklung des freiheitlichen demokratischen Verfassungsstaats von ausschlaggebender Bedeutung ist"; ähnlich *v. Arnim*, Wahlgesetze, in: JZ 2009, S. 813 (814), nach dem „die angemessene Ausgestaltung [… des Wahlrechts] für die Legitimation der demokratischen Herrschaft fundamental [ist]".

[195] Dafür *Wenner*, Sperrklauseln, 1986, S. 172; *Becht*, 5%-Klausel, 1990, S. 120 f.; *Wahl*, Wahlrecht, in: NJW 1990, S. 2585 (2588); *H. Meyer*, Wahl, in: Isensee/Kirchhof (Hrsg.), HStR III, 3. Aufl. 2005, § 45 Rn. 38; *Puhl*, Sperrklausel, in: Depenheuer u. a. (Hrsg.), FS Isensee, 2007, S. 441 (450); *Lembcke/Peuker/Seifarth*, Wandel, in: DVBl. 2012, S. 401 (403); *Morlok*, Chancengleichheit, in: JZ 2012, S. 76 (77); *Roßner*, Verfassungswidrigkeit, in: NVwZ 2012, S. 22 (23); *Ipsen*, Wahlrecht, in: DVBl. 2013, S. 265 (265); *Krüper*, Wahlrechtsmathematik, in: Jura 2013, S. 1147 (1148 f.); *Heußner*, Sperrklausel, in: LKRZ 2014, S. 7 (8); a.A. *Haug*, Parlament, in: ZParl 45 (2014), S. 467 (484 ff.); *Lang*, Wahlrecht, 2014, S. 63 ff.; *Michael*, Sperrklauseln, 2015, S. 78 f.; *W. Roth*, Sperrklausel, 2015, S. 36 f.; *Drossel*, Wahlsystem, 2021, S. 140 ff.

[196] BVerfGE 120, 82 (113); 129, 300 (323); 135, 259 (289 Rn. 57).

[197] In diesem Sinne aber *Bryde*, Demokratie, in: Brink/Wolff (Hrsg.), FS Arnim, 2004, S. 679 (680), nach dessen Ansicht die bewusste Entscheidung des Verfassunggebers dem Gesetzgeber die Ausgestaltung des Wahlrechts zu überlassen, die verfassungsrechtliche Kontrolle begrenzt. Ebenso argumentiert *Drossel*, Wahlsystem, 2021, S. 35 f., 141 f., der dabei auf entsprechende Andeutungen im Parlamentarischen Rat eingeht.

[198] Widersprüchlich und daher nicht überzeugend ist insofern die Argumentation bei *Lang*, Gesetzgebung, 2007, S. 32 ff., der gegen *von Arnims* Einordnung der Wahlgesetzgebung als „Entscheidung in eigener Sache" und eine stärkere verfassungsrechtliche Kontrolle auf die normative Grundlage des Art. 38 Abs. 3 GG verweist, obwohl diese im Bereich der Abgeordnetendiäten mit Art. 48 Abs. 3 S. 3 GG übereinstimmt, die er als „Entscheidung in eigener Sache" einer starken verfassungsrechtlichen Kontrolle unterwirft.

Für die kommunale Ebene könnte diese allgemeine Forderung des in Art. 28 Abs. 1 S. 1 GG verankerten Demokratieprinzips in Zweifel geraten, weil das Kommunalwahlrecht durch die Landesparlamente auf anderer Ebene verabschiedet wird und mithin nicht im unmittelbaren Sinne eine „Entscheidung in eigener Sache" darstellt. Jedoch entspricht es dem Wirklichkeitsbezug des Demokratieprinzips, die politische Realität in den Blick zu nehmen, wonach die jeweiligen Parteien im Landesparlament auch kommunal aktiv sind und daher ebenso ein problematisches Eigeninteresse bei der jeweiligen Parlamentsmehrheit existieren kann. Insofern hat das Bundesverfassungsgericht die landesrechtlich geregelten Sperrklauseln im Kommunalwahlrecht konsequent derselben Prüfungsintensität wie im Parlamentswahlrecht unterworfen[199]. Wenngleich es sich bei den Bürgermeister- und Landratswahlen formal um reine Personenwahlen handelt, wird ein erheblicher Teil der Kandidaten von den im Landtag vertretenen Parteien aufgestellt, sodass ebenso entsprechende parteipolitische Interessen eine Rolle spielen und eine entsprechende Prüfung daher geboten ist[200]. Die zweimalige Abschaffung der Stichwahl in Nordrhein-Westfalen durch dieselben Regierungsparteien und die gegenläufigen Bestrebungen der Opposition können zwar nicht als Beweis, aber doch als bedeutsames Indiz für potentielle Eigeninteressen der Landtagsparteien in diesem Bereich gelten[201]. Folglich unterliegen die staatlichen Wahlen auf allen Ebenen einer strikten verfassungsrechtlichen Kontrolle.

3. Ausgestaltung dieser strengen Kontrollpflicht

Wenngleich die Statuierung einer strengen verfassungsgerichtlichen Kontrolle in dieser Weise nachvollziehbar zu begründen ist, wirft sie zugleich die drängende Frage nach ihrer konkreten Ausgestaltung auf. Die Schwierigkeit besteht

---

[199] BVerfGE 120, 82 (113) begründet dies wie folgt: „Die im Landesparlament vertretenen Parteien könnten an der Fünf-Prozent-Sperrklausel festhalten, um die Konkurrenz durch kleinere Parteien und kommunale Wählergemeinschaften möglichst klein zu halten."; ähnlich bereits *Puhl*, Sperrklausel, in: Depenheuer u. a. (Hrsg.), FS Isensee, 2007, S. 441 (449 f.). – In einem anderen Sinne argumentiert *S. Lenz*, Kommunalverwaltung, 2020, S. 270 f., der in diesem Bereich eine stärkere verfassungsrechtliche Prüfung befürwortet, weil in diesen Fällen der Gesetzgeber selbst im Falle einer Funktionsunfähigkeit der kommunalen Vertretungen handlungsfähig bleibt und in Zukunft eine Sperrklausel einführen könnte, während dieses bei eigener Funktionsunfähigkeit aufgrund des Fehlens einer Sperrklausel nicht mehr möglich wäre.

[200] Tendenziell ebenso VerfGH NRW, Urteil vom 20.12.2019, 35/19, S. 50; *Krüper*, Stichwahlen, in: DÖV 2009, S. 758 (761); *Morlok*, Stellungnahme zum Gesetzentwurf der Landesregierung, Drs. 17/3776 und zum Änderungsantrag Drs. 17/4305 des Landtages Nordrhein-Westfalen, Stellungnahme 17/1203, S. 6 f.

[201] Siehe dazu *Henneke*, Abschaffung, in: Der Landkreis 2020, S. 12 (18); ferner www.lto.de/recht/hintergruende/h/verfgh-urteil-3519-nrw-kommunahlwahl-stichwahl-buergermeister-absolute-einfache-mehrheit-verfassungswidrig/ (letzter Abruf: 31.7.2024).

darin, dass sich die verfassungsgerichtliche Rechtsprechung nicht ihrerseits dem Vorwurf der Politisierung aussetzen und damit ihre Kompetenz der verfassungsrechtlichen Kontrolle überschreiten darf[202]. Daher formuliert das Bundesverfassungsgericht zu Recht, dass es „nicht die Aufgabe des Gesetzgebers zu übernehmen und alle zur Überprüfung relevanten tatsächlichen und rechtlichen Gesichtspunkte selbst zu ermitteln und gegeneinander abzuwägen [hat]"[203].

Es besteht folglich ein Spannungsverhältnis zwischen der dem Gesetzgeber zugewiesenen politischen Einschätzungs- und Abwägungshoheit und der zugleich gebotenen Prüfung seitens des Verfassungsgerichtes, das sachgerecht aufgelöst werden muss. Im Sinne der praktischen Wirksamkeit des Demokratieprinzips ist es danach erforderlich, vom Gesetzgeber eine hinreichende Ermittlung und Darlegung der tatsächlichen Umstände zu verlangen, anstatt sich mit bloßen hypothetischen Annahmen und abstrakten Prognosen bei dem Eingriff in Wahlrechtsprinzipien zu begnügen[204]. Den Gesetzgeber trifft somit als Ausgleich für seinen Einschätzungs- und Prognosespielraum ausnahmsweise eine entsprechende, wirklichkeitsorientierte Darlegungs- und Begründungspflicht[205]. Dabei müssen die von ihm ermittelten Umstände und die daraus abgeleiteten Prognosen und Schlussfolgerungen nachvollziehbar sein, ohne dass sie aus Sicht des Verfassungsgerichts in jeder Hinsicht überzeugend sein müssen, solange die wesentlichen Aspekte die Annahme einer hinreichenden Eintrittswahrscheinlichkeit rechtfertigen beziehungsweise ausschließen können. Diese *prozedurale* Auflösung des Spannungsverhältnisses ist sachgerecht, weil sie verhindert, dass die Verfassungsgerichte selbst eine eigenständige und abschließende Abwägungsentscheidung anstelle des Gesetzgebers treffen, zu-

---

[202] So merkt *Michael*, Sperrklauseln, 2015, S. 77 ff. an, dass eine Gestaltung des Wahlrechts immer auch eine politische Frage ist, derer sich die Verfassungsgerichte nur schwerlich enthalten können. Kritisch zur machtpolitischen Rolle des Bundesverfassungsgerichts explizit *Nohlen*, Politik, in: Armingeon (Hrsg.), FS Schmidt, 2013, S. 527 (534); *Haug*, Parlament, in: ZParl 45 (2014), S. 467 (484 ff.).

[203] BVerfGE 129, 300 (322); 135, 259 (289 Rn. 57); sinngemäß BVerfGE 120, 82 (113); VerfGH NRW, Urteil vom 20.12.2019, 35/19, S. 49.

[204] In diesem Sinne speziell zur Rechtfertigung der Sperrklausel *Puhl*, Sperrklausel, in: Depenheuer u. a. (Hrsg.), FS Isensee, 2007, S. 441 (450 f.); ähnlich BVerfGE 120, 82 (114 f.); 135, 259 (289 ff. Rn. 58 ff.); *Dietlein/Riedel*, Zugangshürden, 2012, S. 38.

[205] Dazu hinsichtlich der Einführung einer Sperrklausel *Dietlein/Riedel*, Zugangshürden, 2012, S. 81; *W. Roth*, Sperrklausel, 2015, S. 116 ff.; ablehnend gegenüber einer solchen Pflicht *S. Lenz*, Kommunalverwaltung, 2020, S. 287 ff., der mit dem allgemeinen Grundsatz argumentiert, wonach es keine verfassungsrechtliche Verpflichtung zur Begründung von Gesetzen gäbe. Zumindest gegen besondere Erfordernisse hinsichtlich der Darlegung und Begründung bereits im Gesetzgebungsverfahren VerfGH NRW, Urteil vom 20.12.2019, 35/19, S. 51, wenngleich diese Entscheidung letztlich doch besondere Anforderungen an die Ermittlung und Einbeziehung von Umständen in die Prognose aufstellt und deren Versäumnisse anschließend unter anderem anhand der Gesetzesmaterialien begründet.

gleich aber die gebotene verfassungsrechtliche Kontrolle der gesetzgeberischen Abwägungsentscheidung ermöglicht. Die daraus resultierende Folge, dass ein im Ergebnis verfassungsgemäßes Wahlrecht lediglich aufgrund einer fehlenden oder mangelhaften Begründung verfassungswidrig ist, ist eine unvermeidliche Konsequenz der besonderen Stellung des Wahlrechts im demokratischen und gewaltengeteilten Verfassungsstaat. Insoweit ist das zweite Urteil des Verfassungsgerichtshofs für das Land Nordrhein-Westfalen zur Abschaffung der Stichwahl nachvollziehbar, welches dem Gesetzgeber entsprechende Anforderungen an die Ermittlung und Einbeziehung der tatsächlichen Umstände auferlegt hat und die Verfassungswidrigkeit der Wahlrechtsänderung auf ein Versäumnis in der Prognoseentscheidung gestützt hat[206].

4. Ergebnis: Ermittlungs- und Begründungspflicht als Korrelat des Prognosespielraums

Auch im Wahlrecht dürfen sich die Verfassungsgerichte bezüglich der Prognose und Einschätzung über den Eintritt für die Abwägung relevanter Umstände nicht an die Stelle des Gesetzgebers setzen. Dennoch ist dem Umstand Rechnung zu tragen, dass im Wahlrecht eine realistische Gefahr für den Missbrauch der Gestaltungsmacht des Gesetzgebers gegeben ist und daher zur demokratischen Legitimation der Staatsgewalt eine intensive Kontrolle dieses Abwägungsvorganges geboten ist. Demnach verbleibt dem Gesetzgeber auch im Wahlrecht ein Abwägungs- und Prognosespielraum, wenngleich dieser im Gegensatz zur sonstigen Gesetzgebung an konkreten Umständen hinreichend ausführlich begründet sein muss und damit deutlich beschränkt ist.

IV. Fazit: Aktualisierung eines wirklichkeitsbezogenen Abwägungsvorgangs

Das Wahlrecht und dessen verfassungsrechtliche Beurteilung sind einem vielfältigen Spannungsverhältnis verschiedener Aspekte ausgesetzt, die sich nicht eindimensional auflösen lassen. Der prinzipielle Gestaltungsspielraum des Gesetzgebers bei gleichzeitiger Bindung an die verfassungsrechtlichen Wahlrechtsgrundsätze führt zu einem schwierigen Abwägungsprozedere, das der gebotenen *Optimierung* der Wahlrechtsprinzipien Rechnung zu tragen hat. Diese muss sich an der politischen Wirklichkeit orientieren und dabei die potentielle Befangenheit des Wahlgesetzgebers in der verfassungsrechtlichen Kontrolldichte berücksichtigen. Demnach kann der Gesetzgeber bei hinreichenden Gegengründen von verfassungsrechtlichem Rang Beschränkungen der Wahl-

---

[206] Siehe VerfGH NRW, Urteil vom 20.12.2019, 35/19, S. 53 ff.; in diese Richtung zuvor bereits *Bätge*, Stellungnahme zum Gesetzentwurf der Landesregierung Drs. 17/3776 und zum Änderungsantrag Drs. 17/4305 des Landtages Nordrhein-Westfalen, Stellungnahme 17/1194, S. 24 ff.; kritisch hierzu hingegen *Henneke*, Abschaffung, in: Der Landkreis 2020, S. 12 (19).

rechtsprinzipien vorsehen, sofern er diesen Abwägungsvorgang hinreichend begründet und mit einer wirklichkeitsorientierten Prognose unterfüttert, die er fortlaufend zu aktualisieren hat.

C. Konkrete Einschränkungen der Wahlrechtsprinzipien im Parlamentswahlrecht

An einigen Beispielen aus dem Parlamentswahlrecht lässt sich die Möglichkeit der Beschränkung der aufgezeigten Wahlrechtsprinzipien genauer untersuchen und hieraus allgemeine Leitlinien für die Rechtfertigung solcher Eingriffe herleiten. Die im Folgenden zu erörternden Beschränkungen können nicht nur einzelne Wahlrechtsgrundsätze tangieren, sondern ebenso zu einer erheblichen Verzerrung der Mehrheitsverhältnisse im Parlament und damit zu einer Beeinträchtigung des Mehrheitsprinzips führen. Bemerkenswerterweise erhalten die Auswirkungen auf die Mehrheitsverhältnisse im Parlament in der verfassungsrechtlichen Erörterung regelmäßig wenig Beachtung, obwohl das Mehrheitsprinzip als elementarer Bestandteil des Demokratieprinzips fungiert. Auch aus diesem Grund lohnt sich eine nähere Erörterung der verfassungsrechtlich zulässigen Einschränkungen im Parlamentswahlrecht. Dabei muss einerseits der Umfang und die Intensität der damit verbundenen Einschränkungen und andererseits das Gewicht der Rechtfertigungsgründe Berücksichtigung finden, um auf diese Weise eine sachgerechte Abwägungsleitlinie herauszuarbeiten. Dabei kann nicht auf alle Detailregelungen des Bundestagswahlrechts oder anderer Parlamentswahlsysteme eingegangen und diese einer abschließenden Beurteilung unterzogen werden, die seit Beginn der Bundesrepublik zum Gegenstand einer mittlerweile beinah unendlichen Anzahl an Rechtsprechung und Literatur geworden sind und durch die jüngsten Wahlreformen wieder neue Nahrung erhalten haben. Vielmehr geht es in erster Linie darum, das Parlamentswahlrecht aus der Perspektive der im ersten Abschnitt herausgearbeiteten Wahlrechtsprinzipien zu beleuchten und damit einen Rechtfertigungsmaßstab für die Einschränkung derselben herauszuarbeiten, der als Grundlage für die Beurteilung der Mehrheitswahl zur Besetzung monokratischer Ämter fungieren kann. Im Fokus steht deshalb zunächst die eingriffsintensive Sperrklausel sowie die Grundmandatsklausel, die mit der Wahlreform 2023 abgeschafft werden sollte (I.). Anschließend ist auf die Besonderheit des personalisierten Verhältniswahlrechts in Form der relativen Mehrheitswahl im Wahlkreis und dem damit verbundenen Phänomen der Überhangmandate einzugehen, das die Wahlreform im Jahr 2023 beseitigte, die allerdings zugleich neue verfassungsrechtliche Fragen aufgeworfen hat (II). Schließlich ist die in der Geschichte der Bundesrepublik nie vollzogene, aber zumindest häufig diskutierte Einführung eines reinen Mehrheitswahlrechts näher zu betrachten (III.).

I. Sperrklausel und ihre Ausnahmen als bekannter Streitpunkt

Die bedeutsamste Beschränkung der Wahlrechtsprinzipien im Bundestagswahlrecht stellt die Fünf-Prozent-Sperrklausel gemäß § 6 Abs. 3 S. 1 Alt. 1 BWahlG 2020 beziehungsweise nunmehr § 4 Abs. 2 S. 2 Nr. 2 BWahlG 2023 dar. Diese greift wie dargelegt in einige wesentliche Wahlrechtsgrundsätze ein – namentlich die Entschließungsfreiheit, die Erfolgswertgleichheit sowie die Chancengleichheit – und relativiert zugleich das Mehrheitsprinzip, weil die im Parlament bestehende Mehrheit nicht einmal annähernd der Mehrheit der Wählerstimmen entsprechen muss. Aufgrund der insoweit bestehenden Parallelen zur relativen Mehrheitswahl ist eine nähere Auseinandersetzung mit ihrer verfassungsrechtlichen Zulässigkeit angezeigt, die trotz der überragenden Relevanz bei weitem noch nicht abgeschlossen ist. Nachdem die gesetzliche Sperrklausel eine nähere Betrachtung erfahren hat (1.), soll anschließend die mit der Wahlreform 2023 eigentlich abgeschaffte, durch die Entscheidung des Bundesverfassungsgerichts aber zunächst weiterhin geltende Ausnahme in Gestalt der Grundmandatsklausel in den Blick genommen werden (2).

1. Fünf-Prozent-Hürde zur Sicherung einer funktionsfähigen Regierung

Im Hinblick auf die seit Beginn der Bundesrepublik bestehende Fünf-Prozent-Hürde und die dazu ergangene Vielzahl an Entscheidungen des Bundesverfassungsgerichts „mutet es fast überraschend an, wie wenig ausdifferenziert die verfassungsrechtliche Dogmatik zu ihrer Rechtfertigung ist und in wie geringem Maße ihr Abgleich mit der politischen Realität erfolgt“[207]. Dies zeigt sich schon hinsichtlich der Betroffenheit der unterschiedlichen Wahlrechtsgrundsätze, weshalb zunächst die Intensität und Auswirkungen des Eingriffs näher zu betrachten ist. Des Weiteren sind im Rahmen der Ausführungen zur Integrationsfunktion der Wahl Zweifel aufgekommen, inwiefern „die Sicherung des Charakters der Wahl als eines Integrationsvorgangs bei der politischen Willensbildung des Volkes und, damit zusammenhängend, die Sicherung der Funktionsfähigkeit der zu wählenden Volksvertretung“[208] tatsächlich eine Fünf-Prozent Hürde zu rechtfertigen vermag. Zur Klärung dieser Frage bedarf es einer ausführlichen Auslegung der Verfassung und einer Berücksichtigung der politischen Realität.

a) Intensität des Eingriffs in die Wahlrechtsprinzipien

Zunächst stellt sich die Frage nach der Intensität der durch die Sperrklausel hervorgerufenen Eingriffe in die wahlrechtlichen Prinzipien. Die Sperrklausel hat nicht nur für den einzelnen Wähler oder Wahlbewerber erhebliche Konsequenzen, sondern beeinflusst vor allem bei zunehmender Anzahl an erfolglosen

---

[207] Pointiert *Lenski*, Fünfprozenthürde, in: MIP 20 (2014), S. 178 (178).

[208] BVerfGE 129, 300 (320 f.); 135, 259 (286 Rn. 52); 146, 327 (351 Rn. 62).

Wählerstimmen auch die parlamentarischen Mehrheitsverhältnisse. Hieran zeigt sich eindrucksvoll die *quantitative* Wirkungsweise des Wahlrechts. Deshalb ist es nicht nachvollziehbar, wenn dieser „mehrheitsbildende Effekt“[209] lediglich auf die Gleichheit der Wahl bezogen und aufgrund seiner gleichen Wirkung für alle nicht als verfassungsrechtlich problematisch eingeordnet wird[210]. Dieser Effekt kann nicht nur zu kleineren Verzerrungen, sondern sogar zu einer gänzlichen Umkehr der politischen Mehrheitsverhältnisse im Parlament führen, wodurch die Ergebnisse der staatlichen Willensbildung verändert und damit der mehrheitliche Wille des Volkes verfälscht wird[211]. Daher berühren diese Wirkungsweisen des Wahlsystems auch das demokratische Mehrheitsprinzip und damit die Grundsätze der in Art. 20 Abs. 2 GG verankerten demokratischen Willensbildung.

Das potentielle Ausmaß einer Sperrklausel lässt sich auf den ersten Blick anhand der jeweiligen Prozent-Hürde bestimmen. In dieser Hinsicht geht das Bundesverfassungsgericht davon aus, dass eine Sperrklausel bei der Bundestagswahl bis zu einer Hürde von 5 % der abgegebenen Stimmen gerechtfertigt sei[212]. Bis zu dieser Höhe würde sich nach der überwiegenden Meinung die Beschränkung der Wahlgleichheit noch im überschaubaren Ausmaß halten. Diese generalisierende Einschätzung leidet aber an dem Mangel, dass sie die Erfolglosigkeit der für eine Liste abgegebenen Wählerstimmen jeweils isoliert betrachtet und sie daher lediglich in Relation zu den erfolgreich ins Parlament eingezogenen Parteien setzt. Sie ignoriert damit den tatsächlichen Gesamtumfang an erfolglosen Wählerstimmen, der das Vielfache von 5 % erreichen kann, wenn sich die Wählerstimmen auf viele erfolglose Parteilisten verteilen[213]. Wie

---

[209] So die Bezeichnung bei *Wolf*, Stimmgewicht, 2016, S. 189; sinngemäß *Wild*, Gleichheit, 2003, S. 223; *H. Meyer*, Wahlgrundsätze, in: Isensee/Kirchhof (Hrsg.), HStR III, 3. Aufl. 2005, § 46 Rn. 37.

[210] So aber *Wolf*, Stimmgewicht, 2016, S. 188 f.

[211] In diesem Sinne *Hamann*, Anmerkung, in: NJW 1957, S. 381 (379); *Wenner*, Sperrklauseln, 1986, S. 304 ff. Daher sind die Ausführungen bei *Wild*, Gleichheit, 2003, S. 223 unzulänglich, es handele sich nur um einen „geringen mehrheitsbildenden Effekt“, durch den „gegebenenfalls eine dünne Mehrheit durch zusätzliche Mandate gestärkt werden [kann]“, wenngleich er auf S. 225 f. zutreffend drauf hinweist, dass der mehrheitsbildende Effekt keinesfalls in positiver Hinsicht als Rechtfertigungsgrund für die Sperrklausel fungieren kann. Ebenso ordnet *Wolf*, Stimmgewicht, 2016, S. 190 diesen Effekt hinsichtlich der Rechtfertigung als „neutral“ ein.

[212] Grundlegend zuerst BVerfGE 1, 208 (256), das diese Höhe als „gemeindeutschen Satz“ bezeichnet. Dieser Grundsatz hat sich in seiner Rechtsprechung etabliert, siehe BVerfGE 51, 222 (237); 71, 81 (97); 82, 322 (338); 95, 408 (419); 146, 327 (358 Rn. 79); dazu ausführlich *Becht*, 5%-Klausel, 1990, S. 40 ff.; *Michael*, Sperrklauseln, 2015, S. 38 ff.; *Wolf*, Stimmgewicht, 2016, S. 196 ff.

[213] Ein eindrucksvolles Beispiel lieferte insoweit die Landtagswahl 2022 im Saarland, bei der infolge der Sperrklausel insgesamt 22,3 % der Stimmen erfolglos blieben, siehe insoweit zur Kritik www.mehr-demokratie.de/presse/einzelansicht-pms/saarland-wahl-offenbart-die-

bereits im Rahmen der Erfolgswertgleichheit ausgeführt, bedarf es deshalb keiner individuellen, relativen, sondern stattdessen einer kollektiven, absoluten Betrachtungsweise hinsichtlich der Erfolglosigkeit der Wählerstimmen infolge der Sperrklausel[214]. Problematisch bleibt dabei allerdings, dass die absolute Anzahl an erfolglosen Stimmen erst aufgrund des Wahlergebnisses individuell bestimmt werden kann und somit nicht ohne Weiteres als verfassungsrechtlicher Gradmesser taugt[215]. Die quantitativen Auswirkungen können daher lediglich anhand von Prognosen mit Blick auf vergangene Wahlergebnisse und aktuelle Entwicklungen geschätzt werden. Dies bietet daher das erste Einfallstor für einen zu achtenden gesetzgeberischen Einschätzungsspielraum unter Berücksichtigung der tatsächlichen Verhältnisse und damit der Wahlergebnisse der letzten Bundestagswahlen. Bei der Bundestagswahl 2013 ist mit 15,7 % der Wählerstimmen ein deutlicher Anteil an Stimmen erfolglos gewesen[216], während bei der Bundestagswahl 2017 ziemlich genau 5,0 % der Stimmen unter die Klausel fielen[217]. Die Bundestagswahl 2021 wies die Besonderheit auf, dass die Linkspartei nur infolge der Grundmandatsklausel ins Parlament einzog, sodass lediglich 8,6 % der Wählerstimmen erfolglos blieben, wenngleich insgesamt rund 13,6 % der Stimmen zunächst von der Fünf-Prozent-Hürde erfasst worden sind[218]. Insofern unterliegt die Anzahl an erfolglosen Wählerstimmen in jüngster Zeit beträchtlichen Schwankungen, wobei die Ergebnisse 2013 und 2021 das potentiell erheblich über der eigentlichen Fünf-Prozent-Hürde liegende Ausmaß unterstreichen.

Des Weiteren greift eine auf die Prozent-Hürde beschränkte Betrachtung wegen der erörterten Beeinträchtigung der Wahlfreiheit und der Chancengleichheit zu kurz. Wie viele Wähler entgegen ihrer ursprünglichen Präferenz aufgrund der drohenden Erfolglosigkeit eine andere Partei gewählt haben, lässt sich – auch rückblickend – nicht bestimmen. Wenngleich der psychologische Faktor nicht konkret kalkulierbar ist und damit dem Gesetzgeber ein größerer Einschätzungsspielraum zukommt, muss berücksichtigt werden, dass dieser Aspekt faktisch die Wirkung der Sperrklausel auf die einzelne Partei über die

absurditaet-der-5-prozent-sperrklausel (letzter Abruf: 31.7.2024). Bemerkenswert auch die – zugegebenermaßen mit Blick auf die abschreckende Wirkung einer Sperrklausel hypothetische – Annahme bei *S. Lenz*, Kommunalverwaltung, 2020, S. 286, wonach bei der Kommunalwahl in Duisburg 2014 im Falle einer Fünf-Prozent-Hürde ungefähr 20 % der Stimmen erfolglos gewesen wären.

214 Dazu oben Teil 2, B. IV. 3. a).

215 Auf diesen Umstand weist *Wolf*, Stimmgewicht, 2016, S. 185 berechtigterweise hin.

216 Siehe www.bundeswahlleiter.de/bundestagswahlen/2013/ergebnisse.html (letzter Abruf: 31.7.2024).

217 Siehe www.bundeswahlleiter.de/bundestagswahlen/2017/ergebnisse.html (letzter Abruf: 31.7.2024).

218 Siehe www.bundeswahlleiter.de/bundestagswahlen/2021/ergebnisse.html (letzter Abruf: 31.7.2024).

jeweilige Prozent-Hürde hinaus erhöht[219]. Aus diesem Grund ist die praktische Sperrwirkung in ihrem Ausmaß nicht auf die rechtliche Prozent-Hürde beschränkt. Letztere kann aber zumindest insoweit ein Gradmesser bei der verfassungsrechtlichen Beurteilung sein, als die psychologische Vorwirkung tendenziell umso stärker ist, je höher die Hürde und damit niedriger die Chance des Überschreitens für eine vom Wähler präferierte Partei ausfällt.

Die in der Folge der Sperrklausel schließlich eintretende Beeinträchtigung des Mehrheitsprinzips lässt sich anhand der Diskrepanz der parlamentarischen Mehrheitsverhältnisse von den im Wahlvolk vorhandenen Präferenzverhältnissen in quantitativer Hinsicht messen. Zwar scheint das Mehrheitsprinzip zunächst absolut zu verstehen sein, wonach stets eine Mehrheit oder Minderheit unabhängig davon besteht, wie groß die jeweiligen Gruppen sind. Allerdings zeigen die Ausführungen zum Rückgriff auf das relative Mehrheitsprinzip bei nachfolgenden Wahlgängen zur Besetzung monokratischer Ämter, dass es sich zwar um ein anzustrebendes Ideal handelt, das jedoch nicht immer vollkommen verwirklicht werden kann. Dies gilt ebenso im Parlamentswahlrecht aufgrund der faktischen Sperrklausel, weshalb „jedes Wahlsystem dazu [neigt], dass es Mehrheiten künstlich herstellt."[220] Deshalb erscheint eine quantitative Betrachtung dahingehend sachgerecht, in welchem Ausmaß der Mehrheitswille im Parlament möglicherweise verzerrt repräsentiert ist. Auch hier zeigt das Ergebnis der Bundestagswahl 2013 ein besonders intensives Ausmaß der Verzerrung des politischen Mehrheitswillens an, da zwei Parteien mit insgesamt fast 10 % der Stimmen nicht ins Parlament einzogen, die noch dazu die politische Ausrichtung maßgeblich verändert hätten[221]. Eine noch eindrucksvollere Verzerrung der Mehrheitsverhältnisse trat bei der Landtagswahl 2022 im Saarland auf, bei der die SPD mit 43,5 % der Stimmen die absolute Mehrheit im Parlament erhielt[222]. Aus all diesen Gründen weist die Fünf-Prozent-Hürde eine erhebliche Eingriffsintensität auf[223].

b) Entstehungsgeschichte als einschränkender Ausgangspunkt

Zunächst könnte die bereits angesprochene Entstehungsgeschichte dagegen sprechen, eine einfachgesetzliche Sperrklausel für vereinbar mit dem Grund-

---

[219] *Jesse*, Wahlrecht, 1985, S. 254 bemerkt insofern zu Recht, dass infolge dieses Umstandes „die Sperrwirkung höher als fünf Prozent [liegt]".

[220] So prägnant *S. Lenz*, Kommunalverwaltung, 2020, S. 209.

[221] Dazu kritisch *Decker*, Sperrklausel, in: ZParl 47 (2016), S. 460 (463 f.); *Fremuth*, Verfassung, in: JZ 2018, S. 13 (13). Diesen Umstand hält BVerfGE 146, 327 (356 Rn. 74) hingegen für verfassungsrechtlich unbeachtlich. – Ebenso verfügte nach der Bundestagswahl 1994 die Koalition aus CDU und FDP nur wegen der Fünf-Prozent-Hürde über eine knappe Mehrheit im Parlament, darauf weist *Wild*, Gleichheit, 2003, S. 230 hin.

[222] Siehe www.tagesschau.de/inland/innenpolitik/saarland-landtagswahl-spd-absolute-mehrheit-rehlinger-101.html (letzter Abruf: 31.7.2024).

[223] Ebenso *Wenner*, Sperrklauseln, 1986, S. 168 f.

gesetz zu halten. Zunächst hatte der Verfassungskonvent auf Herrenchiemsee in Art. 47 Abs. 5 HChE zur Sicherung der Funktionsfähigkeit des Parlamentes eine Ermächtigung zur Verankerung einer Fünf-Prozent-Hürde im Wahlrecht vorgesehen[224]. Wie bereits dargelegt, hat sich der Parlamentarische Rat intensiv hiermit auseinandergesetzt und letztlich aus Gründen eines Verstoßes gegen die Wahlfreiheit und Wahlgleichheit auf eine entsprechende Ermächtigung verzichtet. Der abschließenden Abstimmung im Hauptausschuß des Parlamentarischen Rates ging eine Beratung im Ausschuss für Wahlrechtsfragen voraus, der einstimmig einen unzulässigen Verstoß gegen die Wahlfreiheit erkannte und deshalb die Streichung der Ermächtigung empfahl[225]. Die anschließende Abstimmung im Hauptausschuß fiel hingegen nur knapp für die Streichung aus, wobei dieses Abstimmungsergebnis damit erklärbar ist, dass auch die Befürworter einer Sperrklausel die Auffassung vertraten, diese sei ohne eine solche verfassungsrechtliche Ermächtigung generell unzulässig und letztere müsse deshalb in die Verfassung aufgenommen werden[226]. Dem zeitlichen Verlauf der Beratungen lässt sich entnehmen, dass die im Parlamentarischen Rat bestehenden anfänglichen Zweifel an der Zulässigkeit einer einfachgesetzlichen Sperrklausel zunehmend einer Überzeugung von deren Unzulässigkeit gewichen ist, die sich in dieser Abstimmung ausdrückte[227]. Am Schluss der Debatte

---

[224] Siehe den Abschlussbericht, in: Deutscher Bundestag/Bundesarchiv (Hrsg.), Der Parlamentarische Rat 1948–1949, Bd. II, 1981, S. 536 f.

[225] Siehe die Einundzwanzigste Sitzung des Ausschusses für Wahlrechtsfragen, 1. Februar 1949, in: Deutscher Bundestag/Bundesarchiv (Hrsg.), Der Parlamentarische Rat 1948–1949, Bd. VI, 1994, S. 655 f.

[226] Siehe die Äußerung der Abgeordneten *Katz*, *Laforet*, *Lehr* und *Stock* in der Achtundvierzigsten Sitzung des Hauptausschusses, 9. Februar 1949, in: Deutscher Bundestag/Bundesarchiv (Hrsg.), Der Parlamentarische Rat 1948–1949, Bd. XIV, 2009, S. 1526 ff. Diese Schlussfolgerung aus den Äußerungen ziehen auch *Lehr*, Bericht, in: Parlamentarischer Rat (Hrsg.), Schriftlicher Bericht zum Entwurf des Grundgesetzes für die Bundesrepublik Deutschland, 1949, S. 17 (18); *Frowein*, Wahlrecht, in: AöR 99 (1974), S. 72 (90); *Antoni*, Grundgesetz, in: ZParl 11 (1980), S. 93 (95); *Wenner*, Sperrklauseln, 1986, S. 94; *Becht*, 5%-Klausel, 1990, S. 89.

[227] Siehe die Diskussion und Abstimmung in der Zweiten, Dreißigsten und Achtundvierzigsten Sitzung des Hauptausschusses, in: Deutscher Bundestag/Bundesarchiv (Hrsg.), Der Parlamentarische Rat 1948–1949, Bd. XIV, 2009, S. 24 ff., 917 ff., 1525 ff. Beispielhaft stehen dafür die Äußerungen des Abgeordneten *Katz*, der in der Zweiten Sitzung des Hauptausschusses, 11. November 1948, a.a.O., S. 25 davon spricht, dass eine Sperrklausel „für rechtsungültig erklärt werden [könnte]“, während er in der Achtundvierzigsten Sitzung des Hauptausschusses, 9. Februar 1949, a.a.O., S. 1526 anführt, dass „wir [mit der Streichung der Ermächtigungsklausel] den künftigen Bundestag präjudizieren, daß derartige Klauseln in Zukunft auf keinen Fall aufgenommen werden dürfen.“ – Diese zeitliche Entwicklung in der Debatte findet bei *Michael*, Sperrklauseln, 2015, S. 23 ff. keine ausreichende Berücksichtigung, der die veränderte Ansicht des Abgeordneten und späteren Vizepräsidenten des Bundesverfassungsgerichts *Katz* und anderer Sperrklausel-Befürworter ignoriert. – In dieser Hinsicht konstatiert *Stern*, Staatsrecht, Bd. IV/2, 2011, S. 208, dass die Befürworter der Er-

wiesen mehrere Abgeordnete darauf hin, dass die Einführung einer Sperrklausel zwar weiterhin möglich sei, es dazu aber einer verfassungsändernden Mehrheit bedürfe[228]. Aus den Beratungen ergibt sich daher, dass der Parlamentarische Rat von einer Unzulässigkeit einfachgesetzlicher Sperrklauseln ohne verfassungsrechtliche Ermächtigung ausging[229]. Folgerichtig war im vom Parlamentarischen Rat verabschiedeten Wahlgesetz keine Sperrklausel vorgesehen. Diese wurde auf Ebene der Landeslisten jedoch aufgrund einer Intervention der Alliierten und einem darauf beruhenden Änderungsvorschlag der Ministerpräsidentenkonferenz entgegen der Regelung des Art. 137 Abs. 2 GG im ersten Wahlgesetz ergänzt[230].

Diese bemerkenswerten Umstände der Entstehungsgeschichte der Sperrklausel werden erstaunlicherweise bei der verfassungsrechtlichen Beurteilung der Sperrklausel kaum thematisiert. Das Bundesverfassungsgericht hat von Beginn an den unzutreffenden Anschein erweckt, es habe keinerlei Aussagen des Parlamentarischen Rates zur Sperrklausel gegeben[231]. Wenngleich man die

---

mächtigung von der Ansicht überzeugt waren, ohne sie wäre eine einfachgesetzliche Sperrklausel unzulässig und sie deshalb einfügen wollten, während die Gegner der Ermächtigung generell eine derartige Beeinträchtigung der Wahlgleichheit ablehnten. Wenngleich aus jeweils unterschiedlicher Perspektive haben damit beide Seiten die einfachgesetzliche Sperrklausel als einen unzulässigen Verstoß gegen die Wahlgleichheit gewertet, weshalb man dies als die Ansicht des Parlamentarischen Rates bezeichnen darf.

[228] Siehe die Äußerung der Abgeordneten *Seebohm*, *Katz* und *Renner* in der Achtundvierzigsten Sitzung des Hauptausschusses, 9. Februar 1949, in: Deutscher Bundestag/Bundesarchiv (Hrsg.), Der Parlamentarische Rat 1948–1949, Bd. XIV, 2009, S. 1527 f. Darauf weist *Michael*, Sperrklauseln, 2015, S. 26 f. selbst hin, der dies durchaus berechtigt als Argument gegen die Überprüfung verfassungsrechtlicher Sperrklauseln in Stellung bringt, nicht aber den zwingenden Schluss zieht, dass dieser Umstand zugleich gegen die Zulässigkeit einfachgesetzlicher Sperrklauseln ins Feld geführt werden kann.

[229] So auch *Antoni*, Grundgesetz, in: ZParl 11 (1980), S. 93 (95); *Wenner*, Sperrklauseln, 1986, S. 95; *Becht*, 5%-Klausel, 1990, S. 90; *Poscher*, Wahlrechtsgespenst, in: Gusy (Hrsg.), Weimars lange Schatten, 2003, S. 256 (278); *Wild*, Gleichheit, 2003, S. 82 f.; *Bryde*, Demokratie, in: Brink/Wolff (Hrsg.), FS Arnim, 2004, S. 679 (689); *H. Meyer*, Wahl, in: Isensee/Kirchhof (Hrsg.), HStR III, 3. Aufl. 2005, § 45 Rn. 31; *Robbe/Weinzierl*, Wahlrecht, in: ZRP 2015, S. 84 (86); *Fremuth*, Verfassung, in: JZ 2018, S. 13 (16); *Trute*, in: v. Münch/Kunig (Hrsg.), GG, Bd. I, 7. Aufl. 2021, Art. 38 Rn. 4; anders hingegen die Deutung bei *Michael*, Sperrklauseln, 2015, S. 23 ff.; *S. Lenz*, Kommunalverwaltung, 2020, S. 255; *Drossel*, Wahlsystem, 2021, S. 219.

[230] Dazu *Antoni*, Grundgesetz, in: ZParl 11 (1980), S. 93 (95 f.); *Wenner*, Sperrklauseln, 1986, S. 98 ff.; *Becht*, 5%-Klausel, 1990, S. 90; Deutscher Bundestag/Bundesarchiv (Hrsg.), Der Parlamentarische Rat 1948–1949, Bd. VI, 1994, S. XLVII ff.; *Wild*, Gleichheit, 2003, S. 85 ff.; *H. Meyer*, Wahl, in: Isensee/Kirchhof (Hrsg.), HStR III, 3. Aufl. 2005, § 45 Rn. 19; zur Rechtfertigung dieses Umstandes ausdrücklich *S. Lenz*, Kommunalverwaltung, 2020, S. 257 ff.

[231] Bemerkenswerterweise stellt das BVerfGE 1, 208 (250) lediglich fest: „Das Grundgesetz schweigt zu diesem Punkt." Darin sieht *H. Meyer*, Wahlgrundsätze, in: Isensee/Kirchhof (Hrsg.), HStR III, 3. Aufl. 2005, § 46 Rn. 38 zu Recht eine „Mißachtung der Entstehungs-

Aussagen des Parlamentarischen Rates zur Sperrklausel nicht verabsolutieren muss, wäre zumindest eine nähere Auseinandersetzung mit dem Willen des Verfassunggebers geboten gewesen[232]. Dabei ließen sich drei Gründe anführen, aus der Entstehungsgeschichte trotz der deutlichen Diskussions- und Abstimmungsergebnisse keine gänzliche Unzulässigkeit einfachgesetzlicher Sperrklauseln zu folgern.

Dies betrifft zunächst die schon erörterte Wechselwirkung mit Art. 28 Abs. 1 S. 2 GG und entsprechender Wahlverfahren in den Ländern und Kommunen[233]. Konsequenterweise müssten die strengen Anforderungen der Wahlfreiheit und Wahlgleichheit in Art. 38 Abs. 1 S. 1 GG, die nach der historischen Auslegung eine Unzulässigkeit einfachgesetzlicher Sperrklauseln bedingen, entsprechend auch für Art. 28 Abs. 1 S. 2 GG gelten, die infolge der dargelegten gleichen Anwendbarkeit gegenüber dem einfachen Landesrecht sowie der Landesverfassung zu einer Unzulässigkeit landesverfassungsrechtlicher Sperrklauseln führen müsste. Jedoch sind keine Hinweise auf die weitreichende Konsequenz gegeben, entsprechende Sperrklauseln, wie sie zu jener Zeit schon in den Verfassungen der Länder Bayern und Hessen existierten, durch die Verabschiedung des Grundgesetzes aufzuheben[234]. Dieses Argument mag zunächst ambivalent sein. Daraus könnte auch folgen, dass die im Rahmen des Art. 28 Abs. 1 S. 2 GG nicht differenzierende Ansicht unzutreffend sei und landesverfassungsrechtliche Regeln, wie bereits der Staatsgerichtshof in der Weimarer

---

geschichte“; ähnlich kritisch *Frowein*, Wahlrecht, in: AöR 99 (1974), S. 72 (90); *Wenner*, Sperrklauseln, 1986, S. 226 f.; *Becht*, 5%-Klausel, 1990, S. 90 f.; *Poscher*, Wahlrechtsgespenst, in: Gusy (Hrsg.), Weimars lange Schatten, 2003, S. 256 (278). – Anders hingegen die Auffassung bei *Michael*, Sperrklauseln, 2015, S. 23, für den die Diskussion im Parlamentarischen Rat eine „Unentschiedenheit in diesem Punkt“ belegen würde. Er weist zugleich auf die personelle Verbindung hin, dass der Senatsvorsitzende Katz zuvor als Abgeordneter im Parlamentarischen Rat für eine Sperrklauselregelung im Grundgesetz eingetreten war. Mag es, wie *Michael* betont, unzutreffend sein, ihm „die Durchsetzung der in der Abstimmung unterlegenen Position vorzuwerfen“, so lässt sich zumindest der Anschein nicht vermeiden. Jedenfalls wird er nicht ganz ohne Grund auf die Rezeption der Entstehungsgeschichte verzichtet haben, in der er selbst eine maßgebliche Rolle gespielt hat; in diesem Sinne die Frage bei *Michael*, Sperrklauseln, 2015, S. 78 Fn. 195: „Vielleicht fehlt deshalb in BVerfGE 1, 208 eine Auseinandersetzung mit den Materialien?“ Hieran zeigt sich anschaulich die von Beginn an bestehende, nicht unproblematische personelle Verquickung des Bundesverfassungsgerichts mit der Politik.

[232] Auch nach *H. Meyer*, Wahlgrundsätze, in: Isensee/Kirchhof (Hrsg.), HStR III, 3. Aufl. 2005, § 46 Rn. 38 wäre die Entstehungsgeschichte für das Bundesverfassungsgericht „sicherlich nicht bindend gewesen, hätte es aber zur Argumentation gezwungen“; in diese Richtung ferner *Frowein*, Wahlrecht, in: AöR 99 (1974), S. 72 (90); anders die Schlussfolgerung bei *Wenner*, Sperrklauseln, 1986, S. 243.

[233] Dazu *Michael*, Sperrklauseln, 2015, S. 27 ff.; *S. Lenz*, Kommunalverwaltung, 2020, S. 256.

[234] So *Wenner*, Sperrklauseln, 1986, S. 245 f.; *Michael*, Sperrklauseln, 2015, S. 27.

Zeit vertreten hatte, nicht am selben strengen Maßstab zu messen seien[235]. Allerdings gibt es für diese ebenso weitreichende Folge, die noch dazu der teleologischen und systematischen Auslegung des Art. 28 Abs. 1 S. 2 GG widerspricht, keinerlei Anhaltspunkte in der Entstehungsgeschichte[236]. So deutlich sich der Parlamentarische Rat ablehnend gegenüber gesetzlichen Sperrklauseln positionierte, so wenig konsequent scheint er diese Haltung zu Ende gedacht zu haben. Daher schmälert dieser Aspekt das Gewicht der Auffassung des Parlamentarischen Rates für die Auslegung der Verfassung deutlich[237].

Neben diesem inneren Widerspruch muss bei der Analyse der Entstehungsgeschichte seinerseits deren historischer Hintergrund Berücksichtigung finden. In dieser Hinsicht kann man die Äußerungen und das Abstimmungsverhalten als Reaktion auf die damals noch aus der Weimarer Zeit bekannte Rechtsauffassung zur Wahlgleichheit deuten, bei der ohne verfassungsrechtliche Ermächtigung eine Unzulässigkeit einer einfachgesetzlichen Sperrklausel drohte[238]. Dass schließlich auch die Befürworter einer Sperrklausel eine generelle Unzulässigkeit im Falle einer fehlenden Ermächtigung propagierten, muss ebenfalls nicht auf ihre verfassungspolitische Überzeugung zurückzuführen sein, sondern kann auf dem Umstand beruhen, dass sie ein solches Verständnis in der weiteren Verfassungsrechtsprechung befürchteten und mit diesem Argu-

---

[235] Hierauf zielt die Argumentation bei *Michael*, Sperrklauseln, 2015, S. 27 f., 117 f. ab; ähnlich *Wenner*, Sperrklauseln, 1986, S. 246, wonach es der „Intention des Parlamentarischen Rates […] am ehesten [entspräche], Art. 28 I 2 GG so auszulegen, daß in der Sperrklauselfrage bundesverfassungsgesetzlich nur garantiert ist, daß die Entscheidung auf der Ebene der Landesverfassung getroffen werden muß".

[236] *Michael*, Sperrklauseln, 2015, S. 27 f. kann seine Auffassung lediglich auf die Aussage des Abgeordneten *Walter*, Zweite Sitzung des Hauptausschusses, 11. November 1948, in: Deutscher Bundestag/Bundesarchiv (Hrsg.), Der Parlamentarische Rat 1948–1949, Bd. XIV, 2009, S. 24 stützen, der aber nur die entsprechende Rechtslage in Weimar – noch dazu in Teilen unzutreffend – wiedergibt. Daher misst VerfGH NRW, NVwZ 2018, S. 159 (165 Rn. 86) dieser Aussage zu Recht keine Bedeutung zu. Auch *Wenner*, Sperrklauseln, 1986, S. 246 räumt ein, dass seine vorgeschlagene Deutung „nicht zwingend [ist], weil sie zu einer beträchtlichen Relativierung der Regelung der Wahlrechtsgrundsätze des Art. 28 I 2 GG und zu einer Geltung dieser Grundsätze nur nach Maßgabe der jeweiligen Landesverfassung führen kann".

[237] Anders hingegen *Wenner*, Sperrklauseln, 1986, S. 247, der zwar einräumt, dass der Umgang mit landesrechtlichen Sperrklauseln „nicht sehr überzeugungskräftig ist", diese „Unsicherheit hinsichtlich der Regelungen in den Ländern" aber das Ergebnis der historischen Auslegung hinsichtlich der Unzulässigkeit einfachgesetzlicher Sperrklauseln auf Bundesebene nicht tangiere.

[238] So tragen *Wild*, Gleichheit, 2003, S. 226; *Michael*, Sperrklauseln, 2015, S. 24 ff.; *S. Lenz*, Kommunalverwaltung, 2020, S. 253 ff. vor, dass der Parlamentarische Rat von der Rechtsprechung des Reichsstaatsgerichtshofs zur Wahlgleichheit geprägt war, siehe oben Teil 2, B. IV. 1. a). Gegenteilige Deutung bei *Wenner*, Sperrklauseln, 1986, S. 241 ff., nach dessen Einschätzung es sich nicht nur um eine bloße Rechtsauffassung, sondern eine verbindlich gewordene Entscheidung handele.

ment doch noch eine Mehrheit für eine Ermächtigung gewinnen wollten[239]. Umgekehrt mögen die Gegner der Ermächtigung eine einfachgesetzliche Sperrklausel abgelehnt haben, sich dabei jedoch auf die bisherige Rechtsauffassung gestützt haben, ohne diese unmittelbar im Grundgesetz festschreiben zu wollen. Es ist daher nicht mit Sicherheit ausgeschlossen, dass die Abgeordneten in erster Linie lediglich die Einführung einer einfachgesetzlichen Sperrklausel ohne hinreichende Notwendigkeit und verfassungsgerichtliche Überprüfung vermeiden wollten, sie aber nicht für alle Zeit absolut ausgeschlossen bleiben sollte[240].

Schließlich muss der Gesamtkontext der Wahlrechtsdebatten im Parlamentarischen Rat Berücksichtigung finden, in der die Frage der Zulässigkeit einer einfachgesetzlichen Sperrklausel eher ungewollt in den Fokus der Debatte geriet. Zum einen musste sich der Parlamentarische Rat schon deshalb mit ihr beschäftigen, weil die Ermächtigung im Herrenchiemsee-Entwurf enthalten war. Ohne diesen Umstand hätte er sich wahrscheinlich nicht derart ausführlich mit der Sperrklausel auseinandergesetzt und deren Beurteilung gänzlich den Verfassungsgerichten überlassen. Zum anderen wurde die Debatte um das Wahlrecht in der Entscheidung zwischen Verhältnis- und Mehrheitswahl zu einer grundlegenden Frage des Demokratieverständnisses erhoben, gegenüber der die Debatte um die Sperrklausel im Verhältniswahlrecht eine untergeordnete Bedeutung aufwies[241]. Da eine verfassungsrechtliche Festlegung des Wahlsystems nicht erfolgte, beschränkte sich die Entscheidung in dieser Frage formell auf das erste Wahlgesetz. Der Streit um die Sperrklausel-Ermächtigung wurde zur vordergründig einzig abschließenden Entscheidung hinsichtlich des Wahlsystems und erhielt damit besondere Prominenz. Hierbei ist zu berück-

---

239 In eine ähnliche Richtung gehen die Ausführungen bei *Michael*, Sperrklauseln, 2015, S. 25, der darauf hinweist, dass der Abgeordnete *Katz* „als einer der Befürworter einer solchen Klausel die Sinnhaftigkeit einer solchen Klarstellung nicht herunterspielen wollte“.

240 Siehe dazu die Aussage des Sperrklausel-Gegners *Seebohm*, Dreißigste Sitzung des Hauptausschusses, 6. Januar 1949, in: Deutscher Bundestag/Bundesarchiv (Hrsg.), Der Parlamentarische Rat 1948–1949, Bd. XIV, 2009, S. 917: „Wenn man glaubt, diese Einschränkung aus den augenblicklichen politischen Verhältnissen heraus in einem Wahlgesetz vorübergehend machen zu müssen, so mag das hingehen.“ Auf diese Aussage stützt sich auch die Argumentation bei *Michael*, Sperrklauseln, 2015, S. 23.

241 *Poscher*, Wahlrechtsgespenst, in: Gusy (Hrsg.), Weimars lange Schatten, 2003, S. 256 (271) bezeichnet diesen ausgiebigen Streit zwischen Mehrheits- und Verhältniswahl als eine „Überhöhung der Wahlrechtsfrage ins Grundsätzliche“. Insofern ist *Drossel*, Wahlsystem, 2021, S. 219 zuzugestehen, dass die praktische Bedeutung und Auswirkung des Streits um die Zulässigkeit der Sperrklausel vor dem Hintergrund der Wahlsystemdebatte tatsächlich nicht zureichend erfasst wurde und dies die Relevanz der historischen Auslegung schmälert. Nicht überzeugen kann allerdings die damit verbundene Aussage der unbedingten Zulässigkeit des Mehrheitswahlrechts, das im Gegensatz zu einer Sperrklausel nicht einmal einer strukturierten und tatsächlich auf verfassungsrechtliche Belange bezogenen Debatte zugeführt wurde, sondern lediglich Gegenstand der politischen Diskussion war.

sichtigen, dass besonders im Wahlrecht der provisorische Charakter des Grundgesetzes im Vordergrund stand und daher der Parlamentarische Rat die Entscheidungen nicht als endgültig betrachtete[242]. Speziell den vorläufigen Charakter der Entscheidung zur Sperrklausel-Ermächtigung verdeutlichen die Äußerungen der Befürworter wie auch der Gegner der Sperrklausel, wonach die erforderliche Mehrheit für eine Verfassungsänderung durch die großen Parteien leicht zu erreichen sei und damit in der Bundesrepublik keine große Hürde für die Einführung von Sperrklauseln bestünde[243]. Dies spricht dafür, die Auffassung des Parlamentarischen Rates und damit die historische Auslegung nicht zu verabsolutieren.

Vor diesem Hintergrund muss die Entstehungsgeschichte nicht zur Annahme einer generellen Unzulässigkeit von einfachgesetzlichen Sperrklauseln führen, die angesichts der weiteren Entwicklung mit der seit Jahrzehnten etablierten Fünf-Prozent-Hürde schwer zu vertreten wäre[244]. Die Annahme einer generellen Unzulässigkeit gesetzlicher Sperrklauseln widerspräche zugleich der Erkenntnis, dass auch die – als solche unvermeidlichen – faktischen Sperrklauseln durch die Festlegung der Sitzzahl einer *gesetzgeberischen* Entscheidung hinsichtlich der Höhe zugrunde liegen und daher kein *qualitativer*, sondern lediglich ein *quantitativer* Unterschied zwischen beiden Mechanismen besteht[245]. Umgekehrt greift es zu kurz lediglich zu konstatieren, der Parlamentarische Rat habe die Entscheidung über die Zulässigkeit einer solch gesonderten Prozenthürde im Einzelfall der Entscheidung der Verfassungsgerichtsbarkeit anheimgestellt[246]. Vielmehr hat er die Beschränkungen der Wahlfreiheit und Wahlgleichheit zumindest mehrheitlich für äußerst problematisch und grundsätzlich nicht rechtfertigungsfähig erachtet. Deshalb muss die historische Auslegung zumindest zu einer strengen Rechtfertigungsprüfung führen, wonach eine gesetzliche Sperrklausel allenfalls in engen Grenzen zulässig ist.

---

[242] In diesem Sinne *S. Lenz*, Kommunalverwaltung, 2020, S. 255 f.

[243] Dies betont auch *Michael*, Sperrklauseln, 2015, S. 26. Siehe die entsprechenden Äußerungen der Abgeordneten *Seebohm*, *Katz* und *Renner* in der Achtundvierzigsten Sitzung des Hauptausschusses, 9. Februar 1949, in: Deutscher Bundestag/Bundesarchiv (Hrsg.), Der Parlamentarische Rat 1948–1949, Bd. XIV, 2009, S. 1527 f.

[244] In diesem Sinne schreibt *Bryde*, Demokratie, in: Brink/Wolff (Hrsg.), FS Arnim, 2004, S. 679 (690): „Die Klausel ist trotz ihrer problematischen Entstehungsgeschichte so sehr zum akzeptierten Bestandteil des deutschen Wahlsystems geworden, dass man sie schon fast als gewohnheitsrechtlich legitimiert ansehen kann"; explizit gegen eine gewohnheitsrechtliche Legitimation *Wenner*, Sperrklauseln, 1986, S. 214 ff., der diese aufgrund der Entstehungsgeschichte ohne verfassungsrechtliche Ermächtigung für unzulässig hält, siehe a.a.O., S. 243.

[245] Siehe dazu bereits oben B. I. 1.

[246] In diesem Sinne aber die Schlussfolgerung bei *Michael*, Sperrklauseln, 2015, S. 26; *S. Lenz*, Kommunalverwaltung, 2020, S. 255.

c) Teleologische Auslegung als Berücksichtigung der tatsächlichen Wirkungsweise

In teleologischer Hinsicht lässt sich die mit einer Sperrklausel bezweckte Sicherung der Funktionsfähigkeit auf Art. 20 Abs. 2 S. 2 GG sowie die nachgeordneten Verfassungsnormen der Art. 38 ff. und 63 ff. GG stützen[247]. Indem das Grundgesetz das Parlament als den zentralen Ort der demokratischen Willensbildung konstruiert, weist es dessen Funktionsfähigkeit als unabdingbare Voraussetzung für die effektive Aufgabenwahrnehmung und damit der tatsächlichen Verwirklichung der Volkssouveränität ebenfalls verfassungsrechtlichen Rang zu[248]. Zugleich lässt sich speziell die Förderung der Mehrheitsbildung durch Eingrenzung der politischen Vielfalt – wie bereits zur Integrationsfunktion der Wahl ausgeführt – aus dem in Art. 20 Abs. 1 und Abs. 2 GG mittelbar und in Art. 42 Abs. 2 GG ausdrücklich verankerten Mehrheitsprinzip herleiten[249]. Hingegen widerspricht es dem vom Demokratieprinzip vorausgesetzten Pluralismus, einer allgemeinen Parteienzersplitterung durch wahlrechtliche Mechanismen vorzubeugen, sodass dies nicht als legitimer Zweck taugt[250]. Ebenso stellt der häufig verwendete, bloß formelhafte Verweis auf die Gefahr einer Zersplitterung im Parlament und eine dadurch eintretende Gefahr für dessen Funktionsfähigkeit noch keinen hinreichenden Rechtfertigungsgrund dar[251]. Es bedarf vielmehr einer eingehenden Auseinandersetzung mit der

---

[247] Zur normativen Fundierung in bestimmten Verfassungsnormen *Becht*, 5%-Klausel, 1990, S. 67 f., der dabei insbesondere auf die vierjährige Wahlperiode in Art. 39 Abs. 1 S. 1 GG verweist, woraus „das Bestreben des Verfassungsgebers [folgt], die Arbeitsfähigkeit des Parlaments durch eine (entsprechende) Dauer der Legislaturperiode zu sichern".

[248] In diese Richtung *Wild*, Gleichheit, 2003, S. 226; *Wolf*, Stimmgewicht, 2016, S. 186; explizit für die Einordnung als verfassungsrechtliches Rechtsgut *Morlok*, Chancengleichheit, in: JZ 2012, S. 76 (78); *Trute*, in: v. Münch/Kunig (Hrsg.), GG, Bd. I, 7. Aufl. 2021, Art. 38 Rn. 74.

[249] In diesem Sinne *Wolf*, Stimmgewicht, 2016, S. 382 ff.; dazu oben A. IV. 2.

[250] Zu Recht bemerkt daher *H. Meyer*, Wahlgrundsätze, in: Isensee/Kirchhof (Hrsg.), HStR III, 3. Aufl. 2005, § 46 Rn. 38, dass dieser Aspekt „korrekterweise nicht zum Aufgabenbereich des Wahlgesetzgebers gehört"; ebenso *Ehlers*, Sperrklauseln, in: Jura 1999, S. 660 (664). Richtigerweise heben *W. Roth*, Sperrklausel, 2015, S. 38; *Wolf*, Stimmgewicht, 2016, S. 180 daher hervor, dass eine Sperrklausel nicht mit der Vermeidung einer generellen Parteienzersplitterung, sondern lediglich mit der Verhinderung einer Zersplitterung im Parlament begründet werden darf. Unklar bleibt insofern bei den Ausführungen von *Wild*, Gleichheit, 2003, S. 224 f., inwiefern sie sich auf eine generelle Vorwirkung gegen Parteienzersplitterung oder speziell auf eine Reduktion der Kräfte im Parlament beziehen.

[251] Insoweit kritisiert *Lenski*, Fünfprozenthürde, in: MIP 20 (2014), S. 178 (180), dass „in der Wahlgesetzgebung – und leider zum Teil auch in der Rechtsprechung – oft mit, relativ platten, aus einer Mischung von historischen Erfahrungen und Bauchgefühl gebildeten Argumentationstopoi, wie demjenigen der ‚Parteienzersplitterung' gearbeitet wird"; ähnlich kritisch *Pauly*, Wahlrecht, in: AöR 123 (1998), S. 232 (255).

Funktionsfähigkeit der Volksvertretung und dessen Förderung durch eine Sperrklausel.

Bei genauerer Betrachtung lässt sich dieser Topos in zwei Unterpunkte differenzieren, einerseits die allgemeine *Arbeitsfähigkeit* und andererseits die Fähigkeit zur *Mehrheitsbildung*[252]. Unter den Aspekt der allgemeinen Arbeitsfähigkeit fällt das Erfordernis, die parlamentarischen Prozesse in einem zeitlich und inhaltlich angemessenen Rahmen abwickeln zu können. Je mehr Fraktionen im Parlament vertreten sind, umso mehr Redebeiträge und Anträge sind tendenziell zu erwarten, wodurch die Effizienz der parlamentarischen Arbeit abnimmt. Die Fähigkeit zur Mehrheits- und Regierungsbildung zielt auf die Möglichkeit, unter Aushandlung von Kompromissen auch auf langfristige Sicht zu parlamentarischen Mehrheitsbeschlüssen zusammenzufinden. Dieser Mehrheitsbildungsprozess ist grundsätzlich umso leichter, je weniger Fraktionen miteinander verhandeln und sich verständigen müssen, um eine Mehrheit im Parlament zu bilden. Dennoch erscheint es bei genauerer Betrachtung zweifelhaft, diese Aspekte ohne Weiteres zur Rechtfertigung derart intensiver wahlrechtlicher Beschränkungen in Stellung zu bringen.

Für die allgemeine Arbeitsfähigkeit gilt dies bereits deshalb, weil sie bereits durch Regelungen der Geschäftsordnung sichergestellt werden kann, die etwa Rede-, Frage- und Antragsrechte der Abgeordneten und Fraktionen beschränkt. Dass eine erhebliche politische Pluralität die allgemeine Arbeitsfähigkeit in der Praxis nicht nennenswert beeinträchtigt, zeigt sich etwa an der nicht unerheblichen Zahl fraktionsloser Bundestagsabgeordneter, die während der Wahlperiode infolge eines Fraktionsaustritts entstehen können[253]. Wenn dennoch die gegenwärtigen Geschäftsordnungsregeln zum Teil als nicht ausreichend angesehen werden oder es in der Praxis besonders im kommunalen Bereich nicht sind – der Verfasser könnte hier mit Blick auf die typische Dauer kommunaler Sitzungen aus leidvoller Erfahrung berichten[254] –, ist dies auf die anzutreffende Zurückhaltung gegenüber stärkeren Beschränkungen der parlamentarischen Rechte zurückzuführen. Es ist aber verfassungsrechtlich nicht begründbar und

---

[252] Zu dieser Differenzierung *Wild*, Gleichheit, 2003, S. 180, der zu Recht auf die trotz der einhelligen Verwendung dieses Topos bestehenden, deutlichen Unklarheiten hinsichtlich „Inhalt und Gewicht dieses Zieles“ hinweist. Lediglich andeutungsweise findet sich diese Differenzierung in BVerfGE 82, 322 (338); 95, 408 (419) in den Begriffen der „Handlungs- und Entscheidungsfähigkeit des Parlamentes“.

[253] Zur Auseinandersetzung um die Rechte der fraktionslosen Abgeordneten klassisch BVerfGE 80, 188 (217 ff.); ferner dazu *Morlok*, in: Dreier (Hrsg.), GG, Bd. II, 3. Aufl. 2015, Art. 38 Rn. 170; *Klein/Schwarz*, in: Dürig/Herzog/Scholz (Hrsg.), GG, Art. 38 (2021), Rn. 246; *Trute*, in: v. Münch/Kunig (Hrsg.), GG, Bd. I, 7. Aufl. 2021, Art. 38 Rn. 127.

[254] Siehe zur Überlänge von kommunalen Sitzungen etwa die Äußerung des damaligen Landrats des Rhein-Sieg-Kreises *Kühn*, nachgewiesen bei *Dietlein/Riedel*, Zugangshürden, 2012, S. 15; hierzu unter dem Aspekt der Funktionsfähigkeit *Dietlein/Riedel*, Zugangshürden, 2012, S. 52 ff.; *S. Lenz*, Kommunalverwaltung, 2020, S. 276.

wertungswidersprüchlich, es für unzulässig zu halten, das Rede- oder Antragsrecht generell von einem Fünf-Prozent-Quorum beziehungsweise einem entsprechenden Fraktionsstatus abhängig zu machen, jedoch das vorgängige und maßgebliche Recht, überhaupt einen Sitz zu erhalten und zumindest an Abstimmungen teilzunehmen, an ein solch erhebliches Quorum zu knüpfen. Entsprechende Beschränkungen der Mandatsträgerrechte zur Sicherung der Arbeitsfähigkeit stellen daher ein ebenso effektives wie „milderes Mittel"[255] zur Sperrklausel dar. Der Aspekt der Arbeitsfähigkeit einer Volksvertretung kann moderate faktische Sperrklauseln durch eine Begrenzung der Sitzzahl rechtfertigen, nicht aber eine deutlich darüber hinausreichende Fünf-Prozent-Hürde.

Auch die Sicherstellung der Mehrheitsbildung im Parlament erscheint durch eine solch erhebliche Hürde nicht ohne Weiteres sachgerecht gelöst, weil diese nicht unbedingt mit einer sehr niedrigen Zahl der im Parlament vertretenen Parteien korrelieren muss. So kann in einem Parlament mit einer Vielzahl an kleineren, dafür aber kompromissbereiten Parteien eine Mehrheitsbildung leicht gelingen, wie die Zusammensetzung des ersten Bundestages 1949 zeigt, während in einem Parlament, in dem vielleicht sogar nur drei Parteien vertreten sind, eine Mehrheitsbildung aufgrund unüberwindbarer Differenzen gänzlich unmöglich bleiben kann[256]. Insofern hätte eine Sperrklausel in der Weimarer Republik keine Abhilfe geleistet, weil nicht die Zahl an Splitterparteien, sondern die großen, demokratiefeindlichen Parteien am politischen Rand zur politischen Blockade im Reichstag führten[257]. Sperrklauseln in der Weimarer Re-

---

[255] So *Puhl*, Sperrklausel, in: Depenheuer u. a. (Hrsg.), FS Isensee, 2007, S. 441 (455); *Dietlein/Riedel*, Zugangshürden, 2012, S. 70; einschränkend *S. Lenz*, Kommunalverwaltung, 2020, S. 279 ff., der darauf hinweist, dass diese milderen Mittel nicht gleich wirksam wären. Hingegen hält es *W. Roth*, Sperrklausel, 2015, S. 72 für „wertungswidersprüchlich, zunächst Sperrklauseln mit dem Argument abzulehnen, wie wichtig es sei, dass auch Vertreter von kleinen und kleinsten Parteien und Wählergruppen in die Kommunalvertretung gelangen können, diesen Vertretern dann aber nach ihrem Einzug in die Kommunalvertretung die üblichen Mandatsrechte vorzuenthalten, indem beispielweise Initiativ- und Kontrollrechte an bestimmte Quoren gebunden werden."

[256] So treffend *Wenner*, Sperrklauseln, 1986, S. 272; ebenso ausführlich zu den ersten Bundestagswahlen als Gegenargument zur schwierigen Regierungsbildung bei einer Parteienvielfalt *Becht*, 5%-Klausel, 1990, S. 94 ff. Zu Recht argumentieren *Dietlein/Riedel*, Zugangshürden, 2012, S. 49 daher, dass eine solche Blockadesituation ebenso „bei Vertretungskörperschaften mit wenigen Fraktionen denkbar" ist; ähnlich *Pauly*, Wahlrecht, in: AöR 123 (1998), S. 232 (256).

[257] In diesem Sinne *Becht*, 5%-Klausel, 1990, S. 149; *Pauly*, Wahlrecht, in: AöR 123 (1998), S. 232 (255 f.). Entsprechend weist *Poscher*, Wahlrechtsgespenst, in: Gusy (Hrsg.), Weimars lange Schatten, 2003, S. 256 (276) darauf hin, dass die Regierungsbildung vor allem an der „Kompromissunfähigkeit der großen und mittleren Parteien" scheiterte; dazu aus der zeitgenössischen Literatur *Leibholz*, Wahlrechtsreform, in: VVDStRL 7 (1932), S. 159 (183 f.). Siehe etwa die von *Antoni*, Grundgesetz, in: ZParl 11 (1980), S. 93 (105 ff.) vorgenommenen – wie er selbst einräumt aufgrund der psychologischen Wirkung der Sperrklauseln hypothetischen – Berechnungen zu Koalitionsregierungen in Weimar unter Geltung ei-

publik hätten sogar negativ wirken können, weil sie „gerade auch die kleinen kompromissfähigen bürgerlichen Parteien der Mitte getroffen hätten“[258]. Die Fähigkeit zur Mehrheitsbildung hängt daher stark mit der Verteilung der Stimmen auf die unterschiedlichen Parteien sowie mit ihrer jeweiligen politischen Ausrichtung und ihrer praktischen Kompromissfähigkeit zusammen, die durch wahlrechtliche Regelungen weder unmittelbar beeinflusst werden kann noch darf, sondern vielmehr Folge der politischen Entwicklung ist. Anschaulich zeigt dies die nach der Landtagswahl 2019 eingetretene Situation im Thüringer Landtag, bei der trotz Sperrklausel keine realistische Möglichkeit für eine Mehrheitsregierung bestand, weil der linke und rechte Rand des politischen Spektrums zusammen über die absolute Mehrheit verfügte[259].

Allerdings haben bereits die Ausführungen zur Integrationsfunktion den Umstand angedeutet, dass größere Parteien in der Tendenz ein größeres politisches Spektrum abbilden und ihnen aufgrund dieses Umstandes eher eine Kompromissfähigkeit gegenüber anderen politischen Parteien und ihren Positionen innewohnen können. Ohne eine gesetzliche Sperrklausel bestünde jedenfalls die Möglichkeit, dass mehr Parteien ähnlicher politischer Zielrichtung im Parlament vertreten sind und deren Kompromissfähigkeit insoweit leidet, als sie geneigt sind, „sich von einander [sic] abzugrenzen, um ihre Existenzberechtigung und ihre Attraktivität gegenüber dem Wähler nachweisen zu können.“[260] Letztlich spielt der Aspekt der Effizienz der parlamentarischen Willensbildung vor allem insofern eine Rolle, als eine kleinere Zahl an nötigen Gesprächspartnern und folglich weniger divergierender, individueller Interessen eine höhere

---

ner Fünf-Prozent-Hürde; ferner die Berechnung bei *Becht*, 5%-Klausel, 1990, S. 148 f.; kritisch zu diesen hypothetischen Berechnungen *Wild*, Gleichheit, 2003, S. 228 Fn. 196. – Allgemein gegen das Weimarer Argument für die Sperrklausel *Wenner*, Sperrklauseln, 1986, S. 38 ff.; *Dreier*, Demokratieprinzip, in: Jura 1997, S. 249 (255); *Sacksofsky*, Wahlrecht, in: Morlok/Schliesky/Wiefelspütz (Hrsg.), Parlamentsrecht, 2016, § 6 Rn. 65; *Fremuth*, Verfassung, in: JZ 2018, S. 13 (17).

[258] *Poscher*, Wahlrechtsgespenst, in: Gusy (Hrsg.), Weimars lange Schatten, 2003, S. 256 (276); sinngemäß *Becht*, 5%-Klausel, 1990, S. 149; siehe aus der zeitgenössischen Literatur *Leibholz*, Wahlrechtsreform, in: VVDStRL 7 (1932), S. 159 (184). Ebenso merkt *Antoni*, Grundgesetz, in: ZParl 11 (1980), S. 93 (103) an, dass die Sperrklausel zu Beginn der Bundesrepublik vor allem koalitions- und regierungsfähige Parteien getroffen hat.

[259] Zu diesem Problem der „negativen Mehrheit“ oben Teil 2, A. II. 2. f).

[260] *H. Meyer*, Wahlsystem, 1973, S. 227; ähnlich *Wendt*, Sperrklauseln, in: Ruffert (Hrsg.), FS Schröder, 2012, S. 431 (452); *W. Roth*, Sperrklausel, 2015, S. 59, die aber vor allem entsprechend ihres Verständnisses der Integrationsfunktion die Vertretung von Einzelinteressen durch kleine Parteien betonen. – Tendenziell in die entgegengesetzte Richtung geht die Annahme bei *S. Lenz*, Kommunalverwaltung, 2020, S. 231 f., wonach ohne eine Sperrklausel mehr Parteien zur Mehrheitsbildung zusammenfinden müssen und sich die Parteien daher inhaltlich weniger verbindlich festlegen werden. Nach *Fremuth*, Verfassung, in: JZ 2018, S. 13 (18) können kleine Parteien besonders koalitionsfreudig sein, da sie nur mit Unterstützung größerer Parteien überhaupt eine Chance haben ihre partikularen Interessen durchzusetzen.

Erfolgschance auf einen langfristigen Kompromiss und damit eine beständige Mehrheitsbildung verspricht[261]. Wenngleich eine Sperrklausel eine dauerhafte Sicherung der Mehrheitsbildung nicht zu garantieren vermag, erhöht sie zumindest die Wahrscheinlichkeit dafür und kann mithin als geeignetes Mittel fungieren[262].

Jedoch darf der Aspekt der effizienten Willensbildung nicht zu einem Selbstzweck verkommen. Die unter dem Topos der Integrationsfunktion zum Teil für eine erhebliche, gesetzliche Sperrklausel in Stellung gebrachten Argumente, einer Förderung kompromissfähiger Parteien und eines sachgerechten Interessenausgleichs werden unter Berücksichtigung des zugleich für die Integrationsfunktion negativ wirkenden Ausschlusses kleiner Parteien, der erheblich die Mehrheitsverhältnisse beeinflussen kann, deutlich relativiert. Der demokratische Willensbildungsprozess zielt auf eine möglichst adäquate Repräsentation des Volkswillens durch eine Mehrheitsentscheidung anstatt auf eine möglichst einfache Ausübung der Staatsgewalt im vermeintlichen Interesse des Volkes unter Rückgriff auf künstlich geschaffene Mehrheiten. Verfassungsrechtlich unstatthaft ist folglich der noch in einer früheren Bundesverfassungsgerichtsentscheidung benannte Aspekte der „Bildung staatspolitisch erwünschter Mehrheits- und Regierungsverhältnisse“[263], den teilweise auch die Literatur unter dem Topos der Integrationsfunktion für eine Rechtfertigung der Sperrklausel fruchtbar macht[264]. Daher ist das Bundesverfassungsgericht in jüngerer Zeit berechtigterweise von einem solchen Verständnis der Integrationsfunktion abgerückt und hat – wenngleich dabei noch mehr Deutlichkeit wünschenswert gewesen wäre – hervorgehoben:

> „Beschlüsse können umso leichter gefasst werden, je weniger Fraktionen aufeinander treffen und je weniger Standpunkte verarbeitet werden müssen. Andererseits reicht die bloße ‚Erleichterung‘ oder ‚Vereinfachung‘ der Beschlussfassung nicht aus, um den mit der Fünf-Prozent-Sperrklausel verbundenen Eingriff in die Wahlgleichheit und die Chancengleichheit der politischen Parteien zu rechtfertigen. Denn Demokratie setzt das Aufeinandertreffen verschiedener Positionen und das Finden von Kompromissen voraus.“[265]

---

[261] In diesem Sinne *H. Meyer*, Wahlsystem, 1973, S. 227; *Wild*, Gleichheit, 2003, S. 223; *W. Roth*, Sperrklausel, 2015, S. 40; *Wolf*, Stimmgewicht, 2016, S. 185 f.; ausführlich zur Korrelation zwischen der Zahl der im Parlament vertretenen Parteien und der Regierungsstabilität *Merdian*, Mehrheitsprinzip, 2022, S. 76 ff.

[262] So explizit *Wild*, Gleichheit, 2003, S. 227 f.; *Wolf*, Stimmgewicht, 2016, S. 181 f.

[263] Ausdrücklich BVerfGE 3, 19 (27); nicht unproblematisch ist auch die in BVerfGE 1, 208 (256) enthaltene Rede von „staatspolitischen Gründen“ sowie der in BVerfGE 6, 84 (93) verwendete Ausdruck „mit der Parlamentswahl verfolgten staatspolitischen Ziele“.

[264] So etwa *W. Roth*, Sperrklausel, 2015, S. 51 f.

[265] Prägnant BVerfGE 120, 82 (114); in ähnlicher Weise *Puhl*, Sperrklausel, in: Depenheuer u. a. (Hrsg.), FS Isensee, 2007, S. 441 (451); *Dietlein/Riedel*, Zugangshürden, 2012, S. 51 f.; *Fremuth*, Verfassung, in: JZ 2018, S. 13 (18). – Deshalb ist die Aussage von *Wild*, Gleichheit, 2003, S. 228, dass die Sperrklausel „die praktische Arbeit im Plenum und Aus-

Aus letzterem Grund lässt sich die häufig anzutreffende, negative Konnotation gegenüber „wechselnden Mehrheiten“ in der Vertretungskörperschaft, die für eine Sperrklausel spreche[266] nicht allein mit dem wahlrechtlichen Topos der Integrationsfunktion und der Funktionsfähigkeit der zu wählenden Volksvertretung begründen. Vielmehr kann man es im Sinne des Demokratieprinzips sogar als positiv bewerten, wenn – entgegen dem heute verbreiteten Abwickeln des Koalitionsvertrages durch eine beständige Mehrheit – „das Ergebnis von Entscheidungen nicht von vorneherein feststeht, sondern sich erst im Verlauf eines kritischen Diskurses ergibt.“[267] Demnach bietet der aus den Art. 38 ff. GG abgeleitete Aspekt der Funktionsfähigkeit der Volksvertretung bei genauerer Betrachtung nur eine wenig standfeste verfassungsrechtliche Grundlage für die Erforderlichkeit einer gesetzlichen Sperrklauseln in beachtlicher Höhe.

d) Systematische Auslegung als Anerkennung prinzipieller Erforderlichkeit

Ein zusätzlicher Anknüpfungspunkt könnte sich in systematischer Hinsicht aus der besonderen Funktion des Bundestages in Form der Wahl und Abwahl des Kanzlers und damit der „Kreationsfunktion“[268] des Parlaments ergeben. Bereits der Reichsstaatsgerichtshof hob in seiner Entscheidung zum preußischen Wahlrecht die Relevanz der *Regierungsbildung* als Rechtfertigungsaspekt für Beschränkungen der Erfolgswertgleichheit hervor[269]. Unter Geltung des Grundgesetzes wird dem aus den abstrakten Normen der parlamentarischen Willensbildung abgeleiteten Aspekt der Mehrheitsbildung in systematischer Hinsicht durch die Art. 63 GG, Art. 67 GG und Art. 68 GG ein besonderes verfassungsrechtliches Gewicht verliehen. Gegen einen solchen Rechtfertigungsansatz bringen Stimmen in der Literatur allerdings vor, dass die Bildung einer regierungsfähigen Parlamentsmehrheit keine Aufgabe der Wähler sei, sondern

schüssen vereinfacht“, kein tauglicher Rechtfertigungsgrund; so auch *Pauly*, Wahlrecht, in: AöR 123 (1998), S. 232 (254 f.), nach dessen Ansicht es als Begründung nicht ausreicht einer Situation vorbeugen zu wollen, in der „die parlamentarische Mehrheitsbildung schwerfälliger und mühsamer wird“.

[266] Siehe *H. Meyer*, Wahlsystem, 1973, S. 227; *W. Roth*, Sperrklausel, 2015, S. 40; dagegen *Hamann*, Anmerkung, in: NJW 1957, S. 381 (379); *Becht*, 5%-Klausel, 1990, S. 118; *Fremuth*, Verfassung, in: JZ 2018, S. 13 (18).

[267] So *Dietlein/Riedel*, Zugangshürden, 2012, S. 52; ähnlich *Fremuth*, Verfassung, in: JZ 2018, S. 13 (18), der betont, dass „die Kompromisssuche selbst als Integrationsakt zu begreifen [ist]“.

[268] Darin sehen *Lembcke/Peuker/Seifarth*, Wandel, in: DVBl. 2012, S. 401 (405) einen „der im deutschen Wahlrecht maßgeblichen Rechtfertigungsgründe der Sperrklausel, die ganz wesentlich auf die Stabilität der Mehrheitsverhältnisse zielt“. Bereits die erste Entscheidung zur Sperrklausel in BVerfGE 1, 208 (247 f.) sah die Regierungsbildungsfunktion als maßgeblichen Rechtfertigungsgrund an. Entsprechend verweist BVerfGE 120, 82 (112) darauf, dass die kommunalen Vertretungen „keine Kreationsfunktion für ein der Regierung vergleichbares Gremium“ besitzen.

[269] StGH, RGZ 128, Anhang, S. 1 (12); Hinweis bei *Michael*, Sperrklauseln, 2015, S. 36.

ein Auftrag an die Gewählten darstelle, bei dessen Scheitern entsprechende verfassungsrechtliche Mechanismen eingreifen[270]. Namentlich die Regelungen des Art. 63 Abs. 4 S. 2 GG, Art. 67 GG, Art. 68 GG und Art. 81 GG beinhalten Vorkehrungen für den Fall einer fehlenden Regierungsstabilität, sodass Minderheitsregierungen und wechselnde Mehrheiten verfassungsrechtlich einkalkuliert würden und deren Vermeidung keinen Vorrang vor anderen Verfassungsgrundsätzen wie den Wahlrechtsprinzipien genießen könne[271]. Der Wähler solle die Möglichkeit haben, frei nach seiner jeweiligen Präferenz entscheiden zu können, ohne dem Druck einer bestimmten Erwartung, etwa der Erreichung einer regierungsfähigen Parlamentsmehrheit, zu unterliegen[272]. Soweit diese Einwände auf die problematischen, psychologischen Wirkungen der Sperrklausel und der damit verbundenen Eingriffe in zentrale, demokratische Wahlrechtsgrundsätze abzielen, heben sie zu Recht die erheblichen Rechtfertigungsanforderungen gegenüber gesetzlichen Sperrklauseln hervor. Dennoch dürfen mit dem Verweis auf die im Parlament stattfindende Mehrheits- und Regierungsbildung nicht jegliche Maßnahmen zu deren Förderung im Wahlrecht *per se* für ausgeschlossen erachtet werden, weil dies die verfassungsrechtliche Bedeutung der effektiven Mehrheits- und Regierungsbildung vernachlässigt. Den genannten Normen ist in historischer und teleologischer Hinsicht der Charakter als Notfallprogramm und die damit verbundene Wertung des Grundgesetzes zu entnehmen, Minderheitsregierungen und damit wechselnde Mehrheiten möglichst zu vermeiden und im Sinne der Regierungsstabilität eine langfristige Koalitionsregierung auf Basis einer gefestigten Parlamentsmehrheit zu bilden[273]. Das verfassungsrechtliche Ziel der Parlamentswahl unter Geltung des Grundgesetzes ist somit die bestmögliche „Umsetzung

---

[270] In diesem Sinne *Lenski*, Fünfprozenthürde, in: MIP 20 (2014), S. 178 (180). Bereits im Parlamentarischen Rat äußerte der Abgeordnete *Diederichs*, Siebente Sitzung des Plenums, 21. Oktober 1948, in: Deutscher Bundestag/Bundesarchiv (Hrsg.), Der Parlamentarische Rat 1948–1949, Bd. IX, 1996, S. 282 in einem ähnlichen Sinne, dass die Sicherstellung der Funktionsfähigkeit der gewählten Organe durch entsprechende rechtliche Vorkehrungen erfolgen müsse, nicht aber an die Wähler delegiert werden dürfe. Bemerkenswerterweise begründet er damit zugleich die Ablehnung einer Stichwahl im Rahmen der Mehrheitswahl, weil die Kompromissbildung nicht vom Wähler verlangt werden könne. – Den Verweis auf solche verfassungsrechtlichen Mechanismen halten hingegen BVerfGE 6, 84 (93 f.); *Wendt*, Sperrklauseln, in: Ruffert (Hrsg.), FS Schröder, 2012, S. 431 (442) zu Recht für nicht ausreichend.

[271] So die Kritik an der Rechtfertigung der Sperrklausel mit dem Verweis auf die Regierungsstabilität bei *Antoni*, Grundgesetz, in: ZParl 11 (1980), S. 93 (102 f.); *Becht*, 5%-Klausel, 1990, S. 117 f.; ähnlich auch *Hamann*, Anmerkung, in: NJW 1957, S. 381 (379); *Fremuth*, Verfassung, in: JZ 2018, S. 13 (18).

[272] In diesem Sinne kritisch zur Sperrklausel *Wenner*, Sperrklauseln, 1986, S. 181 ff.; *Lenski*, Fünfprozenthürde, in: MIP 20 (2014), S. 178 (180).

[273] Zu diesem funktionalen Zweck der Kanzlerwahl bereits oben Teil 2, A. II. 2. c).

des Wählerwillens in eine beständige (Regierungs-) Arbeit"[274]. Dabei darf die funktionelle Komponente keinesfalls einseitigen Vorrang gegenüber dem Wählerwillen und damit den diesen sichernden Wahlrechtsprinzipien beanspruchen, sondern beide Aspekte sind in einen an der politischen Realität orientierten Ausgleich im Sinne der praktischen Konkordanz zu bringen. Insoweit stellt die Effizienz und Beständigkeit der Mehrheitsbildung im parlamentarischen System des Grundgesetzes aber keinen bedenklichen Selbstzweck mehr dar, sondern dient zumindest als verfassungsrechtlich legitimer Anknüpfungspunkt für entsprechende wahlrechtliche Maßnahmen wie eine Sperrklausel[275]. Soweit derzeit in den Ländern ein vergleichbares parlamentarisches Regierungssystem gilt, darf dieser Grundsatz auch für die Landtagswahlen in Anspruch genommen werden und findet mit den Regelungen zum Bundesrat in den Art. 51 ff. GG eine unmittelbare normative Anknüpfung, da diese zumindest mittelbar eine gewisse Regierungsstabilität in den Ländern voraussetzen.

Wenn daher hinsichtlich der Europa- oder Kommunalwahlen der Aspekt der Kreationsfunktion im Mittelpunkt steht, geht dies an der verfassungsrechtlichen Grundlage vorbei und zeigt anschaulich, wie oberflächlich die Debatte um Sperrklauseln mit dem Verweis auf Schlagwörter wie „Funktionsfähigkeit" und „Kreationsfunktion" häufig geführt wird. Die Auffassung des Bundesverfassungsgerichts, welche die Rechtfertigung der kommunalen Sperrklausel in erster Linie von der Art der Wahl des kommunalen Hauptverwaltungsbeamten abhängig macht, überzeugt demnach nicht[276]. Auch im Falle der mittelbaren Wahl ist kein hinreichender Grund ersichtlich, warum auf kommunaler Ebene ein besonderes Bedürfnis nach einer langfristigen und stabilen Regierungsmehrheit erforderlich wäre, da beide Organe nach dem Wahlakt letztlich getrennt voneinander agieren können[277]. Außerdem würde die Auffassung des

---

[274] Prägnant *Wolf*, Stimmgewicht, 2016, S. 186; ähnlich *B. Vogel*, Wahlrechtsreform, in: ZfP 14 (1967), S. 246 (250 f.), der damit aber zugleich eine Präferenz für ein Mehrheitswahlrecht zu begründen versucht; zum Aspekt der Regierungsstabilität, allerdings kritisch mit Blick auf die Rechtfertigung eines Mehrheitswahlrechts *H. Meyer*, Wahlsystem, 1973, S. 206 f.

[275] In diesem Sinne *Wolf*, Stimmgewicht, 2016, S. 383 f.; ähnlich *H. Meyer*, Wahlsystem, 1973, S. 230, der zu kritischen Äußerungen gegenüber der Sperrklausel bemerkt, dass diese „vielleicht zu einem präsidentiellen nicht aber zu einem parlamentarischen Regierungssystem passen".

[276] Ebenso – allerdings mit der Zielrichtung Sperrklauseln generell als zulässig einzustufen – *Theis*, Sperrklausel, in: KommJur, S. 168 (170 f.); *Michael*, Sperrklauseln, 2015, S. 138 ff. – BVerfGE 120, 82 (116) argumentiert hingegen: „Mit der Einführung der Direktwahl der Bürgermeister in hauptamtlich verwalteten Gemeinden sowie der Landräte ist das zentrale Element weggefallen, das bislang die Rechtfertigung der Fünf-Prozent-Sperrklausel im schleswig-holsteinischen Kommunalwahlrecht gestützt hat".

[277] Insofern ist hinsichtlich der Aufgabenwahrnehmung kein Unterschied zwischen direkter und indirekter Wahl feststellbar, dazu *Theis*, Sperrklausel, in: KommJur, S. 168 (170 f.); *Michael*, Sperrklauseln, 2015, S. 140; *W. Roth*, Sperrklausel, 2015, S. 67 f.

Bundesverfassungsgerichts dazu führen, dass die einfachgesetzliche Gestaltung der Wahl des kommunalen Hauptverwaltungsbeamten, die das Grundgesetz nicht einmal explizit erwähnt, die verfassungsrechtliche Zulässigkeit einer gesetzlichen Sperrklausel bei der Wahl der kommunalen Vertretung, bei der durch Art. 28 Abs. 1 S. 2 GG die Wahlgleichheit explizit verfassungsrechtlich gesichert ist, beeinflussen würde. Konsequenterweise müsste diese Auffassung also eine verfassungsrechtliche Verpflichtung zur Direktwahl des kommunalen Hauptverwaltungsbeamten statuieren, weil dies das *mildere* Mittel gegenüber einer Sperrklausel und dem damit verbundenen Eingriff in die Wahlgleichheit darstellen würde[278]. Die bloße Kreationsfunktion einer Volksvertretung als solche ist daher für die Beurteilung der Sperrklausel nicht entscheidend.

Maßgeblich ist folglich nicht der Umstand, dass das Parlament eine Kreationsfunktion ausübt und weitere Ämter direkt wählt, sondern die Verfassung diesem Aspekt durch die entsprechenden Normen zum parlamentarischen Regierungssystem ein besonderes Gewicht mit Blick auf eine langfristige und damit stabile Mehrheitsbildung verleiht. Dies führt keinesfalls zu einer generellen Zulässigkeit erheblicher gesetzlicher Sperrklauseln im Parlamentswahlrecht ohne Berücksichtigung der tatsächlichen Begebenheiten. Unter Berücksichtigung der historischen und systematischen Auslegung des Grundgesetzes sind entsprechende Sperrklauseln hier aber eher erforderlich, sodass die jüngere Rechtsprechung des Bundesverfassungsgerichts mit der Unterscheidung zwischen Parlamentswahlen und anderen Wahlen von Vertretungskörperschaften jedenfalls einen Anhaltspunkt in der Verfassung findet[279].

e) Berücksichtigung der politischen Realität in der Angemessenheitsprüfung

Die verfassungsrechtliche Angemessenheit einer Sperrklausel muss sich auch bei der Bundestagswahl aus einer Abwägung zwischen dem Ausmaß erfolgloser Stimmen und der damit verbundenen Verzerrung der Mehrheitsverhältnisse im Parlament einerseits und dem Umfang der Förderung einer beständigen Mehrheits- und Regierungsbildung andererseits ergeben. Das Bundesverfassungsgericht hat in jüngerer Zeit zu Recht mehrfach darauf hingewiesen, dass „die bloße ‚Erleichterung‘ oder ‚Vereinfachung‘ der Beschlussfassung“[280] kein ausreichender Rechtfertigungsgrund für eine gesetzliche Sperrklausel darstellt. Es reicht daher nicht die bloße, abstrakte Möglichkeit einer Funktionsbeein-

[278] So zu Recht die Argumentation bei *Mehde*, in: Dürig/Herzog/Scholz (Hrsg.), GG, Art. 28 Abs. 1 (2023), Rn. 117.

[279] Diesen Aspekt verkennt *Michael*, Sperrklauseln, 2015, S. 71, wenn er den Aspekt der Funktionsfähigkeit auf alle Wahlen zu Vertretungskörperschaften „unabhängig von deren Kreationsfunktion“ übertragen will und dafür anführt, dass sich „Das Demokratieprinzip […] nicht in der parlamentarischen Demokratie [erschöpft]“.

[280] BVerfGE 120, 82 (114); 129, 300 (323); 135, 259 (289 f. Rn. 59); zustimmend *Ehlers*, Sperrklauseln, in: Jura 1999, S. 660 (665); *Fremuth*, Verfassung, in: JZ 2018, S. 13 (18).

trächtigung aus, sondern diese muss vielmehr hinreichend wahrscheinlich sein[281]. Andererseits darf der Maßstab nicht derart eng liegen, dass eine solche unmittelbar bevorstehen muss, weil so möglicherweise nicht mehr rechtzeitig mit einer Wahlreform reagiert werden könnte und die Funktionsfähigkeit in der Wahlperiode unwiederbringlich eintritt[282]. Folglich muss zumindest eine hinreichende Gefahr bestehen, dass infolge einer Vielzahl an kleinen Splitterparteien eine beständige Mehrheits- und Regierungsbildung nicht bloß „erschwert" wird[283], sondern eine dauerhafte politische „Blockade" im Parlament droht[284], die durch eine Sperrklausel wirksam vermieden würde. Demnach hat das Bundesverfassungsgericht zurecht festgehalten, dass entsprechend den allgemeinen Regeln für das Wahlrecht „die Vereinbarkeit einer Sperrklausel mit dem Grundsatz der Gleichheit der Wahl nicht ein für allemal abstrakt beurteilt werden kann"[285].

Mit Blick auf den Anteil insgesamt infolge der Fünf-Prozent-Hürde erfolglosen Wählerstimmen vertreten einige Stimmen, dass ein dauerhafter Anteil jenseits von 10 % der Stimmen eine Verpflichtung des Wahlgesetzgebers zum Einschreiten begründen kann[286]. Ein solches Ausmaß lässt sich bei den Bundestagswahlen mit Ausnahme des Jahres 2013 noch nicht dauerhaft ausmachen. Dennoch müssen die Ergebnisse der Bundestagswahl 2013, bei der die FDP mit 4,8 % und die AfD mit 4,7 % scheiterten, und der Bundestagswahl 2021, bei der nur die fragwürdige Grundmandatsklausel den Einzug der Linkspartei mit 4,9 % sicherte, zumindest Zweifel hervorbringen, ob ein oder zwei zusätzliche Parteien mit diesem Stimmanteil wirklich zu einer erheblichen Beeinträchtigung der Mehrheits- und Regierungsbildung führen oder nicht vielleicht sogar eine Regierungsbildung erleichtern können. Mit Blick auf die politische Realität ist festzustellen, dass sich die Regierungsbildung auch unter Geltung der Sperrklausel zunehmend schwieriger gestaltet. Sowohl nach der

---

[281] In diesem Sinne BVerfGE 120, 82 (114); 129, 300 (323); 135, 259 (289 f. Rn. 59); *Ehlers*, Sperrklauseln, in: Jura 1999, S. 660 (665); *Puhl*, Sperrklausel, in: Depenheuer u. a. (Hrsg.), FS Isensee, 2007, S. 441 (451).

[282] Aus diesem Grund kritisieren *Haug*, Parlament, in: ZParl 45 (2014), S. 467 (481); *Wernsmann*, Verfassungsfragen, in: JZ 2014, S. 23 (26) den strengen Maßstab des Bundesverfassungsgerichts hinsichtlich einer Sperrklausel im Europawahlrecht.

[283] So noch als ausreichende Rechtfertigung in BVerfGE 51, 222 (236) befunden; dagegen zu Recht *Puhl*, Sperrklausel, in: Depenheuer u. a. (Hrsg.), FS Isensee, 2007, S. 441 (451); *Dietlein/Riedel*, Zugangshürden, 2012, S. 46.

[284] So nunmehr BVerfGE 129, 300 (332 f.); diese Verschärfung des Prüfungsmaßstabs durch das Bundesverfassungsgericht betont *Wernsmann*, Verfassungsfragen, in: JZ 2014, S. 23 (25).

[285] BVerfGE 82, 322 (338); ebenso BVerfGE 120, 82 (108); BVerfGE 129, 300 (322); SaarlVerfGH, NVwZ-RR 2012, S. 169 (182).

[286] In diesem Sinne *Wild*, Gleichheit, 2003, S. 231; das Überschreiten der Marke von 10 % thematisiert ohne konkrete Konsequenz auch *Becht*, 5%-Klausel, 1990, S. 80; gegen eine solche Grenze explizit *Wolf*, Stimmgewicht, 2016, S. 233 f.

Bundestagswahl 2021 auf Bundesebene als auch bereits häufiger auf Landesebene sind Dreierkoalitionen und Tolerierungsmodelle nötig geworden, die teilweise sehr herausfordernde politische Drahtseilakte darstellen. Vor diesem Hintergrund bedarf das Argument, ohne eine gesetzliche Sperrklausel werde im Verhältniswahlsystem „zur Bildung von Mehrheiten ein größerer Konsens erzwungen, der es den Bürgern erschwer[]e, Entscheidungen sinnvoll einzelnen Parteien zuzurechnen"[287] keiner näheren Prüfung auf seine verfassungsrechtliche Relevanz, da es ohnehin nicht mehr der politischen Realität entspricht.

Unter Berücksichtigung der politischen Realität ist daher zu konstatieren, dass das Ausmaß der an der Sperrklausel gescheiterten Wählerstimmen tendenziell zugenommen und zugleich deren Relevanz für eine stabile Mehrheitsbildung im Parlament abgenommen hat, weshalb sie kaum noch angemessen erscheint. Ohne an dieser Stelle eine abschließende Beurteilung über die Verfassungsmäßigkeit der Fünf-Prozent-Hürde vornehmen zu können, wäre es demnach konsequent und geboten, wenn das Bundesverfassungsgericht seine strenge Rechtsprechung zu den Sperrklauseln bei Europa- und Kommunalwahlen auf die Bundestags- und Landtagswahl übertragen würde. Mag dabei der strukturelle Unterschied mit Blick auf die durch das Grundgesetz in den Artikeln 63 und 67 GG besonders betonte Regierungsstabilität eine gesetzliche Sperrklausel in gewissem Maße rechtfertigen, so ist nach der politischen Entwicklung des letzten Jahrzehnts zumindest eine deutliche Absenkung des Quorums geboten[288].

f) Zwischenergebnis: Absenkung der Sperrklausel als Konsequenz der politischen Realität

Entgegen der weitverbreiteten Auffassung kann eine beachtliche gesetzliche Sperrklausel unter Auslegung des Grundgesetzes in historischer, teleologischer und systematischer Hinsicht allenfalls in engen Grenzen und im Hinblick auf den rechtlichen wie tatsächlichen Wahlkontext gerechtfertigt werden. Dabei findet die Rechtfertigung von Sperrklauseln im Parlamentswahlrecht einen zusätzlichen Anknüpfungspunkt in den besonderen Vorschriften über das parlamentarische Regierungssystem und dem darin zum Ausdruck kommenden

---

[287] So das Sondervotum zu BVerfGE 129, 300 (349), ähnlich *Geerlings/Hamacher*, Wegfall, in: DÖV 2012, S. 671 (672); *W. Roth*, Sperrklausel, 2015, S. 63 f.; zur Zurechenbarkeit von Entscheidungen aus politikwissenschaftlicher Sicht näher *Dehmel*, Wahlrechtsdilemma, 2020, S. 168 f.; *Matauschek*, Wahlsystemreform, 2020, S. 84 f.

[288] Hierfür bereits *Wenner*, Sperrklauseln, 1986, S. 383; *Brenner*, Entwicklung, in: AöR 116 (1991), S. 537 (585); *H. Meyer*, Wahlgrundsätze, in: Isensee/Kirchhof (Hrsg.), HStR III, 3. Aufl. 2005, § 46 Rn. 40; *Sacksofsky*, Wahlrecht, in: Morlok/Schliesky/Wiefelspütz (Hrsg.), Parlamentsrecht, 2016, § 6 Rn. 66; die vollständige Abschaffung für verfassungsrechtlich geboten hält *Fremuth*, Verfassung, in: JZ 2018, S. 13 (21).

Streben des Grundgesetzes nach langfristigen, stabilen Regierungsmehrheiten, ohne sie dem Gebot einer wirklichkeitsorientierten Abwägungsentscheidung zu entziehen. Da bei Berücksichtigung der politischen Realität eine positive Wirkung auf die parlamentarische Mehrheits- und Regierungsbildung kaum noch erkennbar ist und infolge einer zunehmenden Anzahl an erfolglosen Stimmen eine zunehmende Verzerrung der tatsächlichen Mehrheitsverhältnisse droht, lässt sich die Fünfprozenthürde bei der Bundestagswahl in dieser Höhe nicht mehr rechtfertigen.

2. Unzulässige Rückausnahmen als eigenständiger Gleichheitsverstoß

In einem weiteren Schritt sind mögliche Ausnahmen zur Sperrklausel in den Blick zu nehmen, die nach längerer Zeit bei der Bundestagswahl 2021 wieder praktische Relevanz gewannen und daher neue Aufmerksamkeit erhielten. Die bekannteste Ausnahmeregelung stellt die mit der Wahlrechtsreform 2023 eigentlich gestrichene, nach der Entscheidung des Bundesverfassungsgerichts vom 30. Juli 2024 aber zunächst weiter fortgeltende[289] Grundmandatsklausel gemäß § 6 Abs. 3 S. 1 Alt. 2 BWahlG 2020 dar, durch welche die Parteien trotz Verfehlung der Fünf-Prozent-Hürde entsprechend ihrer Zweitstimmen ins Parlament einziehen, wenn sie mindestens drei Direktmandate gewonnen haben. Hiervon profitierte 2021 die Linkspartei, die nur 4,9 % der Zweitstimmen erreicht hatte[290]. Die andere, sehr unbekannte Ausnahme betrifft die Ausnahmeregelung für nationale Minderheiten gemäß § 6 Abs. 3 S. 2 BWahlG 2020 beziehungsweise § 4 Abs. 2 S. 3 BWahlG 2023, von der 2021 der SSW profitierte und dadurch mit einem Abgeordneten in den Bundestag einzog[291]. Die Ausnahme für nationale Minderheiten geht auf besondere Regelungen des Minderheitenrechts und entsprechende völkerrechtliche Zusammenhänge zurück, weshalb eine genauere Betrachtung an dieser Stelle unterbleibt[292]. Dafür erfolgt im Folgenden eine genauere Prüfung der Grundmandatsklausel, weil die Zulässigkeit ihrer Abschaffung sehr umstritten ist. Zudem lassen sich da-

---

[289] Siehe BVerfG, Urteil vom 30.7.2024, 2 BvF 1/23 u. a., Rn. 288, abrufbar unter https://www.bundesverfassungsgericht.de/SharedDocs/Entscheidungen/DE/2024/07/fs20240730_2bvf000123.html (letzter Abruf: 31.7.2024).

[290] Siehe www.bundeswahlleiter.de/info/presse/mitteilungen/bundestagswahl-2021/52_21_endgueltiges-ergebnis.html (letzter Abruf: 31.7.2024).

[291] Siehe www.bundeswahlleiter.de/info/presse/mitteilungen/bundestagswahl-2021/52_21_endgueltiges-ergebnis.html (letzter Abruf: 31.7.2024).

[292] Für die Zulässigkeit BVerfGE 5, 77 (83); 6, 84 (98); *Frowein*, Wahlrecht, in: AöR 99 (1974), S. 72 (92); *Boehl*, in: Schreiber (Hrsg.), BWahlG, 11. Aufl. 2021, § 6 Rn. 11; dagegen *Becht*, 5%-Klausel, 1990, S. 166 ff.; *Jesse*, Wahlsystem, in: v. Arnim (Hrsg.), Volkssouveränität, Wahlrecht und direkte Demokratie, 2014, S. 43 (51); *Morlok*, in: Dreier (Hrsg.), GG, Bd. II, 3. Aufl. 2015, Art. 38 Rn. 113; *Sacksofsky*, Wahlrecht, in: Morlok/Schliesky/Wiefelspütz (Hrsg.), Parlamentsrecht, 2016, § 6 Rn. 68; *Austermann*, Bundestagswahlrecht, in: ZRP 2021, S. 226 (227).

raus womöglich allgemeine Rückschlüsse für das Verständnis der Erfolgswertgleichheit und die Konsistenz der Wahlsystemgestaltung ziehen.

a) Eingriffsqualität der Grundmandatsklausel

An der Eingriffsqualität der Grundmandatsklausel bestehen auf den ersten Blick Zweifel, weil sie als Ausnahme zur Sperrklausel den tatsächlichen Umfang erfolgloser Stimmen reduziert und damit die Erfolgswertgleichheit der Stimmen in absoluter Hinsicht verbessert[293]. Deshalb scheint sie aus der im Wahlrecht grundsätzlich gebotenen quantitativen Betrachtungsweise nicht zu beanstanden zu sein, weil sie scheinbar in positiver Hinsicht die Beeinträchtigung der Wahlfreiheit- und -gleichheit sowie des Mehrheitsprinzips abmildert. Jedoch ist zu berücksichtigen, dass sich dieser Aspekt lediglich auf den Maßstab der Rechtfertigung bezieht, wonach im Falle eines legitimen Differenzierungsziels die Anforderungen an die Rechtfertigung insbesondere von dem quantitativen Ausmaß abhängen[294]. Hingegen darf daraus nicht der irrtümliche Schluss gezogen werden, *relative* Differenzierungen der Wählerstimmen seien *per se* unbeachtlich, wenn sie nur *absolut* gesehen die Erfolgswertgleichheit steigern[295]. Die absolute Betrachtungsweise gilt nicht schon für die Feststellung des Eingriffs, sondern erst für die Beurteilung des Ausmaßes des Eingriffs im Rahmen der Abwägung. Auch geringe, quantitative Beeinträchtigungen sind rechtfertigungsbedürftig. Daher beeinträchtigt die infolge der Grundmandatsklausel hinzutretende Differenzierung zwischen Zweitstimmen für eine solche „Grundmandatspartei“ und für eine sonstige kleine Partei die Wahlgleichheit und erfordert folglich eine verfassungsrechtliche Rechtfertigung[296].

Darüber hinaus könnte eine Eingriffsqualität der Grundmandatsklausel aus der Ungleichbehandlung der Zweitstimmen im Zusammenhang mit der Abgabe der Erststimme folgen. Im Falle der Abgabe der Erststimme an einen erfolgrei-

---

[293] So die Argumentation gegen die Eingriffsqualität der Grundmandatsklausel bei *Wolf*, Stimmgewicht, 2016, S. 243 ff.

[294] Zu Recht formuliert BVerfGE 95, 408 (420) zur Grundmandatsklausel daher: „Insoweit bedarf die weitere Differenzierung rechtfertigender Gründe in dem oben dargestellten Sinn. Bei deren Bewertung kann allerdings die zugleich bewirkte Abmilderung der Intensität einer anderen wahlrechtlichen Differenzierung mit in Rechnung gestellt werden.“

[295] Das Bundesverfassungsgericht fordert folglich zu Recht, dass eine entsprechende Regelung „nur Bestand haben kann, wenn sie sich gegenüber dem Wahlwettbewerb der Parteien neutral verhält.“, siehe BVerfGE 82, 322 (339); hierauf hinsichtlich der Grundmandatsklausel Bezug nehmend BVerfGE 95, 408 (419); *G. Roth*, Grundmandatsklausel, in: NJW 1994, S. 3269 (3271).

[296] So auch BVerfGE 95, 408 (419 f.); BVerfG, Urteil vom 30.7.2024, 2 BvF 1/23 u. a., Rn. 276; *Frowein*, Wahlrecht, in: AöR 99 (1974), S. 72 (93); *G. Roth*, Grundmandatsklausel, in: NJW 1994, S. 3269 (3271); *Austermann*, Bundestagswahlrecht, in: ZRP 2021, S. 226 (226); *Trute*, in: v. Münch/Kunig (Hrsg.), GG, Bd. I, 7. Aufl. 2021, Art. 38 Rn. 76; a.A. *Wolf*, Stimmgewicht, 2016, S. 243 ff.

chen, unabhängigen Wahlkreiskandidaten werden die abgegebenen Zweitstimmen seiner Wähler gemäß § 6 Abs. 1 S. 2 BWahlG 2020 nicht gewertet. Im Falle der Erststimme für ein erfolgreiches Direktmandat, das die Grundmandatsklausel mit auslöst, würden hingegen die Erststimmen wie auch die Zweitstimmen gewertet, sodass die Wähler einer Grundmandatspartei, die die Zweitstimmen einer anderen im Parlament vertretenen Partei gegeben haben, ein erhöhtes Stimmgewicht gegenüber Wählern einer Partei besitzen, die dieser sowohl die Erst- als auch Zweitstimme gegeben haben[297]. Allerdings orientiert sich der Stimmanteil der Partei, die aufgrund der Grundmandatsklausel ins Parlament einzieht, allein an den Zweitstimmen und die erfolgreichen Direktmandate werden im Rahmen des Verhältnisausgleiches hierauf angerechnet, sodass es insoweit weder hinsichtlich der Erst- noch der Zweitstimme zu einem erhöhten Stimmgewicht kommt[298]. Folglich lässt sich insoweit keine zusätzliche, rechtfertigungsbedürftige Differenzierung bei den Zweitstimmen feststellen.

b) Rechtfertigung als alternative Zugangshürde

Nachdem das Bundesverfassungsgericht die Grundmandatsklausel zunächst eher im Sinne einer Rückausnahme zur Sperrklausel aufgefasst hat, versteht es diese nunmehr als eine „alternative Zugangshürde[]“[299]. Angesichts der durch die Grundmandatsklausel bewirkten Ungleichbehandlung der an der Sperrklausel zunächst gescheiterten Partei erscheint dies eine sachgerechte Betrachtungsweise. Es müsste in dieser Hinsicht begründet werden, warum die Partei mit mindestens drei Direktmandaten dennoch ins Parlament einziehen darf. Zunächst könnte dafür im Sinne des Alternativverhaltnisses zur Sperrklausel dasselbe Ziel, nämlich die Sicherung der Funktionsfähigkeit der Volksvertretung, ins Feld geführt werden. Das Unterscheidungskriterium der drei Direktmandate ist aber bereits ungeeignet, weil die Funktionsfähigkeit der Volksvertretung mit Blick auf die parlamentarischen Verfahren sowie die Mehrheits- und Regierungsbildung durch eine lokal sehr erfolgreiche, aber bundesweit betrachtet kleine Partei nicht weniger als durch eine andere kleine Partei ohne entsprechende Direktmandate beeinträchtigt wird[300]. Eine vom Bundesverfas-

[297] Siehe zu diesem Ansatz *Nicolaus*, Stimmgewicht, in: ZParl 26 (1995), S. 353 (356 f.); gegen eine Ungleichbehandlung im Falle der Wahl eines parteilosen Direktkandidaten explizit *Wolf*, Stimmgewicht, 2016, S. 252 f.

[298] *Pauly*, Wahlrecht, in: AöR 123 (1998), S. 232 (261 Rn. 147); *Wolf*, Stimmgewicht, 2016, S. 246 f.

[299] BVerfGE 95, 408 (420); sinngemäß auch BVerfG, Urteil vom 30.7.2024, 2 BvF 1/23 u. a., Rn. 275. Hingegen spricht noch BVerfGE 4, 31 (40) davon, dass „es dem Gesetzgeber frei[steht], von einem zulässigen Quorum Ausnahmen zu machen“; diese Rechtsprechungsänderung betont *Pauly*, Wahlrecht, in: AöR 123 (1998), S. 232 (259).

[300] In diesem Sinne *H. Meyer*, Wahlsystem, 1973, S. 237 f.; *Frowein*, Wahlrecht, in: AöR 99 (1974), S. 72 (91); *Jesse*, Wahlrecht, 1985, S. 257; *Wenner*, Sperrklauseln, 1986, S. 391;

sungsgericht ursprünglich als zulässig angesehene Differenzierung nach der „Parlamentswürdigkeit“[301] stellt keinen legitimen Zweck im Sinne der Verfassung dar und es bliebe zudem fragwürdig, wieso diese bei einer lokalen Schwerpunktpartei eher gegeben wäre als bei einer möglicherweise größeren, gleichmäßig relevanten Partei[302]. Dasselbe gilt für die zurückhaltender formulierte Argumentation des Bundesverfassungsgerichts, die in der vermeintlich gesteigerten Bedeutung durch den Gewinn mehrerer Direktmandate eine Rechtfertigung erblickt[303]. Wird die Erststimme ihrer ursprünglichen Zweckbestimmung nach als personale Auswahl genutzt, ist kein legitimer Grund ersichtlich, wieso der dortige Erfolg der einzelnen Person der Partei als Ganzes und damit ortsfremden Listenkandidaten zugute kommen soll[304]. Wenn die Wähler die Erststimme hingegen mehr als lokalbezogene Parteistimme nutzen – unter Umständen aus taktischen Gesichtspunkten mit Blick auf die Grundmandatsklausel –, ist kein legitimer Grund ersichtlich, eine solche lokal starke Partei gegenüber einer Partei mit demselben Zweitstimmenergebnis zu bevorzugen[305]. Die Grundmandatsklausel lädt in dieser Hinsicht – wie die Anfänge

---

Becht, 5%-Klausel, 1990, S. 162; *G. Roth*, Grundmandatsklausel, in: NJW 1994, S. 3269 (3271); *Pauly*, Wahlrecht, in: AöR 123 (1998), S. 232 (260).

301 So noch BVerfGE 1, 208 (258); 6, 84 (96).

302 So *Pauly*, Wahlrecht, in: AöR 123 (1998), S. 232 (261 f.); ähnlich kritisch *Jesse*, Wahlrecht, 1985, S. 257; *Becht*, 5%-Klausel, 1990, S. 161; *Wahl*, Wahlrecht, in: NJW 1990, S. 2585 (2590); *G. Roth*, Grundmandatsklausel, in: NJW 1994, S. 3269 (3271). – Nicht überzeugen kann daher die entsprechende Argumentation für die Grundmandatsklausel bei *Wild*, Gleichheit, 2003, S. 233 ff.; *Wolf*, Stimmgewicht, 2016, S. 247 f.

303 Siehe BVerfGE 95, 408 (422 ff.); aufgenommen in BVerfG, Urteil vom 30.7.2024, 2 BvF 1/23 u. a., Rn. 281 f. Dabei handelt es sich nur um eine gegenüber dem Topos der Parlamentswürdigkeit „neutralere Formulierung“, so *Heintzen*, Bundestagswahl, in: DVBl. 1997, S. 744 (746). Entsprechend sieht *Pauly*, Wahlrecht, in: AöR 123 (1998), S. 232 (262) darin eine Rückkehr der „Bewertung der Repräsentationswürdigkeit von Parteien“.

304 In diesem Sinne die rhetorische Frage bei *Pauly*, Wahlrecht, in: AöR 123 (1998), S. 232 (261): „Wie soll Erfolg im System der Personenwahl ein Indiz für berechtigten Erfolg im System der Parteilistenwahl liefern können?“; ähnliches Argument bei *Heintzen*, Bundestagswahl, in: DVBl. 1997, S. 744 (747), der dies als „unzulässige Vermischung unterschiedlicher Wahlsysteme“ ansieht, sinngemäß *Wenner*, Sperrklauseln, 1986, S. 391 f. Ebenso kritisch merkt *G. Roth*, Grundmandatsklausel, in: NJW 1994, S. 3269 (3271) an, dass in Folge der Grundmandatsklausel Abgeordnete über die Parteiliste „in den Bundestag einziehen, die nicht den geringsten Bezug zum lokalen Schwerpunkt der Partei aufweisen“, sinngemäß *H. Meyer*, Wahlsystem, 1973, S. 237; *Pauly*, Wahlrecht, in: AöR 123 (1998), S. 232 (260).

305 Hierzu formuliert *Pauly*, Wahlrecht, in: AöR 123 (1998), S. 232 (261): „Und was begründet die Vorzugswürdigkeit von regional verdichteten Erststimmen in drei, ihrerseits nicht notwendig geographisch zusammenhängenden Wahlkreisen gegenüber gleichmäßig über das Wahlgebiet verteilten Zweitstimmen?“. – Zumindest die früher bemühte Rechtfertigung aufgrund eines lokalen Schwerpunktes aus BVerfGE 1, 208 (252); 4, 31 (41); 6, 84 (96) kommt bei der Argumentation in BVerfGE 95, 408 (422 ff.) nicht mehr vor, dazu *Heintzen*, Bundestagswahl, in: DVBl. 1997, S. 744 (747).

der Bundesrepublik zeigen – zum Missbrauch durch das sogenannte Huckepackverfahren ein, womit die Sperrklausel mithilfe einer nahestehenden, größeren Partei umgangen werden kann[306]. Der persönliche Erfolg der Abgeordneten im System der personalisierten Verhältniswahl mag die Wahrnehmung der Direktmandate auch bei Verfehlen der Sperrklausel rechtfertigen, nicht aber eine darüberhinausgehende Zuweisung von Listenmandaten[307]. Als *alternative* Bedingung für den Einzug ins Parlament lässt sich die Grundmandatsklausel demnach nicht rechtfertigen.

c) Rechtfertigung als Ausnahme von der Sperrklausel

Weniger Beachtung findet der Rechtfertigungsansatz der Grundmandatsklausel als explizite *Ausnahme* von der Sperrklausel, weil dieser im konkreten Fall sachlich geboten wäre. Insoweit hätte unter dem früheren Wahlsystem die Grundmandatsklausel womöglich damit gerechtfertigt werden können, dass der Zweck der Sperrklausel zur Verhinderung einer parteipolitischen Zersplitterung verfehlt werde, wenn drei Abgeordnete einer Partei ins Parlament einziehen und deshalb kein Grund mehr bestehe, die Sperrklausel gegenüber dieser Partei aufrecht zu erhalten[308]. Dem ist jedoch entgegenzuhalten, dass nicht die bloße Vermeidung einer Parteienzersplitterung, sondern die Erhaltung der *Funktionsfähigkeit* der Volksvertretung einziger legitimer Zweck der Sperrklausel ist. Ein paar Direktkandidaten einer kleinen Partei können diese aber tendenziell weniger tangieren, als wenn zusätzlich noch weitere Abgeordnete dieser Partei über die Liste ins Parlament einziehen. Jedenfalls wäre die Bedeutung für die Mehrheitsbildung und damit die Funktionsfähigkeit derart gering, dass sie die eklatante und widersinnige Ungleichbehandlung kleiner Parteien mit oder ohne drei Direktmandate nicht aufwiegen könnte. Ferner verkennt dieser Ansatz, dass in den Wahlkreisen zumindest theoretisch auch unabhängige Kandidaten gewählt und damit ins Parlament gelangen können. Es ließe sich keine verfassungsrechtlich hinreichende Begründung finden, warum diese für sich allein ins Parlament einziehen dürfen, während dies ab einer bestimmten Anzahl an Wahlkreiskandidaten derselben Partei für diese nicht mehr gelten sollte. Das personalisierte Verhältniswahlsystem gerät an dieser Stelle in einen Selbstwiderspruch. Fokussiert man sich entsprechend dem Wirklich-

---

306 Darauf weisen hin *H. Meyer*, Wahlsystem, 1973, S. 239 f.; *Frowein*, Wahlrecht, in: AöR 99 (1974), S. 72 (93); *Becht*, 5%-Klausel, 1990, S. 164 f.; *Wahl*, Wahlrecht, in: NJW 1990, S. 2585 (2591); *G. Roth*, Grundmandatsklausel, in: NJW 1994, S. 3269 (3271). – Zur Nutzung dieses Verfahrens in den Anfängen der Bundesrepublik zwischen CDU und Zentrum sowie CDU und DP explizit *H. Meyer*, Überhang, in: KritV 77 (1994), S. 312 (350 f.).

307 So auch *H. Meyer*, Wahlsystem, 1973, S. 237; *Wenner*, Sperrklauseln, 1986, S. 390; *Becht*, 5%-Klausel, 1990, S. 161; *G. Roth*, Grundmandatsklausel, in: NJW 1994, S. 3269 (3271); *Austermann*, Bundestagswahlrecht, in: ZRP 2021, S. 226 (226 f.).

308 Zu diesem Ansatz *H. Meyer*, Überhang, in: KritV 77 (1994), S. 312 (352); *Pauly*, Wahlrecht, in: AöR 123 (1998), S. 232 (262).

keitsbezug des Demokratieprinzips auf die politische Realität, spielen unabhängige Kandidaten zwar keine Rolle, jedoch erhält eine Partei, die drei oder mehr Direktmandate gewinnt, regelmäßig einen erheblichen Anteil an Zweitstimmen. Deren Nichtberücksichtigung ist tatsächlich verfassungsrechtlich zweifelhaft, sodass die Kritik an der Abschaffung der Grundmandatsklausel durch die Wahlrechtsreform im Jahr 2023 insoweit verfängt, als sie die zukünftige Gefahr des Nichteinzuges der Linkspartei und der CSU als politisch beachtliche Konkurrenz der Regierungsparteien moniert[309]. Dies gilt allerdings unabhängig davon, ob die jeweilige Partei zufällig noch Direktmandate gewonnen hat. Der Einzug der PDS beziehungsweise Linkspartei bei den Bundestagswahlen 1994 und 2021 über diese Klausel fungiert daher nicht als positives Argument für die Grundmandatsklausel, sondern ist vielmehr für die Erforderlichkeit der Absenkung des Fünf-Prozent-Quorums ins Feld zu führen[310]. Die Grundmandatsklausel ist somit auch nicht als vermeintlich sachgerechte Ausnahme zur Sperrklausel gerechtfertigt oder gar geboten.

d) Zwischenergebnis: Folgerichtigkeit der Abschaffung der Grundmandatsklausel

Die Grundmandatsklausel stellt aufgrund der Ungleichbehandlung zwischen Parteien mit drei gewonnenen Direktmandaten und sonstigen kleinen Parteien einen eigenständigen Eingriff in die Wahlgleichheit dar. Einzig legitimes Differenzierungskriterium wäre ebenso wie bei der Sperrklausel die Funktionsfähigkeit der Volksvertretung, die durch den Einzug einer Partei mit weniger als drei gewonnenen Direktmandaten aber nicht mehr beeinträchtigt würde als durch eine Partei mit mindestens drei Direktmandaten. Auch der Umstand, dass unter dem früheren Wahlsystem bereits drei oder mehr Direktkandidaten einer Partei in das Parlament einziehen, ließe sich nicht als Argument fruchtbar machen, den zusätzlichen Einzug von Listenkandidaten dieser Partei zu rechtfertigen. Daher ist entgegen der Auffassung des Bundesverfassungsgerichts die Abschaffung der Grundmandatsklausel als solche verfassungsrechtlich geboten gewesen[311].

---

[309] Siehe dazu etwa www.sueddeutsche.de/politik/grundmandatsklausel-wahlrecht-wahlrechtsreform-ampel-1.5772380 (letzter Abruf: 31.7.2024).

[310] In diesem Sinne formuliert bereits *G. Roth*, Grundmandatsklausel, in: NJW 1994, S. 3269 (3271), dass im Falle einer gebotenen Abmilderung der Sperrklausel nicht die Grundmandatsklausel gerechtfertigt, sondern schlicht die Absenkung der Sperrklausel nötig wäre. Nicht überzeugen kann daher die Argumentation bei *Wild*, Gleichheit, 2003, S. 235.

[311] Ebenso für die Verfassungswidrigkeit der Grundmandatsklausel *Frowein*, Wahlrecht, in: AöR 99 (1974), S. 72 (93 f.); *G. Roth*, Grundmandatsklausel, in: NJW 1994, S. 3269 (3271); *Kotzur*, Freiheit, in: Merten/Papier (Hrsg.), HGR V, 2013, § 120 Rn. 40; *Morlok*, in: Dreier (Hrsg.), GG, Bd. II, 3. Aufl. 2015, Art. 38 Rn. 116; a.A. BVerfGE 95, 408 (420 ff.); BVerfG, Urteil vom 30.7.2024, 2 BvF 1/23 u. a., Rn. 275 ff.; *Stern*, Staatsrecht, Bd. IV/2, 2011, S. 211 f.

3. Ergebnis: Begrenzte Zulässigkeit der Sperrklausel

Zur Sperrklausel im Verhältniswahlrecht lässt sich festhalten, dass die Tendenz der letzten Jahre mit der zunehmend kritischen Haltung der Verfassungsgerichte und der Literatur in die zutreffende Richtung weist. Im nennenswerten Umfang kann eine gesetzliche Sperrklausel allenfalls noch im Bereich der Parlamentswahl aufgrund des parlamentarischen Regierungssystems Anwendung finden und bedarf stets einer hinreichenden Evaluation anhand der politischen Wirklichkeit. Die Grundmandatsklausel bewirkt hingegen mangels legitimen Differenzierungsziels eine eigenständige Verletzung der Wahlgleichheit, sodass diese mit der Wahlrechtsreform im Jahr 2023 zu Recht beseitigt werden sollte. Gleichzeitig hätte jedoch die Evaluation der tatsächlichen Wirkungsweise der Sperrklausel auch über die Sonderrolle der CSU hinaus zu einer Absenkung der Fünf-Prozent-Hürde führen müssen, sodass die Wahlrechtsreform in dieser Hinsicht verfassungsrechtlich defizitär blieb[312].

II. Relative Mehrheitswahl im Wahlkreis als Besonderheit des „personalisierten Verhältniswahlrechts"

Die bisherige relative Mehrheitswahl der Wahlkreisabgeordneten gemäß § 5 BWahlG 2020 hat im Gegensatz zu den anderen Mechanismen des Bundestagswahlrechts wenig Beachtung in der juristischen Diskussion gefunden. Dies mag sowohl auf die geringe praktische Bedeutung der Entscheidung in den einzelnen Wahlkreisen für die gesamtpolitische Zusammensetzung des Parlaments als auch auf den vorherrschenden, unkritischen Umgang mit dem relativen Mehrheitserfordernis zurückzuführen sein. Daher lohnt sich zumindest eine genauere Betrachtung der relativen Mehrheitswahl im Wahlkreis (1.) ebenso wie das damit verbundene, seit jeher intensiv diskutierte Phänomen der Überhangmandate (2.), das als zentraler Gegenstand der jüngsten Wahlrechtsreform vollständig beseitigt wurde, die daher abschließend zu untersuchen ist (3.).

1. Wahlkreisentscheidung als unbedeutender Teil des Bundestagswahlrechts

Die relative Mehrheitswahl im Wahlkreis erscheint zunächst als Abweichung vom Grundsatz der absoluten Mehrheitsentscheidung und damit ebenso wie eine relative Mehrheitswahl bei der Besetzung monokratischer Ämter rechtfertigungsbedürftig. Allerdings ist zu berücksichtigen, dass es sich dabei nicht um

---

[312] Nicht überzeugend insoweit BVerfG, Urteil vom 30.7.2024, 2 BvF 1/23 u. a., Rn. 245 ff. Ebenso weist die Kritik an der Abschaffung der Grundmandatsklausel bei *Roßner*, Diese Reform schafft ein prekäres Wahlrecht, Legal Tribune Online vom 15.3.2023 in die falsche Richtung. Nicht zu überzeugen vermögen auch die Ausführungen bei *Grzeszick*, Gleichheit, in: NVwZ 2023, S. 286 (289), nach dessen Auffassung die Grundmandatsklausel erst durch die Wahlreform 2023 system- und damit verfassungswidrig würde.

die Besetzung eines Einzelamtes handelt, sondern jeweils nur die personelle Auswahl einzelner Abgeordneter erfolgt. Dieser Kontext des personalisierten Verhältniswahlsystems könnte sowohl die Rechtfertigungsbedürftigkeit als auch die Rechtfertigungsfähigkeit des relativen Mehrheitserfordernisses im Wahlkreis maßgeblich beeinflussen.

a) Isolierte Betrachtungsweise der Mehrheitswahl im Wahlkreis

Durch die relative Mehrheitswahl können Abgeordnete im Wahlkreis gewählt werden und ins Parlament einziehen, die von einer vergleichsweisen kleinen Minderheit im Wahlkreis gewählt worden sind. Dieses Phänomen hat sich ebenso wie bei der Direktwahl kommunaler Hauptverwaltungsbeamter deutlich verstärkt. Deshalb stehen die zunehmend geringen Zustimmungsraten von Direktwahlkreiskandidaten in der Kritik, die in jüngster Zeit teilweise sogar nur im Bereich von 20 % der abgegebenen Erststimmen lagen[313]. Aufgrund des demokratischen Grundsatzes der absoluten Mehrheit erscheint die relative Mehrheitswahl generell, besonders aber bei solch geringen Zustimmungsraten, hinsichtlich der demokratischen Legitimation der direkt gewählten Abgeordneten tatsächlich als prekär. Vor diesem Hintergrund könnte die relative Mehrheitswahl im Wahlkreis ebenso wie bei der Wahl monokratischer Ämter rechtfertigungsbedürftig sein.

Dazu könnte man das im Kontext der Überhangmandate verwendete Argument heranziehen, wonach infolge des personalisierten Verhältniswahlsystems „zumindest die Hälfte der Abgeordneten eine engere persönliche Beziehung zu ihrem Wahlkreis“[314] erhalten. Zugleich werde durch „die Wahl des Abgeordneten als Person – und nicht als Exponent einer politischen Partei – […] de[r] repräsentative[] Status des Abgeordneten als Vertreter des ganzen Volkes [gestärkt]“[315]. Die Förderung der persönlichen Nähe zwischen Abgeordneten und Wahlkreis ließe sich als Stärkung der demokratischen Legitimation verstehen, sodass der Grundsatz der Volkssouveränität in Art. 20 Abs. 2 GG als Rechtfer-

[313] Bei der Bundestagswahl 2021 erhielt der Sieger im Wahlkreis 152 lediglich 20,5 % der Stimmen; siehe www.bundeswahlleiter.de/bundestagswahlen/2021/ergebnisse/bund-99/land-14/wahlkreis-152.html (letzter Abruf: 31.7.2024); im Wahlkreis 160 erhielt der Sieger sogar nur 18,6 %, siehe www.bundeswahlleiter.de/bundestagswahlen/2021/ergebnisse/bund-99/land-14/wahlkreis-160.html (letzter Abruf: 31.7.2024). Kritisch zur geringen Zustimmungsrate *Morlok*, Verhältnis, in: Oppelland (Hrsg.), Das deutsche Wahlrecht im Spannungsfeld von demokratischer Legitimität und politischer Funktionalität, 2015, S. 91 (97); *H. Meyer*, Bundestag, in: AöR 143 (2018), S. 521 (544); *Austermann*, Bundestagswahlrecht, in: ZRP 2021, S. 226 (226); *Benken*, Wahlsysteme, 2022, S. 59.

[314] Grundlegend BVerfGE 7, 63 (74); nachfolgend BVerfGE 16, 130 (140); 41, 399 (423); 95, 335 (352); 97, 317 (327); dazu ferner *Ehlers/Lechleitner*, Verfassungsmäßigkeit, in: JZ 1997, S. 761 (762); *Lenski*, Paradoxien, in: AöR 134 (2009), S. 473 (478 f.).

[315] BVerfGE 95, 335 (352 f.); ähnlich BVerfGE 97, 317 (327).

tigungsgrund fungieren könnte[316]. Ferner könnte sich die Persönlichkeitswahl auf den Wortlaut des Art. 38 Abs. 1 GG stützen, wonach nicht allgemein Parteien, sondern die einzelnen Abgeordneten vom Volk zu wählen sind[317]. Diese Ausführungen erscheinen zunächst nachvollziehbar, können aber lediglich das – sowieso nicht in Frage gestellte – Recht des Wahlgesetzgebers begründen, personalisierte Elemente in das Wahlsystem einzufügen und dabei eine Mehrheitswahl in Wahlkreisen vorzusehen. Hingegen wäre damit noch nicht der Verzicht auf das Streben nach einer absoluten Mehrheit in Wahlkreisen gerechtfertigt.

Als Argumente könnte die Effizienz und Einfachheit des Wahlsystems dienen. Mit einem relativen Mehrheitserfordernis kann in einem einzigen Wahlgang sowohl das Gesamtergebnis an Zweitstimmen als auch die Entscheidungen in den Wahlkreisen anhand der Erststimme erzeugt werden. Unterstützung könnte dieser Aspekt darin finden, dass die Entscheidung im Wahlkreis lediglich eine punktuelle Entscheidung über die Mandatsbesetzung darstellt und demnach die Gesamtzusammensetzung des Parlaments nur in einem geringen Maße beeinflusst, sodass deutlich geringere Rechtfertigungslasten bestünden. Während bei der Wahl monokratischer Ämter ein einziges Amt zu vergeben ist und sich daher in einem solchen möglichst die Mehrheit im Wahlvolk widerspiegeln muss, besteht im Parlament eine erhebliche Pluralität und der einzelne Wahlkreisabgeordnete ist lediglich einer unter vielen hunderten Abgeordneten, der nur zum äußerst geringen Anteil die Mehrheitsbildung im Parlament beeinflusst[318]. Dem könnte man allerdings entgegenhalten, dass die Mehrheitswahl im Wahlkreis nach ihrem Grundgedanken darauf abzielt, die Entscheidung über die Mandatsbesetzung im Parlament zu einer Hälfte in den Wahlkreisen zu regionalisieren, um den dortigen Wählern unmittelbaren Einfluss auf die personelle Zusammensetzung des Parlamentes zu gewähren. In einer solchen Perspektive könnten die direkt gewählten Abgeordneten als lokale Repräsentanten des Wahlkreises fungieren und müssten sich nach den allgemeinen Grundsätzen möglichst auf die *Mehrheit* im Wahlkreisvolk stützen können. Danach müsste der Wahlmodus ebenso wie bei einem monokratischen Amt auf eine absolute Mehrheit ausgerichtet sein.

Am ehesten wäre die relative Mehrheitswahl demnach mit der historischen Auslegung zu rechtfertigen. Während eine ablehnende Haltung zur Sperrklausel im Parlamentarischen Rat vorherrschte und er kein abschließendes Votum zur reinen Mehrheitswahl abgab, galt dies nicht für die relative Mehrheitswahl

---

[316] In diesem Sinne mit Blick auf die Rechtfertigung der Erfolgswertungleichheit der Erststimme *Mager/Uerpmann*, Überhangmandate, in: DVBl. 1995, S. 273 (277).

[317] So *Möllers*, Wahlrecht, in: RuP 48 (2012), S. 1 (7); allgemein zum verfassungsrechtlichen Gehalt des Persönlichkeitsfaktors näher *Pauly*, Wahlrecht, in: AöR 123 (1998), S. 232 (237 ff.); *C. Vogel*, Wahl, in: Krüper (Hrsg.), FS Morlok, 2019, S. 467 (473).

[318] Zu diesem wesentlichen Unterschied zwischen der Wahl einer Volksvertretung und eines monokratischen Amtes näher unten D. II.

im Wahlkreis. Zwar wies der Abgeordnete *Becker* darauf hin, dass ein relatives Mehrheitswahlrecht zu einer „Minderheitswahl"[319] führt. Bei Beschluss des ersten Wahlgesetzes stellte daher der Abgeordnete *Heile* sogar einen Antrag auf die Einfügung eines absoluten Mehrheitserfordernisses im ersten Wahlgang, der jedoch mit großer Mehrheit zurückgewiesen wurde[320]. Während man hinsichtlich einer reinen, relativen Mehrheitswahl mangels diesbezüglichen Mehrheitsbeschlusses im Parlamentarischen Rat nicht auf deren unbedingte Zulässigkeit schließen kann, kann der Ausgestaltung der personalisierten Verhältniswahl durch den Parlamentarischen Rat, der gleichzeitig als Verfassunggeber und Wahlgesetzgeber fungierte, eine verfassungsrechtliche Aussagekraft zugewiesen werden. In einer solchen Perspektive erscheint die einstufige, relative Mehrheitswahl weiterhin defizitär, könnte aber nach der historischen Auslegung als verfassungsrechtlich zulässig eingeordnet werden und damit den Schluss nahelegen, das Grundgesetz ließe bei Personenwahlen generell ein entsprechendes Wahlsystem zu.

b) Einordnung der Wahlkreisentscheidung in den Kontext der Verhältniswahl

Wenn man jedoch den rechtlichen und tatsächlichen Kontext der Wahlkreisentscheidung in den Blick nimmt, lassen sich in verfassungsrechtlicher Hinsicht wesentliche Unterschiede zu anderen Personenwahlen herausarbeiten, weil die relative Mehrheitswahl der Wahlkreisabgeordneten in das personalisierte Verhältniswahlsystem eingebettet ist. Im Gegensatz zur reinen Mehrheitswahl zieht mindestens die Hälfte der Abgeordneten über die Liste in den Bundestag ein. Daher kann der jeweils gewählte Wahlkreisabgeordnete schon verfassungstheoretisch nicht als alleiniger Repräsentant des Wahlkreisvolkes gelten, sondern teilt sich diese letztlich mit den Listenkandidaten. Eine Differenzierung zwischen Wahlkreis- und Listenabgeordneten gibt es in rechtlicher Hinsicht zudem nicht, sondern alle Abgeordneten werden nach Art. 38 Abs. 1 S. 2 GG als gleichrangige Vertreter des ganzen Volkes gewählt[321]. Unabhängig davon, ob eine entsprechende *exklusive* Repräsentationsvorstellung im reinen

---

[319] So *Becker*, Siebente Sitzung des Plenums, 21. Oktober 1948, in: Deutscher Bundestag/Bundesarchiv (Hrsg.), Der Parlamentarische Rat 1948–1949, Bd. IX, 1996, S. 296.

[320] Siehe Neunundfünfzigste Sitzung des Hauptausschusses, 9. Mai 1949, in: Deutscher Bundestag/Bundesarchiv (Hrsg.), Der Parlamentarische Rat 1948–1949, Bd. XIV, 2009, S. 1875. – Bereits *Geyerhahn*, Vertretung, 1902, S. 14 ff. hatte in seinem damaligen Vorschlag zur personalisierten Verhältniswahl eine absolute Mehrheit im ersten Wahlgang und – falls erforderlich – eine anschließende Stichwahl vorgesehen.

[321] In dieser Weise argumentiert *H. Meyer*, Zukunft, 2010, S. 84 gegen eine solche „‚Repräsentation' eines Wahlkreises" durch den gewählten Wahlkreisabgeordneten. Auch *Ipsen*, Wahlrecht, in: DVBl. 2013, S. 265 (268) sieht keinen legitimatorischen Unterschied zwischen Listen- und Direktkandidaten. Zur Gleichrangigkeit aller Abgeordneten trotz unterschiedlicher Wege zur Erlangung eines Bundestagsmandates explizit *Morlok*, in: Dreier (Hrsg.), GG, Bd. II, 3. Aufl. 2015, Art. 38 Rn. 169; *Wolf*, Stimmgewicht, 2016, S. 286.

Mehrheitswahlrecht unter den heutigen Umständen der Parteiendemokratie noch überzeugend wäre, gilt sie jedenfalls nicht für das personalisierte Verhältniswahlrecht[322]. Insoweit besteht bereits ein wesentlicher Unterschied zur Repräsentation des Wahlvolkes durch ein monokratisches Amt, bei dem der Gewählte exklusiv das Wahlgebiet repräsentiert und deshalb im Idealfall die Mehrheit des Wahlvolkes hinter sich versammeln muss.

Während das vorstehende Argument gleichfalls für ein Grabenwahlsystem greifen würde, tritt im personalisierten Verhältniswahlrecht noch der bedeutende Umstand hinzu, dass sich die parteipolitische Zusammensetzung des Parlaments grundsätzlich allein aus den Zweitstimmen ergibt[323]. Da die Zweitstimmen das Kontingent an Mandaten der jeweiligen Parteien festlegen, bestimmt die Erststimme zwar scheinbar über den Einzug zwischen den Wahlkreiskandidaten unterschiedlicher Parteien, faktisch jedoch lediglich darüber, ob das jeweilige Mandat einer Partei durch den Direktkandidaten oder einen – im Vorhinein für den Wähler unbekannten Listenkandidaten – besetzt wird[324]. Eine *abschließende* Entscheidung, ob die jeweiligen Direktkandidaten in das Parlament einziehen, treffen die Wähler im Wahlkreis nicht. Die im Wahlkreis unterlegenen Kandidaten können häufig über die Landesliste ihrer Partei doch noch in das Parlament einziehen, was die Bedeutung der Erststimme für die personelle Zusammensetzung des Parlamentes erheblich reduziert[325]. Damit wird aber zugleich die mit diesem Wahlsystem angestrebte Stärkung der persönlichen Bindung des Abgeordneten zum Wahlkreis sowie entgegengesetzt

[322] Insoweit merken *Birkmeier u. a.*, Verbindung, in: KritV 94 (2011), S. 55 (64) zutreffend an, dass „bei einer mit der Personenwahl verbundenen Verhältniswahl der Verweis auf ‚meinen Wahlkreis' bei weitem nicht dasselbe bedeutet wie bei einer reinen Mehrheitswahl." Zur Repräsentation des Wahlkreises im reinen Mehrheitswahlrecht ausführlich unten III. 2.

[323] So BVerfGE 79, 161 (166 f.); *H. Meyer*, Wahlgrundsätze, in: Isensee/Kirchhof (Hrsg.), HStR III, 3. Aufl. 2005, § 46 Rn. 77; *Behnke*, Wahlsystem, 2007, S. 182 f.; *Lenski*, Paradoxien, in: AöR 134 (2009), S. 473 (497); *Ipsen*, Wahlrecht, in: DVBl. 2013, S. 265 (266); *Schöneberger*, Verhältniswahl, in: JöR n. F. 67 (2019), S. 1 (2); ausführlich dazu *H. Meyer*, Überhang, in: KritV 77 (1994), S. 312 (325 ff.), der zugleich darlegt, dass dieses Prinzip beim Auftreten unausgeglichener Überhangmandate nicht mehr gewährleistet ist.

[324] In diesem Sinne *H. Meyer*, Wahlgrundsätze, in: Isensee/Kirchhof (Hrsg.), HStR III, 3. Aufl. 2005, § 46 Rn. 82; *Lenski*, Paradoxien, in: AöR 134 (2009), S. 473 (497 ff.); *Morlok*, Verhältnis, in: Oppelland (Hrsg.), Das deutsche Wahlrecht im Spannungsfeld von demokratischer Legitimität und politischer Funktionalität, 2015, S. 91 (99); *C. Vogel*, Wahl, in: Krüper (Hrsg.), FS Morlok, 2019, S. 467 (476).

[325] Dazu kritisch *Lenski*, Paradoxien, in: AöR 134 (2009), S. 473 (499 f.); *Pukelsheim/Rossi*, Stimmgewichte, in: JZ 2010, S. 922 (928); *Jesse*, Wahlsystem, in: v. Arnim (Hrsg.), Volkssouveränität, Wahlrecht und direkte Demokratie, 2014, S. 43 (52); *Schöneberger*, Verhältniswahl, in: JöR n. F. 67 (2019), S. 1 (11 f.); *Dehmel*, Wahlrechtsdilemma, 2020, S. 308 f. – Bereits *Hermens*, Demokratie, 1951, S. 390 bezeichnet dies als „Schönheitsfehler"; deutlicher *Matauschek*, Wahlsystemreform, 2020, S. 153, die bemerkt: „Die Abwahl eines unliebsamen – auf der Parteiliste abgesicherten – Wahlkreisabgeordneten gerät zur Farce."

der Wähler zu ihrem Wahlkreisabgeordneten parteipolitisch überformt und büßt deutlich an tatsächlicher Relevanz ein[326]. Die direkt gewählten Abgeordneten fungieren in der Folge nicht nur verfassungstheoretisch, sondern auch in der politischen Praxis regelmäßig nicht als alleiniger Repräsentant des Wahlkreises, weil unterlegene Konkurrenten über die Landesliste ebenfalls ins Parlament einziehen und durch weitere Präsenz im Wahlkreis ebenfalls persönliche Bindungen aufrechterhalten können[327]. Das persönliche Element der Wahlentscheidung verwirklicht sich daher in voller Reinheit allein in den praktisch nicht relevanten Fällen erfolgreicher, unabhängiger Einzelkandidaten[328]. Der Personalisierungseffekt des gegenwärtigen Bundestagswahlrechts hängt somit bei wirklichkeitsnaher Betrachtung nicht von der eigentlichen Entscheidung im Wahlkreis und damit der Wahl selbst ab, sondern vielmehr von dem Umstand, dass überhaupt Wahlkreise und Wahlkreiskandidaten existieren und dadurch in der Praxis ein entsprechender, direkter Bezug zum Wähler gegeben ist[329].

Auch bei der personalisierten Verhältniswahl bleibt die personelle Besetzung des Parlamentes somit durch die Parteien dominiert. Die wesentliche Wir-

---

[326] Kritisch dazu *Lenski*, Paradoxien, in: AöR 134 (2009), S. 473 (503 ff.); in diese Richtung ferner *Schöneberger*, Verhältniswahl, in: JöR n. F. 67 (2019), S. 1 (18). – Allgemein skeptisch gegenüber einer Relevanz der personellen gegenüber der parteipolitischen Präferenz mit entsprechender Analyse bisheriger Wahlergebnisse *Behnke*, Wahlsystem, 2007, S. 221 ff.; *Dehmel*, Wahlrechtsdilemma, 2020, S. 415 ff.

[327] Dazu *Lenski*, Paradoxien, in: AöR 134 (2009), S. 473 (504 f.); *H. Meyer*, Zukunft, 2010, S. 84; *Morlok*, Verhältnis, in: Oppelland (Hrsg.), Das deutsche Wahlrecht im Spannungsfeld von demokratischer Legitimität und politischer Funktionalität, 2015, S. 91 (101 f.); *Schöneberger*, Verhältniswahl, in: JöR n. F. 67 (2019), S. 1 (19), die ihre Ausführungen mit der bemerkenswerten Regelung des § 12 Abs. 2 Nr. 1 AbgG unterstreichen, wonach allen Abgeordneten und damit auch solchen, die über die Liste in den Bundestag eingezogen sind, ein Anspruch auf eine Kostenpauschale zusteht, die insbesondere Bürokosten zur Einrichtung und Unterhaltung von Wahlkreisbüros umfasst.

[328] So *Lenski*, Paradoxien, in: AöR 134 (2009), S. 473 (503); *Schöneberger*, Verhältniswahl, in: JöR n. F. 67 (2019), S. 1 (12). – Solche hatte es nur zu Beginn der Bundesrepublik vereinzelt noch gegeben, während solche Erfolge heute realistischerweise nicht mehr auftreten, siehe *H. Meyer*, Wahlgrundsätze, in: Isensee/Kirchhof (Hrsg.), HStR III, 3. Aufl. 2005, § 46 Rn. 81 insb. Fn. 261; *Meinel*, Die Verfassungsmäßigkeit der Einführung einer verbundenen Mehrheitsregel zur proporzgerechten Ermittlung von Wahlkreissiegern. Rechtsgutachten im Auftrag der Bertelsmann Stiftung, Kommissionsdrucksache 20(31)20 vom 25.3.2022, S. 16. Bereits BVerfGE 13, 127 (128) spricht „von der heute nicht mehr praktischen Möglichkeit des freien Einzelbewerbers". Beispielhaft für die Dominanz der parteipolitischen Präferenz und die fehlende Bedeutung unabhängiger Einzelbewerber stehen die Wahlkreisergebnisse des früheren CDU-Abgeordneten Siegfried Kauder, der als CDU-Kandidat zunächst zweimal den Wahlkreis mit 51,3 % und 47,4 % der Erststimmen gewann, während er anschließend als Einzelbewerber nur 3,0 % der Erststimmen erhielt, dazu *Hufeld*, Bundeswahlgesetz, in: KritV 104 (2021), S. 327 (331 Fn. 17).

[329] In diesem Sinne *Schöneberger*, Verhältniswahl, in: JöR n. F. 67 (2019), S. 1 (19). Nach *Pukelsheim/Rossi*, Stimmgewichte, in: JZ 2010, S. 922 (928) hat die Personenwahl im Wahlkreis somit „eher eine psychologische Funktion".

kung des personalisierten Verhältniswahlrechts liegt daher lediglich in dem Umstand, dass die Besetzung des Parlaments zur Hälfte regionalisiert ist und damit „die nach Art. 21 Abs. 1 Satz 3 GG gebotene innerparteiliche Demokratie"[330] gegenüber einer reinen Listenwahl auf Landes- oder gar Bundesebene verstärkt wird[331]. Die Wahlkreisentscheidung lässt sich in dieser Perspektive mit einer regionalisierten, offenen Listenwahl vergleichen, wobei die Entscheidungsmacht des Wählers sogar noch geringer ist, insbesondere wenn ein Wahlkreisabgeordneter unabhängig vom Votum der Wähler im Wahlkreis über einen entsprechend sicheren Platz auf der Landesliste ins Parlament einzieht. In verfassungsrechtlicher Perspektive stellt der durch die Wahlkreisentscheidung bewirkte Vorzug des jeweiligen Direktkandidaten vor einem Listenkandidaten somit lediglich einen punktuellen Zusatzmechanismus für die Beeinflussung der personellen Ausrichtung der Partei dar. Bei wirklichkeitsnaher Betrachtung entspringt daher die demokratische Legitimation der Wahlkreisabgeordneten ebenso dem Zweitstimmenergebnis für ihre Partei, auf das der Gewinn des Direktmandates deshalb folgerichtig anzurechnen ist[332]. Diese politische Realität erkennt schon das frühere Wahlrecht an, indem es gemäß § 48 Abs. 1 S. 1 BWahlG 2020 im Falle des Ausscheidens eines direkt gewählten Abgeordneten statt einer Nachwahl im Wahlkreis ein Nachrücken aus der jeweiligen Landesliste zulässt und damit der Zweitstimme das maßgebliche Gewicht für die demokratische Legitimation der Parlamentszusammensetzung zuweist[333]. Hinsichtlich dieser zusätzlichen Wahlkomponente entfalten deshalb die Wahlrechtsprinzipien und damit insbesondere das Mehrheitsprinzip – anders als hinsichtlich der für die Legitimation der Mandate maßgeblichen Zweitstimme keine unmittelbare Relevanz[334]. Dies folgt im Umkehrschluss auch daraus, dass

---

[330] BVerfGE 95, 335 (353).

[331] In diesem Sinne *H. Meyer*, Wahlgrundsätze, in: Isensee/Kirchhof (Hrsg.), HStR III, 3. Aufl. 2005, § 46 Rn. 85; keinen solchen Effekt sieht hingegen *Schöneberger*, Verhältniswahl, in: JöR n. F. 67 (2019), S. 1 (19 f.); skeptisch jedenfalls *Wischmeyer*, Erststimmensieger, in: JZ 2023, S. 105 (106 f.).

[332] In diesem Sinne *Hufeld*, Bundeswahlgesetz, in: KritV 104 (2021), S. 327 (336 f.); *Wischmeyer*, Erststimmensieger, in: JZ 2023, S. 105 (108).

[333] Insofern führt *Ipsen*, Wahlrecht, in: DVBl. 2013, S. 265 (268) zutreffend aus, dass statt des Nachrückens eine erneute Wahl im Wahlkreis durchgeführt werden müsste, wenn die Legitimation des Wahlkreisabgeordneten auf der Erststimme beruhen würde; siehe zur Legitimationswirkung der Zweitstimme die Ausführungen in BVerfGE 97, 317 (327), wonach im Falle eines Überhangmandates mangels dessen Legitimation durch die Zweitstimme ein Nachrücken ausgeschlossen sei.

[334] Dieses Ergebnis implizieren auch die Ausführungen bei *Meinel*, Die Verfassungsmäßigkeit der Einführung einer verbundenen Mehrheitsregel zur proporzgerechten Ermittlung von Wahlkreissiegern. Rechtsgutachten im Auftrag der Bertelsmann Stiftung, Kommissionsdrucksache 20(31)20 vom 25.3.2022, S. 23: „Wahlkreissieger mit Ergebnissen unter dreißig Prozent, die in einer Stichwahl einem Wahlbündnis nahezu sicher unterliegen würden und hinter denen daher gerade nicht die politische Richtungsmehrheit des Wahlkreises

sogar eine reine, gebundene Listenwahl verfassungskonform wäre, bei der der Wähler überhaupt keinen Einfluss auf die personelle Auswahl der Parteikandidaten hätte und diese nur als Ganzes wählen können[335]. Der zusätzliche, personelle Auswahlmechanismus auf Basis der relativen Mehrheit im Wahlkreis stellt deshalb ein zulässiges und hinreichendes Entscheidungskriterium dar. Dies entspricht dem Grundsatz, dass keine verfassungsrechtliche Pflicht zur Perfektionierung des Wahlrechts, sondern lediglich zur Optimierung der Wahlrechtsprinzipien im Hinblick auf die Verwirklichung der tatsächlichen Mehrheitsverhältnisse im Parlament besteht.

Ergänzend ist anzumerken, dass mit einiger Wahrscheinlichkeit vielen Wählern der häufig bestehende bloße Schein einer abschließenden Auswahl ihrer persönlichen Abgeordneten verborgen bleibt und dadurch die persönliche Bindung zum Abgeordneten tatsächlich verstärkt wird. Insofern könnte ein weiterer Wahlgang zur Erreichung einer absoluten Mehrheit sogar negativ wirken. Je nach Anzahl der Wahlkreise, in denen bereits Ergebnisse feststehen, könnte zusammen mit dem bundesweiten Zweitstimmenergebnis erkennbar sein, ob der jeweilige im Wahlkreis angetretene Abgeordnete bereits sicher über die Landesliste ins Parlament eingezogen ist oder welchen Abgeordneten von der Liste er beim Erfolg im Wahlkreis wahrscheinlich verdrängen würde. Wenngleich dies nicht unbedingt die Wahlgleichheit beeinträchtigen muss[336] und im Sinne der Transparenz gegenüber dem Wähler sogar zu begrüßen sein könnte, würde dies die ursprüngliche Zweckbestimmung der personalisierten Verhältniswahl endgültig ad absurdum führen und wäre mangels relevanter Beeinflussung der Parlamentszusammensetzung verfassungsrechtlich auch nicht geboten.

c) Zwischenergebnis: Geringe Relevanz der relativen Mehrheitsentscheidung im Wahlkreis

Die große Auseinandersetzung in der Entstehung und das über die Jahrzehnte gewonnene Ansehen der personalisierten Verhältniswahl sind mit der tatsäch-

---

steht, werden gerade deswegen als unbedenklich behandelt, weil sie für die politischen Mehrheitsverhältnisse gleichgültig sind." – Insofern verweisen viele hinsichtlich der Zulässigkeit der relativen Mehrheit in diesem Fall auf die maßgebliche Relevanz der Zweitstimme für die Zusammensetzung des Parlamentes, so *Groß*, Direktwahl, in: LKRZ 2010, S. 93 (96); *Seybold*, Stichwahl, in: DVP 2010, S. 453 (454); *Bätge*, Stellungnahme zum Gesetzentwurf der Landesregierung Drs. 17/3776 und zum Änderungsantrag Drs. 17/4305 des Landtages Nordrhein-Westfalen, Stellungnahme 17/1194, S. 15.

[335] Zur Verfassungsmäßigkeit der gebundenen Listenwahl BVerfGE 7, 63 (67 ff.); 21, 355 (356); 47, 253 (283); siehe unter dem Aspekt der Entschließungsfreiheit bereits oben Teil 2, B. III. 2. b). Insoweit bezeichnet *Wischmeyer*, Erststimmensieger, in: JZ 2023, S. 105 (108) die Wahlkreisentscheidung zu Recht als „funktionales Äquivalent zur parteiintern getroffenen Entscheidung über die Reihung der Listenkandidaten".

[336] So aber wohl *Krüper*, Mehrheitsprinzip, in: ZJS 2009, S. 477 (480).

lichen Wirkungsweise kaum in Einklang zu bringen[337]. Die relative Mehrheitswahl im Wahlkreis wirkt sich angesichts eines gegenüber einer offenen Liste sogar noch reduzierten Einflusses des Wählers faktisch kaum auf die personelle Zusammensetzung im Parlament aus. Diese geringe Relevanz der Wahlkreisentscheidung mag man verfassungspolitisch kritisieren. Paradoxerweise führt aber gerade dieser Umstand dazu, dass sich deren Ausgestaltung als relative Mehrheitswahl nach dem gebotenen, wirklichkeitsbezogenen Verständnis des Demokratieprinzips verfassungsrechtlich nicht beanstanden lässt. Insofern ist es zumindest im Ergebnis nachvollziehbar, dass die relative Mehrheitswahl im Wahlkreis kaum problematisiert wird.

2. Überhangmandate als potentielle Folge des personalisierten Verhältniswahlsystems

Die verfassungsrechtliche Relevanz beginnt vielmehr dort, wo die relative Mehrheitswahl im Wahlkreis entgegen ihrer ursprünglichen Zweckbestimmung die parteipolitischen Mehrheitsverhältnisse im Parlament beeinflusst. Zu Recht steht deshalb seit jeher das bislang mit dem Erfolg im Wahlkreis zusammenhängende Phänomen der Überhangmandate im Fokus der juristischen Auseinandersetzung um das Bundestagswahlrecht[338]. Neue Relevanz erlangte dieser Aspekt durch die Wahlrechtsreform im Jahr 2020, nach welcher der zwi-

---

[337] Zu den langen Debatten und der Schwierigkeit eines Kompromisses im Parlamentarischen Rat zur Wahlrechtsfrage Deutscher Bundestag/Bundesarchiv (Hrsg.), Der Parlamentarische Rat 1948–1949, Bd. VI, 1994, S. XXV ff. Zur Einordnung als „Das bewährte deutsche Wahlsystem" *Jesse*, Wahlsystem, in: v. Arnim (Hrsg.), Volkssouveränität, Wahlrecht und direkte Demokratie, 2014, S. 43 (47 ff.). Etwas sarkastisch wendet hingegen *Isensee*, Funktionsstörung, in: DVBl. 2010, S. 269 (269) ein, dass eine solche Einschätzung „vornehmlich die Abgeordneten und die Parteien [vertreten], die in seinem Rahmen Wahlerfolge erzielt haben."

[338] Das Bundesverfassungsgericht hat unausgeglichene Überhangmandate prinzipiell für zulässig erachtet, jedoch nur in begrenztem Rahmen, siehe BVerfGE 7, 63 (74 f.); 16, 130 (140); 79, 169 (172). In BVerfGE 95, 335 (365 f.) wurde diese zulässige Grenze durch ein „Fünfprozentquorum" spezifiziert und in BVerfGE 131, 316 (369 f.) nunmehr mit „15 Überhangmandaten" angegeben. In der Literatur sind Überhangmandate ebenfalls äußerst umstritten und werden aufgrund jeweils unterschiedlicher Begründungsansätze für zulässig oder unzulässig gehalten. Für die generelle Zulässigkeit *Kautz*, Überhangmandate, in: NJW 1995, S. 1871 (1873); *Mager/Uerpmann*, Überhangmandate, in: DVBl. 1995, S. 273 (277 f.); *Ehlers/Lechleitner*, Verfassungsmäßigkeit, in: JZ 1997, S. 761 (762); *Jakob*, Überhangmandat, 1998, S. 162 ff.; *Pauly*, Wahlrecht, in: AöR 123 (1998), S. 232 (264 ff.); ausdrücklich für eine Zulässigkeit bis zu einer bestimmten Grenze *Wild*, Gleichheit, 2003, S. 252 ff.; *Isensee*, Funktionsstörung, in: DVBl. 2010, S. 269 (274); *Boehl*, in: Schreiber (Hrsg.), BWahlG, 11. Aufl. 2021, § 6 Rn. 26; für die generelle Verfassungswidrigkeit *H. Meyer*, Überhang, in: KritV 77 (1994), S. 312 (349); *Nicolaus*, Stimmgewicht, in: ZParl 26 (1995), S. 353 (370); *Möllers*, Wahlrecht, in: RuP 48 (2012), S. 1 (1); *Morlok*, in: Dreier (Hrsg.), GG, Bd. II, 3. Aufl. 2015, Art. 38 Rn. 118; *Wolf*, Stimmgewicht, 2016, S. 324.

schenzeitlich eingeführte vollständige Ausgleich von Überhangmandaten wieder eingeschränkt wurde und bis zu drei Überhangmandate gemäß § 6 Abs. 5 S. 4 BWahlG 2020 unausgeglichen bleiben konnten, womit eine Verkleinerung des Bundestages erreicht werden sollte[339]. Inwieweit ausgleichslose Überhangmandate grundsätzlich oder zumindest in diesem Umfang verfassungsgemäß sind, ist im Folgenden anhand des bis 2023 geltenden Wahlrechts mit dem Ziel zu untersuchen, daraus allgemeine Grundsätze für die Wahlrechtsgestaltung ableiten zu können.

a) Verhältnis der Überhangmandate zur Wahlgleichheit und zum Mehrheitsprinzip

Von Überhangmandaten ist die Rede, wenn eine Partei in den Wahlkreisen mehr Mandate gewonnen hat, als ihr nach dem Zweitstimmenergebnis zustünde. Die Erststimmen solcher Wähler entscheiden in diesem Fall nicht nur über den Wahlkreiskandidaten, sondern wirken sich zusätzlich auf die parteipolitische Zusammensetzung im Parlament aus und erhalten damit einen erhöhten Erfolgswert[340]. Einige nehmen eine verfassungsrechtliche Unbeachtlichkeit dieses Umstandes an, weil die Erststimme dem Mehrheitswahlrecht unterfällt, das nach der herrschenden Ansicht keine Erfolgswertgleichheit zu beachten habe[341]. Hiergegen könnte jedoch bereits der Charakter der Überhangmandate sprechen. Denn die Zahl der Direktmandate erhöht sich beim Anfall von Überhangmandaten logischerweise nicht, sodass es sich bei Überhang-

---

[339] Siehe den Gesetzentwurf der Fraktionen der CDU/CSU und SPD zur Änderung des Bundeswahlgesetzes vom 15.9.2020, BT-Drs. 19/22504, S. 1. Diese Wahlreform hielt das BVerfG, NVwZ-Beilage 2024, S. 28 ff. für verfassungsgemäß. – Zuvor war mit Änderung des Bundeswahlgesetzes vom 3.5.2013 ein vollständiger Ausgleich von Überhangmandaten verankert worden, der allerdings zur erheblichen Vergrößerung des Bundestages bei der Wahl 2017 führte, dazu näher *H. Meyer*, Bundestag, in: AöR 143 (2018), S. 521 (524 ff.).

[340] Sondervotum zu BVerfGE 95, 335 (387); *Frowein*, Wahlrecht, in: AöR 99 (1974), S. 72 (94); *Kautz*, Überhangmandate, in: NJW 1995, S. 1871 (1872); *Krüper*, Wahlrechtsmathematik, in: Jura 2013, S. 1147 (1151); *Sacksofsky*, Wahlrecht, in: Morlok/Schliesky/Wiefelspütz (Hrsg.), Parlamentsrecht, 2016, § 6 Rn. 69. – Wenn in BVerfGE 7, 63 (74) von einem „doppelten“ Erfolg die Rede ist – ebenso in Teilen der Literatur, siehe *H. Meyer*, Wahlsystem, 1973, S. 242; *Nicolaus*, Stimmgewicht, in: ZParl 26 (1995), S. 353 (367); *Ipsen*, Wahlrecht, in: JZ 2002, S. 469 (471); *Holste*, Reform, in: NVwZ 2012, S. 8 (8) –, ist dies genaugenommen nicht korrekt, weil sich ein Überhangmandat – wie *Frowein*, Wahlrecht, in: AöR 99 (1974), S. 72 (94) zutreffend anmerkt – nicht einem bestimmten Wahlkreis und damit konkreten Erststimmen zuordnen lässt. Die Erhöhung des Erfolgswertes bezieht sich letztlich auf die Gesamtbetrachtung der Zweitstimmen untereinander, dazu näher *Wolf*, Stimmgewicht, 2016, S. 298 ff.

[341] So *Kautz*, Überhangmandate, in: NJW 1995, S. 1871 (1872); *Pauly*, Wahlrecht, in: AöR 123 (1998), S. 232 (265); *Lang*, Wahlrecht, 2014, S. 56 ff. Diesem Gedanken liegt die Entscheidung in BVerfGE 95, 335 (358 ff.) zugrunde, die lediglich die „gleiche Erfolgschance“ fordert; zu diesem Begriff bereits oben Teil 2, B. IV. 1. b).

mandaten um Listenmandate handeln müsste[342]. Dieser Gedankengang missachtet allerdings den Umstand, dass die zusätzlichen Listenmandate entweder im Falle „externer" Überhangmandate bei einer anderen Partei oder im Falle „interner" Überhangmandate bei derselben Partei in einem anderen Bundesland anfallen, während diese für die Partei beziehungsweise für die jeweilige Landesliste, welche die Überhangmandate erzielt, tatsächlich „nicht anrechnungsfähige Direktmandate"[343] darstellen. Während die „internen" Überhangmandate auf die fehlende vollständige Verrechnung auf Bundesebene zurückzuführen sind, sind die „externen" Überhangmandate eine grundsätzliche Folgeerscheinung des personalisierten Verhältniswahlrechts, die das folgende vereinfachende Beispiel ohne detaillierte Reststimmenverwertung verdeutlichen kann. Wenn etwa Partei A alle Direktmandate gewinnen würde, jedoch genauso wie die Parteien B und C lediglich 33,3 % der Zweitstimmen erhielte, bekäme Partei A 299 Mandate und die Parteien B und C jeweils 199 Mandate. Die 299 Mandate der Partei A sind allesamt Direktmandate, während die der Parteien B und C alles Listenmandate sind. Die bestehenden 99 Überhangmandate sind somit Listenmandate der B und C Partei, wenngleich der die Mehrheitsverhältnisse verzerrende Überhang bei der Partei A in Form von Direktmandaten vorliegt. Somit lässt sich der Charakter der Überhangmandate nicht eindeutig beantworten und muss im Zusammenhang zwischen Listen- und Direktmandaten betrachtet werden[344]. Daher sieht die überwiegende Auffassung die Überhangmandate als rechtfertigungsbedürftigen Eingriff in die – nach herrschender Meinung zumindest für das Verhältniswahlsystem geltende – Erfolgswertgleichheit an[345]. Da die Erfolgswertgleichheit tatsächlich gleichermaßen für alle Wahlsysteme gilt und deshalb entgegen der verbreiteten Ansicht die Mehrheitswahl nicht *a priori* zulässig ist, lassen sich die im personalisierten

---

342 Sondervotum zu BVerfGE 95, 335 (380 f.); *H. Meyer*, Überhang, in: KritV 77 (1994), S. 312 (324); *Nicolaus*, Demokratie, 1995, S. 59 f.; *H. Meyer*, Wahlgrundsätze, in: Isensee/Kirchhof (Hrsg.), HStR III, 3. Aufl. 2005, § 46 Rn. 45 f.; *Wolf*, Stimmgewicht, 2016, S. 285 f.

343 *Pauly*, Wahlrecht, in: AöR 123 (1998), S. 232 (245); sinngemäß BVerfGE 95, 335 (357). – Zur Differenzierung der beiden möglichen Wege zur Entstehung von „externen" und „internen" Überhangmandaten *Nicolaus*, Stimmgewicht, in: ZParl 26 (1995), S. 353 (355 f.); *H. Meyer*, Zukunft, 2010, S. 45 ff.; *Wolf*, Stimmgewicht, 2016, S. 287 f.

344 Dazu *Behnke*, Wahlsystem, 2007, S. 184 ff.; *Möllers*, Wahlrecht, in: RuP 48 (2012), S. 1 (5 f.). – Dieser Umstand erklärt die extreme Uneinigkeit hinsichtlich der Einordnung von Überhangmandaten, die sich besonders deutlich in der 4:4 Entscheidung des Bundesverfassungsgerichts in BVerfGE 95, 335 gezeigt hat, so *Pauly*, Wahlrecht, in: AöR 123 (1998), S. 232 (234); *Wolf*, Stimmgewicht, 2016, S. 286 Fn. 952.

345 So Sondervotum zu BVerfGE 95, 335 (382 ff.); *Ipsen*, Wahlrecht, in: JZ 2002, S. 469 (472); *Wild*, Gleichheit, 2003, S. 244; *Möllers*, Wahlrecht, in: RuP 48 (2012), S. 1 (5); *Morlok*, in: Dreier (Hrsg.), GG, Bd. II, 3. Aufl. 2015, Art. 38 Rn. 118; *Wolf*, Stimmgewicht, 2016, S. 302; a.A. BVerfGE 95, 335 (357 ff.); *Pauly*, Wahlrecht, in: AöR 123 (1998), S. 232 (246, 265).

Verhältniswahlsystem entstandenen Überhangmandate nicht im Wege eines Erst-recht-Schlusses als milderes Mittel zur reinen Mehrheitswahl rechtfertigen[346]. Vielmehr bedarf die Beschränkung der Erfolgswertgleichheit, die infolge des Anfalls von Überhangmandaten eintritt, einer verfassungsrechtlichen Rechtfertigung.

Ferner kann die Möglichkeit von Überhangmandaten zu taktischem Wahlverhalten führen, wodurch zusätzlich die Wahlfreiheit und Chancengleichheit beeinträchtigt werden[347]. Wie in einem reinen Mehrheitswahlrecht kann es zudem durch die im personalisierten Mehrheitswahlrecht auftretenden, unausgeglichenen Überhangmandate – wenngleich in einem geringeren Maße – zu einer Mehrheitsumkehr kommen[348]. Im Gegensatz zum reinen Mehrheitswahlrecht oder einer Sperrklausel fehlt diesem Mechanismus sogar ein entsprechender Konzentrationseffekt, weil keine Reduzierung der parteipolitischen Vielfalt, sondern schlicht eine Verschiebung der Sitzverhältnisse in zufälliger Art eintritt. Das Auftreten von Überhangmandaten fördert daher nicht die Mehrheitsbildung und damit Funktionsfähigkeit der Volksvertretung, sondern es droht vielmehr eine einseitig negativ wirkende Verzerrung der Mehrheitsverhältnisse[349]. Überdies konnte es aufgrund der mit der Möglichkeit unausgeglichener Überhangmandate in § 48 Abs. 1 S. 2 BWahlG 2020 wieder eingeführten Regelung, wonach im Falle eines Überhangmandates kein Nachrücken in ein solches Mandat stattfindet, während der Wahlperiode zu einer Veränderung

[346] So aber argumentieren *Kautz*, Überhangmandate, in: NJW 1995, S. 1871 (1873); *Ehlers/Lechleitner*, Verfassungsmäßigkeit, in: JZ 1997, S. 761 (762), obwohl sie für den Verhältnisausgleich Erfolgswertgleichheit fordern und damit der System-Relativitätsthese des Bundesverfassungsgerichts anhängen, die keinen Erst-recht-Schluss zulässt; gegen dieses Argument zu Recht *H. Meyer*, Überhang, in: KritV 77 (1994), S. 312 (334).

[347] Dazu bereits oben Teil 2, B. V. 1. c).

[348] So etwa bei der bayerischen Landtagswahl 1950, dazu *Wild*, Gleichheit, 2003, S. 251 Fn. 290, oder bei der schleswig-holsteinischen Landtagswahl im September 2009, dazu *Holste*, Reform, in: NVwZ 2012, S. 8 (8); *Möllers*, Wahlrecht, in: RuP 48 (2012), S. 1 (9). Bei der Kanzlerwahl infolge der Bundestagswahl 1994 kam es womöglich nur aufgrund der entsprechenden Überhangmandate der CDU zur erforderlichen absoluten Mehrheit im ersten Wahlgang, siehe *Nicolaus*, Demokratie, 1995, S. 195 f.; *Behnke*, Wahlsystem, 2007, S. 181. – Kritisch zu einer solchen durch Überhangmandate ausgelösten Mehrheitsumkehr *H. Meyer*, Wahlgrundsätze, in: Isensee/Kirchhof (Hrsg.), HStR III, 3. Aufl. 2005, § 46 Rn. 52; *Ipsen*, Wahlrecht, in: DVBl. 2013, S. 265 (266 ff.); *Sacksofsky*, Wahlrecht, in: Morlok/Schliesky/Wiefelspütz (Hrsg.), Parlamentsrecht, 2016, § 6 Rn. 69; *Wolf*, Stimmgewicht, 2016, S. 310.

[349] Gegen eine Rechtfertigung mit dem Argument der Mehrheitsbildung daher zu Recht BVerfGE 131, 316 (365); *H. Meyer*, Überhang, in: KritV 77 (1994), S. 312 (344); *Nicolaus*, Demokratie, 1995, S. 158 f.; *Möllers*, Wahlrecht, in: RuP 48 (2012), S. 1 (8 f.).

der parlamentarischen Mehrheitsverhältnisse kommen, womit die negative Wirkung noch einmal verschärft wurde[350].

b) Überhangmandate als zulässige Folge des personalisierten Verhältniswahlsystems

Die Rechtfertigung der Überhangmandate als solches lässt sich darauf zurückführen, dass im bisherigen Bundestagswahlsystem alle direkt im Wahlkreis gewählten Abgeordneten ihr Mandat erhalten sollten, damit die personalisierte Verhältniswahl zur Bestimmung des Wahlkreiskandidaten tatsächliche Wirkung entfaltet[351], wenngleich man deren Bedeutung nach den obigen Ausführungen als gering betrachten muss. Jedoch kann die Beeinträchtigung der Erfolgswertgleichheit durch eine Verrechnung mit anderen Landeslisten oder die Vergabe von Ausgleichsmandaten vermieden oder zumindest reduziert werden[352]. Daher könnte aus den Wahlrechtsprinzipien eine verfassungsrechtliche Verpflichtung zu entsprechenden Maßnahmen folgen.

Das Bundesverfassungsgericht hat die Zulassung ausgleichsloser Überhangmandate entsprechend den obigen Ausführungen mit dem „besonderen Anliegen der personalisierten Verhältniswahl"[353] gerechtfertigt. Diese Argumenta-

---

[350] Entsprechend kritisch zur früheren Regelung *Ipsen*, Wahlrecht, in: JZ 2002, S. 469 (470); *H. Meyer*, Wahlgrundsätze, in: Isensee/Kirchhof (Hrsg.), HStR III, 3. Aufl. 2005, § 46 Rn. 52; *Holste*, Reform, in: NVwZ 2012, S. 8 (8); *Wolf*, Stimmgewicht, 2016, S. 310. – Diese beruhte auf der Entscheidung des BVerfGE 97, 317 (328 f.), das allerdings selbst anmerkt, dass es „der Erhaltung der Funktionsfähigkeit des Parlaments [...] dienlich sein [mag], durch eine Nachfolgeregelung die Zahl der Abgeordneten des Parlaments während der Legislaturperiode möglichst konstant zu halten". Diese Entscheidung verdeutlicht – wie *H. Meyer*, Zukunft, 2010, S. 49 f. zutreffend bemerkt – den „Makel" ausgleichsloser Überhangmandate, der aus der fehlenden Legitimation durch die eigentlich maßgeblichen Zweitstimmen resultiert.

[351] In diesem Sinne Sondervotum zu BVerfGE 95, 335 (394); *H. Meyer*, Überhang, in: KritV 77 (1994), S. 312 (345 f.); *Ehlers/Lechleitner*, Verfassungsmäßigkeit, in: JZ 1997, S. 761 (762); *Jakob*, Überhangmandat, 1998, S. 123; *Wild*, Gleichheit, 2003, S. 244 f.

[352] Siehe Sondervotum zu BVerfGE 95, 335 (399 ff.); *Ipsen*, Wahlrecht, in: JZ 2002, S. 469 (473 f.); *Wild*, Gleichheit, 2003, S. 245. Der Debatte um eine verfassungsrechtliche Pflicht zum Ausgleich von Überhangmandaten gewann – wie *Wolf*, Stimmgewicht, 2016, S. 493 zutreffend anmerkt – durch die Entscheidung des BVerfGE 131, 316 (357 ff.) maßgebliche Relevanz, nach der ausgleichslose Überhangmandate ab einem bestimmten Ausmaß verfassungswidrig sind.

[353] Zuerst BVerfGE 7, 63 (74 f.); nachfolgend BVerfGE 16, 130 (140); 79, 169 (171); 95, 335 (360); 131, 316 (365); BVerfG, NVwZ-Beilage 2024, S. 28 (41 Rn. 174). – In dieser Hinsicht weist *H. Meyer*, Zukunft, 2010, S. 37 f. auf den bedeutsamen Umstand hin, dass sich die erste Entscheidung auf „externe" Überhangmandate bezog, bei der die Partei insgesamt überzählige Direktmandate errang und diese daher tatsächlich eine unmittelbare Folge des personalisierten Verhältniswahlrechts waren. Dies gilt hingegen nicht für „interne" Überhangmandate, die infolge der fehlenden Verrechnung aller Mandate auf Bundesebene

tion ist angesichts der tatsächlich geringen Wirkungsweise und ihres parteipolitischen Bezugs der personalisierten Verhältniswahl bereits äußerst zweifelhaft. Überdies taugt das Persönlichkeitselement in keiner Weise als Rechtfertigung für ausgleichslose Überhangmandate. Zunächst ist zu konstatieren, dass mit dem Wissen von der Möglichkeit ausgleichsloser Überhangmandate die Erststimme aus taktischen Erwägungen als Parteistimme missbraucht werden kann, sodass der ursprüngliche Zweck der Erststimme als Persönlichkeitswahl endgültig ad absurdum geführt wird[354]. Zudem führen Überhangmandate lediglich zu einer Erhöhung von Listenmandaten, weshalb sie – ebenso wie die Grundmandatsklausel – gar nicht geeignet sind, den vermeintlichen Persönlichkeitsfaktor zu verstärken[355]. Eine etwaige Belohnung für eine „erfolgreiche Wahlkreisarbeit"[356] stellt nicht nur einen illegitimen Differenzierungszweck dar, sondern ist überdies zweckwidrig, weil Überhangmandate nicht Folge besonders hoher Zustimmungswerte der Kandidaten in den Wahlkreisen, sondern ebenso schlechter allgemeiner Zustimmungswerte der Partei in Form eines niedrigen Zweitstimmenergebnisses sein können[357]. Der *Persönlichkeitsfaktor* bezieht sich auf die Existenz und Zuteilung von Direktmandaten und rechtfertigt deshalb keinesfalls vermeidbare, zweckwidrige Folgen in Form unausgeglichener Überhangmandate[358].

---

entstehen. Die in den nachfolgenden Entscheidungen unreflektierte Übernahme dieses Arguments für interne Überhangmandate ist daher gänzlich sachwidrig.

[354] So *Nicolaus*, Stimmgewicht, in: ZParl 26 (1995), S. 353 (368 ff.); *Lenski*, Paradoxien, in: AöR 134 (2009), S. 473 (499); allgemein zum taktischen Wahlverhalten im Zusammenhang mit Überhangmandaten bereits oben Teil 3, B. V. 1. c).

[355] In diese Richtung Sondervotum zu BVerfGE 95, 335 (394 f.); *Nicolaus*, Stimmgewicht, in: ZParl 26 (1995), S. 353 (368); *Wolf*, Stimmgewicht, 2016, S. 305. Man könnte infolge der erhöhten Anzahl an Listenmandaten sogar von einer negativen Wirkung der Überhangmandate auf den personellen Aspekt sprechen, siehe *Möllers*, Wahlrecht, in: RuP 48 (2012), S. 1 (7).

[356] So *Ehlers/Lechleitner*, Verfassungsmäßigkeit, in: JZ 1997, S. 761 (762); ähnlich *Mager/Uerpmann*, Überhangmandate, in: DVBl. 1995, S. 273 (278). – Die Wendung „zusätzliche Prämie aus der Mehrheitswahl" findet sich nur beiläufig in BVerfGE 1, 208 (247) und wurde später nicht wieder aufgegriffen, explizite Distanzierung im Sondervotum zu BVerfGE 95, 335 (393).

[357] In diesem Sinne Sondervotum zu BVerfGE 95, 335 (393 f.); *H. Meyer*, Überhang, in: KritV 77 (1994), S. 312 (336); *Lenski*, Paradoxien, in: AöR 134 (2009), S. 473 (479 f.); *Möllers*, Wahlrecht, in: RuP 48 (2012), S. 1 (7).

[358] Ebenso *Wild*, Gleichheit, 2003, S. 251; *H. Meyer*, Zukunft, 2010, S. 44; *Möllers*, Wahlrecht, in: RuP 48 (2012), S. 1 (8); *Wolf*, Stimmgewicht, 2016, S. 305 f. Prägnant formuliert dazu *Backhaus*, Verständnis, in: DVBl. 1997, S. 737 (742): „Ob das Anliegen der personalisierten Verhältniswahl, auf eine engere Bindung eines Teils der Abgeordneten an ihrem Wahlkreis hinzuwirken, erreicht wird, hängt nicht davon ab, ob ein solcher Ausgleich vorgenommen wird."

c) Bundesweite Verrechnung als erster Schritt zur Reduzierung von Proporzverzerrungen

Der erste Schritt zur Eindämmung von Überhang- und damit zugleich potentiell erforderlichen Ausgleichsmandaten wäre gewesen, die „internen" Überhangmandate durch die vollständige Verrechnung der Direkt- und Listenmandate auf Bundesebene zu eliminieren[359]. Das Fehlen dieses Mechanismus rechtfertigt die herrschende Auffassung mit der Wahrung der föderalen Repräsentation, weil bei einer Verrechnung eine Landesliste Mandate durch den Gewinn von Überhangmandaten einer anderen Landesliste verlieren kann[360]. Dieses Argument ist schon wenig überzeugend, da bereits der Anfall von Überhangmandaten eine Überrepräsentation einzelner Landesverbände hervorruft und durch eine bundesweite Verrechnung lediglich eine Verstärkung dieses Effektes eintritt[361]. Abgesehen davon führt der Verzicht auf eine bundesweite Verrechnung und die daraus resultierenden „internen" Überhangmandate zu einer erheblichen Beeinträchtigung der Erfolgswertgleichheit und des Mehrheitsprinzips, sodass nicht nur eine rechtspolitische, sondern eine verfassungsrechtliche Rechtfertigung erforderlich ist. Das Bundesstaatsprinzip kann aber gar nicht als Rechtfertigungsansatz fungieren, weil es im konkreten Kontext der demokratischen Legitimation des Bundestages als Organ des Bundes keine Relevanz besitzt[362]. Vielmehr könnte das Bundesstaatsprinzip umgekehrt sogar dafür in Anspruch genommen werden, die Trennungen zwischen Bundes- und Landesebene aufrechtzuerhalten und daher das Bundestagswahlrecht auf die Bundesebene zu beziehen[363]. Dafür spricht zudem in historischer Hinsicht, dass

---

[359] Hierfür *H. Meyer*, Wahlsystem, 1973, S. 242 ff.; *Nicolaus*, Demokratie, 1995, S. 98 f.; *Ipsen*, Wahlrecht, in: JZ 2002, S. 469 (474). – Nach Auffassung von *Nicolaus*, Demokratie, 1995, S. 100 ff. lässt sich dieses Ergebnis bereits aus dem Bundestagswahlrecht selbst herleiten, sodass nicht die Normen selbst, sondern deren tatsächliche Auslegung und Anwendung verfassungswidrig seien.

[360] Siehe BVerfGE 121, 266 (302 f.); *Mager/Uerpmann*, Überhangmandate, in: DVBl. 1995, S. 273 (278); *Pauly*, Wahlrecht, in: AöR 123 (1998), S. 232 (267); *Boehl*, Abgeordnete, in: ZRP 2017, S. 197 (198 f.).

[361] So bereits das Sondervotum zu BVerfGE 95, 335 (401 f.). Auch *H. Meyer*, Überhang, in: KritV 77 (1994), S. 312 (340); *Nicolaus*, Demokratie, 1995, S. 156 f.; *Holste*, Reform, in: NVwZ 2012, S. 8 (10 f.) heben hervor, dass bereits durch das Auftreten von Überhangmandaten in einem Bundesland, dieses gegenüber anderen deutlich stärker vertreten sein kann; anders hingegen die Argumentation bei *Boehl*, Abgeordnete, in: ZRP 2017, S. 197 (199), der in der bundesweiten Verrechnung eine Verzerrung des „föderalen Proporz im Bundesparlament" erkennen will.

[362] Ebenso Sondervotum zu BVerfGE 95, 335 (402); *H. Meyer*, Überhang, in: KritV 77 (1994), S. 312 (341 f.); *Nicolaus*, Demokratie, 1995, S. 155 f.

[363] In diesem Sinne *Wild*, Gleichheit, 2003, S. 249, wenngleich er anschließend das Vorhandensein von Landeslisten und deren vermeintlich stärkeren regionalen Bezug als legitimes Ziel anerkennen will, um eine Verrechnung auf Bundesebene abzulehnen, ohne dessen verfassungsrechtlichen Gehalt zu begründen. Deutlicher im Zusammenhang mit der Unzu-

der Parlamentarische Rat ursprünglich eine bundesweite Verrechnung mit einheitlicher Bundesliste anstrebte, welche die auf Landesebene auftretende Überhangmandate verhindert hätte, und dieser Wahlgesetzentwurf lediglich am Veto der Alliierten scheiterte[364]. Daher kann der Verweis auf einen föderativen Proporz eine Einschränkung der auf die Bundesebene bezogenen Wahlgleichheit infolge ausgleichsloser Überhangmandate nicht rechtfertigen[365].

Allerdings ist zu berücksichtigen, dass eine bundesweite Verrechnung die Entstehung externer Überhangmandate nicht verhindert, die infolge der politischen Entwicklung zunehmend wahrscheinlicher geworden sind[366]. Zudem würde dies zu einer Bevorteilung von Parteien wie der CSU führen, deren Landesliste nur in einem Bundesland antritt und bei der eine solche Verrechnung daher nicht erfolgen könnte[367]. Letzteres wäre lediglich zu vermeiden, wenn

---

lässigkeit einer reinen Mehrheitswahl *Nicolaus*, Demokratie, 1995, S. 48, der zutreffend bemerkt: „Die Beteiligung der Staatsteilgebiete an der Ausübung der Bundesstaatsgewalt ist durch den Bundesrat, das Bundesstaatsprinzip und Art. 79 Abs. 3 GG hinreichend gesichert.“; anders hingegen die Argumentation bei *Jakob*, Überhangmandat, 1998, S. 124 ff.

[364] Dazu *Backhaus*, Verständnis, in: DVBl. 1997, S. 737 (742); angedeutet auch in BVerfGE 95, 335 (351); *H. Meyer*, Überhang, in: KritV 77 (1994), S. 312 (342). In dieser Hinsicht formulierte der Abgeordnete *Heiland*, Fünfundfünfzigste Sitzung des Ausschusses für Wahlrechtsfragen, 5. Mai 1949, in: Deutscher Bundestag/Bundesarchiv (Hrsg.), Der Parlamentarische Rat 1948–1949, Bd. VI, 1994, S. 791: „Wenn wir noch den Bundesausgleich hätten, wäre es fast ausgeschlossen, überschüssige Mandate zu bekommen. […] Das ist der Mangel der einschränkenden Anordnungen, die die Militärregierungen gegeben haben.“ Allgemeiner formulierte der Abgeordnete *Diederichs*, Fünfundfünfzigste Sitzung des Ausschusses für Wahlrechtsfragen, 5. Mai 1949, in: Dies. (Hrsg.), Der Parlamentarische Rat 1948–1949, Bd. VI, 1994, S. 797: „Eine Generalabrechnung über das Bundesgebiet, die normalerweise bei einer Bundeswahl nach unser aller Empfinden das Gesunde gewesen wäre, ist nicht möglich, weil aus gewissen Interessen, auf die man außerhalb unserer Grenzen Rücksicht nimmt, wieder einmal sehr stark das Partikulare unterstrichen werden soll“. Zu den Hintergründen und Folgen des alliierten Vetos näher dies. (Hrsg.), Der Parlamentarische Rat 1948–1949, Bd. VI, 1994, S. XXXV ff.

[365] So auch Sondervotum zu BVerfGE 95, 335 (402 f.); *Nicolaus*, Demokratie, 1995, S. 155 ff.; *Wolf*, Stimmgewicht, 2016, S. 306; sehr kritisch ferner *Holste*, Reform, in: NVwZ 2012, S. 8 (11); *Cancik*, Wahlrecht, in: VVDStRL 72 (2013), S. 268 (304). – Trotz der Existenz der Landeslisten ist daher die innerparteiliche Ungleichheit des Erfolgswertes in den verschiedenen Bundesländern nicht nur – wie *Behnke*, Überhangmandate, in: ZParl 41 (2010), S. 247 (255) meint – „verfassungsrechtlich weniger bedenklich“, sondern schlichtweg verfassungsrechtlich irrelevant und allein die parteibezogene Erfolgswertgleichheit hinsichtlich des bundesweiten Gesamtergebnisses maßgeblich; ebenso *H. Meyer*, Bundestag, in: AöR 143 (2018), S. 521 (527); implizit *Pukelsheim/Rossi*, Stimmgewichte, in: JZ 2010, S. 922 (926 f.); a.A. jedoch BVerfG, NVwZ-Beilage 2024, S. 28 (44 Rn. 194).

[366] Siehe *Wolf*, Stimmgewicht, 2016, S. 453 f.; *Boehl*, in: Schreiber (Hrsg.), BWahlG, 11. Aufl. 2021, § 6 Rn. 60.

[367] Dazu *H. Meyer*, Lösungsmöglichkeiten, in: DVBl. 2009, S. 137 (142 f.); *Behnke*, Überhangmandate, in: ZParl 41 (2010), S. 247 (255); *Wolf*, Stimmgewicht, 2016, S. 454; *Dehmel*, Wahlrechtsdilemma, 2020, S. 607.

man die Landeslisten durch eine einheitliche Bundesliste ersetzt, sodass CSU und CDU jeweils bundesweit wählbar wären[368] oder man die CSU für den bundesweiten Ausgleich „*wie* [Hervorhebung im Original] einen Landesverbund der CDU behandel[t].“[369] Da aber die Verzerrungen der parteipolitischen Mehrheitsverhältnisse und die Beeinträchtigungen der Wahlrechtsgrundsätze durch diese Varianten nicht gänzlich vermieden werden können, weil externe Überhangmandate auf Bundesebene möglich bleiben, kann der Wahlgesetzgeber nicht ohne Weiteres zu solchen Maßnahmen verpflichtet werden. Umgekehrt fungiert der föderale Proporz jedoch auch nicht als Rechtfertigung für die daraus resultierenden „internen“ Überhangmandate. Der Gesetzgeber könnte daher jedenfalls zu einem vollständigen Ausgleich der Überhangmandate verpflichtet sein, um eine Beeinträchtigung der Wahlrechtsprinzipien zu vermeiden.

d) Vollständiger Ausgleich als zweiter Schritt zur Vermeidung von Proporzverzerrungen

Die Wahlrechtsreform 2020 nahm mit der Zulässigkeit von bis zu drei unausgeglichenen Überhangmandaten vom vollständigen Ausgleich wieder Abstand. Wenngleich man darin nur ein geringes Ausmaß und damit eine verminderte Intensität der Beschränkung der Wahlgleichheit und des Mehrheitsprinzips sehen mag, kann dies allenfalls zu einem größeren Spielraum des Gesetzgebers im Rahmen der abschließenden Abwägung führen, lässt aber die grundsätzlichen Anforderungen an die Rechtfertigung und damit insbesondere die Beachtung der Erforderlichkeit der Einschränkung nicht entfallen[370].

In historischer Hinsicht könnte für die Zulässigkeit eines geringen Anteils von ausgleichslosen Überhangmandaten sprechen, dass bereits dem Parlamen

[368] Siehe zu diesem Vorschlag *Strohmeier*, Karlsruhe, in: ZParl 42 (2011), S. 186 (193). Dieser würde – anders als *Isensee*, Funktionsstörung, in: DVBl. 2010, S. 269 (273) scheinbar meint – keinen Eingriff in die „Wettbewerbsfreiheit der Parteien“ darstellen, da es bei einer bundesweiten Wahl keinen verfassungsrechtlich geschützten Anspruch auf die Möglichkeit lokal begrenzter Listen gibt. Insoweit führt er selbst im Folgenden zutreffend aus, dass „es keine verfassungsrechtlichen Hindernisse für ein unitarisches Verteilungsverfahren“ gibt, a.a.O., S. 274. Bei einer Landtagswahl würde niemand ernsthaft ein Recht der Parteien annehmen, eine Liste nur für bestimme Kreise und Städte aufzustellen. Entsprechendes hinsichtlich der Landeslisten für die Bundesebene einzufordern, ist schlicht Folge des verbreiteten Fehlschlusses, einfachgesetzliche Regelungen wie das derzeitige Bestehen von Landeslisten zu einem verfassungsrechtlichen Grundsatz aufzuladen.

[369] *H. Meyer*, Bundestag, in: AöR 143 (2018), S. 521 (542).

[370] Entsprechend hinsichtlich einer abgesenkten Sperrklausel argumentieren BVerfGE 135, 259 (298 f. Rn. 81); *W. Roth*, Sperrklausel, 2015, S. 32 f. – Zur Rechtfertigungsbedürftigkeit dieser Wahlreform explizit BVerfG, NVwZ-Beilage 2024, S. 28 (40 Rn. 169 ff.), das diese allerdings durch „das besondere Anliegen einer mit der Personenwahl verbundene Verhältniswahl“ gerechtfertigt sieht.

tarischen Rat als verfassunggebende Versammlung das Problem der Überhangmandate bekannt war und er „bereit war, ausgleichslose Überhangmandate hinzunehmen, weil er davon ausging, diese könnten ohnehin nur in äußerst geringer Zahl anfallen“[371]. Allerdings hat der Parlamentarische Rat lediglich das zur damaligen Zeit wegen der fehlenden Verrechnung auf Bundesebene infolge des alliierten Vetos denkbare Auftreten von internen Überhangmandaten widerwillig hingenommen und womöglich aufgrund der angenommenen Schwierigkeiten eines entsprechenden Ausgleichsmodells auf dieses verzichtet[372]. Angesichts der allgemeinen Komplexität des Bundeswahlgesetzes und des nunmehr schon erfolgreich praktizierten Modells eines vollständigen Ausgleichs von Überhangmandaten stellt dieser Aspekt jedenfalls aus heutiger Sicht keinen Rechtfertigungsgrund für einen Verzicht dar.

In teleologischer Hinsicht könnte für die Zulässigkeit eines sehr geringen Anteils von Überhangmandaten sprechen, dass sich die damit eintretende Erhöhung des Erfolgswertes der Zweitstimmen für die jeweilige Partei noch in einem Ausmaß bewegen könnte, das auch ohne den Anfall von Überhangmandaten erreicht wird und damit dem Bereich der durch das Wahlsystem ohnehin eintretenden Erfolgswertdifferenzierung zuzuordnen ist[373]. Diese Feststellungen können allerdings erst im Nachgang einer Wahl anhand des Wahlergebnisses getroffen werden, sodass sich hieraus keine allgemeine Aussage entnehmen lässt, welche Zahl von Überhangmandaten sich noch im Bereich der unvermeidlichen Erfolgswertdifferenzierung bewegt. Bei der Bundestagswahl 1994 lagen nach dieser Berechnung vier Überhangmandate der CDU noch innerhalb dieses Bereichs, während das fünfte Überhangmandat eine darüberhinausgehende und damit eigenständige Erfolgswertdifferenzierung verursacht hätte[374].

---

[371] So die Schlussfolgerung beim Sondervotum zu BVerfGE 95, 335 (396); ähnlich *Drossel*, Wahlsystem, 2021, S. 38.

[372] So formulierte der Abgeordnete *Diederichs*, Fünfundzwanzigste Sitzung des Ausschusses für Wahlrechtsfragen, 5. Mai 1949, in: Deutscher Bundestag/Bundesarchiv (Hrsg.), Der Parlamentarische Rat 1948–1949, Bd. VI, 1994, S. 798: „Wie gesagt, es lockt mich Ihr Hinweis darauf, daß man durch die zu viel erworbenen Mandate in der direkten Wahl nachher Zusatzmandate kriegen möchte, was unserem Wunsch nach dem Verhältniswahlrecht wieder entgegenkäme. Auf der anderen Seite sehe ich darin wieder einige Schwierigkeiten und eine Komplizierung“; siehe dazu das Sondervotum zu BVerfGE 95, 335 (396).

[373] So die Argumentation in BVerfGE 79, 169 (172); Sondervotum zu BVerfGE 95, 335 (397 f.). – Diese Rechnungen zeigen, dass man die Erfolgswertungleichheit durch die Überhangmandate am Vergleich der Zweitstimmen feststellen kann, wenngleich diese Ungleichheit – wie *Kautz*, Überhangmandate, in: NJW 1995, S. 1871 (1872); *Ehlers/Lechleitner*, Verfassungsmäßigkeit, in: JZ 1997, S. 761 (762) zutreffend anmerken – nicht durch die Zweitstimmen bewirkt, sondern durch den auf die Erststimmen zurückgehenden Anfall von Überhangmandaten ausgelöst wird.

[374] Siehe Sondervotum zu BVerfGE 95, 335 (398); zur Berechnung des Stimmgewichts und der damit verbundenen Verzerrung bei der Bundestagswahl 1994 ausführlich *Nicolaus*, Demokratie, 1995, S. 165 ff., der auf der Grundlage von BVerfGE 79, 169 (172) bereits zu

Bei anderen Stimmverteilungen könnte aber genauso schon beim ersten oder zweiten Überhangmandat eine darüberhinausgehende Erfolgswertdifferenzierung eintreten, sodass das Wahlrecht damit „lotteriehaften Charakter“[375] annehmen würde. Im Übrigen wäre der Gesetzgeber dazu verpflichtet, soweit möglich Erfolgswertdifferenzierungen zu vermeiden, anstatt mit deren Auftreten weitergehende Verzerrungen zu begründen. Daher lässt sich eine Rechtfertigung, grundsätzlich bis zu drei Überhangmandate unausgeglichen zu lassen, nicht auf diese Erwägung stützen[376].

Klassischerweise bringen viele gegen einen vollständigen Ausgleich von Überhangmandaten das Argument der *Funktionsfähigkeit* der Volksvertretung vor, wonach einer weiteren Vergrößerung des Bundestages vorzubeugen ist[377]. Eine verfassungsrechtliche Rechtfertigung der Wahlreform aus dem Jahr 2020 erscheint damit schon zweifelhaft, weil der Ausgleich von bis zu drei Überhangmandaten das Parlament zwar vergrößern kann, aber damit noch keine hinreichende Gefahr für die Funktionsfähigkeit der Volksvertretung zu erwarten ist. Wäre hingegen der Ausgleich einer deutlich größeren Anzahl an Überhangmandaten nötig und würde eine damit verbundene erhebliche Vergrößerung des Parlaments eintreten, könnte das Argument der Funktionsfähigkeit tatsächliche Relevanz erhalten. Allerdings würde bei einem solch weitreichenden Verzicht die Beeinträchtigung der Wahlgleichheit und des Mehrheitsprinzips zugleich deutlich intensiver ausfallen.

Im Sinne des in den Wahlrechtsprinzipien enthaltenen Optimierungsgebots und des allgemeinen Grundsatzes der Verhältnismäßigkeit wäre der Gesetzgeber gehalten, alle milderen Maßnahmen zunächst auszuschöpfen. In diesem Fall könnte sich die zulässige Möglichkeit zur bundesweiten Verrechnung zu einer Pflicht verdichten, weil dies bereits einen Teil der Überhangmandate verhindern könnte und ein föderaler Proporz wie aufgezeigt kein Rechtsgut von Verfassungsrang darstellt[378]. Soweit dies wegen der CSU keine ausreichende

---

dem Schluss kam, dass jedenfalls acht der zwölf Überhangmandate der CDU die Erfolgswertgleichheit beeinträchtigen.

[375] Prägnant als Kritik an der Argumentation in BVerfGE 79, 169 *H. Meyer*, Überhang, in: KritV 77 (1994), S. 312 (332).

[376] Kritisch zu diesem „Margenmodell“ *H. Meyer*, Überhang, in: KritV 77 (1994), S. 312 (332 f.); *Nicolaus*, Demokratie, 1995, S. 162 ff.; *C. Lenz*, Grundmandatsklausel, in: NJW 1997, S. 1534 (1536 f.).

[377] Siehe Sondervotum zu BVerfGE 95, 335 (404); *Mager/Uerpmann*, Überhangmandate, in: DVBl. 1995, S. 273 (278); *Boehl*, Abgeordnete, in: ZRP 2017, S. 197 (199). Ob dies den Verzicht auf einen vollständigen Ausgleich rechtfertigen kann, lässt BVerfG, NVwZ-Beilage 2024, S. 28 (42 Rn. 184) explizit offen. – Allgemein zum Zusammenhang zwischen Parlamentsgröße und Funktionsfähigkeit *Wolf*, Stimmgewicht, 2016, S. 386 ff.; *Schöneberger*, Verhältniswahl, in: JöR n. F. 67 (2019), S. 1 (14 f.); *Austermann*, Bundestagswahlrecht, in: ZRP 2021, S. 226 (227 f.).

[378] Die Wahlrechtsreform von 2020 hatte hier lediglich zu einer Teilverrechnung zwischen den Landeslisten geführt, weil immer noch das Ziel aufrecht erhalten werden sollte,

Wirkung zeigen würde, müsste die Einführung einer Bundesliste für alle Parteien erwogen werden, die die Sondersituation der CSU aufhebt und damit zu erheblich weniger erforderlichen Ausgleichsmandaten führen könnte[379]. Ferner wäre eine deutliche Reduzierung der Wahlkreismandate möglich[380]. Die überholte Reform des Wahlgesetzes aus dem Jahr 2020 konnte sich insoweit lediglich zu einer erst im Jahr 2024 in Kraft tretenden Reduzierung von 299 auf 280 Wahlkreise durchringen, weil eine deutlich weitergehende Reduzierung und damit Vergrößerung der Wahlkreise negative Auswirkungen auf die Bindung der Abgeordneten zum Wahlkreis und den Wählern habe[381]. Allerdings kann dieser Umstand angesichts der geringen, tatsächlichen Bedeutung der Mehrheitswahl im Wahlkreis und damit des Persönlichkeitsfaktors die möglicherweise erheblichen quantitativen Auswirkungen und damit intensiven Eingriffe in die Wahlrechtsprinzipien nicht rechtfertigen und müsste in der Abwägung hinter diese zurücktreten. In letzter Konsequenz wäre aus diesem Grund eher die gänzliche Abschaffung des widersprüchlichen personalisierten Verhältniswahlsystems als die Hinnahme unausgeglichener Überhangmandate, die die parteipolitischen Mehrheitsverhältnisse maßgeblich beeinflussen können, verfassungsrechtlich geboten. Ein Verzicht auf einen vollständigen Ausgleich lässt sich somit nicht mit der Reduzierung der Parlamentsgröße rechtfertigen[382].

e) Ausgleichslose Überhangmandate trotz vollständigem Verhältnisausgleich

Gegen einen vollständigen Ausgleich im früheren Bundestagswahlrecht könnte jedoch vorgebracht werden, dass mangels Verrechnungs- und Ausgleichsmöglichkeit die Direktmandate von Parteien, die an der Sperrklausel scheitern, oder Direktmandate parteiloser Kandidaten weiterhin faktische Überhangmandate hervorrufen können. In diesen Fällen beruht die Zusammensetzung des Parla-

---

den föderalen Proporz zu gewährleisten, siehe den Gesetzentwurf der Fraktionen der CDU/CSU und SPD zur Änderung des Bundeswahlgesetzes vom 15.9.2020, BT-Drs. 19/22504, S. 1; dazu näher BVerfG, NVwZ-Beilage 2024, S. 28 (43 ff. Rn. 192 ff.); *Boehl*, in: Schreiber (Hrsg.), BWahlG, 11. Aufl. 2021, § 6 Rn. 28.

379 Insofern weist *H. Meyer*, Bundestag, in: AöR 143 (2018), S. 521 (528 f.) zu Recht darauf hin, dass allein das Wahlergebnis der CSU für eine erhebliche Anzahl an Überhangmandaten sorgen kann, weil bei ihr als kleine Partei die Proporzverzerrungen besonders erheblich sind.

380 Entsprechende Argumentation hinsichtlich der fehlenden Rechtfertigung zur Streichung von Direktmandaten bei *Rauber*, Wahlkreissieger, in: ZG 35 (2020), S. 149 (178); siehe zu dieser Möglichkeit *Behnke*, Überhangmandate, in: ZParl 41 (2010), S. 247 (256).

381 Siehe dazu den Gesetzentwurf der Fraktionen der CDU/CSU und SPD zur Änderung des Bundeswahlgesetzes vom 15.9.2020, BT-Drs. 19/22504, S. 1 f.

382 Im Ergebnis auch *Wolf*, Stimmgewicht, 2016, S. 495 f.; *Rauber*, Wahlkreissieger, in: ZG 35 (2020), S. 149 (178 f.).

mentes nicht allein auf dem Zweitstimmenergebnis[383]. Vielmehr wandelt sich die Bedeutung der Wahlkreisentscheidung von einer bloßen Beeinflussung der *Personalauswahl* der Partei hin zu einem unmittelbaren Einfluss auf die *Gesamtzusammensetzung* des Parlaments, die konsequenterweise an den Wahlrechtsprinzipien, insbesondere dem Mehrheitsprinzip und der Wahlgleichheit zu messen wäre.

Allerdings werden nach der früheren Regelung des § 6 Abs. 1 S. 2 BWahlG 2020 die Zweitstimmen von Wählern erfolgreicher Einzelkandidaten nicht gewertet. In diesem Fall nehmen jene Wähler zwar mit ihrer Erststimme, nicht aber mit ihrer Zweitstimme – also gewissermaßen genau in Umkehrung des Regelfalls – Einfluss auf die gesamtpolitische Zusammensetzung des Bundestages. Ihre Erststimme wirkt sich in dieser Konstellation wie die Zweitstimme anderer Wähler aus, sodass sie ebenfalls nur mit einer Stimme Einfluss auf die gesamtpolitische Mandatsbesetzung des Bundestages nehmen und damit der Erfolgswertgleichheit Rechnung getragen wird[384]. Problematisch ist jedoch, dass für den Gewinn des Direktmandates tendenziell weniger Stimmen erforderlich sind als für den Gewinn eines Listenmandates und damit die Erststimme jener Wähler einen höheren Erfolgswert hat als die Zweitstimme andere Wähler. In dieser Konstellation wird die bloße relative Mehrheitsentscheidung im Wahlkreis womöglich doch zu einem verfassungsrechtlichen Problem. In der theoretischen Idealform von 299 Direkt- und 299 Listenmandaten, gleichgroßen Wahlkreisen und gleichmäßiger Wahlbeteiligung würde eine absolute Mehrheit für die Wahlkreiskandidaten dazu führen, dass der einzelne Wahlkreisabgeordnete mindestens 1/598 des gesamten Wahlvolkes hinter sich versammelt. Infolge der grundsätzlich erfolgenden Anrechnung von Direktmandaten entspräche dies ungefähr der Anzahl an Zweitstimmen, die für ein Mandat einer Partei erforderlich wären, sodass die Erfolgswertgleichheit annähernd hergestellt wäre. Unter einem relativen Mehrheitserfordernis kann die Zustimmungsrate im Wahlkreis jedoch deutlich niedriger sein, womit der Rückhalt unter 1/598 des gesamten Wahlvolkes liegt und folglich der Erfolgswert der Erststimme jener Wähler gegenüber den der Zweitstimmen anderer Wähler erhöht ist. Zu berücksichtigen gilt es dabei aber, dass durch eine Vergrößerung des Bundestages infolge von Überhang- und Ausgleichsmandaten zugleich die Anzahl an Zweitstimmen, die für ein Listenmandat erforderlich sind, regelmäßig und deutlich unter 1/598 liegen könnte. Umgekehrt kann es – wenngleich dies noch unwahrscheinlicher wäre – zu einer sehr hohen Zustimmungsrate des Einzelbewerbers über 50 % der Erststimmen kommen, wodurch die ausschließlich gewerteten Erststimmen jener Wähler theoretisch einen geringeren

---

[383] Dazu im Ansatz *Wolf*, Stimmgewicht, 2016, S. 454.

[384] Dazu *Ipsen*, Wahlrecht, in: JZ 2002, S. 469 (471 f.); *Lenski*, Paradoxien, in: AöR 134 (2009), S. 473 (486 f.); *Wolf*, Stimmgewicht, 2016, S. 253; *Boehl*, in: Schreiber (Hrsg.), BWahlG, 11. Aufl. 2021, § 6 Rn. 5.

Erfolgswert als die Zweitstimmen der übrigen Wähler haben könnten. Diese geringen theoretischen Unschärfen der Erfolgswertgleichheit werden zumindest für unabhängige Einzelbewerber aller Wahrscheinlichkeit nach aufgrund fehlender Erfolgsaussichten praktisch nicht relevant und sind daher infolge der wirklichkeitsorientierten Betrachtung des Wahlrechts hinzunehmen.

Wahrscheinlicher und deshalb problematischer wäre eine Konstellation, bei der mehrere Kandidaten einen Wahlkreis gewinnen, deren Partei an der Sperrklausel scheitert. Zwar erfasst die Regelung des § 6 Abs. 1 S. 2 BWahlG 2020 diese Situation ebenfalls und vermeidet damit den noch bei der Bundestagswahl 2002 aufgetretenen Fall der „Berliner Zweitstimmen", bei welchem die Wähler der beiden in den Bundestag eingezogenen PDS-Kandidaten ihre Zweitstimmen einer anderen Partei gaben und mit beiden Stimmen Einfluss auf die Zusammensetzung des Parlamentes nahmen[385]. Allerdings hätte die gebotene und in der Wahlrechtsreform 2023 beschlossene Abschaffung der Grundmandatsklausel im bisherigen Bundestagswahlsystem zu der paradoxen Situation führen können, dass Parteien davon sogar profitieren, wenn sie erheblich mehr Direktmandate gewinnen, als ihnen nach dem Zweitstimmenergebnis überhaupt zuständen. In diesem Fall wären die gewonnenen Direktmandate der Partei gemäß § 6 Abs. 1 S. 3 BWahlG 2020 von der Gesamtzahl der für den Verhältnisausgleich relevanten Sitzzahl nach § 6 Abs. 5 BWahlG 2020 abgezogen und damit dieser faktische Überhang nicht mehr ausgeglichen worden[386]. Paradoxerweise hätte eine Partei damit sogar einen *Vorteil* aus der Existenz der Sperrklausel und der gleichzeitigen Abschaffung der Grundmandatsklausel ziehen können. Nach aktueller politischer Lage wäre eine solche Konstellation bei der CSU nicht gänzlich ausgeschlossen gewesen, die trotz zunehmender Schwäche bei den Zweitstimmen weiterhin beinahe alle Direktmandate in Bayern gewinnt[387]. Diese Fallkonstellation führt nicht dazu, der im Übrigen systemwidrigen Grundmandatsklausel doch noch zur Rechtfertigung zu verhelfen, sondern verlangt vielmehr eine ergänzende Regelung, wonach parteigebundene Direktmandate trotz des Scheiterns der Partei an der Sperrklausel ausgeglichen werden, eine Zuteilung nur bis zu einer entsprechenden Zweitstimmendeckung erfolgt oder eine Zuteilung nach dem Vorbild des Art. 43 Abs. 2 S. 2 BayLWG gänzlich unterbleibt. Die Wahlrechtsreform im Jahr 2023, deren Ver-

---

[385] Zu diesem Zeitpunkt bestand die Besonderheit, dass die Vorschrift noch nicht ausdrücklich den Fall der erfolgreichen Wahl von Kandidaten erfasste, deren Partei an der Fünf-Prozent-Hürde scheitert, siehe zu diesen „Berliner Zweitstimmen" *Lenski*, Paradoxien, in: AöR 134 (2009), S. 473 (488 ff.); *H. Meyer*, Zukunft, 2010, S. 58 f.; *Holste*, Reform, in: NVwZ 2012, S. 8 (9); *Boehl*, in: Schreiber (Hrsg.), BWahlG, 11. Aufl. 2021, § 6 Rn. 5.

[386] Siehe zu diesem Regelungsmechanismus allgemein *Boehl*, in: Schreiber (Hrsg.), BWahlG, 11. Aufl. 2021, § 6 Rn. 7.

[387] So gewannen die CSU-Kandidaten bei der Bundestagswahl 2021 immer noch 45 der 46 Wahlkreise, siehe www.statistik.bayern.de/presse/mitteilungen/2021/pm011/index.html (letzter Abruf: 31.7.2024).

fassungsmäßigkeit insoweit noch näher zu untersuchen ist, hatte sich für letzteres entschieden[388].

Die bisherige Regelung des Wahlgesetzgebers in § 6 Abs. 1 S. 2 BWahlG 2020 spricht jedenfalls schon selbst für einen vollständigen Ausgleich von listengebundenen Überhangmandaten, weil sie auf die Vermeidung von Erfolgswertdifferenzierungen abzielt. Zwar erscheint es zunächst fragwürdig, dass die Regelung nicht die Konstellation erfasst, in der ein Wähler, der mit seiner Erststimme einer Partei zu einem unausgeglichenen Überhangmandat verhilft und mit seiner Zweitstimme eine andere ins Parlament einziehende Partei wählt, mit beiden Stimmen Einfluss auf die Mehrheitsverhältnisse nimmt und damit ein zusätzliches Stimmgewicht erhält[389]. Dies ist aber letztlich konsequent, weil ein solches Stimmensplitting für ein erhöhtes Stimmgewicht gar nicht nötig ist. Selbst wenn alle Wähler ihre Erst- und Zweitstimmen an dieselbe Partei beziehungsweise deren Kandidaten geben, können Überhangmandate auftreten – insbesondere im Falle vieler knapper Wahlkreissiege mit geringerer relativer Mehrheit durch Kandidaten derselben Partei[390]. Deshalb können die Wähler von Direktkandidaten, deren Partei Überhangmandate erzielt, auch ohne Stimmensplitting ein erhöhtes Stimmgewicht erhalten, weil zusätzlich ihre Erststimme auf die parteipolitische Zusammensetzung des Bundestages Einfluss erhält[391]. Dies verdeutlicht somit die Systemwidrigkeit ausgleichsloser Überhangmandate, die für sich jedoch keinen verfassungsrechtlichen Maßstab darstellt. Vielmehr sind unausgeglichene Überhangmandate verfassungswidrig, weil sie ohne verfassungsrechtliche Rechtfertigung die Wahlgleichheit und das Mehrheitsprinzip beeinträchtigen.

f) Zwischenergebnis: Unzulässigkeit ausgleichsloser Überhangmandate

Tritt eine geringe Zahl an Überhangmandaten auf, mag die Beeinträchtigung der Wahlrechtsprinzipien gering sein. Damit ist jedoch zugleich kein hinreichender Grund ersichtlich, in diesem Fall auf einen unproblematisch mögli-

---

[388] Zur Verfassungsmäßigkeit dieser gänzlichen Nichtzuteilung unten 3. b).

[389] Zu dieser Konstellation *Backhaus*, Verständnis, in: DVBl. 1997, S. 737 (744); *Ipsen*, Wahlrecht, in: JZ 2002, S. 469 (471 f.); *Lenski*, Paradoxien, in: AöR 134 (2009), S. 473 (487 f.); *H. Meyer*, Zukunft, 2010, S. 55 ff.

[390] So richtigerweise bereits *H. Meyer*, Überhang, in: KritV 77 (1994), S. 312 (328); auf den Gewinn vieler Direktmandate mit geringer relativer Mehrheit als potentielle Ursache für Überhangmandate weisen *Mager/Uerpmann*, Überhangmandate, in: DVBl. 1995, S. 273 (274); *Lenski*, Paradoxien, in: AöR 134 (2009), S. 473 (483 f.); *H. Meyer*, Bundestag, in: AöR 143 (2018), S. 521 (533) hin. Dieser Aspekt wird bei näherer Betrachtung der Ursache für Überhangmandate regelmäßig übersehen, siehe etwa die Ausführungen bei *Ipsen*, Wahlrecht, in: JZ 2002, S. 469 (471); *Behnke*, Wahlsystem, 2007, S. 187 ff.

[391] So zu Recht Sondervotum zu BVerfGE 95, 335 (387 f.). – Allein die Abschaffung des Zweistimmensystems würde daher – wie *Behnke*, Wahlsystem, 2007, S. 226; *H. Meyer*, Zukunft, 2010, S. 82 zu Recht anmerken – Überhangmandate nicht beseitigen.

chen Ausgleich in vollem Umfang zu verzichten. Wenn hingegen die Anzahl beträchtlich ausfällt, ist der Eingriff in die Wahlrechtsprinzipien derart gewichtig, dass der zugleich betroffene Aspekt der Funktionsfähigkeit der Volksvertretung den Verzicht auf den vollständigen Ausgleich nicht rechtfertigen kann. Somit kommt es nicht darauf an, ob das Wahlgesetz unausgeglichene Überhangmandate nur in geringem Maße zulässt und damit eine geringe Beeinträchtigung der Erfolgswertgleichheit zur Folge hat. Die tatsächliche Wirkungsweise der Mehrheitswahl im Wahlkreis im Sinne eines Mechanismus zur Beeinflussung der personellen Zusammensetzung im Parlament vermag nicht die für die parteipolitischen Mehrheitsverhältnisse und damit die demokratische Legitimation der Staatsgewalt bedeutsame Verzerrung durch unausgeglichene Überhangmandate zu rechtfertigen. Das Auftreten unausgeglichener Überhangmandate ist daher generell nicht gerechtfertigt und damit verfassungswidrig.

An dieser Stelle zeigt sich anschaulich, wie die Wahlrechtsgrundsätze als Optimierungsgebote fungieren. Es steht dem Gesetzgeber grundsätzlich frei, das Wahlrecht nach seinen Vorstellungen auszugestalten, solange er sich im verfassungsrechtlich zulässigen Rahmen bewegt. Gibt es mehrere mögliche Gestaltungsvarianten, die zu keiner ungerechtfertigten Beeinträchtigung der Wahlrechtsprinzipien führen, kann er zwischen diesen frei wählen. Entsteht aus einer Variante eine verfassungswidrige Folge, besitzt er immer noch die Freiheit, auf diese zu verzichten oder eine zusätzliche Ergänzung vorzunehmen, die eine solche Folge verhindert. Führt aber diese zusätzliche Gestaltungsvariante wiederum zu einem verfassungswidrigen Zustand, darf er nicht mit diesem Argument auf sie verzichten und bei der ursprünglichen Variante bleiben, die ohne den ergänzenden Ausgleich verfassungswidrig ist. Dies würde der gebotenen *Optimierung* der Wahlrechtsgrundsätze widersprechen und den gesetzgeberischen Spielraum überdehnen.

3. Aktuelle Wahlreform als manifestiertes Paradoxon der Wahlkreisentscheidung

Um das Problem der Überhang- und Ausgleichsmandate und die damit verbundene Vergrößerung des Bundestages über die gesetzliche Zahl von 598 Abgeordneten hinaus endgültig zu beseitigen, sieht die im Jahr 2023 verabschiedete und vom Bundesverfassungsgericht insoweit als verfassungsgemäß erachtete Wahlrechtsreform die Nichtzuteilung der schwächsten Direktmandate im Falle der fehlenden Zweitstimmendeckung vor[392]. Ein solches Modell mit unter-

[392] Siehe den Gesetzentwurf der Fraktionen SPD, Bündnis 90/Die Grünen und FDP zur Änderung des Bundeswahlgesetzes und des Fünfundzwanzigsten Gesetzes zur Änderung des Bundeswahlgesetzes vom 24.1.2023 in der vom Innenausschuss geänderten Fassung vom 15.3.2023, BT-Drs. 20/6015, S. 7 ff. sowie die Entscheidung des BVerfG, Urteil vom 30.7.2024, 2 BvF 1/23 u. a.

schiedlichen Ausgestaltungsvarianten hatte die rechts- und politikwissenschaftliche Literatur in den letzten Jahren bereits intensiv thematisiert[393]. Allerdings ist ein solcher Mechanismus nicht erst mit der erheblichen Vergrößerung des Bundestages in jüngerer Zeit entwickelt worden, sondern wurde bereits zu Beginn des 20. Jahrhunderts für eine personalisierte Verhältniswahl zur Verhinderung von Überhangmandaten vorgeschlagen[394]. Eine entsprechende Regelung gab es bereits bei der bayerischen Landtagswahl 1954, die der bayerische Verfassungsgerichtshof zu jener Zeit als verfassungsgemäß beurteilte[395]. Ferner hat die im Jahr 2023 verabschiedete Wahlreform eine im Grundsatz mit Art. 43 Abs. 2 S. 2 BayLWG vergleichbare Regelung eingeführt, wonach ein Direktkandidat sein Mandat nicht erhält, wenn seine Partei an der Sperrklausel scheitert[396]. Somit betrat der Wahlgesetzgeber mit dieser Reform entgegen der verbreiteten Wahrnehmung in der öffentlichen Debatte kein juristisches Neuland.

a) Keine Erfolgswertgleichheit hinsichtlich der personellen Auswahl

Gegen das Modell der Nichtvergabe von Direktmandaten bringen einige Stimmen in der Literatur zunächst die Möglichkeit der fehlenden Repräsentation des Wahlkreises vor[397]. Dieser Einwand verfängt jedoch nicht, weil weder verfassungstheoretisch noch wahlpraktisch eine vollständige Repräsentation durch den Wahlkreisabgeordneten existiert und diese folglich keinen tauglichen verfassungsrechtlichen Maßstab bildet[398]. Gleiches gilt für die dadurch womöglich hervorgerufenen Beeinträchtigungen des föderalen Proporzes und damit der innerparteilichen Erfolgswertgleichheit, die für die Beurteilung des

---

393 Siehe *Behnke*, Überhangmandate, in: ZParl 41 (2010), S. 247 (255); *Isensee*, Funktionsstörung, in: DVBl. 2010, S. 269 (274); *H. Meyer*, Zukunft, 2010, S. 83 ff.; *Pukelsheim/Rossi*, Stimmgewichte, in: JZ 2010, S. 922 (927); *Birkmeier u. a.*, Verbindung, in: KritV 94 (2011), S. 55 (63 ff.); *Wolf*, Stimmgewicht, 2016, S. 476 f.; *Rauber*, Wahlkreissieger, in: ZG 35 (2020), S. 149 (153 f.).

394 Siehe *Geyerhahn*, Vertretung, 1902, S. 29 f.; Hinweis bei *H. Meyer*, Zukunft, 2010, S. 83 Fn. 237; *Birkmeier u. a.*, Verbindung, in: KritV 94 (2011), S. 55 (64 Fn. 20).

395 Siehe BayVerfGHE 7 (1954), 99 (103 ff.); Hinweis bei *H. Meyer*, Zukunft, 2010, S. 86; *Pukelsheim/Rossi*, Stimmgewichte, in: JZ 2010, S. 922 (927).

396 Hinweis bei *H. Meyer*, Zukunft, 2010, S. 86.

397 So etwa *Boehl*, in: Schreiber (Hrsg.), BWahlG, 11. Aufl. 2021, § 6 Rn. 62; *Grzeszick*, Gleichheit, in: NVwZ 2023, S. 286 (290). – Zur Vermeidung dieser Situation war ursprünglich ein Ersatzstimmenmodell erwogen worden, dazu *Grzeszick*, Gleichheit, in: NVwZ 2023, S. 286 (286 f.); *Wischmeyer*, Erststimmensieger, in: JZ 2023, S. 105 (111 ff.).

398 In diesem Sinne auch BVerfG, Urteil vom 30.7.2024, 2 BvF 1/23 u. a., Rn. 181 f., 196 f.; *H. Meyer*, Zukunft, 2010, S. 84; *ders.*, Bundestag, in: AöR 143 (2018), S. 521 (549 f.). Dieses Argument der fehlenden Repräsentation hielt bereits der BayVerfGHE 7 (1954), 99 (104 f.) hinsichtlich der damaligen Regelung im Landtagswahlrecht für unbeachtlich.

Bundestagswahlrechts ebenso keine verfassungsrechtliche Relevanz besitzt[399]. Wenig ergiebig ist auch die teilweise vorgebrachte Unvereinbarkeit der Streichung von Direktmandaten mit dem „Grundgedanken der Personenwahl"[400], ohne dass dessen verfassungsrechtliche Verankerung nähere Erläuterung erfährt.

Naheliegender ist es hingegen, diese Wahlreform nach den allgemeinen Grundsätzen und damit anhand der Wahlrechtsprinzipien zu beurteilen. Danach stufen Teile der Literatur die Nichtzuteilung eines solchen Mandats aus außerhalb der Mehrheitswahl liegenden Gründen als einen Verstoß gegen die Wahlgleichheit ein[401]. Durch die Einfügung einer zusätzlichen Bedingung außerhalb der Mehrheitswahl im Wahlkreis fände ein Wechsel vom Mehrheits- zum Verhältniswahlsystem statt und damit gelte hierfür auch die Erfolgswertgleichheit, die nicht gewahrt werde[402]. Diese Auffassung unterliegt einer zweifachen Fehlannahme. Zunächst haben die Ausführungen zur Wahlgleichheit aufgezeigt, dass hinsichtlich der parlamentarischen Gesamtzusammensetzung für alle Wahlsysteme die Erfolgswertgleichheit anzuwenden ist, sodass es auf die Einordnung als Mehrheits- oder Verhältniswahl nicht ankommt. Zugleich zwingt dieser Umstand keinesfalls dazu, die konkrete personelle Besetzungsmechanik am Maßstab der parteipolitischen Erfolgswertgleichheit zu messen, die zur Garantie der demokratischen Legitimation des Parlamentes im Ganzen dient. Der parteipolitisch gebundene Wahlkreisabgeordnete – und nur diesen betrifft diese Wahlreform – erhält die eigentliche demokratische Legitimation seines Amtes weniger aus der Wahl im Wahlkreis[403], als vielmehr – ohne auf der Parteiliste zu stehen – aus dem Zweitstimmenergebnis seiner Partei[404]. Aus diesem Grund ist die ergänzende Bedingung für einen Wahlkreiserfolg, wonach dieser durch das Zweitstimmenergebnis der jeweiligen Partei ausreichend abgedeckt sein muss, kein systemwidriger Eingriff in das Wahlsystem oder gar eine Verletzung der Erfolgswertgleichheit, sondern eine folgerichtige Verwirklichung der Verhältniswahl und zugleich der verfassungsrechtlichen Forderung

[399] Dazu bereits oben 2. c); explizit im Kontext der Wahlrechtsreform BVerfG, Urteil vom 30.7.2024, 2 BvF 1/23 u. a., Rn. 180; *Wischmeyer*, Erststimmensieger, in: JZ 2023, S. 105 (110 f.); anders jedoch *Rauber*, Wahlkreissieger, in: ZG 35 (2020), S. 149 (173 ff.).

[400] *Ehlers/Lechleitner*, Verfassungsmäßigkeit, in: JZ 1997, S. 761 (762); *Wolf*, Stimmgewicht, 2016, S. 476.

[401] *Isensee*, Funktionsstörung, in: DVBl. 2010, S. 269 (274); *Boehl*, Abgeordnete, in: ZRP 2017, S. 197 (199); *Grzeszick*, Gleichheit, in: NVwZ 2023, S. 286 (289).

[402] In diesem Sinne *Boehl*, in: Schreiber (Hrsg.), BWahlG, 11. Aufl. 2021, § 6 Rn. 62; *Grzeszick*, Gleichheit, in: NVwZ 2023, S. 286 (291); dagegen *Rauber*, Wahlkreissieger, in: ZG 35 (2020), S. 149 (156 ff.); *Wischmeyer*, Erststimmensieger, in: JZ 2023, S. 105 (110).

[403] So aber *Isensee*, Funktionsstörung, in: DVBl. 2010, S. 269 (274); *Wolf*, Stimmgewicht, 2016, S. 476.

[404] In diesem Sinne *Hufeld*, Bundeswahlgesetz, in: KritV 104 (2021), S. 327 (336 f.); *Wischmeyer*, Erststimmensieger, in: JZ 2023, S. 105 (108).

nach der parteipolitischen Erfolgswertgleichheit[405]. In der Folge tangiert dieser Mechanismus auch nicht den Grundsatz der Unmittelbarkeit der Wahl, weil die Mandatsvergabe nicht von einem externen, nachträglichen oder unvorhersehbaren Einflussfaktor abhängt, sondern der Eintritt aller für die Vergabe des Direktmandats erforderlichen Bedingungen unmittelbar aus dem Gesamtwahlergebnis und damit allein aus dem Votum der für die Bundestagswahl in legitimatorischer Hinsicht maßgeblichen Gesamtwählerschaft resultiert[406].

Die Wahlkreisentscheidung ist als ein verfassungsrechtlich nicht erforderlicher *Bonus* zur Verhältniswahl zu betrachten, der dem Wähler eine zusätzliche, wenngleich praktisch sehr begrenzte Einflussmöglichkeit auf die personelle Zusammensetzung gewährt. Daher ist es unproblematisch, wenn Wahlkreiskandidaten mit weniger als 20 % der Stimmen einen Wahlkreis gewinnen, obwohl in diesem Falle nur ein kleiner Teil der Wähler die personelle Besetzung bestimmt und diese nicht einmal annähernd dem tatsächlichen Mehrheitswillen im Wahlkreis entsprechen muss[407]. Insofern ist zu berücksichtigen, dass bei der Nichtzuteilung des Direktmandates an den Kandidaten mit den meisten Stimmen seine Wähler zwar keine wirksame personelle Auswahl vornehmen konnten, dies die Wähler der anderen im Wahlkreis unterlegenen Kandidaten jedoch

---

[405] Siehe dazu BVerfG, Urteil vom 30.7.2024, 2 BvF 1/23 u. a., Rn. 183 ff.; *Hufeld*, Bundeswahlgesetz, in: KritV 104 (2021), S. 327 (336 ff.); *Meinel*, Die Verfassungsmäßigkeit der Einführung einer verbundenen Mehrheitsregel zur proporzgerechten Ermittlung von Wahlkreissiegern. Rechtsgutachten im Auftrag der Bertelsmann Stiftung, Kommissionsdrucksache 20(31)20 vom 25.3.2022, S. 23 f.; in diese Richtung bereits BayVerfGHE 7 (1954), 99 (105 f.).

[406] So auch *H. Meyer*, Zukunft, 2010, S. 85, der sich damit gegen den Einwand von *Behnke*, Überhangmandate, in: ZParl 41 (2010), S. 247 (255) wendet, der formuliert: „Es wäre so, als ob man bei olympischen Spielen für zehn Disziplinen nur acht Goldmedaillen vergeben würde, wobei jene beiden Sieger leer ausgingen, die den knappsten Sieg errungen hätten." Der Sieg wird jedoch nicht nachträglich „aberkannt", sondern vielmehr gibt es eine im Voraus bekannte zusätzliche Bedingung für den Sieg. Dies lässt sich metaphorisch mit einem sportlichen Turnierwettbewerb vergleichen, bei dem nach einer Gruppenphase weniger Plätze in der KO-Runde zur Verfügung stehen als es Gruppensieger gibt, sodass nur der Teil der Gruppensieger in eine weitere Runde einzieht, der im Verhältnis zueinander die meisten Punkte geholt hat. – Gegen eine Betroffenheit des Unmittelbarkeitsgrundsatzes ebenfalls BVerfG, Urteil vom 30.7.2024, 2 BvF 1/23 u. a., Rn. 212 ff.; *Meinel*, Die Verfassungsmäßigkeit der Einführung einer verbundenen Mehrheitsregel zur proporzgerechten Ermittlung von Wahlkreissiegern. Rechtsgutachten im Auftrag der Bertelsmann Stiftung, Kommissionsdrucksache 20(31)20 vom 25.3.2022, S. 26 ff.; *Wischmeyer*, Erststimmensieger, in: JZ 2023, S. 105 (113); a.A. *Isensee*, Funktionsstörung, in: DVBl. 2010, S. 269 (274).

[407] Hierauf stellt auch *Meinel*, Die Verfassungsmäßigkeit der Einführung einer verbundenen Mehrheitsregel zur proporzgerechten Ermittlung von Wahlkreissiegern. Rechtsgutachten im Auftrag der Bertelsmann Stiftung, Kommissionsdrucksache 20(31)20 vom 25.3.2022, S. 23 ff. bei seiner Argumentation ab. Dazu bereits ausführlich oben 1. b).

auch nicht konnten[408]. In vergleichbarer Weise würde bei einer offenen Listenwahl ein erheblicher Teil der Stimmen erfolglos bleiben, die für nicht in das Parlament eingezogene Kandidaten abgegeben worden sind[409]. Im Gegensatz zu den Parteien, die im Parlament *mehr* oder *weniger* stark vertreten sein können und daher die proportionale Abbildung einen sachgerechten Maßstab bildet, können die jeweiligen Kandidaten nämlich nur *ganz* oder *gar nicht* in das Parlament einziehen, weshalb für die personelle Auswahlkomponente kein derart strenger Maßstab wie die parteipolitische Erfolgswertgleichheit hinsichtlich der Gesamtzusammensetzung gilt[410].

b) Formelle Erfolgschancengleichheit der Kandidaten

Allerdings wäre es ebenso wenig überzeugend, den Gesetzgeber hinsichtlich der personellen Besetzungsmechanik von allen verfassungsrechtlichen Bindungen freizustellen. Die konkrete Kandidatenauswahl muss sich ebenso im verfassungsrechtlichen Rahmen der Wahlrechtsgrundsätze bewegen, die sich lediglich anders als bei der parteipolitischen Gesamtzusammensetzung auswirken. Somit können sich auch die Wahlkreiskandidaten auf die Wahlgleichheit berufen, wenngleich diese in diesem Kontext nicht als Anspruch auf eine proportionale Repräsentation, sondern lediglich als gleiche Chance auf den Wahlsieg zu verstehen ist. Deshalb ist der hinsichtlich der Gesamtzusammensetzung des Parlamentes unzureichende Maßstab der Erfolgschancengleichheit hinsichtlich der personellen Auswahl zutreffend verortet[411]. Anhand dieses Maßstabes ist daher die vorliegende Wahlreform der Nichtzuteilung von Direktmandaten zu beurteilen[412].

Zunächst könnte dieser Maßstab im Sinne der strengen, an der politischen Realität orientierten Chancengleichheit der Wahlbewerber zu verstehen sein, wonach grundsätzlich auch faktische Nachteile durch das Wahlsystem zu ver-

---

[408] So zu Recht *H. Meyer*, Zukunft, 2010, S. 84; ansatzweise auch *Wischmeyer*, Erststimmensieger, in: JZ 2023, S. 105 (110).

[409] So *C. Vogel*, Wahl, in: Krüper (Hrsg.), FS Morlok, 2019, S. 467 (472); in diese Richtung auch BVerfG, Urteil vom 30.7.2024, 2 BvF 1/23 u. a., Rn. 210. Diesen Vergleich mit der offenen Listenwahl lehnt *Grzeszick*, Gleichheit, in: NVwZ 2023, S. 286 (291) zu Unrecht mit dem Verweis auf eine erforderliche Systemkohärenz ab, die tatsächlich kein tauglicher verfassungsrechtlicher Maßstab für das Wahlrecht ist, weil die Mehrheits- und Verhältniswahl keinen jeweils getrennten Maßstäben unterfallen, siehe oben Teil 2, B. IV. 1. d).

[410] Dazu bereits *C. Vogel*, Wahl, in: Krüper (Hrsg.), FS Morlok, 2019, S. 467 (472).

[411] Ebenso die Argumentation bei *C. Vogel*, Wahl, in: Krüper (Hrsg.), FS Morlok, 2019, S. 467 (472 f.).

[412] Im Ergebnis auch *Rauber*, Wahlkreissieger, in: ZG 35 (2020), S. 149 (159); *Meinel*, Die Verfassungsmäßigkeit der Einführung einer verbundenen Mehrheitsregel zur proporzgerechten Ermittlung von Wahlkreissiegern. Rechtsgutachten im Auftrag der Bertelsmann Stiftung, Kommissionsdrucksache 20(31)20 vom 25.3.2022, S. 9; *Wischmeyer*, Erststimmensieger, in: JZ 2023, S. 105 (110).

meiden sind[413]. Bei einer solchen faktischen Betrachtungsweise kann die Nichtzuteilung der Direktmandate an die schwächsten Wahlkreiskandidaten einer Partei in zweifacher Hinsicht eine ungleiche Chance der Wahlkreisbewerber hervorrufen. Je heterogener die Wählerschaft in politischer Hinsicht im Wahlkreis ausgestaltet ist und je breiter sich daher die Stimmen verteilen, umso geringer wird die relative Mehrheit typischerweise ausfallen, sodass die tatsächlichen Chancen in den Wahlkreisen auf eine entsprechend hohe Zustimmungsrate unterschiedlich ausgeprägt sind[414]. Wahlkreisbewerber in einem sicheren Wahlkreis haben somit deutlich höhere Chancen als in einem von mehreren Kandidaten sehr umkämpften Wahlkreis. Außerdem ist die tatsächliche Chance der Wahlkreisbewerber maßgeblich davon abhängig, inwieweit bei ihrer Partei das Auftreten von Überhangmandaten wahrscheinlich ist und sie damit überhaupt eine Nichtzuteilung befürchten müssen[415]. Sofern man auf dieser Grundlage eine Beeinträchtigung der Wahlrechtsprinzipien annimmt, scheidet eine Rechtfertigung mit der Parlamentsgröße ebenso wie beim Verzicht auf den Ausgleich von Überhangmandaten aus[416].

Allerdings ist dieses Verständnis einer *faktischen* Chancengleichheit ebenso wie die Erfolgswertgleichheit auf die Gesamtrepräsentation im Parlament beziehungsweise in einem monokratischen Amt bezogen. Hingegen betrifft die Vergabe der Wahlkreismandate lediglich den personellen Zusatzmechanismus, der im Kontext der dominierenden parteipolitischen Mandatsvergabe zu betrachten ist und bei dem eine faktische Chancengleichheit ebenso wenig möglich ist wie eine Erfolgswertgleichheit. Dies lässt sich anhand einer starren Listenwahl verdeutlichen, bei der Kandidaten auf rückliegenden Plätzen beziehungsweise von schwächeren Parteien schon im Voraus deutlich schlechtere Chancen auf einen Einzug ins Parlament haben. Diese können nur für die Liste insgesamt eine entsprechende materielle Chancengleichheit und eine Erfolgswertgleichheit in Anspruch nehmen, nicht aber isoliert für sich selbst, weil ihr Listenplatz Folge des innerparteilichen Prozesses der Listenaufstellung ist. Ebenso muss im System der personalisierten Verhältniswahl das Antreten eines Kandidaten in einem schwierigen Wahlkreis für eine Partei, die wahrscheinlich von Überhangmandaten betroffen ist, als Folge des innerparteilichen Prozesses begriffen werden[417]. Die Entscheidung im Wahlkreis stellt in dieser

---

[413] Zu dieser ausführlich oben Teil 2, B. V. 1. c).

[414] *Rauber*, Wahlkreissieger, in: ZG 35 (2020), S. 149 (160 f.).

[415] *Rauber*, Wahlkreissieger, in: ZG 35 (2020), S. 149 (161 f.).

[416] So *Rauber*, Wahlkreissieger, in: ZG 35 (2020), S. 149 (177 ff.); *Grzeszick*, Gleichheit, in: NVwZ 2023, S. 286 (290); a.A. *Meinel*, Die Verfassungsmäßigkeit der Einführung einer verbundenen Mehrheitsregel zur proporzgerechten Ermittlung von Wahlkreissiegern. Rechtsgutachten im Auftrag der Bertelsmann Stiftung, Kommissionsdrucksache 20(31)20 vom 25.3.2022, S. 11 f.

[417] Dieser erfolgt zwar, wie *Grzeszick*, Gleichheit, in: NVwZ 2023, S. 286 (288) anmerkt, auf der Wahlkreisebene statt auf der Landesebene. Letztlich aber handelt es sich jeweils um

Hinsicht ein „funktionales Äquivalent zur parteiintern getroffenen Entscheidung über die Reihung der Listenkandidaten“[418] dar. Der in diesem System bestehende *zusätzliche* Einfluss des Wählers auf die personelle Besetzung der Partei darf daher zwar nicht willkürlich sein, muss sich aber nicht an einer – bei der personellen Besetzungsmechanik – nicht erfüllbaren Gleichheit der tatsächlichen Chancen messen lassen. Aus diesem Grund ist im Gegensatz zur Wahl monokratischer Ämter überhaupt die relative Mehrheitswahl im Wahlkreis zulässig, obwohl dabei vermeintliche Außenseiter kleinerer Parteien faktisch im Nachteil sein können.

Demnach fungiert insoweit allein eine *formale* Erfolgschancengleichheit im Sinne der herrschenden Auffassung als verfassungsrechtlicher Maßstab. Diese wäre hinsichtlich der genannten Aspekte nicht betroffen, weil *ex ante* alle parteigebundenen Kandidaten die theoretisch gleiche Chance haben und sich die tatsächlichen Unterschiede der Erfolgschancen sowohl hinsichtlich der Zustimmungsrate als auch dem Anfall von Überhangmandaten und damit dem Eintritt der wahlgesetzlichen Bedingungen allein aus dem Wählerverhalten ergeben[419]. Hingegen kann eine Ungleichheit in den Erfolgschancen *ex ante* darin liegen, ob jemand für eine Partei kandidiert oder als Einzelkandidat gar nicht von der Regelung betroffen sein kann[420]. Die tatsächliche Relevanz letzterer Konstellation ist jedoch nicht nur äußerst gering, sondern wird durch die bisherige Regelung des § 6 Abs. 1 S. 2 BWahlG 2020 beziehungsweise des nunmehr entsprechenden § 4 Abs. 2 S. 2 Nr. 1 BWahlG 2023 aufgefangen, bei der die demokratische Legitimation des Kandidaten ausnahmsweise aus der *Erst-*

---

einen personellen Aufstellungsmechanismus, der durch einen Teil der Partei erfolgt und deshalb in legitimatorischer Hinsicht denselben Anforderungen unterfallen muss.

[418] Prägnant *Wischmeyer*, Erststimmensieger, in: JZ 2023, S. 105 (108).

[419] In dieser Weise die auf eine formale Chancengleichheit abstellende Argumentation bei *Meinel*, Die Verfassungsmäßigkeit der Einführung einer verbundenen Mehrheitsregel zur proporzgerechten Ermittlung von Wahlkreissiegern. Rechtsgutachten im Auftrag der Bertelsmann Stiftung, Kommissionsdrucksache 20(31)20 vom 25.3.2022, S. 9 f.; *Wischmeyer*, Erststimmensieger, in: JZ 2023, S. 105 (110). – Nicht überzeugend ist insofern die Differenzierung bei *Rauber*, Wahlkreissieger, in: ZG 35 (2020), S. 149 (163 ff.), wonach zwar nicht hinsichtlich der Zustimmungsrate, jedoch bezüglich der Zugehörigkeit zu einer Partei, bei der Überhangmandate auftreten, eine ungleiche Erfolgschance bestünde, weil beide Aspekte gleichermaßen auf das Wählerverhalten zurückgehen. Entweder müssen die an das Wahlverhalten anknüpfenden Mechanismen in beiden Fällen beachtlich oder aber unbeachtlich sein.

[420] In diesem Sinne *Rauber*, Wahlkreissieger, in: ZG 35 (2020), S. 149 (168 f.); *Roßner*, Diese Reform schafft ein prekäres Wahlrecht, Legal Tribune Online vom 15.3.2023. – Zur Unzulässigkeit des rechtlichen oder faktischen Ausschlusses unabhängiger Wahlkreisbewerber durch die Nichtzuteilungsregel näher *Meinel*, Die Verfassungsmäßigkeit der Einführung einer verbundenen Mehrheitsregel zur proporzgerechten Ermittlung von Wahlkreissiegern. Rechtsgutachten im Auftrag der Bertelsmann Stiftung, Kommissionsdrucksache 20(31)20 vom 25.3.2022, S. 16 ff.

stimme folgt. Stattdessen speist sich die demokratische Legitimation der parteigebundenen Direktkandidaten in erster Linie aus der *Zweitstimme* für seine Partei. Daher ist es nur folgerichtig, den Einzug von Direktkandidaten der Partei denselben Anforderungen zu unterwerfen, wie sie für Listenbewerber gelten. Somit ist zugleich die Regelung des § 6 Abs. 1 BWahlG 2023 i.V.m. § 4 Abs. 2 S. 2 Nr. 2 BWahlG 2023, die ohne Fortgeltung der Grundmandatsklausel bei Scheitern der CSU an der Fünf-Prozent-Hürde zu einer Vielzahl an unbesetzten Wahlkreisen in Bayern hätte führen können, als solche konsequent, wonach parteigebundene Direktmandate nicht zugeteilt werden, wenn die entsprechende Partei an der Sperrklausel scheitert[421]. Die Kritik muss sich auch insoweit vielmehr gegen die Höhe der Sperrklausel richten. Da die Grundlage der Mandatszuteilung zwischen Einzelbewerber und einem Parteikandidaten von vorneherein auf einer *unterschiedlichen* Basis geschieht, besteht wegen dieser fehlenden Vergleichbarkeit keine verfassungsrechtlich relevante Ungleichbehandlung zwischen Einzel- und Parteibewerbern[422]. Andernfalls müsste auch die Mandatserlangung von Listenkandidaten und Direktkandidaten verfassungsrechtlich unzulässig sein, die sich ebenso auf unterschiedlicher Grundlage vollzieht.

c) Theoretische Gefahr einer Umgehungsstrategie

Problematisch könnte allerdings schließlich der nunmehr verstärkte Anreiz für voraussichtlich betroffene Parteien wie der CSU sein, nunmehr ausschließlich Direktkandidaten ohne eine Landesliste aufzustellen und damit die Wahlreform auszuhebeln[423]. Dadurch könnte eine Partei nicht nur die Direktmandate sichern, sondern zugleich eine faktisch überproportionale Repräsentation erlangen. Dies hat die Wahlrechtsreform vordergründig vermieden, indem sie nach § 6 Abs. 1 S. 1 BWahlG 2023 die Vergabe von Mandaten an Wahlkreisbewerber einer Partei im Sinne von § 20 Abs. 2 S. 1 BWahlG 2023 generell von einer entsprechenden Zweitstimmendeckung abhängig gemacht hat und zugleich Wahlkreisvorschläge von Parteien nunmehr gemäß § 20 Abs. 2 S. 2

---

[421] Auch das BVerfG, Urteil vom 30.7.2024, 2 BvF 1/23 u. a., Rn. 247 hält die Regelung als solche für zulässig, wenngleich es die Anwendung der Sperrklausel gegenüber der CSU beanstandet und daher die Fortgeltung der Grundmandatsklausel angeordnet hat. Siehe insoweit auch die Kritik an der Abschaffung der Grundmandatsklausel bei *Roßner*, Diese Reform schafft ein prekäres Wahlrecht, Legal Tribune Online vom 15.3.2023.

[422] Im Ansatz bereits die Begründung des Gesetzentwurfs der Fraktionen SPD, Bündnis 90/Die Grünen und FDP zur Änderung des Bundeswahlgesetzes und des Fünfundzwanzigsten Gesetzes zur Änderung des Bundeswahlgesetzes vom 24.1.2023 in der vom Innenausschuss geänderten Fassung vom 15.3.2023, BT-Drs. 20/6015, S. 12. Auch das BVerfG, Urteil vom 30.7.2024, 2 BvF 1/23 u. a., Rn. 199 ff. hält diese Ungleichbehandlung der Wählerstimmen für gerechtfertigt.

[423] Dazu *Rauber*, Wahlkreissieger, in: ZG 35 (2020), S. 149 (154 f.), der allerdings übersieht, dass dieser Anreiz schon bei der bisherigen Rechtslage bestanden hätte.

BWahlG 2023 nur noch eingereicht werden können, sofern im jeweiligen Bundesland eine Landesliste zugelassen ist[424]. Allerdings könnten sich die Kandidaten weiterhin als scheinbare Einzelbewerber nach den dafür geltenden Regelungen des § 20 Abs. 3 BWahlG 2023 bewerben[425].

Dies wäre allerdings nicht nur mit erheblichem Koordinierungsaufwand verbunden, weil sich die Aufstellungsentscheidung in den Wahlkreisen außerhalb der Partei vollziehen müsste und damit die Gefahr konkurrierender Bewerber aus derselben Partei drohen würde. Infolge der formal fehlenden Aufstellung des Kandidaten durch die Partei, die sich auf dem Wahlzettel zeigen würde, wäre von deutlich geringeren Erfolgschancen bei der faktisch parteipolitisch dominierten Wahl auszugehen[426]. Ferner könnten die Wähler auf ein bewusstes Ausnutzen des Wahlgesetzes auch mit einer Abkehr von den verschleierten Parteikandidaten reagieren, sodass eine solche Strategie für die Partei insoweit nachteilig wirken würde[427]. Schließlich gilt es zu konstatieren, dass bereits unter dem bisherigen Wahlrecht die Möglichkeit für Parteien wie die CSU bestanden hätte, sich durch den Verzicht auf eine Landesliste und die bloße Einreichung von Wahlkreisvorschlägen eine überproportionale Repräsentation zu verschaffen, weil sie erwartungsgemäß mehr Direkt- als Listenmandate erringen kann[428]. Dass von einer solchen Strategie bislang kein Gebrauch gemacht wurde, hat seine guten Gründe und lässt eine Umgehung der neuen Regelung nicht erwarten. Das Wahlrecht aufgrund einer solch *theoretischen* Möglichkeit für verfassungswidrig zu erachten, wäre sowohl für die alte als auch neue Rechtslage verfehlt. Nach den allgemeinen Grundsätzen ist dem Gesetzgeber lediglich eine Beobachtungs- und Kontrollpflicht aufgegeben, die aber bei *tatsächlichem* Auftreten einer solchen Ausweichstrategie nicht nur eine Rück-

---

[424] Letzteren Vorschlag hatte bereits *Rauber*, Wahlkreissieger, in: ZG 35 (2020), S. 149 (155) unterbreitet. Eine entsprechende Verpflichtung existierte vorher nicht, siehe *Böth*, in: Schreiber (Hrsg.), BWahlG, 11. Aufl. 2021, § 18 Rn. 1.

[425] So *Roßner*, Diese Reform schafft ein prekäres Wahlrecht, Legal Tribune Online vom 15.3.2023; *Wischmeyer*, Erststimmensieger, in: JZ 2023, S. 105 (109 Fn. 54).

[426] Insofern sieht *Meinel*, Die Verfassungsmäßigkeit der Einführung einer verbundenen Mehrheitsregel zur proporzgerechten Ermittlung von Wahlkreissiegern. Rechtsgutachten im Auftrag der Bertelsmann Stiftung, Kommissionsdrucksache 20(31)20 vom 25.3.2022, S. 19 ein geringes „Missbrauchsrisiko durch Parteien".

[427] In diese Richtung auch *Roßner*, Diese Reform schafft ein prekäres Wahlrecht, Legal Tribune Online vom 15.3.2023.

[428] Mangels Einreichung einer Landesliste und der damit verbundenen Nichtteilnahme am Zweitstimmenausgleich kann man zwar formal nicht von einem Überhang sprechen, aber faktisch läge doch ein solcher vor, weil die Partei auf diese Weise im Verhältnis zu den anderen Parteien mehr Mandate im Parlament erhält, als ihr nach den erwartungsgemäßen Zweitstimmen zugefallen wäre. Dies entspräche daher in der Wirkung der bereits oben unter 2. e) thematisierten Konstellation, in der bei Abschaffung der Grundmandatsklausel und gleichzeitiger Verfehlung der Sperrklausel ein entsprechender Überhang eintritt.

nahme dieser Wahlreform, sondern zur Änderung am personalisierten Verhältniswahlrecht insgesamt zwingen kann.

d) Zwischenergebnis: Erfordernis der Zweitstimmendeckung als zulässiges Kriterium

Die Besetzung der Wahlkreismandate ist der personalisierte Zusatz zur Verhältniswahl, der weder an einer strengen Erfolgswertgleichheit noch einer materiellen Chancengleichheit zu messen ist. Daher ist es verfassungsrechtlich zulässig, die Zuteilung eines Direktmandates nicht nur an eine relative Mehrheit im Wahlkreis, sondern auch an ein entsprechendes Kontingent an erfolgreichen Zweitstimmen der jeweiligen Partei zu knüpfen. Dies ist eine folgerichtige Verwirklichung der dem Verhältniswahlsystem zugrundeliegenden Legitimation der Parteikandidaten durch die Zweitstimme, wenngleich der Wahlgesetzgeber den Einfluss des Wählers auf die personelle Zusammensetzung des Bundestages damit noch weiter reduziert.

4. Ergebnis: Personalisierte Verhältniswahl als wahlrechtlicher Zusatz

Das personalisierte Verhältniswahlrecht gewährt dem Wähler unter den tatsächlichen politischen Verhältnissen nur einen geringen Einfluss auf die personelle Besetzung des Parlaments und ist parteipolitisch durch die Zweitstimme dominiert. In verfassungsrechtlicher Hinsicht ist daher die Wahlkreisentscheidung mit einem relativen Mehrheitserfordernis unproblematisch, während eine dadurch hervorgerufene Beeinflussung der parlamentarischen Mehrheitsverhältnisse in Form unausgeglichener Überhangmandate unzulässig ist. Die zur Vermeidung solcher Proporzverzerrung im Jahr 2023 beschlossene Wahlreform zur Zuteilung von Direktmandaten ist deshalb aus rechtlicher Perspektive nicht zu beanstanden, wenngleich sie den ursprünglichen Gedanken des personalisierten Verhältniswahlrechts endgültig ad absurdum führt und daher in rechtspolitischer Hinsicht den Ruf nach einer vollständigen Reform des Wahlsystems verstärkt. In dieser Hinsicht bestätigt sich die schon 1932 von *Gerhard Leibholz* geäußerte Auffassung, dass eine Kombination von Mehrheits- und Verhältniswahl im Ergebnis nicht widerspruchsfrei möglich ist[429].

III. Reine Mehrheitswahl im Spannungsverhältnis zum Mehrheitsprinzip

Wenngleich es in der Geschichte der Bundesrepublik nie zur Einführung einer reinen Mehrheitswahl auf Bundesebene gekommen ist und dies politisch nicht realistisch erscheint, ist der Wechsel zu diesem Wahlsystem immer wieder Gegenstand verfassungsrechtlicher Diskussionen. Wie sich bereits im Rahmen der Erfolgswertgleichheit gezeigt hat, ist die Debatte um dessen verfassungs-

---

[429] Siehe *Leibholz*, Wahlrechtsreform, in: VVDStRL 7 (1932), S. 159 (174 f.).

rechtliche Zulässigkeit nicht nur von theoretischem Interesse, sondern beeinflusst die allgemeine Dogmatik zum Wahlrecht und ist daher vorliegend von Relevanz. Das reine Mehrheitswahlrecht unterscheidet sich von der personalisierten Verhältniswahl im Kern darin, dass die Mehrheitswahl in den Wahlkreisen ausschließlich und abschließend über die Zusammensetzung des Parlaments bestimmt. Danach könnte die personelle Repräsentation eine andere Bedeutung erlangen und deshalb das Mehrheitsprinzip eine andere verfassungsrechtliche Betrachtungsweise vorgeben. Zunächst ist daher die Wirkungsweise der Mehrheitswahl in Wahlkreisen und ihr Verhältnis zum Mehrheitsprinzip zu untersuchen (1.). Daraus könnte eine besondere Relevanz der Wahlkreisentscheidung für die demokratische Legitimation des Gewählten folgen (2.). Ferner könnte die Mehrheitswahl vor dem Hintergrund ihrer Auswirkung auf die Parlamentszusammensetzung legitimiert werden (3.).

1. Wirkungsweise der reinen Mehrheitswahl in Wahlkreisen

Die reine Mehrheitswahl in Wahlkreisen stellt eine erhebliche Beeinträchtigung der Erfolgswertgleichheit dar, die nach den obigen Ausführungen gegenüber allen Wahlsystemen Anwendung findet. Zugleich tangiert diese das Mehrheitsprinzip, wenn das Gesamtstimmergebnis der Parteien und damit die Mehrheitsverhältnisse im Wahlvolk erheblich von den parteipolitischen Mehrheitsverhältnissen im Parlament abweichen. Diese potentielle Verzerrung der Mehrheitsverhältnisse resultiert aus der „doppelte[n] Zahlenganzheit“[430], wonach zunächst im Wahlkreis als erstes Zahlenganzes das Mehrheitsprinzip Anwendung findet und anschließend das auf diese Weise gebildete Parlament als zweites Zahlenganzes nach dem Mehrheitsprinzip abstimmt. Eine durch eine Partei errungene Mehrheit an *Wahlkreissiegen* muss danach nicht zwangsläufig auf einer Mehrheit der *Wählerstimmen* im gesamten Wahlgebiet beruhen. Dieses Phänomen kann unabhängig davon auftreten, ob im Wahlkreis die relative oder absolute Mehrheit erforderlich ist. Dies lässt sich an folgendem Beispiel verdeutlichen. Wenn die Partei A mit ihren Kandidaten in 51 Wahlkreisen jeweils 51 % der Stimmen erhält und die Partei B die restlichen 49 %, in den anderen 49 Wahlkreisen hingegen die Partei A nur 25 % und die Partei B 75 %, so verfügt die Partei B – eine annähernd gleiche Wahlkreisgröße[431] und Wahlbeteiligung unterstellt – insgesamt über die *Mehrheit* der Gesamtstimmen, befindet sich im Parlament jedoch in der *Minderheit*. Unter einem reinen Mehrheitswahlrecht kann es demnach bezogen auf die zusammengerechneten Stimmen für die Abgeordneten der Parteien zu einer Umkehr von Minderheit und

[430] *Heun*, Mehrheitsprinzip, 1983, S. 108; *Helfen*, Mehrheitsprinzip, 1991, S. 93; ferner auch *Varain*, Bedeutung, in: ZfP 11 (1964), S. 239 (243).

[431] Zur zufälligen oder gar bewussten Beeinflussung der Mehrheitsverhältnisse durch die Wahlkreiseinteilung *C. Friedrich*, Verfassungsstaat, 1953, S. 327 ff.; *Sacksofsky*, Wahlrecht, in: Morlok/Schliesky/Wiefelspütz (Hrsg.), Parlamentsrecht, 2016, § 6 Rn. 7.

Mehrheit im Parlament und damit im staatlichen Willensbildungsprozess kommen. Das Mehrheitswahlrecht spiegelt daher typischerweise allenfalls die Mehrheit des Wahlkreises, nicht aber die „Mehrheit als Gesamtheit“[432] wider. Daher bewirkt das reine Mehrheitswahlrecht auf der Grundlage des Mehrheitsprinzips lediglich die Repräsentation eines lokalen Wahlkreises durch einen direkt gewählten Abgeordneten im Parlament[433]. Hingegen tritt es bezogen auf die parteipolitischen Stimmverhältnisse im gesamten Wahlgebiet paradoxerweise sogar in einen Widerspruch zum Mehrheitsprinzip, den einige übersehen[434].

Vor diesem Hintergrund kann die Vereinbarkeit des reinen Mehrheitswahlrechts mit dem Mehrheitsprinzip und damit dessen verfassungsrechtliche Rechtfertigung nur unter zwei möglichen Gesichtspunkten hergeleitet werden. Zunächst könnte der Wahlkreis als lokale Zusammenfassung der Staatsbürger eine verfassungsrechtlich maßgebliche Instanz darstellen und dürfte folglich vom Wahlgesetzgeber als abschließende Entscheidungsinstanz ausgestaltet werden, sodass die Mehrheit im Wahlkreis für den einzelnen Abgeordneten unabhängig von den parteipolitischen Gesamtverhältnissen eine hinreichende demokratische Legitimation des Parlamentes im Ganzen vermitteln würde. Sofern dieser Begründungsansatz nicht durchgreift, könnte in einem weiteren Schritt die gesamtstaatliche Verzerrung der parteipolitischen Mehrheitsverhältnisse analog anderer Wahlrechtsmechanismen durch Personalisierungs- und Mehrheitsbildungseffekte gerechtfertigt werden, die ihrerseits der Verwirklichung des Mehrheitswillens dienen.

2. Bedeutung des Wahlkreises und das Erfordernis einer absoluten Mehrheit

Die Mehrheitswahl war das klassische und zumindest ursprünglich sachgerechte Modell der demokratischen Teilhabe der Staatsbürger in Form der Auswahl lokaler Repräsentanten[435]. Ein ganzheitliches Wahlverfahren mit überört-

---

[432] *Scheuner*, Mehrheitsprinzip, 1973, S. 42 Fn. 148.

[433] Zu diesem lokalen Bezugspunkt der Mehrheitswahl *B. Vogel*, Wahlrechtsreform, in: ZfP 14 (1967), S. 246 (256); *H. Meyer*, Wahlsystem, 1973, S. 91 f.; *Scheuner*, Mehrheitsprinzip, 1973, S. 42 Fn. 148; *Heun*, Mehrheitsprinzip, 1983, S. 117.

[434] Dies wird besonders anschaulich bei *Wild*, Gleichheit, 2003, S. 202, der das Mehrheitsprinzip ausgerechnet der Lehre zuordnet, die das Mehrheitswahlrecht als uneingeschränkt zulässig ansieht. – Deshalb merkt *H. Meyer*, Wahlsystem, 1973, S. 179 f. zutreffend an, dass die Mehrheitswahl in Wahlkreisen nicht das Mehrheitsprinzip umsetzt, sondern lediglich zu einer Konzentration auf wenige Parteien führt und daher „mehrheitsbildende, aber nicht mehrheitsentscheidende Bedeutung“ hat.

[435] In diesem Sinne *H. Meyer*, Wahlsystem, 1973, S. 159 f.; *ders.*, Zukunft, 2010, S. 11. Diese ursprüngliche Funktion betonen auch *Dreier*, Demokratieprinzip, in: Jura 1997, S. 249 (254); *Trute*, in: v. Münch/Kunig (Hrsg.), GG, Bd. I, 7. Aufl. 2021, Art. 38 Rn. 29. Bereits *Geyerhahn*, Vertretung, 1902, S. 8 bezeichnete die Mehrheitswahl als „das älteste und einfachste Verfahren.“

licher Verrechnung der Stimmen auf gesamtstaatlicher Ebene war schon deshalb nicht möglich, weil es zunächst an einer dafür erforderlichen ausgeprägten Gruppen- oder gar Parteienbildung mangelte[436]. Die Herausbildung demokratischer Wahlverfahren beruhte daher zunächst auf einer unmittelbaren personellen Repräsentation durch unabhängige, direkt gewählte Abgeordnete nach dem Mehrheitsprinzip. Allerdings trat bereits im Laufe des 19. Jahrhunderts ein erheblicher Wandel der politischen Verhältnisse durch die Gründung und Etablierung der politischen Parteien ein, der die lokale Persönlichkeit des Abgeordneten gegenüber der gesamtstaatlichen Ausrichtung seiner Partei zunehmend in den Hintergrund treten ließ[437]. Durch diese Entwicklung zu einem parteipolitisch dominierten Flächenstaat änderte sich der Charakter der Wahl, die nun im Kern nicht mehr auf die Auswahl lokaler Repräsentanten, sondern auf die parteipolitische Gesamtzusammensetzung des Parlamentes gerichtet war[438]. Damit geriet das Mehrheitswahlrecht bereits im Kaiserreich aufgrund der zum Teil erheblichen Diskrepanz zwischen dem Gesamtstimmenanteil im Wahlvolk und den tatsächlich gewonnenen Parlamentssitzen der Parteien unter zunehmenden Rechtfertigungsdruck[439].

Das Grundgesetz hat dieser Entwicklung folgerichtig Rechnung getragen. Dies zeigt bereits die Entstehungsgeschichte mit der Auseinandersetzung um das Wahlrecht im Parlamentarischen Rat, bei der auch hinsichtlich des Mehrheitswahlrechts nicht die Auswahl lokaler Repräsentanten, sondern die Auswirkungen der Wahlsysteme auf das Parteiensystem und damit die gesamtpolitische Entwicklung im Fokus der Debatte stand[440]. In systematischer Hinsicht lässt sich die mit Art. 21 GG verbundene Anerkennung der maßgeblichen Rolle

---

[436] Siehe *H. Meyer*, Wahlsystem, 1973, S. 159 f. Daher besteht ein enger Zusammenhang zwischen Etablierung der Verhältniswahl und der Entwicklung zur Parteiendemokratie, dazu bereits *Leibholz*, Wahlrechtsreform, in: VVDStRL 7 (1932), S. 159 (171 f.); angedeutet bei *Stern*, Staatsrecht, Bd. I, 1984, S. 295.

[437] Dazu näher *Leibholz*, Wahlrechtsreform, in: VVDStRL 7 (1932), S. 159 (180 f.); *H. Meyer*, Wahlsystem, 1973, S. 92 ff.

[438] In diesem Sinne *Hofmann/Dreier*, Repräsentation, in: Schneider/Zeh (Hrsg.), Parlamentsrecht und Parlamentspraxis in der Bundesrepublik Deutschland, 1989, § 5 Rn. 37; *H. Meyer*, Wahl, in: Isensee/Kirchhof (Hrsg.), HStR III, 3. Aufl. 2005, § 45 Rn. 27. Zum Bedeutungswandel der Mehrheitswahl durch das Aufkommen der Parteien ausführlich *H. Meyer*, Wahlsystem, 1973, S. 95 ff., 161 ff.

[439] Siehe etwa die zeitgenössische Kritik bei *Geyerhahn*, Vertretung, 1902, S. 2 ff.; zurückhaltender *G. Meyer*, Wahlrecht, 1901, S. 625, der aber ebenso auf die problematische Möglichkeit hinweist, dass nach diesem Wahlsystem „die Parteizusammensetzung der Volksvertretung nicht der Bevölkerung entspricht, und dass eine Mehrheitspartei im Volke sich im Parlament in der Minderheit befindet." Ausführlich dazu aus der Retrospektive *H. Meyer*, Wahlsystem, 1973, S. 96 ff.

[440] Siehe dazu noch näher unten 3. Insofern betont *Morlok*, Demokratie, in: Badura/Dreier (Hrsg.), FS BVerfG, Bd. II, 2001, S. 559 (598), dass es dem Parlamentarischen Rat um die Auswirkungen des Wahlrechts auf das Parteiensystem ging.

der politischen Parteien in der staatlichen Willensbildung und damit insbesondere im Wahlrecht anführen[441]. Zugleich ist in systematischer Hinsicht entsprechend den Ausführungen zu den internen Überhangmandaten zu bedenken, dass das Bundesstaatsprinzip ebenso wie das Prinzip der kommunalen Selbstverwaltung jeweils für ihren Wirkungsbereich, nicht aber für die bundesstaatliche Wahl des Bundestages Geltung beanspruchen und folglich eine lokalbezogene Repräsentationsvorstellung im Bundestagswahlrecht mit dem Demokratieverständnis des Grundgesetzes nicht in Einklang zu bringen ist[442]. Dies gilt in teleologischer Hinsicht zudem aufgrund des gebotenen wirklichkeitsorientierten Verständnisses des Demokratieprinzips von einem parteipolitisch geprägten Flächenstaat. Daher lässt sich die Einführung eines Mehrheitswahlrechts unter Geltung des Grundgesetzes auf der Grundlage eines *lokalbezogenen* Repräsentationsverständnisses mit der konstitutiven Auswahl örtlicher Abgeordneter verfassungsrechtlich nicht begründen[443].

Diese Erkenntnis hat zugleich eine Folge für die konkrete Ausgestaltung der Mehrheitswahl. Das Streben nach einer absoluten Mehrheit im Wahlkreis wäre verfassungsrechtlich geboten, wenn der Wahlkreis ein konstitutives Element darstellt, da in diesem Fall der gewählte Abgeordnete wie bei einem monokratischen Amt die alleinige Repräsentation des Wahlkreises übernimmt und daher von der tatsächlichen Mehrheit gewählt worden sein sollte[444]. Wenn aber bei der Wahl nicht mehr die lokale Wahlkreisrepräsentation, sondern die parteipolitische Zusammensetzung des Parlaments im Vordergrund steht, gerät die Forderung nach einer absoluten Mehrheit im Wahlkreis letztlich ähnlich wie bei der personalisierten Verhältniswahl in Zweifel[445]. Anstelle des einzelnen Ergebnisses im *Wahlkreis* ist die Gesamtrepräsentation der Parteien im *Parla-*

---

[441] Siehe auch BVerfGE 95, 335 (349 f.), das allerdings ein Spannungsverhältnis zu Art. 38 Abs. 1 S. 1 GG und damit zwischen Personen- und Parteienwahl annimmt; dazu *Morlok*, Demokratie, in: Badura/Dreier (Hrsg.), FS BVerfG, Bd. II, 2001, S. 559 (596).

[442] In diese Richtung *Nicolaus*, Demokratie, 1995, S. 48.

[443] Daher weist *H. Meyer*, Wahl, in: Isensee/Kirchhof (Hrsg.), HStR III, 3. Aufl. 2005, § 45 Rn. 35 zutreffend darauf hin, dass „weder das Verfassungsrecht noch die Verfassungswirklichkeit […] von der Idee der Lokalvertretung aus[gehen]"; in ähnlichem Sinne *Hofmann/Dreier*, Repräsentation, in: Schneider/Zeh (Hrsg.), Parlamentsrecht und Parlamentspraxis in der Bundesrepublik Deutschland, 1989, § 5 Rn. 37; *Bakker*, Verfassungswidrigkeit, in: ZRP 1994, S. 457 (458); *Nicolaus*, Demokratie, 1995, S. 47 f.; *Pauly*, Wahlrecht, in: AöR 123 (1998), S. 232 (238 f.); *C. Vogel*, Wahl, in: Krüper (Hrsg.), FS Morlok, 2019, S. 467 (470 f.); *Trute*, in: v. Münch/Kunig (Hrsg.), GG, Bd. I, 7. Aufl. 2021, Art. 38 Rn. 29; anders wohl *Heun*, Mehrheitsprinzip, 1983, S. 117 insb. Fn. 77.

[444] In diesem Sinne wurde noch in der Frankfurter Nationalversammlung für die absolute Mehrheitswahl angeführt, „dass, wer wirklich als Vertreter des Distriktes angesehen werden solle, die wirkliche Mehrzahl der ihr Wahlrecht ausübenden Wähler für sich haben müsse", nachgewiesen bei *G. Meyer*, Wahlrecht, 1901, S. 608.

[445] Dazu *H. Meyer*, Wahlsystem, 1973, S. 163 Fn. 32, der damit die bei Anhängern des Mehrheitswahlrechts verbreitete Ablehnung eines absoluten Mehrheitserfordernisses erklärt.

ment maßgeblich. In dieser Hinsicht könnte für eine absolute Mehrheitswahl mit Stichwahl sprechen, dass hierbei die unterschiedlichen Präferenzen zunächst im ersten Wahlgang abgebildet werden und damit mehrere Kandidaten aus demselben politischen Lager mit hinreichender Erfolgswahrscheinlichkeit antreten können, sodass ein solches Wahlsystem im Gegensatz zur relativen Mehrheitswahl eher ein Vielparteiensystem befördert[446]. Dies bestätigt die Erfahrung mit der absoluten Mehrheitswahl im Kaiserreich, wodurch eine Vielzahl an Parteien im Reichstag vertreten war[447]. Allerdings hängt dieser Umstand maßgeblich davon ab, welche Parteien in die Stichwahl einziehen oder welche Wahlbündnisse es schon im Vorhinein gibt. Je nach der politischen Konstellation kann die absolute Mehrheitswahl gegenteilig zu einer Reduktion der politischen Vielfalt im Parlament führen, weil kleinere Parteien in gewissen Wahlkreisen zwar die Chance auf eine relative, infolge der Wahlbündnisse eines politischen Lagers aber nicht auf eine absolute Mehrheit haben. Diese Tendenz war auch bei der Mehrheitswahl im Kaiserreich erkennbar, als sich die Parteien in der Stichwahl vor allem gegen die SPD zusammenschlossen und damit deren angemessene Repräsentation im Parlament unterbanden[448]. Ob sich eine politische Vielfalt im Parlament adäquat abbildet, die den Wählerpräferenzen im Ganzen eher entspricht als bei einer relativen Mehrheitswahl, ist daher nicht garantiert. Ein möglicher Ausschluss einer Partei von der parlamentarischen Repräsentation infolge einer absoluten Mehrheitswahl wäre verfassungsrechtlich sogar besonders prekär, weil diese nicht wie bei der Besetzung monokratischer Ämter ein notwendiger Bestandteil der Mehrheitsbildung darstellt, sondern solche „Absprachen zu Lasten Dritter“[449] vielmehr eine zusätzliche Verzerrung der Mehrheitsverhältnisse im Parlament bewirken könnten. Somit lässt sich die Mehrheitswahl nicht als historisch gewachsene Wahl auf lokaler Ebene begründen. Aufgrund der fehlenden konstitutiven Bedeutung des Wahlkreises entfällt aber zugleich das verfassungsrechtliche Streben nach einer absoluten Mehrheit.

---

[446] *Duverger*, Parteien, 1959, S. 252 ff.; in diese Richtung auch *Dehmel*, Wahlrechtsdilemma, 2020, S. 121, der ein „Zweiblocksystem“ statt eines „Zweiparteiensystems“ erwartet; ähnlich *H. Meyer*, Wahlsystem, 1973, S. 163 Fn. 32 mit dem Verweis auf entsprechende Absprachen zwischen den verschiedenen Parteien.

[447] Dazu *H. Meyer*, Wahlsystem, 1973, S. 98; *Wenner*, Sperrklauseln, 1986, S. 41; *Becht*, 5%-Klausel, 1990, S. 77.

[448] Siehe dazu bereits oben B. III. 1.

[449] Kritisch insoweit *Boehl*, Abgeordnete, in: ZRP 2017, S. 197 (198). Zu der Konzentrationswirkung durch den Ausschluss regierungsunfähiger Parteien *Matauschek*, Wahlsystemreform, 2020, S. 226 f., die zugleich aber auf die Repräsentationsdefizite der absoluten Mehrheitswahl hinweist, a.a.O., S. 232.

3. Bedeutung der Parlamentszusammensetzung und die relative Mehrheit

Infolge der skizzierten politischen Entwicklung zu einem parteipolitisch dominierten Flächenstaat hat die Mehrheitswahl ihre ursprüngliche Funktion verloren und ist nicht mehr als folgerichtige Umsetzung des Mehrheitsprinzips anzusehen, sondern tritt gesamtstaatlich gesehen vielmehr in ein Spannungsverhältnis zu diesem[450]. Maßgeblich ist nach einer vom Demokratieprinzip gebotenen wirklichkeitsnahen Betrachtung die parteipolitische Zusammensetzung des Parlaments, sodass wie bei einer Sperrklausel oder Überhangmandaten die Verzerrung der parlamentarischen Mehrheitsverhältnisse, die hier in einem noch erheblich stärkeren Maße eintritt, rechtfertigungsbedürftig ist.

Wenngleich die lokale Wahlkreisentscheidung für den demokratischen Willensbildungsprozess keine konstitutive Relevanz mehr besitzt, könnte nach Vorbild der Ausführungen zur personalisierten Verhältniswahl die Stärkung der unmittelbaren persönlichen Bindung zum Abgeordneten als Rechtfertigungsansatz fungieren[451]. Im Gegensatz zur personalisierten Verhältniswahl mit gebundener Liste hätte sie bei der reinen Mehrheitswahl tatsächlich maßgebliche Bedeutung, weil den Wählern eine unmittelbare und abschließende Auswahl der Abgeordneten im Wahlkreis obliegt. Daher sei im Falle einer Mehrheitswahl in Wahlkreisen die Persönlichkeit der Abgeordneten gegenüber der parteipolitischen Zugehörigkeit vorrangig, sodass zugleich eine gesteigerte persönliche Bindung des Abgeordneten zu seinen Wählern entsteht[452]. Diese Sichtweise lässt sich jedoch in Zweifel ziehen, weil bei der reinen Mehrheitswahl die Entscheidung über die personelle Auswahl im Wahlkreis *zugleich* die parteipolitische Zusammensetzung des Parlaments determiniert. Unter Berücksichtigung der politischen Wirklichkeit steht der Wähler vor dem Dilemma, entweder seinen persönlich favorisierten Abgeordneten oder seine sachlich präferierte Partei zu unterstützen. Zwar kann die Abkehr von der Listenwahl und die lokale Auswahl der Wahlkreiskandidaten die Dominanz übergeordneter Parteigremien schwächen und damit die innerparteiliche Ausrichtung beeinflussen[453]. Der einzelne Abgeordnete gewinnt damit tendenziell an Bedeutung für den gesamtpolitischen Willensbildungsprozess. Dennoch werden für

---

[450] Ebenso *H. Meyer*, Wahl, in: Isensee/Kirchhof (Hrsg.), HStR III, 3. Aufl. 2005, § 45 Rn. 27 Fn. 58.

[451] So sieht *Morlok*, Demokratie, in: Badura/Dreier (Hrsg.), FS BVerfG, Bd. II, 2001, S. 559 (607) die „Personalisierung der Wahl" als einen möglichen Rechtfertigungsansatz für die Mehrheitswahl an.

[452] In diesem Sinne BVerfGE 95, 335 (352 f.); *Pauly*, Wahlrecht, in: AöR 123 (1998), S. 232 (237 ff.). – Bereits *Geyerhahn*, Vertretung, 1902, S. 8 wies als Vorteil der Mehrheitswahl auf den dadurch geschaffenen „innige[n] Zusammenhang zwischen Wähler und Gewähltem" hin; ähnlich *G. Meyer*, Wahlrecht, 1901, S. 646.

[453] So wendet *Pauly*, Wahlrecht, in: AöR 123 (1998), S. 232 (239) ein: „Ein Primat parteipolitischer Betrachtung würde diese möglichen Rückwirkungen der Mehrheitswahl auf die Parteistrukturen vernachlässigen."

den Wähler unter den heutigen Verhältnissen eines parteipolitisch dominierten Flächenstaates die Parteizugehörigkeit des Abgeordneten und damit die gesamtpolitischen Verhältnisse bedeutsam bleiben, sodass sich die persönliche Bindung kaum losgelöst von der parteipolitischen Bindung entwickeln kann[454]. Trotz des Wortlautes des Art. 38 Abs. 1 S. 1 GG ist die Parlamentswahl infolge des Wirklichkeitsbezugs des Demokratieprinzips somit in verfassungsrechtlicher Hinsicht in erster Linie nicht auf die *personelle* Auswahl der einzelnen Abgeordneten, sondern auf die *parteipolitische* Parlamentsbesetzung im Ganzen gerichtet[455].

Für eine solche Auslegung des Grundgesetzes lässt sich auch seine Entstehungsgeschichte anführen. Bereits der Parlamentarische Rat war sich überwiegend einig, dass es sich bei der Mehrheitswahl nicht in erster Linie um eine „Persönlichkeitswahl" handele[456]. Einige Abgeordnete wiesen explizit darauf

---

[454] In diesem Sinne *Leibholz*, Wahlrechtsreform, in: VVDStRL 7 (1932), S. 159 (180 f.); *H. Meyer*, Wahl, in: Isensee/Kirchhof (Hrsg.), HStR III, 3. Aufl. 2005, § 45 Rn. 8; *Huster/Rux*, in: Epping/Hillgruber (Hrsg.), GG, 3. Aufl. 2020, Art. 20 Rn. 74; so auch die politikwissenschaftliche Analyse bei *Matauschek*, Wahlsystemreform, 2020, S. 200 ff. Insofern räumt *Pauly*, Wahlrecht, in: AöR 123 (1998), S. 232 (236) ein, dass die Parteizugehörigkeit „nur ein Motiv, wenn auch ein zentrales" darstellt.

[455] So allgemein zum Ziel der Parlamentswahl *H. Meyer*, Wahl, in: Isensee/Kirchhof (Hrsg.), HStR III, 3. Aufl. 2005, § 45 Rn. 6 ff. Einen Vorrang des parteibezogenen Legitimationsverständnisses der Wahl deutet auch *Morlok*, Demokratie, in: Badura/Dreier (Hrsg.), FS BVerfG, Bd. II, 2001, S. 559 (598) an. In ähnlichem Sinne geht nach *C. Vogel*, Wahl, in: Krüper (Hrsg.), FS Morlok, 2019, S. 467 (470 f.) die Verfassungswirklichkeit von einer Parteienwahl aus. Anders hingegen BVerfGE 95, 335 (352 f.); *Pauly*, Wahlrecht, in: AöR 123 (1998), S. 232 (235 ff.).

[456] Pointiert bezeichnete der Abgeordnete *Heuss* die Persönlichkeitswahl als „denkbar größten Schwindel", aufgenommen durch den Abgeordneten *Renner*, Zweiundfünfzigste Sitzung des Hauptausschusses, 22. Februar 1949, in: Deutscher Bundestag/Bundesarchiv (Hrsg.), Der Parlamentarische Rat 1948–1949, Bd. XIV, 2009, S. 1675. Ebenso wies der Abgeordnete *Diederichs*, Zweite Sitzung des Ausschusses für Wahlrechtsfragen, 22. September 1948, in: Dies. (Hrsg.), Der Parlamentarische Rat 1948–1949, Bd. VI, 1994, S. 46 f. darauf hin, dass bei den heutigen „großen Wahlbezirken [...] von einer Persönlichkeitswahl *in diesem Sinne* [Hervorhebung im Original] bei reiner Mehrheitswahl praktisch nicht mehr die Rede [ist]." Der Abgeordnete *Brockmann* hob in der Achten Sitzung des Plenums, 24. Februar 1949, in: Dies. (Hrsg.), Der Parlamentarische Rat 1948–1949, Bd. IX, 1996, S. 344 hervor, dass selbst die Anhänger des Mehrheitswahlrechts nicht mehr von einem „reinen Persönlichkeitswahlrecht" gesprochen haben. Anschließend betonte der Abgeordnete *Kaufmann*, Achte Sitzung des Plenums, 24. Februar 1949, in: Dies. (Hrsg.), Der Parlamentarische Rat 1948–1949, Bd. IX, 1996, S. 355 im Namen der CDU sogar, dass die Befürworter nie das Argument der „Persönlichkeitswahl" verwendet hätten. Insofern schlussfolgert *H. Meyer*, Wahlsystem, 1973, S. 34 f., dass auch die Befürworter einer Mehrheitswahl diese nicht in erster Linie als Persönlichkeitswahl verstanden; differenziertere Deutung bei *Poscher*, Wahlrechtsgespenst, in: Gusy (Hrsg.), Weimars lange Schatten, 2003, S. 256 (275), wonach zumindest „eine Reihe von Befürwortern des Mehrheitswahlrechts noch nicht – ein-

hin, dass für die Wahlentscheidung die Partei und nicht die Person den Ausschlag geben werde[457]. Wenngleich man den Aussagen im Parlamentarischen Rat hinsichtlich der Mehrheitswahl angesichts fehlender verfassungsrechtlicher Verbindlichkeit noch weniger als hinsichtlich der Sperrklausel eine Bedeutung zumessen mag, so lassen diese erkennen, dass weder die lokale Repräsentation noch die persönliche Bindung ein maßgebliches Argument der Befürworter der Mehrheitswahl waren, sondern das Bestreben nach klaren Mehrheiten und stabilen Regierungen. Der Fokus lag auf der vermeintlichen Gefahr für die Funktionsfähigkeit des Parlamentes durch eine Parteienzersplitterung, wie sich besonders an dem von den Anhängern des Mehrheitswahlrechts vorgetragenen Arguments der „Weimarer Erfahrungen" unter dem Verhältniswahlrecht zeigte[458]. Insofern lassen sich die beiden Ziele, unabhängige Persönlichkeiten hervorzubringen und zugleich eine starke parteipolitische Regierungsmehrheit bestenfalls im Zweiparteiensystem zu schaffen, nicht in Einklang bringen. Das *Persönlichkeitsargument* verträgt sich nicht mit dem *Funktionsargument*[459]. Der maßgebliche Zweck der reinen Mehrheitswahl liegt unter den heutigen politischen Verhältnissen deshalb darin, eine Partei, die nach den Gesamtstimmen keine „absolute Mehrheit erhalten hat, nach Mandaten zur parlamentarischen Mehrheit zu befähigen."[460]

---

mal – bei Gerhard Leibholz‘ affirmativ gewendeten Weimarer Einsichten in die Bedeutung der Parteien in modernen Demokratien angekommen [waren]."

[457] So die Äußerung des Abgeordneten *Stock*, Achte Sitzung des Plenums, 24. Februar 1949, in: Deutscher Bundestag/Bundesarchiv (Hrsg.), Der Parlamentarische Rat 1948–1949, Bd. IX, 1996, S. 377, des Abgeordneten *Heiland*, Sechzehnte Sitzung des Ausschusses für Wahlrechtsfragen, 13. Dezember 1948, in: Dies. (Hrsg.), Der Parlamentarische Rat 1948–1949, Bd. VI, 1994, S. 475, der Abgeordneten *Wessel*, Sechzehnte Sitzung des Ausschusses für Wahlrechtsfragen, 13. Dezember 1948, a.a.O, S. 478. und des Abgeordneten *Reif*, Neunzehnte Sitzung des Ausschusses für Wahlrechtsfragen, 13. Dezember 1948, a.a.O., S. 601 f.

[458] Exemplarisch die Ausführungen des Abgeordneten *Kroll*, Dritte Sitzung des Ausschusses für Wahlrechtsfragen, 23. September 1948, in: Deutscher Bundestag/Bundesarchiv (Hrsg.), Der Parlamentarische Rat 1948–1949, Bd. VI, 1994, S. 76 ff. und des Abgeordneten *Schröter*, Zweiundfünfzigste Sitzung des Hauptausschusses, 22. Februar 1949, in: Dies. (Hrsg.), Der Parlamentarische Rat 1948–1949, Bd. XIV, 2009, S. 1661 ff.; zu diesem maßgeblichen Argument der Mehrheitswahlbefürworter *H. Meyer*, Wahlsystem, 1973, S. 32 f.; *Poscher*, Wahlrechtsgespenst, in: Gusy (Hrsg.), Weimars lange Schatten, 2003, S. 256 (267 f.).

[459] So *H. Meyer*, Wahlsystem, 1973, S. 164 f.; *Poscher*, Wahlrechtsgespenst, in: Gusy (Hrsg.), Weimars lange Schatten, 2003, S. 256 (275). Auf diesen Widerspruch wies bereits *Leibholz*, Wahlrechtsreform, in: VVDStRL 7 (1932), S. 159 (182) hin.

[460] *Nohlen*, Erfolgswertgleichheit, in: ZParl 40 (2009), S. 179 (184); sinngemäß *H. Meyer*, Wahl, in: Isensee/Kirchhof (Hrsg.), HStR III, 3. Aufl. 2005, § 45 Rn. 27; *Trute*, in: v. Münch/Kunig (Hrsg.), GG, Bd. I, 7. Aufl. 2021, Art. 38 Rn. 29; zum maßgeblichen Zweck der mehrheitsbildenden Wirkung *H. Meyer*, Wahlsystem, 1973, S. 163; *Nohlen*, Wahlrecht, 2014, S. 153; *C. Vogel*, Wahl, in: Krüper (Hrsg.), FS Morlok, 2019, S. 467 (471).

Schließlich lässt sich gegen eine Rechtfertigung mit dem Persönlichkeitsaspekt einwenden, dass sich die Stärkung der persönlichen Bindung ohne Beschränkung der Wahlrechtsgrundsätze durch eine offene Liste bewirken lässt[461]. Steht der Wähler bei der reinen Mehrheitswahl vor dem Dilemma sich zwischen der persönlichen und der parteipolitischen Präferenz entscheiden zu müssen, wenn diese im jeweiligen Wahlkreis nicht übereinstimmt, kann der Wähler im Falle einer offenen Liste nicht nur für seine präferierte Parteiliste stimmen, sondern zugleich innerhalb dieser seine persönlich präferierten Kandidaten auswählen, womit er ebenso die innerparteiliche Ausrichtung beeinflussen kann. Demnach besteht eine adäquate Alternative, auf die der Gesetzgeber zurückgreifen kann. Das Demokratieprinzip als Optimierungsgebot für das Wahlrecht zeigt sich hier dahingehend, dass der Gesetzgeber frei darüber befinden darf, ob er persönliche Auswahlkomponenten in das Wahlrecht einbaut. Wenn er sich dafür entscheidet, hat er jedoch grundsätzlich das für die Wahlrechtsprinzipien mildeste Mittel zu wählen und darf daher derart erhebliche Eingriffe in die Erfolgswertgleichheit und das Mehrheitsprinzip nicht allein mit der Persönlichkeitskomponente rechtfertigen. Diese kann somit allenfalls als *ergänzende*, nicht aber als *eigenständige* Begründung für die Zulässigkeit der Mehrheitswahl fungieren[462].

Die Verfassungsmäßigkeit eines bestimmten Wahlsystems und seiner Ausgestaltung ist daher vor allem in einer Abwägung zwischen der möglichst korrekten Abbildung des Wählerwillens und der Funktionsfähigkeit der zu wählenden Volksvertretung zu bestimmen[463]. Dies bestätigt die Entstehungsgeschichte des Grundgesetzes, in der maßgeblich die Abwägung dieser beiden gegenläufigen Belange die Diskussion im Parlamentarischen Rat um das Wahlrecht prägte[464]. Demnach könnte der mit der Einführung einer reinen Mehr-

---

[461] Insoweit hatte bereits der Abgeordnete *Diederichs*, Zweite Sitzung des Ausschusses für Wahlrechtsfragen, 22. September 1948, in: Deutscher Bundestag/Bundesarchiv (Hrsg.), Der Parlamentarische Rat 1948–1949, Bd. VI, 1994, S. 47 auf den Vorzug einer offenen Listenwahl hingewiesen, der den Einfluss des Wählers auf konkrete Personen und zugleich die verhältnismäßige Abbildung der parteipolitischen Stärke im Parlament ermöglicht.

[462] Anders hingegen BVerfGE 95, 335 (349 f., 352 f.); *Pauly*, Wahlrecht, in: AöR 123 (1998), S. 232 (235 ff.)

[463] Ebenso *Mager/Uerpmann*, Überhangmandate, in: DVBl. 1995, S. 273 (276); *Morlok*, in: Dreier (Hrsg.), GG, Bd. II, 3. Aufl. 2015, Art. 38 Rn. 106. Auf diesen Abwägungsvorgang verweisen ferner Sondervotum zu BVerfGE 95, 335 (369 f.); *Klein/Schwarz*, in: Dürig/Herzog/Scholz (Hrsg.), GG, Art. 38 (2021), Rn. 70, 182, die die relative Mehrheitswahl auf dieser Grundlage aber für zulässig halten.

[464] Siehe besonders die prägnante Aussage des Abgeordneten *Diederichs*, Zweite Sitzung des Ausschusses für Wahlrechtsfragen, 22. September 1948, in: Deutscher Bundestag/Bundesarchiv (Hrsg.), Der Parlamentarische Rat 1948–1949, Bd. VI, 1994, S. 45 f., wonach ein Ausgleich zwischen Verhältnis- und Mehrheitswahlrecht anzustreben ist, der „sowohl den Forderungen der Widerspiegelungen der Volksstimmung, als auch den Forderungen nach einem arbeitsfähigen Parlament entgegenkommen sollte." Sinngemäß die Aussage des Ab-

heitswahl verbundene Eingriff in die Wahlrechtsprinzipien wie bei einer Sperrklausel im Verhältniswahlsystem mit der Sicherung der Mehrheitsbildung und der Regierungsstabilität gerechtfertigt werden, wobei schon aufgrund der intensiveren Folgen eine deutlich höhere Rechtfertigungslast bestünde[465]. Dabei ist das Grundgesetz wiederum in seinem Gesamtgefüge auszulegen. Der unter dem Topos der Funktionsfähigkeit fallende Aspekt der Regierungsbildung besitzt zwar – wie bereits zur Sperrklausel herausgearbeitet – im parlamentarischen Regierungssystem des Grundgesetzes eine besondere Bedeutung. Allerdings darf die Parlamentswahl unter Geltung des Grundgesetzes nicht auf dieses eine Ziel verengt werden[466]. Es ist gerade Ausdruck des parlamentarischen Regierungssystems des Grundgesetzes im Gegensatz zum präsidialen System, dass das Volk die Exekutive nicht direkt wählt, sondern deren Einsetzung auf dem Umweg durch das Parlament im Wege einer Kompromiss- und Mehrheitsbildung erfolgt[467]. Im Verhältniswahlrecht wird – selbst bei Geltung einer gesetzlichen Sperrklausel – regelmäßig „die der Heterogenität des Volkes geschuldete *Vielfalt* [Hervorhebung im Original] möglichst [...bewahrt, wodurch] eine nachhaltige Repräsentation der verschiedenen Präferenzen im Parlament“[468] ermöglicht wird. Hingegen zielt das Mehrheitswahlrecht auf eine erhebliche Reduktion der politischen Vielfalt und eine Mehrheits- und Regierungsbildung ohne erforderliche Koalitionen ab. Die bereits angeführte *Kompromissfunktion* des Mehrheitsprinzips, die im Kontext des Wahlrechts zugleich der erörterten *Integrationsfunktion* unterfällt, ist daher regelmäßig allein im Verhältniswahlrecht gewahrt, unter dem im Parlament die verschiedenen

---

geordneten *Heuss*, Zweiundfünfzigste Sitzung des Hauptausschusses, 22. Februar 1949, in: Dies. (Hrsg.), Der Parlamentarische Rat 1948–1949, Bd. XIV, 2009, S. 1679: „Wir sind in der Diskussion, ob Mehrheits- oder Proporzsystem, von zwei Gedanken her bewegt, einmal von dem Gedanken [...] des gerechten Spiegels der politischen Volksströmungen und zum anderen davon, daß man den Staat vom besseren Funktionieren aus, das heißt vom elementaren Festhalten an der Machtfunktion des Staates betrachtet.“

[465] *Bakker*, Verfassungswidrigkeit, in: ZRP 1994, S. 457 (458); *Mager/Uerpmann*, Überhangmandate, in: DVBl. 1995, S. 273 (276 f.).

[466] Hiergegen auch mit Blick auf die Befürworter einer Mehrheitswahl *H. Meyer*, Wahlsystem, 1973, S. 208 ff.

[467] Daher sieht *H. Meyer*, Wahlsystem, 1973, S. 216 im Mehrheitswahlrecht eine Tendenz zu einem präsidialen System, indem jedoch nicht einmal die Eigenständigkeit des Parlaments gewahrt ist; gegensätzlich die Ausführungen bei *B. Vogel*, Wahlrechtsreform, in: ZfP 14 (1967), S. 246 (250 f.), wonach das parlamentarische Regierungssystem des Grundgesetzes ein durch die Mehrheitswahl geschaffenes Zwei-Parteien-System bevorzugt. – Etwas unklar bleiben die Ausführungen bei *Nicolaus*, Demokratie, 1995, S. 49 f. der auf die gleichzeitige Legitimation von Regierung und Gesetzgebung durch den Wahlakt im parlamentarischen Regierungssystem hinweist, dies aber scheinbar unter dem Aspekt des Einflusses auf die Regierungsbildung für die Verhältniswahl in Stellung bringen will.

[468] So prägnant zum Vorzug der Verhältniswahl *Morlok*, Demokratie, in: Badura/Dreier (Hrsg.), FS BVerfG, Bd. II, 2001, S. 559 (599).

Interessenlagen zusammentreffen und in einem Kompromiss münden können[469]. Überdies kann die klassische Mehrheitswahl in Wahlkreisen aufgrund der damit verbundenen, zum Teil durchaus erheblichen Verzerrungen tendenziell gar keine an den tatsächlichen Mehrheitsverhältnissen orientierte Entscheidung über die Regierung herbeiführen[470]. Hieraus folgt nicht nur, dass das „Mehrheitsprinzip [nicht] notwendig zur Annahme eines Mehrheitswahlrechts führen müßte“[471], sondern tendenziell sogar zur Ablehnung desselben und für die Annahme eines Verhältniswahlrechts führt[472]. Jedenfalls lassen sich angesichts der gegebenen politischen Verhältnisse, in denen selbst eine moderate Sperrklausel für die Mehrheits- und Regierungsbildung kaum hinreichend erforderlich ist, keine derart weitreichenden Beschränkungen der Wahlrechtsprinzipien rechtfertigen. Die elementaren Eingriffe in die Wahlrechtsprinzipien und die erheblichen Auswirkungen auf das parlamentarische Regierungssystem lassen nach der aktuellen Sach- und Rechtslage die Einführung eines Mehrheitswahlrechts allenfalls durch Verfassungsänderung, nicht aber durch bloße Änderung des Wahlgesetzes zu[473].

---

[469] In diesem Sinne bereits *Kelsen*, Demokratie, 1929, S. 61 ff. Die Kompromissfunktion des Verhältniswahlrechts betont auch *Bakker*, Verfassungswidrigkeit, in: ZRP 1994, S. 457 (458 f.). In diesem Sinne sprach sich der Abgeordnete *Diederichs*, Zweiundfünfzigste Sitzung des Hauptausschusses, 22. Februar 1949, in: Deutscher Bundestag/Bundesarchiv (Hrsg.), Der Parlamentarische Rat 1948–1949, Bd. XIV, 2009, S. 1693 für das Verhältniswahlrecht aus: „Man kann aber das [sic] Kompromiß auch dahin legen, wo die staatspolitisch fähigsten und wirksamsten Kräfte sitzen, nämlich in das Parlament.“

[470] Daher kritisch sowohl zur Legitimations- als auch Stabilisierungswirkung der Mehrheitswahl *Nicolaus*, Demokratie, 1995, S. 52 ff. Zutreffend argumentiert *H. Meyer*, Wahlsystem, 1973, S. 209, dass hierfür sogar ein Wahlsystem sachgerechter wäre, in dem die Stimmen über das gesamte Wahlgebiet zusammengerechnet würden und nur die beiden stärksten Parteien Mandate erhielten, wenngleich dessen Legitimationswirkung ebenso zweifelhaft wäre.

[471] *Gusy*, Mehrheitsprinzip, in: AöR 106 (1981), S. 329 (332 Fn. 9).

[472] In diese Richtung bereits *G. Meyer*, Wahlrecht, 1901, S. 643 f.; *Geyerhahn*, Vertretung, 1902, S. 7; *Kelsen*, Demokratie, 1929, S. 58 ff.

[473] So auch *Bakker*, Verfassungswidrigkeit, in: ZRP 1994, S. 457 (458 f.); *Krüper*, Wahlrechtsmathematik, in: Jura 2013, S. 1147 (1155 f.); sogar durch Verfassungsänderung für unzulässig haltend *Nicolaus*, Demokratie, 1995, S. 35. Von einer „verfassungsrechtliche[n] Präferenz für das Verhältniswahlrecht“ spricht *Morlok*, Demokratie, in: Badura/Dreier (Hrsg.), FS BVerfG, Bd. II, 2001, S. 559 (598). Nach *Dreier*, Demokratieprinzip, in: Jura 1997, S. 249 (254) wäre „ein Übergang zum (relativen) Mehrheitswahlrecht schwerwiegenden verfassungsrechtlichen Einwänden ausgesetzt“; zustimmend *Magsaam*, Mehrheit, 2014, S. 110. Nach *Trute*, in: v. Münch/Kunig (Hrsg.), GG, Bd. I, 7. Aufl. 2021, Art. 38 Rn. 29 ist die Verhältniswahl „das verfassungsadäquate Wahlrecht“; sinngemäß *Hofmann/Dreier*, Repräsentation, in: Schneider/Zeh (Hrsg.), Parlamentsrecht und Parlamentspraxis in der Bundesrepublik Deutschland, 1989, § 5 Rn. 37.

4. Ergebnis: Mehrheitswahlrecht als Widerspruch zum Mehrheitsprinzip

Im modernen, parteipolitisch dominierten Flächenstaat kommt der lokalen Repräsentation durch einzelne Abgeordnete keine maßgebliche Bedeutung zu. In der Folge wird nicht der einzelne Wahlkreis, sondern das gesamte Wahlgebiet maßgeblicher Bezugspunkt des Mehrheitsprinzips. In Konsequenz dessen lässt sich das klassische Mehrheitswahlrecht in Einerwahlkreisen trotz seines Namens nicht mit dem Mehrheitsprinzip begründen, sondern tritt aufgrund der verzerrten Abbildung der parteipolitischen Mehrheitsverhältnisse sogar in Konflikt mit diesem. Zudem lassen sich die Regelungen des Grundgesetzes zum parlamentarischen Regierungssystem sowie das Bekenntnis zur Wahlgleichheit und Wahlfreiheit, das dem Wähler eine möglichst wirklichkeitsgetreue Abbildung seiner parteipolitischen Präferenzen ermöglichen soll, kaum mit einem reinen Mehrheitswahlrecht vereinbaren. Es mag im 19. Jahrhundert zur Entwicklung demokratischer Strukturen sinnvoll gewesen sein, ist aber dem parlamentarischen Regierungssystem des Grundgesetzes im 21. Jahrhundert nicht mehr angemessen. Der im Demokratieprinzip des Grundgesetzes verankerte Grundsatz der absoluten Mehrheit lässt sich daher nicht – wie auf den ersten Blick vielleicht anzunehmen wäre – für ein absolutes Mehrheitswahlsystem, sondern vielmehr für ein Verhältniswahlsystem in Stellung bringen.

IV. Fazit: Mehrheitsprinzip als maßgeblicher Grundsatz im Parlamentswahlrecht

Das Mehrheitsprinzip spielt eine bislang häufig verkannte, maßgebliche Rolle im Parlamentswahlrecht, wobei es stets auf die konkrete und tatsächliche Wirkungsweise des Wahlsystems bezogen ist. So fordert es im personalisierten Verhältniswahlsystem keine absolute Mehrheit im Wahlkreis aufgrund des fehlenden abschließenden und ausschließlichen Entscheidungscharakters. Demgegenüber lässt es sich aufgrund der damit verbundenen Verzerrung der parteipolitischen Zusammensetzung im Parlament gegen ein reines Mehrheitswahlrecht in Stellung bringen. Zugleich setzt es die Sperrklausel im Verhältniswahlsystem unter zusätzlichen Rechtfertigungsdruck, soweit sich anhand der politischen Realität keine positive Wirkung auf die Mehrheitsbildung herleiten lässt.

Der Vollständigkeit halber sei darauf hingewiesen, dass die Wahlrechtsprinzipien in ihrem Wirklichkeitsbezug nicht nur gegen mögliche Beschränkungen in Stellung gebracht werden dürfen, sondern auch entsprechende Gegengründe zu berücksichtigen sind, die unter Umständen zu einer größeren Wirksamkeit der Aktualisierung und Umsetzung des Volkswillens im demokratischen Willensbildungsprozess führen können. Deshalb hat das von den Befürwortern des Mehrheitswahlrechts angeführte Argument der Stärkung persönlicher Einflussnahme des Wählers mit einhergehender Reduzierung parteipolitischer Dominanz seine Berechtigung, wenngleich dies wie dargelegt weder zur verfassungsrechtlichen Zulässigkeit noch zur rechtspolitischen Empfehlung der Mehrheitswahl führt. Bedenkenswert wäre aber etwa der Wechsel in ein Verhältniswahlrecht mit offener Liste. Eine verfassungsrechtliche Pflicht zu solchen Wahlrechtsänderungen lässt sich jedoch nicht herleiten, weil das Demokratieprinzip des Grundgesetzes keine Festlegung auf das vermeintlich perfekte Wahlsystem enthält, sondern den Gesetzgeber lediglich zur Optimierung der Wahlrechtsprinzipien verpflichtet.

D. Das Mehrheitsprinzip als maßgeblicher Wahlrechtsgrundsatz

Die vorstehenden Erörterungen bringen mehrere Erkenntnisse zur Maßstabs- und Wirkungsweise der Wahlrechtsprinzipien im Parlamentswahlrecht hervor, die generelle Bedeutung für staatliche Wahlen entfalten. Dabei ist insbesondere die maßgebliche Relevanz des Mehrheitsprinzips hervorzuheben, welche die herrschende Auffassung bislang zu Unrecht vernachlässigt. Allerdings bedarf diese gewonnene Erkenntnis einer weiteren Präzisierung hinsichtlich der Wirkungsweise des Mehrheitsprinzips im Wahlrecht, das die *Integration* der politischen Vielfalt in eine vereinheitlichende Mehrheitsentscheidung verwirklichen muss. Dies verlangt zunächst eine nähere Betrachtung der praktischen Schwierigkeiten, die aus dem Charakter einer demokratischen Wahl als Kollektivierungsprozess individueller Präferenzen und einem daraus resultierenden Verständnis des Mehrheitsprinzips im Parlamentswahlrecht folgt (I.). Dieses muss anschließend anhand der Mehrheitswahl monokratischer Ämter näher untersucht werden, in der sich im Gegensatz zur Parlamentswahl bereits notwendigerweise die abschließende Mehrheitsbildung vollziehen muss und daher der Integrationsfunktion der Wahl besondere Bedeutung zukommt (II.). Auf dieser Grundlage kann schließlich ein praktisch handhabbares Verständnis des Mehrheitsprinzips hinsichtlich der Ausgestaltung der Wahl monokratischer Ämter dargelegt werden (III.).

I. Die Wahl als integrative Kollektivierung individueller Willensäußerungen

Die Ausführungen zum Parlamentswahlrecht zeigen, dass eine umfassende, lückenlose Abbildung der persönlichen Präferenzen der Wähler weder praktisch möglich noch rechtlich erforderlich ist. Selbst die reine Verhältniswahl kann die Berücksichtigung jeder Wählerstimme und damit die exakte Abbildung des Wählerwillens in einem funktionsfähigen Parlament mit angemessener Größe realistischerweise nicht erreichen. Zudem kann es im anschließenden parlamentarischen Willensbildungsprozess infolge einer starken Parteienvielfalt, ausgeprägter Gegensätze und fehlender Kompromissbereitschaft auch zum Scheitern einer sachgerechten Mehrheitsbildung kommen, sodass sich das Ergebnis des parlamentarischen Willensbildungsprozesses noch weiter vom tatsächlichen Mehrheitswillen im Volke entfernt. Die von Beginn der Bundesrepublik an im Mittelpunkt stehende Debatte um eine gesetzliche Sperrklausel ist insoweit unzureichend, als sie einen kategorialen Unterschied zu einer faktischen Sperrklausel annimmt, der tatsächlich nicht existiert, weil beide auf ihre Weise der *Funktionsfähigkeit* der Volksvertretung und damit letztlich dem verfassungsrechtlichen Ziel der effektiven Verwirklichung des Mehrheitswillens in der staatlichen Willensbildung dienen. Das Mehrheitsprinzip lässt sich somit weder strikt für oder gegen die Zulässigkeit in Stellung bringen, sondern fordert eine differenzierte Beurteilung anhand der konkreten Höhe der Sperrklausel, des wahlrechtlichen Kontextes und der praktischen Wirkung auf die parlamentarische Mehrheitsbildung. Die für Bundestags- und Landtagswahlen in Deutschland übliche Fünf-Prozent-Hürde kann bei realitätsnaher Betrachtung jedoch keine hinreichend positive Wirkung für die Funktionsfähigkeit der Volksvertretung und mithin die Umsetzung des Mehrheitswillens leisten, weshalb zumindest deren Absenkung geboten wäre.

Bedeutsam ist die Erkenntnis, dass sich der Prozess der demokratischen Willensbildung in zwei Etappen vollzieht, zunächst in der Parlamentswahl, anschließend in dem jeweiligen Parlamentsbeschluss[474]. Bei der Parlamentswahl ist zunächst eine Vielzahl an Mandaten zu vergeben, sodass eine Vielzahl an Parteien ins Parlament gelangen und damit die politische Vielfalt im Wahlvolk in erheblichem Maße repräsentiert werden kann. Der nach der Integrationsfunktion der demokratischen Willensbildungsprozesse nötige Ausgleich zwischen der politischen Vielfalt und der nötigen Mehrheitsbildung vollzieht sich bei einer Parlamentswahl in erster Linie im späteren parlamentarischen Verfahren und ermöglicht damit die integrative Teilhabe eines großen Teils des Wahlvolkes. Insofern lässt sich für eine möglichst weitgehende Abbildung der politischen Pluralität im Parlament durch ein Verhältniswahlsystem die Kompromiss- und Integrationsfunktion des Mehrheitsprinzips anführen[475]. Das Mehrheitsprinzip darf daher nicht unreflektiert und einseitig für einzelne Mechanismen im Wahlrecht in Anspruch genommen werden. Es spricht weder für ein reines Mehrheitswahlrecht, noch weist es bei der Auswahl der einzelnen

---

[474] Zu diesen „zwei Stufen" der demokratischen Willensbildung bereits *Tecklenburg*, Wahlrecht, in: ZfP 17 (1928), S. 577 (578).

[475] Bereits *Kelsen*, Demokratie, 1929, S. 62 betont den Vorzug des Verhältniswahlsystems im Hinblick auf die Integration, indem er ausführt: „Die in der Parteienkoalition gelegene, durch das Majoritätsprinzip erzwungene politische Integration ist unvermeidlich und bedeutet sozialtechnisch keineswegs ein Uebel, sondern im Gegenteil einen Fortschritt. Daß diese Integration aber besser im Parlament selbst als in der breiten Masse der Wähler vor sich geht, kann wohl ernstlich nicht geleugnet werden. Die durch das Proportionalwahlsystem geförderte weitgehende Differenzierung in politische Interessengruppen kann ja doch nur als die notwendige Voraussetzung einer zweckmäßigen, durch das Majoritätsprinzip garantierten Integrierung angesehen werden."

Abgeordneten in den Wahlkreisen im Rahmen der personalisierten Verhältniswahl eine maßgebliche Relevanz auf. Entscheidend ist bei solchen mehrstufigen Willensbildungsprozessen vielmehr der Endpunkt, der sich bei einer Parlamentswahl erst in der Volksvertretung nach dem Mehrheitsprinzip vollzieht. Der gebotene zurückhaltende Umgang mit gesetzlichen Sperrklauseln und die Ablehnung eines reinen Mehrheitswahlrechts folgt daher – anders als häufig vertreten –, weniger aus einer *individualen* Perspektive der Wahlgleichheit, sondern aus der *kollektiven* Perspektive des Mehrheitsprinzips. Die Sperrklausel ist folglich verfassungsrechtlich umso problematischer, je mehr Wählerstimmen absolut betroffen sind und je mehr dadurch die Sperrklausel ihrerseits den Mehrheitswillen des Volkes verzerrt, anstatt dessen Verwirklichung zu fördern.

Allerdings bedeutet dies keinesfalls, dass Beschränkungen der Wahlrechtsprinzipien und die damit verbundene Verzerrung der Mehrheitsverhältnisse erst ab einem bestimmten quantitativen Ausmaß verfassungsrechtlich beachtlich würden, wie sich an der Verfassungswidrigkeit der Grundmandatsklausel und ausgleichsloser Überhangmandate zeigt. Für die Frage, ob ein Eingriff vorliegt, ist die Differenzierung zwischen einzelnen Wählern weiterhin beachtlich und daher von einer individuellen, relativen Betrachtungsweise hinsichtlich der Wirkungsweise der Wählerstimmen auszugehen. Fehlt es daher – wie im Falle der Grundmandatsklausel und der ausgleichslosen Überhangmandate – bereits an einem hinreichenden Rechtfertigungsgrund für die damit verbundenen Beeinträchtigungen der Wahlrechtsprinzipien, weil sie sich durch andere wahlrechtliche Gestaltungen ohne relevante Nachteile vermeiden lassen und damit schon nicht erforderlich sind, sind solche wahlrechtlichen Regelungen verfassungswidrig. Die Wahl als kollektiver Willensbildungsprozess muss zwar keine praktisch unmögliche, restlose Berücksichtigung jeder einzelnen Wählerpräferenz und damit vermeintlich perfekte Verwirklichung des Mehrheitswillens im Wahlvolk ermöglichen. Genauso wenig ist jedoch eine ohne Not erfolgende Nichtberücksichtigung von Wählerstimmen und eine Verzerrung des tatsächlichen Mehrheitswillens durch wahlrechtliche Mechanismen *per se* zulässig.

Das Demokratieprinzip als Optimierungsgebot verlangt deshalb die bestmögliche Annäherung an den bestehenden Mehrheitswillen im Volk. Dabei zielt es im Sinne der praktischen Wirksamkeit der Volkssouveränität nicht isoliert auf die Abbildung in einem formalen Wahlergebnis, sondern zugleich auf die praktische Umsetzung im staatlichen Willensbildungsprozess, „damit der Wille des Volkes sich auch tatsächlich durchsetzt.“[476] Die parlamentarische Willensbildung repräsentiert in dieser Hinsicht den Willen des Volkes und ver-

---

[476] So allgemein zum Prinzip der Volkssouveränität *Morlok/Michael*, Staatsorganisationsrecht, 2023, Rn. 129.

wirklicht diesen stellvertretend auf der Grundlage des Mehrheitsprinzips[477]. Demnach geht es bei wahlrechtlichen Mechanismen wie etwa der faktischen oder gesetzlichen Sperrklausel nicht um einen Gegensatz zwischen Mehrheitsprinzip und anderen verfassungsrechtlichen Belangen, sondern um eine Binnenabwägung innerhalb des Mehrheitsprinzips, die auf die möglichst realitätsgetreue und wirksame Umsetzung des Mehrheitswillens des Volkes in einer funktionsfähigen Volksvertretung gerichtet ist[478]. Daher muss stets das übergeordnete Ziel einer effektiven und zugleich realitätsbezogenen Verwirklichung des Mehrheitswillens beachtet werden. Einzelne wahlrechtliche Mechanismen sind demnach stets in ihrem Kontext und ihren Auswirkungen auf dieses Ziel zu beurteilen. Das Mehrheitsprinzip fungiert somit im Wahlrecht nicht als bloß formale *Rechengröße*, sondern als materielles *Optimierungsgebot*.

II. Die Integrationswirkung des Mehrheitsprinzips bei der Wahl monokratischer Ämter

Dieser Charakter des Mehrheitsprinzips hat auch Folgen für die Konkretisierung im demokratischen Grundsatz der absoluten Mehrheitsentscheidung für die Wahl monokratischer Ämter. Im Gegensatz zu einer Parlamentswahl kann der Vorgang der kollektiven Willensbildung aus den individuellen Wählerpräferenzen nach der Mehrheitsregel hier nicht auf das nachgeordnete parlamentarische Verfahren verwiesen werden, sondern muss bereits in der Direktwahl selbst erfolgen, weil das monokratische Amt keine politische Pluralität abbilden kann[479]. Im Gegensatz zur Parlamentswahl müssen sich daher die zwei nötigen Schritte der kollektiven Willensbildung, die Einbindung der vielfältigen politischen Präferenzen der Wähler sowie deren Umsetzung in eine mehrheitliche Entscheidung, bereits in der Wahl selbst vollziehen und damit das Spannungsverhältnis von Vielfalt und Einheit bereits abschließend auflösen. Der *Integrationsfunktion* der Wahl kommt daher bei der Mehrheitswahl zur Besetzung eines monokratischen Amtes eine besondere Bedeutung zu[480].

---

[477] *Varain*, Bedeutung, in: ZfP 11 (1964), S. 239 (243); *Kemmler*, Abstimmungsmethode, 1969, S. 116 f.

[478] Ohne diese Schlussfolgerung zu ziehen, thematisiert die Ambivalenz des Mehrheitsprinzips im Wahlrecht auch *Drossel*, Wahlsystem, 2021, S. 239 ff. – Die Entscheidungen VerfGH NRW, NVwZ 2009, S. 1096 (1097) und VerfGH NRW, Urteil vom 20.12.2019, 35/19, S. 43 deuten diese Ambivalenz zumindest dergestalt an, dass „die Festlegung von Mehrheitsregeln stets in einem Spannungsverhältnis von breiter Partizipation und Effektivität [erfolgt]."

[479] So auch *Krüper*, Stichwahlen, in: DÖV 2009, S. 758 (761); *Mehde*, Stichwahlen, in: KommJur 2013, S. 446 (447); *Bätge*, Stellungnahme zum Gesetzentwurf der Landesregierung Drs. 17/3776 und zum Änderungsantrag Drs. 17/4305 des Landtages Nordrhein-Westfalen, Stellungnahme 17/1194, S. 15.

[480] In diesem Sinne *Krüper*, Stichwahlen, in: DÖV 2009, S. 758 (761), der formuliert: „Das Wahlsystem muss also eine umso höhere demokratische Integrationsleistung vollbrin-

Zur Bildung einer absoluten Mehrheit bedarf es regelmäßig einer Reduktion der politischen Pluralität, indem die Wähler nicht aussichtsreicher Kandidaten auf nachfolgende Präferenzen ausweichen, anstatt an ihrer Erstpräferenz festzuhalten. Der integrative Aspekt der Förderung der Mehrheitsbildung entfaltet daher an dieser Stelle unmittelbare Relevanz. Bereits im Parlamentarischen Rat brachte der Abgeordnete *Becker* für ein absolutes Mehrheitswahlrecht vor: „Die Mehrheitsfindung ist doch das, was beim Wahlrecht in der Demokratie notwendig ist. Die Mehrheitsfindung erreiche ich nur dadurch, daß ich immer mehr von denen, die zur Wahl gestellt sind, ausscheide."[481] Diese zunächst negativ wirkende Reduktion der Vorschläge zielt zugleich in positiver Hinsicht auf die Zusammenführung der einzelnen Gruppen zu einer Mehrheit. Daher hat bereits *Smend* dem Prozess der Mehrheitsbildung eine integrierende Wirkung zugesprochen, weil auf diese Weise die unterschiedlichen politischen Ansichten in eine offene Auseinandersetzung eingebracht werden, an deren Ende die Mehrheitsentscheidung diese Gegensätze weitgehend auflöst und damit die staatliche Einheit fördert[482]. In ähnlicher Weise hat selbst der schärfste Gegner der Integrationslehre *Kelsen* in diesem Prozess der Mehrheitsbildung den positiven Effekt gesehen, dass sich in der Folge

> „im Wesentlichen nur zwei Gruppen gegenüberstehen, die um die Herrschaft ringen, indem die innerhalb der Gemeinschaft wirksamen zahllosen Differenzierungs- und Spaltungstriebe bis auf einen einzigen grundsätzlichen Gegensatz überwunden werden. […] Diese Kraft der sozialen Integration ist es zunächst, die das Majoritätsprinzip soziologisch charakterisiert."[483]

Diese integrierende Wirkung des Mehrheitsprinzips setzt aber voraus, dass im Ergebnis eine wirkliche Mehrheit zustande kommt und „die Opposition nicht größer ist, als die Gruppe der Befürworter."[484] Bei einer einstufigen, relativen

---

gen, je weniger das zu wählende Gremium beziehungsweise das zu besetzende Amt [sic] Möglichkeit bietet, abweichende politische Präferenzen zu integrieren."; zustimmend *Bätge*, Stellungnahme zum Gesetzentwurf der Landesregierung Drs. 17/3776 und zum Änderungsantrag Drs. 17/4305 des Landtages Nordrhein-Westfalen, Stellungnahme 17/1194, S. 15.

[481] So die Äußerung des Abgeordneten *Becker*, Siebente Sitzung des Plenums, 21. Oktober 1948, in: Deutscher Bundestag/Bundesarchiv (Hrsg.), Der Parlamentarische Rat 1948–1949, Bd. IX, 1996, S. 296.

[482] Siehe *Smend*, Verfassung, 1928, S. 35 f., der das Mehrheitsprinzip als „Formalisierung des Kampfs" bezeichnet, in dem die Gesellschaft die „Lösung von Spannungen und gesteigerter Einheit zu gewinnen sucht". Auch *Kelsen*, Staat, 1930, S. 53 hält es nicht für unzutreffend, aber doch offensichtlich, „daß diese Vorgänge eine kollektivierende Tendenz haben". Bereits *Simmel*, Soziologie, 2013, S. 151 formulierte insofern, dass die mehrheitliche Abstimmung „eines der genialsten unter den Mitteln [ist], den Widerstreit der Individuen in ein schließlich einheitliches Resultat münden zu lassen."

[483] *Kelsen*, Demokratie, 1929, S. 56.

[484] In diesem Sinne *Krüper*, Stichwahlen, in: DÖV 2009, S. 758 (762); zurückhaltender *Kluckert*, Grabenwahlrecht, in: NVwZ 2020, S. 1217 (1221), nach dessen Auffassung das Mehrheitsprinzip seine Integrationsfunktion in einem Wahlsystem einbüßt, in dem „mit ei-

Mehrheitswahl droht insofern die Gefahr, dass sich eine kleine Minderheit ohne jeglichen Versuch einer Kompromissfindung gegenüber einer großen, weiterhin gespaltenen Mehrheit erfolgreich durchsetzt und es nicht zu einer Zusammenführung der gespaltenen Wählerschaft kommt. Es erscheint daher sachgerecht, in diesen Fällen nicht von einer relativen Mehrheit, sondern einer „Pluralität"[485] zu sprechen. In diesem Fall würde sich die „gesellschaftliche Fragmentierung und Polarisierung ungefiltert in die Besetzung staatlicher Ämter übersetz[en]."[486] *Smend* hat deshalb im Hinblick auf die Integrationswirkung berechtigterweise gefordert, dass die Regierung auf einer tatsächlichen Parlamentsmehrheit beruhen soll: „Das Kabinett soll [...] eine parlamentarische Mehrheit zusammenführen und zusammenhalten und dadurch [...] nicht nur einen Teil der Staatsbürger zu einer regierenden Koalition, sondern das ganze Staatsvolk zur staatlichen Einheit integrieren."[487] Im Sinne der Integrationsfunktion strebt der Prozess der demokratischen Willensbildung daher nach einem mehrstufigen, auf eine absolute Mehrheit ausgerichteten Wahlverfahren, um auf diese Weise einen Mehrheitswillen im Wahlvolk herzustellen.

Dies legt auf den ersten Blick nahe, dass der gegenläufige Integrationsaspekt der Einbindung der politischen Pluralität als Ausprägung der Wahlrechtsgrundsätze bei einer Wahl zum monokratischen Amt unerfüllbar ist. Wie schon die Bezeichnung „Mehrheitswahl" nahelegt, scheint der integrative Aspekt der Mehrheitsbildung absolut zu dominieren. Diese Perspektive betrachtet aber lediglich die endgültige Amtsbesetzung. Wendet man sich hingegen, ganz im Sinne *Smends*, dem *Prozess* der Entscheidungsfindung zu, so lässt sich in einem mehrstufigen, nach einer absoluten Mehrheit strebenden Wahlverfahren zugleich der Teilhabeaspekt der Integrationsfunktion erkennen. Wie die Ausführungen zu den Wahlrechtsgrundsätzen gezeigt haben, müssen die Wähler und Wahlbewerber in einem solchen Wahlverfahren nicht im Voraus zu taktischen Erwägungen und Vorabkoalitionen greifen, sondern können zunächst ihre vorrangige Präferenz zum Ausdruck bringen und damit in den Wahlakt einfließen lassen. Die erforderliche Kompromiss- und Mehrheitsbildung vollzieht sich erst nachfolgend auf der Basis dieser politischen Vielfalt. Die Stimme des Wählers für einen nicht mehrheitsfähigen Kandidaten kann zwar – als Zwangsläufigkeit jeder Mehrheitswahl – nicht zum tatsächlichen Erfolg gelangen. Wenn im ersten Wahlgang noch kein Kandidat eine absolute Mehrheit erreicht, hat der Wähler eines nicht aussichtsreichen Kandidaten aber zumindest die Möglichkeit auf eine nachfolgende Präferenz auszuweichen und damit

ner Wählerschaft von weniger als 30 Prozent die absolute Mehrheit der Parlamentssitze errungen werden könnte."

[485] Für diesen Begriff als Gegensatz zur Majorität *R. Kaiser*, Mehrheitserfordernisse, in: JuS 2017, S. 221 (222); den entsprechenden englischen Begriff nutzt *Fach*, Demokratie, in: ARSP 61 (1975), S. 201 (202).

[486] So die Antragsteller in VerfGH NRW, Urteil vom 20.12.2019, 35/19, S. 17.

[487] *Smend*, Verfassung, 1928, S. 27.

womöglich noch aktiv Einfluss auf die Besetzung des Amtes zu nehmen. Im Falle einer einstufigen, relativen Mehrheitswahl könnte die Besetzung des monokratischen Amtes hingegen nur auf eine kleine Minderheit der Wähler zurückgehen, sodass ein erheblicher Teil der Wählerpräferenzen nicht beachtet und damit die integrierende Teilhabefunktion der Wahl geschmälert wird[488]. Daher lässt sich der Integrationsfunktion im Sinne ihrer Teilhabefunktion ebenfalls eine Präferenz für ein mehrstufiges Wahlverfahren entnehmen.

Zu Recht hat daher der Verfassungsgerichtshof für das Land Nordrhein-Westfalen in seiner Entscheidung zur Abschaffung der Stichwahl festgestellt, dass der „absoluten Mehrheitsregel im demokratischen Staatsgefüge eine wesentliche Integrationsfunktion zukommt“[489]. Zugleich ruft schon die Integrationslehre *Smends* zu einem wirklichkeitsbezogenen Verständnis der Verfassung auf. Insoweit macht bereits die Herleitung des Prinzips der absoluten Mehrheit anhand der grundgesetzlichen Regelungen deutlich, dass seine restlose Verwirklichung im Rahmen der Wahl eines monokratischen Amtes nicht möglich ist und unter Umständen zumindest nachfolgend auf eine relative Mehrheit ausgewichen werden muss, um eine Besetzung des Amtes zu ermöglichen. Daher gibt es keinen *absoluten* Vorrang der *absoluten* Mehrheit. In tatsächlicher Hinsicht ist dieser Willensbildungsprozess ebenso wie die Parlamentswahl den praktischen Schwierigkeiten der Kollektivierung der individuellen Präferenzen ausgesetzt und kann eine exakte Abbildung der tatsächlichen Mehrheitsverhältnisse im Volk nicht garantieren. Womöglich kann es bei der Direktwahl monokratischer Ämter zudem Gründe geben, die einen Verzicht auf eine absolute Mehrheit rechtfertigen können. Das absolute Mehrheitsprinzip fungiert deshalb im Sinne der Integrationsfunktion der Wahl hinsichtlich der Mehrheitswahl nicht als starre *Entscheidungsregel*, sondern stellt ein realitäts- und kontextbezogenes *Optimierungsgebot* dar.

III. Wirklichkeitsorientierte Optimierung des absoluten Mehrheitsprinzips

Die Relevanz des wahlrechtlichen Kontextes des absoluten Mehrheitsprinzips zeigt sich anschaulich im Rahmen der personalisierten Verhältniswahl hinsichtlich der relativen Mehrheitswahl im Wahlkreis, die infolge ihrer praktischen Wirkungsweise zwar verfassungspolitisch zweifelhaft erscheint, aber gerade aufgrund der geringen Relevanz der Wahlkreisentscheidung für die Zusammensetzung des Parlamentes verfassungsrechtlich nicht mit dem Mehrheitsprinzip in Konflikt gerät. In ähnlicher Weise lässt sich die reine Mehrheitswahl differenziert betrachten. Zwar tritt diese aufgrund der deutlichen

---

[488] Kritisch in diesem Sinne *Krüper*, Stichwahlen, in: DÖV 2009, S. 758 (761 f.).

[489] Ohne nähere Begründung VerfGH NRW, Urteil vom 20.12.2019, 35/19, S. 46. In diese Richtung unter dem Aspekt der Integration *Benken*, Wahlsysteme, 2022, S. 78 f. Noch deutlicher *Krüper*, Stichwahlen, in: DÖV 2009, S. 758 (764), der die Integrationswirkung der Wahl im Falle der einstufigen, relativen Mehrheitswahl nicht für ausreichend hält.

Verzerrungen der parteipolitischen Stimmverhältnisse und damit möglicherweise verbundenen künstlichen Parlamentsmehrheiten insgesamt in einen Konflikt mit dem Mehrheitsprinzip, weshalb die Einführung jedenfalls nicht ohne Verfassungsänderung möglich ist. Allerdings genießt die absolute Mehrheit mangels konstitutiver Bedeutung des Wahlkreises in der politischen Realität keinen zwingenden, verfassungsrechtlichen Vorrang vor einer relativen Mehrheit im Wahlkreis. Die absolute Mehrheitsentscheidung ist immer auf den jeweiligen Endpunkt des demokratischen Willensbildungsprozesses ausgerichtet, dem eine möglichst realitätsgetreue Repräsentation des Mehrheitswillens im Volk zugrunde liegen muss. Aus diesem Grund resultiert der Vorrang der Verhältniswahl gegenüber der Mehrheitswahl, während hingegen ein Vorzug der absoluten Mehrheitswahl gegenüber der relativen Mehrheitswahl in Wahlkreisen nicht existiert.

Daher darf der Vorrang der absoluten Mehrheit nicht undifferenziert ohne Betrachtung der Reichweite der jeweiligen Mehrheitsentscheidung, also der Relevanz der konkret anstehenden Entscheidung für den staatlichen Willensbildungsprozess, angenommen werden. Das Prinzip der absoluten Mehrheit gilt somit nicht *absolut*, sondern in gewissem Maße *relativ* mit Blick auf den Kontext der konkreten Wahl oder Abstimmung. Soweit die Mehrheitsbildung für den gesamtstaatlichen Willensbildungsprozess beachtlich und damit legitimatorisch im Sinne der Volkssouveränität erforderlich ist, bedarf es in diesem Prozess unter Berücksichtigung der tatsächlichen Begebenheiten und praktischen Herausforderungen einer möglichst weitgehenden Verwirklichung des Mehrheitswillens. Der in ein monokratisches Amt Gewählte ist prinzipiell Repräsentant aller Bürger und trifft im Rahmen seiner Kompetenzen alleinverantwortete Entscheidungen für das Volk. Die Wahl eines monokratischen Amtes ist daher grundsätzlich nicht mit einer einzelnen Wahlkreisentscheidung im Rahmen der Parlamentswahl vergleichbar, weil sie nicht einen punktuellen Teil der personellen Parlamentszusammensetzung darstellt, sondern vielmehr abschließend und vollständig die personelle Besetzung des Amtes bewirkt[490]. Allerdings könnte man mit Blick auf die konkrete Rolle des monokratischen Amtes im staatlichen Gefüge und damit hinsichtlich der Legitimationsanforderungen diskutieren, inwiefern die Wahl infolge der spezifischen Funktion und Relevanz des Amtes womöglich nicht als abschließende Mehrheitsentscheidung anzusehen ist oder durch die unmittelbare Volksentscheidung ein besonderes Gepräge erhält, sodass ein Verzicht auf eine absolute Mehrheit bei einer Direktwahl unter diesem Blickwinkel gerechtfertigt wäre.

---

[490] In diesem Sinne *Krüper*, Stichwahlen, in: DÖV 2009, S. 758 (762 f.); *Bätge*, Stellungnahme zum Gesetzentwurf der Landesregierung Drs. 17/3776 und zum Änderungsantrag Drs. 17/4305 des Landtages Nordrhein-Westfalen, Stellungnahme 17/1194, S. 14 f.; *Wißmann*, Stellungnahme zum Gesetzentwurf der Landesregierung Drs. 17/3776 und zum Änderungsantrag Drs. 17/4305 des Landtages Nordrhein-Westfalen, Stellungnahme 17/1195 vom 10.2.2019, S. 2.

Da sich die Mehrheitsbildung bereits im Wahlakt selbst vollzieht, muss ferner der im Rahmen der Parlamentswahl üblicherweise angeführte, auf den innerparlamentarischen Willensbildung bezogene Rechtfertigungsgrund der *Funktionsfähigkeit* auf den Wahlakt vorverlegt werden. Der jeweilige Wahlmodus selbst muss effektiv in der Lage sein, eine möglichst weitgehende Annäherung an den Mehrheitswillen im Wahlvolk hervorzubringen[491]. Die bislang häufig in der Luft hängenden Besonderheiten der Direktwahlen monokratischer Ämter wie der Aufwand mehrerer Wahlgänge, die abnehmende Wahlbeteiligung und die zutreffende Berücksichtigung der Präferenzreihenfolge der Wähler lassen sich daher unter dem übergeordneten Aspekt der „Funktionsfähigkeit der Wahl“[492] diskutieren. Dabei lässt sich der vom Bundesverfassungsgericht zur Rechtfertigung einer Sperrklausel aufgestellte Grundsatz auf die Wahl monokratischer Ämter übertragen, wonach die bloße Erleichterung oder Vereinfachung der Entscheidungsfindung noch keine ausreichende Begründung im verfassungsrechtlichen Sinne darstellt[493]. Ferner kann eine Parallele zu der im Streit um die ausgleichslosen Überhangmandate gewonnenen Erkenntnis gezogen werden. Ist die Verzerrung der Mehrheitsverhältnisse infolge weniger Überhangmandate nur gering, fehlt es wegen des in diesem Fall unproblematisch möglichen Verhältnisausgleichs und der damit verbundenen Wiederherstellung der Mehrheitsverhältnisse an einem hinreichenden Grund für einen Verzicht auf denselben. Dies bedeutet auf den Prozess der Mehrheitsbildung gewendet, wenn die absolute Mehrheit zunächst lediglich knapp verfehlt wird und eine Mehrheitsbildung damit als sehr wahrscheinlich erscheint, kann der Verzicht auf weitere Abstimmungen zum Erreichen einer absoluten Mehrheit weder mit dem Argument der praktischen Herausforderung der Mehrheitsbildung noch mit dem praktischen Aufwand eines weiteren Wahlganges begründet werden[494]. Umgekehrt ist eine erhebliche Verzerrung durch viele Überhangmandate eine derart eklatante Beeinträchtigung des Mehrheitsprinzips, dass sie sich schon infolge des Ausmaßes nicht rechtfertigen lässt. Im

---

[491] Zu diesem Aspekt der „Effektivität“ der Parlamentswahl in verfassungsrechtlicher Perspektive *Wild*, Gleichheit, 2003, S. 186 f.; dazu aus politikwissenschaftlicher Perspektive *Dehmel*, Wahlrechtsdilemma, 2020, S. 165 ff.

[492] Diesen Aspekt benennen *Wild*, Gleichheit, 2003, S. 176; *Wolf*, Stimmgewicht, 2016, S. 150 explizit als Rechtfertigungsgrund im Rahmen der Beschränkung der Allgemeinheit der Wahl. Hinsichtlich der Wahlgleichheit sieht *Wild*, Gleichheit, 2003, S. 179 in der „Funktionsfähigkeit des Wahlvorganges“ einen Rechtfertigungsgrund für Wahlzulassungsvoraussetzungen wie ein Unterschriftenquorum für neue Parteien und Kandidaten.

[493] Siehe oben C. I. 1. e).

[494] Aus diesem Grund braucht die bei *Wißmann*, Stellungnahme zum Gesetzentwurf der Landesregierung Drs. 17/3776 und zum Änderungsantrag Drs. 17/4305 des Landtages Nordrhein-Westfalen, Stellungnahme 17/1195 vom 10.2.2019, S. 3 gestellte Frage, wie häufig der im ersten Wahlgang Erstplatzierte der spätere Wahlsieger ist, nicht statistisch untersucht und beantwortet werden. Eine Stichwahl ist in diesen Fällen keinesfalls überflüssig, sondern hat ihren Zweck erfüllt, weil der Kandidat in einem weiteren Wahlgang bestätigt wurde.

Falle der Mehrheitsbildung bedeutet dies, dass bei geringen relativen Mehrheiten und damit einer tendenziell breit gefächerten Präferenzverteilung die Bildung einer absoluten Mehrheit zwar äußerst schwierig erscheint, zugleich aber ein Streben hiernach umso gewichtiger ist, weil ansonsten eine eklatante Abweichung vom mehrheitlichen Willen des Volkes droht.

Die Effizienz des Willensbildungsprozesses stellt folglich keinen Selbstzweck dar, sondern soll eine realitätsgetreue und wirksame Repräsentation des Mehrheitswillens ermöglichen. Deshalb darf auf die zur Bildung einer absoluten Mehrheit erforderliche Mehrzahl an Wahlgängen nicht allein wegen des praktischen Aufwandes oder gar der damit verbundenen Kosten verzichtet werden[495]. Womöglich kann ein solches mehrstufiges Wahlverfahren aber hinsichtlich einer damit verbundenen, deutlich abnehmenden Wahlbeteiligung und dadurch bedingten Beeinflussung des tatsächlichen Mehrheitswillens problematisch sein. Ebenso kann auf dieser Grundlage die Frage Bedeutung erlangen, inwiefern es ohne die im Parlament mögliche, dem Wahlakt vorgehende, informelle Verständigung und Verhandlung zu einer adäquaten Mehrheitsbildung im Wahlvolk kommen und der Wahlmodus diesen Vorgang fördern oder beeinträchtigen kann. Zugleich sind die praktischen Konsequenzen bestimmter Wahlmodi zu berücksichtigen, die sich bei wirklichkeitsnaher Betrachtung etwa durch ihre Komplexität negativ auf die Wahlrechtsprinzipien und damit die Mehrheitsbildung auswirken können.

Hieran zeigt sich anschaulich die sich innerhalb des Prinzips der absoluten Mehrheit vollziehende Binnenabwägung, die auf das Ziel einer möglichst großen Annäherung an den Mehrheitswillen im Wahlvolk gerichtet ist. Ein Wahlverfahren, das *theoretisch* eine absolute Mehrheit ermöglicht, kann aufgrund seiner *praktischen* Wirkungsweise womöglich derart starke Verzerrungen des tatsächlichen Mehrheitswillens hervorbringen, dass das verfassungsrechtlich gebotene Ziel sogar konterkariert wird. Dem Wahlgesetzgeber darf daher auch bei der Mehrheitswahl monokratischer Ämter keine – in theoretischer Hinsicht vielleicht herleitbare – Perfektionierung des Wahlsystems oktroyiert werden. Umgekehrt darf der Gesetzgeber nicht bereits aus schlichten Praktikabilitätserwägungen ein Wahlverfahren einführen, welches das Erreichen einer absoluten Mehrheit nicht einmal anstrebt. Das Demokratieprinzip des Grundgesetzes verpflichtet den Wahlgesetzgeber vielmehr zu einer Analyse der tatsächlichen Begebenheiten und Auswirkungen des Wahlverfahrens und einer auf dieser Grundlage beruhenden, sachgerechten Abwägung der widerstreitenden Aspekte.

---

[495] Jedenfalls kritisch zum Kostenargument *Mehde*, Stichwahlen, in: KommJur 2013, S. 446 (449); *Seybold*, Qual, in: DVP 2021, S. 79 (80).

IV. Fazit: Optimierung der effektiven Umsetzung des Mehrheitswillens

Der kollektive Charakter des Wahlrechts bedingt die tatsächliche Unmöglichkeit einer umfassenden Berücksichtigung jeder Wählerpräferenz und damit verbundenen exakten Abbildung des mehrheitlichen Volkswillens. Das Mehrheitsprinzip als dominierender Wahlrechtsgrundsatz ist insofern nicht als eine abstrakte Entscheidungsregel, sondern als konkretes Optimierungsgebot zu verstehen, wonach die Wahl eine möglichst weitgehende Annäherung an den Mehrheitswillen im Wahlvolk erreichen muss. Wenngleich die absolute Mehrheit aus praktischen Gründen nicht immer erreicht werden kann, bleibt sie somit das anzustrebende Ideal im staatlichen Willensbildungsprozess und übt eine wesentliche Integrationswirkung aus. Dabei müssen allerdings die Rahmenbedingungen der Wahl mit Blick auf den Charakter und die Relevanz der Direktwahl sowie den praktischen Auswirkungen auf die Wähler Berücksichtigung finden. Nur unter diesen Voraussetzungen lässt sich verfassungsrechtlich beurteilen, inwiefern das konkrete Wahlverfahren die Forderung nach einer möglichst weitgehenden Realisierung des Mehrheitswillens des Volkes in der staatlichen Willensbildung erfüllt.

E. Fazit: Mehrheitsprinzip als wahlrechtliches Optimierungsgebot

Der Wahlakt zielt als Kollektivierungsprozess individueller Wählerpräferenzen im Kern auf die wirksame Abbildung des demokratisch erforderlichen Mehrheitswillens zur praktischen Realisierung der Volkssouveränität ab. Während die Parlamentswahl nur die Voraussetzung für eine an den tatsächlichen Mehrheitsverhältnissen orientierte Mehrheitsbildung in der Volksvertretung schaffen muss, muss sich dieser Vorgang in der Wahl monokratischer Ämter selbst vollziehen. Deshalb ist der moderne Verfassungsstaat bei aller politischen Vielfalt und gewährleistetem Minderheitenschutz letztlich immer auf eine zu einem gewissen Grad vereinheitlichende Mehrheitsentscheidung angewiesen. Dies unterstreicht, dass die Integrationslehre *Smends* ihren Platz in der demokratischen Staatslehre bei entsprechendem Verständnis finden kann. Ausgleich und Kompromiss, Zusammenschluss und Verbindung sind die in einem letzten Schritt immer erforderlichen Vorgänge in demokratischen Entscheidungsverfahren. Die Demokratie zeichnet sich somit durch eine dauerhafte Vielfalt in einer immer wieder neu geschaffenen Einheit aus. Trotz fehlender ausdrücklicher Anordnung im Grundgesetz stellt demnach das im Demokratieprinzip nach Art. 20 Abs. 1 und 2 GG verankerte Mehrheitsprinzip den maßgeblichen Wahlrechtsgrundsatz dar, während die klassischen, in Art. 38 Abs. 1 S. 1 GG und Art. 28 Abs. 1 S. 2 GG ausdrücklich normierten Wahlrechtsgrundsätze lediglich unterstützende Funktion einnehmen, indem sie die freie und gleiche Äußerung und Berücksichtigung der individuellen Präferenzen im Willensbildungsprozess garantieren und damit die Grundlage für die Verwirklichung des im Wahlvolk bestehenden Mehrheitswillens schaffen. Entgegen des häufig auf bestimmte Einzelfälle spezifizierten Diskurses in der Rechtsprechung und Literatur lässt sich eine übergeordnete Dogmatik für die Wahl von Volksvertretungen und monokratischen Ämtern gewinnen.

Beim Mehrheitsprinzip als Wahlrechtsgrundsatz handelt es sich nicht um einen starren Entscheidungsmechanismus, sondern um ein Prinzip, das nach weitgehender Optimierung der effektiven Mehrheitsbildung strebt. Dieses Optimierungsgebot darf nicht dazu verleiten, dem Wahlgesetzgeber eine vollständige Perfektionierung des Wahlrechts abzuverlangen, die realistischerweise gar nicht zu erreichen ist. Der Gesetzgeber ist allerdings verpflichtet, die politische Realität in den Blick zu nehmen und diese einer hinreichend begründeten Abwägungsentscheidung zuzuführen. In dieser Hinsicht muss das Wahlrecht der verfassungsrechtlichen Forderung nach einer möglichst weitgehenden Verwirklichung des Mehrheitswillens Rechnung tragen. Auf das Prinzip der absoluten Mehrheit für die Besetzung monokratischer Ämter darf daher weder aus reinen Vereinfachungsgründen im Voraus verzichtet werden, noch kann es infolge der praktischen Gegebenheiten bis zur letzten Konsequenz verwirklicht werden. Das verfassungsrechtlich gebotene Ziel ist die an der politischen Realität orientierte Optimierung der Mehrheitsbildung.

Teil 4

Das Mehrheitsprinzip in der Direktwahl kommunaler Hauptverwaltungsbeamter

Der prinzipielle Vorrang der absoluten Mehrheit muss nach den vorstehenden Ausführungen anhand des wahlrechtlichen Kontextes und den tatsächlichen Umständen beurteilt werden, um das verfassungsrechtlich gebotene Ziel der Optimierung der Mehrheitsbildung zu gewährleisten. Im Folgenden gilt es daher zu untersuchen, inwieweit das Streben nach einer absoluten Mehrheit bei der Direktwahl kommunaler Hauptverwaltungsbeamter konkret umzusetzen ist. Dabei sind zunächst die möglichen Gründe in den Blick zu nehmen, die es im Sinne der effektiven Umsetzung des Mehrheitswillens rechtfertigten könnten, bei der Wahl kommunaler Hauptverwaltungsbeamter gänzlich auf ein absolutes Mehrheitserfordernis zu verzichten oder jedenfalls nur in einem bestimmten Maße ein solches einzufordern. Gegenüber Wahlen durch Gremien und Vertretungskörperschaften, in denen mehrere Wahlgänge ohne Weiteres hintereinander stattfinden können, ruft das Erfordernis der absoluten Mehrheit bei Direktwahlen und der daraus resultierende Bedarf nach weiteren Wahlgängen größere Schwierigkeiten hervor[1]. Diese liegen darin begründet, dass sich die Mehrheitsbildung bei einer Direktwahl unmittelbar innerhalb des Wahlvolkes vollziehen muss, woraus zwei wesentliche Unterschiede zu einer indirekten Wahl monokratischer Ämter resultieren. Zum einen kommt dem Problem des praktischen Aufwandes weiterer Wahlgänge und der damit zusammenhängenden Teilnahmebereitschaft der Wähler eine viel größere Bedeutung zu als bei einer indirekten Wahl durch gewählte Volksvertreter. Zum anderen können im Gegensatz zu einer indirekten Wahl durch eine Vertretungskörperschaft nicht ohne Weiteres Verhandlungen und Verständigungen erfolgen, die zu einem erforderlichen, mehrheitsbildenden Kompromiss hinführen.

In einem ersten Schritt gilt es daher zu untersuchen, welche verfassungsrechtlichen Gegengründe für einen Verzicht auf das absolute Mehrheitsprinzip sprechen. Dabei ist zunächst die Direktwahl kommunaler Hauptverwaltungsbeamter sowohl im Hinblick auf den Charakter als unmittelbare Volksentscheidung als auch hinsichtlich der Bedeutung des Amtes näher zu betrachten. Des Weiteren sind die praktischen Hürden mehrerer Wahlgänge und die damit verbundene Abnahme der Teilnahmebereitschaft als möglicher Rechtfertigungs-

[1] In diesem Sinne bereits *G. Meyer*, Wahlrecht, 1901, S. 617.

grund in den Blick zu nehmen. Schließlich müssen die theoretischen und praktischen Grenzen der Bildung einer absoluten Mehrheit in einer Direktwahl näher untersucht werden. Auf dieser Grundlage lässt sich beurteilen, ob ein vollständiger Verzicht in Gestalt einer einstufigen, relativen Mehrheitswahl bei der Direktwahl kommunaler Hauptverwaltungsbeamter dem Mehrheitsprinzip als wahlrechtliches Optimierungsgebot entsprechen und damit verfassungsrechtlich zulässig sein kann (A.).

In einem zweiten Schritt ist auf dieser Grundlage die Beurteilung der verschiedenen mehrstufigen Wahlverfahren vorzunehmen, die sich nicht mit einer relativen Mehrheit im ersten Wahlgang begnügen, sondern auf eine höhere Zustimmungsrate abzielen. Hier kann es womöglich ebenso zur Verzerrung der Mehrheitsverhältnisse kommen, weshalb bestimmte Ausgestaltungen mehrstufiger Wahlverfahren verfassungsrechtlich unzulässig sein können. Auf diese Weise soll eine abschließende Beurteilung der verschiedenen Wahlverfahren in verfassungsrechtlicher Hinsicht erfolgen (B.).

A. Rechtfertigungsgründe für eine einstufige Mehrheitswahl

Zunächst ist zu erörtern, ob von dem Prinzip der absoluten Mehrheit bei der Direktwahl monokratischer Ämter abgewichen werden darf und damit insbesondere eine einstufige, relative Mehrheitswahl zumindest unter bestimmten Voraussetzungen oder in gewissen Konstellationen ausreichend ist. Die Direktwahl des kommunalen Hauptverwaltungsbeamten kann sich von der indirekten Wahl durch eine Vertretungskörperschaft oder der Wahl anderer monokratischer Ämter derart unterscheiden, dass dem Gesetzgeber bereits aufgrund legitimatorischer Besonderheiten eine Ausgestaltung als relative Mehrheitswahl möglich wäre (I.). Des Weiteren könnte bei der Direktwahl kommunaler Hauptverwaltungsbeamter insbesondere die sinkende Wahlbeteiligung als praktische Besonderheit fungieren, die einen Verzicht auf weitere Wahlgänge und damit die Hinnahme einer relativen Mehrheitsentscheidung im ersten Wahlgang rechtfertigen könnte (II.). Schließlich sind die theoretischen wie praktischen Hürden der Mehrheitsbildung näher zu betrachten, die bereits in der Absenkung des erforderlichen Quorums in nachfolgenden Wahlgängen angedeutet sind und womöglich *per se* eine relative Mehrheit als funktionelle Besonderheit einer Direktwahl genügen lassen (III.).

I. Legitimatorische Besonderheit der Direktwahl

Zunächst kann es bei der Direktwahl kommunaler Hauptverwaltungsbeamter Besonderheiten in legitimatorischer Hinsicht geben, infolgedessen das Prinzip der absoluten Mehrheit nicht oder zumindest nicht in gleicher Weise auf diese Wahlen anwendbar wäre. Dies könnte zum einen im Spezifikum einer Direktwahl liegen, bei der das Volk selbst unmittelbar die Mehrheitsbildung vornimmt und über die Amtsbesetzung entscheidet (1.). Des Weiteren könnte speziell die Direktwahl des kommunalen Hauptverwaltungsbeamten aufgrund ihrer Einordnung in die kommunale Selbstverwaltung wie auch die konkrete Funktion des Amtes zu einer differenzierteren Anwendung der demokratischen Grundsätze führen (2.).

1. Legitimatorische Besonderheiten der Direktwahl monokratischer Ämter

Bei der Direktwahl des kommunalen Hauptverwaltungsbeamten hielten einige Stimmen in der Literatur die relative Mehrheit mit dem Argument für ausreichend, dass bereits die unmittelbare Volkswahl eine besondere demokratische Legitimation vermittle und daher keine gesteigerten Anforderungen an die Ausgestaltung dieser Wahl gestellt werden könnten[2]. Daher ist zu erörtern, ob die bislang generell für Wahlen und Abstimmungen angenommene Geltung des Prinzips der absoluten Mehrheit für die Direktwahl monokratischer Ämter einzuschränken ist. Möglicherweise hat der Wahlkörper Auswirkungen auf die Vorgaben des Demokratieprinzips hinsichtlich des erforderlichen Mehrheitsquorums.

a) Abhängigkeit der demokratischen Legitimation vom Wahlkörper

Nach dem Ausgangspunkt der aufgezeigten Sichtweise hängt das Maß der demokratischen Legitimation vom jeweiligen Wahlkörper ab. Bei einer unmittelbaren Wahl durch das Volk solle der Gewählte eine gegenüber der mittelbaren Wahl durch die Volksvertretung gesteigerte personelle Legitimation erhalten[3]. Es könnte dann nicht noch ein – in dieser Sichtweise – zusätzliches Erfordernis der absoluten Mehrheit der Wähler verlangt werden. In einem ähnlichen Sinne findet dieser Aspekt hinsichtlich der Bundespräsidentenwahl als Argument Verwendung, warum im dritten Wahlgang eine relative Mehrheit im Gegensatz zur Kanzlerwahl unbeschränkt genügen kann. Der Bundespräsident sei insoweit bereits mit einer gesteigerten, demokratischen Legitimation ausgestattet, weil die Bundesversammlung sich zusätzlich aus den direkt gewählten Länderparlamenten zusammensetzt[4].

Die Auffassung, die Art des Wahlkörpers beeinflusse die demokratische Legitimation, könnte sich womöglich auf das vorherrschende Modell demokrati-

---

[2] *Groß*, Direktwahl, in: LKRZ 2010, S. 93 (97); *Mehde*, Stichwahlen, in: KommJur 2013, S. 446 (450).

[3] Siehe *S. Lenz*, Kommunalverwaltung, 2020, S. 169, nach dessen Auffassung das Handeln des kommunalen Hauptverwaltungsbeamten im Vergleich zum Bundeskanzler oder Ministerpräsidenten über eine „höhere personelle demokratische Legitimation" verfüge.

[4] In diesem Sinne *Magsaam*, Mehrheit, 2014, S. 341. Auch *S. Lenz*, Kommunalverwaltung, 2020, S. 100 betont die „starke personelle demokratische Legitimation" des Bundespräsidenten aufgrund der Wahl durch die Bundesversammlung.

scher Legitimation stützen. Danach ist aus dem in Art. 20 Abs. 2 S. 1 GG verankerten Prinzip der Volkssouveränität, wonach alle Staatsgewalt vom Volke ausgeht, für deren Ausübung durch besondere Organe nach Art. 20 Abs. 2 S. 2 GG ein dreigliederiges Modell demokratischer Legitimation abzuleiten, das zwischen funktionell-institutioneller, organisatorisch-personeller sowie sachlich-inhaltlicher Legitimation differenziert[5]. Während die Existenz und Relevanz der *funktionell-institutionellen* Legitimation fraglich und vorliegend unbeachtlich ist[6], ist die schon angerissene *organisatorisch-personelle* Legitimation von zentraler Bedeutung, die eine „ununterbrochene Legitimationskette vom Volk zu den mit staatlichen Aufgaben betrauten Organen und Amtswaltern“[7] verlangt. Infolge der repräsentativen Ausgestaltung des Grundgesetzes wird diese personelle Legitimation auf der Bundesebene über das direkt vom Volk gewählte Parlament vermittelt[8]. Die *sachlich-inhaltliche* Legitimation zielt auf die inhaltliche Bindung der Ausübung von Staatsgewalt an den Willen des Volkes, die insbesondere durch die Gesetzesbindung und die Weisungsgebundenheit der hierarchisch strukturierten Verwaltung gesichert wird[9]. Die

[5] Grundlegend *Böckenförde*, Demokratie, in: Isensee/Kirchhof (Hrsg.), HStR II, 3. Aufl. 2004, § 24 Rn. 14 ff.; siehe ferner BVerfGE 83, 60 (72); 93, 37 (67 f.); 107, 59 (87); *v. Arnim*, Selbstverwaltung, in: AöR 113 (1988), S. 1 (6 f.); *Ehlers*, Staatsgewalt, in: Faber/Frank (Hrsg.), FS Stein, 2002, S. 125 (126 f.); *Dreier*, in: ders. (Hrsg.), GG, Bd. II, 3. Aufl. 2015, Art. 20 (Demokratie), Rn. 109 ff.; *Grzeszick*, in: Dürig/Herzog/Scholz (Hrsg.), GG, Art. 20 II (2022), Rn. 122 ff.

[6] Gegen diese eigenständige Kategorie demokratischer Legitimation *Jestaedt*, Demokratieprinzip, 1993, S. 276 ff.; *S. Lenz*, Kommunalverwaltung, 2020, S. 88 ff.; *Möllers*, Demokratie, in: Herdegen u. a. (Hrsg.), HdbVerfR, 2021, § 5 Rn. 41; *Sommermann*, in: Huber/Voßkuhle (Hrsg.), GG, Bd. II, 8. Aufl. 2024, Art. 20 Rn. 169. Bereits *Böckenförde*, Demokratie, in: Isensee/Kirchhof (Hrsg.), HStR II, 3. Aufl. 2004, § 24 Rn. 15 selbst konstatiert, dass diese Komponente für die demokratische Legitimation allein nicht ausreichend sein kann.

[7] BVerfGE 47, 253 (275); 52, 95 (130); 77, 1 (40); 107, 59 (87); sinngemäß *v. Arnim*, Selbstverwaltung, in: AöR 113 (1988), S. 1 (7); *Ehlers*, Staatsgewalt, in: Faber/Frank (Hrsg.), FS Stein, 2002, S. 125 (134); *Böckenförde*, Demokratie, in: Isensee/Kirchhof (Hrsg.), HStR II, 3. Aufl. 2004, § 24 Rn. 16; *Dreier*, in: ders. (Hrsg.), GG, Bd. II, 3. Aufl. 2015, Art. 20 (Demokratie), Rn. 111; *Grzeszick*, in: Dürig/Herzog/Scholz (Hrsg.), GG, Art. 20 II (2022), Rn. 123; *Sommermann*, in: Huber/Voßkuhle (Hrsg.), GG, Bd. II, 8. Aufl. 2024, Art. 20 Rn. 164.

[8] BVerfGE 93, 37 (67); 107, 59 (88); *Ehlers*, Staatsgewalt, in: Faber/Frank (Hrsg.), FS Stein, 2002, S. 125 (133 f.); *Böckenförde*, Demokratie, in: Isensee/Kirchhof (Hrsg.), HStR II, 3. Aufl. 2004, § 24 Rn. 16.

[9] BVerfGE 130, 76 (124); 135, 155 (221 f. Rn. 157); *v. Arnim*, Selbstverwaltung, in: AöR 113 (1988), S. 1 (7); *Ehlers*, Staatsgewalt, in: Faber/Frank (Hrsg.), FS Stein, 2002, S. 125 (133 f.); *Böckenförde*, Demokratie, in: Isensee/Kirchhof (Hrsg.), HStR II, 3. Aufl. 2004, § 24 Rn. 21; *Dreier*, in: ders. (Hrsg.), GG, Bd. II, 3. Aufl. 2015, Art. 20 (Demokratie), Rn. 121; *Sommermann*, in: Huber/Voßkuhle (Hrsg.), GG, Bd. II, 8. Aufl. 2024, Art. 20 Rn. 168; kritisch zum Erfordernis einer umfassenden Weisungsbindung *Möllers*, Demokratie, in: Her-

Faktoren der demokratischen Legitimation stehen dabei nicht isoliert nebeneinander, sondern müssen gemeinsam ein insgesamt hinreichendes „Legitimationsniveau“[10] erreichen. Auf dieser Grundlage sei einem Amtswalter, dessen Einsetzung erst über eine Vielzahl von Einsetzungsakten auf die gewählte Regierung und damit nur sehr mittelbar auf das Volk zurückgeführt werden kann, eine geringere personelle Legitimation zuzusprechen, die durch eine stärkere sachliche Legitimation, also einen geringeren eigenständigen Entscheidungsspielraum und intensivere Kontrolle, ausgeglichen werde[11]. Aus dieser Perspektive ließe sich der Umkehrschluss ziehen, eine unmittelbare Einsetzung durch das Volk vermittele eine höhere demokratische Legitimation und könnte anderen verfassungsrechtlichen Rahmenbedingungen unterfallen.

Eine solche Differenzierung zwischen der mittelbaren und unmittelbaren Einsetzung durch das Volk lässt sich zumindest auf der ersten Stufe der Legitimationskette mit dem Demokratieprinzip des Grundgesetzes nicht in Einklang bringen. Zwar sprechen Teile der Literatur davon, dass etwa der Bundestag als unmittelbar legitimiertes Organ ein höheres Maß an Legitimation besitze als ein indirekt gewähltes Organ wie die Bundesregierung[12]. Eine solche Abstufung erscheint angesichts der staatsrechtlichen Funktion des jeweiligen Organs zunächst auch strukturell angemessen. Allerdings hat sie auf dieser Ebene keine verfassungsrechtliche Aussagekraft, da andernfalls die in Art. 20 Abs. 2 S. 2 GG verankerte Gewaltenteilung und damit verbundene Gleichrangigkeit der unterschiedlichen Staatsorgane in ihrer jeweiligen Funktion konterkariert würde[13]. In verfassungsrechtlicher Hinsicht ist nur beachtlich, dass das konkrete Organ angesichts seiner Kompetenz und Funktion hinreichend demo-

---

degen u. a. (Hrsg.), HdbVerfR, 2021, § 5 Rn. 60 ff.; *Grzeszick*, in: Dürig/Herzog/Scholz (Hrsg.), GG, Art. 20 II (2022), Rn. 151.

[10] So BVerfGE 83, 60 (72); 93, 37 (66 f.); 107, 59 (87); 130, 76 (124); 135, 155 (221 f. Rn. 157); 136, 194 (262 Rn. 168). Zum Zusammenwirken der einzelnen Komponenten näher *Jestaedt*, Demokratieprinzip, 1993, S. 281 ff.; *Böckenförde*, Demokratie, in: Isensee/Kirchhof (Hrsg.), HStR II, 3. Aufl. 2004, § 24 Rn. 14, 23; *Dreier*, in: ders. (Hrsg.), GG, Bd. II, 3. Aufl. 2015, Art. 20 (Demokratie), Rn. 113; *Möllers*, Demokratie, in: Herdegen u. a. (Hrsg.), HdbVerfR, 2021, § 5 Rn. 42; *Grzeszick*, in: Dürig/Herzog/Scholz (Hrsg.), GG, Art. 20 II (2022), Rn. 129 ff.; *Sommermann*, in: Huber/Voßkuhle (Hrsg.), GG, Bd. II, 8. Aufl. 2024, Art. 20 Rn. 170.

[11] In diesem Sinne *Jestaedt*, Demokratieprinzip, 1993, S. 274; *S. Lenz*, Kommunalverwaltung, 2020, S. 97 ff.; *Sommermann*, in: Huber/Voßkuhle (Hrsg.), GG, Bd. II, 8. Aufl. 2024, Art. 20 Rn. 170, 185.

[12] Siehe *Jestaedt*, Demokratieprinzip, 1993, S. 284; *S. Lenz*, Kommunalverwaltung, 2020, S. 97; *Grzeszick*, in: Dürig/Herzog/Scholz (Hrsg.), GG, Art. 20 II (2022), Rn. 125.

[13] In diesem Sinne *Möllers*, Demokratie, in: Herdegen u. a. (Hrsg.), HdbVerfR, 2021, § 5 Rn. 53, 67. Bereits BVerfGE 49, 89 (125 f.); 68, 1 (86 ff.) hob hervor, dass aus dem Demokratieprinzip insoweit kein Vorrang des unmittelbar gewählten Parlamentes gegenüber den anderen Gewalten folgt.

kratisch legitimiert ist, nicht aber kann insofern von einer höheren oder niedrigeren Legitimation gesprochen werden[14].

Folglich ist es verfassungsrechtlich unbeachtlich, ob das Volk selbst oder dessen gewählte Vertretung, die im Idealfall die politischen Präferenzen des Volkes adäquat abbildet und damit den Mehrheitswillen im Wahlvolk repräsentiert, über die Besetzung eines monokratischen Staatsamtes entscheidet. Das Grundgesetz schreibt die Gleichrangigkeit beider Möglichkeiten selbst fest, indem es die Wahl des Bundeskanzlers und des Bundespräsidenten als mittelbare Wahl ausgestaltet und damit für die demokratische Legitimation dieser zentralen Staatsämter genügen lässt. Deshalb besteht kein verfassungsrechtliches Erfordernis, eine entsprechende Direktwahl monokratischer Ämter und damit etwa des kommunalen Hauptverwaltungsbeamten vorzusehen[15]. Der Verfechter des klassischen Modells demokratischer Legitimation *Wolfgang Böckenförde* konstatiert zu Recht: „Mittelbare wie unmittelbare Berufung durch das Volk sind gleichermaßen zulässig, wenngleich die unmittelbare Berufung eine höhere demokratische Dignität begründen mag“[16]. Diese – verfassungsrechtlich nicht erforderliche – „höhere demokratische Dignität“ kann folglich allein politisch-symbolische Relevanz entfalten und keinesfalls die legitimatorischen Anforderungen an eine Direktwahl beeinflussen. Insofern muss die mittelbare Wahl eines monokratischen Amtes durch ein repräsentatives, direkt gewähltes Vertretungsorgan gleichermaßen demokratische Legitimation vermitteln wie eine Direktwahl durch das Wahlvolk[17].

Diese Erkenntnis für das *gleichrangige* Verhältnis von direkter und indirekter Wahl lässt sich zudem mit dem ausführlich diskutierten Verhältnis der direkten und indirekten Demokratie bei Sachabstimmungen bestätigen. Da Art. 20 Abs. 2 S. 2 GG gleichermaßen von der Ausübung der Staatsgewalt durch Wahlen und Abstimmungen spricht, ist von einem prinzipiellen Gleichrang der repräsentativen wie direktdemokratischen Entscheidungsverfahren auszugehen[18]. Dennoch argumentieren einige Stimmen in der Literatur hin-

---

[14] So auch *Nettesheim*, Amt, in: Isensee/Kirchhof (Hrsg.), HStR III, 3. Aufl. 2005, § 61 Rn. 29, der die These einer höheren demokratischen Legitimation durch eine Volkswahl mit den Prinzipien der repräsentativen Demokratie für nicht vereinbar hält; ähnlich *Henneke/Ritgen*, Direktwahl, in: DÖV 2010, S. 665 (672).

[15] Dazu bereits oben Teil 2, B. II. 2.

[16] *Böckenförde*, Demokratie, in: Isensee/Kirchhof (Hrsg.), HStR II, 3. Aufl. 2004, § 24 Rn. 16.

[17] In diesem Sinne *Nettesheim*, Amt, in: Isensee/Kirchhof (Hrsg.), HStR III, 3. Aufl. 2005, § 61 Rn. 29; *Henneke/Ritgen*, Direktwahl, in: DÖV 2010, S. 665 (672).

[18] Eingehend *Dreier/Wittreck*, Demokratie, in: Feld u. a. (Hrsg.), Jahrbuch für direkte Demokratie 2009, 2010, S. 11 (16 ff.); *Schwerdtfeger*, Legitimation, 2018, S. 153 ff.; in diesem Sinne ferner *Dreier*, in: ders. (Hrsg.), GG, Bd. II, 3. Aufl. 2015, Art. 20 (Demokratie), Rn. 104; *Huster/Rux*, in: Epping/Hillgruber (Hrsg.), GG, 3. Aufl. 2020, Art. 20 Rn. 64 f.; *Grzeszick*, in: Dürig/Herzog/Scholz (Hrsg.), GG, Art. 20 II (2022), Rn. 113; anders hingegen

sichtlich eines *verfassungsändernden* Volksentscheides in den Ländern, dass die Beteiligung des Volkes bereits eine qualifizierte Hürde biete und demnach bereits die einfache Mehrheit der Abstimmenden hierfür ausreichen könne[19]. Gegen ein qualifizierte Mehrheitserfordernisse bei verfassungsändernden Volksentscheiden trägt *Dreier* vor:

„Die wiederholt gezogene Parallele zwischen qualifizierten Mehrheiten bei Entscheidungen der Repräsentativkörperschaften und einem angeblichen Erfordernis, Vergleichbares auch [bei] Volksentscheiden vorzusehen, legt an Entscheidungen *des Volkes* diejenigen Maßstäbe an, die für Entscheidungen der *Vertreter des Volkes* [Hervorhebungen im Original] gelten. Eine solche Betrachtungsweise stellt den demokratischen Grundsatz der Volkssouveränität auf den Kopf."[20]

Dagegen spricht jedoch, dass nach dem Vorrang der Verfassung nach Art. 20 Abs. 3 GG als Einschränkung der Volkssouveränität die erschwerte Abänderbarkeit der Verfassung geboten ist und dieser Grundsatz vermittelt über Art. 28 Abs. 1 S. 1 GG gleichermaßen für die Landesverfassungen gilt[21]. Wenngleich kein Vorrang der repräsentativen Demokratie besteht, darf nicht umgekehrt ein Vorrang der direkten Demokratie angenommen und eine Volksabstimmung bereits als qualifiziertes Votum aufgefasst werden[22]. Vielmehr muss sich die einfache von der verfassungsändernden Volksgesetzgebung abgrenzen, um den Vorrang der Verfassung tatsächlich zu gewährleisten, sodass ein qualifiziertes Erfordernis für die Verfassungsänderung auch in einer Volksabstimmung gel-

ThürVerfGH, ThürVBl. 2001, S. 31 (38); *Möstl*, Demokratie, in: VVDStRL 72 (2013), S. 355 (366 ff.).

19 So *Dreier*, Landesverfassungsänderung, in: BayVBl. 1999, S. 513 (518); *Neumann*, Volksgesetzgebung, in: ders./v. Raumer (Hrsg.), Die verfassungsrechtliche Ausgestaltung der Volksgesetzgebung, 1999, S. 17 (46 ff.).

20 *Dreier*, Landesverfassungsänderung, in: BayVBl. 1999, S. 513 (519).

21 Siehe zu letzterem eingehend *Schwerdtfeger*, Legitimation, 2018, S. 297 ff.; für das Erfordernis einer erschwerten Abänderbarkeit als Konsequenz aus dem Vorrang der Verfassung auch BayVerfGHE 52, 104 (129 ff.); BremStGH, NVwZ-RR 2001, S. 1 (3); ThürVerfGH, ThürVBl. 2001, S. 31 (44); *Herdegen*, in: Dürig/Herzog/Scholz (Hrsg.), GG, Art. 79 (2014), Rn. 59; *Bryde*, in: v. Münch/Kunig (Hrsg.), GG, Bd. II, 7. Aufl. 2021, Art. 79 Rn. 57; a.A. *Dreier*, Landesverfassungsänderung, in: BayVBl. 1999, S. 513 (515 ff.); *Neumann*, Volksgesetzgebung, in: ders./v. Raumer (Hrsg.), Die verfassungsrechtliche Ausgestaltung der Volksgesetzgebung, 1999, S. 17 (46); *Sachs*, in: ders. (Hrsg.), GG, 9. Aufl. 2021, Art. 79 Rn. 75.

22 Die bei *Dreier*, Landesverfassungsänderung, in: BayVBl. 1999, S. 513 (518 f.) eingehend begründete Unterscheidung zum parlamentarischen Gesetzgebungsverfahren missachtet den internen Vergleich mit der einfachen Volksgesetzgebung. Andernfalls könnte jede Volksabstimmung mit verfassungsändernder Wirkung durchgeführt werden, wodurch direktdemokratische Entscheidungen auch langfristig durch die Repräsentativkörperschaften nur unter erschwerten Bedingungen geändert werden könnten und demnach faktischen Vorrang besäßen.

ten muss[23]. Diese muss sich jedoch keinesfalls wie in Art. 79 Abs. 2 GG in der Bezugszahl der Abstimmungsberechtigten ausdrücken, sondern kann schlicht in einer Zweidrittelmehrheit der Abstimmenden liegen, womit die verfassungsrechtlich fragwürdige Anknüpfung von Quoren an die Abstimmungsberechtigten vermieden wird[24]. Demnach zeigt die Debatte um verfassungsändernde Volksabstimmungen in den Ländern, dass die direkte gegenüber der indirekten Demokratie zwar nicht nachgeordnet ist, aber genauso wenig einen legitimatorischen Vorzug besitzt, der als solcher einen Verzicht auf ein im repräsentativen Verfahren unstreitig gebotenes Mehrheitserfordernis rechtfertigen könnte.

b) Absolutes Mehrheitsprinzip als demokratischer Grundsatz

Die aufgezeigte Sichtweise scheint zudem dem Irrtum zu unterliegen, die schlichte absolute Mehrheit als ein qualifiziertes Erfordernis zu begreifen, die nicht noch zusätzlich gestellt werden könne, wenn der Gesetzgeber mit der Entscheidung für die Direktwahl bereits über das verfassungsrechtlich geforderte Maß hinausgehe[25]. Im Gegensatz zu der Konstellation verfassungsändernder Volksabstimmungen, bei der es um ein demokratietheoretisch begründungsbedürftiges, aber ausnahmsweise gebotenes *qualifiziertes* Mehrheitserfordernis geht, stellt die schlichte absolute Mehrheit einen generellen *Grundsatz* des Demokratieprinzips für alle staatlichen Entscheidungen dar[26]. Die Wahl führt deshalb unabhängig von ihrer Ausgestaltung als direkte oder indirekte Wahl überhaupt erst zu einer Legitimation, wenn die elementaren demokratischen Prinzipien wie das Prinzip der absoluten Mehrheit gewahrt werden.

Die Nichtbeachtung eines Grundsatzes des Demokratieprinzips wird nicht bereits damit aufgewogen, dass der Gesetzgeber in anderer Hinsicht über das

---

[23] BayVerfGHE 52, 104 (127 ff.); ThürVerfGH, ThürVBl. 2001, S. 31 (44); *Möstl*, Demokratie, in: VVDStRL 72 (2013), S. 355 (405); *Herdegen*, in: Dürig/Herzog/Scholz (Hrsg.), GG, Art. 79 (2014), Rn. 59.

[24] Zu Recht gegen ein Zustimmungs- oder Beteiligungsquorum bei verfassungsändernden Volksentscheiden *Dreier*, Landesverfassungsänderung, in: BayVBl. 1999, S. 513 (519 ff.). Eine qualifizierte Abstimmungsmehrheit als mögliche Ausgestaltung nennen explizit *Neumann*, Volksgesetzgebung, in: ders./v. Raumer (Hrsg.), Die verfassungsrechtliche Ausgestaltung der Volksgesetzgebung, 1999, S. 17 (49); *Möstl*, Demokratie, in: VVDStRL 72 (2013), S. 355 (405); *Herdegen*, in: Dürig/Herzog/Scholz (Hrsg.), GG, Art. 79 (2014), Rn. 59.

[25] So explizit *Groß*, Direktwahl, in: LKRZ 2010, S. 93 (97); implizit ordnet *Mehde*, Stichwahlen, in: KommJur 2013, S. 446 (450) die absolute Mehrheit als „zusätzliche Anforderung" ein; ähnlich im Zusammenhang mit der Parlamentswahl *Wolf*, Stimmgewicht, 2016, S. 403.

[26] In diese Richtung auch *Mußgnug*, Mehrheitsprinzip, in: Breuer u. a. (Hrsg.), FS Klein, 2013, S. 249 (251); *Magsaam*, Mehrheit, 2014, S. 76 f.; ausführlich dazu bereits oben Teil 2, A. III.

vom Demokratieprinzip geforderte Maß hinausgeht. Zutreffend führt der Verfassungsgerichtshof für das Land Nordrhein-Westfalen deshalb aus:

„Entscheidet sich der Gesetzgeber für die Direktwahl von Bürgermeisterinnen und Bürgermeistern sowie Landrätinnen und Landräten, muss er folgerichtig ein der verfassungsmäßigen Ordnung entsprechendes und die geforderte Legitimation gewährleistendes Wahlverfahren implementieren.“[27]

Dieses Prinzip der Folgerichtigkeit, welches das Bundesverfassungsgericht unzutreffend als maßgebliche Ausprägung der Wahlgleichheit hinsichtlich der Gestaltung des Parlamentswahlrechts auffasst, ist daher an dieser Stelle zutreffend verortet[28]. Folgerichtigkeit ist daher kein Selbstzweck, sondern Ausprägung des demokratischen Grundsatzes, wonach unterschiedliche Konzepte und Ausprägungen demokratischer Verfahren jeweils ein *gleichwertiges* Legitimationsniveau erreichen müssen. Daher ist das demokratische Prinzip der absoluten Mehrheit sowohl auf indirekte wie auch direkte Wahlen anzuwenden.

Allerdings könnte diese Einschätzung durch einen unmittelbaren Vergleich mit einer indirekten Wahl durch eine Vertretungskörperschaft in Zweifel geraten. In dieser Hinsicht könnte vorgebracht werden, dass durch gesetzliche Sperrklauseln oder gar bei einem Wechsel zu einem reinen Mehrheitswahlrecht in einem durchaus beachtlichen Maße eine Verzerrung der Mehrheitsverhältnisse in der Vertretungskörperschaft eintritt. Wenn der kommunale Hauptverwaltungsbeamte in der Wahl der Vertretungskörperschaft nach dem früheren nordrhein-westfälischen Kommunalverfassungsrecht mit gesetzlichen Sperrklauseln eine absolute Mehrheit erhalten hat, so habe er sich faktisch doch häufig lediglich auf eine relative Mehrheit im Wahlvolk stützen können. Wenn nunmehr die Wahl direkt durch das Wahlvolk erfolgt und damit den Wählern der unmittelbare Einfluss auf die personelle Besetzung dieses Amtes zugewiesen wird, ohne dass eine verfassungsrechtliche Pflicht zur Einführung der Direktwahl besteht, könnte zumindest die absolute Mehrheit der Wähler verzichtbar sein, die bei der verfassungsrechtlich ebenfalls zulässigen indirekten Wahl regelmäßig auch nicht repräsentiert wird.

Diesem Argumentationsansatz ist jedoch schon der Boden entzogen, weil gesetzliche Sperrklauseln oder gar die Einführung eines reinen Mehrheitswahlrechts gerade wegen der Verzerrungen der Mehrheitsverhältnisse in der Volksvertretung rechtfertigungsbedürftig und praktisch kaum rechtfertigungsfähig sind. Dies gilt umso mehr im Kommunalwahlrecht. Die durch zulässige fakti-

---

[27] VerfGH NRW, Urteil vom 20.12.2019, 35/19, S. 47; in diesem Sinne zuvor bereits VerfGH NRW, NVwZ 2009, S. 1096 (1097). Selbst *Groß*, Direktwahl, in: LKRZ 2010, S. 93 (95); *Mehde*, Stichwahlen, in: KommJur 2013, S. 446 (450) erkennen diese Konsequenz als solche an.

[28] Auf diesen Ursprung des Prinzips der Folgerichtigkeit weisen die nachfolgenden Ausführungen in VerfGH NRW, Urteil vom 20.12.2019, 35/19, S. 48 hin, ohne dies jedoch näher zu erläutern.

sche Sperrklauseln bedingten Abweichungen halten sich regelmäßig in einem äußerst geringen Rahmen und würden für das Erreichen der absoluten Mehrheit kaum eine Rolle spielen. Der bloße Verweis, es könne in anderen – noch dazu verfassungswidrigen – Wahlsystemen zur erheblichen Verzerrung der Mehrheitsverhältnisse kommen, wonach trotz absoluten Mehrheitserfordernis bei der indirekten Wahl eines monokratischen Amtes faktisch nur eine relative Mehrheit des Wahlvolkes erreicht wird, rechtfertigt daher nicht den Verzicht auf ein absolutes Mehrheitserfordernis bei der direkten Wahl. Überdies dürften solche wahlrechtlichen Gestaltungen lediglich zum Zwecke der Förderung der Mehrheitsbildung und damit zur effektiven *Verwirklichung* des Mehrheitswillens erfolgen. Dies verdeutlicht, warum die Einordnung des Mehrheitsprinzips als übergeordneter Wahlrechtsgrundsatz zutreffend und bedeutsam ist. Jedes Wahlsystem und damit sowohl die Wahl der Vertretungskörperschaft als auch des monokratischen Amtes muss sich gleichermaßen an dem durch das Mehrheitsprinzip als Optimierungsgebot aufgestellten Ziel für das Wahlrecht messen lassen, im Endpunkt des demokratischen Willensbildungsprozesses so weit wie möglich die Mehrheit des Volkes zu repräsentieren[29].

c) Zwischenergebnis: Direktwahl und absolute Mehrheit keine alternativen Bedingungen

Die Entscheidung für eine Direktwahl eines monokratischen Amtes führt nicht in der Weise zu einer höheren demokratischen Legitimation, die einen generellen Verzicht auf ein absolutes Mehrheitserfordernis rechtfertigen würde. An dieser Stelle soll nicht unterschlagen werden, dass eine Direktwahl in tatsächlicher Hinsicht durchaus Unterschiede zur mittelbaren Wahl durch die Volksvertretung aufweist, die noch zu einer unterschiedlichen Behandlung beider Wahlmodi im Einzelfall führen könnte. Jedoch können diese Unterschiede nicht *a priori* die Anforderungen des Demokratieprinzips an die Ausgestaltung des Wahlmodus modifizieren. Dies ist konsequent, weil bei einer indirekten Wahl mögliche Verzerrungen der Mehrheitsverhältnisse infolge des Wahlsystems der Vertretungskörperschaft ebenfalls nur im Sinne einer funktionsfähigen Mehrheitsbildung gerechtfertigt werden können. Das Prinzip der absoluten Mehrheit gilt daher in legitimatorischer Hinsicht gleichermaßen für die indirekte wie direkte Wahl monokratischer Ämter.

---

[29] In diese Richtung für eine gleichmäßige Anwendung des absoluten Mehrheitsprinzips auf direkte wie indirekte Wahlen *Huster/Rux*, in: Epping/Hillgruber (Hrsg.), GG, 3. Aufl. 2020, Art. 20 Rn. 89 f.

2. Legitimatorische Besonderheiten der Direktwahl kommunaler Hauptverwaltungsbeamter

Wenngleich die Ausgestaltung als Direktwahl prinzipiell keinen Verzicht auf das Prinzip der absoluten Mehrheit rechtfertigt, könnte sich aus der spezifischen Besonderheit der Direktwahl kommunaler Hauptverwaltungsbeamter eine solche Rechtfertigung oder zumindest ein erweiterter Spielraum des Gesetzgebers ergeben. In dieser Hinsicht argumentiert *Groß*, dass angesichts der konkreten Funktion des kommunalen Hauptverwaltungsbeamten keine absolute Mehrheit zur hinreichenden Legitimation erforderlich sei[30]. Folglich ist zunächst näher zu erörtern, inwiefern die Anforderungen des Demokratieprinzips gleichermaßen auf kommunaler Ebene Anwendung finden. Anschließend muss geprüft werden, ob die spezifische Funktion und Bedeutung des Amtes womöglich dazu führen kann, die legitimatorischen Anforderungen des Demokratieprinzips abzusenken.

a) Die Wirkungsweise des Demokratieprinzips auf der kommunalen Ebene

Nach allgemeiner Auffassung dient die kommunale Selbstverwaltung – wie in Art. 11 Abs. 4 BayVerf. explizit normiert – „dem Aufbau der Demokratie von unten nach oben“[31]. Sie stellt keine vom Staatswesen abgegrenzte Verwaltungsorganisation dar, sondern ist gemäß Art. 28 GG in die demokratische Staatsstruktur der Länder eingegliedert[32]. Durch die spezielle Regelung des Art. 28 Abs. 1 S. 2 GG unterstreicht das Grundgesetz, dass die Legitimation der Staatsgewalt auch vom jeweiligen Teil des Volkes auf kommunaler Ebene nach den gleichen Grundsätzen ausgeht[33]. Dies garantiert „die Einheitlichkeit der demokratischen Legitimationsgrundlage im Staatsaufbau“[34]. Die aus Art. 20 Abs. 2 GG folgenden Anforderungen an die demokratische Legitimation der Staatsgewalt gelten daher vermittelt über das unmittelbar an die Länder

---

[30] *Groß*, Direktwahl, in: LKRZ 2010, S. 93 (96).

[31] Darauf verweisen auch BVerfGE 79, 127 (149); *Püttner*, Selbstverwaltung, in: Isensee/Kirchhof (Hrsg.), HStR VI, 3. Aufl. 2008, § 144 Rn. 13; *Dreier*, in: ders. (Hrsg.), GG, Bd. II, 3. Aufl. 2015, Art. 28 Rn. 76; *Mehde*, in: Dürig/Herzog/Scholz (Hrsg.), GG, Art. 28 Abs. 1 (2023), Rn. 94.

[32] Dazu BVerfGE 83, 37 (54); 138, 1 (18 Rn. 52); *Dreier*, in: ders. (Hrsg.), GG, Bd. II, 3. Aufl. 2015, Art. 28 Rn. 76.

[33] In diesem Sinne BVerfGE 83, 37 (55); *v. Arnim*, Selbstverwaltung, in: AöR 113 (1988), S. 1 (8 ff.); *Jestaedt*, Demokratieprinzip, 1993, S. 527 ff.; *Böckenförde*, Demokratie, in: Isensee/Kirchhof (Hrsg.), HStR II, 3. Aufl. 2004, § 24 Rn. 25, 31 f.; *Dreier*, in: ders. (Hrsg.), GG, Bd. II, 3. Aufl. 2015, Art. 28 Rn. 76.

[34] So prägnant BVerfGE 83, 37 (55).

gerichtete Homogenitätsgebot nach Art. 28 Abs. 1 S. 1 GG ebenso für die kommunale Selbstverwaltung[35].

Im Bereich der kommunalen Selbstverwaltung leitet sich die personelle Legitimation von der gemäß Art. 28 Abs. 2 S. 1 GG direkt vom Kommunalvolk gewählten Vertretungskörperschaft und im Falle der Direktwahl des kommunalen Hauptverwaltungsbeamten auch von diesem ab[36]. Folglich finden die aus dem Demokratieprinzip folgenden Grundsätze im Hinblick auf die Wahl kommunaler Ämter gleichermaßen Anwendung[37]. Hinsichtlich der sachlichen Legitimation besteht im Bereich der kommunalen Selbstverwaltung die Besonderheit, dass diese nicht ausschließlich von den durch die gewählten kommunalen Organe beschlossenen Rechtsakten sowie den Weisungsrechten innerhalb der Kommunalverwaltung ausgeht, sondern teilweise zugleich durch die bundes- und landesgesetzlichen Bestimmungen bewirkt wird, in dessen Rahmen sich die kommunale Selbstverwaltung bewegen muss[38]. Deshalb beruht die kommunale Selbstverwaltung hinsichtlich der sachlichen Komponente auf einer „duale[n] Legitimation"[39]. Auf kommunaler Ebene wirkt die demokratische Ausgestaltung daher hinsichtlich des Verlaufes der Legitimation weniger „von unten nach oben", als vielmehr in Teilen von „oben nach unten". Trotz dieser spezifischen Besonderheit gilt aber ebenso für die kommunale Selbstverwaltung, dass diese im Zusammenwirken der Komponenten auf einer hinreichenden Legitimation beruhen muss[40].

---

[35] Näher dazu *S. Lenz*, Kommunalverwaltung, 2020, S. 160 ff.; im Ergebnis zu diesen gleichen Legitimationsanforderungen BVerfGE 83, 37 (55); *Böckenförde*, Demokratie, in: Isensee/Kirchhof (Hrsg.), HStR II, 3. Aufl. 2004, § 24 Rn. 32; *Mehde*, in: Dürig/Herzog/Scholz (Hrsg.), GG, Art. 28 Abs. 1 (2023), Rn. 59 f.; *Schwarz*, in: Huber/Voßkuhle (Hrsg.), GG, Bd. II, 8. Aufl. 2024, Art. 28 Rn. 50 f., 95.

[36] So *v. Arnim*, Selbstverwaltung, in: AöR 113 (1988), S. 1 (9); *S. Lenz*, Kommunalverwaltung, 2020, S. 168.

[37] So auch VerfGH NRW, NVwZ 2009, S. 1096 (1097); VerfGH NRW, Urteil vom 20.12.2019, 35/19, S. 42; *Groß*, Direktwahl, in: LKRZ 2010, S. 93 (95); *Mehde*, in: Dürig/Herzog/Scholz (Hrsg.), GG, Art. 28 Abs. 1 (2023), Rn. 81; *Schwarz*, in: Huber/Voßkuhle (Hrsg.), GG, Bd. II, 8. Aufl. 2024, Art. 28 Rn. 110; anders hingegen *Waldhoff*, Manipulation, in: JZ 2009, S. 144 (147 f.); *Wißmann*, Stellungnahme zum Gesetzentwurf der Landesregierung Drs. 17/3776 und zum Änderungsantrag Drs. 17/4305 des Landtages Nordrhein-Westfalen, Stellungnahme 17/1195 vom 10.2.2019, S. 2.

[38] Zu dieser zweigliedrigen Legitimation in sachlicher Hinsicht *v. Arnim*, Selbstverwaltung, in: AöR 113 (1988), S. 1 (10 f.); *Böckenförde*, Demokratie, in: Isensee/Kirchhof (Hrsg.), HStR II, 3. Aufl. 2004, § 24 Rn. 25; *S. Lenz*, Kommunalverwaltung, 2020, S. 168.

[39] *Dreier*, in: ders. (Hrsg.), GG, Bd. II, 3. Aufl. 2015, Art. 20 (Demokratie), Rn. 125; *Grzeszick*, in: Dürig/Herzog/Scholz (Hrsg.), GG, Art. 20 II (2022), Rn. 174; singgemäß *v. Arnim*, Selbstverwaltung, in: AöR 113 (1988), S. 1 (11); *S. Lenz*, Kommunalverwaltung, 2020, S. 168.

[40] Siehe VerfGH NRW, Urteil vom 20.12.2019, 35/19, S. 41 f.; *Jestaedt*, Demokratieprinzip, 1993, S. 529; *Dreier*, in: ders. (Hrsg.), GG, Bd. II, 3. Aufl. 2015, Art. 20 (Demokratie), Rn. 125.

b) Absolute Mehrheit als generelle Anforderung personeller Legitimation

Auf dieser Grundlage führt *Groß* hinsichtlich der Legitimation des kommunalen Hauptverwaltungsbeamten an, dass der Aspekt der personellen Legitimation nicht isoliert, sondern nur gemeinsam mit der funktionellen und sachlichen Legitimation für eine insgesamt hinreichende Legitimationsbasis sorgen müsse[41]. Angesichts seiner stark ausgeprägten sachlichen Legitimation könne das „Element der personellen Legitimation […] dahinter in seinen konkreten Anforderungen […] zurücktreten“[42]. Mit anderen Worten könne bei Besetzung eines sachlich stark legitimierten und damit zugleich mit geringem eigenständigen Entscheidungsspielraums ausgestatteten Amtes Abstriche bei der personellen Legitimation gemacht werden, sodass generell eine relative Mehrheit genüge. In diesem Sinne lässt sich auch das ohne konkreten verfassungsrechtlichen Anker vorgebrachte Argument einordnen, angesichts der geringen Bedeutung des kommunalen Hauptverwaltungsbeamten könnten an dessen Wahl nicht dieselben Anforderungen gestellt werden wie bei staatlichen Spitzenämtern[43].

Auf den ersten Blick ließe sich diese Sichtweise mit den allgemeinen Grundsätzen der demokratischen Legitimation begründen: „Je größer die Bedeutung und Reichweite der zu treffenden Entscheidung ist, desto höher muss das Legitimationsniveau sein.“[44] Diese in erster Linie auf die Entscheidung von Sachfragen gerichtete Feststellung könnte auf die diesen vorausliegenden Personalfragen und damit die Besetzung der Ämter entsprechend übertragen werden. Zugleich könnte sich dieser Grundsatz auf das jeweilige Mehrheitserfordernis erstrecken, das in der Folge von der Bedeutung der jeweiligen Entscheidung abhinge[45]. Letzteres erscheint vor dem Hintergrund des demokratischen Grundsatzes der absoluten Mehrheit zweifelhaft. Allerdings hat das Mehrheitsprinzip als Optimierungsgebot im Wahlrecht stets den Endpunkt des demokratischen Willensbildungsprozesses vor Augen und ist daher bei den einzelnen Wahlentscheidungen nach deren Auswirkung auf das Ergebnis des staatlichen Willensbildungsprozesses differenziert anzuwenden. Die personelle Besetzung des Amtes könnte in einer solchen Sichtweise nur als maßgeblicher Endpunkt fungieren und eine absolute Mehrheit erfordern, wenn dieses Amt eigenstän-

---

41 So *Groß*, Direktwahl, in: LKRZ 2010, S. 93 (96).

42 *Groß*, Direktwahl, in: LKRZ 2010, S. 93 (96) zieht daraus unmittelbar zwar lediglich den Schluss, dass „keine unmittelbare demokratische Legitimation erforderlich ist.“ Abgesehen davon, dass dies bereits aus dem oben ausgeführten Gleichrang von direkter und indirekter Wahl folgt, führt er dies mittelbar auch für den Verzicht auf ein absolutes Mehrheitserfordernis an.

43 In diesem Sinne Sondervotum zu VerfGH NRW, Urteil vom 20.12.2019, 35/19, S. 82 f.

44 So *Sommermann*, in: Huber/Voßkuhle (Hrsg.), GG, Bd. II, 8. Aufl. 2024, Art. 20 Rn. 186; sinngemäß BVerfGE 135, 317 (429 Rn. 235).

45 In diese Richtung gehen etwa die Ausführungen bei *Klein/Schwarz*, in: Dürig/Herzog/Scholz (Hrsg.), GG, Art. 42 (2021), Rn. 87.

dige Gestaltungsmacht besitzt und damit die Ausübung der Staatsgewalt ohne umfassende sachliche Legitimation erfolgt. Daher sei eine relative Mehrheit bei der Besetzung von Ämtern jedenfalls ausreichend, wenn diese über keine Rechtsetzungsbefugnis verfügen[46].

Eine solche Sichtweise verkennt jedoch die umfassende Anforderung der Volkssouveränität, die sich nach der grundlegenden Aussage des Art. 20 Abs. 2 S. 1 GG auf alle Staatsgewalt bezieht. Eine allein auf die Rechtsetzung beschränkte, formale Betrachtung missachtet zudem den Wirklichkeitsbezug des Demokratieprinzips, wonach auch bei der konkreten Umsetzung des Rechts ein normativer oder jedenfalls faktischer Spielraum für eigenständige Entscheidungen verbleibt[47]. Daher muss die Einsetzung der jeweiligen Rechtsanwender nach dem Grundsatz der Volkssouveränität ebenfalls auf das Volk zurückreichen. Die überwiegende Auffassung lässt daher zu Recht die personelle Legitimation – jedenfalls in der unmittelbaren Staatsverwaltung und kommunalen Selbstverwaltung[48] – niemals vollständig hinter die sachliche Legitimation zurücktreten[49].

Zugleich erfolgt die personelle Legitimation nicht schon dadurch, dass überhaupt eine Wahl oder Berufung durch ein legitimiertes Organ stattfindet. Vielmehr muss dieses Einsetzungsverfahren den demokratischen Anforderungen entsprechen, zu denen insbesondere das Prinzip der absoluten Mehrheit zählt. Deshalb hat das Bundesverfassungsgericht für alle Personalentscheidungen durch ein gemischt besetztes Gremium, dem Mitglieder ohne einen entsprechend demokratisch legitimierten Einsetzungsakt angehören, das Erfordernis

---

[46] In diesem Sinne *Natus*, Verfassungsmissbrauch, 2017, S. 189 f., der deshalb allerdings für die Einsetzung der Bundesregierung wegen Art. 80 Abs. 1 S. 1 GG eine absolute Mehrheit verlangt. Auch *Groß*, Direktwahl, in: LKRZ 2010, S. 93 (96) führt für seine Auffassung insbesondere die fehlende Rechtsetzungsbefugnis des kommunalen Hauptverwaltungsbeamten an.

[47] Diesen stets gegebenen Entscheidungsspielraum des Normanwenders heben *Ehlers*, Staatsgewalt, in: Faber/Frank (Hrsg.), FS Stein, 2002, S. 125 (134); *S. Lenz*, Kommunalverwaltung, 2020, S. 101 hervor. Siehe dazu auch den Hinweis bei *Oebbecke*, Legitimation, in: VerwArch. 81 (1990), S. 349 (357), wonach eine „gesetzliche[] Totalprogrammierung des Verwaltungshandelns weder praktisch möglich noch verfassungsrechtlich zulässig wäre."

[48] Für die anderen Bereiche lässt das Bundesverfassungsgericht Abweichungen zu, siehe BVerfGE 107, 59 (91); 135, 155 (222 Rn. 158); 136, 194 (262 Rn. 169). Zu diesen Ausnahmen hinsichtlich der personellen Legitimation ferner *Dreier*, in: ders. (Hrsg.), GG, Bd. II, 3. Aufl. 2015, Art. 20 (Demokratie), Rn. 122, 130; *Sommermann*, in: Huber/Voßkuhle (Hrsg.), GG, Bd. II, 8. Aufl. 2024, Art. 20 Rn. 172 ff.

[49] So *Oebbecke*, Legitimation, in: VerwArch. 81 (1990), S. 349 (357); *Böckenförde*, Demokratie, in: Isensee/Kirchhof (Hrsg.), HStR II, 3. Aufl. 2004, § 24 Rn. 23; *S. Lenz*, Kommunalverwaltung, 2020, S. 101; *Sommermann*, in: Huber/Voßkuhle (Hrsg.), GG, Bd. II, 8. Aufl. 2024, Art. 20 Rn. 170; a.A. *Grzeszick*, in: Dürig/Herzog/Scholz (Hrsg.), GG, Art. 20 II (2022), Rn. 132.

der „doppelten Mehrheit“[50] aufgestellt. Auf dieser Grundlage kann die Einsetzung des einzelnen Amtswalters zumindest theoretisch auf den zuständigen Minister zurückgeführt werden, der vom Regierungschef ausgewählt wurde, der nach dem demokratischen Idealfall auf der Parlamentsmehrheit beruht, die wiederum die *Mehrheit* des Volkes repräsentiert[51]. Dieses Modell der personellen Legitimation mag in der Realität nicht immer gewährleistet und womöglich nicht für jedes Amt erforderlich sein[52]. Dies bedeutet aber nicht, das Modell der Legitimationskette *per se* zu einer bloßen Fiktion zu degradieren und damit gänzlich unberücksichtigt zu lassen[53]. Entscheidend ist nach dem Verständnis des Mehrheitsprinzips als wirklichkeitsorientiertes Optimierungsgebot, dass es im Rahmen der personellen Legitimation der Amtswalter weitmöglichst beachtet und nur aus hinreichenden Gegengründen eingeschränkt wird[54]. Folglich ist die personelle Legitimation untrennbar mit dem Prinzip der absoluten Mehrheit verknüpft.

Die personelle Legitimation mag vielleicht mittelbarer werden und dabei durch eine stärkere sachliche Legitimation aufgewogen werden. Die personelle Legitimation und das damit verbundene Prinzip der absoluten Mehrheit werden aber grundsätzlich nicht vollständig substituiert. Daher muss nach dem Grund-

---

[50] Siehe dazu BVerfGE 93, 37 (67 f., 72); 107, 59 (88); *Böckenförde*, Demokratie, in: Isensee/Kirchhof (Hrsg.), HStR II, 3. Aufl. 2004, § 24 Rn. 19 Fn. 28.

[51] Zu dieser Legitimationskette ohne Bezug zum Mehrheitsprinzip *S. Lenz*, Kommunalverwaltung, 2020, S. 92 f.; *Morlok/Michael*, Staatsorganisationsrecht, 2023, Rn. 135; *Sommermann*, in: Huber/Voßkuhle (Hrsg.), GG, Bd. II, 8. Aufl. 2024, Art. 20 Rn. 164.

[52] Nach *Möllers*, Demokratie, in: Herdegen u. a. (Hrsg.), HdbVerfR, 2021, § 5 Rn. 40 sei für die personelle Legitimation lediglich entscheidend, dass „die Amtsträger nach gesetzlichen Regeln rekrutiert und ernannt“ werden, sodass diese Anforderung weniger aus dem Demokratieprinzip als vielmehr aus dem Rechtsstaatsprinzip folge. Eine Einsetzung und Entlassung nach der politischen Mehrheit sei mit dem Verständnis einer politisch neutralen Verwaltung nicht vereinbar. Dieser Einwand ist insofern zutreffend, als das Modell unter Berücksichtigung des Rechtsstaatsprinzips und speziell den Anforderungen des Art. 33 GG nicht in einer Weise bis auf die untere Verwaltungsebene hinunter wirkt, die eine Einsetzung von Amtswaltern nach politischen Interessen der Parlamentsmehrheit gestatten würde. Umgekehrt muss aber dort, wo die Einsetzung Ermessen unterfällt oder gar auf einem Wahlakt beruht, das Prinzip der absoluten Mehrheit zwingend Beachtung finden. Zudem weist *S. Lenz*, Kommunalverwaltung, 2020, S. 93 berechtigterweise darauf hin, dass selbst die ausschließlich nach den Kriterien des Art. 33 Abs. 2 GG erfolgende Vergabe eines Amtes „eine persönliche Erkenntnis- und Wertungsleistung des Bestellenden voraus[setzt…, die] deshalb demokratisch legitimiert sein“ muss.

[53] In diesem Sinne eingehend zur Antikritik am Modell der demokratischen Legitimation *Ehlers*, Staatsgewalt, in: Faber/Frank (Hrsg.), FS Stein, 2002, S. 125 (135); *Sommermann*, in: Huber/Voßkuhle (Hrsg.), GG, Bd. II, 8. Aufl. 2024, Art. 20 Rn. 191 ff.

[54] Insoweit nennt *Ehlers*, Staatsgewalt, in: Faber/Frank (Hrsg.), FS Stein, 2002, S. 125 (138) als Beispiel die Beschränkung der Wahlgleichheit und damit des Mehrheitsprinzips im Bereich der Universität als Selbstverwaltungskörperschaft infolge der Wissenschaftsfreiheit nach Art. 5 Abs. 3 GG; dazu noch unten III. 2. d).

satz der Volkssouveränität auch bei der Wahl des kommunalen Hauptverwaltungsbeamten unabhängig von der Funktion und Bedeutung dieses Amtes das Prinzip der absoluten Mehrheit Beachtung finden, soweit ein Verzicht nicht aus anderen Gründen gerechtfertigt ist. Dem Wirklichkeitsbezug des Demokratieprinzips kann jedoch insoweit Rechnung getragen werden, als im Falle berechtigter Gründe für eine Einschränkung des absoluten Mehrheitsprinzips dem Gesetzgeber ein umso größerer Spielraum einzuräumen ist, je weniger eigenständiger Entscheidungsspielraum dem Amt zukommt.

c) Wirklichkeitsnahe Einordnung der Funktion kommunaler Hauptverwaltungsbeamter

Die Wirklichkeitsorientierung des Demokratieprinzips verlangt dabei, dass sich diese Beurteilung nicht in der formalen Aufzählung der Kompetenzen erschöpft, sondern zugleich den faktischen Einfluss auf die Ausübung der Staatsgewalt in den Blick nimmt. Daher beschränkt die herrschende Auffassung das Erfordernis der demokratischen Legitimation zu Recht nicht auf klassisch hoheitliche Tätigkeiten mit Außenwirkung, sondern fordert diese auch für andere staatliche Akte ein[55]. In Konsequenz dessen löst etwa das zunächst weniger bedeutsam erscheinende Amt des Bundespräsidenten einen erheblichen Legitimationsbedarf aus[56].

Zumindest im nordrhein-westfälischen Kommunalverfassungsrecht sei der kommunale Hauptverwaltungsbeamte jedoch lediglich ein Ausführungsorgan und die eigentliche Entscheidungskompetenz liege beim Rat beziehungsweise Kreistag, der „rechtlich das zentrale Organ“[57] sei. Zunächst entspricht diese Einschätzung der rechtlichen Zuordnung der Kompetenzen, wonach der Rat gemäß § 41 GO NRW prinzipiell für alle beziehungsweise der Kreistag gemäß § 26 KrO NRW für die allermeisten Angelegenheiten der kommunalen Selbstverwaltung zuständig ist. Jedoch sind dem Bürgermeister viele Aufgaben als laufende Geschäfte der Verwaltung gemäß § 41 Abs. 3 GO NRW übertragen, für die zwar ein Rückholrecht des Rates existiert, von dem „in der Praxis allerdings nur selten Gebrauch gemacht“[58] wird. Auf Kreisebene werden entsprechende Geschäfte dem Landrat gemäß § 42 lit. a KrO NRW überantwortet,

[55] BVerfGE 93, 37 (68); 107, 59 (87); 136, 194 (261 Rn. 168); *Böckenförde*, Demokratie, in: Isensee/Kirchhof (Hrsg.), HStR II, 3. Aufl. 2004, § 24 Rn. 12; *Dreier*, in: ders. (Hrsg.), GG, Bd. II, 3. Aufl. 2015, Art. 20 (Demokratie), Rn. 87; *Möllers*, Demokratie, in: Herdegen u. a. (Hrsg.), HdbVerfR, 2021, § 5 Rn. 29; *Grzeszick*, in: Dürig/Herzog/Scholz (Hrsg.), GG, Art. 20 II (2022), Rn. 92.

[56] *S. Lenz*, Kommunalverwaltung, 2020, S. 100.

[57] In diesem Sinne argumentiert der Landtag in VerfGH NRW, Urteil vom 20.12.2019, 35/19, S. 26; diese Argumentation übernimmt das Sondervotum zu VerfGH NRW, Urteil vom 20.12.2019, 35/19, S. 83. Im gleichen Sinne bezüglich der saarländischen Regelung *Groß*, Direktwahl, in: LKRZ 2010, S. 93 (96).

[58] So VerfGH NRW, Urteil vom 20.12.2019, 35/19, S. 47.

ohne dass hierfür ein Rückholrecht bestünde[59]. Somit ist bereits in diesem Bereich eine eigenständige Entscheidungskompetenz und damit ein relevanter Einfluss auf die Ausübung der Staatsgewalt auf kommunaler Ebene erkennbar.

Auch bei der Umsetzung der Beschlüsse der Vertretungen gemäß § 62 Abs. 2 S. 2 GO NRW kann es häufig zu erheblichen Entscheidungsspielräumen kommen, die der kommunale Hauptverwaltungsbeamte und die ihm nachgeordnete Kommunalverwaltung auszufüllen haben. In dieser Hinsicht ist auch auf die aus §§ 62, 73, 74 GO NRW beziehungsweise §§ 42 lit. g, 49 KrO NRW abzuleitende Organisations- und Personalkompetenz des kommunalen Hauptverwaltungsbeamten zu verweisen, die ihm in gewissem Umfang gegenüber der Vertretung als eigenständige Entscheidungshoheit verbleiben muss[60]. Das von der Volkssouveränität aufgestellte Erfordernis der demokratischen Legitimation bezieht sich nämlich nach allgemeiner Auffassung ebenso auf Maßnahmen, die „nur behördenintern die Voraussetzungen für die Wahrnehmung der Amtsaufgaben schaff[en]“[61]. Dies entspricht dem gebotenen Wirklichkeitsbezug des Demokratieprinzips, weil ebenso durch die personelle Auswahl und Ausstattung bestimmter Verwaltungsbereiche faktisch erheblicher Einfluss auf die qualitative, quantitative und zeitliche Dimension der Verwaltungstätigkeit und damit auf die Ausübung der Staatsgewalt genommen wird.

Des Weiteren stärkt den faktischen Einfluss des kommunalen Hauptverwaltungsbeamten auf die politischen Entscheidungen der Umstand, dass er gemäß § 62 Abs. 2 S. 1 GO NRW beziehungsweise § 42 lit. c KrO NRW die Beschlüsse vorbereitet[62]. Daher kann er durch die Ausgestaltung der Verwaltungsvorlagen erheblichen Einfluss auf die politische Meinungsbildung und die Beschlussfassung in der kommunalen Vertretung nehmen, der damit bezogen auf den örtlichen Wirkungskreis sogar weiterreichen kann als etwa das Gesetzesinitiativrecht der Bundesregierung nach Art. 76 Abs. 1 Alt. 1 GG. Der kommunale Hauptverwaltungsbeamte führt daher bei wirklichkeitsnaher Betrach-

---

[59] Hinweis darauf bei *Bätge*, Stellungnahme zum Gesetzentwurf der Landesregierung Drs. 17/3776 und zum Änderungsantrag Drs. 17/4305 des Landtages Nordrhein-Westfalen, Stellungnahme 17/1194, S. 6.

[60] Dazu näher VG Aachen, DÖV 2002, S. 39 ff.; *Becker*, Status, in: Smith/Bender (Hrsg.), Recht der kommunalen Wahlbeamten, 2016, § 9, S. 358 ff.; *Bätge*, Stellungnahme zum Gesetzentwurf der Landesregierung Drs. 17/3776 und zum Änderungsantrag Drs. 17/4305 des Landtages Nordrhein-Westfalen, Stellungnahme 17/1194, S. 5 f.; *Heinisch*, in: Dietlein/Heusch (Hrsg.), Kommunalrecht Nordrhein-Westfalen, 2020, § 62 Rn. 38 ff.

[61] So explizit BVerfGE 93, 37 (68); 107, 59 (87); zustimmend *Böckenförde*, Demokratie, in: Isensee/Kirchhof (Hrsg.), HStR II, 3. Aufl. 2004, § 24 Rn. 12; *Grzeszick*, in: Dürig/Herzog/Scholz (Hrsg.), GG, Art. 20 II (2022), Rn. 93.

[62] Andeutungsweise VerfGH NRW, Urteil vom 20.12.2019, 35/19, S. 46 f. Zum Entscheidungsspielraum bei der Beschlussvorbereitung näher *Becker*, Status, in: Smith/Bender (Hrsg.), Recht der kommunalen Wahlbeamten, 2016, § 9, S. 368 f.; *Heinisch*, in: Dietlein/Heusch (Hrsg.), Kommunalrecht Nordrhein-Westfalen, 2020, § 62 Rn. 43 ff.

tung nicht nur den Willen der kommunalen Vertretung aus, sondern nimmt wesentlichen Einfluss auf deren Willensbildung[63]. Dieser Einfluss auf den Entscheidungsprozess ist in Nordrhein-Westfalen noch dadurch verstärkt, dass der kommunale Hauptverwaltungsbeamte zugleich der Vorsitzende der Vertretung ist und durch das Recht zur Leitung der Sitzung und vor allem zur Festlegung der Tagesordnung in der Praxis über „ein wichtiges politisches Gestaltungsmittel“[64] verfügt. In Bezug auf diese Funktion lässt sich ein Vergleich mit dem Bundestagspräsidenten ziehen, für den konsequenterweise ein mehrstufiges, nach absoluter Mehrheit strebendes Wahlverfahren vorgesehen ist[65]. Schließlich führt hinsichtlich dieser zum Teil erheblichen Beeinflussung der Ausübung von Staatsgewalt in der kommunalen Selbstverwaltung der Verweis auf die Kontrolle durch die Kommunalaufsicht nicht weiter[66]. Hierbei handelt es sich um eine reine Rechtsaufsicht, die nach zutreffender Auffassung keinen Beitrag zur demokratischen Legitimation liefert, weil sie das Verwaltungshandeln inhaltlich in keiner Weise steuert, sondern nur die ohnehin bestehende Gesetzesbindung praktisch absichert[67].

Abseits der Kompetenz- und Aufgabenverteilung ist schließlich die symbolisch wirkende *Integrations-* und *Repräsentationsfunktion* des kommunalen Hauptverwaltungsbeamten in den Blick zu nehmen[68]. Dies entspricht dem gebotenen Wirklichkeitsbezug des Demokratieprinzips, wonach der gesellschaftspolitische Einfluss des Amtes auf der kommunalen Ebene zu berücksichtigen ist, der bezogen auf diese Funktion im kommunalen Wirkungsbereich

---

[63] In diesem Sinne *Becker*, Status, in: Smith/Bender (Hrsg.), Recht der kommunalen Wahlbeamten, 2016, § 9, S. 344; angedeutet bei *Heinisch*, in: Dietlein/Heusch (Hrsg.), Kommunalrecht Nordrhein-Westfalen, 2020, § 62 Überblick.

[64] *Rohde*, in: Dietlein/Heusch (Hrsg.), Kommunalrecht Nordrhein-Westfalen, 2020, § 48 Rn. 5. Ebenso führen VerfGH NRW, NVwZ 2009, S. 1096 (1098); VerfGH NRW, Urteil vom 20.12.2019, 35/19, S. 46; *Bätge*, Stellungnahme zum Gesetzentwurf der Landesregierung Drs. 17/3776 und zum Änderungsantrag Drs. 17/4305 des Landtages Nordrhein-Westfalen, Stellungnahme 17/1194, S. 5 für die Bedeutung des kommunalen Hauptverwaltungsbeamten seine Funktion als Vorsitzender der Vertretung an.

[65] Zu diesem Wahlverfahren ausführlich *Magsaam*, Mehrheit, 2014, S. 201 ff.; Hinweis auf dieses Wahlverfahren in VerfGH NRW, Urteil vom 20.12.2019, 35/19, S. 45.

[66] So aber das Sondervotum zu VerfGH NRW, Urteil vom 20.12.2019, 35/19, S. 83; *Groß*, Direktwahl, in: LKRZ 2010, S. 93 (96).

[67] Dazu näher *S. Lenz*, Kommunalverwaltung, 2020, S. 171 f.

[68] Siehe *Wehling*, Landräte, in: Brink/Wolff (Hrsg.), FS Arnim, 2004, S. 429 (439), der einen Landrat als „Integrationsfigur“ sowie als „Repräsentant des Kreises“ bezeichnet; sinngemäß *Bätge*, Stellungnahme zum Gesetzentwurf der Landesregierung Drs. 17/3776 und zum Änderungsantrag Drs. 17/4305 des Landtages Nordrhein-Westfalen, Stellungnahme 17/1194, S. 6. Die Repräsentationsfunktion des kommunalen Hauptverwaltungsbeamten betonen auch VerfGH NRW, NVwZ 2009, S. 1096 (1098); VerfGH NRW, Urteil vom 20.12.2019, 35/19, S. 47.

mit dem Amt des Bundespräsidenten durchaus vergleichbar ist[69]. Daher lässt sich ebenso wie beim Bundespräsidenten das Streben nach einer absoluten Mehrheit auch in dieser Hinsicht verankern, da jemand, der nicht einmal den Versuch unternommen hat, die Mehrheit der Wähler hinter sich zu bringen, schwerlich das Volk auf der kommunalen Ebene repräsentieren und integrieren kann[70].

Von der allgemeinpolitischen Bedeutung mag ein Bürgermeister oder Landrat nicht mit einem Kanzler oder Ministerpräsidenten zu vergleichen sein. Bezogen auf den Wirkungskreis der kommunalen Selbstverwaltung, die maßgeblicher Bezugspunkt einer solchen Betrachtungsweise sein muss, verfügt er aber über erheblichen Einfluss auf die Ausübung der Staatsgewalt. Die kommunalen Hauptverwaltungsbeamten sind den Vertretungen formal zwar nachgeordnet, was deren besonderer verfassungsrechtlicher Garantie durch Art. 28 Abs. 1 S. 2 GG entspricht. Dennoch verfügen sie über eigene Entscheidungskompetenzen und können faktisch erheblich auf die Entscheidungen der Vertretungen und deren Ausführungen einwirken. Zudem fungieren sie als erster Repräsentant der Kommunen beziehungsweise Kreise, weshalb sie zu Recht als „Kommunaloberhaupt"[71] bezeichnet werden. Deshalb benötigen sie grundsätzlich ein mehrstufiges, nach einer absoluten Mehrheit der Wähler strebendes Wahlverfahren nicht, um gegenüber dem Rat als „gleichberechtigtes Gegengewicht fungieren"[72] zu können, sondern schlicht um für ihre „hervorgehobene Stellung"[73] hinreichend legitimiert zu sein.

d) Zwischenergebnis: Unerheblichkeit der Amtsfunktionen für das Mehrheitsquorum

Die allgemeinen Voraussetzungen der demokratischen Legitimation gelten in gleicher Weise auf der kommunalen Ebene und damit ebenso für die kommu-

---

[69] Nicht überzeugend ist daher das Argument des Sondervotums zu VerfGH NRW, Urteil vom 20.12.2019, 35/19, S. 83 f., wonach „die Wahl des Staatsoberhauptes in ihrer Bedeutung für den Gesamtstaat [...] nicht ansatzweise vergleichbar" sei, weil hier der Bezugspunkt des Gesamtstaates anstelle der kommunalen Gebietskörperschaft verwendet wird. Zur Integrations- und Repräsentationsfunktion des Bundespräsidenten bereits oben Teil 2, A. II. 3. b).

[70] Auch bei *Wehling*, Landräte, in: Brink/Wolff (Hrsg.), FS Arnim, 2004, S. 429 (436) klingt an, dass die Integrationsfunktion prinzipiell eine absolute Mehrheit verlangt, wenngleich sich seine Ausführungen auf eine indirekte Wahl beziehen.

[71] *Ramin/Röttger*, Landrat, in: DVP 2012, S. 17 (21).

[72] So jedoch die Antragsteller in VerfGH NRW, Urteil vom 20.12.2019, 35/19, S. 16; in diese Richtung ferner *Wißmann*, Stellungnahme zum Gesetzentwurf der Landesregierung Drs. 17/3776 und zum Änderungsantrag Drs. 17/4305 des Landtages Nordrhein-Westfalen, Stellungnahme 17/1195 vom 10.2.2019, S. 3, der den kommunalen Hauptverwaltungsbeamten als „funktionales Gegenstück" zur Mehrheit in der kommunalen Vertretung bezeichnet.

[73] Prägnant VerfGH NRW, NVwZ 2009, S. 1096 (1098); VerfGH NRW, Urteil vom 20.12.2019, 35/19, S. 46.

nalen Hauptverwaltungsbeamten. Da nach zutreffender Auffassung die personelle Legitimation prinzipiell weder verzichtbar ist noch auf ein relatives Mehrheitserfordernis bei der Einsetzung abgeschwächt werden darf, kann nicht aufgrund eines geringen eigenständigen Entscheidungsspielraums auf das Prinzip der absoluten Mehrheit verzichtet werden. Selbst wenn die Auffassung zutreffend wäre, dass bei unbedeutenden Ämtern mit umfassender sachlicher Legitimation eine relative Mehrheit *a priori* genügen kann, gilt dies angesichts der bedeutsamen Einflussmöglichkeiten des kommunalen Hauptverwaltungsbeamten auf die Ausübung von Staatsgewalt nicht für dessen Wahl. Ein größerer Spielraum des Gesetzgebers bei der Ausgestaltung der Direktwahl kommunaler Hauptverwaltungsbeamter lässt sich folglich nicht herleiten.

3. Ergebnis: Prinzip der absoluten Mehrheit als Legitimationserfordernis

Die aus dem Demokratieprinzip folgenden Anforderungen an die Wahl monokratischer Ämter wie das Prinzip der absoluten Mehrheit gelten grundsätzlich unabhängig davon, ob diese mittelbar durch eine Vertretungskörperschaft oder unmittelbar durch das Volk erfolgt. Genauso wenig hängen diese Grundsätze der personellen Legitimation eines Amtes von dem quantitativen wie qualitativen Ausmaß an Funktionen und Kompetenzen ab, die beim kommunalen Hauptverwaltungsbeamten im Übrigen sehr ausgeprägt sind. Daher lässt sich keine legitimatorische Besonderheit der Direktwahl kommunaler Hauptverwaltungsbeamter herleiten, die einen Verzicht auf ein absolutes Mehrheitsprinzip und damit die Einführung einer einstufigen, relativen Mehrheitswahl gestatten würde.

II. Praktische Besonderheit der Direktwahl hinsichtlich der Wahlbeteiligung

Möglicherweise könnte aber die praktische Besonderheit einer Direktwahl hinsichtlich der Teilnahmebereitschaft einen Rechtfertigungsansatz für eine einstufige, relative Mehrheitswahl bieten. Die abnehmende Wahlbeteiligung in der Stichwahl sehen insofern einige als einen zentralen, verfassungsrechtlich legitimen Grund für deren ersatzlose Abschaffung an[74]. Es erscheint zunächst plausibel insoweit einen Unterschied zwischen indirekten Wahlen durch eine Vertretungskörperschaft und einer Direktwahl durch das Volk zu erkennen. Da sich die Mitglieder einer Vertretungskörperschaft typischerweise regelmäßig

---

[74] So VerfGH NRW, NVwZ 2009, S. 1096 (1100); Sondervotum zu VerfGH NRW, Urteil vom 20.12.2019, 35/19, S. 81 f.; *Dietlein*, in: ders./Heusch (Hrsg.), Kommunalrecht Nordrhein-Westfalen, 2020, Systematische Einführung zum Kommunalrecht Deutschlands Rn. 133.2; dagegen *Krüper*, Stichwahlen, in: DÖV 2009, S. 758 (762); *Mehde*, Stichwahlen, in: KommJur 2013, S. 446 (448 f.); *Morlok*, Stellungnahme zum Gesetzentwurf der Landesregierung, Drs. 17/3776 und zum Änderungsantrag Drs. 17/4305 des Landtages Nordrhein-Westfalen, Stellungnahme 17/1203, S. 3; *Huster/Rux*, in: Epping/Hillgruber (Hrsg.), GG, 3. Aufl. 2020, Art. 20 Rn. 90.

zu Debatten und Abstimmungen zusammenfinden, wirft die Durchführung mehrerer Wahlgänge, die sogar am selben Tag stattfinden können, hinsichtlich der Teilnahmebereitschaft keinerlei Probleme auf[75]. Hingegen sinke bei einer Direktwahl mit zunehmender Zahl an Wahlgängen regelmäßig die Wahlbeteiligung ab, sodass sich der letztlich gewählte Kandidat nur auf einen geringen Zuspruch im Wahlvolk stützen könne[76]. Wenngleich diese Annahme in soziologischer Hinsicht überzeugend erscheinen mag, stellt sich die Frage nach der verfassungsrechtlichen Relevanz dieses Umstandes. Dabei muss zwischen zwei Ebenen unterschieden werden. An erster Stelle ist zu erörtern, inwieweit die Beteiligungsquote generell ein Kriterium für die demokratische Legitimation einer Entscheidung darstellt und sich damit entsprechende gesetzgeberische Maßnahmen oder gar ein verfassungsimmanenter Mindestwert begründen ließe (1.). Sofern dies nicht der Fall sein sollte, könnte hinsichtlich der Direktwahl monokratischer Ämter womöglich die spezifische Besonderheit absinkender Beteiligung durch mehrere Wahlgänge einen Verzicht auf dieselben rechtfertigen (2.).

1. Geringe Wahlbeteiligung als Rechtfertigungsgrund

Obwohl das Thema Wahlbeteiligung regelmäßiger Gegenstand von politischen, gesellschaftlichen und wissenschaftlichen Erörterungen ist, diskutiert die juristische Literatur in diesem Kontext vor allem die Einführung einer gesetzlichen Wahlpflicht intensiv und kontrovers[77]. Hingegen findet die prinzipielle Frage nach den Auswirkungen geringer Wahlbeteiligung auf die demokratische Legitimation der Gewählten und die verfassungsrechtliche Zulässigkeit oder gar Erforderlichkeit von Wahlquoren kaum Beachtung[78]. Dieser Umstand ist aus mehreren Gründen verwunderlich. Es handelt sich nämlich keineswegs um ein gänzlich neues, sondern ein seit Beginn demokratischer Wahlen relevantes Thema, weshalb eine nähere Betrachtung der historischen Entwicklung

---

[75] In diesem Sinne argumentiert das Sondervotum zu VerfGH NRW, Urteil vom 20.12.2019, 35/19, S. 84.

[76] *Wolf*, Stimmgewicht, 2016, S. 423.

[77] Jedenfalls gegen die Zulässigkeit einer einfachgesetzlichen Wahlpflicht *Morlok*, in: Dreier (Hrsg.), GG, Bd. II, 3. Aufl. 2015, Art. 38 Rn. 88; *Klein/Schwarz*, in: Dürig/Herzog/Scholz (Hrsg.), GG, Art. 38 (2021), Rn. 111; *Trute*, in: v. Münch/Kunig (Hrsg.), GG, Bd. I, 7. Aufl. 2021, Art. 38 Rn. 54; *Müller/Drossel*, in: Huber/Voßkuhle (Hrsg.), GG, Bd. II, 8. Aufl. 2024, Art. 38 Rn. 73; zumindest kritisch *Dreier*, Demokratieprinzip, in: Jura 1997, S. 249 (254); *Kotzur*, Freiheit, in: Merten/Papier (Hrsg.), HGR V, 2013, § 120 Rn. 34; anders hingegen *Roscheck*, Enthaltung, 2003, S. 65 ff.; *Labrenz*, Wahlpflicht, in: ZRP 2011, S. 214 (218); *Franz*, Wahlrecht, 2019, S. 237.

[78] Explizit stellt diese Frage *Krüper*, Mehrheitsprinzip, in: ZJS 2009, S. 477 (483), nach dessen Auffassung diese bislang eher theoretische Frage zunehmend relevanter werden könnte. Eine vertiefte Auseinandersetzung mit dieser Frage findet sich lediglich bei *Kadel*, Mindestwahlbeteiligung, in: JR 1988, S. 54 (55 ff.); *Roscheck*, Enthaltung, 2003, S. 93 ff.

lohnt. Ferner ist diese Frage bezüglich der Teilnahme an Volksabstimmungen ein bekannter Diskussionsgegenstand, woraus sich Rückschlüsse auf den Umgang mit Wahlen ziehen lassen. Schließlich existieren bei einigen Direktwahlen kommunaler Hauptverwaltungsbeamter tatsächlich Wahlquoren, die eine nähere verfassungsrechtliche Auseinandersetzung auf der Grundlage der zuvor gewonnenen Erkenntnisse gebieten.

a) Historische Entwicklung der Regularien zur Teilnahmebereitschaft bei Wahlen

Die Wahlbeteiligung wird in der heutigen Zeit verbreitet als zu gering angesehen und als ein Zeichen zunehmender Politik- und Demokratieverdrossenheit gedeutet[79]. Entgegen dieser weitverbreiteten Wahrnehmung stellt die geringe Beteiligung an Abstimmungen und Wahlen jedoch kein neuartiges Phänomen einer vermeintlich demokratiemüden Gesellschaft im 21. Jahrhundert dar, sondern lässt sich ebenso bereits in der demokratischen Aufbruchsstimmung des 19. und 20. Jahrhunderts feststellen[80]. Ebenso sind Wahlpflichten und Wahlquoren nicht erst in neuerer Zeit zur Abwehr gegenüber einer vermeintlich zunehmenden Demokratiemüdigkeit vorgeschlagen oder eingeführt worden, sondern waren im Frühkonstitutionalismus des 19. Jahrhunderts noch ein verbreiteter Bestandteil der damaligen Wahlgesetze[81].

Dieser historische Befund ist insoweit überraschend, als man in jener Zeit eine distanzierte Haltung des konstitutionellen Staates gegenüber der demokratischen Mitwirkung der Bürger erwarten durfte. Dies zeigt sich insbesondere anschaulich an dem ausgeprägten Misstrauen, das dem unmittelbaren, allgemeinen und gleichen Wahlrecht noch in der zweiten Hälfte des 19. Jahrhunderts entgegengebracht wurde und sich erst zögerlich durchsetzen konnte[82]. Eine geringe Teilnahme an der gewährten Mitbestimmungsmöglichkeit der Bürger hätte ein hervorragendes Argument bieten können, diese zu diskreditieren oder gar wieder abzuschaffen, wenn sie das Volk nicht hinreichend wahrnimmt und damit scheinbar nicht wünscht. Die Normierung von Wahlpflichten soll aber gerade eine geringe Teilnahmequote verhindern und liefe einer solchen Zielrichtung daher entgegen. Die Wahlquoren sind differenzierter zu be-

---

[79] Siehe etwa www.bpb.de/themen/politisches-system/wahlen-in-deutschland/335666/wahlbeteiligung-nichtwaehler-und-protestwaehlerschaft/ (letzter Abruf: 31.7.2024).

[80] Siehe aus der zeitgenössischen Literatur *Reichard*, Statistik, 1844, S. 242; *Bülau*, Wahlrecht, 1849, S. 155; *Triepel*, Wahlrecht, 1900, S. 5 ff.; *G. Meyer*, Wahlrecht, 1901, S. 653; *Geyerhahn*, Vertretung, 1902, S. 43; *Tecklenburg*, Wahlrecht, in: ZfP 17 (1928), S. 577 (584).

[81] Dazu aus der zeitgenössischen Literatur *Reichard*, Statistik, 1844, S. 228 ff.; ferner *G. Meyer*, Wahlrecht, 1901, S. 607; *Walther*, Mehrheitswahlsysteme, 2017, S. 94 ff.

[82] Zur Entwicklung in Deutschland seit 1848 näher *G. Meyer*, Wahlrecht, 1901, S. 235 ff.; *Thum*, in: Schreiber (Hrsg.), BWahlG, 11. Aufl. 2021, Einführung Rn. 55 ff. Das preußische indirekte Dreiklassenwahlrecht gemäß Art. 71 PreußVerfU bestand sogar bis 1918.

trachten, weil sie die fehlende Teilnahmebereitschaft durch das Scheitern der Wahl deutlich herausstellen und eine gültige Wahl verhindern. Allerdings verhindern sie zugleich, dass Kandidaten bei geringer Wahlbeteiligung in ihr Amt gelangen, sodass umgekehrt den unter solchen Wahlgesetzen wirksam gewählten Kandidaten der Vorwurf zu geringer Beteiligung nicht gemacht werden konnte und ihnen damit aus der damaligen Perspektive eine uneingeschränkte Anerkennung zukam. Es erscheint wenig nachvollziehbar, warum der konstitutionelle Staat für die Gültigkeit der Wahl um eine möglichst große Wahlbeteiligung bemüht war. In dieser Hinsicht wird das gesetzgeberische Handeln kaum von einer Besorgnis gegenüber einer gesellschaftlichen Abwendung von demokratischen Partizipationsmöglichkeiten getragen gewesen sein.

Wenngleich an dieser Stelle keine vollumfängliche und abschließende Analyse der gesetzgeberischen Motive bei den einzelnen Wahlgesetzen erfolgen kann, so lassen sich bei näherer Betrachtung doch bestimmte Erwägungen des damaligen Wahlgesetzgebers herleiten. Wenn dieser sich schon mit der Konsequenz der bürgerlichen Mitbestimmung begnügen musste, dann sollte diese zumindest so weit wie möglich auf den Staat hin ausgerichtet sein und im staatlichen Sinne erfolgen[83]. Es dominierte daher noch zu Beginn des 20. Jahrhunderts die Auffassung von einer *objektiven* Funktion des Wahlrechts, das ausschließlich dem Gemeinwohl diene[84]. Folglich sollte durch die Beteiligung möglichst vieler Wahlberechtigter durch Wahlquoren und vor allem Wahlpflichten verhindert werden, dass gerade besonders politisch aktive – und damit dem konstitutionellen System tendenziell kritisch gegenüberstehende – Kandidaten und ihre Bewegungen erfolgreich sind[85]. Zugleich machte eine Wahlpflicht symbolisch deutlich, dass es sich nicht um ein Recht des Staatsbürgers handelt, über deren Ausübung er frei disponieren kann, sondern um eine ihm auferlegte staatsbürgerliche Pflicht, die im Interesse der Allgemeinheit und damit des Staates auszuüben ist[86]. In dieser Perspektive stehen Wahlquoren und Wahlpflichten nicht in einem Widerspruch zum Konstitutionalis-

---

[83] Dies zeigt sich an den anfangs bestehenden indirekten Wahlsystemen, die sich nach *G. Meyer*, Wahlrecht, 1901, S. 524 darauf gründeten, „dass die besten und intelligentesten Persönlichkeiten unter der Wählerschaft zu Wahlmännern bestellt werden und diese ihrerseits den Abgeordneten wählen."

[84] Ausführliche Darstellung und Analyse bei *Franz*, Wahlrecht, 2019, S. 29 ff. Aus der zeitgenössischen Literatur etwa *Triepel*, Wahlrecht, 1900, S. 11; *G. Meyer*, Wahlrecht, 1901, S. 411 f.

[85] Siehe zu diesem zeitgenössischen Argument der Befürworter einer Wahlpflicht *Triepel*, Wahlrecht, 1900, S. 34 f.; *G. Meyer*, Wahlrecht, 1901, S. 655, die bereits den Eintritt dieses Zieles skeptisch betrachten. *G. Meyer*, Wahlrecht, 1901, S. 526 führt dabei aus, dass unter einer niedrigen Wahlbeteiligung „die gemässigten Parteien viel mehr als die extremen zu leiden" haben, wobei er unter „extremen" solche gegen das konstitutionelle System gerichtete Parteien wie die SPD verstand. Zu diesem Argument für die Wahlpflicht mit ablehnender Haltung *Triepel*, Wahlrecht, 1900, S. 34 ff.

[86] In diesem Sinne die Ausführungen bei *G. Meyer*, Wahlrecht, 1901, S. 654.

mus, sondern verwirklichen konsequent dessen Geisteshaltung. Dies verdeutlicht, dass solche Mechanismen keinesfalls als eine frühkonstitutionelle Sicherung demokratischer Legitimation gedeutet werden können[87], sondern Ausdruck einer restriktiven Gestaltung bürgerlicher Mitwirkung waren und damit in ein Spannungsverhältnis zu einem liberalen Demokratieverständnis stehen. Dies belegt zudem die weitere Entwicklung, wonach die neueren Wahlgesetze in der zweiten Hälfte des 19. Jahrhunderts solche Sicherungsmittel für die Wahlbeteiligung überwiegend nicht mehr übernahmen, wenngleich dies auch auf die deutlich größere Zahl an Wahlberechtigten infolge der Ausweitung des allgemeinen Wahlrechts zurückzuführen war[88].

Zwar findet sich schon in der damaligen Literatur bisweilen die Auffassung, dass eine geringe Beteiligung in ein Spannungsverhältnis zum Mehrheitsprinzip tritt, weil dadurch nicht die tatsächlichen Mehrheitsverhältnisse im Volk abgebildet würden[89]. Diese wissenschaftlichen Diskussionen hatten in der politischen Praxis jedoch keine nachhaltige Auswirkung auf die wahlrechtliche Entwicklung und die Quoren verschwanden im Bereich des Wahlrechts, während sie bei den neu eingeführten unmittelbaren Sachabstimmungen des Volkes nach 1918 wieder auftraten[90]. Eine Wahlpflicht fand sich nach 1918 noch in Baden, Braunschweig, Mecklenburg-Strelitz und Lippe, wobei sie nur noch in letzterem Land mit einer echten Sanktionsmöglichkeit verbunden war und damit eine echte Rechtspflicht darstellte[91]. Der Parlamentarischen Rat diskutierte zwar im Ausschuss für Wahlrechtsfragen gegen Ende der Beratungen über das erste Wahlgesetz noch einmal über die Wahlpflicht[92]. Dabei wiesen die Abgeordneten aber deutlich auf den Konflikt mit den demokratischen

---

[87] So aber scheinbar *Walther*, Mehrheitswahlsysteme, 2017, S. 92.

[88] Siehe dazu *G. Meyer*, Wahlrecht, 1901, S. 610 f.; *Walther*, Mehrheitswahlsysteme, 2017, S. 101 ff.

[89] So bemerkt *Reichard*, Statistik, 1844, S. 270, dass „die absolute Stimmenmehrheit von einer zuweilen ganz geringen Quote der Wahlberechtigten künstlich erzielt wird." Auch *Bülau*, Wahlrecht, 1849, S. 155 hebt hervor, dass „soviel als möglich Alle, welche dem Gesetze nach zum Wählen berechtigt sind, auch wirklich an der Wahl theilnehmen, damit diese wahrhaft den Willen der Majorität der Wähler ausdrücke und nicht, wie so oft, eine sehr große Anzahl, vielleicht die wahre Mehrheit, sich bei der Wahl neutral verhalte". Noch deutlicher formuliert *Geyerhahn*, Vertretung, 1902, S. 44, dass durch „die Wahlenthaltungen falsche Majoritäten geschaffen" werden.

[90] Siehe *Walther*, Mehrheitswahlsysteme, 2017, S. 106 f.

[91] Im Überblick *Roscheck*, Enthaltung, 2003, S. 28; *Walther*, Mehrheitswahlsysteme, 2017, S. 106.

[92] Siehe dazu die Zwanzigste Sitzung des Ausschusses für Wahlrechtsfragen, 18. Januar 1949, in: Deutscher Bundestag/Bundesarchiv (Hrsg.), Der Parlamentarische Rat 1948–1949, Bd. VI, 1994, S. 614 ff. sowie die Einundzwanzigste Sitzung des Ausschusses für Wahlrechtsfragen, 1. Februar 1949, a.a.O., S. 656 ff.

Grundsätzen im Allgemeinen und der Wahlfreiheit im Speziellen hin[93] und lehnten eine Wahlpflicht letztlich mit großer Mehrheit ab[94]. Dieser Umstand mag zwar aufgrund des Kontextes im Rahmen der Debatte über das erste Wahlgesetz nicht als abschließendes Votum in verfassungsrechtlicher Hinsicht fungieren[95]. Es zeigt aber, dass der Parlamentarische Rat sich an dieser Stelle in die Kontinuität der demokratischen Entwicklung einreihen und die Wahl konsequent als ein *Recht* der Staatsbürger und nicht als eine *Pflicht* im Interesse des Staatsganzen ausgestalten wollte, die daher ohne Rücksicht auf eine Mindestbeteiligung als gültig anzusehen ist. Dieser historische Befund legt bereits eine kritische Betrachtung von Wahlquoren und Wahlpflichten nahe.

b) Beteiligung als verfassungsimmanente Voraussetzung des Mehrheitsprinzips

In der heutigen verfassungsrechtlichen Auseinandersetzung liegt der Ausgangspunkt für eine Relevanz der Beteiligungsquote in der bereits früh vertretenen Annahme, dass die Mehrheitsbildung durch die Nichtteilnahme von Abstimmungsberechtigten verfälscht würde. In einer solchen Perspektive sei das demokratische Mehrheitsprinzip nicht auf die Abstimmenden, sondern die Abstimmungsberechtigten insgesamt bezogen und daher prinzipiell eine Mehrheit der Abstimmungsberechtigten erforderlich[96]. Ein solches Verständnis der maßgeblichen Bezugszahl scheint der Grund für die erstaunlich häufig anzutreffende Gleichsetzung der Mehrheit der Abstimmenden mit der relativen Mehr-

[93] Siehe die Äußerung des Abgeordneten *Stock*, Zwanzigste Sitzung des Ausschusses für Wahlrechtsfragen, 18. Januar 1949, in: Deutscher Bundestag/Bundesarchiv (Hrsg.), Der Parlamentarische Rat 1948–1949, Bd. VI, 1994, S. 617; der Abgeordneten *Wessel*, Zwanzigste Sitzung des Ausschusses für Wahlrechtsfragen, 18. Januar 1949, a.a.O., S. 622 sowie des Abgeordneten *Diederichs*, Einundzwanzigste Sitzung des Ausschusses für Wahlrechtsfragen, 1. Februar 1949, a.a.O., S. 659.

[94] Siehe die abschließende Abstimmung in der Einundzwanzigsten Sitzung des Ausschusses für Wahlrechtsfragen, 1. Februar 1949, in: Deutscher Bundestag/Bundesarchiv (Hrsg.), Der Parlamentarische Rat 1948–1949, Bd. VI, 1994, S. 660, bei der zwischen der grundsätzlichen und gegenwärtigen Ablehnung differenziert wurde, wobei bereits erstere eine deutliche Zustimmung erhielt.

[95] Unklar *Roscheck*, Enthaltung, 2003, S. 36, der zwischen einer sanktionsbewerten und sanktionslosen Pflicht differenziert und zumindest letztere für mit der Entstehungsgeschichte des Grundgesetzes vereinbar hält. Eine prinzipielle Zulässigkeit der Wahlpflicht aus der Entstehungsgeschichte leitet hingegen *Merten*, Wahlrecht, in: Listl/Schambeck (Hrsg.), FS Broermann, 1982, S. 301 (312 ff.) mit dem Argument her, das Grundgesetz hätte angesichts der historisch bestehenden Wahlpflichten ein ausdrückliches Verbot beziehungsweise eine Gewährleistung einer „Wahlbeteiligungsfreiheit" enthalten müssen.

[96] In diesem Sinne *Horn*, Mehrheit, in: Der Staat 38 (1999), S. 399 (419); *Engelken*, Bürgerentscheid, in: DÖV 2002, S. 977 (981); *Mußgnug*, Mehrheitsprinzip, in: Breuer u. a. (Hrsg.), FS Klein, 2013, S. 249 (253 ff.); *Walther*, Mehrheitswahlsysteme, 2017, S. 70.

heit zu sein[97]. Diese Gleichsetzung ist bereits deshalb unscharf, weil sie die Möglichkeit vernachlässigt, dass die Gruppe der Nichtteilnehmenden relativ am größten ist und damit diese – nicht die Mehrheit der Abstimmenden – in dieser Perspektive die relative Mehrheit bildet[98]. Vor allem aber erscheint die mit dieser Gleichsetzung verknüpfte Zuweisung des bei der relativen Mehrheit vorhandenen Legitimationsdefizits auch gegenüber der einfachen Abstimmungsmehrheit bei Volksabstimmungen verfassungsrechtlich fraglich.

Unstreitig ist zunächst zu konstatieren, dass eine Mehrheitsentscheidung „nicht nur die Abstimmenden, sondern alle Abstimmungsberechtigten und darüber hinaus alle im Gesamtverband vereinigten Personen [bindet]"[99]. In dieser Hinsicht könnte es als problematisch erscheinen, wenn eine große Diskrepanz zwischen Abstimmenden und Abstimmungsberechtigten entsteht, sodass die formale Mehrheitsentscheidung weit von der tatsächlichen Mehrheit aller Bürger entfernt liegt[100]. Damit könnte das Mehrheitsprinzip selbst in Zweifel geraten. Da es vor allem aus der gleichen Freiheit aller Staatsbürger folgt, müsste es auf diese Gesamtheit bezogen und demnach die Entscheidungen von der Mehrheit und nicht lediglich von einer Minderheit der Staatsbürger unterstützt worden sein[101]. In einer solchen Perspektive gilt: „Wird diese Ordnung menschlichen Zusammenlebens nicht mehr von Willen und Tat der Bürger getragen, dann verliert auch das Mehrheitsprinzip seinen stützenden Grund"[102]. Ein solches Verständnis des Mehrheitsprinzips findet sich regelmäßig bei den Forderungen nach Quoren bei direktdemokratischen Elementen. So leiten einige aus dem Mehrheitsprinzip zwar nicht für Wahlen, aber für Abstimmungen das verfassungsrechtliche Erfordernis einer Mindestbeteiligung ab, um einer

[97] Siehe etwa *Sartori*, Demokratietheorie, 1997, S. 220; *Schliesky*, Weiterentwicklung, in: ZG 14 (1999), S. 91 (99); *Mußgnug*, Mehrheitsprinzip, in: Breuer u. a. (Hrsg.), FS Klein, 2013, S. 249 (253); *Patzelt*, Mehrheitsprinzip, in: Görres-Gesellschaft (Hrsg.), StL III, 8. Aufl. 2019, Sp. 1521 (1521).

[98] Einen bemerkenswerten Ansatz findet sich dazu bei *Horn*, Mehrheit, in: Der Staat 38 (1999), S. 399 (415), der die Nichtteilnehmenden als dritte Gruppe auffasst und im Sinne der relativen Mehrheit erwägt, dass die Stimmenmehrheit für ihre demokratische Legitimation auch diese Gruppe zahlenmäßig übertreffen muss. Da die Abstimmungsminderheit bei 0 % liegen kann, folgt daraus mittelbar ebenso das Erfordernis der Mehrheit der Abstimmungsberechtigten.

[99] *Heun*, Mehrheitsprinzip, 1983, S. 108 f.

[100] In dieser Weise kritisch *Varain*, Bedeutung, in: ZfP 11 (1964), S. 239 (250); *Heun*, Mehrheitsprinzip, 1983, S. 203 ff.; *Schliesky*, Weiterentwicklung, in: ZG 14 (1999), S. 91 (119); *Mußgnug*, Mehrheitsprinzip, in: Breuer u. a. (Hrsg.), FS Klein, 2013, S. 249 (253 f.).

[101] In diesem Sinne explizit mit Blick auf das Freiheitsargument *Horn*, Mehrheit, in: Der Staat 38 (1999), S. 399 (418); *Schliesky*, Weiterentwicklung, in: ZG 14 (1999), S. 91 (99).

[102] *Varain*, Bedeutung, in: ZfP 11 (1964), S. 239 (250); ähnlich formuliert *Heun*, Mehrheitsprinzip, 1983, S. 203: „Die Mehrheitsregel stößt an ihre inneren Grenzen, wenn den Berechtigten die Entscheidungsbereitschaft fehlt."

Herrschaft einer Minderheit über die Mehrheit vorzubeugen[103]. Dabei kalkulieren sie allerdings die Möglichkeit der Nichtteilnahme mit ein und halten überwiegend nicht an einem Zustimmungsquorum von mehr als 50 % fest, sondern halten ein niedrigeres Quorum für ausreichend[104]. Allerdings ist fraglich, ob die Auslegung des Demokratieprinzips eine solche Forderung nach einer Mehrheits- oder zumindest Mindestbeteiligung tatsächlich trägt.

Zunächst könnte dem Grundgesetz in systematischer Hinsicht ein Anhaltspunkt für das Erfordernis einer Mindestbeteiligung in der Norm des Art. 29 Abs. 6 S. 1 GG entnommen werden, wonach die Mehrheit im Volksentscheid und in der Volksbefragung mindestens 25 % der Wahlberechtigten umfassen muss. Wenngleich diese Neugliederungsvorschriften der Art. 29, 118 und 118a GG nicht den Charakter einer echten Volksabstimmung aufweisen und praktisch bedeutungslos sind, so handelt es sich um „den einzigen im gesamten Grundgesetz vorgesehenen Fall, in dem unter Zuhilfenahme der Mehrheitsregel durch das Volk […] über eine Sachfrage entschieden wird."[105] Zumindest für das vorliegende Thema ist daher der Umstand beachtlich, dass Art. 29 Abs. 4 S. 2 GG in seiner ursprünglichen Fassung einen bundesweiten Volksentscheid vorsah[106]. Hierfür war kein Beteiligungs- oder Zustimmungsquorum vorgeschrieben, sondern nach Art. 29 Abs. 5 GG der ursprünglichen Fassung war schlicht die Mehrheit der abgegebenen Stimmen erforderlich. Der Verfassunggeber grenzte sich also weniger hinsichtlich des Fehlens von echten Volksabstimmungen[107], sondern vor allem durch den Verzicht auf Quoren von der Weimarer Verfassung ab, die er scheinbar nicht im Sinne des Demokratie-

---

[103] So *Schliesky*, Weiterentwicklung, in: ZG 14 (1999), S. 91 (119 f.); *Engelken*, Bürgerentscheid, in: DÖV 2002, S. 977 (979 ff.); *Mußgnug*, Mehrheitsprinzip, in: Breuer u. a. (Hrsg.), FS Klein, 2013, S. 249 (254 ff.). Im gleichen Sinne argumentiert für eine Mindestwahlbeteiligung *Kadel*, Mindestwahlbeteiligung (Fn. 78), S. 56.

[104] Siehe *Horn*, Mehrheit, in: Der Staat 38 (1999), S. 399 (420 ff.); ähnlich fordert *Kadel*, Mindestwahlbeteiligung, in: JR 1988, S. 54 (55 ff.) für Wahlen zwar keine Beteiligungsquote von 100 %, aber doch eine gewisse Mindestbeteiligung.

[105] So prägnant *Magsaam*, Mehrheit, 2014, S. 357. Zur Einordnung als territorialer Entscheid von Teilen des Volkes anstatt einer Abstimmung des Volkes i.S.d. Art. 20 Abs. 2 S. 2 GG *Dreier/Wittreck*, Demokratie, in: Feld u. a. (Hrsg.), Jahrbuch für direkte Demokratie 2009, 2010, S. 11 (19); *H. Meyer*, Volksabstimmungen, in: JZ 2012, S. 538 (538); *Dreier*, in: ders. (Hrsg.), GG, Bd. II, 3. Aufl. 2015, Art. 20 (Demokratie), Rn. 100; *Sommermann*, in: Huber/Voßkuhle (Hrsg.), GG, Bd. II, 8. Aufl. 2024, Art. 20 Rn. 161; anders hingegen *Stern*, Staatsrecht, Bd. I, 1984, S. 607; *Kotzur*, in: v. Münch/Kunig (Hrsg.), GG, Bd. I, 7. Aufl. 2021, Art. 20 Rn. 124; *Sachs*, in: ders. (Hrsg.), GG, 9. Aufl. 2021, Art. 20 Rn. 32; *Grzeszick*, in: Dürig/Herzog/Scholz (Hrsg.), GG, Art. 20 II (2022), Rn. 114.

[106] Auch diesen ordnet *H. Meyer*, Volksabstimmungen, in: JZ 2012, S. 538 (538 f.) scheinbar nicht als echte Abstimmung i.S.d. Art. 20 Abs. 2 S. 2 GG ein.

[107] Ebenso wie im Wahlrecht wird bei dem Verzicht auf Volksabstimmungen zu Unrecht auf vermeintliche „Weimarer Erfahrungen" rekurriert, dazu näher *Dreier/Wittreck*, Demokratie, in: Feld u. a. (Hrsg.), Jahrbuch für direkte Demokratie 2009, 2010, S. 11 (21 f.); *H. Meyer*, Volksabstimmungen, in: JZ 2012, S. 538 (541).

prinzips für erforderlich hielt. Daher lässt sich die von *Klaus Stern* als „prononciert antiplebiszitär“[108] bezeichnete Ausgestaltung des Grundgesetzes nicht für ein im Demokratieprinzip verankertes Erfordernis einer Mindestbeteiligung, die in Form von Quoren zu sichern sein muss, in Anspruch nehmen.

In historischer Hinsicht lässt sich vielmehr feststellen, dass bei den Argumenten für ein solches Mindestquorum die rückwärtsgewandete, noch in Zeiten des Konstitutionalismus bei Wahlen vertretene Auffassung durchscheint, wonach der Erfolg aktivistischer Gruppen mit Einzelinteressen im Sinne des staatlichen Ganzen und damit des Gemeinwohls zu verhindern sei[109]. Ebenso fragwürdig ist das vorgebrachte Freiheitsargument, wonach es den Staatsbürgern nicht zugemutet werden könne, die Ablehnung eines Begehrens durch aktives Handeln in Form der Abgabe einer Nein-Stimme kundzutun[110]. Dieses zeugt von einem überholten Verständnis von Freiheit, das den unmündigen Staatsbürger zu seinem Glück zwingen beziehungsweise vor Folgen seines Handelns schützen will, anstatt ihm die selbstverantwortete Entscheidung mit allen Konsequenzen zu überlassen[111]. Dahinter steht ein dem Grundgesetz zuwiderlaufendes Konzept einer Output-orientierten Demokratieauffassung, die auf die Herstellung des vermeintlich vorbestimmten Gemeinwohls ausgerichtet ist[112]. Die historische Auslegung des Grundgesetzes spricht daher unter Berücksichtigung der demokratischen Entwicklung deutlich gegen diese Auffassung.

Ebenso lässt sich die teleologische Auslegung des Demokratieprinzips gegen ein solches Mehrheitsverständnis vorbringen. Danach kann aus der Nicht-

---

[108] *Stern*, Staatsrecht, Bd. I, 1984, S. 608.

[109] Siehe etwa die Ausführungen BremStGH, NVwZ-RR 2001, S. 1 (2 f.); *Horn*, Mehrheit, in: Der Staat 38 (1999), S. 399 (418); *Mußgnug*, Mehrheitsprinzip, in: Breuer u. a. (Hrsg.), FS Klein, 2013, S. 249 (254). Besonders deutlich die Formulierung bei *Schliesky*, Weiterentwicklung, in: ZG 14 (1999), S. 91 (97 f.): „Die große Gefahr des Mehrheitsprinzips bei unmittelbaren Sachentscheidungen durch die Bevölkerung liegt in der Möglichkeit einer demagogischen Manipulation der uninteressierten Masse und – eng damit verbunden – der egoistischen Orientierung der Abstimmenden am vermeintlichen eigenen Vorteil.“

[110] Siehe *Mußgnug*, Mehrheitsprinzip, in: Breuer u. a. (Hrsg.), FS Klein, 2013, S. 249 (254).

[111] So stellt *Magsaam*, Mehrheit, 2014, S. 501 berechtigterweise die rhetorische Frage: „Und warum den an sich mündigen Bürger vor einer Gesetzesänderung schützen, die er durch eigene Aktivität hätte beeinflussen können?“ Nicht überzeugend daher *Kadel*, Mindestwahlbeteiligung, in: JR 1988, S. 54 (56), nach dessen Auffassung es „dem elementaren Demokratieverständnis“ widerspricht, wenn „durch Nichtergreifen der Wahlmöglichkeit Rechtsnachteile in Kauf genommen werden müssen.“

[112] Dieses vertreten explizit *Horn*, Mehrheit, in: Der Staat 38 (1999), S. 399 (417 ff.); *Roscheck*, Enthaltung, 2003, S. 39 ff. Eine ausführlich begründete Ablehnung dieser Auffassung findet sich bei *Schwerdtfeger*, Legitimation, 2018, S. 201, 206 ff. Zur Unvereinbarkeit eines solchen Verständnisses vom Gemeinwillen im Sinne *Rousseaus* mit dem Demokratieprinzip des Grundgesetzes bereits oben Teil 2, A. I. 4.

teilnahme zwar keine Zustimmung, aber genauso wenig eine Ablehnung gefolgert werden, sodass es sich um ein indifferentes und damit neutrales Votum gegenüber dem Abstimmungsvorschlag handelt[113]. Infolge dieser Neutralität der Nichtteilnahme gegenüber dem Abstimmungsvorschlag kann es für die Mehrheitsbestimmung nur auf die aktiven Teilnehmer ankommen, die damit wirksam für die übrigen Abstimmungsberechtigten handeln[114]. Dies erhöht keinesfalls das „Gewicht [der Mehrheit] gegenüber der Minderheit"[115], sondern vermeidet vielmehr umgekehrt, dass die Minderheit gegenüber der Mehrheit privilegiert wird, indem ihr die Anzahl der Nichtteilnehmenden zugeschlagen wird, ohne dass deren Zugehörigkeit zur Abstimmungsminderheit in irgendeiner Weise belegt wäre. Die Nichtteilnehmenden, die die verbindliche Zuordnung zu einer Seite durch ihr Verhalten unmöglich gemacht haben, können nachträglich nicht einwenden, sie seien eigentlich für oder gegen den Vorschlag gewesen, sondern „sind darauf verwiesen, dass sich jeder von ihnen an der Entscheidung beteiligen konnte und jede Stimme gleich gezählt worden wäre."[116] Somit ist die Beteiligung an Wahlen und Abstimmungen im rechtlichen Sinne als eine *Obliegenheit* einzuordnen, deren Erfüllung zwar nicht erzwungen werden darf, mit deren Nichterfüllung der Abstimmungsberechtigte aber sein Mitbestimmungsrecht verliert und sein unbeschränktes Einverständnis mit dem durch die abgegebenen Stimmen erzeugten Ergebnis erteilt[117].

Diese Einordnung als Obliegenheit lässt sich mit Blick auf die Freiheit der Wahl und Abstimmung noch auf ein weiteres Argument für die Unbeachtlichkeit der Nichtteilnahme stützen[118]. Danach ist eine rechtliche Teilnahmepflicht abzulehnen, weil das Recht zur Nichtteilnahme an einer Abstimmung oder

---

[113] *Roscheck*, Enthaltung, 2003, S. 21; *Magsaam*, Mehrheit, 2014, S. 501; *Huster/Rux*, in: Epping/Hillgruber (Hrsg.), GG, 3. Aufl. 2020, Art. 20 Rn. 90.

[114] In diesem Sinne BayVerfGHE 2 (1949), 181 (218); *Dreier*, Landesverfassungsänderung, in: BayVBl. 1999, S. 513 (520).

[115] So jedoch *Horn*, Mehrheit, in: Der Staat 38 (1999), S. 399 (414), der in der Nichtteilnahme eine „Prämie auf den legitimen Mehrheitsbesitz" erkennen will.

[116] Prägnant *S. Lenz*, Kommunalverwaltung, 2020, S. 36.

[117] Zutreffend formuliert daher *Dreier*, Landesverfassungsänderung, in: BayVBl. 1999, S. 513 (520) hinsichtlich der Nichtwähler, dass „deren Passivität [...] sie zwar der Einflußmöglichkeit auf die Zusammensetzung des jeweiligen Parlaments beraubt, nicht aber von der Bindungswirkung der repräsentativ gefaßten Beschlüsse befreit [hat]." Ebenso *Huster/Rux*, in: Epping/Hillgruber (Hrsg.), GG, 3. Aufl. 2020, Art. 20 Rn. 90: „Wer sich nicht beteiligt, bringt damit seine Indifferenz in Bezug auf den Entscheidungsgegenstand zum Ausdruck – und muss mit dem Ergebnis leben." Ähnlich *Varain*, Bedeutung, in: ZfP 11 (1964), S. 239 (250): „Wer das Angebot zur Teilnahme nicht nutzt, bringt sich selbst um das Recht auf Gehör." – Der Vergleich mit einer „Obliegenheitsverletzung" findet sich bei *Kadel*, Mindestwahlbeteiligung, in: JR 1988, S. 54 (56), der diesen jedoch zu Unrecht verwirft.

[118] So speziell für die Freiheit der Wahl *Krüper*, Stichwahlen, in: DÖV 2009, S. 758 (762); *Mehde*, Stichwahlen, in: KommJur 2013, S. 446 (448); *Huster/Rux*, in: Epping/Hillgruber (Hrsg.), GG, 3. Aufl. 2020, Art. 20 Rn. 90.

Wahl ebenso wie das Recht zu einer ausdrücklichen Enthaltung durch das Demokratieprinzip geschützt wird[119]. In der Folge darf dieses Verhalten auch nicht für die Mehrheitsbestimmung berücksichtigt werden, weil andernfalls die neutral eingestellten Wahl- oder Abstimmungsberechtigten faktisch zu einer Teilnahme verpflichtet wären, um eine Wertung als Ablehnung bei der Mehrheitsbestimmung zu vermeiden[120]. Zugleich lässt sich umgekehrt argumentieren, dass die Abstimmenden in ihrer gleichen Freiheit beeinträchtigt wären, wenn die Nichtteilnehmenden trotz fehlenden Votums der ablehnenden Seite zugeschlagen würden und damit deren Stimmgewicht erhöht würde[121]. Die das Mehrheitsprinzip maßgeblich begründende gleiche Freiheit aller Staatsbürger lässt sich daher sogar positiv in Stellung bringen, die Entscheidung über die formelle wie materielle Teilnahme am staatlichen Willensbildungsprozess als Ausübung dieser Freiheit zu respektieren und deshalb nicht bei der Mehrheitsbestimmung zu berücksichtigen[122].

Abschließend stellt sich die Frage nach der Gleichsetzung von Wahlen und Abstimmungen mit Blick auf die Anwendung des Mehrheitsprinzips. Der praktische Umstand fehlender Periodizität von Volksabstimmungen gegenüber Wahlen und damit deren theoretisch unbegrenzte Häufigkeit kann durch ein entsprechendes Quorum für das auslösende Volksbegehren aufgewogen werden[123], begründet aber kein Quorum für die unter dieser Bedingung ebenso nur

---

[119] So zutreffend *Schwerdtfeger*, Legitimation, 2018, S. 208; *Huster/Rux*, in: Epping/Hillgruber (Hrsg.), GG, 3. Aufl. 2020, Art. 20 Rn. 90; a.A. *Merten*, Wahlrecht, in: Listl/Schambeck (Hrsg.), FS Broermann, 1982, S. 301 (311); *Labrenz*, Wahlpflicht, in: ZRP 2011, S. 214 (216); *Franz*, Wahlrecht, 2019, S. 219 ff.; siehe dazu bereits im parlamentarischen Kontext oben Teil 2, A. II. 1. b).

[120] Diesen Aspekt übersieht *Kadel*, Mindestwahlbeteiligung, in: JR 1988, S. 54 (56), obwohl er selbst davon ausgeht, dass ein erheblicher Teil der Nichtwähler aus dem neutralen Motiv der Gleichgültigkeit und nicht der Ablehnung handelt. Unzutreffend auch *Roscheck*, Enthaltung, 2003, S. 78, der allein auf den formalen Zwang nicht aber auf die faktische Beeinflussung abstellt.

[121] Zum Aspekt der demokratischen Freiheit in diesem Kontext *Schwerdtfeger*, Legitimation, 2018, S. 190 f. Eine Betroffenheit der Gleichheit, nicht aber der Freiheit der Abstimmung durch Quoren nimmt *Roscheck*, Enthaltung, 2003, S. 77 f. an; eine Beeinträchtigung der Erfolgswertgleichheit sehen *Dreier/Wittreck*, Demokratie, in: Feld u. a. (Hrsg.), Jahrbuch für direkte Demokratie 2009, 2010, S. 11 (29) als gegeben an. Allgemein sieht der BayVerfGHE 2 (1949), 181 (218) ein Quorum als Beeinträchtigung des Stimmrechts der Teilnehmenden an.

[122] Bereits *Triepel*, Wahlrecht, 1900, S. 33 bemerkt insofern, dass der Wahlakt trotz der Nichtteilnahme von Wählern „die Wahrheit wenigstens insofern [zeigt], als er nicht wiedergibt, was nicht gesehen sein will."

[123] Siehe zur Funktion des Quorums beim Volksbegehren als Prüfung eines „Mindestinteresse[s]" *Magsaam*, Mehrheit, 2014, S. 493 f.; ebenso *Dreier/Wittreck*, Demokratie, in: Feld u. a. (Hrsg.), Jahrbuch für direkte Demokratie 2009, 2010, S. 11 (30 f.). Näher zu dessen verfassungsrechtlicher Herleitung aus dem Grundsatz der Allgemeinheit der Abstimmung unten 2. c).

begrenzt stattfindenden Abstimmungen. Umgekehrt fungiert der Umstand, dass es infolge des Prinzips der Herrschaft auf Zeit zu einem Ergebnis kommen muss, weshalb schon aus diesem Grund ein Mindestquorum bei Wahlen untauglich wäre, lediglich als zusätzliches Argument[124].

Weniger Beachtung findet der praktische Unterschied, wonach bei Abstimmungen grundsätzlich für die Zustimmung wie die Ablehnung gestimmt werden kann, während bei einer Wahl nur ein positives Votum für einen der Wahlvorschläge möglich ist und damit lediglich das Unterlassen einer wirksamen Stimmabgabe als Ausdruck einer gänzlichen Ablehnung aller Kandidaten bleibt. Daher könnte die bei Abstimmungen nachvollziehbare Einordnung der Nichtteilnahme als Indifferenz bei Wahlen unzutreffend sein. In der Folge könnte aus einer erheblichen Anzahl von Nichtteilnehmern ein Legitimationsproblem entstehen, weil womöglich eine Mehrheit der Wahlberechtigten den gewählten Wahlvorschlägen ablehnend gegenüber steht[125]. In einer solchen Perspektive würden die Nichtwähler, weil sie alle Vorschläge ablehnen, eine wirksame Wahl verhindern, obwohl sie selbst keinen Alternativvorschlag unterbreitet haben[126].

Diese Auffassung verkennt die Ausrichtung des Demokratieprinzips und damit des Mehrheitsprinzips auf die praktische Funktionsfähigkeit der demokratischen Willensbildungsprozesse. Zwar darf die Bereitschaft zur aktiven und kompromissbereiten Teilnahme an der Willensbildung in Form von Stimmabgabe und Kandidatur nicht rechtlich erzwungen werden, weshalb der demokratische Staat entsprechend dem *Böckenförde-Diktum* „von Voraussetzungen [lebt], die sie selbst nicht garantieren kann“[127]. Insoweit ist es aber aufgrund

---

124 Siehe zu diesem Aspekt BremStGH, NVwZ-RR 2001, S. 1 (3); *Engelken*, Bürgerentscheid, in: DÖV 2002, S. 977 (980); *Roscheck*, Enthaltung, 2003, S. 94; *Mußgnug*, Mehrheitsprinzip, in: Breuer u. a. (Hrsg.), FS Klein, 2013, S. 249 (256), die daraus allerdings einen konstitutiven Unterschied zwischen originären Wahlen und ergänzenden, nachrangigen Abstimmungen herleiten, der verfassungsrechtlich nicht existiert. Dagegen zu Recht *Dreier/Wittreck*, Demokratie, in: Feld u. a. (Hrsg.), Jahrbuch für direkte Demokratie 2009, 2010, S. 11 (30); *Schwerdtfeger*, Legitimation, 2018, S. 173 f.

125 Siehe zu dieser Argumentation *Kadel*, Mindestwahlbeteiligung, in: JR 1988, S. 54 (56).

126 So jedoch *Kadel*, Mindestwahlbeteiligung, in: JR 1988, S. 54 (56), wonach eine Fundamentalopposition, die alle zur Wahl stehenden Parteien ablehnt, aber selbst keine eigene gründen will, rechtlich beachtlich wäre.

127 Deshalb hat BVerfGE 102, 370 (398) hinsichtlich der Verleihung des Körperschaftsstatus an die Zeugen Jehovas zu Recht entschieden, dass deren religiöses Teilnahmeverbot an staatlichen Wahlen die Versagung des Körperschaftsstatus nicht rechtfertigt, weil dieses „das Demokratieprinzip nicht in seinen normativen Gehalten, sondern [lediglich] in seinen tatsächlichen Voraussetzungen“ tangiert. – Anders hingegen die Auffassung bei *Franz*, Wahlrecht, 2019, S. 237, wonach der „Staat […] nicht nur auf die Beteiligung der Bürger an der Wahl hoffen, sondern […] sie im Notfall auch erzwingen können [muss].“ Insoweit halten Teile der Literatur sogar eine positive Auswahlpflicht für denkbar und allenfalls mit

des Charakters als Grundvoraussetzung der Demokratie gerechtfertigt, nicht nur die formale Teilnahme, sondern auch die materielle Beteiligung am demokratischen Willensbildungsprozess als eine Obliegenheit einzuordnen, deren Nichtwahrnehmung zum Verlust des Mitbestimmungsrechts und der Duldung des Wahlergebnisses führt. Dies entspricht zugleich der historischen und teleologischen Auslegung des Demokratieprinzips, wonach destruktive Haltungen, wenngleich sie sogar eine „negative Mehrheit" bilden, unberücksichtigt bleiben dürfen[128]. Demnach geht die herrschende Auffassung zu Recht davon aus, dass eine Wahl ohne Rücksicht auf die Teilnahmequote hinreichende demokratische Legitimation bewirkt und deshalb kein verfassungsimmanenter Mindestwert für die Wahlbeteiligung existiert[129].

Demnach besteht in verfassungsrechtlicher Hinsicht kein relevanter Unterschied zwischen Wahlen und Abstimmungen des Volkes hinsichtlich der Anforderung an die demokratische Legitimation[130]. Beiden ist gemeinsam, dass es einer Beteiligung bedarf, um zu einer mehrheitlichen Entscheidung zu kommen. Die Höhe der Beteiligung ist jedoch verfassungsrechtlich nicht beachtlich. Demnach lässt sich weder für Wahlen noch für Abstimmungen eine verfassungsimmanente Mindestbeteiligung herleiten, die durch entsprechende Quoren gesichert werden müsste[131].

Blick auf die praktische Vereinbarkeit mit der Geheimheit der Wahl für problematisch, siehe *Roscheck*, Enthaltung, 2003, S. 67 f.; *Labrenz*, Wahlpflicht, in: ZRP 2011, S. 214 (217 f.); gegen die Zulässigkeit einer Auswahlpflicht hingegen zu Recht *Merten*, Wahlrecht, in: Listl/Schambeck (Hrsg.), FS Broermann, 1982, S. 301 (309 f.); *Kotzur*, Freiheit, in: Merten/Papier (Hrsg.), HGR V, 2013, § 120 Rn. 34, tendenziell ebenso *Franz*, Wahlrecht, 2019, S. 235.

[128] Dazu bereits ausführlich mit Verweis auf das konstruktive Misstrauensvotum oben Teil 2, A. II. 2. f).

[129] So VerfGH NRW, Urteil vom 20.12.2019, 35/19, S. 43; *Dreier*, Landesverfassungsänderung, in: BayVBl. 1999, S. 513 (520); *Engelken*, Bürgerentscheid, in: DÖV 2002, S. 977 (979); *Roscheck*, Enthaltung, 2003, S. 94; *Mehde*, Stichwahlen, in: KommJur 2013, S. 446 (448); *H. Meyer*, Wahlrecht, in: DVP 2013, S. 53 (56); *Thum*, in: Schreiber (Hrsg.), BWahlG, 11. Aufl. 2021, Einführung Rn. 10; anders hingegen *Kadel*, Mindestwahlbeteiligung, in: JR 1988, S. 54 (55 ff.).

[130] So *Dreier/Wittreck*, Demokratie, in: Feld u. a. (Hrsg.), Jahrbuch für direkte Demokratie 2009, 2010, S. 11 (29 f.); *Walther*, Mehrheitswahlsysteme, 2017, S. 88; a.A. *Engelken*, Bürgerentscheid, in: DÖV 2002, S. 977 (979 ff.); *Mußgnug*, Mehrheitsprinzip, in: Breuer u. a. (Hrsg.), FS Klein, 2013, S. 249 (256).

[131] Ebenso *Dreier*, Landesverfassungsänderung, in: BayVBl. 1999, S. 513 (520 f.); *Neumann*, Volksgesetzgebung, in: ders./v. Raumer (Hrsg.), Die verfassungsrechtliche Ausgestaltung der Volksgesetzgebung, 1999, S. 17 (47); *Dreier/Wittreck*, Demokratie, in: Feld u. a. (Hrsg.), Jahrbuch für direkte Demokratie 2009, 2010, S. 11 (29 f.); *Magsaam*, Mehrheit, 2014, S. 501 f.

c) Wahlbeteiligung als gesetzgeberisches Kriterium

Wenngleich somit kein verfassungsimmanentes Mindestquorum für die Beteiligung an Wahlen und Abstimmungen existiert, gestehen Teile der Literatur dem Gesetzgeber eine aus dem Demokratieprinzip folgende Befugnis zum Erlass von Mechanismen zur Sicherung beziehungsweise Steigerung der Beteiligung zu, weil dies zugleich die demokratische Legitimation sichere beziehungsweise steigere[132]. In vielen Landesverfassungen und Kommunalgesetzen sind entsprechende Quoren für Abstimmungen verankert[133]. Bemerkenswerterweise gibt es aber Quoren nicht nur bei Sachentscheidungen, sondern vereinzelt sogar bei der Direktwahl monokratischer Ämter, von der die Gültigkeit der Wahl abhängt. In Brandenburg wird generell die Wirksamkeit der Wahl der kommunalen Hauptverwaltungsbeamten gemäß § 72 Abs. 2 S. 1 BbgKWahlG neben dem Erfordernis einer absoluten Mehrheit zusätzlich an eine Zustimmungsquote von mindestens 15 % der Wahlberechtigten gebunden. Dieses Erfordernis gilt gemäß § 72 Abs. 2 S. 4 BbgKWahlG gleichfalls in einer etwaigen Stichwahl, die gemäß § 72 Abs. 2 S. 2 BbgKWahlG nicht nur bei Verfehlung der absoluten Mehrheit der abgegebenen Stimmen, sondern auch des Zustimmungsquorums stattfindet. Sofern in der Stichwahl dieses Zustimmungsquorum nicht erreicht wird, wählt gemäß § 72 Abs. 2 S. 5 BbgKWahlG die Vertretung den kommunalen Hauptverwaltungsbeamten. Es ist in Brandenburg also möglich, dass ein vom Volk unmittelbar gewählter und sogar zweimal von der absoluten Mehrheit der Wähler präferierte Kandidat nicht wirksam gewählt und durch die Entscheidung der Vertretung durch einen anderen Amtswalter ersetzt wird. Soweit diese Regelung in der Literatur überhaupt Erwähnung findet, erfolgt keine nähere Auseinandersetzung mit ihrer verfassungsrechtlichen Zulässigkeit[134].

Hinsichtlich der Frage nach dem Erfordernis einer absoluten Mehrheit im ersten Wahlgang bei der Direktwahl des kommunalen Hauptverwaltungsbeamten haben einige die Wahlbeteiligung als verfassungsrechtlich relevanten Umstand und damit als potentiellen Rechtfertigungsgrund für den Verzicht auf weitere Wahlgänge angesehen[135]. Besonders deutlich tritt diese Auffassung in

---

[132] So etwa zur Einführung von Quoren *Roscheck*, Enthaltung, 2003, S. 80; ebenso hinsichtlich einer Wahlpflicht *Labrenz*, Wahlpflicht, in: ZRP 2011, S. 214 (215).

[133] So etwa in Art. 68 Abs. 3 S. 2 NRWVerf. und § 26 Abs. 7 S. 2 GO NRW.

[134] Für die Zulässigkeit wohl *Oebbecke*, Wahlrechtsgleichheit, in: NWVBl. 2010, S. 333 (336); *Mehde*, Stichwahlen, in: KommJur 2013, S. 446 (448); kritisch *Röttger/Ramin*, Stichwahl, in: DVP 2013, S. 506 (509 f.).

[135] So etwa VerfGH NRW, NVwZ 2009, S. 1096 (1100); VerfGH NRW, Urteil vom 20.12.2019, 35/19, S. 43; *Holste*, Stichwahl, in: ZRP 2007, S. 94 (95); *Magsaam*, Mehrheit, 2014, S. 75; dagegen *Krüper*, Stichwahlen, in: DÖV 2009, S. 758 (762); *Mehde*, Stichwahlen, in: KommJur 2013, S. 446 (448); *H. Meyer*, Wahlrecht, in: DVP 2013, S. 53 (56); *Morlok*, Stellungnahme zum Gesetzentwurf der Landesregierung, Drs. 17/3776 und zum Ände-

der zweiten Entscheidung des Verfassungsgerichtshofs zur Abschaffung der Stichwahl hervor, die zwar Abstand von einer verfassungsimmanenten Legitimationsbedingung einer Mindestwahlbeteiligung nahm, jedoch ebenso wenig eine vollkommene Unbeachtlichkeit der Wahlbeteiligung statuierte:

„Wenngleich auch bei geringer Wahlbeteiligung die Wahl wirksam ist und den Gewählten die notwendige demokratische Legitimation vermittelt, ist ebenso klar, dass die Ausgestaltung der Wahl umso eher dem Demokratieprinzip entspricht, als sie die rechtlichen Rahmenbedingungen für eine möglichst hohe Wahlbeteiligung schafft. Die Verfassung zielt auf eine Legitimation der gewählten Repräsentanten und Repräsentantinnen, die sich nicht in der bloßen Möglichkeit der Teilnahme der Wahlberechtigten am Wahlakt erschöpft, sondern sich tatsächlich durch aktive Teilnahme einer möglichst großen Zahl von Wählerinnen und Wähler äußert.“[136]

Gegen einen solchen Rechtfertigungsgrund in Gestalt der Wahlbeteiligung lässt sich anführen, dass „verfassungsrechtlich nicht von Wahlen stärkerer oder minderer Legitimationskraft abhängig von der Wahlbeteiligung gesprochen werden“[137] kann. Es ist widersprüchlich, die Höhe der Wahlbeteiligung hinsichtlich der demokratischen Legitimation und damit aus Sicht des Demokratieprinzips für prinzipiell unbeachtlich zu halten, sie aber dennoch zu einem Kriterium der Ausgestaltung des Wahlverfahrens anhand des Demokratieprinzips zu machen. Wenn die Beteiligungsquote an einer Wahl oder Abstimmung für die demokratische Legitimation nach dem Demokratieprinzip nicht beachtlich ist, darf sie auch nicht als Rechtfertigungsgrund für gesetzgeberische Maßnahmen dienen, die demokratische Grundsätze wie die Wahlfreiheit oder das Prinzip der Abstimmungsmehrheit beschränken[138]. Gegenteilige Auffassungen missachten offensichtlich das verfassungsrechtliche Prinzip der vorbehaltslos gewährten Wahlrechtsgrundsätzen, die nur aus verfassungsrechtlichen Gegengründen im Wege der praktischen Konkordanz beschränkt werden dürfen.

Zweifel an dieser Einschätzung könnten jedoch mit Blick auf die grundgesetzlichen Regelungen zur Wahl monokratischer Ämter in Art. 54 GG und Art. 63 GG entstehen, die an die Mitgliedermehrheit anknüpfen. Die Verfassung könnte daher zulassen, sogar die Mehrheit der Abstimmungsberechtigten zu verlangen. Jedoch beruhen diese Mehrheitserfordernisse nicht auf legitima-

---

rungsantrag Drs. 17/4305 des Landtages Nordrhein-Westfalen, Stellungnahme 17/1203, S. 3.

[136] So VerfGH NRW, Urteil vom 20.12.2019, 35/19, S. 43; dagegen *Krüper*, Stichwahlen, in: DÖV 2009, S. 758 (762); *Mehde*, Stichwahlen, in: KommJur 2013, S. 446 (448).

[137] Prägnant *Krüper*, Stichwahlen, in: DÖV 2009, S. 758 (762); sinngemäß *Mehde*, Stichwahlen, in: KommJur 2013, S. 446 (448); *H. Meyer*, Wahlrecht, in: DVP 2013, S. 53 (56); *Huster/Rux*, in: Epping/Hillgruber (Hrsg.), GG, 3. Aufl. 2020, Art. 20 Rn. 90.

[138] Es verhält sich genau umgekehrt zur Auffassung von *Labrenz*, Wahlpflicht, in: ZRP 2011, S. 214 (215). Nicht etwa die negative Abstimmungsfreiheit, sondern die Beteiligungsquote stellt keinen Bestandteil des Demokratieprinzips dar und kann daher keinen Rechtfertigungsgrund für eine Wahlpflicht oder andere gesetzgeberische Maßnahmen bilden.

torischen, sondern auf funktionalen Gründen, die den Verfassunggeber kraft seiner Autorität zur Verankerung der Mitgliedermehrheit bewogen[139]. Deshalb lässt sich aus diesen Normen nicht ohne Weiteres der Schluss ziehen, der Gesetzgeber sei im Sinne einer vermeintlichen Legitimationssteigerung zur Verankerung einer absoluten Mehrheit der Abstimmungsberechtigten generell befugt. Außerdem wäre damit allenfalls die bloß theoretische Möglichkeit verbunden, bei einer Direktwahl ein 50 % Zustimmungsquorum in den ersten Wahlgängen zu verlangen, aber keinesfalls umgekehrt aufgrund einer möglicherweise geringen Beteiligung von vorneherein auf eine absolute Mehrheit zu verzichten. Und ebenso wenig lässt sich damit rechtfertigen, in nachfolgenden Wahlgängen an einem solchen Quorum mit der Konsequenz festzuhalten, den tatsächlichen Wählern die Entscheidung wie beim Brandenburger Wahlsystem aus der Hand zu nehmen. Im Übrigen ist ein Wahlmechanismus wie in Brandenburg selbst in seiner eigenen Logik widersinnig, weil er die Wahlentscheidung im Falle des Verfehlens dieser vermeintlichen „Mindestlegitimation" auf die Volksvertretung verschiebt, für deren Wahl kein Quorum gilt und daher ebenfalls keine „Mindestlegitimation" vorhanden sein kann[140].

Schließlich könnte man allerdings auf das im Wahlrecht in anderer Hinsicht bemühte *argumentum a maiore ad minus* zurückgreifen, wonach es dem Gesetzgeber freisteht, auf die Direktwahl der Bürgermeister und Landräte gänzlich zu verzichten und die Wahl allein in die Hände der Vertretung zu legen. Demnach müsste es ihm erst recht als *milderes* Mittel zustehen, die Wahl durch die Vertretung lediglich im Falle des Verfehlens des Quorums vorzusehen. Ebenso ließe sich bei Volksabstimmungen argumentieren, dass keine Verpflichtung zur Einführung direktdemokratischer Elemente bestünde und daher zugleich keine Vorgaben für ihre Ausgestaltung im Falle ihrer Einführung gemacht werden könnten. Eine solche Auffassung ist aber zurückzuweisen, weil es sich bei der direkten Wahl wie auch einer Volksabstimmung nicht um ein *plus* gegenüber der indirekten Wahl beziehungsweise der Parlamentsabstimmung, sondern schlicht um ein *aliud* handelt, weil beide Varianten gleichermaßen auf ihre eigene Weise demokratische Legitimation vermitteln[141]. Aus dem Demokratieprinzip folgt daher ein Gebot zur *folgerichtigen* Ausgestaltung des Wahlverfahrens anhand des verfassungsrechtlichen Rahmens, das der Verfassungsgerichtshof für die Ausgestaltung der Direktwahl zu Recht betont hat[142].

---

[139] Dazu bereits oben Teil 2, A. II. 2. c) und 3. b).

[140] So auch *Walther*, Mehrheitswahlsysteme, 2017, S. 276. Derselbe Widerspruch tritt bei Quoren für Volksabstimmungen auf, da sich die von der Parlamentsmehrheit beschlossenen Gesetze womöglich nur auf eine geringe Zahl an Wahlberechtigten zurückführen lassen, siehe dazu *Dreier*, Landesverfassungsänderung, in: BayVBl. 1999, S. 513 (520); *Dreier/Wittreck*, Demokratie, in: Feld u. a. (Hrsg.), Jahrbuch für direkte Demokratie 2009, 2010, S. 11 (30); *H. Meyer*, Volksabstimmungen, in: JZ 2012, S. 538 (545).

[141] Dazu bereits oben I. 2. b).

[142] Siehe VerfGH NRW, Urteil vom 20.12.2019, 35/19, S. 47; dazu näher oben I. 2. b).

Demnach gilt für Direktwahlen uneingeschränkt der Grundsatz der Volkssouveränität, aus dem folgt: „Wenn der Souverän spricht, spricht er auch verbindlich und muss gehört werden.“[143] Insoweit ist zu berücksichtigen, dass hinter Quoren letztlich der Gedanke eines Schutzes der Parlamentsmehrheit gegenüber dem in der Abstimmung zum Ausdruck gebrachten Volkswillen steht[144], der mit dem Grundsatz der Volkssouveränität nicht vereinbar ist, wonach „der jeweils jüngsten Äußerung des Volkswillens Folge zu leisten“[145] ist. Unabhängig von der Beteiligung und damit der Zustimmungsrate unter den Abstimmungsberechtigten hat sich dieser Volkswille in den Voten der Abstimmenden wirksam artikuliert und muss daher umgesetzt werden. Demnach verstoßen Quoren bei Wahlen oder Abstimmungen gegen den Grundsatz der Volkssouveränität, weil sie bei ihrem Verfehlen den in einem formellen Verfahren verbindlich geäußerten Volkswillen ignorieren und stattdessen die Abstimmungs- oder Wahlentscheidung womöglich im Widerspruch zu diesem durch die Volksvertretung treffen lassen[146]. Darin zeigt sich auch der Wirklichkeitsbezug des Demokratieprinzips, der zugleich den realpolitischen Schaden zu verhindern sucht, der von einer solchen Regelung ausgeht. Bei den wenigen kommunalpolitisch aktiven Wählern kann erhebliche Frustration entstehen, wenn ihr verbindlich geäußerter Wille allein deshalb keine Beachtung findet, weil sich zu wenige Wahlberechtigte beteiligt haben[147]. Völlig grotesk ist es daher, wenn der Gesetzgeber die Einführung eines solchen Wahlsystems mit der Stärkung der demokratischen Beteiligung auf kommunaler Ebene begründet[148]. Somit ist

---

[143] So zum Grundsatz der Volkssouveränität im Kontext von Wahlen *Morlok*, Stellungnahme zum Gesetzentwurf der Faktion der CDU und der Fraktion der FDP, Drs. 14/6512 des Landtages Nordrhein-Westfalen, Stellungnahme 14/1920, S. 2.

[144] Siehe dazu *Roscheck*, Enthaltung, 2003, S. 75 f.; *Magsaam*, Mehrheit, 2014, S. 501; *Schwerdtfeger*, Legitimation, 2018, S. 89 ff.

[145] So prägnant *Morlok*, Stellungnahme zum Gesetzentwurf der Faktion der CDU und der Fraktion der FDP, Drs. 14/6512 des Landtages Nordrhein-Westfalen, Stellungnahme 14/1920, S. 3 bezüglich des verzögerten Eintritts der Wirksamkeit der Wahl durch eine erhebliche Zeitspanne zwischen dem Wahltermin und Beginn der Amtsperiode.

[146] *Morlok*, Stellungnahme zum Gesetzentwurf der Faktion der CDU und der Fraktion der FDP, Drs. 14/6512 des Landtages Nordrhein-Westfalen, Stellungnahme 14/1920, S. 3 führt insoweit zur verzögerten Wirksamkeit der Wahl aus, dass es dem Grundsatz der Volkssouveränität widerspricht, „wenn man eine legitim durch das Volk getroffene Entscheidung hinsichtlich ihrer Verbindlichkeit um nennenswerte Zeit aufschiebt, dem Souverän also erst einmal den Gehorsam verweigert, mag diese Weigerung auch befristet sein.“ Dies muss erst recht gelten, wenn dieser Gehorsam gänzlich verweigert wird.

[147] In diesem Sinne sprach sich bereits *Triepel*, Wahlrecht, 1900, S. 26 gegen Wahlquoren aus: „Dies heißt aber doch ein Übel durch ein größeres vertreiben und Unschuldige für Schuldige büßen lassen.“

[148] Siehe zur Begründung der Einführung der Landratswahl unter diesem Modell in Brandenburg den Gesetzentwurf der Landesregierung zum Kommunalrechtsreformgesetz vom 31.8.2007, LT-Drs. 4/5056, S. 113; dazu bereits kritisch *Röttger/Ramin*, Stichwahl, in: DVP 2013, S. 506 (510).

das „Brandenburger Modell [nicht nur...] widersprüchlich“[149], sondern eklatant verfassungswidrig.

Nichts anderes gilt für die Regelung in Mecklenburg-Vorpommern, die im Falle eines einzigen Kandidaten gemäß § 67 Abs. 3 S. 3 a.E. LKWG MV neben der Mehrheit der abgegebenen Stimmen ebenso eine Zustimmungsquote von 15 % der Wahlberechtigten verlangt und bei Verfehlung dieses Quorums nach § 67 Abs. 3 S. 4 i.V.m. Abs. 4 LKWG MV den kommunalen Hauptverwaltungsbeamten durch die Vertretung wählen lässt. Ähnliche Regelungen hatte es früher sogar in Gestalt eines 25 %-Quorums in Nordrhein-Westfalen gemäß § 46c Abs. 2 S. 4 KWahlG NRW a.F. und in Niedersachen nach § 45g Abs. 3 S. 1 NKWG a.F. gegeben[150], die zwischenzeitlich zu Recht gestrichen wurden. In der ersten Entscheidung zur Abschaffung der Stichwahl hatte der Verfassungsgerichtshof zur Rechtfertigung eines solchen Quorums ausgeführt, dass es dem Umstand eines fehlenden Wettbewerbs und einer daher zu erwartenden geringen Bereitschaft zur Teilnahme an der Wahl Rechnung trage, um auf diese Weise eine „hinreichende demokratische Legitimation des Kandidaten sicherzustellen“[151]. In soziologischer Hinsicht mag der Befund einer besonders niedrigen Wahlbeteiligung in solchen Fällen zwar häufig zutreffend sein. Verfassungsrechtlich lässt sich jedoch nicht begründen, warum ein Kandidat bei mehreren Gegenkandidaten trotz Verfehlung dieses Quorums wirksam gewählt ist, während dies bei einem Einzelkandidaten bei der gleichen oder sogar höheren Stimmzahl nicht der Fall sein soll[152]. Dabei kann die schon zur Grundmandatsklausel gewonnenen Erkenntnisse für die vorliegende Konstellation fruchtbar gemacht werden, wonach eine Partei mit mindestens drei Direktmandaten nicht anders behandelt werden darf als eine Partei, die ohne Direktmandate auf einen entsprechenden oder sogar höheren Zweitstimmenanteil kommt. Das Wahlrecht muss Parteien mit demselben Zweitstimmenanteil im Wahlergebnis konsequent gleichbehandeln, selbst wenn eine Partei im Vorhinein aufgrund bestimmter Eigenschaften eine höhere Wahrscheinlichkeit für größere Stimmanteile besitzen mag. Für Kandidaten bei der Direktwahl monokratischer Ämter mit demselben Stimmanteil kann nichts anderes gelten. Das lediglich für Alleinbewerber geltende Quorum verstößt daher zusätzlich noch gegen die Wahlgleichheit[153].

---

[149] *Röttger/Ramin*, Stichwahl, in: DVP 2013, S. 506 (510).

[150] Siehe dazu *Oebbecke*, Wahlrechtsgleichheit, in: NWVBl. 2010, S. 333 (335); *Walther*, Mehrheitswahlsysteme, 2017, S. 110.

[151] VerfGH NRW, NVwZ 2009, S. 1096 (1100); zum Hintergrund dieser Ausführungen näher *Oebbecke*, Wahlrechtsgleichheit, in: NWVBl. 2010, S. 333 (334).

[152] In diesem Sinne *Oebbecke*, Wahlrechtsgleichheit, in: NWVBl. 2010, S. 333 (334 f.).

[153] Zum Verstoß gegen die Wahlgleichheit ausführlich *Oebbecke*, Wahlrechtsgleichheit, in: NWVBl. 2010, S. 333 (334 ff.).

d) Zwischenergebnis: Irrelevanz der Wahlbeteiligung für die demokratische Legitimation

Bei Betrachtung der historischen Entwicklung können Quoren und Teilnahmepflichten nicht als demokratische Errungenschaften, sondern vielmehr als Ausdruck eines anfänglichen Misstrauens gegenüber bürgerlichen Mitwirkungsrechten im Konstitutionalismus aufgefasst werden. Folgerichtig lässt sich eine ablehnende Tendenz des Grundgesetzes zu solchen Mechanismen herleiten. Demnach mag eine geringe Beteiligung in politischer Hinsicht bedauerlich sein, ist für die Beurteilung der demokratischen Legitimation einer Wahl aber selbst in Extremfällen nicht relevant und kann folgerichtig kein taugliches Abwägungskriterium für den Gesetzgeber im Rahmen der Ausgestaltung einer Direktwahl monokratischer Ämter darstellen. Die Wahl ist ein kollektiver Willensbildungsprozess, der auf die möglichst weitgehende Einbeziehung der individuellen Präferenzen gerichtet ist. Inwieweit sich diese Präferenzen aber überhaupt einbeziehen lassen, indem sie sich verbindlich im Wahlakt artikulieren, ist in der Demokratie der Freiheit des Einzelnen überantwortet. Demnach stellt die Gruppe der Teilnehmer den relevanten Bezugspunkt des Mehrheitsprinzips dar, sodass der auf diese Weise zutreffend gebildete Volkswille anschließend nicht aufgrund einer geringen Wahlbeteiligung durch die Volksvertretung verändert werden darf. Somit sind Wahlquoren wie in Brandenburg oder Mecklenburg-Vorpommern nicht nur dysfunktional, sondern verstoßen zugleich gegen das Demokratieprinzip.

2. Absinkende Wahlbeteiligung als Rechtfertigungsgrund

Da die Wahlbeteiligung als solche verfassungsrechtlich irrelevant ist und damit prinzipiell nicht als potentieller Rechtfertigungsgrund für gesetzgeberische Maßnahmen taugt, dürfte sie hinsichtlich der Ausgestaltung einer Direktwahl keine Relevanz besitzen. Allerdings könnte dabei eine differenzierte Betrachtung geboten sein, weil durch eine absinkende Wahlbeteiligung der relevante Bezugspunkt des Mehrheitsprinzips in Gestalt der Abstimmenden während dieses mehrstufigen Willensbildungsprozesses beachtlich schwanken kann. In einem solchen mehrstufigen Wahlverfahren kann die im letzten Wahlgang obsiegende Mehrheit nicht ohne Weiteres mit der Mehrheit der Abstimmenden des gesamten Wahlverfahrens gleichgesetzt werden. Daher könnte es dem Gesetzgeber unter Umständen gestattet sein, dass Mehrheitsprinzip in formaler Hinsicht zu beschränken, um dieses im Sinne der Verwirklichung des Mehrheitswillens der insgesamt Abstimmenden materiell zur Geltung zu bringen. Hier könnte sich erneut die innerhalb des Prinzips der absoluten Mehrheit zu vollziehende Abwägung zwischen formal theoretischen und materiell praktischen Belangen zeigen. In dieser Hinsicht könnte die Wahlbeteiligung mittelbar doch noch Bedeutung für die Verwirklichung der Volkssouveränität in Gestalt des Mehrheitswillens erlangen.

a) Mögliche Gründe für die absinkende Wahlbeteiligung in nachfolgenden Wahlgängen

Der verfassungsrechtliche Angriffspunkt gegenüber einer mehrstufigen Direktwahl könnte demnach nicht in einer geringen Wahlbeteiligung als solcher liegen, sondern in der spezifischen Besonderheit unterschiedlicher Beteiligungsraten in den jeweiligen Wahlgängen. Insofern kann nicht ohne Weiteres die Wahlbeteiligung an der Direktwahl bestimmt werden, sondern diese bezieht sich unmittelbar nur auf den einzelnen Wahlgang. Da Wähler aus unterschiedlichsten Gründen am ersten Wahlgang, nicht aber am zweiten Wahlgang teilnehmen und ebenso umgekehrt, kann man nicht ohne Weiteres aus einem reinen Vergleich der Wahlbeteiligung den Schluss ziehen, die zahlenmäßige Differenz sei dem zweiten Wahlgang ferngeblieben oder neu hinzugekommen. Jedenfalls theoretisch wäre es demnach denkbar, dass bei einer Wahlbeteiligung von 50 % im ersten Wahlgang und 50 % im zweiten Wahlgang alle Wahlberechtigten genau einmal eine Stimme abgegeben haben. Es wäre in einem solchen Fall zu undifferenziert, davon zu sprechen, es hätten sich 50 % der Wahlberechtigten an der Wahl beteiligt. Ebenso unzutreffend wäre jedoch die Schlussfolgerung, dass 100 % der Wähler an der Direktwahl teilgenommen hätten. Letzteres kann mit Sicherheit nur festgestellt werden, wenn an beiden Wahlgängen 100 % der Wahlberechtigten teilgenommen haben.

Diese Schwankungen der Wahlbeteiligung könnten insoweit bedeutsam sein, als es sich im rechtlichen Sinne nicht um getrennte Wahlen, sondern um eine einzige, lediglich in Teilakte aufgesplittete Wahl handelt, sodass diese Teilakte zusammenhängend betrachtet werden müssen[154]. Dies verdeutlicht der rechtliche Umstand, wonach in einem nachfolgenden Wahlakt trotz der in der Zwischenzeit womöglich eingetretenen Änderungen wie einem Wohnsitzwechsel prinzipiell dieselben Personen wahlberechtigt sind[155]. Legt man diesen Umstand zugrunde, könnte die unterschiedliche Beteiligungsrate an den Teilakten problematisch sein, weil sich dadurch die verfassungsrechtlich relevante *Bezugszahl* des Mehrheitsprinzips in Gestalt der Abstimmenden während des Wahlprozesses ändert. Folglich wäre es zweifelhaft, das Ergebnis des letzten Wahlganges bei einer deutlich geringen Wahlbeteiligung gegenüber dem ersten Wahlgang ohne weiteres als das verbindliche Gesamtergebnis der Wahl

---

[154] In diesem Sinne speziell zum Verhältnis von Haupt- und Stichwahl *Bätge*, Stellungnahme zum Gesetzentwurf der Landesregierung Drs. 17/3776 und zum Änderungsantrag Drs. 17/4305 des Landtages Nordrhein-Westfalen, Stellungnahme 17/1194, S. 12 f. Letztlich kann für einen zweiten Wahlgang mit relativem Mehrheitserfordernis nichts anderes gelten, weil auch dieser auf der Grundlage des ersten Wahlergebnisses erfolgt und darauf aufbauend zu einem mehrheitlichen Kompromiss führen sollte.

[155] So wird gemäß § 46c Abs. 2 S. 3 KWahlG NRW bei der Stichwahl auf Grund desselben Wählerverzeichnisses gewählt wie bei der ersten Wahl, siehe *Bätge*, Stellungnahme zum Gesetzentwurf der Landesregierung Drs. 17/3776 und zum Änderungsantrag Drs. 17/4305 des Landtages Nordrhein-Westfalen, Stellungnahme 17/1194, S. 12.

einzuordnen. Zur Beurteilung dieser Frage sind im folgenden verschiedene Konstellationen für eine abnehmende Wahlbeteiligung in den Blick zu nehmen.

Eine abnehmende Wahlbeteiligung könnte zunächst schlicht Folge eines allgemeinen politischen Desinteresses und einer damit verbundenen, geringen Bereitschaft zur Teilnahme an Wahlen sein. Solche Wähler mögen sich zu einem einzigen Wahlgang aufraffen und ihre Obliegenheit insoweit wahrnehmen, nicht aber zu einem weiteren Folgewahlgang. Insofern kann nichts anderes gelten als bei der generellen Beurteilung der Wahlbeteiligung, wonach eine solche Nichtteilnahme politisch bedauerlich sein mag, verfassungsrechtlich jedoch irrelevant ist, weil sie der freien Entscheidung der Staatsbürger obliegt. Infolge der Nichtwahrnehmung seiner Obliegenheit muss sich der Nichtteilnehmende daher die im nachfolgenden Wahlgang getroffene Entscheidung grundsätzlich zurechnen lassen.

Häufiger problematisiert die bisherige Literatur die aus der spezifischen Besonderheit mehrstufiger Wahlprozesse resultierende Konstellation, in der die Wähler infolge der Ablehnung gegenüber den nach dem Ergebnis des ersten Wahlgangs erfolgsversprechenden – oder im Falle der Stichwahl überhaupt noch zur Wahl stehenden – Kandidaten auf eine Wahlteilnahme verzichten[156]. Hiergegen argumentieren andere Stimmen in der Literatur, dass der erste Wahlgang unter Beteiligung aller Wähler zu einer „Vorauswahl"[157] der Kandidaten geführt habe und demnach die Wahlbeteiligung des ersten Wahlganges im zweiten Wahlgang „fortwirkt"[158]. Da die abnehmende Bereitschaft zur Wahlteilnahme keine unmittelbare verfassungsrechtliche Relevanz besitzt, bedarf es für diese Konstellation keines Konstruktes einer fortwirkenden Wahlbeteiligung. Allenfalls könnte die materielle Aussagekraft des Wahlergebnisses in einem solchen Fall in Zweifel geraten, worauf noch unter dem Aspekt der funk-

[156] Siehe zu dieser Differenzierung für die Frage nach der demokratischen Legitimation einer Entscheidung *Natus*, Verfassungsmissbrauch, 2017, S. 188. Diese Konstellation nennen *G. Meyer*, Wahlrecht, 1901, S. 657; *Seybold*, Gerechtigkeitsdiskussion, in: NVwZ 2021, S. 293 (294) als möglichen Grund für eine sinkende Wahlbeteiligung in der Stichwahl; kritisch aus diesem Grund zur Stichwahl *Mehde*, Stichwahlen, in: KommJur 2013, S. 446 (447); *Natus*, Verfassungsmissbrauch, 2017, S. 188; *Dietlein*, in: ders./Heusch (Hrsg.), Kommunalrecht Nordrhein-Westfalen, 2020, Systematische Einführung zum Kommunalrecht Deutschlands Rn. 133.2.

[157] *Seybold*, Stichwahl, in: DVP 2010, S. 453 (454); *Bätge*, Stellungnahme zum Gesetzentwurf der Landesregierung Drs. 17/3776 und zum Änderungsantrag Drs. 17/4305 des Landtages Nordrhein-Westfalen, Stellungnahme 17/1194, S. 12.

[158] *Mehde*, Stichwahlen, in: KommJur 2013, S. 446 (452); sinngemäß *Bätge*, Stellungnahme zum Gesetzentwurf der Landesregierung Drs. 17/3776 und zum Änderungsantrag Drs. 17/4305 des Landtages Nordrhein-Westfalen, Stellungnahme 17/1194, S. 13; ähnlich die Argumentation der Antragsteller in VerfGH NRW, Urteil vom 20.12.2019, 35/19, S. 19 f.

tionellen Besonderheit der Direktwahl und speziell bei der Stichwahl einzugehen ist[159].

Schließlich könnte eine Nichtbeteiligung an nachfolgenden Wahlgängen wegen eines vermeintlich feststehenden Siegers erfolgen, weil die eigene Teilnahme für das Ergebnis aufgrund des großen Vorsprungs des Kandidaten nicht mehr relevant erscheint[160]. Sofern viele Wähler in derselben Weise agieren, könnte dadurch der eigentlich von der potentiellen Mehrheit präferierte Kandidat unterliegen. Dies erscheint zunächst als Widerspruch zum Mehrheitsprinzip in seiner wirklichkeitsorientierten Auslegung. Allerdings kann die anzustrebende Verwirklichung des Mehrheitswillen ausschließlich durch die Teilnahme an den formellen Verfahren der demokratischen Willensbildung und nicht durch Rückgriff auf eine informelle Meinungsäußerung erfolgen. In objektiver Perspektive fehlt es mangels Teilnahme am Wahlakt an einer verbindlichen Feststellung, dass die Mehrheit einen anderen Kandidaten befürwortet hätte und damit an einem relevanten Widerspruch zum Mehrheitsprinzip. Unmittelbar entfaltet die abnehmende Wahlbeteiligung in nachfolgenden Wahlgängen daher keine verfassungsrechtliche Relevanz.

b) Geringere Zahl absoluter Stimmen im zweiten Wahlgang

Allerdings könnte insbesondere durch das zuletzt angesprochene Phänomen des vermeintlich feststehenden Siegers eine problematische Konstellation eintreten, in welcher der spätere Sieger des zweiten Wahlgangs beziehungsweise der Stichwahl in absoluter Hinsicht weniger Stimmen erhält, als Kandidaten im ersten Wahlgang erreicht haben[161]. Diesen Einwand entkraftigen Teile der Literatur dadurch, dass ein nachfolgender Wahlgang wie eine Stichwahl zumindest überwiegend zu einer Steigerung der absoluten Stimmenanzahl führt und sie demnach insgesamt positiv zu beurteilen ist[162]. Ferner wäre eine geringere Stimmenzahl im zweiten Wahlgang zumindest irrelevant, wenn der Erstplatzierte im ersten Wahlgang gleichfalls im zweiten Wahlgang obsiegt und damit sowohl in den einzelnen Wahlgängen als auch in einer Gesamtbetrach-

---

[159] Siehe dazu unten III. 2. b) beziehungsweise unten B. I. 1. b).

[160] Siehe dazu *Zicht*, Integrierte Stichwahl. Mehr Demokratie bei Bürgermeisterwahlen, Positionspapier Nr. 14 vom 17.12.2011, S. 3; *Seybold*, Gerechtigkeitsdiskussion, in: NVwZ 2021, S. 293 (294 f.); *Benken*, Wahlsysteme, 2022, S. 51 f. Ein solches Phänomen konstatierte bereits *Geyerhahn*, Vertretung, 1902, S. 44 f. bei der absoluten Mehrheitswahl im Kaiserreich in vermeintlich sicheren Wahlkreisen.

[161] Kritisch zu dieser Konstellation *Franke/Fischer*, Gesetzentwurf, in: NdsVBl. 2010, S. 257 (262); *Dietlein*, in: ders./Heusch (Hrsg.), Kommunalrecht Nordrhein-Westfalen, 2020, Systematische Einführung zum Kommunalrecht Deutschlands Rn. 133.2; *Benken*, Wahlsysteme, 2022, S. 51.

[162] In diesem Sinne *Seybold*, Stichwahl, in: DVP 2010, S. 453 (454); *Bätge*, Stellungnahme zum Gesetzentwurf der Landesregierung Drs. 17/3776 und zum Änderungsantrag Drs. 17/4305 des Landtages Nordrhein-Westfalen, Stellungnahme 17/1194, S. 13 f.

tung am meisten Stimmen erhalten hat. Ein Legitimationsproblem in Gestalt einer widersprüchlichen Mehrheitsbildung wäre lediglich in der spezifischen Konstellation denkbar, in welcher der Verlierer des zweiten Wahlgangs beziehungsweise der Stichwahl im ersten Wahlgang absolut mehr Stimmen erhalten hat als der spätere Sieger[163]. Im Rahmen der Wirklichkeitsorientierung des Demokratieprinzips im Wahlrecht könnte es somit erforderlich sein, anhand der statistischen Erkenntnisse eine entsprechende Prognoseentscheidung des Gesetzgebers über die Häufigkeit dieser Konstellation zu fordern und diese in eine Abwägungsentscheidung zu führen[164]. Dies wäre jedoch verzichtbar, wenn die dargelegte Konstellation verfassungsrechtlich sowieso unbeachtlich wäre und einen Verzicht auf weitere Wahlgänge daher nicht rechtfertigen kann.

Der Ausgangspunkt einer verfassungsrechtlichen Relevanz liegt insoweit nicht abstrakt in der absinkenden Wahlbeteiligung, sondern in der konkreten Abnahme der tatsächlichen Stimmenzahl und damit in dem Vergleich mit der Bezugszahl der Abstimmenden im ersten gegenüber dem zweiten Wahlgang[165]. In einer solchen vergleichenden Perspektive erscheinen die Wahlbeteiligung und die Zustimmungsrate nicht mehr als zwei getrennte, womöglich gegenläufige Aspekte[166], weil eine geringere Beteiligung im zweiten Wahlgang zugleich zu einer Abnahme der Zustimmungsrate in Bezug auf die Teilnehmerzahl des ersten Wahlganges führt. Als Beispiel lässt sich eine Konstellation bilden, in welcher der Kandidat A im ersten Wahlgang 40 %, Kandidat B 35 % und Kandidat C 25 % der Stimmen erreicht haben. Im Stichwahlgang erreicht Kandidat B 51 % der Stimmen, während A auf 49 % der Stimmen kommt, wobei die

[163] Siehe dazu den Fall bei *Henneke*, Abschaffung, in: Der Landkreis 2020, S. 12 (17), wonach eine Kandidatin im zweiten Wahlgang „mit absoluter Mehrheit zur Landrätin gewählt [wurde], obwohl sie 21.438 Stimmen weniger erzielte als ihr Gegenkandidat im ersten Wahlgang."; ähnliches Fallbeispiel bei *Zicht*, Integrierte Stichwahl. Mehr Demokratie bei Bürgermeisterwahlen, Positionspapier Nr. 14 vom 17.12.2011, S. 3 Fn. 4.

[164] In der bisherigen Debatte argumentieren einige mit statistischen Zahlen, ohne diesen explizit eine rechtliche Relevanz beizumessen, siehe *Franke/Fischer*, Gesetzentwurf, in: NdsVBl. 2010, S. 257 (262); *Bätge*, Stellungnahme zum Gesetzentwurf der Landesregierung Drs. 17/3776 und zum Änderungsantrag Drs. 17/4305 des Landtages Nordrhein-Westfalen, Stellungnahme 17/1194, S. 13 f.; *Dietlein*, in: ders./Heusch (Hrsg.), Kommunalrecht Nordrhein-Westfalen, 2020, Systematische Einführung zum Kommunalrecht Deutschlands S. 133.2; generell zum Erfordernis einer Prognoseentscheidung im Wahlrecht oben Teil 3, B. III. 3.

[165] Für die Einordnung der absoluten Stimmenanzahl als beachtlichen Aspekt im Gegensatz zur Wahlbeteiligung bereits ansatzweise *Bätge*, Stellungnahme zum Gesetzentwurf der Landesregierung Drs. 17/3776 und zum Änderungsantrag Drs. 17/4305 des Landtages Nordrhein-Westfalen, Stellungnahme 17/1194, S. 13. Ebenso stellt *Benken*, Wahlsysteme, 2022, S. 50 auf die Zahl der absoluten Stimmen und damit den Zustimmungsgrad ab.

[166] In diesem Sinne jedoch VerfGH NRW, Urteil vom 20.12.2019, 35/19, S. 43 f. Noch deutlicher das Sondervotum zu VerfGH NRW, Urteil vom 20.12.2019, 35/19, S. 81, das von „einem gewissen Spannungsverhältnis" zwischen beiden Aspekten spricht.

Wahlbeteiligung um 50 % abgenommen hat. Man könnte in dieser Hinsicht argumentieren, dass eine Zustimmung von 51 % der Stimmen im zweiten Wahlgang bei einer um 50 % reduzierten Wahlbeteiligung in Bezug auf die Zahl der Abstimmenden im ersten Wahlgang nur 25,5 % der Stimmen entspricht. Insofern erscheint es problematisch, dass ein anderer Kandidat im ersten Wahlgang 40 % der Stimmen und damit absolut gesehen deutlich mehr Stimmen erreicht hat. Ähnlich wie bei den Quoren in Brandenburg und Mecklenburg-Vorpommern könnte eingewendet werden, dass die Willensbildung bereits eine andere Präferenz der Wähler hervorgebracht habe und durch das isolierte Ergebnis des letzten Wahlganges diesem verbindlich niedergelegten Wählerwillen als Verwirklichung der Volkssouveränität widersprochen würde.

Ein mehrstufiges Wahlverfahren zielt im Gegensatz zu den besagten Wahlquoren jedoch nicht darauf ab, dem Wählerwillen nachträglich zu widersprechen, sondern lediglich darauf hinzuwirken, möglichst die Mehrheit der Wähler zu erreichen. Zwar handelt es sich rechtstheoretisch um eine einheitliche Wahl, weshalb richtigerweise dieselben Personen wahlberechtigt sind und im Idealfall dieselben Wähler wieder abstimmen sollen. Dasselbe Ergebnis ist jedoch nicht das Ziel eines weiteren Wahlgangs, sondern das mehrstufige Wahlverfahren zielt auf eine Kompromiss- und Mehrheitsbildung. Dieser Prozess vollzieht sich innerhalb desselben Wahlvolkes, dem selbstverantwortet die Teilnahme hieran obliegt. Die vergleichende Betrachtungsweise der Stimmen in den unterschiedlichen Wahlgängen verkennt diese Wirkungsweise eines mehrstufigen Wahlverfahrens, die bei zunächst eingetretener Verfehlung einer absoluten Mehrheit diese im Folgenden weiterhin anstrebt, aber nicht absolut verlangt. Die demokratische Funktion liegt danach nicht in einer „reinen Mathematik" des Wahlergebnisses, sondern in der integrierenden Wirkungsweise, die jedem Wahlberechtigten die *Möglichkeit* zur Einbringung nachrangiger Präferenzen gibt und dadurch zu einem mehrheitlichen Kompromiss unter den Abstimmenden führen kann[167]. Einem mehrstufigen Wahlverfahren ist deshalb immanent, dass Wähler unter Umständen ihre Meinung ändern und für einen anderen Kandidaten abstimmen, wodurch ein zunächst relativ unterlegener Kandidat als Kompromisskandidat obsiegen kann. Gleichzeitig können sich sogar Wähler des im ersten Wahlgang erstplatzierten Kandidaten im zweiten Wahlgang umentschieden haben und nunmehr für einen anderen Kandidaten votieren oder auf die Wahlteilnahme verzichten. Eine Berufung auf die absolute Stimmenzahl des Erstplatzierten im ersten Wahlgang würde diesen ebenso *verbindlich* zum Ausdruck gebrachten Willen der Wähler ignorieren.

Da nur im jeweiligen Wahlgang eine eindeutige Bezugszahl in Gestalt der in diesem Wahlakt abgegebenen Stimmen existiert, die eine exakte und zwei-

[167] Ähnlich gegen eine mathematische Betrachtungsweise *Krüper*, Stichwahlen, in: DÖV 2009, S. 758 (762); zustimmend *Seybold*, Qual, in: DVP 2021, S. 79 (82). Dazu noch näher unten III. 2. b).

felsfreie Mehrheitsbestimmung ermöglicht, kann allein die Stimmenzahl im jeweils letzten Wahlgang beachtlich sein. Wer sich an dieser letztverbindlichen Mehrheitsbildung nicht beteiligt, muss das Ergebnis des letzten Wahlgangs gegen sich gelten lassen. Ein zunächst anderslautendes, mangels absoluter Mehrheit im ersten Wahlgang nicht verbindlich gewordenes Votum stellt daher keine widersprüchliche Mehrheitsbildung dar und tangiert daher den Grundsatz der Volkssouveränität nicht[168].

c) Zumutbarkeit der Teilnahme als Rechtsgut der Allgemeinheit der Wahl

Schließlich könnte die absinkende Wahlbeteiligung in nachfolgenden Wahlgängen bei der Direktwahl monokratischer Ämter jedoch insoweit verfassungsrechtliche Relevanz entfalten, als durch die Gestaltung des Wahlverfahrens ein erheblicher Teil der Wähler faktisch von der Ausübung des Wahlrechts und der Beteiligung am letztverbindlichen Wahlakt abgehalten werden könnte, der prinzipiell dazu bereit gewesen wäre, sodass der Mehrheitswille verfälscht würde. Dieser Aspekt unterfällt dem Wahlrechtsgrundsatz der Allgemeinheit der Wahl, der nicht nur die formaltheoretische, sondern auch die tatsächliche Möglichkeit zur Teilnahme schützt und daher ebenso wie die anderen Wahlrechtsgrundsätze durch faktische Beeinträchtigungen tangiert werden kann[169]. Dies ist folgerichtige Konsequenz der Wirklichkeitsorientierung des Demokratieprinzips im Allgemeinen und der Wahlrechtsgrundsätze im Besonderen.

Insoweit führt die übermäßige Komplexität eines Wahlverfahrens, die den gewöhnlichen Wähler überfordert und damit praktisch von einer Stimmabgabe abhält, zu einem faktischen Eingriff in die Allgemeinheit der Wahl[170]. Das daraus resultierende *Transparenzgebot* für das Wahlrecht leiten einige auch aus dem Grundsatz der Unmittelbarkeit der Wahl[171] oder aus der Gleichheit der Wahl[172] her. Genaugenommen lässt sich das Transparenzgebot für das Wahl-

---

[168] Allenfalls die umgekehrte Situation könnte rechtfertigungsbedürftig sein, in der die Aktualisierung des Volkswillens unterbleibt, wie dies etwa während der Wahlperiode in repräsentativen Gremien der Fall ist. Zu dieser allerdings unvermeidlichen Konsequenz der repräsentativen Demokratie *Morlok*, Stellungnahme zum Gesetzentwurf der Faktion der CDU und der Fraktion der FDP, Drs. 14/6512 des Landtages Nordrhein-Westfalen, Stellungnahme 14/1920, S. 2.

[169] Ausführlich dazu *Wolf*, Stimmgewicht, 2016, S. 141 ff.

[170] So *Wolf*, Stimmgewicht, 2016, S. 142, der als Beispiel die Wahl zur Hamburger Bürgerschaft im Jahr 2011 nennt, bei der die Komplexität des Verfahrens zu einer Abnahme der Wahlbeteiligung und einer Zunahme an ungültigen Stimmen geführt habe, a.a.O., S. 145 ff. Ebenso *Wischmeyer*, Erststimmensieger, in: JZ 2023, S. 105 (112).

[171] In diese Richtung *Isensee*, Funktionsstörung, in: DVBl. 2010, S. 269 (271); *Walther*, Mehrheitswahlsysteme, 2017, S. 56.

[172] *Wolf*, Stimmgewicht, 2016, S. 326 ff.; *Walther*, Mehrheitswahlsysteme, 2017, S. 56.

recht[173] auf alle drei Wahlrechtsgrundsätze stützen, weil je nach Auswirkung auf den Wähler unterschiedliche Wahlrechtsgrundsätze betroffen sein können. Sofern die Komplexität des Wahlverfahrens den Wähler gänzlich von der Stimmabgabe abhält, ist der gleiche Zugang zur Stimmabgabe und damit die Allgemeinheit betroffen, während eine daraus resultierende Abgabe einer ungültigen und damit nicht zu berücksichtigenden Stimme zu einer Betroffenheit der Gleichheit führt[174]. Wenn der Wähler eine gültige Stimme abgibt, die infolge der Komplexität aber nicht seiner eigentlichen Präferenz zugute kommt und damit ihren Zweck verfehlt, ist wie beim negativen Stimmgewicht auch der Grundsatz der Unmittelbarkeit betroffen[175]. Die Wahlgleichheit kann in diesem Fall betroffen sein, weil möglicherweise einige Wähler, die die Komplexität zutreffend durchschauen und ihre Stimmen entsprechend einsetzen, gegenüber anderen begünstigt werden[176].

Neben dieser intellektuellen Komplexität des Wahlsystems kann der Wähler zugleich durch die praktischen Hürden der Stimmabgabe faktisch von der Wahl abgehalten werden. Deshalb folgt aus der Allgemeinheit der Wahl etwa auch eine verfassungsrechtliche Pflicht zur Festlegung eines für möglichst alle Bevölkerungsgruppen adäquaten Wahltermins und damit eine verfassungsrechtliche Präferenz für einen Sonntag oder Feiertag[177]. Erst die Einordnung unter dem Aspekt der Allgemeinheit der Wahl kann dessen verfassungsrechtliche Relevanz zutreffend begründen. Bei den Anforderungen an die Ausgestaltung des Wahlaktes wie der Festlegung des Wahltermins geht es nicht um eine Steigerung der Wahlbeteiligung im gemeinschaftlichen Interesse,[178] sondern um

[173] Siehe dazu *Isensee*, Funktionsstörung, in: DVBl. 2010, S. 269 (271); *Heußner*, Sperrklausel, in: LKRZ 2011, S. 7 (10); *Wolf*, Stimmgewicht, 2016, S. 390. Bereits BVerfGE 121, 266 (316) regt für das Bundeswahlgesetz eine „normenklare und verständliche Grundlage" an. Richtigerweise stützt das Sondervotum zu BVerfG, NVwZ-Beilage 2024, S. 28 (49 ff.) dieses Gebot der Normenklarheit im Wahlrecht weniger auf das Rechtsstaatsprinzip als vielmehr auf das Demokratieprinzip und fordert danach eine hinreichende Verständlichkeit der für die Stimmabgabe relevanten Vorschriften. – Zur Nachvollziehbarkeit des Wahlsystems als politikwissenschaftliche Kategorie *Walther*, Mehrheitswahlsysteme, 2017, S. 56; *Dehmel*, Wahlrechtsdilemma, 2020, S. 170 f.

[174] Zu dieser Differenzierung zwischen Wahlvorfeld und Wahlakt *Wolf*, Stimmgewicht, 2016, S. 328.

[175] Anders hingegen *Wolf*, Stimmgewicht, 2016, S. 337 ff. mit einem rein formalen Verständnis der Unmittelbarkeit, obwohl er die anderen Wahlrechtsgrundsätze materiell auffasst und in Bezug auf faktische Einschränkungen und deren Rechtfertigung prüft.

[176] *Wolf*, Stimmgewicht, 2016, S. 328.

[177] In diesem Sinne *Weides*, Bestimmung, in: Börner/Jahrreiß/Stern (Hrsg.), FS Carstens II, 1984, S. 933 (940).

[178] So aber nennt *Droege*, Herrschaft, in: DÖV 2009, S. 649 (653) „die Verbreiterung der Legitimationsbasis durch Steigerung der Wahlbeteiligung" als ein relevantes Kriterium für die Bestimmung des Wahltages; ähnlich VerfGH NRW, DÖV 2009, S. 676 (679); *Weides*, Bestimmung, in: Börner/Jahrreiß/Stern (Hrsg.), FS Carstens II, 1984, S. 933 (945).

die Sicherung der durch die Allgemeinheit der Wahl geschützten Teilnahmemöglichkeit unter zumutbarem Aufwand[179].

Diese vorstehenden Erkenntnisse lassen sich nicht nur auf die Modalitäten der Wahl oder Abstimmung, sondern ebenso auf deren Häufigkeit beziehen, die dem Wähler sowohl den praktischen Aufwand der Stimmabgabe als auch eine intellektuelle Auseinandersetzung mit den Wahlkandidaten beziehungsweise dem Abstimmungsvorschlag abverlangt. An den einzelnen Staatsbürger können insofern nicht dieselben Anforderungen wie an einen Abgeordneten gestellt werden, der tagtäglich mit Abstimmungs- und Wahlverfahren befasst ist. Trotz der prinzipiellen Gleichordnung von repräsentativer und direkter Demokratie folgt deshalb bereits aus dem Grundsatz der Allgemeinheit der Abstimmung, dass Volksabstimmungen nicht so häufig stattfinden können wie Abstimmungen im Parlament und deshalb für Volksbegehren entsprechend angemessene Quoren nötig sind. Folglich dient ein solches Quorum dazu, eine Überfrachtung und Überforderung der Staatsbürger zu vermeiden und auf diese Weise die Allgemeinheit der Abstimmung im Sinne einer zumutbaren Teilnahmemöglichkeit zu sichern[180].

Folglich muss die Obliegenheit zur formellen wie materiellen Teilnahme an der demokratischen Willensbildung im konkreten Fall in zumutbarer Weise vom „Normalbürger"[181] erfüllbar sein, also nicht mit unverhältnismäßigem Aufwand oder Hindernissen praktischer oder intellektueller Art verbunden sein. Daraus folgen Vorgaben für die Ausgestaltung des Wahlverfahrens. Je aufwändiger und komplexer die Anforderungen des Wahlverfahrens gegenüber dem Wähler ausfallen, umso mehr ist die Allgemeinheit der Wahl beschränkt und muss in einen Ausgleich mit den anderen Wahlrechtsprinzipien gebracht werden[182]. Demnach fungiert auch die Allgemeinheit der Wahl als Optimierungsgebot, wonach das Wahlsystem in Anbetracht seiner Funktion möglichst einfach und verständlich auszugestalten ist[183]. Hinter dieser Binnenabwägung steht daher wiederum das Mehrheitsprinzip als übergeordnetes Optimierungs-

---

[179] Konsequenterweise wäre, wie *Frowein*, Wahlrecht, in: AöR 99 (1974), S. 72 (101 f.) zutreffend ausführt, aus der Allgemeinheit der Wahl eine Pflicht zur Briefwahl oder aber eine Öffnung der Wahllokale an mehreren Tagen anzunehmen, um auch den am Sonn- oder Feiertag arbeitenden Staatsbürgern eine hinreichende Möglichkeit zur Teilnahme zu gewähren.

[180] In ähnlichem Sinne anhand des demokratischen Grundsatzes der gleichen Freiheit aller Staatsbürger argumentiert *Schwerdtfeger*, Legitimation, 2018, S. 250 ff. Ohne unmittelbare verfassungsrechtliche Fundierung bringt *Möstl*, Demokratie, in: VVDStRL 72 (2013), S. 355 (398) „die Gefahr […] einer nicht ausreichend informierten Entscheidung" für Quoren bei Volksbegehren in Stellung.

[181] So die Bezeichnung bei *Wolf*, Stimmgewicht, 2016, S. 142.

[182] Daher kann ausnahmsweise tatsächlich eine Abwägung zwischen den Wahlrechtsgrundsätzen erforderlich sein, wie sie allgemein in BVerfGE 95, 408 (418); 120, 82 (107) Erwähnung findet.

[183] In diese Richtung wohl auch *Wolf*, Stimmgewicht, 2016, S. 153 f.

gebot für das Wahlrecht, wonach möglichst weitgehend die tatsächlichen Präferenzen im Wahlvolk aufzunehmen und damit der eigentliche Mehrheitswille zu verwirklichen ist. Demnach ist die theoretische Optimierung durch ein komplexes oder aufwändiges Verfahren mit den tatsächlichen Umständen abzugleichen und vom Wahlgesetzgeber einer realitätsbezogenen Optimierung der Mehrheitsbildung zuzuführen.

Aus diesem Grund scheiden viele Wahlverfahren, die in mathematisch-theoretischer Hinsicht womöglich eine Optimierung der Mehrheitsbildung bringen würden, in verfassungsrechtlicher Hinsicht aus, weil diese nicht nur die Funktionsfähigkeit des Wahl- und Auszählungsaktes als solche gefährden, sondern bereits infolge ihrer intellektuellen Komplexität und des praktischen Aufwandes den Wähler überfordern[184]. Problematisch ist aber ebenso die Durchführung einer Vielzahl an Wahlgängen bis zu Erreichung einer absoluten Mehrheit, da sowohl der praktische Aufwand der Stimmabgabe als auch das Ausmaß der immer wieder erneuerten, intellektuellen Auseinandersetzung mit der Wahlentscheidung zunehmend unverhältnismäßig wird. Das Prinzip der absoluten Mehrheit verlangt vom Wähler zwar eine Reflektion seiner Präferenzreihenfolge gegenüber den praktischen Erfolgschancen und eine damit verbundene Kompromissbereitschaft. Dennoch darf den Wählern der im Rahmen der Direktwahl ohnehin schwierigere Prozess der Mehrheitsbildung nicht im selben Maße aufgebürdet werden, wie den Abgeordneten in einem parlamentarischen Wahlverfahren. In teleologischer Hinsicht würde es daher dem Wirklichkeitsbezug des Demokratieprinzips widersprechen, eine solche theoretische Optimierung der Mehrheitsbildung bei einer Direktwahl durch eine immer weitere Wiederholung von Wahlgängen zu fordern, obwohl damit bei tatsächlicher Betrachtung nicht die Verwirklichung des Mehrheitswillens, sondern das Erzeugen von Zufallsergebnissen befördert wird, weil Wähler zunehmend von der Teilnahme abgeschreckt sind[185]. Auch hier sei an den Grundsatz erinnert, wonach der Wahlgesetzgeber keine *theoretische Perfektionierung*, sondern eine *wirklichkeitsorientierte Optimierung* des Mehrheitsprinzips schaffen muss. Zudem lässt sich in systematischer Hinsicht anführen, dass das Grundgesetz schon die indirekte Wahl des Bundespräsidenten auf drei Wahlgänge beschränkt und den Mitgliedern der Bundesversammlung keine weiteren Versuche der Mehrheitsbildung aufbürdet, sodass für Direktwahlen erst recht kein höheres Maß verlangt werden darf. Vielmehr stellt eine Reduzierung auf zwei Wahlgänge aufgrund der praktischen Unterschiede zur indirekten Wahl eine sachgerechte Abwägungsentscheidung dar[186].

---

[184] Siehe zu diesen verschiedenen Verfahrensvarianten näher *C. Thiele*, Regeln, 2008, S. 370 ff.

[185] Bereits *Reichard*, Statistik, 1844, S. 258 konstatiert insofern, dass Wahlakte „nicht zu oft wiederkehren [dürfen], wenn die Teilnahme der Wähler sich erhalten solle".

[186] Für die Beschränkung auf zwei Wahlgänge bei Direktwahlen bereits *G. Meyer*, Wahlrecht, 1901, S. 617.

d) Zwischenergebnis: Allgemeinheit der Wahl als potentieller Rechtfertigungsgrund

Bei einer mehrstufigen Wahl kann als sachgerechter Bezugspunkt des Mehrheitsprinzips nur die Zahl der Abstimmenden des letzten Wahlganges fungieren, woraus die Unbeachtlichkeit einer abnehmenden Beteiligung gegenüber vorangegangenen Wahlgängen folgt. Die auf den ersten Blick widersprüchlich und damit problematisch erscheinende Konstellation, in welcher der Sieger des nachfolgenden Wahlgangs absolut weniger Stimmen als ein anderer im ersten Wahlgang erhält, ist bei genauerer Betrachtung eine hinzunehmende Konsequenz des Mehrheitsbildungsprozesses und daher verfassungsrechtlich ebenso irrelevant. Die verfassungsrechtliche Grenze hinsichtlich der Wahlbeteiligung liegt daher erst bei einem durch eine hohe Komplexität des Wahlverfahrens oder einen unverhältnismäßigen Aufwand infolge einer erheblichen Anzahl an getrennten Wahlgängen eintretenden Verstoßes gegen die Allgemeinheit der Wahl, der zugleich die tatsächlichen Mehrheitsverhältnisse beachtlich verzerren kann.

3. Ergebnis: Zumutbarkeit der Teilnahmeobliegenheit als Abwägungskriterium

Die Wahlbeteiligung ist weder generell relevant, noch kann das spezifische Phänomen der absinkenden Wahlbeteiligung bei mehrstufigen Wahlverfahren einen Verzicht auf dieselben rechtfertigen. Die Wahlbeteiligung spielt daher in quantitativer Hinsicht keine Rolle, sondern lediglich die Möglichkeit zur sachgerechten Teilnahme bei zumutbarem Aufwand wird in Gestalt der Allgemeinheit der Wahl zu einem qualitativen Maßstab für die Ausgestaltung des Wahlverfahrens. Die Beschränkung auf einen weiteren Wahlgang kann damit gerechtfertigt werden, nicht aber die Reduktion auf eine einstufige, relative Mehrheitswahl.

III. Funktionelle Besonderheit der Direktwahl hinsichtlich der Mehrheitsbildung

Schließlich könnte die funktionelle Besonderheit der Direktwahl mit Blick auf die Mehrheitsbildung einen Rechtfertigungsgrund für einen Verzicht auf ein mehrstufiges Wahlverfahren bieten. Der demokratische Grundsatz des absoluten Mehrheitsprinzips ist bislang im Kern auf eine kollektive Betrachtungsweise des Abstimmungsergebnisses gerichtet gewesen, das in einem parlamentarischen Wahl- oder Abstimmungsverfahren regelmäßig durch die Kompromissbildung unter den gewählten Volksvertretern gestaltet wird. Allerdings kann schon in diesem Rahmen die Mehrheitsbildung bei mehr als zwei Entscheidungsalternativen zu einer Herausforderung werden[187]. Wendet man sich auf dieser Grundlage der subjektiven Perspektive der einzelnen Wähler bei einer Direktwahl zu, stellt sich die drängende Frage, in welcher Weise sich die geforderte absolute Mehrheit aus den individuellen Wählerpräferenzen im Wahlverfahren bilden kann, wenn mehr als zwei Alternativen zur Wahl stehen. Die verfassungsrechtliche Beurteilung anhand des Demokratieprinzips bedarf also der Einbeziehung des vorgelagerten Prozesses der Entscheidungsfindung, an dessen Ausgangspunkt die individuellen Präferenzen der Abstimmenden stehen. Demnach weist bereits die Integrationsfunktion der Wahl auf das besondere Spannungsverhältnis eines solchen kollektiven Willensbildungsprozesses hin, das vom Ausgangspunkt einer Vielzahl an individuellen Präferenzen zum Ziel der Bildung einer Mehrheit hin aufgelöst werden muss. Dabei ist zunächst verfassungstheoretisch zu erörtern, welche Relevanz der einzelnen Wählerpräferenz zukommt und wie etwa deren Rangfolge sich auf die demokratische Aussagekraft einer daraus gebildeten Mehrheit auswirkt (1.). Im Weiteren ist auf die praktischen Schwierigkeiten der erforderlichen Kompromiss- und Mehrheitsbildung im Rahmen einer mehrstufigen Direktwahl einzugehen, die womöglich die Verwirklichung des tatsächlichen Mehrheitswillen verhindern und daher den Vorzug eines mehrstufigen Wahlverfahrens in Zweifel ziehen könnte (2.).

1. Die Bildung einer absoluten Mehrheit aus den individuellen Wählerpräferenzen

Zunächst stellt sich die Frage, wie der in einer Direktwahl vollzogene Prozess der Mehrheitsbildung mit Blick auf die individuellen Präferenzen der Wähler aus der Perspektive des Demokratieprinzips zu beurteilen ist. Die Herausforderung erwächst hier wie bei allen anderen Wahlverfahren aus dem Umstand, dass wegen der ebenfalls aus dem Demokratieprinzip folgenden Notwendigkeit der Amtsbesetzung ein positives Ergebnis erforderlich ist. Während bei einer Sachentscheidung regelmäßig die mehrheitliche Ablehnung aller Vorschläge unschädlich ist, muss die Wahl zu einer Auswahl eines Kandidaten führen, die möglichst von einer Mehrheit der Wähler getragen ist. Wenn diese zunächst nicht besteht, soll diese im Rahmen des mehrstufigen Wahlverfahrens gebildet werden. Die damit verbundenen Auswirkungen auf den Wähler und die Eigenschaft einer auf diese Weise gebildeten Mehrheit könnten den verfassungsrechtlichen Vorzug einer mehrstufigen, nach einer absoluten Mehrheit strebendem Direktwahlverfahren in Zweifel ziehen.

---

[187] Dazu bereits oben Teil 2, A. II. 1. d).

a) Der Kompromisszwang durch das Erfordernis einer absoluten Mehrheit bei Direktwahlen

Ein mehrstufiges, nach einer absoluten Mehrheit strebendes Wahlverfahren übt einen Kompromissdruck auf die Wähler aus, nicht ausschließlich für den von ihnen am ehesten gewünschten Kandidaten abzustimmen, sondern unter Umständen einen weniger präferierten Kandidaten zu wählen, wenn ihr eigentlich gewünschter Kandidat keine aussichtsreichen Chancen auf eine Mehrheit besitzt. So bringen einige Stimmen speziell gegen die Stichwahl bei der Wahl kommunaler Hauptverwaltungsbeamter vor, dass die Wähler eines ausgeschiedenen Kandidaten gezwungen werden, sich entweder für einen noch im Verfahren befindlichen Kandidaten zu entscheiden oder die Stimmabgabe gänzlich zu unterlassen[188]. Ein im Demokratieprinzip aus legitimatorischen Gründen verankerter Vorzug einer in einem solchen mehrstufigen Wahlverfahren erzielten Mehrheit könnte danach in Zweifel geraten: „Inwieweit dieses Ergebnis eher einer repräsentativen Mehrheit entspricht, als das im ersten Wahlgang erzielte, kann vor diesem Hintergrund kaum ernsthaft anhand rechtlicher Bewertungen beurteilt werden."[189] In dieser Perspektive könne einer nachrangigen Präferenz nicht dieselbe Aussagekraft wie einer Erstpräferenz zugewiesen und dem Wähler kein Kompromissdruck auferlegt werden, auf eine solche auszuweichen. In einem entsprechenden Sinne äußerte sich bereits im Parlamentarischen Rat der Abgeordnete *Diederichs* gegen die Stichwahl bei Einführung eines Mehrheitswahlrechts, weil es den Wählern von ausgeschiedenen Kandidaten nicht zuzumuten sei, darüber zu befinden, welcher der beiden übriggebliebenen Kandidaten für sie das kleinere „Übel" darstelle[190].

Mag die Stichwahl durch die Reduzierung auf zwei Kandidaten einen faktischen Kompromisszwang ausüben und aus diesen oder anderen Gründen pro-

---

[188] In diesem Sinne *Mehde*, Stichwahlen, in: KommJur 2013, S. 446 (447); ebenso die Argumentation des Landtages in VerfGH NRW, Urteil vom 20.12.2019, 35/19, S. 27. Ähnlich kritisch wendet *Natus*, Verfassungsmissbrauch, 2017, S. 188 ein, dass „diejenigen, die mit keiner der beiden Alternativen einverstanden sind, diesem Willen nicht Ausdruck verleihen [können], außer durch Nichtwahl oder ungültige Wahl." Daher würde trotz einer absoluten Mehrheit im Stichwahlgang tatsächlich nur eine relative Mehrheit vorliegen, die nicht „der Anforderung an eine demokratische Mehrheit" genügt.

[189] So *Mehde*, Stichwahlen, in: KommJur 2013, S. 446 (447), für den die Stichwahl lediglich einen politischen Befriedungsversuch ohne legitimatorische Relevanz darstellt. Ebenso die Argumentation des Landtages in VerfGH NRW, Urteil vom 20.12.2019, 35/19, S. 27.

[190] In diesem Sinne die Äußerung des Abgeordneten *Diederichs*, Siebente Sitzung des Plenums, 21. Oktober 1948, in: Deutscher Bundestag/Bundesarchiv (Hrsg.), Der Parlamentarische Rat 1948–1949, Bd. IX, 1996, S. 282. Noch weiter reicht die Auffassung bei *Kadel*, Mindestwahlbeteiligung, in: JR 1988, S. 54 (56), der generell bei Wahlen einem Wähler, der alle Wahlvorschläge ablehnt, eine solche Entscheidung nicht zumuten will und diese Fundamentalopposition sogar für rechtlich relevant erachtet, dazu bereits oben II. 1. b).

blematisch sein – worauf im Rahmen der einzelnen Wahlverfahren noch einzugehen ist –, so tritt der Kompromissdruck auf die Wähler und die Frage der Relevanz der Erstpräferenz im Verhältnis zu nachrangigen Präferenzen bei jedem mehrstufigen, auf eine absolute Mehrheit abzielenden Wahlverfahren auf. Dies ist kein unbewusster Nebeneffekt eines solchen Wahlverfahrens, sondern vielmehr das zentrale Ziel, um im Ergebnis möglichst eine absolute Mehrheit aus der Pluralität der Wählerpräferenzen bilden zu können. Wenngleich nicht zwingend der im ersten Wahlgang am meisten präferierte Kandidat unterliegen muss, besteht zwischen der relativen und absoluten Mehrheitswahl ergebnistechnisch lediglich ein Unterschied, sofern nicht der von einer relativen Mehrheit der Erstpräferenzen getragene Kandidat die absolute Mehrheit erreicht, sondern ein zunächst relativ unterlegener Kandidat nach der Einbeziehung der nachrangigen Präferenzen die absolute Mehrheit erhält[191]. Aus diesem Grund könnte man einen Vorzug des absoluten Mehrheitserfordernisses und eines entsprechenden mehrstufigen Wahlverfahrens nur annehmen, wenn zugleich die zum Teil aus den nachrangigen Präferenzen der Wähler gebildete absolute Mehrheit in einer demokratietheoretischen Perspektive einer relativen Mehrheit an Erstpräferenzen vorgeht. Bezogen auf die Direktwahl monokratischer Ämter lässt sich pointiert die Frage stellen, ob einem Kandidaten der demokratische Vorzug gebührt, wenn über 50 % der Wähler ihn als das im Verhältnis „kleinste Übel" betrachten, als wenn die relativ meisten Wählern, die weniger als 50 % der Gesamtwählerschaft ausmachen können, ihn als im Verhältnis „beste Lösung" ansehen.

Zur demokratietheoretischen Betrachtung der Erstpräferenz im Verhältnis zu den nachrangigen Präferenzen der Wähler lässt sich folgendes Beispiel zur Veranschaulichung bilden: Kandidat A erhält im ersten Wahlgang 40 %, Kandidat B 35 % und Kandidat C 25 % der Stimmen. Infolge entsprechender wahlrechtlicher Mechanismen – weiterer Wahlgänge, einer Stichwahl oder einem Alternativstimmensystem – erhält schließlich der Kandidat B mit 51 % der Stimmen die absolute Mehrheit, während Kandidat A nur 49 % auf sich vereinigt. In theoretischer Betrachtung – die praktischen Probleme weiterer Wahlgänge an dieser Stelle ausgeblendet – hat Kandidat B somit 35 % der Erstpräferenzen und 16 % der nachrangigen Präferenz hinter sich gebracht, während der Kandidat A 40 % Erstpräferenzen und 9 % der nachrangigen Präferenzen auf sich vereinigen kann. Die Diskrepanz zwischen der relativen Mehrheit an Erstpräferenzen und der absoluten Mehrheit aus nachrangigen Präferenzen verschärft sich regelmäßig, je mehr Kandidaten zur Auswahl stehen und je gerin-

[191] Auf die Bedeutung der Stichwahl in diesem Fall weisen daher zutreffend hin *Holste*, Stichwahl, in: ZRP 2007, S. 94 (95); *Bätge*, Stellungnahme zum Gesetzentwurf der Landesregierung Drs. 17/3776 und zum Änderungsantrag Drs. 17/4305 des Landtages Nordrhein-Westfalen, Stellungnahme 17/1194, S. 9; *Huster/Rux*, in: Epping/Hillgruber (Hrsg.), GG, 3. Aufl. 2020, Art. 20 Rn. 90.

ger der Anteil der Erstpräferenzen für den späteren Wahlsieger ist. Unter Umständen kann jemand erst auf Grundlage von Dritt- oder Viertpräferenzen die absolute Mehrheit erreichen.

b) Das potentielle Präferenzproblem bei Auswahlentscheidungen

Diese Frage des Ranges der Wählerpräferenzen findet sich ansatzweise in der Diskussion um die Ersatzstimme bei Geltung einer Sperrklausel. Es ging hierbei um den Umstand, dass es in Folge der gesteigerten Komplexität des Wahlaktes durch Einführung einer Ersatzstimme zu ungültigen Stimmen, Stimmenthaltungen oder falschen Stimmabgaben kommen kann, wodurch die Hauptstimme und damit die Erstpräferenz der Wähler womöglich nicht korrekt abgebildet würde[192]. Dem dadurch eingetretenen Verlust an Hauptstimmen dürfe nicht ohne Weiteres die durch die Ersatzstimme erzielten Erfolgsgewinne gegenübergestellt werden, weil die nicht korrekt zum Ausdruck gebrachten Erstpräferenzen schwerer wögen[193]. Diese höhere Gewichtung der Erstpräferenz ist im Hinblick auf den einzelnen Wähler nicht zu bestreiten und könnte Relevanz für die Ausgestaltung der Mehrheitswahl haben, wenn eine inkorrekte Präferenzabgabe durch die Komplexität des Wahlsystems eintritt. An dieser Stelle geht es aber zunächst um eine demokratietheoretische Betrachtung, inwieweit der abstrakte Rang der Wählerpräferenzen für die Beurteilung eines absoluten Mehrheitserfordernisses bedeutsam sein kann. Es stellt sich demnach die Frage, ob in dem genannten Beispiel der absoluten Mehrheitswahl die erfolglosen und damit im Ergebnis „verlorenen" Erstpräferenzen für den Kandidaten A durch die höhere Zahl an nachrangigen Präferenzen für den Kandidaten B aufgewogen werden. Lässt man 35 % der Erstpräferenzen und 9 % der nachrangigen Präferenzen außer Betracht, weil diese beide als „Basisstimmen" gewonnen haben, geht es um das Verhältnis von zusätzlichen 5 % der Erstpräferenzen für den Kandidaten A zu den zusätzlichen 7 % der nachrangigen Präferenzen für den Kandidaten B, die im Ergebnis den Unterschied ausmachen. Es stellt sich insofern die Frage, ob 5 % der Erstpräferenzen (E) oder 7 % der nachrangigen Präferenzen (N) in demokratischer Hinsicht „höher zu gewichten" sind. Gilt bei der demokratischen Mehrheitsentscheidung mathematisch formuliert $0{,}05E < 00{,}7N$ oder $0{,}05E > 00{,}7N$?

Der Versuch, dass Rangverhältnis der Präferenzen in eine mathematische Ungleichung zu bringen und damit demokratietheoretisch zu argumentieren, ist jedoch bereits aus dem tatsächlichen Wesen des Rangverhältnisses zum Scheitern verurteilt. Denn die Divergenz zwischen der Erstpräferenz und den nachrangigen Präferenzen lässt sich nicht generell-abstrakt, sondern nur kon-

---

[192] *Heußner*, Sperrklausel, in: LKRZ 2014, S. 52 (53 ff.).

[193] So *Heußner*, Sperrklausel, in: LKRZ 2014, S. 52 (55), der jedoch aufgrund des quantitativen Überhangs an erfolgreichen Zweitpräferenzen gegenüber dem Verlust an Erstpräferenzen eine Gleichsetzung für gerechtfertigt hält.

kret-individuell für den einzelnen Wähler bestimmen, weil sie äußerst unterschiedlich ausgeprägt sein können[194]. Sie repräsentieren ein Urteil der Wähler über die Kandidaten, das im Verhältnis zum erstpräferierten Kandidaten von einer Einschätzung als „fast genauso hervorragend" bis hin zu der Bewertung als „notfalls geringstes Übel" reichen kann. Die Erstpräferenz kann daher bei einem Wähler zu seinen nachrangigen Präferenzen beinah gleichgewichtig sein, während sie sich bei einem anderen Wähler deutlich unterscheiden. Schon deshalb ließe sich eine Ungleichung wie 0,05E < 00,7N oder 0,05E > 00,7N kaum herleiten.

Zudem kann sich nicht nur die Abstufung der Präferenzen beim einzelnen Wähler, sondern zugleich deren jeweilige Gewichtung im Verhältnis zu anderen Wählern deutlich unterscheiden. Bei einem Wähler kann die Erstpräferenz für die „perfekte Lösung" stehen, während sie bei einem anderen Wähler von vorneherein das „kleinste Übel" repräsentiert. Somit können sich bereits die Erstpräferenzen in ihrem Gewicht erheblich unterscheiden, sodass nachrangige Präferenzen einiger Wähler sogar noch stärker als die Erstpräferenzen anderer Wähler einzuordnen sind. Der Vorrang der Erstpräferenzen gegenüber den nachrangigen Präferenzen gilt daher individuell, aber nicht kollektiv. Da deshalb schon die abstrakte Ungleichung E > N nicht aufgestellt werden kann, ist erst recht keine Aussage über die konkrete Ungleichung 0,05E < 00,7N oder 0,05E > 00,7N möglich, sodass ein generell höheres Gewicht und ein damit verbundener Vorrang der Erstpräferenzen gegenüber nachrangigen Präferenzen nicht besteht[195].

Der Rang der Präferenz spielt folglich im Rahmen der Mehrheitsbildung keine relevante Rolle. Es kann bei einer solchen Auswahlentscheidung allenfalls allgemein die Intensität der jeweiligen Wählerpräferenz auf ihre Bedeutung hin untersucht werden. Die oben aufgeworfene Frage müsste also dahingehend präzisiert werden, ob der von einer Mehrheit der Wähler nur in geringem Maße befürwortete Kandidat gegenüber dem von einer Minderheit deutlich gewünschten Kandidaten vorzuziehen ist.

---

[194] Zum Problem der „interpersonelle[n] Vergleichbarkeit" der Präferenzen näher *Kern/ Nida-Rümelin*, Logik, 1994, S. 154 ff.

[195] Deshalb können die Ausführungen bei *Trendelenburg*, Methode, 1850, S. 31 f. nicht überzeugen, der sich zwar nicht gegen eine absolute Mehrheitsbildung aus nachrangigen Präferenzen als solche stellt, aber aufgrund des vermeintlich generell höheren Gewichts vorrangiger Präferenzen ein abgestuftes Verfahren mit dem Ausscheiden des Kandidaten, der jeweils die wenigsten Stimmen erhält, für sachgerecht hält und sich damit gegen das *Condorcet-Verfahren* ausspricht, bei dem die Mehrheit womöglich nur aus nachrangigen Präferenzen besteht.

c) Das scheinbare Intensitätsproblem des Mehrheitsprinzips

In dieser Hinsicht lässt sich ein Zusammenhang mit dem klassischen *Intensitätsproblem* des Mehrheitsprinzips herstellen[196]. Dieses Phänomen betrifft bereits eine klassische Sachentscheidung mit lediglich zwei Alternativen in Form von Zustimmung und Ablehnung, bei der auf der Grundlage der Erstpräferenzen eine absolute Mehrheit erreicht werden kann. Schon hier kann sich das Gewicht der individuellen Präferenz in Form der Zustimmung oder Ablehnung erheblich unterscheiden, weil „für den einen […] die anstehende Entscheidung wichtiger, für den anderen weniger wichtig sein [kann]."[197] Als bloß quantitative Zähltechnik ist das Mehrheitsprinzip folglich nicht imstande im Abstimmungsergebnis die unterschiedliche Intensität des mit der Stimme zum Ausdruck gebrachten Willens des einzelnen Bürgers abzubilden[198]. Das Mehrheitsprinzip nimmt die geäußerten Präferenzen trotz ihrer unterschiedlichen Intensität als gleichwertig an und basiert damit auf einer „Fiktion"[199].

Aus einer subjektiven Perspektive der Abstimmenden könnte der demokratische Vorzug des Mehrheitsprinzips und speziell der absoluten Mehrheit daher in Zweifel geraten. Es lässt sich zugespitzt fragen, ob selbst eine Mehrheit mit sehr schwach ausgeprägter Präferenz einer Minderheit mit sehr starker Präferenz vorzuziehen ist[200]. Wenn man dieses Intensitätsproblem in einen Zusammenhang mit der Betroffenheit der Staatsbürger bei Sachentscheidungen stellt, so ließe sich für die Berücksichtigung der Intensität anstelle einer reinen quantitativen Mehrheitsberechnung sogar ein demokratisches Argument vorbrin-

---

[196] Ausführlich zum Intensitätsproblem *Dahl*, Vorstufen, 1976, S. 85 ff.; *Heun*, Mehrheitsprinzip, 1983, S. 209 ff.; *Helfen*, Mehrheitsprinzip, 1991, S. 351 ff.; *Sartori*, Demokratietheorie, 1997, S. 224 ff.

[197] *Natus*, Verfassungsmissbrauch, 2017, S. 181; ähnlich *Dahl*, Vorstufen, 1976, S. 87. Daher weist *Morlok*, Demokratie, in: Badura/Dreier (Hrsg.), FS BVerfG, Bd. II, 2001, S. 559 (584) zutreffend darauf hin, dass die „Stimmabgabe des Wählers […] die unterschiedlichen Intensitäten, mit denen ein Vorschlag unterstützt oder abgelehnt wird, nicht mitabbildet."

[198] *Heun*, Mehrheitsprinzip, 1983, S. 102 f.; *Offe*, Legitimation, in: Guggenberger/Offe (Hrsg.), An den Grenzen der Mehrheitsdemokratie, 1984, S. 150 (167); *Sartori*, Demokratietheorie, 1997, S. 225.

[199] So *Guggenberger*, Grenzen, in: ders./Offe (Hrsg.), An den Grenzen der Mehrheitsdemokratie, 1984, S. 184 (191); *Helfen*, Mehrheitsprinzip, 1991, S. 351; *Sartori*, Demokratietheorie, 1997, S. 225.

[200] Diese demokratietheoretische Frage werfen auf *Dahl*, Vorstufen, 1976, S. 85 ff.; *Guggenberger*, Grenzen, in: ders./Offe (Hrsg.), An den Grenzen der Mehrheitsdemokratie, 1984, S. 184 (188); *Offe*, Legitimation, in: Guggenberger/Offe (Hrsg.), An den Grenzen der Mehrheitsdemokratie, 1984, S. 150 (167). – *Krippendorff*, Legitimität, in: ZfP 9 (1962), S. 1 (4 ff.) bezeichnet eine solch „schwache" Stimmenmehrheit sogar als „extrem illegitim"; hiergegen deutlich *Heun*, Mehrheitsprinzip, 1983, S. 211; *Helfen*, Mehrheitsprinzip, 1991, S. 358 f.

gen[201]. Denn je stärker ein Staatsbürger von der Folge einer Entscheidung betroffen ist – und je intensiver sich damit gewöhnlich auch seine Präferenz darstellt –, umso mehr sei auch sein eigenes Selbstbestimmungsrecht tangiert, das im Sinne der „gleichen Freiheit aller" die maßgebliche Rechtfertigung des Mehrheitsprinzips bildet[202]. Würde nun eine nicht oder kaum betroffene Mehrheit eine *intensiv* betroffene Minderheit überstimmen, sei damit das Prinzip der Selbstbestimmung verletzt und die Mehrheitsentscheidung ihrer demokratischen Grundlage entzogen[203]. Aus diesem Grund habe das Bundesverfassungsgericht zu Recht eine nach dem Grad der Betroffenheit differenzierte Entscheidungsbeteiligung innerhalb der Hochschulen für erforderlich gehalten[204].

Für den Bereich einer solchen Selbstverwaltungskörperschaft, bei der sich aus klaren Zuordnungen der besonderen Stellung der Mitglieder der Grad der Betroffenheit herleiten lässt, kann eine solche Differenzierung umsetzbar sein. Für eine Anwendung beim allgemeinen staatlichen Willensbildungsprozess steht dieser Überlegung bereits praktisch entgegen, dass

> „der Versuch, Intensität und Betroffenheit in irgendeiner Weise zu messen und von [sic] daher – im leicht modifizierten Rückgriff auf ältere Vorstellungen vom ‚Wägen' der Stimmen – von der mathematisch-egalitären Fiktion abzuweichen, unüberwindliche Probleme aufwerfen würde."[205]

Eine Beurteilung des äußeren Verhaltens als Rückschluss auf die Intensität der Präferenzen – etwa anhand von Ausmaß und Vehemenz des Einsatzes für beziehungsweise gegen eine bestimme Sache oder Person im politischen Verfahren – kann mangels Objektivität und Eindeutigkeit dieses Kriteriums nicht zielführend sein[206]. In der Geschichte fand etwa in der germanischen oder sparta-

---

201 Dieser Zusammenhang zwischen Intensität und Betroffenheit findet sich andeutungsweise bei *Heun*, Mehrheitsprinzip, 1983, S. 211; *Offe*, Legitimation, in: Guggenberger/Offe (Hrsg.), An den Grenzen der Mehrheitsdemokratie, 1984, S. 150 (168); *Dreier*, Majoritätsprinzip, in: ZParl 17 (1986), S. 94 (108); *Helfen*, Mehrheitsprinzip, 1991, S. 356.

202 So die Argumentation bei *Heun*, Mehrheitsprinzip, 1983, S. 206.

203 In diesem Sinne *Heun*, Mehrheitsprinzip, 1983, S. 206, der jedoch im Rahmen des allgemeinen Intensitätsproblems des Mehrheitsprinzips eine Berücksichtigung und Abstufung deutlich ablehnt, wenngleich er einräumt, dass sich Intensität und Betroffenheit überschneiden können, und sich damit dem Vorwurf eines Widerspruchs aussetzt; gegen eine Erhebung der Betroffenheit zu einem Legitimitätskriterium ausdrücklich *Helfen*, Mehrheitsprinzip, 1991, S. 357.

204 So *Heun*, Mehrheitsprinzip, 1983, S. 206 f. unter Hinweis auf BVerfGE 35, 79 (127 ff.), das dies maßgeblich mit der Wissenschaftsfreiheit der Hochschullehrer nach Art. 5 Abs. 3 GG begründet.

205 Prägnant *Dreier*, Majoritätsprinzip, in: ZParl 17 (1986), S. 94 (108); zum Wägen der Stimmen in historischer Hinsicht *v. Gierke*, Geschichte, in: Guggenberger/Offe (Hrsg.), An den Grenzen der Mehrheitsdemokratie, 1984, S. 22 (28); *Jacobs*, Stimmen, in: NJW 1989, S. 3205 (3207).

206 Dazu *Dahl*, Vorstufen, 1976, S. 95 f., der anhand eines Beispiels aufzeigt, dass solche äußeren Umstände gänzlich unterschiedliche Schlussfolgerungen zulassen können.

nischen Volksversammlung das Kriterium der Lautstärke als wenig sachgerechtes Kriterium Anwendung[207]. Ebenso führt die moderne Variante in Form eines Wahlsystems mit der Möglichkeit einer gestuften, kumulierenden Stimmabgabe praktisch nicht zu einer ehrlichen und damit realitätsgetreuen Abbildung der Intensität der Präferenzen[208]. Denn jeder wäre geneigt, seiner am meisten präferierten Alternative all seine Stimmen zu geben, um deren Erfolg zu ermöglichen, unabhängig davon, wie intensiv seine Erstpräferenz tatsächlich ausgeprägt ist[209]. Es lassen sich somit keine normativen Kriterien aufstellen, nach denen die Intensität der einzelnen Willensbekundungen in einem sachgerechten Verfahren aufgeschlüsselt werden kann[210].

Das vermeintliche Intensitätsproblem des Mehrheitsprinzips ist jedoch nicht lediglich technisch unlösbar, sondern stellt sich bei genauerer Betrachtung überhaupt nicht als ein demokratietheoretisches und damit verfassungsrechtliches Problem dar. Vielmehr wäre umgekehrt eine allgemeine Berücksichtigung der Intensität der Präferenzen selbst bei Existenz einer sachgerechten Messmöglichkeit in demokratischer Hinsicht unzulässig. Insofern ist auf den Ursprung des demokratischen Prinzips in der Gleichheit und Freiheit aller Staatsbürger zu verweisen, auf dem das Mehrheitsprinzip maßgeblich beruht. In der besonderen Lage der Hochschulen herrscht infolge des durch Art. 5 Abs. 3 GG garantierten Status der Hochschullehrer keine verfassungsrechtlich garantierte Gleichheit aller Betroffenen, sodass es strukturell angemessen ist, nicht uneingeschränkt das Mehrheitsprinzip anzuwenden, sondern das Stimmgewicht oder die Stimmenzahl nach der Funktion und Stellung, mithin dem Grad der Betroffenheit, zu differenzieren[211]. Hingegen gilt in der allgemeinen staatlichen Ordnung uneingeschränkt der Grundsatz der *gleichen* Freiheit aller, aus dem das Mehrheitsprinzip folgt. Deshalb darf der Einzelne im Rahmen der politischen

---

[207] *Elsener*, Geschichte, in: Zeitschrift der Savigny-Stiftung für Rechtsgeschichte, Kanonistische Abteilung 42 (1956), S. 73 (80 f.); *Guggenberger*, Grenzen, in: ders./Offe (Hrsg.), An den Grenzen der Mehrheitsdemokratie, 1984, S. 184 (188); *Heun*, Entstehungsvoraussetzungen, in: Flaig (Hrsg.), Genesis und Dynamiken der Mehrheitsentscheidung, 2013, S. 21 (28).

[208] Siehe *Helfen*, Mehrheitsprinzip, 1991, S. 353 f.; *Sartori*, Demokratietheorie, 1997, S. 225 Anm. 17.

[209] *Offe*, Legitimation, in: Guggenberger/Offe (Hrsg.), An den Grenzen der Mehrheitsdemokratie, 1984, S. 150 (167); *Dreier*, Majoritätsprinzip, in: ZParl 17 (1986), S. 94 (108).

[210] So auch *Dahl*, Vorstufen, 1976, S. 112 f.; *Dreier*, Majoritätsprinzip, in: ZParl 17 (1986), S. 94 (108); *Helfen*, Mehrheitsprinzip, 1991, S. 355; *Sartori*, Demokratietheorie, 1997, S. 225.

[211] Zur Voraussetzung der Gleichheit der Abstimmenden für das demokratische Mehrheitsprinzip mit Blick auf das Beispiel der Hochschulen *Scheuner*, Mehrheitsprinzip, 1973, S. 29 f.; *Stern*, Staatsrecht, Bd. I, 1984, S. 613 insb. Fn. 173; zur eingeschränkten Geltung der Stimmgleichheit in diesem Bereich *H. Meyer*, Wahlsystem, 1973, S. 247; *Krüper*, Mehrheitsprinzip, in: ZJS 2009, S. 477 (482); dazu im Bereich der berufsständischen Körperschaften *Oebbecke*, Legitimation, in: VerwArch. 81 (1990), S. 349 (365 f.).

Willensbildung nicht aufgrund einer bestimmten persönlichen Stellung, aus der sich der Grad der Betroffenheit und die Intensität der Präferenz mittelbar ergeben können, bevorteilt oder benachteiligt werden. Als anschauliches Beispiel kann etwa die Entscheidung über ein Infrastrukturprojekt, die Anhebung des Spitzensteuersatzes oder Regelungen für bestimmte Berufe dienen[212]. Es würde den Staat nicht nur praktisch handlungsunfähig machen, sondern es wäre sogar ein Verstoß gegen das Demokratieprinzip, wenn Einzelne aufgrund ihrer Stellung als Betroffene Entscheidungen im Sinne der Allgemeinheit verhindern könnten, die das durch die Grundrechte geschützte Maß an individueller Freiheit achten. Somit ist eine für die Demokratie bedeutsame Differenzierung zu beachten, die aus dem Spannungsverhältnis zwischen individueller und kollektiver Selbstbestimmung folgt. Die Sicherung eines Mindestmaßes an *individueller* Freiheit des Einzelnen obliegt den Grundrechten, die größtmögliche Entfaltung der *kollektiven* Selbstbestimmung aller aber dem aus der Volkssouveränität folgenden Mehrheitsprinzip[213]. Folglich ist jede Relativierung des Mehrheitsprinzips durch Abstufung nach dem Grad der Betroffenheit beziehungsweise der Intensität der Präferenz mit der demokratischen Gleichheit der Staatsbürger nicht vereinbar[214]. Nach diesem elementaren Grundsatz der Demokratie „können Stimmen – rechtlich gesehen – nur gezählt, nicht gewogen werden."[215] Auch insoweit stellt die Mehrheitsregel daher keine mathematische

[212] Die bei staatlichen Entscheidungen grundsätzlich anzunehmende Gleichheit der Betroffenheit wird in solchen Bereichen nicht gewährleistet sein, weshalb *Heun*, Mehrheitsprinzip, 1983, S. 209 sie tendenziell einer Volksabstimmung entziehen möchte. Dieser Ausweg löst das Problem aber nur vordergründig, weil auch in der repräsentativen Demokratie entweder unmittelbar bei den Abgeordneten oder bei den durch sie vertretenen politischen Gruppen eine unterschiedliche Betroffenheit in solchen Fällen gegeben sein kann. Zutreffend weist *Guggenberger*, Grenzen, in: ders./Offe (Hrsg.), An den Grenzen der Mehrheitsdemokratie, 1984, S. 184 (191) darauf hin, dass sich im Gegensatz zu dem klassischen „Nachtwächterstaat" im modernen „Wohlfahrts-, Leistungs- und Daseinsvorsorgestaat" immer häufiger sehr betroffene und damit intensive Minderheiten, deutlich weniger interessierten, indifferenten Mehrheiten gegenüberstehen. Die Annahme gleicher Betroffenheit bei staatlichen Entscheidungen wird somit von der Regel eher zu einer Ausnahme.

[213] Ansatzweise zu dieser gebotenen Differenzierung im Hinblick auf das Mehrheitsprinzip *Möllers*, Demokratie, in: Herdegen u. a. (Hrsg.), HdbVerfR, 2021, § 5 Rn. 13; *Grzeszick*, in: Dürig/Herzog/Scholz (Hrsg.), GG, Art. 20 II (2022), Rn. 164.

[214] Insoweit verweisen *Kern/Nida-Rümelin*, Logik, 1994, S. 35 ausdrücklich darauf, dass eine Berücksichtigung der Intensität der Präferenzen gegen „den Grundsatz verstoßen [würde], daß jedem nur eine Stimme zusteht."

[215] Prägnant *Böckenförde*, Demokratie, in: Isensee/Kirchhof (Hrsg.), HStR II, 3. Aufl. 2004, § 24 Rn. 52; sinngemäß *Heun*, Mehrheitsprinzip, 1983, S. 209; *Jacobs*, Stimmen, in: NJW 1989, S. 3205 (3207); *Helfen*, Mehrheitsprinzip, 1991, S. 358 f. – Zutreffend betont *Flaig*, Mehrheitsentscheidung, in: ders. (Hrsg.), Genesis und Dynamiken der Mehrheitsentscheidung, 2013, S. VII (VII), dass allein das Mehrheitsprinzip die demokratische Gleichheit der Staatsbürger vollkommen verwirklicht, indem es deren persönliche Eigenschaften, Stellungen und Überzeugungen außer Betracht lässt.

Notlösung dar, sondern verwirklicht vollkommen das demokratische Prinzip der Volkssouveränität.

d) Das Mehrheitsprinzip als integrativer Prozess des Kompromisses

Das Ziel demokratischer Entscheidungsverfahren besteht somit stets darin, dass die Mehrheit mit einem Ergebnis zumindest im Mindestmaß einverstanden ist, nicht aber eine Minderheit vollkommen zufrieden ist. Die Demokratie darf deshalb nicht zu einer Diktatur einer kleinen, nur relativ stärksten Interessengruppe verkommen[216]. Aus diesem Grund ist es in demokratischer Hinsicht unzulässig, wenn gewisse Wähler, die aufgrund ihres politischen Interesses, ihrer politischen Einstellung oder ihres politischen Engagements die Wahl als solche für sehr bedeutsam halten beziehungsweise bestimmte Kandidaten besonders stark präferieren, bei der Ämtervergabe mehr Stimmgewicht hätten als die politisch weniger aktiven oder möglicherweise schlicht kompromissbereiteren Wähler, die keine derart ausgeprägten Präferenzen haben und mehrere Kandidaten für ähnlich akzeptabel halten. Die Interessen und Wünsche jedes Einzelnen können in den demokratischen Verfahren geäußert werden. Jeder kann für sein „Wunschergebnis“ eintreten und dementsprechend abstimmen und wählen. Zur verbindlichen Durchsetzung gelangen diese Wünsche in der Demokratie jedoch nur, soweit sie von einer Mehrheit unterstützt werden. Besteht eine solche zunächst nicht, ist es Aufgabe des demokratischen Entscheidungsverfahrens auf eine solche hinzuwirken, wenngleich deren Bildung unter Umständen auf nachrangigen Präferenzen der Abstimmenden beruht.

Ein mehrstufiges, nach einer absoluten Mehrheit strebendes Wahlverfahren macht den Wählern deutlich, „dass es in der Demokratie nicht unbedingt um optimale Lösungen geht, sondern [...unter Umständen] auch eine Entscheidung für das kleinere Übel notwendig ist“[217]. Das Streben nach einer absoluten Mehrheit zur Besetzung monokratischer Ämter in einem mehrstufigen Wahlverfahren entspricht daher der gebotenen Kompromiss- und Integrationsfunktion des Mehrheitsprinzips, indem Wähler dazu angeregt werden, im Falle fehlender Erfolgsaussichten ihre nachfolgenden Wahlpräferenzen zum Ausdruck zu bringen. Die bereits in Bezug auf die Wahlbeteiligung herausgearbeitete Obliegenheit zur Teilnahme am demokratischen Willensbildungsprozess bezieht sich somit ebenso auf die materielle Teilhabe an der Mehrheitsbildung und fordert eine entsprechende Kompromissbereitschaft der Wähler. Auf diese Weise erfolgt im Idealfall eine Integration der politischen Pluralität in eine ab-

[216] Praktisch mag dennoch die Gefahr bestehen, dass sich eine „intensiv empfindende Minderheit“ durchsetzt, dazu *Sartori*, Demokratietheorie, 1997, S. 225 f. Dieser Möglichkeit darf aber keinesfalls verfassungsrechtlich Vorschub geleistet werden.

[217] Prägnant insofern *Oebbecke*, Stellungnahme zum Gesetzentwurf der Landesregierung Drs. 14/3977 des Landtages Nordrhein-Westfalen, Stellungnahme 14/1148, S. 5, der dies als einen Vorzug der Stichwahl anführt.

solute Mehrheit für einen Kandidaten. Dies ermöglicht eine breite Akzeptanz des gewählten Kandidaten im Wahlvolk, da „auch Diejenigen, die ihn nicht in erster Linie wollten, […] doch anerkannt [haben], dass er unter den übrigbleibenden Bewerbern der beste war“[218].

Zwar weisen Teile der Literatur zutreffend darauf hin, dass die mit der Erstpräferenz ausgedrückte Bevorzugung eines anderen Kandidaten nicht zwingend die generelle Ablehnung des mit relativer Mehrheit gewählten Kandidaten bedeuten muss[219]. Genauso wenig lässt sich aber auf das Gegenteil schließen, wonach der mit relativer Mehrheit Gewählte im Wege der nachrangigen Präferenzen auf eine genügend große Zustimmung der anderen Wähler bauen kann. Vielmehr kann ein zunächst unter Geltung des relativen Mehrheitserfordernisses unterlegene Kandidat am Ende des Wahlprozesses in der Gesamtheit der Wählerpräferenzen obsiegen. Exakt in dieser Konstellation ist der Unterschied zwischen der relativen und absoluten Mehrheitswahl bedeutsam. Dabei ist die Rangfolge und Intensität der Präferenzen bei Wahlen wie Sachentscheidungen nicht nur unbeachtlich und taugt keinesfalls als Argument gegen eine absolute Mehrheitswahl. Vielmehr spricht die verfassungsrechtlich verankerte *Integrationsfunktion* gerade für ein Wahlverfahren, das auch die nachfolgenden Präferenzen der Wähler einbezieht und auf diese Weise einen mehrheitlichen Kompromiss hervorbringt[220].

e) Zwischenergebnis: Die absolute Mehrheit als Integrationsmechanismus

Der durch ein mehrstufiges, nach einer absoluten Mehrheit strebendes Wahlverfahren ausgelöste Kompromissdruck gegenüber den Wählern lässt sich

---

[218] Bereits *G. Meyer*, Wahlrecht, 1901, S. 616 nennt dies als Vorzug der absoluten Mehrheit. Auch *Mehde*, Stichwahlen, in: KommJur 2013, S. 446 (448) sieht von der absoluten Mehrheit eine „Befriedungswirkung“ ausgehen, weist diesem Umstand aber ausdrücklich nur eine politische Relevanz zu. Hinsichtlich der rechtlichen Relevanz bleiben die Ausführungen bei *Bätge*, Stellungnahme zum Gesetzentwurf der Landesregierung Drs. 17/3776 und zum Änderungsantrag Drs. 17/4305 des Landtages Nordrhein-Westfalen, Stellungnahme 17/1194, S. 10 offen, der ebenfalls die „Befriedigungs- und Integrationsleistung“ der Stichwahl und damit der absoluten Mehrheitswahl betont.

[219] So *Groß*, Direktwahl, in: LKRZ 2010, S. 93 (94); *Mehde*, Stichwahlen, in: KommJur 2013, S. 446 (448); *H. Meyer*, Wahlrecht, in: DVP 2013, S. 53 (56); *Magsaam*, Mehrheit, 2014, S. 74 f.; anders jedoch die Antragsteller in VerfGH NRW, Urteil vom 26.5.2009, 2/09, S. 8; *Holste*, Stichwahl, in: ZRP 2007, S. 94 (95); *Bätge*, Stellungnahme zum Gesetzentwurf der Landesregierung Drs. 17/3776 und zum Änderungsantrag Drs. 17/4305 des Landtages Nordrhein-Westfalen, Stellungnahme 17/1194, S. 11. Es gilt also insofern nicht unbedingt, wie *Morlok*, Die verfassungsrechtlichen Rahmenbedingungen der Wahl des Ministerpräsidenten im dritten Wahlgang nach Art. 70 Abs. 3 S. 3 der Verfassung des Freistaats Thüringen, Gutachterliche Stellungnahme im Auftrag des Thüringer Justizministeriums vom 22.11.2014, S. 14 meint, der Ausspruch Jesu „Wer nicht mit mir ist, der ist wider mich (Matthäus, 12, 30)“.

[220] Dazu bereits ausführlich oben Teil 3, D. II.

schon deshalb nicht im Hinblick auf die Rangfolge oder Intensität der Präferenzen in Frage stellen, weil diese mangels einer objektiven Messbarkeit nicht sinnvoll miteinander verglichen werden können. Da schon die Erstpräferenz bei einigen Wählern schwächer ausgeprägt sein kann als die Zweitpräferenz bei anderen Wählern, ist der verengte Blick auf die Erstpräferenz und der damit angeführte vermeintliche Vorzug einer relativen Mehrheitswahl schon insoweit nicht überzeugend. Vor allem aber ist jegliche Fokussierung auf die Rangfolge und Intensität der Präferenzen aus verfassungsrechtlicher Sicht abzulehnen, weil in der Demokratie nicht die relativ stärkste Interessengruppe, sondern die kompromissbereite, womöglich aus nachrangigen Präferenzen gebildete Mehrheit entscheidungsbefugt ist. Im Sinne der Freiheit und Gleichheit aller Staatsbürger ist die demokratische Ordnung dem Mehrheitsprinzip anheimgestellt und fordert von den Wählern die Bereitschaft zum mehrheitlichen Kompromiss.

2. Die Praktischen Hürden der Mehrheitsbildung in einer Direktwahl

Wenngleich die Bildung einer absoluten Mehrheit aus den individuellen Präferenzen demokratietheoretisch geboten ist, können dabei mathematische und praktische Probleme auftreten, in deren Folge der Wahlsieger in einem mehrstufigen Wahlverfahren nicht von der Mehrheit der Wähler präferiert wird. Insofern sind die bereits hinsichtlich des parlamentarischen Verfahrens aufgeworfenen praktischen Hürden der Mehrheitsbildung bei mehr als zwei Alternativen näher in den Blick zu nehmen und daraufhin zu untersuchen, ob sie einen Rechtfertigungsgrund für eine einstufige, relative Mehrheitswahl bilden. Dabei ist abschließend auf zwei bereits im ersten Teil erörterte Ausnahmesituationen vor dem Hintergrund der Notwendigkeit der Amtsbesetzung einzugehen, deren Bewältigung im Rahmen einer Direktwahl eine besondere Herausforderung darstellen kann.

a) Condorcet-Paradoxon als praktische Grenze jeder Mehrheitsbildung

Die Bestimmung eines von der Mehrheit der Wähler präferierten Kandidaten beruht auf einem Verfahren der Zusammenrechnung der einzelnen Präferenzen und beinhaltet daher wie „jedes Abstimmungsverfahren einen mathematischen Bestandteil“[221]. Die vorstehenden Ausführungen zu den Wählerpräferenzen und ihrer Intensität haben gezeigt, dass die Rangfolge der Wählerpräferenzen weder sinnvoll miteinander verglichen werden kann noch ein besonderes, stärkeres Gewicht der vorrangigen Präferenzen bei der Mehrheitsberechnung anzunehmen ist. Demnach besitzt ein Wahlverfahren, das nach dem Vorbild der *Borda-Regel* den Präferenzen nach ihrem Rang ein entsprechendes Gewicht

---

[221] So bereits *Tecklenburg*, Wahlrecht, in: ZfP 17 (1928), S. 577 (585).

beimisst, keinen demokratischen Vorzug[222]. Im theoretischen Idealfall müsste vielmehr derjenige Kompromisskandidat herausgefiltert werden, den die Mehrheit der Wähler gegenüber allen anderen Kandidaten bevorzugt und der nach dem französischen Mathematiker *Marquis de Condorcet* als *Condorcet-Gewinner* bezeichnet wird[223]. Allerdings existiert nach dem sogenannten *Condorcet-Paradoxon*, das in *Arrows-Unmöglichkeitstheorem* Bestätigung fand, kein demokratisches Verfahren, das die individuellen Präferenzreihenfolgen mehrerer Personen bei mehr als zwei Alternativen derart ordnen kann, dass eine solche widerspruchsfreie mehrheitliche Bevorzugung einer Alternative mit Sicherheit stets gegeben wäre[224]. Demnach kann theoretisch jedes Verfahren „zu einer kollektiven Entscheidung führen [...], die gegen die Präferenzen einer Mehrheit gerichtet ist."[225] Dieser Umstand ist keinesfalls auf Wahlen beschränkt, bei denen eine Auswahl zwischen mehreren Personen getroffen werden muss. Er kann ebenso bei Sachabstimmungen auftreten, bei denen ursprünglich mehr als die zwei Auswahlalternativen zwischen dem Status quo und dem Sachantrag und damit zwischen Zustimmung und Ablehnung zu diesem bestehen. Nicht nur bei der schon thematisierten Reihenfolgeabstimmung, sondern bei jeder Art von Abstimmungsverfahren bei mehr als zwei Alternativen muss daher die im Ergebnis formal niedergelegte Mehrheit nicht unbedingt der mehrheitlichen Präferenz der Abstimmenden entsprechen[226]. Jede Verfahrensvariante weist theoretische Unschärfen auf, weshalb ein perfektes demokratisches Entscheidungsverfahren nicht existiert[227]. Diese theoretische Begrenztheit des Mehrheitsprinzips bestätigt dessen Verständnis als kontext- und realitätsbezogenes Optimierungsgebot. Die verfassungsrechtliche Funktion eines Wahlverfahrens ist deshalb lediglich auf eine Annäherung an den Mehrheitswillen gerichtet, sodass bereits in dieser theoretischen Hinsicht ein absolutes Festhalten an einer absoluten Mehrheit nicht erforderlich ist. Umgekehrt kann eine relative Mehrheit *a priori* aber nur genügen, wenn sie diese Annäherung wenigstens in einem ähnlichen Ausmaß bewirkt.

Zunächst könnte dies einer quantitativen und realitätsbezogenen Untersuchung zugänglich sein. Die Begründungspflicht des Gesetzgebers wäre dabei jedoch noch viel weniger als bei der Sperrklausel praktisch zu erfüllen, weil er

---

222 Zur Erläuterung der Borda-Regel *Kern/Nida-Rümelin*, Logik, 1994, S. 34; *C. Thiele*, Regeln, 2008, S. 373.

223 Dazu *Kern/Nida-Rümelin*, Logik, 1994, S. 43; *C. Thiele*, Regeln, 2008, S. 371.

224 Siehe *Arrow*, Choice, 2012, S. 24 ff. mit historischem Bezug auf Condorcet, a.a.O., 93 ff.; ausführlich dazu *Kern/Nida-Rümelin*, Logik, 1994, S. 29 ff.; ferner *Kemmler*, Abstimmungsmethode, 1969, S. 203 f.; *Heun*, Mehrheitsprinzip, 1983, S. 131 f.

225 Prägnant *Dahl*, Vorstufen, 1976, S. 41.

226 Zu den Unzulänglichkeiten der verschiedenen parlamentarischen Abstimmungsverfahren näher *Heun*, Mehrheitsprinzip, 1983, S. 135 ff.; *C. Thiele*, Regeln, 2008, S. 521 ff.

227 In diesem Sinne *Kern/Nida-Rümelin*, Logik, 1994, S. 41 f.; *C. Thiele*, Regeln, 2008, S. 368 f.

dazu über die tatsächliche Präferenzreihenfolge der Wähler Kenntnis haben müsste. Insofern könnte vor allem auf allgemeine Erkenntnisse zur relativen Mehrheitswahl zurückgegriffen werden, wonach die Verzerrung der Mehrheitsverhältnisse in einer einstufigen, relativen Mehrheitswahl durch die fehlende Berücksichtigung nachrangiger Präferenzen jedenfalls in größerem Ausmaß auftreten[228]. Eine einstufige, relative Mehrheitswahl kann sogar zur Wahl eines Kandidaten führen, obwohl jeder andere Kandidat diesem gegenüber von einer Mehrheit der Wähler vorgezogen würde und der deshalb als *Condorcet-Verlierer* bezeichnet wird[229]. Der Umstand, dass es weder theoretisch noch praktisch in jedem Fall zur Bildung einer absoluten Mehrheit aus der Vielfalt an individuellen Präferenzen kommen kann, rechtfertigt daher nicht *a priori* einen Verzicht auf die absolute Mehrheit. Das Mehrheitsprinzip als Optimierungsgebot fordert vielmehr zumindest den Versuch, den tatsächlichen Mehrheitswillen hervorzubringen. Überdies ist bei den theoretischen Modellen die praktische Wirkungsweise zu berücksichtigen, wonach sich die Wählerpräferenzen in nachfolgenden Wahlgängen im Sinne eines Kompromisses anpassungsfähig zeigen können, der die mathematische Theorie der ursprünglichen, individuellen Präferenzreihenfolge der Wähler in den Hintergrund treten lässt. Zudem ist bei wirklichkeitsnaher Betrachtung der Einfluss der taktischen Erwägungen auf die Stimmabgabe in Rechnung zu stellen, die in einem mehrstufigen Wahlverfahren zumindest abgemildert werden. Dies optimiert daher sowohl die Entscheidungsfreiheit der Wähler als auch die Chancengleichheit vermeintlich aussichtsloser Kandidaten[230]. Die theoretischen Grenzen der Mehrheitsbildung führen daher nicht zur Rechtfertigung einer einstufigen, relativen Mehrheitswahl.

b) Verfassungsrechtliche Relevanz des Verfahrens der Mehrheitsbildung

Wenngleich eine absolute Mehrheit der Wähler somit bereits in theoretischer Hinsicht nicht unbedingt aus der individuellen Präferenzreihenfolge der Wähler gebildet werden kann, scheitert sie praktisch häufig schon an der fehlenden Bereitschaft der Wähler, überhaupt ihre nachrangigen Präferenzen in nachfolgenden Wahlgängen zum Ausdruck zu bringen. Die Stimmverhältnisse können sich daher in einem weiteren Wahlgang, in dem nur noch ein relatives Mehrheitserfordernis gilt, womöglich nicht in einem relevanten Ausmaß vom ersten Wahlgang unterscheiden. Demnach ist bereits zur Wahl des Bundeskanzlers und Bundespräsidenten festgestellt worden, dass die Bildung einer absoluten

---

[228] Implizit *Kemmler*, Abstimmungsmethode, 1969, S. 144 f.; *Krüper*, Stichwahlen, in: DÖV 2009, S. 758 (763 f.).

[229] Dazu *Siwik*, Stellungnahme zum Gesetzentwurf der Landesregierung Drs. 17/3776 und zum Änderungsantrag Drs. 17/4305 des Landtages Nordrhein-Westfalen, Stellungnahme 17/1190 vom 10.2.2019, S. 1.

[230] Siehe dazu oben Teil 2, B. III. 4. und V. 4.

Mehrheit keinesfalls garantiert werden kann und es deshalb nachfolgend zu einem Ausweichen auf ein relatives Mehrheitserfordernis oder einen Modus der Stichwahl kommen muss. Bei einer Direktwahl besteht diese Gefahr tendenziell in deutlich höherem Maße, da sich die Bildung eines dem Wählerwillen entsprechenden Kompromisses deutlich schwieriger gestaltet. Während bei einer indirekten Wahl etwa Gespräche und Probeabstimmungen innerhalb der Fraktion als auch gemeinsam mit anderen Fraktionen vorgenommen werden können, ist eine unmittelbare Verständigung zwischen den Wählern und den Wahlbewerbern bei einer Direktwahl kaum möglich. Somit könnte der Vorzug einer mehrstufigen, auf eine absolute Mehrheit ausgerichteten Direktwahl in Zweifel geraten, weil sich das damit verbundene Ziel der nachfolgenden Bildung einer absoluten Mehrheit tatsächlich häufig nicht realisiert. In einem ähnlichen Sinne wurde gegen das Erfordernis eines mehrstufigen Wahlverfahrens vorgebracht, dass ein zweiter Wahlgang mit relativer Mehrheit „von der Einschätzung getragen [wäre], dass auch eine relative Mehrheit hinreichende Legitimation für kommunale Hauptverwaltungsbeamte und -beamtinnen vermittle."[231] Demnach könnte eine absolute Mehrheit generell verzichtbar sein[232].

Eine solche Schlussfolgerung unterläge jedoch demselben Missverständnis, wie das Streben nach einer weitmöglichsten Erfolgswertgleichheit mit dem Argument abzulehnen, diese könne selbst in der reinen Verhältniswahl nicht umfassend gewährleistet werden. Es gilt wiederum das zutreffende Verständnis des Prinzips der absoluten Mehrheit als Optimierungsgebot zu berücksichtigen. Dies ist zunächst auf einen *qualitativen* Unterschied zwischen Mehrheit und Minderheit ausgerichtet[233], muss sich aber der theoretischen und praktischen Realität stellen, wonach eine unbedingte Realisierung nicht garantiert und daher nur eine weitmöglichste Annäherung an den Mehrheitswillen erforderlich ist. Jedoch wird dadurch das *qualitative* Kriterium der mehrheitlichen Zustimmung nicht *a priori* durch ein *quantitatives* Kriterium einer möglichst großen Zustimmungsrate ersetzt. Vielmehr wird das *qualitative* Kriterium lediglich dahingehend abgeschwächt, dass das Wahlergebnis in einem weiteren Wahlgang nicht zwingend eine absolute Mehrheit hervorbringen muss, sondern das Wahlverfahren nur die Bildung einer absoluten Mehrheit anstreben und dazu die Einbringung nachrangiger Präferenzen ermöglichen muss. In dieser Hinsicht verkennt eine rein auf das zahlenmäßige Stimmenverhältnis und eine mögliche Verfehlung der absoluten Mehrheit im Wahlergebnis bezogene Betrachtungsweise die verfassungsrechtliche Funktion mehrstufiger Wahlverfah-

---

[231] So die Argumentation des Landtages in VerfGH NRW, Urteil vom 20.12.2019, 35/19, S. 25.

[232] In diesem Sinne im Kontext der Alternativstimme *Groß*, Direktwahl, in: LKRZ 2010, S. 93 (97).

[233] Insoweit betont *Natus*, Verfassungsmissbrauch, 2017, S. 183 in Abgrenzung zum quantitativen Maßstab der Zustimmungsrate zutreffend den qualitativen Charakter des Mehrheitsprinzips.

ren im Sinne einer „Legitimation durch Verfahren“[234]. Die Kompromissbereitschaft zur Mehrheitsbildung ist zwar verfassungspolitisch erwünscht, kann und darf aber nicht erzwungen werden. Allein die *Möglichkeit* einen solchen Kompromiss zu schaffen, indem auf eine nachfolgende Präferenz ausgewichen und diese zur Geltung gebracht werden kann, stiftet deshalb maßgebliche demokratische Legitimation[235]. Insoweit sei an die im Demokratieprinzip verankerten Wahlrechtsgrundsätze erinnert, welche die Möglichkeit der Einbringung nachfolgender Präferenzen fordern, wenngleich es Ausdruck der Wahlfreiheit bleibt, ob die Wähler davon tatsächlich Gebrauch machen. Daher kann nachrangig eine relative Mehrheit – und sei sie noch so gering – hinreichende demokratische Legitimation vermitteln, obwohl dieselbe Stimmenzahl im ersten Wahlgang dies nicht konnte. Die integrierende Wirkung des Wahlverfahrens muss nicht von einem eindeutigen mehrheitlichen Ergebnis ausgehen, sondern ist vor allem darin zu sehen, dass es zumindest auf die Bildung einer absoluten Mehrheit im Wege eines Kompromisses hinwirkt und damit die materielle Teilhabe eines größeren Teils der Wähler ermöglicht[236]. Eine allein auf das numerische Wahlergebnis gerichtete Beurteilung mehrstufiger Wahlgänge ist deshalb in verfassungsrechtlicher Hinsicht unstatthaft.

Überdies wäre selbst in einer *numerischen* Perspektive zu bedenken, dass selbst für den Fall einer regelmäßigen Verfehlung der absoluten Mehrheit zumindest die relative Mehrheit aus dem ersten Wahlgang in nachfolgenden Wahlgängen regelmäßig erhöht sein wird[237]. Da die Präferenzen unabhängig ihrer Rangfolge oder Intensität im Rahmen der demokratischen Mehrheitsbildung gleichwertig sind, hätte etwa eine relative Mehrheit von 40 % an Erst- und Zweitpräferenzen auch in einer numerischen Betrachtung einen Vorzug gegenüber einem Anteil von 35 % der Erstpräferenzen. Die das Mehrheitsprinzip begründenden Aspekte der Wahlfreiheit und Wahlgleichheit sind aufgrund ihres Optimierungscharakters einem Maximierungsgedanken zugänglich, weshalb die Erhöhung der relativen Mehrheit eine positive und verfassungsrechtliche Wirkung hat. Andernfalls wäre es nicht erklärbar, warum an Stelle der demokratisch grundsätzlich erforderlichen absoluten Mehrheit ausnahmsweise die relative Mehrheit als größte Minderheit entscheiden solle und nicht etwa

---

[234] Siehe das gleichnamige Werk von *Luhmann*, Legitimation durch Verfahren, 1983.

[235] In einem ähnlichen Sinne hinsichtlich der Irrelevanz der Wahlbeteiligung *Krüper*, Stichwahlen, in: DÖV 2009, S. 758 (762), nach dessen Auffassung bereits durch die Möglichkeit zur Teilnahme hinreichende Legitimation geschaffen wird, weshalb ein „numerisch-mathematische[s]“ Verständnis abzulehnen ist. Daher kann die rein numerischen Betrachtung einer relativen Mehrheit in nachfolgenden Wahlgängen wie bei *Natus*, Verfassungsmissbrauch, 2017, S. 188 f. nicht überzeugen.

[236] Zu dieser Integrationsfunktion mehrstufiger Wahlverfahren bereits oben Teil 3, D. II.

[237] Wenn sogar in einer Stichwahl trotz absinkender Wahlbeteiligung überwiegend eine Steigerung der absoluten Stimmenzahl eintritt, siehe oben II. 2. b), kann in noch stärkerem Maße die Zustimmungsrate zunehmen.

die kleinste Gruppe oder schlicht der Zufall. Wenngleich das Demokratieprinzip wegen der fehlenden Garantie einer absoluten Mehrheit von vorneherein nicht auf einen *qualitativen* Unterschied zwischen Mehrheit und Minderheit ausgerichtet wäre, sondern ein bloßer *quantitativer* Unterschied im Sinne der relativ größten Anzahl an Stimmen sogar *a priori* genügen würde, wäre es nur konsequent, zumindest einen Vorzug in einer größeren Quantität zu erblicken. Da mehrstufige Wahlverfahren zumindest zu einer Erhöhung der relativen Mehrheit führen können, ließe sich der Verzicht demnach selbst in einer numerischen Perspektive nicht hinreichend rechtfertigen.

Die vorstehenden Ausführungen verdeutlichen somit die Wirkungsweise des Prinzips der absoluten Mehrheit. Verfassungsrechtlich ist das Zustandekommen einer absoluten Mehrheit nicht absolut erforderlich, sondern es ist im Wahlverfahren lediglich ein begrenzter *Versuch* einer Mehrheitsbildung zu unternehmen und damit eine Annäherung an den Mehrheitswillen zu schaffen. Dies gilt umso mehr, weil bei der gebotenen Betrachtung der Wirklichkeit die Mehrheitsbildung ab einer gewissen Anzahl an Wahlgängen weniger auf einen freiwilligen und bewussten Kompromiss als vielmehr auf „Ermüdungserscheinungen" der Wähler beruht[238]. Eine vermeintliche Perfektionierung des Wahlverfahrens hinsichtlich der Mehrheitsbildung ist daher verfassungsrechtlich nicht nötig. Umgekehrt ist jedoch eine Optimierung im Sinne einer unter den gegebenen Umständen hinreichend möglichen Annäherung an den Mehrheitswillen erforderlich, die bei einer einstufigen, relativen Mehrheitswahl nicht erfolgt.

c) Fehlende Mehrheit als Herausforderung jeder Mehrheitswahl

Abschließend ist auf zwei bereits im Rahmen der parlamentarischen Wahlverfahren erörterte Konstellationen einzugehen, die aufgrund der „Schwerfälligkeit" einer Direktwahl hier noch problematischer erscheinen. Zum einen kann es, wenngleich die Wahrscheinlichkeit aufgrund der Anzahl an Wählern noch deutlich geringer ist als bei Wahlen durch Vertretungskörperschaften, zu einer Stimmengleichheit kommen. Schon im 19. Jahrhundert hat bei einer Direktwahl im Falle einer Stimmengleichheit im zweiten Wahlgang häufig das Los entschieden[239]. Diesen historischen Vorbildern hat sich das nordrhein-westfälische Kommunalwahlgesetz angeschlossen, indem es für die Stimmengleichheit im Falle der Stichwahl nach § 46c Abs. 2 S. 6 KWahlG NRW explizit den Losentscheid anordnet.

Im Falle einer Wiederholungswahl wäre eine nochmalige Stimmengleichheit extrem unwahrscheinlich, weil aus den unterschiedlichsten Verhinde-

[238] Dazu im Rahmen der Stimmengleichheit im parlamentarischen Wahlverfahren oben Teil 2, A. II. 2. e).

[239] Siehe die Auflistung über die Wahlverfahren in den unterschiedlichen Ländern im 19. Jahrhundert bei *G. Meyer*, Wahlrecht, 1901, S. 609 ff.

rungsgründen praktisch niemals dieselben Wähler ohne Ausnahme wieder abstimmen werden. Im Gegensatz zu einer indirekten Wahl ist deshalb davon auszugehen, dass die Stimmengleichheit bereits in einem weiteren Wahlgang aufgelöst wird. Daher könnte eine solche Wiederholung verfassungsrechtlich erforderlich sein. Allerdings wäre die Auflösung durch einen weiteren Wahlgang zugleich mit erheblich größerem Aufwand verbunden als bei einer Wahl durch die Vertretungskörperschaft. Die Durchführung eines dritten Wahlganges kann die Allgemeinheit der Wahl tangieren und damit zugleich die Annäherung an den Mehrheitswillen der Wähler konterkarieren[240]. Noch mehr als bei einer indirekten Wahl droht die Auflösung des Stimmenpatts vom Zufall der Nichtabgabe von Stimmen abzuhängen, ohne dass einer der Kandidaten zwischenzeitlich tatsächlich eine Mehrheit von sich überzeugt hätte. Die Durchführung eines zusätzlichen Wahlganges kann somit bei der gebotenen wirklichkeitsnahen Betrachtung ebenso wie ein Losentscheid zu einem „Zufallskandidaten" führen. Da folglich eine Optimierung der Mehrheitsbildung nicht mit hinreichender Sicherheit eintritt, muss dem Gesetzgeber die Entscheidungshoheit überlassen bleiben, ob er den Losentscheid oder einen dritten Wahlgang vorsehen möchte. Andernfalls würde der Gesetzgeber zu einer vermeintlichen Perfektionierung in theoretischer Hinsicht gedrängt, die sich tatsächlich nicht bestätigen muss und verfassungsrechtlich nicht vorgeschrieben ist.

Prekärer stellt sich die Lage im Falle eines einzigen Kandidaten dar, den eine Mehrheit der Wähler ablehnt. Im Rahmen einer Direktwahl ist dies keinesfalls ein rein theoretischer Fall, wie die Bürgermeisterwahl in Telgte vom 13.12.2009 belegt[241]. Nach § 46c Abs. 1 S. 3 KWahlG NRW ist explizit eine mehrheitliche Entscheidung für den einzigen Kandidaten erforderlich. Da gemäß § 75c S. 2 KWahlO NRW in diesem Fall mit „Ja" oder „Nein" zu stimmen ist, ist eine Ablehnung durch eine Mehrheit an Nein-Stimmen möglich. Da der zweite Absatz des § 46c KWahlG NRW zur Stichwahl nach dem Wortlaut und dem Telos nur für mehrere Bewerber gilt, wird von diesem Erfordernis auch nicht in weiteren Wahlgängen abgewichen, wenn zwischenzeitlich kein weiterer Bewerber antritt. Wie bereits die Erörterungen zur Wahl des Bundeskanzlers und Bundespräsidenten ergeben haben, muss allerdings eine Neubesetzung des Amtes aufgrund der erforderlichen Erneuerung der demokratischen Legitimation im Sinne des Prinzips der „Herrschaft auf Zeit" in absehbarer Zeit erfolgen[242]. Während der Gesetzgeber mit der jetzigen Regelung dem Wahllei-

---

[240] Siehe oben II. 2. c).

[241] Siehe dazu https://wahlen.citeq.de/20091213/05570044/html5/Buergermeisterwahl_NRW_51_Stadtteil_Telgte.html (letzter Abruf: 31.7.2023); Hinweis darauf bei *Oebbecke*, Wahlrechtsgleichheit, in: NWVBl. 2010, S. 333 (336 Fn. 28).

[242] Siehe ausführlich oben Teil 2, A. II. 2. f) und 3. c).

ter die verfassungskonforme Lösung dieses Problems überantwortet, sollte er eine zulässige Lösungsvariante unmittelbar gesetzlich festschreiben.

Man könnte zunächst aufgrund des praktischen Aufwandes einer Direktwahl erwägen, im Falle eines einzigen Kandidaten bereits im ersten Wahlgang nur positiv abgegebene Stimmen zuzulassen, wodurch das Erfordernis der absoluten Mehrheit der gültig abgegebenen Stimmen im ersten Wahlgang bereits bei einer einzigen Ja-Stimme gegeben und damit die Amtsbesetzung mit an Sicherheit grenzender Wahrscheinlichkeit gewährleistet wäre. Da ein solcher Wahlgang unter diesen Bedingungen als ein bloßer Formalismus erscheint, könnte eine Wahl gänzlich verzichtbar sein, wodurch derjenige das Amt bereits durch die Aufstellung als einziger Kandidat erhalten würde. Solche „Friedenswahlen“[243] im Kommunalwahlgesetz Schleswig-Holsteins von 1959, wonach der Wahlakt entfällt, wenn nicht mehr Kandidaten antreten als Mandate zu vergeben sind, hat das Bundesverfassungsgericht als Verstoß gegen das gemäß Art. 28 Abs. 2 S. 1 GG garantierte Wahlrecht eingestuft[244]. Wenngleich die Direktwahl kommunaler Hauptverwaltungsbeamter nicht unmittelbar unter Art. 28 Abs. 2 S. 1 GG fällt, gilt der allgemeine Grundsatz, dass die nach Art. 20 Abs. 2 S. 2 GG erforderliche personelle Legitimation nur infolge einer Wahl oder Einsetzung durch ein seinerseits vom Volkswillen legitimiertes Organ erfolgen kann[245]. Der allein auf einen – unter Umständen sehr kleinen – Teil der Wahlberechtigten zurückgehende Wahlvorschlag genügt diesen Anforderungen nicht, sodass mindestens ein Wahlakt mit *materieller* Relevanz, also der Möglichkeit einer freien und wirkungsvollen Entscheidung des Wählers nach dem Prinzip der absoluten Mehrheit, erforderlich ist[246]. Dies stellt keinen überflüssigen Formalismus dar, sondern übernimmt vielmehr eine demokratische Funktion. Das Ergebnis des ersten Wahlganges wirkt bei einem negativen Ausgang darauf hin, für einen weiteren Wahlgang alternative Wahlvorschläge zu unterbreiten und zu wählen. Die Wahlberechtigten können erkennen, dass der vorgeschlagene Kandidat keine Mehrheit hat und demnach eine Alternative gewünscht ist, womit der Druck zu weiteren Wahlvorschlägen verstärkt wird. Dies ist in der Mechanik vergleichbar mit der typischen Wahl zwischen mehreren Kandidaten, bei dem zunächst keiner im ersten Wahlgang die absolute Mehrheit erreicht und die Wähler und Wahlbewerber zu einem Kompromiss angeregt werden, um die Mehrheit für einen Kandidaten zu schaffen. Sofern dieses Bestreben allerdings scheitert, bedarf es in nachfolgenden

---

[243] BVerfGE 13, 1 (4); zu deren Unzulässigkeit in der funktionalen Selbstverwaltung näher *Oebbecke*, Legitimation, in: VerwArch. 81 (1990), S. 349 (362 ff.).

[244] Siehe BVerfGE 13, 1 (17 f.).

[245] Dazu bereits oben I. 1. a). und 2. b).

[246] Zu Recht betont *Oebbecke*, Legitimation, in: VerwArch. 81 (1990), S. 349 (363 insb. Fn. 96) in dieser Hinsicht, dass die Freiheit der Wahl nicht durch das Fehlen eines alternativen Wahlvorschlages, sondern erst durch das Fehlen einer Ablehnungsmöglichkeit verletzt werde.

Wahlgängen ebenso eines Weges zur Besetzung des Amtes durch einen Verzicht auf das Erfordernis einer absoluten Mehrheit der Wähler.

Deshalb kann der Wahlgesetzgeber schlicht im zweiten Wahlgang, sofern hierfür keine weiteren Bewerbungen eingereicht werden, nur noch eine positive Stimmabgabe zulassen beziehungsweise werten, wodurch der einzige Kandidat mit Sicherheit gewählt würde. Diese Variante tritt zwar auf den ersten Blick in ein Spannungsverhältnis zur Wahlfreiheit, verletzt diese aber nicht. Die Wähler haben sich – sogar trotz Kenntnis der mehrheitlichen Ablehnung des Wahlvorschlages – ihrer Auswahl durch die Nichtaufstellung weiterer Kandidaten in Ausübung ihrer Freiheit selbst beraubt[247]. Wenngleich man hiergegen einwenden könnte, dass aufgrund von Unterschriftenquoren für Wahlvorschläge wie gemäß § 46d Abs. 1 S. 2 KWahlG NRW dem Einzelnen die Einreichung einer Alternative nicht möglich war, ist auf den notwendigerweise kollektiven Charakter einer funktionsfähigen Willens- und damit Mehrheitsbildung zu verweisen, der sich auf das Verständnis der Wahlfreiheit im zweiten Wahlgang auswirken muss[248]. Da es bei der Wahl um eine Auswahl aus Kandidaten gehen muss und eine rein destruktive Haltung deshalb keine verfassungsrechtlich zulässige Option darstellt, hat die mehrheitliche Ablehnung in einem weiteren Wahlgang keine materielle Relevanz mehr und gerät in keinen Konflikt mit dem Mehrheitsprinzip, weil nachrangig die *relative* Mehrheit im Sinne der meisten Stimmen für einen Kandidaten genügen darf[249]. Daher verschafft diese Ausgestaltungsvariante als Notlösung hinreichende – wenn vielleicht auch als prekär empfundene – Legitimation.

Allerdings könnte die in einigen Bundesländern vorgesehene Möglichkeit von „Write-in-Candidates"[250] vorzugswürdig sein, bei der die Wähler ausnahmsweise eigene Kandidaten noch im Wahlakt vorschlagen können, indem sie anstelle der Stimmabgabe einen entsprechenden Namen auf den Wahlzettel schreiben. Wie die Bürgermeisterwahl im baden-württembergischen Albstadt 2015 belegt, wird diese Möglichkeit tatsächlich genutzt und kann sogar bei

---

[247] Siehe die Ausführungen zur Auswahlfreiheit oben Teil 2, B. III. 1. a).

[248] Die bei *Oebbecke*, Legitimation, in: VerwArch. 81 (1990), S. 349 (363) vertretene Auffassung, wonach „eine Kollektivierung der Wahlentscheidung [...] dem Grundgesetz fremd" sei und daher „Jeder einzelne Wähler [...] die Möglichkeit haben [müsse], allein eine abweichende Wahläußerung abzugeben" kann daher für dieses Endstadium der Mehrheitsbildung keine Geltung beanspruchen.

[249] Ausführlich dazu im Kontext der Bundeskanzlerwahl oben Teil 2, A. II. 2. f).

[250] Siehe dazu näher *Walther*, Mehrheitswahlsysteme, 2017, S. 121 ff. Nach Art. 40 Abs. 2 BayGLKrWG, § 43 Abs. 3 SächsKomWG und § 24 Abs. 7 ThürKWG existiert diese Möglichkeit im ersten Wahlgang, soweit nur ein oder kein Wahlvorschlag zugelassen ist. Hingegen ist diese Möglichkeit nach § 19 Abs. 3 S. 1 Nr. 1 Alt. 2 BWKomWG im ersten Wahlgang auch bei mehr als einem Kandidaten zugelassen, während sie im Stichwahlgang gemäß § 19 Abs. 4 i.V.m. Abs. 3 S. 1 Nr. 1 Alt. 2 BWKomWG wiederum nur besteht, soweit der Stimmzettel nur einen oder keine vorgedruckten Namen enthält.

mehr als einem ursprünglichen Wahlvorschlag Aussicht auf Erfolg haben[251]. Sofern diese Variante erst im zweiten Wahlgang nach einer ablehnenden Mehrheit Anwendung findet, könnte bereits die relative Mehrheit für den offiziell nominierten oder einen der von den Wählern genannten Kandidaten genügen. Theoretisch könnte der Gesetzgeber auch zunächst wieder eine absolute Mehrheit verlangen und bei Verfehlung dieser einen weiteren Wahlgang mit relativem Mehrheitserfordernis oder eine Stichwahl vorsehen, wenngleich hiergegen dieselben Argumente wie bei der Auflösung des Stimmenpatts im zweiten Wahlgang vorgebracht werden können. Schließlich könnten die „Write-in-Candidates“ wie in Baden-Württemberg, Bayern, Sachsen und Thüringen bereits im ersten Wahlgang zugelassen werden, um den Zwischenschritt eines unter Umständen überflüssigen Wahlganges mit einem einzigen Kandidaten zu vermeiden. Durch diese Varianten würde dem Wähler eine größere Auswahlfreiheit im Wahlakt ermöglicht. Allerdings ist dieses Verfahren nicht zwingend optimaler, weil mangels einer formalen Kandidatur eine erheblich größere Unsicherheit über die tatsächliche Bereitschaft zur Übernahme des Amtes bestehen kann. Das gesamte Wahlprozedere müsste wiederholt werden, wenn ein solcher Kandidat gewählt wird und die Wahl nicht annimmt. Daneben ist zu bedenken, dass im Falle eines einzigen offiziellen Wahlvorschlages viele Wähler dem Wahlakt fernbleiben, obwohl sie sich mit diesem hätten arrangieren können. Womöglich erhält deshalb ein „Write-in-Candidate“ eine hohe Zustimmungsrate oder gar unmittelbar die absolute Mehrheit, obwohl er dies bei einer formalen Kandidatur und einem entsprechend vorherigen Wahlkampf infolge der Aktivierung der übrigen Wähler nicht erhalten hätte. Hiergegen lässt sich nicht die allgemeine Obliegenheit zur Wahlteilnahme einwenden, weil diese auf der Prämisse beruht, dass der Wähler keine Präferenz zum vorliegenden Wahlangebot besitzt oder äußern möchte und daher seine Nichtteilnahme als *neutrales* Votum diesem gegenüber zu werten ist. Dies kann bei einem für ihn unbekannten „Write-in-Candidate“ nicht vorausgesetzt werden. Die mit dem formalen Aufstellungsverfahren bezweckte Funktionsfähigkeit des Wahlverfahrens und damit zugleich die gebotene Annäherung an den Mehrheitswillen kann dieser Lösungsvorschlag daher auch beeinträchtigen. Diese Umstände sind aufgrund der Wirklichkeitsbezogenheit des Demokratieprinzips mit zu berücksichtigen, sodass ein zwingender verfassungsrechtlicher Vorzug dieser Lösungsvariante nicht besteht.

Da keine Pflicht zu einer – womöglich nur vermeintlich theoretischen – Perfektionierung des Wahlsystems besteht, ist der Umgang mit dieser Konstellation in seiner konkreten Ausgestaltung dem Gesetzgeber überantwortet. Er darf dabei aber weder vollständig auf eine Wahl verzichten noch dauerhaft eine ab-

---

[251] Siehe dazu www.stuttgarter-zeitung.de/inhalt.ob-wahl-in-albstadt-ueberraschungskandidat-konzelmann-siegt.6b403291-eff9-4744-8dd3-8582d1bb95e1.html (letzter Abruf: 31.7.2024).

solute Mehrheit an Ja-Stimmen für den einzigen Kandidaten verlangen. Er muss vielmehr eine Variante wählen, welche die Wahl eines Kandidaten zumindest in nachfolgenden Wahlgängen sicherstellt. Die bisherige Regelung des § 46c Abs. 1 S. 4 KWahlG NRW bedarf daher einer entsprechenden Ergänzung.

d) Zwischenergebnis: Legitimation durch mehrstufiges Verfahren

Weder die theoretische noch praktische Begrenztheit des absoluten Mehrheitsprinzips stellt seine Geltung im Rahmen der Direktwahl des kommunalen Hauptverwaltungsbeamten in Frage. Ein mehrstufiges Wahlverfahren muss sich daher weniger in mathematischer Hinsicht im Wahlergebnis niederschlagen, sondern vielmehr durch die Verfahrensweise die Möglichkeit einer Kompromiss- und Mehrheitsbildung schaffen. Auf dieser Grundlage lassen auch die aufgezeigten Ausnahmekonstellationen den normativen Vorrang des absoluten Mehrheitsprinzips unangetastet und können einer sachgerechten Lösung im Sinne der Optimierung der Mehrheitsbildung zugeführt werden.

3. Ergebnis: Einbringung nachrangiger Präferenzen als funktionelle Besonderheit

Die Direktwahl eines monokratischen Amtes ist insoweit funktionell besonders, als sie unmittelbar aus der individuellen Präferenzreihenfolge der einzelnen Wähler eine kollektive Mehrheit bilden muss. Weder der Rang noch die Intensität der Wählerpräferenzen ziehen dabei jedoch das Prinzip der absoluten Mehrheit in Zweifel, das in seiner Integrationsfunktion auf eine Kompromissbereitschaft der Wähler zur mehrheitlichen Einigung auf einen Kandidaten hinwirkt. Diese *Verfahrensfunktion* des absoluten Mehrheitsprinzips, welche die Einbringung nachrangiger Präferenzen und eine damit verbundene Annäherung an eine Mehrheit der Wähler ermöglicht, wird deshalb ebenso wenig geschmälert, wenn die Wähler und Wahlbewerber von dieser Möglichkeit praktisch keinen Gebrauch machen und sogar nur ein einziger Bewerber zur Wahl steht. Auch in einer solchen prekären Ausnahmesituation ist es erforderlich, aber zugleich hinreichend, in einem weiteren Verfahrensschritt die Einbringung alternativer Vorschläge zu ermöglichen und die notwendige Amtsbesetzung nachrangig auf eine relative Mehrheit zu stützen.

IV. Fazit: Mehrstufigkeit als Möglichkeit zur Einbringung nachrangiger Präferenzen

Es sind keine legitimatorischen, praktischen oder funktionellen Besonderheiten der Direktwahl kommunaler Hauptverwaltungsbeamter erkennbar, die deren Ausgestaltung als einstufige, relative Mehrheitswahl rechtfertigen können. Zwar ist auch insoweit in Rechnung zu stellen, dass eine vollkommene Realisierung des Prinzips der absoluten Mehrheit in keinem demokratischen Entscheidungsverfahren möglich und daher auch nicht vorgeschrieben ist. Dennoch muss das Wahlverfahren zur hinreichenden demokratischen Legitimation der für die kommunale Ebene bedeutsamen Ämter der Bürgermeister und Landräte zumindest auf die Annäherung an den Mehrheitswillen der aktiven Wählerschaft gerichtet sein. Das Mehrheitsprinzip als Optimierungsgebot für das Wahlrecht verlangt bei der Verfehlung einer absoluten Mehrheit im ersten Wahlgang zumindest eine weitere *Möglichkeit*, eine nachrangige Präferenz zum Ausdruck zu bringen und auf diese Weise die Zustimmungsrate wenigstens zu steigern.

B. Verfassungsrechtliche Beurteilung der mehrstufigen Wahlverfahren

Die einstufige, relative Mehrheitswahl ist demnach keine verfassungsrechtlich zulässige Option. Inwiefern andere Wahlverfahren dem wahlrechtlichen Optimierungsgebot entsprechen, muss im Folgenden geprüft werden. Zunächst sind die beiden klassischen mehrstufigen Wahlverfahren, die Stichwahl und ein erneuter Wahlgang mit relativem Mehrheitserfordernis, näher zu erörtern (I.). Des Weiteren gab es im Rahmen der Debatte über die Abschaffung der Stichwahl Vorschläge für alternative Wahlverfahren, die bislang in Deutschland keine Anwendung gefunden haben und daher keiner näheren verfassungsrechtlichen Prüfung unterzogen wurden. Dabei kann zwischen Wahlverfahren mit einer integrierten Mehrstufigkeit (II.) sowie einer unechten Mehrstufigkeit (III.) unterschieden werden.

I. Die Klassiker der mehrstufigen Wahlverfahren

Die beiden klassischen Wahlverfahren, die einen weiteren Wahlakt bei Verfehlung der absoluten Stimmenmehrheit im ersten Wahlgang vorsehen, sind die Stichwahl und der weitere Wahlgang mit relativem Mehrheitserfordernis. Beide Wahlsysteme fanden bereits im 19. Jahrhundert bei Abgeordnetenwahlen Anwendung[252]. Das nachrangige Ausweichen auf eine relative Mehrheit ist in parlamentarischen Besetzungsverfahren von der Wahl des Bundeskanzlers nach Art. 63 GG sowie der Wahl des Bundespräsidenten nach Art. 54 GG bekannt, während eine Stichwahl nachrangig etwa bei der Wahl des nordrhein-westfälischen Ministerpräsidenten gemäß Art. 52 Abs. 2 S. 2 NRWVerf. zur Anwendung gelangen kann. Bei der Direktwahl kommunaler Hauptverwaltungsbeamter hat man sich in den allermeisten Bundesländern für das System

[252] Darstellung bei *G. Meyer*, Wahlrecht, 1901, S. 606.

der Stichwahl entschieden[253]. Nachdem auch Baden-Württemberg im Jahr 2023 zum Stichwahlsystem übergegangen ist[254], existiert nur noch in Sachsen das Modell eines weiteren Wahlganges mit relativem Mehrheitserfordernis[255]. Vor diesem Hintergrund ist zu untersuchen, welche Vor- und Nachteile das jeweilige Wahlsystem im Hinblick auf die Mehrheitsbildung aufweist und ob sich daraus ein verfassungsrechtlicher Vorzug beziehungsweise die Unzulässigkeit der Stichwahl (1.) oder eines weiteren Wahlganges mir relativer Mehrheit (2.) ergibt.

1. Stichwahl als typisierende Vorwegnahme eines Kompromisses

Eine absolute Mehrheit kann mit Sicherheit – den unwahrscheinlichen Fall der Stimmengleichheit einmal ausgeblendet – nur bei *zwei* Alternativen zustande kommen. Wenn daher die Wahl auch bei einer Vielzahl an Kandidaten eine absolute Mehrheit hervorbringen soll, bedarf es für diese Konstellation eines mehrstufigen Wahlverfahrens der Reduktion auf zwei Kandidaten, zwischen denen eine abschließende Mehrheitsentscheidung erfolgen kann[256]. Auf diesem Grundgedanken beruht das verbreitete System der Stichwahl, das bei Verfehlung der absoluten Mehrheit im ersten Wahlgang lediglich die zwei stärksten Kandidaten zu einem weiteren Wahlgang zulässt und demnach eine Sicherheit für das Erreichen einer absoluten Mehrheit zu schaffen scheint. Allerdings finden sich an verschiedener Stelle kritische Stimmen zum Ausschluss der übrigen Kandidaten, der womöglich zu einer Beeinträchtigung der Wahlrechtsgrundsätze führt und den materiellen Gehalt einer solchen absoluten Mehrheit in Frage stellt.

a) Verhinderung einer freien Mehrheitsbildung

Einige Stimmen sehen die Stichwahl durch die Reduktion der Auswahl auf die beiden relativ stärksten Bewerber als „Eingriff in die passive Wahlgleichheit

---

[253] Siehe Art. 46 Abs. 1 S. 2 BayGLKrWG; § 45 Abs. 2 S. 1 BWGemO; § 72 Abs. 2 S. 2 BbgKWahlG; § 39 Abs. 1b S. 1 HessGO; § 67 Abs. 2 S. 2 LKWG MV; § 45g Abs. 2 S. 3 NKWG; § 46c Abs. 2 S. 1 KWahlG NRW; § 53 Abs. 1 S. 4 RhPfGO; § 72 Abs. 2 S. 3 SaarlKWG; § 30a Abs. 1 S. 1 SachsAnhKWG; § 47 Abs. 1 S. 3 SHGKWG; § 24 Abs. 8 S. 2 ThürKWG.

[254] Siehe Gesetz zur Änderung kommunalwahlrechtlicher und anderer Vorschriften vom 4. April 2023, Gesetzblatt für Baden-Württemberg vom 14.4.2023, Nr. 8, S. 137 f.

[255] Siehe § 44a Abs. 1 S. 2 i.V.m. Abs. 2 Nr. 4 SächsKomWG. Dieses Wahlverfahren unterscheidet sich von dem früheren Wahlverfahren in Baden-Württemberg im Detail dahingehend, dass in Baden-Württemberg gemäß § 45 Abs. 2 S. 2 Hs. 1 BWGemO a.F. eine Neuwahl vorgesehen war, für die ganz neue Wahlvorschläge eingereicht werden konnten, während in Sachsen gemäß § 44a Abs. 2 Nr. 1 und 2 SächsKomWG nur Vorschläge zurückgezogen, nicht aber neue unterbreitet werden dürfen.

[256] So bereits *G. Meyer*, Wahlrecht, 1901, S. 599; ähnlich *Wolf*, Stimmgewicht, 2016, S. 408.

der ausgeschlossenen Kandidatinnen und Kandidaten“[257] an. In ähnlicher Weise sei der Stichentscheid als Abstimmungsverfahren über Alternativanträge im Bundestag nach § 50 Abs. 2 S. 3 GO-BT als Verletzung des Antragsrechts der Abgeordneten einzuordnen[258]. Der nordrhein-westfälische Verfassungsgerichtshof hat einen Eingriff in die Wahlgleichheit abgelehnt, weil „die Auswahl der Teilnehmer und Teilnehmerinnen des Stichwahlgangs allein vom Wählerwillen abhängt“[259]. Dieses Argument erscheint jedoch unzureichend, wenn man eine Parallele zur Sperrklausel zieht. Insoweit könnte eine vergleichbare Mechanik bestehen, weil der Ausschluss der anderen Bewerber zwar an das Wählervotum anknüpft, aber vom Gesetzgeber durch die Ausgestaltung des Wahlsystems angeordnet wird und deshalb gerechtfertigt werden müsste[260]. Insofern genügt eine formale Erfolgschancengleichheit, wonach jeder Wahlvorschlag lediglich die gleiche Chance zur Überschreitung der gesetzgeberischen Schwelle hat, den verfassungsrechtlichen Anforderungen der Wahlgleichheit grundsätzlich nicht. Nach den Erkenntnissen zu den Wahlrechtsgrundsätzen müsste zudem die Beeinträchtigung der Chancengleichheit der Wahlbewerber zugleich mit einer Verengung der Wahlfreiheit einhergehen, weil die Wähler keine vollständige Auswahlfreiheit mehr haben, sondern die Auswahl gesetzlich auf zwei Wahlbewerber beschränkt wird. Die Stichwahl könnte demnach zugleich zu einer Verletzung der Chancengleichheit der Bewerber als auch der Entschließungsfreiheit der Wähler führen.

Dieser Ansatz geht allerdings fehl, weil sich eine Stichwahl zur Besetzung eines monokratischen Amtes bedeutend von einer Sperrklausel unterscheidet und demnach die verfassungsrechtliche Beurteilung der Mechanik anders ausfällt. Bei der Wahl einer Volksvertretung kann eine große Pluralität an Parteien, Wählergruppen und Kandidaten abgebildet werden, weil sich die Mehrheitsbildung anschließend in der Volksvertretung vollzieht. Eine Sperrklausel unterliegt einer strengen Rechtfertigungsprüfung, da sie die Verwirklichung des Mehrheitswillens regelmäßig eher beeinträchtigt als fördert. Die Wahl eines monokratischen Amtes muss hingegen aus der Pluralität der Wählerpräferenzen unmittelbar eine Mehrheit hervorbringen. Dafür müssen die Wähler der aussichtslosen Kandidaten auf nachrangige Präferenzen ausweichen und im Idealfall zur Bildung einer absoluten Mehrheit nur noch zwischen zwei Kandidaten wählen. Die Stichwahl ist demnach eine gesetzliche *Typisierung* dieses verfassungsrechtlich nötigen Auswahl- und Kompromissprozesses und lässt

---

[257] So die Argumentation des Landtages in VerfGH NRW, Urteil vom 20.12.2019, 35/19, S. 27; entsprechend *Dietlein*, in: ders./Heusch (Hrsg.), Kommunalrecht Nordrhein-Westfalen, 2020, Systematische Einführung zum Kommunalrecht Deutschlands Rn. 133.2; a.A. ohne nähere Begründung VerfGH NRW, Urteil vom 20.12.2019, 35/19, S. 44.

[258] Siehe *Kemmler*, Abstimmungsmethode, 1969, S. 197.

[259] VerfGH NRW, Urteil vom 20.12.2019, 35/19, S. 44.

[260] In diesem Sinne *Dietlein*, in: ders./Heusch (Hrsg.), Kommunalrecht Nordrhein-Westfalen, 2020, Systematische Einführung zum Kommunalrecht Deutschlands Rn. 133.2.

sich daher auf die Integrationsfunktion der Wahl im Sinne des Ausschlusses nicht mehrheitsfähiger Alternativen stützen. Insofern können die Wahlrechtsgrundsätze nicht während des gesamten Verfahrens die Möglichkeit der Einbringung jeder persönlichen Präferenz verlangen[261], sondern sind lediglich auf eine hinreichende Optimierung der Mehrheitsbildung ausgerichtet. Dieser Umstand verdeutlicht, warum das Mehrheitsprinzip als übergeordneter Wahlrechtsgrundsatz fungieren und damit zugleich die Auslegung der einzelnen Wahlrechtsgrundsätze im konkreten Fall leiten muss.

b) Nichtbeteiligung infolge des Ausscheidens des eigenen Favoriten

Die verfassungsrechtliche Beurteilung der Stichwahl muss daher anhand des Prinzips der absoluten Mehrheit als Optimierungsgebot erfolgen. Im Rahmen der Debatte um die Ausgestaltung der Direktwahl der kommunalen Hauptverwaltungsbeamten kritisieren insofern einige Stimmen,

> „dass der in der Stichwahl siegreiche Kandidat beziehungsweise die siegreiche Kandidatin im ersten Wahlgang ebenfalls keine absolute Mehrheit habe erzielen können und dies im zweiten Wahlgang nur gelinge, weil vorher die Zahl der zur Wahl stehenden Kandidatinnen und Kandidaten auf zwei reduziert und so die mathematischen Bedingungen für die absolute Mehrheit künstlich geschaffen würden.“[262]

In diesem Fall könnte das Fernbleiben von solchen Wählern nicht als neutrales Votum gegenüber dem letztlich gewählten Kandidaten aufgefasst werden, wodurch die in einer Stichwahl erreichte Mehrheit des obsiegenden Kandidaten lediglich als relative Mehrheit aufzufassen sei[263]. Dieser Einwand gegen die Stichwahl greift aber bei genauerer Betrachtung nicht durch.

Zunächst nimmt dieser Ansatz einen kategorialen Unterschied zur Abstimmung an, bei der jeder seinen Willen durch Zustimmung oder Ablehnung zum Ausdruck bringen könne[264], der bei näherer Betrachtung nicht existiert. Denn auch bei Abstimmungen ist es möglich, dass Abstimmungsberechtigte eigentlich einen anderen, nicht mehrheitsfähigen Änderungsantrag präferieren und zugleich keinesfalls den Status quo aufrechterhalten wollen. Da die Ablehnung des abschließend zur Abstimmung stehenden Antrages praktisch die Aufrechterhaltung des Status quo bedingt, ist in einem solchen Fall eine Ablehnung beider Alternativen Ja und Nein, die nur durch Enthaltung oder Nichtteilnahme

---

[261] So aber *Dietlein*, in: ders./Heusch (Hrsg.), Kommunalrecht Nordrhein-Westfalen, 2020, Systematische Einführung zum Kommunalrecht Deutschlands Rn. 133.2.

[262] So die Argumentation der Landesregierung in VerfGH NRW, Urteil vom 20.12.2019, 35/19, S. 31 f.; ähnlich kritisch *Mehde*, Stichwahlen, in: KommJur 2013, S. 446 (447); *Dietlein*, in: ders./Heusch (Hrsg.), Kommunalrecht Nordrhein-Westfalen, 2020, Systematische Einführung zum Kommunalrecht Deutschlands Rn. 133.2.

[263] In diesem Sinne *Natus*, Verfassungsmissbrauch, 2017, S. 188, der insoweit von einer „relativen Mehrheit von über 50 %“ spricht.

[264] Siehe *Natus*, Verfassungsmissbrauch, 2017, S. 188.

zum Ausdruck gebracht werden kann, nicht widersprüchlich, sondern konsequent. Die Legitimation der auf diese Weise durch eine einfache Mehrheit zustande gekommenen Entscheidung wird zu Recht nicht in Frage gestellt.

Dies ist konsequent, weil das Demokratieprinzip auf praktische Wirksamkeit ausgerichtet ist. Danach bedarf es für die Mehrheitsbildung regelmäßig eines Kompromisses in Form der Abgabe nachrangiger Präferenzen, der jedoch nicht erzwungen werden kann. Die Stichwahl fungiert in dieser Hinsicht lediglich als typisierende Vorwegnahme eines Kompromissversuches. Soweit sich Wähler an diesem Wahlakt und damit an dem Kompromiss bewusst nicht beteiligen, weil sie weiterhin einen anderen Kandidaten präferieren und dies nicht zum Ausdruck bringen konnten, kann die Stichwahl im materiellen Sinne zwar lediglich als Surrogat für eine *relative* Mehrheitsentscheidung fungieren[265]. Dies ist aber unschädlich, weil infolge der Notwendigkeit der Ämterbesetzung ein Rückgriff auf die relative Mehrheit nachrangig zulässig ist. Zugleich zielt die Obliegenheit zur materiellen Teilnahme am demokratischen Willensbildungsprozess auf die Bereitschaft zum Kompromiss ab, den die Stichwahl in typisierender Weise vorwegnimmt. Wenn daher die Nichtbeteiligung eines Wählers, der von vorneherein alle aufgestellten Kandidaten ablehnt und deshalb auf die Wahlteilnahme verzichtet, irrelevant ist[266], muss dies prinzipiell ebenso bei einer Stichwahl gelten. Die Stichwahl kann und muss daher keine unzweifelhafte, wirkliche Mehrheit im absoluten Sinne hervorbringen, sondern lediglich eine hinreichende Annäherung an den Mehrheitswillen des Wahlvolkes bewirken.

Eine hinreichende Optimierung der Mehrheitsbildung könnte die Stichwahl verfehlen, weil in einem solchen Verfahren womöglich diejenige Alternative ausscheidet, die zwar zunächst weniger Stimmen gewonnen hat, letztlich jedoch als Kompromisslösung eigentlich von der Mehrheit befürwortet worden wäre[267]. Diese Gefahr steigt mit zunehmender Kandidatenzahl aus demselben politischen Lager, wie etwa die französische Präsidentschaftswahl von 2002 anschaulich zeigte[268]. Da in der Demokratie nicht die größtmögliche relative Mehrheit an Erstpräferenzen, sondern die unter Umständen nur aus nachrangigen Präferenzen gebildete Mehrheit der Wähler entscheidungsbefugt sein soll,

---

[265] So explizit *Natus*, Verfassungsmissbrauch, 2017, S. 188; angedeutet bei *Bätge*, Stellungnahme zum Gesetzentwurf der Landesregierung Drs. 17/3776 und zum Änderungsantrag Drs. 17/4305 des Landtages Nordrhein-Westfalen, Stellungnahme 17/1194, S. 7: „Wer in diesem zweiten Wahlgang die relative Mehrheit erringt, erreicht mathematisch zwangsläufig zugleich auch die absolute Mehrheit."

[266] Siehe bereits oben II. 1. b).

[267] Dazu *Kemmler*, Abstimmungsmethode, 1969, S. 197; *Heun*, Mehrheitsprinzip, 1983, S. 138.

[268] Siehe *Zicht*, Integrierte Stichwahl. Mehr Demokratie bei Bürgermeisterwahlen, Positionspapier Nr. 14 vom 17.12.2011, S. 6 ff.; *Benken*, Wahlsysteme, 2022, S. 54.

erscheint dieses Verfahren demokratisch prekär[269]. Es kann sogar dazu kommen, dass zwei Bewerber in die Stichwahl einziehen, die eigentlich beide von einer großen Mehrheit des Volkes abgelehnt werden[270]. Dadurch kann das Ergebnis der Stichwahl trotz formaler Mehrheit deutlich von der tatsächlichen Mehrheit entfernt sein. Da ein solches Ergebnis bei der relativen Mehrheitsentscheidung im zweiten Wahlgang genauso wenig ausgeschlossen ist, spricht dies aber nicht gegen eine Stichwahl. In dieser Hinsicht ist zwar auch der Losentscheid über den Einzug in die Stichwahl gemäß § 46c Abs. 2 S. 4 KWahlG NRW sachlich wenig originell, aber verfassungsrechtlich nicht zu beanstanden. Der Einzug in die Stichwahl kann auch abseits dieses Falles vergleichsweise zufällig sein, wenn ein Kandidat den Einzug lediglich mit wenigen Stimmen verpasst oder sogar mit einem großen Abstand, jedoch der eigentlich von der Mehrheit der Wähler präferierte Kandidat gewesen wäre.

c) Taktische Anreize durch eine Stichwahl

Verfassungsrechtlich bedenklich erscheint jedoch die durch die Stichwahl mögliche „Verletzung des Monotonie-Kriteriums"[271]. Das Monotonie-Kriterium wird etwa durch das „negative Stimmgewicht" verletzt, weil sich die Abgabe einer Stimme für die Partei negativ für diese auswirken kann[272]. Die Beachtung des Monotonie-Kriteriums kann insofern als verfassungsrechtliche Anforderung aus der Unmittelbarkeit der Wahl im Sinne der abstrakten Vorhersehbarkeit der Stimme hergeleitet werden[273]. Man könnte insofern eine Vergleichbarkeit mit der Stichwahl annehmen, wenn der gewünschte Kandidat nur deshalb gewinnt, weil die Wähler ihre Stimmen im früheren Wahlgang nicht diesem sondern einem anderen relativ starken Kandidaten gegeben haben, der in der Folge einen in der Stichwahl überlegenen Konkurrenten ausgeschlossen hat. Allerdings besteht ein wesentlicher Unterschied zum Phänomen des negativen Stimmgewichts dahingehend, dass diese Stimmen keinesfalls negativ wirken, sondern ihre positive Wirkung im jeweiligen Wahlgang behalten. Nur die Abgabe einer gewissen Anzahl an Stimmen durch Anhänger des Kandidaten X an einen bestimmten anderen Kandidaten Y würde einem dritten Kandidaten Z schaden, indem dieser nicht in die Stichwahl einzieht, und dadurch der

---

[269] Anders hingegen mit dem Argument des höheren Gewichts der Erstpräferenzen *Trendelenburg*, Methode, 1850, S. 31 f.

[270] In diesem Sinne die Begründung für den Gesetzentwurf über die Reichspräsidentenwahl, die sich deshalb für einen echten zweiten Wahlgang mit der Möglichkeit neuer Kandidaten entschloss, nachgewiesen bei *Kaisenberg*, Wahl, 1925, S. 1.

[271] Siehe *Benken*, Wahlsysteme, 2022, S. 54; ferner *Zicht*, Integrierte Stichwahl. Mehr Demokratie bei Bürgermeisterwahlen, Positionspapier Nr. 14 vom 17.12.2011, S. 10 f.

[272] So *Behnke*, Wahlsystem, 2007, S. 185; zum negativen Stimmgewicht bereits oben Teil 2, B. II. 1.

[273] In diesem Sinne *Behnke*, Wahlsystem, 2007, S. 185 f.

Erfolg des Kandidaten X in der Stichwahl ermöglicht wird[274]. Im Gegensatz zum negativen Stimmgewicht wäre ein solcher taktischer Missbrauch aber kein unvorhersehbarer, widersinniger Effekt für den Wähler, sondern beruht gerade auf einem bewussten Ausnutzen und damit einer *Vorhersehbarkeit* dieser Konstellation, sodass kein Verstoß gegen den Unmittelbarkeitsgrundsatz erkennbar ist. Insoweit ließe sich ein Vergleich mit dem mehrstufigen Prozess der Mehrheitsbildung bei der Kanzlerwahl infolge einer Parlamentswahl ziehen, bei der eine Partei an der Sperrklausel zu scheitern droht. Aus taktischen Erwägungen könnte ein Teil der Wähler einer nahestehenden Partei nun jener Partei ihre Stimme geben, um damit deren Einzug und eine Koalitionsregierung mit der eigenen Partei zu ermöglichen. Wenngleich hierdurch die Alleinregierung einer dritten Partei und die Wahl ihres Spitzenkandidaten zum Kanzler verhindert würde, würde zu Recht niemand einen Vergleich mit dem negativen Stimmgewicht anstellen und eine Beeinträchtigung des Unmittelbarkeitsgrundsatzes annehmen.

Neben einem solchen taktischen Missbrauch des Wahlverfahrens können auch im ersten Wahlgang taktische Erwägungen wie bei einer einstufigen, relativen Mehrheitswahl auftreten, bei denen Wähler von ihrer Erstpräferenz abweichen, um den Einzug wenigstens eines vorrangig präferierten Kandidaten in die Stichwahl sicherzustellen[275]. Jedoch ist taktisches Wahlverhalten und strategischer Missbrauch als Folge der Wahlfreiheit in keinem demokratischen Entscheidungsverfahren vollständig ausgeschlossen[276]. Ein mehrstufiges Verfahren wie eine Stichwahl mildert diesen Anreiz gegenüber einer einstufigen, relativen Mehrheitswahl allerdings deutlich ab, weil die Wähler zumindest eine nachrangige Präferenz mit Sicherheit zum Ausdruck bringen können[277]. Eine theoretisch wie praktisch unmögliche Perfektionierung kann nicht verlangt werden, sodass die Stichwahl verfassungsrechtlich nicht zu beanstanden ist.

d) Zwischenergebnis: Stichwahlmehrheit als relative Mehrheit im materiellen Sinne

Einige ziehen die Stichwahl gegenüber einem echten zweiten Wahlgang vor, da hiermit eine absolute Mehrheit garantiert werden könne[278]. Allerdings wird

---

[274] Siehe das Beispiel und die Argumentation bei *Zicht*, Integrierte Stichwahl. Mehr Demokratie bei Bürgermeisterwahlen, Positionspapier Nr. 14 vom 17.12.2011, S. 10 f.; *Benken*, Wahlsysteme, 2022, S. 54 Fn. 60.

[275] Dazu *Seybold*, Qual, in: DVP 2021, S. 79 (81); *Benken*, Wahlsysteme, 2022, S. 53 f.

[276] Dazu ausführlich *Kern/Nida-Rümelin*, Logik, 1994, S. 69 ff. Taktisches Wahlverhalten kann daher selbst im reinen Verhältniswahlsystem auftreten, dazu bereits oben Teil 2, B. V. 1. c).

[277] So explizit *Seybold*, Qual, in: DVP 2021, S. 79 (81); siehe bereits oben Teil 2, B. III. 3. b).

[278] So *Backmann*, Direktwahl, 2006, S. 344 f.; im Ergebnis auch *Decker*, Demokratie, in: v. Arnim (Hrsg.), Volkssouveränität, Wahlrecht und direkte Demokratie, 2014, S. 77 (87).

die absolute Mehrheit im Stichwahlgang häufig nur im *formellen*, nicht aber *materiellen* Sinne erreicht, weil manche Wähler dem typisierenden Kompromissvorschlag zwischen den beiden im ersten Wahlgang stärksten Kandidaten nicht zustimmen. Zugleich kann es auf diese Weise zu widersprüchlichen Effekten kommen und der tatsächlich von einer Mehrheit präferierte Kandidat nicht einmal in die Stichwahl einziehen. Eine Stichwahl muss keinen Vorrang gegenüber einem zweiten Wahlgang mit relativem Mehrheitserfordernis genießen, jedoch genauso wenig verfassungsrechtlich nachrangig sein.

2. Weiterer Wahlgang mit relativer Mehrheit als Möglichkeit eines freiwilligen Kompromisses

Das mehrstufige Wahlsystem, in dem nachrangig eine relative Mehrheit genügt, ist von seinem Prinzip bereits hinsichtlich der Bundeskanzler- und Bundespräsidentenwahl erörtert worden. Die verfassungsrechtliche Fundierung bei diesen beiden Wahlakten spricht deutlich für die generelle verfassungsrechtliche Zulässigkeit bei der Wahl monokratischer Ämter. Die Besonderheit einer Direktwahl könnte jedoch das System einer nachrangigen, relativen Mehrheitsentscheidung dahingehend in Frage stellen, ob auf diese Weise eine hinreichende Optimierung der Mehrheitsbildung erreicht wird.

a) Verständigung im parlamentarischen Wahlverfahren

Gegen einen zweiten Wahlgang mit relativem Mehrheitserfordernis könnte sprechen, dass dieser nicht in hinreichendem Maße auf einen Kompromiss zur Bildung einer absoluten Mehrheit hinwirkt. Insbesondere der im ersten Wahlgang stärkste Kandidat und seine Wähler haben wenig Motivation, sich auf einen Kompromiss einzulassen. In dieser Hinsicht kritisieren einige Stimmen in der Literatur das Verfahren der Bundespräsidentenwahl, weil die größte Gruppe in der Bundesversammlung bei mehr als zwei Kandidaten zumindest die relative Mehrheit im dritten Wahlgang erreichen werde und die ersten beiden Wahlgänge daher kompromisslos verstreichen lassen könnte[279]. Soweit die allermeisten Wähler wie im ersten Wahlgang abstimmen und damit kaum nachrangige Präferenzen zum Ausdruck bringen, besteht im Ergebnis kein relevanter Unterschied zu einer einstufigen, relativen Mehrheitswahl. Folglich kann sogar im zweiten Wahlgang ein *Condorcet-Verlierer* obsiegen, der im Vergleich mit jedem anderen Kandidaten mehrheitlich unterlegen wäre. Dies wäre hingegen bei einer Stichwahl ausgeschlossen[280], weil die Wähler bei einem sol-

[279] Siehe *Hermens*, Verfassungslehre, 1968, S. 409; *Jülich*, Wahl, in: DÖV 1969, S. 92 (96); *Magsaam*, Mehrheit, 2014, S. 338.

[280] So etwa *Siwik*, Stellungnahme zum Gesetzentwurf der Landesregierung Drs. 17/3776 und zum Änderungsantrag Drs. 17/4305 des Landtages Nordrhein-Westfalen, Stellungnahme 17/1190 vom 10.2.2019, S. 1.

chen direkten Vergleich entsprechend ihrer Präferenz konsequenterweise den anderen Kandidaten mehrheitlich wählen werden. Zunächst nachvollziehbar erscheint daher der Vorschlag, zur Vermeidung eines untätigen Verstreichens der Wahlgänge bei der Bundespräsidentenwahl an Stelle eines weiteren Wahlganges mit einer relativen Mehrheit eine Stichwahl vorzusehen[281].

Allerdings geht es in teleologischer Hinsicht weniger um eine numerische Betrachtungsweise, sondern um die Legitimationswirkung des Verfahrens, die sich in der *Möglichkeit* einer Kompromiss- und Mehrheitsbildung durch Berücksichtigung der nachrangigen Präferenzen auszeichnet[282]. Der allein im politischen Sinne relevante Vorwurf eines kompromisslosen Verstreichens kann daher weniger der größten Gruppe gemacht werden, die tendenziell am meisten Aussicht auf eine absolute Mehrheit hat, sondern den übrigen Gruppierungen, die sich durch einen Zusammenschluss und eine Einigung auf einen Kandidaten den Wahlsieg sogar mit der absoluten Mehrheit hätten verschaffen können[283]. Zudem ist der geäußerten Kritik entgegenzuhalten, dass ein solches kompromissloses Verstreichen und eine Wahl mit relativer Mehrheit jedenfalls bei parlamentarischen Wahlverfahren nicht der regelmäßigen Praxis entspricht[284]. Dies zeigen etwa die Wahlen der Bundespräsidenten *Roman Herzog* und *Christian Wulff*, die im dritten Wahlgang noch die absolute Mehrheit erringen konnten[285]. Dies kann darauf zurückzuführen sein, dass zwischen den Wahlgängen innerhalb der Fraktionen und zwischen diesen ein umfangreicher Austausch und eine Verständigung stattfinden kann. Bei einer indirekten Wahl können zudem unproblematisch mehrere Wahlgänge durchgeführt werden und eine zunehmende Annäherung an die Mehrheit auf diese Weise erfolgen. Schließlich ist für indirekte Wahlen ein im Demokratieprinzip verankerter, verfassungsrechtlicher Vorzug der Stichwahl schon in systematischer Hinsicht abzulehnen, weil der Verfassunggeber dieses Verfahren in Art. 54 Abs. 6 S. 2 GG und Art. 63 Abs. 4 S. 1 GG an Stelle eines Stichwahlsystems gewählt hat.

b) Kompromiss- und Mehrheitsbildung in einer Direktwahl

Bei einer Direktwahl gestaltet sich die Erzeugung eines mehrheitlichen Kompromisses durch das freiwillige Verhalten der Akteure im Gegensatz zu einer indirekten Wahl allerdings deutlich schwieriger[286]. Eine Bereitschaft zum Kompromiss kann dabei in negativer Hinsicht sogar zu der – bei der einstufigen, relativen Mehrheitswahl im Hinblick auf die Chancengleichheit als pro-

---

[281] Hierfür ausdrücklich *Jülich*, Wahl, in: DÖV 1969, S. 92 (96).

[282] Dazu bereits näher oben A. III. 2. b).

[283] In diese Richtung *Magsaam*, Mehrheit, 2014, S. 338.

[284] So *Magsaam*, Mehrheit, 2014, S. 542.

[285] Siehe www.bundestag.de/resource/blob/516124/6d75eabe15597ca057f717347bf4bb97/01_ergebnisse_der_bundespraesidentenwahlen-data.pdf (letzter Abruf: 31.7.2024).

[286] Dazu bereits oben A. III. 2. b).

blematisch erachteten – Situation führen, in der ein Wahlbewerber seine Kandidatur für den zweiten Wahlgang zurückzieht, obwohl er sogar der *Condorcet-Gewinner* gewesen wäre oder zumindest mehr Stimmen als die anderen Wahlvorschläge erhalten hätte. Diese Situation ist aber ebenso durch das Ausscheiden bei einer Stichwahl möglich. Außerdem kann sich der Wähler im zweiten Wahlgang wie bei einer einstufigen, relativen Mehrheitswahl im Dilemma zwischen seiner eigentlichen Präferenz und einer nachrangigen, womöglich aussichtsreicheren Präferenz befinden. Dieses Dilemma ist jedoch unschädlich, weil eine Kompromissbildung durch ein Ausweichen auf nachrangige Präferenzen in weiteren Wahlgängen erforderlich ist, um sich einer absoluten Mehrheit wenigstens anzunähern. Der bedeutende und verfassungsrechtlich relevante Unterschied zu einer einstufigen, relativen Mehrheitswahl liegt insoweit darin, dass die Wähler zunächst ihre vorrangige Präferenz abgeben und ein Ausweichen auf eine nachrangige Präferenz erst in Kenntnis des Ergebnisses des ersten Wahlganges treffen müssen, womit sowohl die Entschließungsfreiheit, die Erfolgswertgleichheit als auch die Chancengleichheit der Wahlbewerber *optimiert* wird[287].

Da im Gegensatz zu einer indirekten Wahl deutlich weniger Interaktion und Austausch möglich ist, übt bei wirklichkeitsnaher Betrachtung das im ersten Wahlgang zum Ausdruck kommende Stärkeverhältnis maßgeblichen Einfluss auf die Entscheidung aus[288]. In der Folge wird sich ein etwaiger Kompromiss häufig auf einen der beiden stärksten Kandidaten beziehen und damit eine faktische Annäherung an die Stichwahl erfolgen. Als prägnantes Beispiel kann wiederum die Bürgermeisterwahl in Görlitz 2019 fungieren, bei der sich außer dem AfD-Kandidaten alle anderen Kandidaten zugunsten des CDU-Kandidaten zurückgezogen haben, obwohl etwa die von den Grünen nominierte Kandidatin nur knapp weniger Stimmen erhielt[289]. Auch ohne den rechtlichen *Kompromisszwang* der Stichwahl wird deshalb ein hinreichender faktischer *Kompromissdruck* auf die schwächeren Kandidaten und ihre Wähler ausgeübt.

Dennoch sind Fälle möglich, in denen sich nachrangige Bewerber beziehungsweise Wähler auf einen Kompromiss verständigen und demnach jemand gewinnt, der nicht zu den beiden relativ stärksten Kandidaten im ersten Wahlgang gehörte. Wie das Beispiel der französischen Präsidentschaftswahl 2002 zeigt, können sich Kandidaten aus demselben politischen Lager derart die Stimmen gegenseitig wegnehmen, dass keiner von ihnen in die Stichwahl einzieht, obwohl einer von diesen sogar von der Mehrheit der Wähler gegenüber

---

[287] Siehe oben Teil 2, B. III. 3. b), IV. 3. b) und V. 3. b).

[288] In diesem Sinne bereits die Begründung für den Gesetzentwurf über die Reichspräsidentenwahl, nachgewiesen bei *Kaisenberg*, Wahl, 1925, S. 2.

[289] Siehe oben Teil 2, B. III. 3. b).

den Stichwahlkandidaten präferiert worden wäre[290]. Ein weiterer Wahlgang mit relativem Mehrheitserfordernis hätte womöglich eine Verständigung zwischen diesen Kandidaten und sogar eine absolute Mehrheit für einen dieser Kandidaten hervorgebracht. Allerdings würde auch in einem solchen Fall voraussichtlich der im ersten Wahlgang stärkste Kandidat auf seine Kandidatur pochen, obwohl ein im ersten Wahlgang schwächerer Kandidat eher der Kompromisskandidat der Mehrheit gewesen wäre. Ebenso ist in solchen Konstellationen, bei der eine ausgeprägte Pluralität des politischen Lagers prinzipiell nicht für dessen Kompromissfähigkeit spricht, nicht auszuschließen, dass ein nachträglicher Kompromiss scheitert und das Ergebnis des zweiten Wahlganges dem des ersten Wahlganges gleicht.

Das Ergebnis des ersten Wahlganges ist auch insoweit beachtlich, als wie bei der Stichwahl bereits auf der Ebene der Erstpräferenzen taktische Erwägungen eine Rolle spielen können. Weil das Ergebnis des ersten Wahlganges zwar nicht *rechtlich* aber doch *faktisch* regelmäßig beachtlichen Einfluss auf die Erfolgsaussichten der Kandidaten nimmt, kann für die Wähler vermeintlich schwacher Kandidaten ein Anreiz für das Ausweichen auf nachrangige Präferenzen schon im ersten Wahlgang bestehen, der allerdings gegenüber einer einstufigen, relativen Mehrheitswahl deutlich gemindert ist. Ebenso wie bei einer Stichwahl kann ein weiterer Wahlgang mit relativem Mehrheitserfordernis den Erfolg eines Kandidaten vereiteln, obwohl dieser in mathematischer Theorie der *Condorcet-Gewinner* oder zumindest der am stärksten präferierte Kandidat gewesen wäre. Die materielle Aussagekraft des Endergebnisses bleibt daher nicht nur bei einer Stichwahl, sondern auch beim zweiten Wahlgang mit relativer Mehrheitsentscheidung beschränkt.

Ein eindeutiger Vorzug eines der beiden Wahlverfahren ist nicht ersichtlich, sondern hängt im Einzelfall von der konkreten Anzahl und Verteilung der Kandidaten auf die politischen Lager und deren Kompromissfähigkeit ab. Verfassungsrechtlich entscheidend ist, dass beide Verfahren gegenüber einer einstufigen, relativen Mehrheitswahl einen zweiten Versuch zur Bildung einer absoluten Mehrheit unternehmen und damit dem Wähler die *Chance* geben, zumindest mit einer nachrangigen Präferenz noch Einfluss auf die Mehrheitsbildung zu nehmen.

Schließlich könnte man beide Wahlverfahren aber auch derart verbinden, dass Kandidaten bereits im ersten Wahlgang ein gewisses Mindestquorum erreichen müssen und nur unter dieser Bedingung in einen zweiten Wahlgang mit relativem Mehrheitserfordernis einziehen[291]. Allerdings können in einem sol-

---

[290] Siehe dazu *Zicht*, Integrierte Stichwahl. Mehr Demokratie bei Bürgermeisterwahlen, Positionspapier Nr. 14 vom 17.12.2011, S. 6 ff., der damit den Vorzug einer integrierten gegenüber einer klassischen Stichwahl begründet.

[291] Ein solches Wahlsystem ist etwa aus Frankreich bekannt, siehe *Hermens*, Verfassungslehre, 1968, S. 354; *Sacksofsky*, Wahlrecht, in: Morlok/Schliesky/Wiefelspütz (Hrsg.), Parlamentsrecht, 2016, § 6 Rn. 8; *Matauschek*, Wahlsystemreform, 2020, S. 224 Fn. 752.

chen Mischmodell zwischen Stichwahl und weiterem Wahlgang mit relativem Mehrheitserfordernis dieselben Probleme auftauchen wie in der Reinform der jeweiligen Wahlsysteme und ihr Vorzug wiederum von den Zufällen der konkreten Wahl abhängen, sodass kein verfassungsrechtlicher Vorzug im Hinblick auf die Optimierung der Mehrheitsbildung festzustellen ist.

c) Zwischenergebnis: Vielfältige Ergebnisse im zweiten Wahlgang durch relative Mehrheit

Die im parlamentarischen Raum erkennbare Dominanz einer nachrangigen relativen Mehrheitsentscheidung, die durch einen echten Aushandlungsprozess der Abgeordneten sogar noch zu einer absoluten Mehrheit führen kann, besteht bei einer direkten Wahl nachvollziehbarerweise nicht. Da sich der Verständigungsprozess erheblich schwieriger gestaltet, wird regelmäßig das Wahlergebnis des ersten Wahlganges mögliche Kompromisse und damit die Erfolgschancen der Wahlbewerber beeinflussen. Häufig ist die Wahl damit praktisch auf die beiden im ersten Wahlgang stärksten Kandidaten beschränkt, sodass eine faktische Annäherung an eine Stichwahl erfolgt. Es ist aber ebenso möglich, dass tatsächlich noch ein anderer Kandidat gewählt oder schlicht das Ergebnis des ersten Wahlganges wiederholt wird.

3. Ergebnis: Klassische Mehrstufigkeit als Annäherung an den Mehrheitswillen

Bei einer wirklichkeitsnahen Betrachtung lässt sich demnach kein verfassungsrechtlicher Vorzug hinsichtlich der Mehrheitsbildung zwischen den beiden Klassikern der mehrstufigen Wahlverfahren feststellen. Dass im Falle eines weiteren Wahlganges mit einem relativen Mehrheitserfordernis häufig keine absolute Mehrheit erreicht wird, ist unschädlich, weil auch die Stichwahl eine absolute Mehrheit häufig lediglich im formellen Sinne, nicht aber im materiellen Sinne hervorbringt. Auf formal unterschiedliche Weise geben die beiden Wahlverfahren die Möglichkeit, zumindest eine nachrangige Präferenz zum Ausdruck zu bringen. Sie streben damit gleichermaßen die Bildung einer absoluten Mehrheit an, wenngleich diese aufgrund ihrer theoretischen und praktischen Hürden immer mit Unschärfen verbunden ist und beide Verfahren daher unvollkommen bleiben. Dies ist jedoch verfassungsrechtlich unschädlich, weil keine unmögliche Perfektionierung, sondern lediglich eine hinreichende Optimierung der Mehrheitsbildung erfolgen muss.

II. Die Wahlverfahren der integrierten Mehrstufigkeit

Neben diesen beiden Wahlverfahren der echten Mehrstufigkeit mit einem weiteren Wahlgang gab es hinsichtlich der Ausgestaltung der Direktwahl kommunaler Hauptverwaltungsbeamter Vorschläge für zwei Wahlverfahren, die eine

Mehrstufigkeit im Sinne der Berücksichtigung nachrangiger Präferenzen in einen einzigen Wahlgang integrieren und damit den Aufwand eines weiteren Wahlganges vermeiden. Dabei handelt es sich um die teilweise im Ausland angewendeten Verfahren der Alternativstimme (1.) und der integrierten Stichwahl (2.), die womöglich als Pendant der klassischen Wahlverfahren fungieren und damit einer entsprechenden verfassungsrechtlichen Einordnung zugeführt werden können.

1. Alternativstimme als unzureichende Integration eines zweiten Wahlganges

Bei der Direktwahl kommunaler Hauptverwaltungsbeamter könnte an die Stelle eines weiteren Wahlganges eine Alternativstimme treten[292]. Diese wurde bereits bei der Ausgestaltung der Direktwahl des Reichspräsidenten erwogen, aber aufgrund der Unsicherheit über deren Auswirkungen abgelehnt[293]. Dieses Wahlverfahren findet heute etwa bei der Bürgermeisterwahl in London Anwendung[294]. Ferner schlugen bereits vor langer Zeit einige Stimmen in der Literatur die Alternativstimme als Ausgleichsmechanismus für die Sperrklausel vor[295]. Zudem war sie auch Gegenstand der Überlegungen der Wahlreform zur Nichtzuteilung der Direktmandate bei fehlender Zweitstimmendeckung, um gegebenenfalls einen Ersatzkandidaten aus dem Wahlkreis auszuwählen[296]. Hieran zeigt sich erneut die Relevanz einer allgemeinen Dogmatik des Wahlrechts, da sich sowohl für eine Mehrheitswahl zur Besetzung eines monokratischen Amtes als auch für die Verhältniswahl mit einer Sperrklausel ähnliche Fragestellungen und Vorschläge ergeben können.

a) Alternativstimme als Ersatzmechanismus für eine gesetzliche Sperrklausel

Gegen eine Alternativstimme als Ausgleichsmechanismus für eine Sperrklausel könnte zunächst die Komplexität dieser zusätzlichen Stimme sprechen, die womöglich zu mehr ungültigen oder fälschlich abgegebenen Stimmen führt[297].

---

292 Für diesen Vorschlag *Holste*, Stichwahl, in: ZRP 2007, S. 94 (96); *Seybold*, Stichwahl, in: DVP 2010, S. 453 (455 f.).

293 Siehe die Begründung für den Gesetzentwurf über die Reichspräsidentenwahl, nachgewiesen bei *Kaisenberg*, Wahl, 1925, S. 2.

294 Hinweis bei *Holste*, Stichwahl, in: ZRP 2007, S. 94 (96); *Seybold*, Stichwahl, in: DVP 2010, S. 453 (455).

295 Für die Einführung *Speckmann*, Klausel, in: ZRP 1970, S. 198 (198); *Linck*, Gestaltung, in: DÖV 1984, S. 884 (884 ff.); *Jesse*, Wahlrecht, 1985, S. 258 ff.; *Wenner*, Sperrklauseln, 1986, S. 412; *Benken*, Wahlsysteme, 2022, S. 60 ff.; dagegen *Wendt*, Sperrklauseln, in: Ruffert (Hrsg.), FS Schröder, 2012, S. 431 (454 ff.).

296 Siehe zu diesem nicht realisierten Vorschlag *Grzeszick*, Gleichheit, in: NVwZ 2023, S. 286 (286 f.); *Wischmeyer*, Erststimmensieger, in: JZ 2023, S. 105 (111 ff.).

297 So BVerfGE 146, 327 (359 Rn. 81); *Buchwald/Rauber/Grzeszick*, Sperrklausel, in: LKRZ 2012, S. 441 (445); ausführliche Auseinandersetzung bei *Heußner*, Sperrklausel, in: LKRZ 2014, S. 52 (53 ff.).

Dies wäre jedenfalls problematisch, wenn dabei Erstpräferenzen der Wähler verloren gehen, die nicht ohne Weiteres durch den Erfolg nachrangiger Präferenzen im Wege der Alternativstimme aufgewogen werden können[298]. Es geht hier nämlich nicht um eine Bildung der absoluten Mehrheit aus nachrangigen Präferenzen, sondern in erster Linie um die möglichst adäquate Abbildung der Erstpräferenzen, weil sich die Kompromiss- und Mehrheitsbildung auf der Grundlage der parteipolitischen Stärkeverhältnisse prinzipiell erst im Parlament vollzieht. Allerdings gibt die Alternativstimme lediglich die Möglichkeit eine zweite Präferenz zum Ausdruck zu bringen, sodass deren Bedeutung im Vergleich zum Zweistimmensystem des Bundeswahlgesetzes sogar leichter zu erfassen und damit zumutbar wäre[299]. Zur Vermeidung etwaiger Unklarheiten böte die ursprünglich bei der Wahlreform im Jahr 2023 geplante Ersetzung der Begriffe der Erst- und Zweitstimme durch Haupt- und Wahlkreisstimme eine geeignete Grundlage für die Ergänzung der Hauptstimme um eine Alternativstimme[300]. Der Grundsatz der Allgemeinheit der Wahl als Schutz vor unzumutbaren praktischen und intellektuellen Hürden ließe sich demnach nicht gegen eine Alternativstimme in Stellung bringen[301].

Die Alternativstimme ist ebenso hinsichtlich ihrer Wirkungsweise verfassungsrechtlich unbedenklich. Da allein die Wähler durch eine ihrer beiden Stimmen über den Einzug der Parteien entscheiden und die Wirkung der Haupt- wie auch Alternativstimme nach den Regeln des Wahlsystems selbst abstrakt vorhersehbar ist, beeinträchtigt sie den Grundsatz der Unmittelbarkeit nicht[302]. Die Alternativstimme zählt nur, wenn die Hauptstimme infolge der Sperrklausel nicht zum Zuge kommt, weshalb ein doppelter Erfolg und eine

---

298 Dazu näher *Heußner*, Sperrklausel, in: LKRZ 2014, S. 52 (55); siehe bereits oben A. III. 1. b).

299 In diesem Sinne *Wenner*, Sperrklauseln, 1986, S. 414 ff.; *Heußner*, Sperrklausel, in: LKRZ 2014, S. 52 (54). Auch nach Auffassung von *A. Thiele*, Neugestaltung, in: ZRP 2017, S. 105 (107); *Benken*, Wahlsysteme, 2022, S. 68 f. hält sich die Komplexität in Grenzen und bleibt damit zumutbar.

300 Siehe zur ursprünglich geplanten Begrifflichkeit den § 1 Abs. 2 im Gesetzentwurf der Fraktionen SPD, Bündnis 90/Die Grünen und FDP zur Änderung des Bundeswahlgesetzes und des Fünfundzwanzigsten Gesetzes zur Änderung des Bundeswahlgesetzes vom 24.1.2023, BT-Drs. 20/5370, S. 5. Zur näheren Gestaltung des Stimmzettels – wenngleich ohne Berücksichtigung einer Wahlkreisstimme – *Decker*, Sperrklausel, in: ZParl 47 (2016), S. 460 (465 ff.).

301 Ebenso *Wischmeyer*, Erststimmensieger, in: JZ 2023, S. 105 (112).

302 So *Buchwald/Rauber/Grzeszick*, Sperrklausel, in: LKRZ 2012, S. 441 (445); *Damm*, Nebenstimme, in: DÖV 2013, S. 913 (919); *Heußner*, Sperrklausel, in: LKRZ 2014, S. 7 (9 f.); *Wolf*, Stimmgewicht, 2016, S. 426; *S. Lenz*, Kommunalverwaltung, 2020, S. 283, anders aber BVerfGE 146, 327 (359 f. Rn. 81 f.); *Boehl*, in: Schreiber (Hrsg.), BWahlG, 11. Aufl. 2021, § 6 Rn. 67.

Beeinträchtigung der Gleichheit der Wahl ausgeschlossen ist[303]. Eine Alternativstimme kann vielmehr die negativen Auswirkungen einer Sperrklausel auf die Wahlfreiheit, Erfolgswertgleichheit sowie Chancengleichheit *abmildern*, indem die Wähler durch ihre Alternativstimme noch Einfluss auf die Parlamentszusammensetzung nehmen und damit ihre Erstpräferenz frei von taktischen Erwägungen abgeben können[304].

Teile der Literatur sehen die Alternativstimme daher als Alternative zu einer verfassungsrechtlich erforderlichen Abschaffung oder Absenkung der Sperrklausel an[305]. Allerdings ist zu berücksichtigen, dass die Alternativstimme zwar taktische Erwägungen bei Abgabe der Erstpräferenz verhindert und damit das Überwinden der Sperrklausel ermöglichen kann, den Erfolg der Erstpräferenz jedoch in keiner Weise beeinflusst. Insoweit ist der wesentliche Unterschied zur Direktwahl eines monokratischen Amtes zu berücksichtigten, wonach sich die Mehrheitsbildung in erster Linie nachträglich in der gewählten Volksvertretung vollziehen muss und daher ein vorrangiges Ausweichen auf nachrangige Präferenzen nicht *per se* erforderlich ist. Die adäquate Abbildung der Mehrheitsverhältnisse in einer repräsentativen Volksvertretung erfolgt deshalb prinzipiell auf der Grundlage der Erstpräferenzen für die verschiedenen Parteien, die sich anschließend zur Kompromiss- und Mehrheitsbildung zusammenfinden. Da das Scheitern von Erstpräferenzen an der Sperrklausel jedenfalls in der bisherigen Höhe nicht im Sinne der funktionsfähigen Mehrheitsbildung gerechtfertigt ist, kann eine auf die Zweitpräferenzen gerichtete Alternativstimme keinen hinreichenden Ausgleich bieten. Wenn etwa eine Alternativstimme bei Beibehaltung der Fünf-Prozent-Hürde dazu führt, dass eine Partei infolge des Wegfalls der abschreckenden Wirkung 4,5 % statt 3,5 % der Stim-

---

[303] So *Damm*, Nebenstimme, in: DÖV 2013, S. 913 (919); *Wolf*, Stimmgewicht, 2016, S. 444 f.; *S. Lenz*, Kommunalverwaltung, 2020, S. 283. In BVerfGE 146, 327 (359 f. Rn. 81) wird ein Verstoß gegen die Zählwertgleichheit angenommen, weil die Hauptstimme für die Parteienfinanzierung zähle, während sich die Alternativstimme auf die Mandatsverteilung auswirke. Dieser Einwand ist allerdings unberechtigt, weil es sich um zwei getrennte Bereiche handelt und deshalb eine getrennte Wertung, für die Parteienfinanzierung nur die Hauptstimme, für das Wahlergebnis nur die jeweils relevante Stimme, unproblematisch wäre, so *Barlet*, Entscheidungsbesprechung, in: ZJS 2018, S. 179 (181). Wenig überzeugt von diesem Einwand daher zu Recht *Wischmeyer*, Erststimmensieger, in: JZ 2023, S. 105 (112 f.).

[304] Zu dieser Milderungswirkung der Alternativstimme *Linck*, Gestaltung, in: DÖV 1984, S. 884 (885 f.); *v. Arnim*, Urteil, in: DÖV 2012, S. 224 (225); *Benken*, Ersatzstimme, in: Mörschel (Hrsg.), Wahlen und Demokratie, 2016, S. 165 (179); *Decker*, Sperrklausel, in: ZParl 47 (2016), S. 460 (464); *A. Thiele*, Neugestaltung, in: ZRP 2017, S. 105 (107); *Barlet*, Entscheidungsbesprechung, in: ZJS 2018, S. 179 (181 ff.).

[305] Siehe *Heußner*, Sperrklausel, in: LKRZ 2014, S. 52 (57); *Benken*, Ersatzstimme, in: Mörschel (Hrsg.), Wahlen und Demokratie, 2016, S. 165 (179); *Sacksofsky*, Wahlrecht, in: Morlok/Schliesky/Wiefelspütz (Hrsg.), Parlamentsrecht, 2016, § 6 Rn. 66; *Barlet*, Entscheidungsbesprechung, in: ZJS 2018, S. 179 (188).

men erhält, lässt sich der Nichteinzug dieser Partei, der die Mehrheitsbildung nicht im relevanten Maße beeinträchtigen würde, dennoch nicht rechtfertigen.

Im Sinne der Optimierung der Wahlrechtsgrundsätze könnte jedoch eine verfassungsrechtliche Verpflichtung existieren, neben der gebotenen Absenkung der Sperrklausel[306] zusätzlich noch eine Alternativstimme einzuführen, weil diese Kombination ein noch milderes Mittel darstellen könnte. Allerdings bestehen Zweifel an der gleichen Eignung, weil die Alternativstimme die Wahl kleinerer Parteien und ihren Einzug in die Volksvertretung derart befördern kann, dass in der Folge nicht mehr hinreichend die Funktionsfähigkeit gewährleistet wäre[307]. Womöglich könnte die Einführung einer Alternativstimme wiederum eine Erhöhung der Sperrklausel erforderlich machen[308], wodurch jedoch wieder mehr Erstpräferenzen erfolglos blieben und damit die mildere Wirkung aufgehoben wäre. Des Weiteren kann bereits die gebotene Absenkung der Sperrklausel mehr realistische Wahloptionen für den Wähler eröffnen, wodurch dieser seine Alternativstimme nicht mehr zwingend für die stärkste Parteien aus dem favorisierten politischen Lager, sondern ebenfalls häufiger für kleinere Parteien abgeben würde. Wenn diese allerdings infolge zu weniger Hauptstimmen an der Sperrklausel scheitern, bleibt auch die Alternativstimme erfolglos und kann ihre Abmilderungswirkung nur unvollständig entfalten[309].

Im Sinne der Optimierung der Wahlrechtsgrundsätze könnte man daher erwägen, einer Partei eine Überwindung der Sperrklausel durch die Summe an Haupt- und Alternativstimmen zu ermöglichen. Dadurch erhielten allerdings Wähler, die dieser Partei ihre Hauptstimme gegeben haben und mit ihrer Alternativstimme eine andere Partei gewählt haben, die dadurch ebenso die Sperrklausel überwindet, ein doppeltes Stimmgewicht, weshalb diese Option verfassungsrechtlich ausgeschlossen ist[310]. Denkbar wäre jedoch die Durchführung eines echten zweiten Wahlganges zwischen denjenigen Parteien, die nach den Hauptstimmen die Sperrklausel überwunden haben, sodass den Wählern der ausgeschiedenen Parteien in jedem Fall noch Einfluss auf die Parlaments-

---

[306] Dazu bereits ausführlich oben Teil 3, C. I. e).

[307] Dazu *S. Lenz*, Kommunalverwaltung, 2020, S. 284; andeutungsweise zur fehlenden gleichen Eignung BVerfGE 146, 327 (360 Rn. 82); ferner *Barlet*, Entscheidungsbesprechung, in: ZJS 2018, S. 179 (187 f.), der aber tendenziell keine Gefahr für die Funktionsfähigkeit erkennt.

[308] Deshalb schlägt sogar *Barlet*, Entscheidungsbesprechung, in: ZJS 2018, S. 179 (188) als Ausgleich für eine Alternativstimme eine moderate Erhöhung der Sperrklausel vor.

[309] Zur potentiellen Erfolglosigkeit der Alternativstimme BVerfGE 146, 327 (359 f. Rn. 81); *Damm*, Nebenstimme, in: DÖV 2013, S. 913 (919); *Heußner*, Sperrklausel, in: LKRZ 2014, S. 52 (55); *Benken*, Ersatzstimme, in: Mörschel (Hrsg.), Wahlen und Demokratie, 2016, S. 165 (168). Diese Möglichkeit übersehen *Speckmann*, Klausel, in: ZRP 1970, S. 198 (198); *Jesse*, Wahlrecht, 1985, S. 259.

[310] Dazu *Damm*, Nebenstimme, in: DÖV 2013, S. 913 (918); *Decker*, Sperrklausel, in: ZParl 47 (2016), S. 460 (465).

zusammensetzung gewährt wird[311]. Die Optimierung könnte sogar noch weiter gedacht werden, indem das Wahlrecht nach dem Vorbild einer integrierten Stichwahl ein umfassendes Rangverhältnis der Wähler abfragen und anhand dessen den Einzug der Parteien ins Parlament bestimmen würde[312]. Schließlich wäre in einer solchen Perspektive konsequenterweise ein Ausgleich selbst für ein Scheitern an einer faktischen Sperrklausel durch die Möglichkeit eines Alternativstimmensystems erforderlich[313].

Diese zeigt anschaulich, wie der Gesetzgeber das Wahlsystem theoretisch immer weiter *perfektionieren* könnte. In teleologischer Hinsicht verlangt dies allerdings das Verfassungsgebot zur wirklichkeitsnahen *Optimierung* der Wahlrechtsgrundsätze nicht, weil weder die Erfolglosigkeit einzelner Stimmen noch die daraus resultierenden taktischen Erwägungen durch ein Wahlsystem vollständig beseitigt werden können. Das Mehrheitsprinzip als Optimierungsgebot für das Wahlrecht zieht daher zwar einen engen Rahmen für Sperrklauseln, verlangt aber im Falle ihrer prinzipiellen Rechtfertigung keine zusätzliche Einbindung nachrangiger Wählerpräferenzen durch ein Alternativstimmensystem. Demnach ist die Einführung der Alternativstimme im Verhältniswahlsystem der Entscheidung des Gesetzgebers überantwortet[314].

b) Alternativstimme als Verkürzung der zweitstufigen Mehrheitswahl

Im Rahmen der Mehrheitswahl wäre zunächst eine Ausgestaltung denkbar, bei der im Falle der Verfehlung der absoluten Mehrheit nach den Hauptstimmen alle abgegebenen Alternativstimmen gewertet werden und derjenige mit der in der Summe meisten Stimmen gewählt ist. Dies könnte jedoch zu der widersprüchlichen und für die Abgabe einer Alternativstimme abschreckenden Situation führen, dass die zusätzliche Abgabe der Alternativstimme zugunsten eines anderen Kandidaten für den mit der Hauptstimme gewählten Kandidaten negativ wirkt, wenn dadurch der andere Kandidat insgesamt mehr Stimmen erhielte[315]. Aus diesem Grund sind neben den Hauptstimmen zusätzlich nur die Alternativstimmen für die beiden stärksten Kandidaten zu werten, die die Wähler der übrigen Kandidaten abgegeben haben, sodass der Kandidat mit in dieser

---

[311] Ebenso *Benken*, Ersatzstimme, in: Mörschel (Hrsg.), Wahlen und Demokratie, 2016, S. 165 (168). Nicht überzeugend deshalb sein Vergleich mit dem Nichteinzug in einen Stichwahlgang in *ders.*, Wahlsysteme, 2022, S. 63; dazu näher unten b).

[312] Zu dieser Ausgestaltungsvariante ausführlich *Benken*, Ersatzstimme, in: Mörschel (Hrsg.), Wahlen und Demokratie, 2016, S. 165 (171 ff.).

[313] Siehe dazu *Wolf*, Stimmgewicht, 2016, S. 444 f.

[314] Im Ergebnis ebenso BVerfGE 146, 327 (360 f. Rn. 82); *Wolf*, Stimmgewicht, 2016, S. 445.

[315] Siehe das Beispiel bei *Jesse*, Wahlrecht, 1985, S. 159.

Summe meisten Stimmen als gewählt gilt[316]. Infolge dieser gebotenen Beschränkung garantiert eine Alternativstimme im Rahmen der Mehrheitswahl ebenso wenig wie als Ergänzung zur Sperrklausel stets einen Einfluss der Wähler auf die Mehrheitsbildung.

In dieser Hinsicht könnte man einen Verstoß gegen die Wahlgleichheit annehmen, wenn der Wähler die Alternativstimme wiederum für einen unterlegenen und damit ausgeschiedenen Kandidaten abgibt, weil diese Stimme im Gegensatz zu den anderen nicht mehr berücksichtigt würde, während in einer echten Stichwahl alle Wähler noch einmal eine wirksame Stimme abgeben können[317]. Allerdings kann der Wähler auch im Stichwahlgang den Kandidaten präferieren, der mehrheitlich unterliegt, sodass seiner Stimme kein Erfolg zukommt. Bei einem ebenfalls als verfassungsgemäß einzuordnenden zweiten Wahlgang mit relativem Mehrheitserfordernis mit noch mehr Alternativen besteht im Vergleich zur Stichwahl noch stärker die Gefahr, dass Wähler mit ihrer abgegebenen Stimme keinen Erfolg haben[318]. Eine *Erfolgsgarantie* existiert in keinem Verfahren der Mehrheitsbildung, sodass die Wahlgleichheit unter diesem Gesichtspunkt nicht unmittelbar gegen die Alternativstimme spricht.

Allerdings ist der Einwand insoweit beachtlich, als bei einer echten Stichwahl alle Wähler noch eine Präferenz für einen der beiden verbliebenen Kandidaten wirksam abgeben und damit Einfluss auf die Mehrheitsbildung nehmen können. Die Einflussmöglichkeit des Wählers ist demnach bei einer Alternativstimme gegenüber einer Stichwahl *reduziert*[319]. Dasselbe lässt sich im Vergleich zu einem weiteren Wahlgang mit relativem Mehrheitserfordernis feststellen, weil die Abgabe der nachrangigen Präferenz auf der Grundlage des Ergebnisses des ersten Wahlganges und einer etwaigen Verständigung zwischen den Wahlbewerbern erfolgen kann. Dies steigert zumindest die Wahrscheinlichkeit für einen effektiven Einfluss auf die Mehrheitsbildung. Bereits insoweit bleibt die Alternativstimme hinsichtlich der Optimierung der Mehrheitsbildung erkennbar hinter einem echten zweiten Wahlgang zurück, der allen Wählern noch einmal eine Entscheidungsmöglichkeit zwischen den verbliebenen beziehungsweise aussichtsreichsten Kandidaten gewährt.

Außerdem führt diese Gefahr des fehlenden Einflusses der Alternativstimme auf die Mehrheitsbildung zu stärkeren taktischen Erwägungen bei der Alternativstimme. Die Möglichkeit einer Alternativstimme reduziert zwar die takti-

---

[316] Zu dieser Funktionsweise der Alternativstimme *Holste*, Stichwahl, in: ZRP 2007, S. 94 (96); *Groß*, Direktwahl, in: LKRZ 2010, S. 93 (97); *Seybold*, Stichwahl, in: DVP 2010, S. 453 (455).

[317] So *Groß*, Direktwahl, in: LKRZ 2010, S. 93 (97), der darin eine unzulässige Beeinträchtigung des Zählwertes der Stimmen erkennen will.

[318] *Holste*, Stichwahl, in: ZRP 2007, S. 94 (96) weist insofern zutreffend darauf hin, dass „eine Erhöhung der Anzahl der Wahlmöglichkeiten stets mit einer Verminderung des direkten Einflusses auf das Entscheidungsergebnis bezahlt wird."

[319] Dies räumt auch *Holste*, Stichwahl, in: ZRP 2007, S. 94 (96) ein.

schen Erwägungen bei Abgabe der Erstpräferenz im gleichen Maße wie bei einer Stichwahl[320]. Die Abgabe der nachrangigen Präferenz in Gestalt der Alternativstimme ist jedoch bereits im Vorhinein von erheblichen taktischen Zwängen dominiert, weil der Wähler wenigstens mit ihr tatsächlichen Einfluss auf das Wahlergebnis nehmen möchte. Dies kann zur Folge haben, dass ein vermeintlich aussichtsloser Kandidat, der infolge der von taktischen Erwägungen weitgehend verschonten Hauptstimmen in die virtuelle Stichwahl einzieht, in dieser nur deshalb unterliegt, weil kaum einer mit seinem Einzug gerechnet hat. Während er bei einer echten Stichwahl gewonnen hätte, weil viele Wähler ihn gegenüber dem anderen Kandidaten vorgezogen hätte, würde er bei einem Modell mit der Alternativstimme unterliegen, wenn diese hauptsächlich für andere ausgeschiedene Kandidaten abgegeben worden ist. Die Abgabe der Alternativstimme in Unkenntnis des ersten Wahlganges kann daher die Erfolgschancen solcher Wahlbewerber beinahe wie bei einer einstufigen, relativen Mehrheitswahl schmälern und bleibt daher im Vergleich zu einem echten weiteren Wahlgang hinsichtlich der Chancengleichheit der Wahlbewerber „suboptimal". Wenn die Befürworter der Alternativstimme positiv anführen, dass eine kompromissbereite Mehrheit bereits im ersten und einzigen Wahlakt angestrebt wird und damit den Wahlkampf dominiert, weil die Kandidaten unmittelbar auch um die nachrangige Präferenz der Wähler in Gestalt der Alternativstimme werben[321], übersehen sie die nachteilige Wirkung, die von der Nichtkenntnis des Ergebnisses des ersten Wahlganges ausgeht.

Die Alternativstimme mildert daher die Beeinträchtigung der Wahlrechtsgrundsätze nicht im gleichen Ausmaß wie ein weiterer Wahlgang, weil sie dem Wähler weniger Einflussmöglichkeiten gewährt und damit stärker die Mehrheitsverhältnisse verzerren kann. Da der Aufwand eines weiteren Wahlganges und insbesondere die sinkende Wahlbeteiligung keinen Rechtfertigungsgrund für einen Verzicht bietet[322], bleibt sie folglich hinter der gebotenen Optimierung zurück. Sie entspricht weder einer vollständigen Stichwahl noch einem zweiten Wahlgang mit relativem Mehrheitserfordernis und kann diese klassischen Wahlverfahren deshalb nicht substituieren[323].

---

[320] Sie sind aber genauso wenig vollständig aufgehoben, wie *Holste*, Stichwahl, in: ZRP 2007, S. 94 (96); *Seybold*, Stichwahl, in: DVP 2010, S. 453 (456) suggerieren. Dazu bereits oben I. 1. c).

[321] In diesem Sinne *Holste*, Stichwahl, in: ZRP 2007, S. 94 (96).

[322] Hiermit argumentiert jedoch *Holste*, Stichwahl, in: ZRP 2007, S. 94 (96); *Zicht*, Integrierte Stichwahl. Mehr Demokratie bei Bürgermeisterwahlen, Positionspapier Nr. 14 vom 17.12.2011, S. 5.

[323] So aber *Holste*, Stichwahl, in: ZRP 2007, S. 94 (96); *Krüper*, Stichwahlen, in: DÖV 2009, S. 758 (764).

c) Zwischenergebnis: Alternativstimme kein hinreichendes Surrogat für weiteren Wahlgang

Entgegen manchen Einwänden überfordert die Alternativstimme den Wähler nicht und widerspricht unmittelbar keinen Wahlrechtsgrundsätzen. Jedoch kann die Alternativstimme im Rahmen der Verhältniswahl eine ungerechtfertigte Sperrklausel nicht kompensieren, während sie umgekehrt eine gerechtfertigte Sperrklausel nicht kompensieren muss. Insoweit ist sie verfassungsrechtlich zwar nicht unzulässig, aber auch nicht geboten. Im Hinblick auf die Mehrheitswahl verringert sie im Vergleich zu einem weiteren Wahlgang oder einer Stichwahl die Einflussmöglichkeiten des Wählers und steigert damit zugleich die taktischen Erwägungen. Deshalb verfehlt sie die nach dem Demokratieprinzip gebotene Optimierung der Mehrheitsbildung.

2. Integrierte Stichwahl als mehrstufige Stichwahl

Für die Ausgestaltung einer Direktwahl eines monokratischen Amtes kommt ferner das in Australien praktizierte Modell einer integrierten Stichwahl in Frage[324]. Hierbei dürfen die Wähler die Kandidaten entsprechend ihrer Präferenzreihenfolge mit absteigenden Zahlen nummerieren, wobei in einem ersten Schritt allein die Erstpräferenzen zählen. Soweit dabei die absolute Mehrheit zunächst verfehlt wird, schließt sich ein weiteres Verfahren bis zu Erreichung einer absoluten Mehrheit an, bei dem jeweils der Kandidat mit der niedrigsten Gesamtstimmenzahl ausscheidet und die nächste Präferenz seiner Wähler für einen noch im Verfahren befindlichen Kandidaten demjenigen zufließt[325].

a) Theoretische Optimierung der Mehrheitsbildung durch eine integrierte Stichwahl

Die vollständige Abgabe einer Präferenzreihenfolge ermöglicht dem Wähler durch eine seiner nachrangigen Präferenz noch Einfluss auf die Entscheidung zu nehmen[326]. Dies unterscheidet die integrierte Stichwahl bereits maßgeblich von einer bloßen Alternativstimme, die in Bezug auf den Einfluss des Wählers hinter einer klassischen Stichwahl zurückbleibt. Die integrierte Stichwahl geht hingegen sogar über die klassische Stichwahl hinaus, weil sie jeweils nur den

---

[324] Dieser Vorschlag findet sich unter anderem bei *Zicht*, Integrierte Stichwahl. Mehr Demokratie bei Bürgermeisterwahlen, Positionspapier Nr. 14 vom 17.12.2011, S. 5; *Decker*, Demokratie, in: v. Arnim (Hrsg.), Volkssouveränität, Wahlrecht und direkte Demokratie, 2014, S. 77 (87); *Sacksofsky*, Wahlrecht, in: Morlok/Schliesky/Wiefelspütz (Hrsg.), Parlamentsrecht, 2016, § 6 Rn. 8.

[325] Zur Funktionsweise *Zicht*, Integrierte Stichwahl. Mehr Demokratie bei Bürgermeisterwahlen, Positionspapier Nr. 14 vom 17.12.2011, S. 5; *Röttger/Ramin*, Stichwahl, in: DVP 2013, S. 506 (510); *Benken*, Wahlsysteme, 2022, S. 52.

[326] Zu diesem umfassenden Einfluss des Wählers *Matauschek*, Wahlsystemreform, 2020, S. 230; *Benken*, Wahlsysteme, 2022, S. 54.

schwächsten Kandidaten aussortiert und die Auswahl damit nicht unmittelbar auf zwei Kandidaten verengt. Dieses abgestufte Vorgehen verfeinert die Bildung einer absoluten Mehrheit aus den individuellen Präferenzen und verwirklicht damit den Mehrheitswillen im Wahlvolk prinzipiell besser als die klassischen Wahlverfahren. Zwar ist ebenso wie bei einer Stichwahl nicht ausgeschlossen, dass der mögliche *Condorcet-Gewinner* bereits vorrangig ausscheidet, weil er vor allem auf nachrangigen Präferenzen beruht[327]. Die integrierte Stichwahl senkt aber die Wahrscheinlichkeit für ein solches Szenario. Je nach Kandidatenzahl hält sie auch einem im ersten Auszählungsschritt nur dritt- oder viertplatzierten Kandidaten noch die Möglichkeit auf einen Wahlsieg offen, der insbesondere bei zunehmender Fragmentierung eines politischen Lagers durch eine große Zahl an nachrangigen Präferenzen eintreten kann[328].

Durch den lediglich schrittweisen Ausschluss des jeweils schwächsten Kandidaten muss der Wähler im Gegensatz zu einer klassischen Stichwahl zugleich nicht befürchten, dass alle von ihm noch als erträglich empfundenen Kandidaten aus dem Wahlverfahren ausscheiden. Er braucht daher nicht von vorneherein auf nachrangige Präferenzen ausweichen, sodass der faktische Druck zu taktischem Verhalten in einer integrierten Stichwahl weiter verringert ist[329]. Dies ist nicht nur im Sinne der Entschließungsfreiheit verfassungsrechtlich relevant, sondern auch hinsichtlich der Chancengleichheit vermeintlich aussichtsloser Kandidaten, die durch Anreize zu taktischem Verhalten tangiert wird. Zwar werden taktische Erwägungen selbst in einer integrierten Stichwahl nicht gänzlich beseitigt, da etwa eine Verletzung des Monotonie-Kriteriums infolge des Ausscheidens von Kandidaten möglich bleibt[330]. Dies ist aber – wie bereits zur klassischen Stichwahl ausgeführt – verfassungsrechtlich unschädlich. Vielmehr ist es entscheidend, dass die integrierte Stichwahl solche Anreize zu taktischem Wahlverhalten weiter *vermindert*.

Schließlich ließe sich im Sinne der Integrationsfunktion der Wahl ein weiterer Vorzug der integrierten Stichwahl herleiten, da bei Abgabe einer vollständigen Präferenzreihenfolge jeder Wähler an der Mehrheitsbildung teilhaben kann und die damit zusammenhängende Kompromisswirkung verstärkt wird, weil die Kandidaten von vorneherein für ihren Wahlerfolg um die nachfolgenden Wählerpräferenzen werben müssen[331]. Zwar ist es bei der integrierten Stichwahl nicht mehr möglich, seine Präferenz nachträglich noch zu verändern

---

[327] Hinweis bei *C. Thiele*, Regeln, 2008, S. 374.

[328] Siehe das Beispiel der französischen Präsidentschaftswahl bei *Zicht*, Integrierte Stichwahl. Mehr Demokratie bei Bürgermeisterwahlen, Positionspapier Nr. 14 vom 17.12.2011, S. 6 ff.

[329] Jedoch nicht, wie *Benken*, Wahlsysteme, 2022, S. 53 f. scheinbar meint, völlig verschwunden.

[330] *Zicht*, Integrierte Stichwahl. Mehr Demokratie bei Bürgermeisterwahlen, Positionspapier Nr. 14 vom 17.12.2011, S. 10; *Benken*, Wahlsysteme, 2022, S. 54.

[331] In diese Richtung *Benken*, Wahlsysteme, 2022, S. 55.

und sich womöglich doch vorrangig für einen Kandidaten zu entscheiden, den man überhaupt nicht nummeriert oder auf den letzten Platz gesetzt hat[332]. Durch das gestufte Prozedere des Ausscheidens des schwächsten Kandidaten wirkt die fehlende Kenntnis des Ergebnisses der integrierten Wahlgänge im Gegensatz zu einer Alternativstimme aber in der Theorie der Mehrheitsbildung nicht nachteilhaft, sondern die integrierte Stichwahl kann „eine durchgehende Konsistenz im Wählerverhalten erreichen“[333]. Somit lässt sich hinsichtlich der theoretischen Wirkungsweise der Mehrheitsbildung ein Vorzug der integrierten Stichwahl gegenüber den klassischen Wahlverfahren feststellen.

b) Gleichrangigkeit mit klassischen Wahlverfahren bei wirklichkeitsnaher Betrachtung

Im Sinne der Wirklichkeitsorientierung des Demokratieprinzips ist allerdings zugleich die praktische Wirkungsweise zu berücksichtigen. Während die Alternativstimme ein leicht verständliches Mittel darstellt, könnte die integrierte Stichwahl zu einer Überforderung des Wählers führen, weil er in einem einzigen Wahlakt eine Präferenzreihenfolge aller Kandidaten festlegen und entsprechend auf dem Wahlzettel kennzeichnen soll. Als negatives Beispiel einer solchen Überforderung gilt die Wahl zur Hamburger Bürgerschaft im Jahr 2011, bei der die Komplexität des Verfahrens offensichtlich zu einer Abnahme der Wahlbeteiligung und einer Zunahme an ungültigen Stimmen führte[334]. Die Komplexität dieses Wahlverfahrens fand explizit als abschreckendes Argument gegen eine Einführung der integrierten Stichwahl Erwähnung[335]. In verfassungsrechtlicher Hinsicht könnte aus diesem Umstand eine Beeinträchtigung der Allgemeinheit und Gleichheit der Wahl folgen, wodurch zugleich die Optimierung der Mehrheitsbildung unterbleibt.

Zunächst wäre im Sinne der Klarheit für den Wähler und einer optimalen Mehrheitsbildung ein System der integrierten Stichwahl nach australischem Vorbild denkbar, das für die Gültigkeit der Stimmen zwingend die Abgabe einer vollständigen Präferenzabgabe verlangt[336]. Dieses Modell widerspricht allerdings dem Grundsatz, dass ein Kompromiss verfassungsrechtlich nicht erzwungen werden darf. Deshalb kann zwar etwa die Nichtbeteiligung an einer Stichwahl ignoriert werden, nicht aber dürfte die Stimme des Wählers im ersten Wahlakt bereits unberücksichtigt bleiben. Ferner wäre es bei einer solchen

---

[332] Hinweis auf diese fehlende Möglichkeit bei *Benken*, Wahlsysteme, 2022, S. 53, der dies allerdings nicht als Problem auffasst.

[333] *Benken*, Wahlsysteme, 2022, S. 53.

[334] Siehe *Horst*, Wahlrecht, in: ZParl 42 (2011), S. 707 (721 f.); *Wolf*, Stimmgewicht, 2016, S. 145 ff.

[335] So die Äußerung des Sachverständigen *Morlok*, Ausschussprotokoll 17/551 des Landtages NRW, S. 24.

[336] Siehe *Matauschek*, Wahlsystemreform, 2020, S. 237.

Gültigkeitsbedingung für die Stimme sogar möglich, dass eine absolute Mehrheit für einen Kandidaten im ersten Wahlgang vorliegt, die infolge der insoweit ungültigen Stimmen jedoch keine Wirkung entfaltet. Schließlich ist es mit der Wahlfreiheit nicht vereinbar, die Gültigkeit der Stimmen und damit deren Zählwert davon abhängig zu machen, dass ein Wähler zumindest als letzte Präferenz einen Kandidaten angeben muss, den er strikt und absolut ablehnt.

Mit dem aus der Wahlfreiheit folgenden Prinzip einer auf freiwilliger Basis beruhenden Mehrheitsbildung ist daher allein eine Ausgestaltung der integrierten Stichwahl als *Angebot* vereinbar, bei welcher der Wähler sich auch mit der Abgabe einer einzigen Stimme durch das Ankreuzen eines Kandidaten begnügen kann. Wenn ein erheblicher Teil der Wähler in dieser Form abstimmt, kommt das Verfahren der integrierten Stichwahl jedoch einer einstufigen, relativen Mehrheitswahl nahe und verfehlt damit bei wirklichkeitsnaher Betrachtung die Optimierung der Mehrheitsbildung[337]. Zwar ist infolge der Obliegenheit der Wähler zur Teilnahme prinzipiell nur die Möglichkeit entscheidend, nachrangige Präferenzen zum Ausdruck bringen zu können und damit auf die Bildung einer absoluten Mehrheit hinzuwirken. Insofern kann man die Nichtabgabe nachrangiger Präferenzen schlicht als Nichtteilnahme an der integrierten Stichwahl werten, die für die Mehrheitsbestimmung ebenso wie die Nichtteilnahme an einer echten Stichwahl irrelevant ist[338].

Allerdings muss die Obliegenheit gleichermaßen für die Wähler in zumutbarer Weise erfüllbar sein. Während ein nochmaliger Wahlgang den Wähler explizit zu einer weiteren Stimmabgabe auffordert und deren Relevanz wegen der direkten Auswahl zwischen zwei Kandidaten leicht zu erfassen ist, ist die Bedeutung einer zusätzlich möglichen Abgabe einer Zweit, Dritt-, oder Viertpräferenz für die Mehrheitsbildung viel weniger ersichtlich und gleichzeitig deutlich aufwändiger und komplexer[339]. Der Wähler kann nicht zunächst das Ergebnis des ersten Wahlganges und den weiteren Wahlkampf zwischen den im Wahlverfahren verbliebenen beziehungsweise voraussichtlich noch aussichtsreichen Kandidaten abwarten, sondern muss für einen effektiven Einfluss auf die Mehrheitsbildung von vorneherein möglichst vollständig seine Präferenzreihenfolge hinsichtlich der Kandidaten auf dem Wahlzettel zutreffend kenntlich machen. Infolge der im Ausland gewonnenen Erfahrungen mit der integrierten Stichwahl erscheinen diese praktischen und intellektuellen Hürden für die Wähler zwar nicht unüberwindbar[340]. Dennoch ist die Komplexität im Gegensatz zu den klassischen Wahlverfahren beachtlich und tangiert damit den

---

[337] Diese Folge hält *Matauschek*, Wahlsystemreform, 2020, S. 244 f. für durchaus wahrscheinlich und spricht sich deshalb gegen ein solche „optionale Präferenzvergabe" aus.

[338] In diesem Sinne *Benken*, Wahlsysteme, 2022, S. 60.

[339] Kritisch zur Komplexität auch *Matauschek*, Wahlsystemreform, 2020, S. 237 f.

[340] In diesem Sinne *Zicht*, Integrierte Stichwahl. Mehr Demokratie bei Bürgermeisterwahlen, Positionspapier Nr. 14 vom 17.12.2011, S. 9; *Benken*, Wahlsysteme, 2022, S. 68; *Wischmeyer*, Erststimmensieger, in: JZ 2023, S. 105 (112).

von der Allgemeinheit und Gleichheit der Wahl geforderten, gleichmäßigen Einfluss des Wählers an der Mehrheitsbildung. Die *theoretischen* Vorteile der integrierten Stichwahl werden durch diese *praktischen* Nachteile kompensiert, sodass in teleologischer Hinsicht kein verfassungsrechtlicher Vorzug hinsichtlich der wirklichkeitsnahen Optimierung der Mehrheitsbildung festzustellen ist.

Dafür lässt sich ferner die fehlende Tradition dieses Verfahrens in Deutschland im Vergleich zu den klassischen Wahlverfahren der Stichwahl und des zweiten Wahlganges mit relativem Mehrheitserfordernis anführen, die bereits seit dem vorletzten Jahrhundert bei Direktwahlen in Deutschland Anwendung finden[341]. Auch im Parlamentarischen Rat erfolgte die anfängliche Diskussion um eine parlamentarische Mehrheitswahl und eine mögliche mehrstufige Ausgestaltung anhand dieser traditionellen Wahlverfahren, wobei die Möglichkeit einer stufenweisen Reduzierung der Kandidatenzahl in mehreren Wahlgängen zwar erwähnt, aber aufgrund der Umständlichkeit unmittelbar verworfen wurde[342]. Demnach spricht die historische Auslegung des Demokratieprinzips ebenfalls gegen einen verfassungsrechtlichen Vorrang der integrierten Stichwahl gegenüber den klassischen Wahlverfahren.

Zur potentiellen Vereinfachung könnte ein verkürztes Verfahren dienen, in dem bereits wie bei einer klassischen Stichwahl nach der Auszählung der Erstpräferenzen nur noch die beiden stärksten Kandidaten gegeneinander antreten und die übrigen Wählerpräferenzen entsprechend ihres Ranges diesen zugeordnet werden[343]. Ein solches Verfahren ist zwar bei der Auszählung, nicht aber für den Wähler weniger komplex, weil er trotzdem eine vollständige Präferenzreihenfolge abgeben muss, wenn er nicht – wie bei der Alternativstimme – Gefahr laufen will, keinen Einfluss mehr auf die Mehrheitsbildung nehmen zu können. Zugleich beseitigt diese Verkürzung des Verfahrens die genannten Vorzüge der integrierten Stichwahl hinsichtlich der Mehrheitsbildung. Da ein echter Stichwahlgang unproblematisch durchgeführt werden kann, stellt dieses Verfahren keine adäquate Alternative dar.

---

[341] Siehe oben Fn. 252. Auf die fehlende Tradition der integrierten Stichwahl verweisen *Decker*, Demokratie, in: v. Arnim (Hrsg.), Volkssouveränität, Wahlrecht und direkte Demokratie, 2014, S. 77 (87) sowie der Sachverständige *Clausen*, Ausschussprotokoll 17/551 des Landtages NRW, S. 27 f. – Vergleichbar führt *Kemmler*, Abstimmungsmethode, 1969, S. 145 f. die historische Tradition klassischer Abstimmungsverfahren im Parlament gegen eine Verpflichtung zur Einführung eines theoretisch besseren Alternativmodells an.

[342] Siehe dazu die Äußerung des Vorsitzenden des Ausschusses für Wahlrechtsfragen *Becker*, Dritte Sitzung des Ausschusses für Wahlrechtsfragen, 23. September 1948, in: Deutscher Bundestag/Bundesarchiv (Hrsg.), Der Parlamentarische Rat 1948–1949, Bd. VI, 1994, S. 61.

[343] Siehe *Zicht*, Integrierte Stichwahl. Mehr Demokratie bei Bürgermeisterwahlen, Positionspapier Nr. 14 vom 17.12.2011, S. 8 Fn. 10; *Siwik*, Stellungnahme zum Gesetzentwurf der Landesregierung Drs. 17/3776 und zum Änderungsantrag Drs. 17/4305 des Landtages Nordrhein-Westfalen, Stellungnahme 17/1190 vom 10.2.2019, S. 2 f.

c) Zwischenergebnis: Erweiterung der Stichwahl ohne verfassungsrechtliche Optimierung

Im Gegensatz zur Alternativstimme nimmt die integrierte Stichwahl eine umfassende Abfrage der Wählerpräferenzen vor, wodurch sie taktische Erwägungen erheblich reduziert und eine Mehrheitsbildung auch auf der Grundlage deutlich nachrangiger Präferenzen ermöglicht. Eine integrierte Stichwahl erweitert daher die klassische Stichwahl und erreicht damit in der Theorie eine noch bessere Annäherung an den Mehrheitswillen. Dennoch lässt sich ein verfassungsrechtlicher Vorrang nicht herleiten, weil ihr theoretischer Vorzug von der tatsächlichen Möglichkeit ihrer Nutzung abhängt, die infolge der Komplexität in relevantem Maße geschmälert wird. Ebenso spricht die Tradition der klassischen Wahlverfahren als historische Komponente des Demokratieprinzips gegen eine Verpflichtung zur Einführung einer integrierten Stichwahl für die Direktwahl monokratischer Ämter.

3. Ergebnis: Integrierte Mehrstufigkeit als alternative Mehrheitsbildung

Die Alternativstimme bleibt in ihrer Annäherung an den Mehrheitswillen hinter den klassischen Wahlverfahren mit einem echten zweiten Wahlakt zurück und kann diese daher nicht substituieren. Die erforderliche Abgabe der nachrangigen Präferenz in Unkenntnis des Resultats des ersten Wahlganges führt zu erheblichen taktischen Erwägungen und schmälert den Einfluss des Wählers auf die Mehrheitsbildung. Die integrierte Stichwahl vermeidet diese Folge durch eine umfassende Abfrage der Wählerpräferenz und könnte sogar zu einem Vorzug gegenüber den klassischen Wahlverfahren führen. Allerdings gestaltet sich dieses Wahlverfahren deutlich anspruchsvoller und komplexer und büßt diesen theoretischen Vorzug daher bei wirklichkeitsnaher Betrachtung wieder ein. In verfassungsrechtlicher Hinsicht kann die integrierte Stichwahl daher nicht mit der – zugleich sprachlich unstatthaften – Bezeichnung „optimaler“ versehen werden, sondern ist ebenso wie die klassische Stichwahl und der weitere Wahlgang mit relativer Mehrheit schlicht als „optimal“ einzuordnen.

III. Die Wahlverfahren der unechten Mehrstufigkeit

Schließlich wurden für die Direktwahl kommunaler Hauptverwaltungsbeamter noch zwei weitere Ausgestaltungsvarianten vorgeschlagen, die beide im Falle der Verfehlung einer absoluten Mehrheit nicht unbedingt zu einem weiteren Wahlakt beziehungsweise der Berücksichtigung nachrangiger Präferenzen führen. Deshalb sind sie als Wahlverfahren der unechten Mehrstufigkeit zu bezeichnen. Dazu zählt einerseits ein Modell, das einen weiteren Wahlgang lediglich vorsieht, wenn im ersten Wahlgang kein Kandidat eine Zustimmungsrate von mindestens 40 % der Stimmen erhalten hat (1.). Zum anderen fällt darunter die Zustimmungswahl, bei der es stets nur einen Wahlgang gibt, in dem der Wähler jedoch nicht nur einem, sondern beliebig vielen Kandidaten eine Stimme geben kann (2.).

1. 40 %-Zustimmungsquorum im ersten Wahlgang als unzureichender Kompromiss

Zur Vermeidung niedriger relativer Mehrheiten bei der Direktwahl kommunaler Hauptverwaltungsbeamter hat der Vorschlag eines Mindestzustimmungsquorums von 40 % im ersten Wahlgang eine neuartige Mehrheitsform in Form einer „qualifizierten relativen Mehrheit" konstruiert[344]. Ein ähnlicher Vorschlag findet sich hinsichtlich der Zuteilung von Direktmandaten bei der Bundestagswahl, die allein bei einem Mindestanteil von Erststimmen erfolgen solle[345]. Ein solches Mindestquorum für Abgeordnetenwahlen hatte es im 19. Jahrhundert etwa in Frankreich gegeben[346].

Zunächst scheint dieser zwischen der einstufigen und zweistufigen Mehrheitswahl vermittelnde Vorschlag der Erkenntnis zu entsprechen, dass eine absolute Mehrheit im materiellen Sinne nicht mit Sicherheit erreichbar ist und demnach das Wahlverfahren nur auf eine Annäherung an eine absolute Mehrheit gerichtet sein kann. In diesem Sinne führt der Verfassungsgerichtshof in der zweiten Entscheidung zur ersatzlosen Abschaffung der Stichwahl aus:

> „Je höher der zu erwartende Anteil der obsiegenden Kandidaten und Kandidatinnen ist, die im einzigen Wahlgang lediglich eine weit von der absoluten Mehrheit entfernte, relative Mehrheit erreichen, umso mehr ist das demokratische Prinzip der Mehrheitswahl tangiert."[347]

Diese Sichtweise scheint auf einer rein *quantitativen* Betrachtungsweise zu beruhen, wonach eine höhere Zustimmungsrate *per se* zu einer höheren demokratischen Legitimation führen würde, obwohl die demokratische Legitimation auf dem *qualitativen* Kriterium der absoluten Mehrheit beruht[348]. Demnach gilt prinzipiell: „Eine mit 40 % ‚angenommene' Entscheidung ist nicht bloß um 20 Prozentpunkte oder um ein Drittel weniger legitim als eine mit 60 % angenommene. Sie ist überhaupt nicht mehr legitim in demokratischer Hinsicht."[349] Als

---

[344] Zu diesem Vorschlag *Magsaam*, Mehrheit, 2014, S. 76; *Henneke*, Abschaffung, in: Der Landkreis 2020, S. 12 (18).

[345] *Rauber*, Wahlkreissieger, in: ZG 35 (2020), S. 149 (151).

[346] Siehe die Darstellung bei *G. Meyer*, Wahlrecht, 1901, S. 603 f.

[347] VerfGH NRW, Urteil vom 20.12.2019, 35/19, S. 49. Insofern sehen *Krüper*, Stichwahlen, in: DÖV 2009, S. 758 (759); *Seybold*, Qual, in: DVP 2021, S. 79 (81 f.) besonders geringe Zustimmungsraten bei der einstufigen, relativen Mehrheitswahl als Problem an.

[348] Dazu bereits näher oben A. III. 2. b).

[349] Prägnant *Natus*, Verfassungsmissbrauch, 2017, S. 183, der zutreffend ausführt, dass „demokratische Legitimität […] keine Größe [ist], die je nach Umfang der Zustimmung linear zunimmt". Ähnlich weist *Wolf*, Stimmgewicht, 2016, S. 408 darauf hin, dass eine Er-

notwendige, aber zugleich hinreichende Bedingung des Demokratieprinzips muss das Wahlverfahren daher das Prinzip der absoluten Mehrheit beachten, das als Optimierungsgebot diese zwar nicht absolut verlangt, jedoch zumindest die Möglichkeit zur Bildung einer solchen aus nachrangigen Präferenzen voraussetzt. Wenngleich in einem weiteren Wahlakt eine relative Mehrheit genügt, trägt die ermöglichte Einbeziehung nachrangiger Präferenz und der damit verbundene Kompromissversuch zur Mehrheitsbildung diesem Gebot Rechnung. Nicht das zahlenmäßige Verhältnis im Wahlergebnis, sondern die integrierende und damit zugleich legitimierende Wirkung dieses mehrstufigen Verfahrens ist verfassungsrechtlich entscheidend.

Diese Wirkung verfehlt das genannte Wahlverfahren bei einer Zustimmungsrate zwischen 40 % und 50 %, weil es in diesem Fall einer einstufigen, relativen Mehrheitswahl entspricht, aber kein Rechtfertigungsrund für einen Verzicht auf zumindest einen weiteren Wahlgang besteht. Unter 40 % der Stimmen erfolgt ein weiterer Wahlgang, obwohl sich die Mehrheitsbildung tendenziell schwieriger gestaltet, während zwischen 40 % und 50 % die relative Mehrheit unmittelbar genügt, obwohl die Wahrscheinlichkeit auf die Bildung einer absoluten Mehrheit in diesem Fall besonders hoch wäre. Hier sei an die gewonnene Erkenntnis zu den Überhangmandaten erinnert, wonach die Optimierung der Mehrheitsbildung weder wenige, leicht zu beseitigende Überhangmandate, noch eine große Anzahl, die schwieriger auszugleichen ist, jedoch zugleich umso intensiver wirkt, zulässt. Eine Zustimmungsrate von 40 % bereits im ersten Wahlgang unbedingt genügen zu lassen, während eine Zustimmungsrate von 39 % nicht ausreichen soll, ist zudem eine zufällige und damit willkürliche *quantitative* Grenze, weil sie sich im Gegensatz zur Grenze von 50 % + X nicht mit den demokratischen Grundsätzen der gleichen Freiheit aller Staatsbürger und damit *qualitativ* begründen lässt. Nach dem Demokratieprinzip kann es nur eine absolute oder relative Mehrheit und kein dazwischen liegendes Mehrheitserfordernis geben. Dieses Wahlverfahren verfehlt daher die gebotene Optimierung der Mehrheitsbildung.

2. *Zustimmungswahl als übermäßige Tendenz zur Konsensdemokratie*

Eine weitere vorgeschlagene Ausgestaltungsvariante der Direktwahl kommunaler Hauptverwaltungsbeamter, die ebenso auf die absolute Mehrheit als Kerngröße verzichtet, stellt die sogenannte „Zustimmungswahl"[350] dar. Dabei kann jeder Wähler beliebig vielen Alternativen eine Stimme geben, kann aber

---

höhung der relativen Mehrheit nicht zu einer Verstärkung der demokratischen Legitimation führt.

[350] *Zicht*, Integrierte Stichwahl. Mehr Demokratie bei Bürgermeisterwahlen, Positionspapier Nr. 14 vom 17.12.2011, S. 11 f.

die Stimmen nicht auf eine Alternative kumulieren[351]. Auf den ersten Blick scheint es sich um ein adäquates Verfahren zu handeln, um den Kandidaten herauszufiltern, der am ehesten gegenüber allen anderen Kandidaten bevorzugt wird. Bei genauerer Betrachtung ist es jedoch in zweierlei Hinsicht nicht mit dem Demokratieprinzip vereinbar.

Zunächst zwingt dieses Wahlverfahren bereits im ersten Wahlgang nicht nur zu einem mehrheitlichen Kompromiss, sondern sogar einem ausgeprägten Konsens, weil der Wähler von vorneherein nachrangige Präferenzen für alle Kandidaten abgeben soll, die für ihn zumindest noch akzeptabel erscheinen. Im Gegensatz zu einer integrierten Stichwahl erfolgt dabei keine Rangfolgenbestimmung der individuellen Präferenzen. Auf diese Weise kann unter Umständen ein Kandidat von einem großen Teil der Wähler als ein Konsenskandidat gewählt werden, obwohl eine Mehrheit der Wähler eigentlich einen anderen Kandidaten stärker bevorzugt hätte[352]. Hierfür könnte auf den ersten Blick die gewonnene Erkenntnis zur Unbeachtlichkeit des Ranges der Wählerpräferenzen sprechen. Die Unbeachtlichkeit des Ranges der Wählerpräferenzen gilt aber lediglich im Rahmen der *Mehrheitsbestimmung*, wonach eine relative Mehrheit aus Erstpräferenzen einer absoluten Mehrheit aus nachrangigen Präferenzen unterlegen ist. Umgekehrt muss eine absolute Mehrheit aus vorrangigen Präferenzen und damit die von der Mehrheit vorgezogene Alternative gegenüber einer noch größeren Zahl an nachrangigen Präferenzen obsiegen. Denn das Demokratieprinzip strebt nur nach einem *Kompromiss* zur Bildung einer absoluten Mehrheit, nicht aber nach einer Annäherung an einen einstimmigen *Konsens*. Wenig überraschend befürworten das Zustimmungsverfahren daher diejenigen, die einen theoretischen Vorzug des Einstimmigkeitsprinzips gegenüber dem Mehrheitsprinzip annehmen[353]. Tatsächlich besteht jedoch umgekehrt ein Vorrang des Mehrheitsprinzips gegenüber dem Einstimmigkeitsprinzip[354], sodass das auf eine quantitative Annäherung an die Einstimmigkeit ausgerichtete Zustimmungsverfahren bereits insoweit nicht mit dem Demokratieprinzip vereinbar ist.

Des Weiteren entscheiden tatsächlich nicht einmal die konsensgeneigten Wähler, sondern den Unterschied machen vor allem diejenigen aus, die nur

---

[351] Dazu *C. Thiele*, Regeln, 2008, S. 375; *Zicht*, Integrierte Stichwahl. Mehr Demokratie bei Bürgermeisterwahlen, Positionspapier Nr. 14 vom 17.12.2011, S. 11 f.

[352] Insoweit unpräzise die Kritik bei *Zicht*, Integrierte Stichwahl. Mehr Demokratie bei Bürgermeisterwahlen, Positionspapier Nr. 14 vom 17.12.2011, S. 12, weil sein Vergleich mit dem Condorcet-Verfahren und dessen Ablehnung nicht überzeugt, da dieses gerade auf den mehrheitlich präferierten Kandidaten abzielt. Siehe zu einem solchen übermäßigen Konsens das Beispiel der Einigung der Versammlung auf das „Zweitbeste“ bei *Trendelenburg*, Methode, 1850, S. 38.

[353] So *C. Thiele*, Regeln, 2008, S. 376 f., die die Einstimmigkeit für das demokratische Ideal hält, a.a.O., S. 349.

[354] Siehe dazu bereits oben Teil 2, A. I. 2. und 3.

einen der aussichtsreichen Kandidaten ankreuzen. Jedenfalls in einem materiellen Sinne entscheidet daher lediglich eine kleine *relative* Mehrheit. Zugleich schafft das Verfahren wie eine einstufige, relative Mehrheitswahl erheblichen Raum für taktische Erwägungen bei Abgabe der Erstpräferenz dahingehend, ob der Wähler auf nachrangige, aussichtsreichere Präferenzen ausweichen oder das Risiko eingehen sollte, allein seine Erstpräferenz zum Ausdruck zu bringen[355]. Somit ist es möglich, dass die Wähler nur in einem geringen Umfang von der Möglichkeit der Abgabe mehrerer Stimmen Gebrauch machen, sodass sogar formal lediglich eine relative Mehrheit ohne weitere Möglichkeit einer Kompromiss- und Mehrheitsbildung erreicht wird und damit das Verfahren einer einstufigen, relativen Mehrheitswahl entspricht[356]. Auch deshalb verfehlt das Zustimmungsverfahren das aus dem Demokratieprinzip folgende Optimierungsgebot für die Mehrheitsbildung.

3. Ergebnis: Unechte Mehrstufigkeit als Verletzung des Optimierungsgebots

Sowohl das Wahlverfahren mit einem 40 %-Zustimmungserfordernis im ersten Wahlgang als auch das Zustimmungsverfahren haben gemeinsam, dass sie das qualitative Erfordernis der absoluten Mehrheit *a priori* aufgeben. Wenngleich durch diese Wahlverfahren in der Praxis eine hinreichende Erhöhung der Zustimmungsrate gewährleistet sein mag, kann eine solche numerische Betrachtungsweise keine hinreichende Legitimation vermitteln. Das Prinzip der absoluten Mehrheit als Optimierungsgebot verlangt zunächst eine Entscheidung aufgrund einer absoluten Mehrheit und bei Verfehlung derselben zumindest eine weitere Möglichkeit nachrangige Präferenzen zum Ausdruck zu bringen und dadurch die Zustimmungsrate nachträglich zu erhöhen. Da diese beiden Verfahrensweisen die Mehrstufigkeit des Wahlverfahrens nur unvollkommen gewährleisten, sind sie verfassungsrechtlich unzulässig.

IV. Fazit: Wahlfreiheit zwischen klassischer und integrierter Mehrstufigkeit

In verfassungsrechtlicher Hinsicht scheiden alle Verfahren aus, die bei einer zunächst eintretenden Verfehlung einer absoluten Mehrheit nicht zwingend die Berücksichtigung einer weiteren, nachrangigen Präferenz bei der Mehrheitsbildung ermöglichen. Dazu zählt zum einen das Modell der Alternativstimme, das nicht allen Wählern noch einmal einen wirksamen Einfluss auf die Mehrheitsbildung ermöglicht und daher die Mehrstufigkeit nicht umfassend verwirklicht. Ferner fallen darunter die beiden Modelle der unechten Mehrstufigkeit, nämlich das Modell einer Zustimmungsrate von 40% im ersten Wahlgang

---

[355] Aus diesem Grund kritisch *Zicht*, Integrierte Stichwahl. Mehr Demokratie bei Bürgermeisterwahlen, Positionspapier Nr. 14 vom 17.12.2011, S. 11 f.

[356] Ebenso *Zicht*, Integrierte Stichwahl. Mehr Demokratie bei Bürgermeisterwahlen, Positionspapier Nr. 14 vom 17.12.2011, S. 11 f.

als auch die Zustimmungswahl, in der die absolute Mehrheit von vorneherein verfehlt oder umgekehrt von mehreren Kandidaten überschritten werden kann. Im Übrigen ist keine verfassungsrechtlich relevante Rangfolge der mehrstufigen Wahlsysteme erkennbar, weil jedes Einzelne bei wirklichkeitsnaher Betrachtung vor- und nachteilhaft auf die Mehrheitsbildung wirken kann und der praktische Aufwand eines weiteren Wahlganges und die damit womöglich eintretende Verringerung der Wahlbeteiligung verfassungsrechtlich unbeachtlich ist. Sowohl die klassischen Modelle eines weiteren Wahlganges mit relativer Mehrheit sowie der Stichwahl als auch ihr Pendant der integrierten Stichwahl erfüllen deshalb gleichermaßen die gebotene Optimierung der Mehrheitsbildung.

C. Fazit: Erfordernis einer echten Mehrstufigkeit des Wahlverfahrens

Das Mehrheitsprinzip als Optimierungsgebot für das Wahlrecht verlangt grundsätzlich ein mehrstufiges Verfahren, das die Einbringung nachrangiger Präferenzen und damit zumindest eine Annäherung an eine absolute Mehrheit ermöglicht. Die vermeintlich legitimatorischen, funktionellen und praktischen Besonderheiten der Direktwahl des kommunalen Hauptverwaltungsbeamten bieten keinen Rechtfertigungsgrund für einen Verzicht auf dieses verfassungsrechtliche Gebot. Deshalb ist die Einführung einer einstufigen, relativen Mehrheitswahl ebenso unzulässig wie eine Alternativstimme, das Modell des 40 %-Zustimmungsquorums und die Zustimmungswahl. Das wahlrechtliche Optimierungsgebot oktroyiert dem Wahlgesetzgeber jedoch keinesfalls ein vermeintlich perfektes Wahlsystem, das es ohnehin nicht geben kann, sondern lässt ihm eine Auswahl zwischen den Wahlverfahren mit einer echten Mehrstufigkeit. Er darf demnach zwischen dem weiteren Wahlgang mit relativem Mehrheitserfordernis, der Stichwahl und der integrierten Stichwahl wählen. Bei der Wahl monokratischer Ämter bestätigt sich daher, dass das Demokratieprinzip keine theoretische *Perfektionierung*, sondern lediglich eine wirklichkeitsorientierte *Optimierung* der Mehrheitsbildung anstrebt, die sich aufgrund der praktischen Schwierigkeiten dieses Prozesses in unterschiedlicher Weise herstellen lässt und demnach in diesen verfassungsrechtlichen Grenzen der Ausgestaltungsfreiheit des Wahlgesetzgebers überlassen ist.

Teil 5

Schlussbetrachtung

Zum Schluss der Arbeit sind in einem Resümee die gewonnenen Erkenntnisse darzustellen und ihre Relevanz für das Verständnis des Demokratieprinzips zu verdeutlichen (A.). Anschließend werden die wesentlichen Ergebnisse der Arbeit in Thesen zusammengefasst (B.).

A. Resümee

Das Mehrheitsprinzip erfährt trotz seiner jahrtausendealten Ideengeschichte und seiner maßgeblichen Bedeutung für die Demokratie immer wieder aus unterschiedlichen Gründen deutliche Kritik. Besonders bekannt ist die bei *Goethe* geäußerte Missbilligung des Mehrheitsprinzips: „Nichts ist widerwärtiger als die Majorität; denn sie besteht aus wenigen kräftigen Vorgängern, aus Schelmen, die sich akkommodieren, aus Schwachen, die sich assimilieren, und der Masse, die nachtrollt, ohne nur im mindesten zu wissen, was sie will"[1]. Dieser Einschätzung ist zumindest zuzugestehen, dass eine Herrschaft der Mehrheit nicht *per se* die theoretisch besten Ergebnisse hervorbringen muss. Die Prozeduralisierung des Gemeinwohls durch die Mehrheitsentscheidung ist aber die einzige Möglichkeit, das Fundament der Demokratie in Gestalt der gleichen Selbstbestimmung aller Staatsbürger wirksam zur Geltung zu bringen. Allein das Prinzip der *absoluten* Mehrheit der Abstimmenden ermöglicht eine gleichmäßige Berücksichtigung aller Stimmen, sodass jeder Staatsbürger in gleichem Maße seine politische Präferenz in den Willensbildungsprozess einbringen und damit gleichberechtigt an der Bildung des Staatswillens teilhaben kann. Wie das Goethe-Zitat zutreffend andeutet, lebt die Demokratie dabei allerdings von einer aktiven und bewussten Teilnahme an der staatlichen Willensbildung und statuiert eine entsprechende *Obliegenheit* der Staatsbürger. Jeder soll sich eine eigene Meinung bilden und seine politischen Präferenzen nach eigenen Überzeugungen einbringen, sodass auf der Grundlage dieser geäußerten Einzelwillen ein Mehrheitswille gebildet werden kann. Zugleich bedarf dieser Integrationsprozess der Willensvereinheitlichung aus der Mannigfaltigkeit der persönlichen Präferenzen der Kompromissbereitschaft, die ebenso im Sinne einer Ob-

[1] Siehe *v. Goethe*, Maximen und Reflexionen Nr. 136 in Goethes Werke, Bd. XII.

liegenheit der aktiven Teilnahme an der Mehrheitsbildung jedem Einzelnen überantwortet ist. Es soll auf diese Weise nicht zu einem „Nachtrollen" nach einer bestimmten vorgegebenen Mehrheitsmeinung kommen, sondern aus einem freien und offenen Integrationsprozess der vielfältigen Präferenzen möglichst die wirkliche Mehrheit des Volkes hervorgehen.

In der repräsentativen Demokratie des Grundgesetzes erfolgt dieser Transformationsprozess in mehreren Stufen, an deren Beginn stets der Wahlakt als zentraler Legitimationsakt steht und dessen konkrete Ausgestaltung maßgeblich die Abbildung der Präferenzen und die daraus erfolgende Mehrheitsbildung beeinflusst. Deshalb trifft „die Frage nach dem Maß der Gestaltungsfreiheit des Wahlgesetzgebers […] den Nerv des politischen Systems Demokratie"[2]. Dabei diskutieren Rechtsprechung und Literatur die gesetzgeberische Gestaltungsfreiheit häufig anhand einzelner Wahlrechtsgrundsätze und mit Blick auf einzelne Wahlmechanismen, anstatt eine übergeordnete Dogmatik anhand des Demokratieprinzips zu entwickeln, die für alle Wahlen Geltung beansprucht. Diese muss die wahlpolitische Realität in den Blick nehmen, um die demokratische Legitimation der Staatsgewalt und die Rückbindung auf den mehrheitlichen Willen des Volkes zur effektiven *Wirksamkeit* zur verhelfen. Die Auflösung dieses Spannungsverhältnisses zwischen den theoretischen Grundlagen und der praktischen Wirkungsweise der Demokratie hatte bereits *Hans Kelsen* eingefordert:

> „Viel Mißverständnis im Streit um die Demokratie entsteht immer wieder dadurch, daß der eine nur von der Idee, der andere nur von der Wirklichkeit des Phänomens spricht und beide sich darum widersprechen, weil keiner das Ganze: die Realität im Licht der über ihr sich erhebenden Ideologie, die Ideologie im Hinblick auf die sie tragende Realität erfaßt."[3]

Diese Aussage gewinnt besondere Aktualität in einer Zeit, in der die praktische Realisierung der demokratischen Ordnung des Grundgesetzes infolge der Komplexität der heutigen Lebensverhältnisse, der vielfältigen internationalen Verflechtungen und des ausgeprägten politischen Pluralismus eine zunehmende Herausforderung zu werden scheint. Das Verfassungsrecht muss daher umso mehr darauf ausgerichtet sein, die Rückführbarkeit der staatlichen Entscheidungen auf den Willen der Mehrheit des Volkes zu sichern. Allein auf diese Weise werden die maßgeblichen demokratischen Prinzipien der *Freiheit* und *Gleichheit* aller Staatsbürger weiterhin verwirklicht, deren praktische Realisierung die maßgebliche Bedingung für die Erhaltung eines demokratischen Verfassungsstaates darstellt. Die vorliegende Arbeit leistet dazu einen Beitrag mit der Herleitung eines allgemeinen verfassungsrechtlichen Rahmens der Wahl als zentrales Legitimationsverfahren der repräsentativen Demokratie.

---

[2] *Bakker*, Verfassungswidrigkeit, in: ZRP 1994, S. 457 (457 f.); *H. Meyer*, Wahl, in: Isensee/Kirchhof (Hrsg.), HStR III, 3. Aufl. 2005, § 45 Rn. 22.

[3] *Kelsen*, Demokratie, 1929, S. 14.

Da in der freiheitlichen Demokratie jedem Wähler die Entscheidung über das Ob und das Wie der Stimmabgabe überlassen bleiben muss, kann das Prinzip der absoluten Mehrheit nicht in jedem Fall vollkommen verwirklicht werden. Wenn selbst *Hans Kelsen* als einer der bedeutendsten Staatsrechtslehrer die Tatsache hinnimmt, dass eine Minderheit „nur zum Schein, durch irgendwelche wahltechnischen Künste, als Majoritätsgruppe gilt; sei es ganz unverhüllt, im Falle einer sog. Minderheitsregierung“[4], unterstreicht dies die faktische Unerreichbarkeit der wirklichen Mehrheitsherrschaft und damit einer perfekten Repräsentation des Mehrheitswillens im Wahlverfahren. Diese Erkenntnis entbindet dennoch nicht von der generellen Forderung des Demokratieprinzips, die staatlichen Entscheidungen so weit wie möglich durch die Mehrheit anstatt durch eine Minderheit treffen zu lassen. Entsprechend bedarf es einer – bislang regelmäßig vernachlässigten – Beachtung des Mehrheitsprinzips als zentralen Wahlrechtsgrundsatz, der als kontext- und realitätsbezogenes *Optimierungsgebot* fungiert. Dieses gilt nicht nur für die Wahl monokratischer Ämter, in denen sich unmittelbar die Mehrheitsbildung vollzieht, sondern ebenso bei Wahlen zu Volksvertretungen, in denen erst aus der parteipolitischen Vielfalt eine Mehrheit gebildet wird. Der unterschiedliche Zeitpunkt der Mehrheitsbildung hat zur Folge, dass das Demokratieprinzip des Grundgesetzes bei der Besetzung eines monokratischen Amtes prinzipiell ein mehrstufiges, auf eine absolute Mehrheit ausgerichtetes Wahlverfahren verlangt, während bei der Wahl zur Volksvertretung das Prinzip der Verhältniswahl zur Sicherung der Rückführbarkeit der parlamentarischen Mehrheit auf das Wahlvolk einen verfassungsrechtlichen Vorzug genießt. Auf diese Weise erfolgt die größtmögliche Annäherung an das nicht vollkommen und umfassend zu realisierende Ideal der repräsentativen Demokratie: „Die notwendige politische Führung durch einzelne soll keine dem Volk aufgezwungene, sondern von der Mehrheit des Volkes *anvertraute und legitimierte, dem Volk verantwortliche Herrschaft* [Hervorhebung im Original] sein.“[5]

B. Zusammenfassung in Thesen

1. Das Prinzip der Mehrheitsentscheidung ist kein aus der Not des Entscheidungszwangs geborener Mechanismus, sondern verwirklicht im Falle einer absoluten Mehrheit der Abstimmenden in idealer Weise die gleiche Freiheit aller Staatsbürger als elementaren Grundsatz des demokratischen Verfassungsstaates. Hingegen repräsentiert eine relative Mehrheit lediglich die größte Minderheit, weshalb diese grundsätzlich nur nachrangig als Notlösung zur notwendigen Besetzung staatlicher Ämter genügen kann.

---

[4] *Kelsen*, Demokratie, 1929, S. 55 f.

[5] *Hesse*, Grundzüge, 1995, Rn. 153.

2. Die grundgesetzlichen Regelungen zu den parlamentarischen Abstimmungs- und Wahlverfahren in Art. 42 GG, Art. 54 GG und Art. 63 GG konkretisieren dieses allgemeine Prinzip und sind daher insoweit notwendiger Bestandteil des Demokratieprinzips. Lediglich aus funktionalen Erwägungen fordert der Verfassunggeber bei der Wahl des Bundeskanzlers und des Bundespräsidenten zunächst ein gegenüber der Grundregel des Art. 42 Abs. 2 S. 1 Hs. 1 GG erhöhtes Quorum in Gestalt der Mitgliedermehrheit, welches das Demokratieprinzip des Grundgesetzes allgemein nicht verlangt.

3. Die wesentlichen Gehalte der Wahlrechtsgrundsätze sind zugleich im Demokratieprinzip verankert und können deshalb auf alle staatlichen Wahlen angewendet werden. Dabei ist nicht nur der formale Akt der Mandatsbesetzung, sondern zugleich die faktische Vorwirkung des Wahlsystems auf das Verhalten der Wähler und Wahlbewerber auf der Grundlage des aus der Grundrechtsdogmatik bekannten erweiterten Eingriffsbegriffs für die verfassungsrechtliche Beurteilung relevant.

4. Deshalb führt sowohl die Sperrklausel im Verhältniswahlsystem als auch die relative Mehrheitswahl infolge der dadurch bewirkten Anzahl erfolgloser Stimmen und der damit verbundenen Abschreckungswirkung gegenüber vermeintlichen Außenseitern zu einer Beeinträchtigung der Wahlfreiheit in Gestalt der Entschließungsfreiheit, der Wahlgleichheit in Gestalt der Erfolgswertgleichheit und der Chancengleichheit der Wahlbewerber.

5. Jedes Wahlverfahren muss allerdings die Herausforderung meistern, die Vielfalt an politischen Präferenzen in einen vereinheitlichenden Willensbildungsprozess zu transferieren und damit einen Ausgleich zwischen der Abbildung der politischen Pluralität und der Förderung der Mehrheitsbildung herzustellen. Dieser verfassungsrechtliche Auftrag ist in der häufig erwähnten Integrationsfunktion der Wahl verankert.

6. Dieses Spannungsverhältnis muss der Gesetzgeber in einer wirklichkeitsnahen Analyse auflösen, wonach keine theoretische Perfektionierung des Wahlverfahrens, sondern eine hinreichend begründete Abwägung entgegenstehender Belange erforderlich ist. Die vom Demokratieprinzip garantierten Wahlrechtsprinzipien fungieren dabei als verfassungsrechtliche Optimierungsgebote, die auf die wirksame Repräsentation des Mehrheitswillens gerichtet sind.

7. Die Betrachtung einzelner Mechanismen im Bundestagswahlrecht verdeutlicht diese Relevanz des Mehrheitsprinzips als übergeordneten Wahlrechtsgrundsatz, der dabei stets im jeweiligen wahlrechtlichen Kontext und im Hinblick auf die wahlpolitische Realität zu betrachten ist. Daher spricht das demokratische Prinzip der absoluten Mehrheit weder gegen eine relative Mehrheitsentscheidung im Wahlkreis im Rahmen der personalisierten Verhältniswahl noch lässt es sich für ein reines Mehrheitswahlrecht in Anspruch nehmen.

8. Insoweit gerät die Reform des Bundeswahlgesetzes aus dem Jahr 2023, die die Vergabe eines parteipolitischen Direktmandates von einer hinreichen-

den Zweitstimmendeckung abhängig macht, nicht in einen Konflikt mit dem Mehrheitsprinzip und den Wahlrechtsgrundsätzen. Nach dem verfassungsrechtlichen Gebot der effektiven Abbildung der parteipolitischen Mehrheitsverhältnisse in der Volksvertretung hätte jedoch die Fünf-Prozent-Hürde abgesenkt werden müssen, während die Abschaffung der gleichheitswidrigen Grundmandatsklausel als solche nicht nur zulässig, sondern sogar geboten war.

9. Das Mehrheitsprinzip fungiert im Wahlrecht nicht als starrer Entscheidungsmechanismus, sondern vielmehr als ein kontext- und realitätsbezogenes Optimierungsgebot, das eine möglichst weitgehende Annäherung an den Mehrheitswillen der Wähler und dessen effektive Verwirklichung fordert. Dies gilt sowohl für die Wahl eines monokratischen Amtes, in der sich unmittelbar die Mehrheitsbildung vollzieht, als auch bei Wahlen zu Volksvertretungen, die die Grundlage für eine effektive Repräsentation des Mehrheitswillens im parlamentarischen Verfahren schaffen müssen.

10. Eine einstufige, relative Mehrheitswahl bei der Direktwahl kommunaler Hauptverwaltungsbeamter verfehlt diesen verfassungsrechtlichen Optimierungsauftrag, da die Besonderheiten einer Direktwahl den Vorrang der absoluten Mehrheitsentscheidung nicht in Frage stellen. Weder die unmittelbare Entscheidung durch das Volk noch eine geringe Teilnahme des Volkes beeinflusst die Mehrheitsbildung in verfassungsrechtlich relevanter Weise derart, dass ein Verzicht auf ein mehrstufiges, auf eine absolute Mehrheit ausgerichtetes Wahlverfahren gerechtfertigt wäre.

11. Da die Beteiligungsquote an Wahlen verfassungsrechtlich irrelevant ist, lassen sich auch Wahlquoren für die Direktwahl kommunaler Hauptverwaltungsbeamter, wie sie in Brandenburg gemäß § 72 Abs. 2 BbgKWahlG generell und in Mecklenburg-Vorpommern gemäß § 67 Abs. 3 LKWG MV für den Fall eines einzigen Wahlvorschlages vorgesehen sind, nicht rechtfertigen. Indem sie die aktuelle Entscheidung der Wähler durch eine Entscheidung der zu einem früheren Zeitpunkt gewählten Volksvertretung ersetzen, verstoßen sie gegen den Grundsatz der Volkssouveränität.

12. Die Vorschriften zur Direktwahl eines monokratischen Amtes sollten nicht nur für den Fall eines Stimmenpatts Vorsorge treffen, sondern ebenso die Möglichkeit einkalkulieren, dass lediglich ein einziger Kandidat zur Wahl steht und dieser trotzdem keine Mehrheit erhält. Infolge des Prinzips der Herrschaft auf Zeit muss ein solcher Kandidat das Amt übernehmen können, wenn auch in einem weiteren Wahlgang keine Alternativen vorgeschlagen werden. Wenngleich das Modell nicht der Weisheit letzter Schluss ist, wäre für diesen Fall die Zulässigkeit von „Write-in-Candidates“ erwägenswert.

13. Hinsichtlich der Ausgestaltung der Direktwahl monokratischer Ämter darf sich der Gesetzgeber im Übrigen zwischen allen mehrstufigen Verfahren entscheiden, die im Falle einer Verfehlung der absoluten Mehrheit die Berücksichtigung wenigstens einer nachrangigen Präferenz ermöglichen und auf diese Weise eine Annäherung an den Mehrheitswillen vollziehen. Sowohl die klas-

sischen Wahlverfahren der Stichwahl und eines weiteren Wahlganges mit nunmehr relativem Mehrheitserfordernis als auch das im Ausland bewährte Verfahren der integrierten Stichwahl sind demnach verfassungsrechtlich zulässig, sodass dem Wahlgesetzgeber trotz des verfassungsrechtlichen Optimierungsgebots ein beträchtlicher Spielraum zur rechtspolitischen Perfektionierung verbleibt.

14. Hingegen integriert die Alternativstimme einen weiteren Wahlgang nur unzureichend in einen einzigen Wahlakt, schmälert dadurch die Einflussmöglichkeiten der Wähler, erhöht den Anreiz für taktische Erwägungen und bleibt somit hinter der gebotenen Optimierung der Mehrheitsbildung zurück. Das Modell der Alternativstimme ist als Ausgestaltung der Mehrheitswahl daher verfassungsrechtlich unzulässig, während es als Ausgleichsmechanismus für eine Sperrklausel rechtspolitisch begrüßenswert, aber nicht verfassungsrechtlich geboten ist.

15. Nicht die quantitative Höhe der Zustimmungsrate, sondern das qualitative Prinzip der absoluten Mehrheit als Optimierungsgebot ist verfassungsrechtlich maßgeblich, sodass es im Falle der Verfehlung im ersten Wahlakt die Annäherung durch die Möglichkeit zur Einbringung einer nachrangigen Präferenz in den Wahlakt verlangt. Daher ist ein Verfahren, in dem bereits im ersten Wahlgang eine Zustimmungsrate von 40 % genügt, ebenso unzureichend wie ein Zustimmungsverfahren, bei dem der Wähler im einzigen Wahlgang beliebig vielen Wahlbewerbern eine Stimme geben kann und derjenige mit den meisten Stimmen gewinnt.

16. Der demokratische Verfassungsstaat basiert maßgeblich auf der Rückführbarkeit der Staatsgewalt auf den mehrheitlichen Willen des Volkes. Wenngleich keine vollkommene Repräsentation der Mehrheit möglich und eine Perfektionierung des Wahlverfahrens daher verfassungsrechtlich nicht erforderlich ist, bedarf es zumindest einer hinreichenden Optimierung der Mehrheitsbildung durch das Wahlverfahren. Nur unter Beachtung dieses verfassungsrechtlichen Grundsatzes verhilft die Wahl als entscheidender Legitimationsakt der repräsentativen Demokratie dem Mehrheitswillen und damit dem Kern der demokratischen Herrschaft zur praktischen Wirkung.

Literaturverzeichnis

Abromeit, Heidrun: Mehrheitsprinzip und Föderalismus, in: Bernd Guggenberger/Claus Offe (Hrsg.), An den Grenzen der Mehrheitsdemokratie. Politik und Soziologie der Mehrheitsregel, Opladen 1984, S. 132–147.

Achterberg, Norbert: Die parlamentarische Verhandlung, Berlin 1979.

Alexy, Robert: Theorie der Grundrechte, Baden-Baden 1985.

Anschütz, Gerhard: Die Verfassung des Deutschen Reichs vom 11. August 1919, 14. Aufl., Berlin 1933 (Nachdruck Bad Homburg vor der Höhe 1960).

Anter, Andreas: Hermeneutische Staats- und Verfassungslehre: Rudolf Smend, Max Weber und die soziologische Wirklichkeit des Staates, in: Roland Lhotta (Hrsg.), Die Integration des modernen Staates. Zur Aktualität der Integrationslehre von Rudolf Smend, Baden-Baden 2005, S. 71–89.

Antoni, Michael: Grundgesetz und Sperrklausel. 30 Jahre 5%-Quorum – Lehre aus Weimar?, in: ZParl 11 (1980), S. 93–109.

Aristoteles: Politik (zitiert nach der Meiner-Ausgabe, Hamburg 2012).

Arnim, Hans Herbert von: Gemeindliche Selbstverwaltung und Demokratie, in: AöR 113 (1988), S. 1–30.

Ders.: Wahlgesetze: Entscheidungen des Parlaments in eigener Sache, in: JZ 2009, S. 813–820.

Ders.: Was aus dem Urteil des Bundesverfassungsgerichts zur 5-Prozent-Klausel bei Europawahlen folgt, in: DÖV 2012, S. 224–227.

Arrow, Kenneth Joseph: Social Choice and Individual Values, Third Edition, New Haven/London 2012.

Austermann, Philipp: Die Wahl des Bundeskanzlers gemäß Art. 63 GG, in: DÖV 2013, S. 865–874.

Ders.: Warum und wie unser Bundestagswahlrecht geändert werden muss, in: ZRP 2021, S. 226–228.

Backhaus, Ralph: Neue Wege beim Verständnis der Wahlgleichheit? Besprechung des Überhangmandate-Urteils des Bundesverfassungsgerichts, in: DVBl. 1997, S. 737–744.

Backmann, Jan L.: Direktwahl der Ministerpräsidenten. Als Kern einer Reform der Landesverfassungen, Berlin 2006.

Badura, Peter: Über Wahlen. Rudolf Smend zum 90. Geburtstag, in: AöR 97 (1972), S. 1–11.

Ders.: Staat, Recht und Verfassung in der Integrationslehre. Zum Tode von Rudolf Smend (15. Januar 1882 – 5. Juli 1975), in: Der Staat 16 (1977), S. 305–325.

Ders.: Die parlamentarische Demokratie, in: Josef Isensee/Paul Kirchhof (Hrsg.), Handbuch des Staatsrechts der Bundesrepublik Deutschland, Bd. II, 3. Aufl., Heidelberg 2004, § 25 (S. 497–540).

Bakker, Rainer: Verfassungswidrigkeit des Mehrheitswahlrechts, in: ZRP 1994, S. 457–459.

Barlet, Philipp: Entscheidungsbesprechung zu BVerfG, Beschl. v. 19.9.2017 – 2 BvC 46/14. Verfassungskonformität des Bundestagswahlrechts trotz Nichteinführung der Eventualstimme?, in: ZJS 2018, S. 179–188.

Bätge, Frank: Stellungnahme zum Gesetzentwurf der Landesregierung Drs. 17/3776 und zum Änderungsantrag Drs. 17/4305 des Landtages Nordrhein-Westfalen, Stellungnahme 17/1194, ohne Datum, S. 1–31.

Becht, Ernst: Die 5 %-Klausel im Wahlrecht. Garant für ein funktionierendes parlamentarisches Regierungssystem?, Stuttgart/München/Hannover 1990.

Becker, Lothar: Der kommunalverfassungsrechtliche Status der Hauptverwaltungsbeamten: Zuständigkeiten, Rechte & Pflichten, in: Stephan Smith/Gregor Bender (Hrsg.), Recht der kommunalen Wahlbeamten. Bürgermeister, Landrat, Beigeordneter und Kreisdirektor in Nordrhein-Westfalen, Stuttgart 2016, § 9 (S. 339–422).

Behnke, Joachim: Das Wahlsystem der Bundesrepublik Deutschland. Logik, Technik und Praxis der Verhältniswahl, Baden-Baden 2007.

Ders.: Strategisches Wählen bei der Nachwahl in Dresden zur Bundestagswahl 2005, in: PVS 49 (2008), S. 695–720.

Ders.: Überhangmandate und negatives Stimmgewicht: Zweimannwahlkreise und andere Lösungsvorschläge, in: ZParl 41 (2010), S. 247–260.

Benda, Ernst: Konsens und Mehrheitsprinzip im Grundgesetz und in der Rechtsprechung des Bundesverfassungsgerichts, in: Hans Hattenhauer/Werner Kaltefleiter (Hrsg.), Mehrheitsprinzip, Konsens und Verfassung. Kieler Symposium vom 14. und 16. Juni 1984, Heidelberg 1986, S. 61–78.

Benken, Björn: Wahleinspruch gegen die Wahl zum Deutschen Bundestag am 22. September 2013, www.wahlreform.de/we2013.pdf (letzter Abruf: 31.7.2024).

Ders.: Die Ersatzstimme – ein Instrument, dessen Zeit gekommen ist?, in: Tobias Mörschel (Hrsg.), Wahlen und Demokratie. Reformoptionen des deutschen Wahlrechts, Baden-Baden 2016, S. 165–180.

Ders.: Integrative Wahlsysteme. Ersatzstimme, Dualwahl, Integrierte Stichwahl: Verfassungsrechtliche Herausforderung und politische Chance, Baden-Baden 2022.

Bickenbach, Christian: Rudolf Smend (15. 1. 1882 bis 5. 7. 1975) – Grundzüge der Integrationslehre, in: JuS 2005, S. 588–591.

Birkmeier, Olga/Oelbermann, Kai-Friederike/Pukelsheim, Friedrich/Rossi, Matthias: Eine schonende Verbindung von Personen- und Verhältniswahl zum Abbau negativer Stimmgewichte bei Bundestagswahlen, in: KritV 94 (2011), S. 55–79.

Bobbio, Norberto: Die Mehrheitsregel: Grenzen und Aporien, in: Bernd Guggenberger/Claus Offe (Hrsg.), An den Grenzen der Mehrheitsdemokratie. Politik und Soziologie der Mehrheitsregel, Opladen 1984, S. 108–131.

Böckenförde, Ernst-Wolfgang: Demokratie als Verfassungsprinzip, in: Josef Isensee/Paul Kirchhof (Hrsg.), Handbuch des Staatsrechts der Bundesrepublik Deutschland, Bd. II, 3. Aufl., Heidelberg 2004, § 24 (S. 429–496).

Ders.: Demokratische Willensbildung und Repräsentation, in: Josef Isensee/Paul Kirchhof (Hrsg.), Handbuch des Staatsrechts der Bundesrepublik Deutschland, Bd. III, 3. Aufl., Heidelberg 2005, § 34 (S. 31–53).

Ders.: Recht, Staat, Freiheit. Studien zur Rechtsphilosophie, Staatstheorie und Verfassungsgeschichte, 5. Aufl., Frankfurt am Main 2013.

Boehl, Henner Jörg: Zu viele Abgeordnete im Bundestag?, in: ZRP 2017, S. 197–201.

Brenner, Michael: Die Entwicklung des Wahlrechts und der Grundsatz der Wahlrechtsgleichheit im wiedervereinigten Deutschland, in: AöR 116 (1991), S. 537–587.

Brunner, Martin: Der Einfluss strategischen Wahlverhaltens auf den Parteienwettbewerb in Mehrparteiensystemen mit Koalitionsregierungen: Eine Computersimulation, in: Thomas Bräuninger/André Bächtiger/Susumu Shikano (Hrsg.), Jahrbuch für Handlungs- und Entscheidungstheorie, Bd. VII, Experiment und Simulation, Wiesbaden 2012, S. 125–163.

Bryde, Brun-Otto: Mehr Demokratie wagen. Überlegung zu einer Optimierung der Wahlrechtsgrundsätze, in: Stefan Brink/Heinrich Amadeus Wolff (Hrsg.), Gemeinwohl und Verantwortung. Festschrift für Hans Herbert von Arnim zum 65. Geburtstag, Berlin 2004, S. 679–694.

Buchstein, Hubertus: Lostrommel und Wahlurne – Losverfahren in der parlamentarischen Demokratie, in: ZParl 44 (2013), S. 384–403.

Buchwald, Franziska M./Rauber, Jochen/Grzeszick, Bernd: Die landtagswahlrechtliche Sperrklausel in der Rechtsprechung des VerfGH des Saarlandes, in: LKRZ 2012, S. 441–446.

Bühler, Joachim: Das Integrative der Verfassung. Eine politiktheoretische Untersuchung des Grundgesetzes, Baden-Baden 2011.

Bülau, Friedrich: Wahlrecht und Wahlverfahren. Ein praktischer Leitfaden für Alle, welche Wahlgesetze und Statuten für Staat, Gemeinden, Corporationen zu entwerfen, oder zu berathen haben, Leipzig 1849.

Bull, Hans Peter: Erfolgswertgleichheit – eine Fehlkonstruktion im deutschen Wahlrecht, in: DVBl. 2014, S. 1213–1217.

Busse, Christian: Regierungsbildung und Regierungswechsel nach niedersächsischem Verfassungsrecht. Eine Untersuchung zum parlamentarischen Regierungssystem in Niedersachsen, Berlin 1992.

Bytzek, Evelyn: Strategisches Wählen, in: Thorsten Faas/Oscar W. Gabriel/Jürgen Maier (Hrsg.), Handbuch der politikwissenschaftlichen Einstellungs- und Verhaltensforschung, Baden-Baden 2020, S. 554–571.

Campenhausen, Axel Freiherr von: Zum Tode von Rudolf Smend, in: JZ 1975, S. 621–625.

Cancik, Pascale: Wahlrecht und Parlamentsrecht als Gelingensbedingungen repräsentativer Demokratie, in: VVDStRL 72 (2013), S. 268–322.

Cremer, Wolfram: Freiheitsgrundrechte. Funktionen und Strukturen, Tübingen 2003.

Dahl, Robert A.: Vorstufen zur Demokratie-Theorie, Tübingen 1976.

Damm, Matthias: Die Nebenstimme bei Bundestagswahlen: Wer A sagt, darf auch B sagen?, in: DÖV 2013, S. 913–920.

Decker, Frank: Mehr Demokratie durch die Direktwahl der Ministerpräsidenten? Perspektiven einer Regierungsreform in den Ländern, in: Hans Herbert von Arnim (Hrsg.), Volkssouveränität, Wahlrecht und direkte Demokratie. Beiträge auf der 14. Speyerer Demokratietagung vom 6. bis 7. Dezember 2012 an der Deutschen Universität für Verwaltungswissenschaften Speyer, Berlin 2014, S. 77–98.

Ders.: Ist die Fünf-Prozent-Sperrklausel noch zeitgemäß? Verfassungsrechtliche und -politische Argumente für die Einführung einer Ersatzstimme bei Landtags- und Bundestagswahlen, in: ZParl 47 (2016), S. 460–471.

Dehmel, Niels: Wege aus dem Wahlrechtsdilemma. Eine komparative Analyse ausgewählter Reformen für das deutsche Wahlsystem, Baden-Baden 2020.

Deutscher Bundestag/Bundesarchiv (Hrsg.): Der Parlamentarische Rat 1948–1949. Akten und Protokolle, Bd. II, Der Verfassungskonvent auf Herrenchiemsee, Boppard am Rhein 1981.

Dies. (Hrsg.): Der Parlamentarische Rat 1948–1949. Akten und Protokolle, Bd. VI, Ausschuß für Wahlrechtsfragen, Boppard am Rhein 1994.

Dies. (Hrsg.): Der Parlamentarische Rat 1948–1949. Akten und Protokolle, Bd. VII, Entwürfe zum Grundgesetz, Boppard am Rhein 1995.

Dies. (Hrsg.): Der Parlamentarische Rat 1948–1949. Akten und Protokolle, Bd. IX, Plenum, München 1996.

Dies. (Hrsg.): Der Parlamentarische Rat 1948–1949. Akten und Protokolle, Bd. XIII, Ausschuß für Organisation des Bundes/Ausschuß für Verfassungsgerichtshof und Rechtspflege, München 2002.

Dies. (Hrsg.): Der Parlamentarische Rat 1948–1949. Akten und Protokolle, Band XIV, Hauptausschuß, München 2009.

Dietlein, Johannes/Heusch, Andreas (Hrsg.): Kommunalrecht Nordrhein-Westfalen. Kommentar, München 2020.

Dietlein, Johannes/Riedel, Daniel: Zugangshürden im Kommunalwahlrecht. Zur Zulässigkeit moderater Sperrklauseln unterhalb von fünf Prozent zur Sicherung der Funktionsfähigkeit der Räte und Kreistage in Nordrhein-Westfalen, Baden-Baden 2012.

Dreier, Horst: Das Majoritätsprinzip im demokratischen Verfassungsstaat, in: ZParl 17 (1986), S. 94–118.

Ders.: Das Demokratieprinzip des Grundgesetzes, in: Jura 1997, S. 249–257.

Ders.: Landesverfassungsänderung durch quorenlosen Volksentscheid aus Sicht des Grundgesetzes, in: BayVBl. 1999, S. 513–523.

Ders. (Hrsg.): Grundgesetz-Kommentar, Bd. II, 3. Aufl., Tübingen 2015.

Ders./Wittreck, Fabian: Repräsentative und direkte Demokratie im Grundgesetz, in: Lars P. Feld u. a. (Hrsg.), Jahrbuch für direkte Demokratie 2009, Baden-Baden 2010, S. 11–39.

Dressel, Carl-Christian/Gogolin, Marco: Die Wahl des Thüringer Ministerpräsidenten im dritten Wahlgang – ein verfassungsrechtliches Puzzle, in: LKV 2015, S. 433–441.

Droege, Michael: Herrschaft auf Zeit: Wahltage und Übergangszeiten in repräsentativen Demokratien, in: DÖV 2009, S. 649–657.

Drossel, Jan-Marcel: Wahlsystem und Wahlgleichheit. Eine verfassungsdogmatische Untersuchung von Gestaltungsspielraum und Beschränkungen des Gesetzgebers im Bundestagswahlrecht, Tübingen 2021.

Dürig, Günter/Herzog, Roman/Scholz, Rupert (Hrsg.): Grundgesetz. Kommentar, 7 Bände, München 1962 ff. (Stand: 104. Ergänzungslieferung April 2024).

Duverger, Maurice: Die politischen Parteien, Tübingen 1959.

Ehlers, Dirk: Sperrklauseln im Wahlrecht, in: Jura 1999, S. 660–666.

Ders.: Die Staatsgewalt in Ketten – zum Demokratiegebot im Sinne des Grundgesetzes, in: Heiko Faber/Götz Frank (Hrsg.), Demokratie in Staat und Wirtschaft. Festschrift für Ekkehart Stein zum 70. Geburtstag am 24.9.2002, Tübingen 2002, S. 125–142.

Ders./Lechleitner, Marc: Die Verfassungsmäßigkeit von Überhangmandaten, in: JZ 1997, S. 761–764.

Eisel, Stephan: Plädoyer für die Mehrheitsregel, in: ZParl 16 (1985), S. 576–580.

Elsener, Ferdinand: Zur Geschichte des Majoritätsprinzips (Pars maior und Pars sanior), insbesondere nach schweizerischen Quellen, in: Zeitschrift der Savigny-Stiftung für Rechtsgeschichte, Kanonistische Abteilung 42 (1956), S. 73–116.

Engelken, Klaas: Der Bürgerentscheid im Rahmen des Verfassungsrechts – Vom Unterschied zwischen Wahlen und Abstimmungen, in: DÖV 2002, S. 977–984.

Epping, Volker: Grundrechte, 10. Aufl., Berlin 2024.

Ders./Hillgruber, Christian (Hrsg.): Grundgesetz. Kommentar, 3. Aufl., München 2020.

Faber, Julia: Föderalismus und Binnenföderalismus im Wahlrecht zu den deutschen Volksvertretungen und zum Europäischen Parlament, Baden-Baden 2015.

Fach, Wolfgang: Demokratie und Mehrheitsprinzip, in: ARSP 61 (1975), S. 201–222.

Flaig, Egon: Die Mehrheitsentscheidung – ihre multiple Genesis und ihre kulturelle Dynamik, in: ders. (Hrsg.), Genesis und Dynamiken der Mehrheitsentscheidung, München 2013, S. VII–XXXIV.

Forsthoff, Ernst: Der Staat der Industriegesellschaft. Dargestellt am Beispiel der Bundesrepublik Deutschland, 2. Aufl., München 1971.

Franke, Jürgen/Fischer, Gerhard: Gesetzentwurf zur Zusammenfassung und Modernisierung des niedersächsischen Kommunalverfassungsrechts, in: NdsVBl. 2010, S. 257–263.

Franz, Katrin Verena: Das Wahlrecht zum Deutschen Bundestag – Architektur eines organschaftlichen Rechts, Berlin 2019.

Fremuth, Michael Lysander: Die Verfassung kennt sie nicht und die Demokratie bedarf ihrer nicht – Zur Notwendigkeit der Revision der Fünf-Prozent-Sperrklausel im Recht zur Wahl des Deutschen Bundestages, in: JZ 2018, S. 13–22.

Friedrich, Carl J.: Der Verfassungsstaat der Neuzeit, Berlin/Göttingen/Heidelberg 1953.

Friedrich, Manfred: Rudolf Smend 1882–1975, in: AöR 112 (1987), S. 1–26.

Friesenhahn, Ernst: Parlament und Regierung im modernen Staat, in: VVDStRL 16 (1958), S. 9–73.

Frowein, Jochen: Die Rechtsprechung des Bundesverfassungsgerichts zum Wahlrecht, in: AöR 99 (1974), S. 72–110.

Funke, Andreas: Wahlrecht, Republik, Politische Freiheit. Zur Begründung des Rechts auf Wahl nach Art. 38 GG, in: Der Staat 46 (2007), S. 395–419.

Fürnberg, Ossip/Knothe, Danko: Wahlsiege ohne Stimmenmehrheit: Auswirkungen von verstärktem „Lagersplitting“ auf Mandatsverteilung und Koalitionsoptionen, in: ZRP 2009, S. 56–74.

Gangl, Manfred: Integration und Norm. Zum Verhältnis von Rudolf Smend und Hans Kelsen, in: Hauke Brunkhorst/Rüdiger Voigt (Hrsg.), Rechts-Staat. Staat, internationale Gemeinschaft und Völkerrecht bei Hans Kelsen, Baden-Baden 2008, S. 73–101.

Geerlings, Jörg/Hamacher, Andreas: Der Wegfall der Fünf-Prozent-Klausel bei Europawahlen, in: DÖV 2012, S. 671–678.

Geyerhahn, Siegfried: Das Problem der verhältnismässigen Vertretung. Ein Versuch seiner Lösung, Tübingen/Leipzig 1902.

Gierke, Otto von: Über die Geschichte des Majoritätsprinzips, in: Bernd Guggenberger/Claus Offe (Hrsg.), An den Grenzen der Mehrheitsdemokratie. Politik und Soziologie der Mehrheitsregel, Opladen 1984, S. 22–38.

Goethe, Johann Wolfgang von: Maximen und Reflexionen Nr. 136 in Goethes Werke, Bd. XII (Hamburger Ausgabe, München 1981).

Graßhof, Karin: Wahlen, in: Hanno Kube u. a. (Hrsg.), Leitgedanken des Rechts. Paul Kirchhof zum 70. Geburtstag, Bd. I, Heidelberg u. a. 2013, § 62 (S. 669–678).

Grimm, Dieter: Politische Parteien, in: Ernst Benda/Werner Maihofer/Hans-Jochen Vogel (Hrsg.), Handbuch des Verfassungsrechts der Bundesrepublik Deutschland. Studienausgabe Teil 1, 2. Aufl., Berlin/New York 1995, § 15 (S. 599–656).

Groß, Markus: Direktwahl ohne Stichwahl? – Einige Anmerkungen zur demokratischen Legitimation kommunaler Wahlbeamter, in: LKRZ 2010, S. 93–97.

Grzeszick, Bernd: Gleichheit der Wahl und Wahlrechtssystem. Die „verbundene Mehrheitsregel“ des Gesetzesentwurfs zur Wahlrechtsreform als verfassungsrechtliches Problem, in: NVwZ 2023, S. 286–292.

Guggenberger, Bernd: An den Grenzen der Mehrheitsdemokratie, in: ders./Claus Offe (Hrsg.), An den Grenzen der Mehrheitsdemokratie. Politik und Soziologie der Mehrheitsregel, Opladen 1984, S. 184–195.

Ders./Offe, Claus: Politik aus der Basis – Herausforderung der parlamentarischen Mehrheitsdemokratie, in: dies. (Hrsg.), An den Grenzen der Mehrheitsdemokratie. Politik und Soziologie der Mehrheitsregel, Opladen 1984, S. 8–19.

Gusy, Christoph: Das Mehrheitsprinzip im demokratischen Staat, in: AöR 106 (1981), S. 329–354.

Ders.: 100 Jahre Weimarer Verfassung. Eine gute Verfassung in schlechter Zeit, Tübingen 2018.

Häberle, Peter: Das Mehrheitsprinzip als Strukturelement der freiheitlich-demokratischen Grundordnung, in: JZ 1977, S. 241–245.

Hamann, Andreas: Anmerkung zu BVerfG, Urteil vom 23.1.1957, 2 BvE 2/56, in: NJW 1957, S. 381.

Handt, Friederike Elisabeth: Die Auflösung des Bundestages nach Art. 63 IV S. 3 des Grundgesetzes unter besonderer Berücksichtigung eines obstruierenden Parlaments, Wilhelmshaven 2008.

Hattenhauer, Hans: Zur Geschichte von Konsens- und Mehrheitsprinzip, in: ders./Werner Kaltefleiter (Hrsg.), Mehrheitsprinzip, Konsens und Verfassung. Kieler Symposium vom 14. und 16. Juni 1984, Heidelberg 1986, S. 1–22.

Haug, Volker M.: Muss wirklich jeder ins Europäische Parlament? Kritische Anmerkungen zur Sperrklausel-Rechtsprechung aus Karlsruhe, in: ZParl 45 (2014), S. 467–487.

Heintzen, Markus: Die Bundestagswahl als Integrationsvorgang – Besprechung des Grundmandatsurteils des Bundesverfassungsgerichts, in: DVBl. 1997, S. 744–749.

Helfen, Thomas: Die Kritik am Mehrheitsprinzip als Herausforderung der repräsentativen Demokratie, Bonn 1991.

Henneke, Hans-Günter: Abschaffung von Stichwahlen weiterhin möglich. VerfGH NW hat (bei 4:3 Mehrheit) lediglich Prognoseverfahren, nicht aber ihr Ergebnis beanstandet, in: Der Landkreis 2020, S. 12–19.

Henneke, Hans-Günter/Ritgen, Klaus: Die Direktwahl der Landräte. Rechtliche Grundlagen, kommunale Praxis und verfassungsrechtliche Vorgaben, in: DÖV 2010, S. 665–676.

Hennis, Wilhelm: Integration durch Verfassung? Rudolf Smend und die Zugänge zum Verfassungsproblem nach 50 Jahren unter dem Grundgesetz, in: JZ 1999, S. 485–495.

Henrichs, Wilhelm: Zur Verfassungsmäßigkeit der Sperrklauseln im Wahlrecht, in: NJW 1956, S. 1703–1706.

Hermens, Ferdinand Aloys: Demokratie oder Anarchie?, Frankfurt am Main 1951.

Ders.: Verfassungslehre, 2. Aufl., Köln 1968.

Herrmann, Michael: Strategisches Wählen in Deutschland. Logik und politische Konsequenzen, Wiesbaden 2015.

Hesse, Konrad: Grundzüge des Verfassungsrechts der Bundesrepublik Deutschland, 20. Aufl., Heidelberg 1995.

Heun, Werner: Das Mehrheitsprinzip in der Demokratie. Grundlagen – Struktur – Begrenzung, Berlin 1983.

Ders.: Entstehungsvoraussetzungen des Mehrheitsprinzips, in: Egon Flaig (Hrsg.), Genesis und Dynamiken der Mehrheitsentscheidung, München 2013, S. 21–42.

Heußner, Hermann: Die 5 %-Sperrklausel: Nur mit Hilfsstimme! Zur Evaluation des Wahlrechts im Saarland und darüber hinaus. Teil 1: Wirkung, Prüfungsmaßstab, Hilfsstimme, Einwände, in: LKRZ 2014, S. 7–12.

Ders.: Die 5 %-Sperrklausel: Nur mit Hilfsstimme! Zur Evaluation des Wahlrechts im Saarland und darüber hinaus. Teil 2: Einwände (Fortsetzung), Ergebnis, in: LKRZ 2014, S. 52–57.

Heyl, Arnulf von: Wahlfreiheit und Wahlprüfung, Berlin 1975.

Hidalgo, Oliver: Art. „Gesellschaftsvertrag", in: Görres-Gesellschaft (Hrsg.), Staatslexikon. Recht-Wirtschaft-Gesellschaft, Bd. II, 8. Aufl., Freiburg 2018, Sp. 1251–1254.

Hillgruber, Christian: Die Herrschaft der Mehrheit. Grundlagen und Grenzen des demokratischen Majoritätsprinzips, in: AöR 127 (2002), S. 460–473.

Ders.: Mehrheitsprinzip, in: Hanno Kube u. a. (Hrsg.), Leitgedanken des Rechts. Paul Kirchhof zum 70. Geburtstag, Bd. I, Heidelberg u. a. 2013, § 61 (S. 659–668).

Höfling, Wolfram: Demokratische Grundrechte – Zu Bedeutungsgehalt und Erklärungswert einer dogmatischen Kategorie, in: Der Staat 33 (1994), S. 493–509.

Ders./Burkiczak, Christian: Das Mehrheitsprinzip im deutschen Staatsrecht – ein systematisierender Überblick, in: Jura 2007, S. 561–567.

Hofmann, Hasso/Dreier, Horst: Repräsentation, Mehrheitsprinzip und Minderheitenschutz, in: Hans Peter Schneider/Wolfgang Zeh (Hrsg.), Parlamentsrecht und Parlamentspraxis in der Bundesrepublik Deutschland. Ein Handbuch, Berlin/New York 1989, § 5 (S. 165–197).

Hölscheidt, Sven/Mundil, Daniel: Wer hat die meisten Stimmen? Die Wahl des Bundeskanzlers in der dritten Wahlphase, in: DVBl. 2019, S. 73–79.

Holste, Heiko: Alternativ-Stimme statt Stichwahl! Ein Ausweg aus dem kommunalen Direktwahl-Dilemma, in: ZRP 2007, S. 94–96.

Ders.: Die Reform des Bundestagswahlrechts: Wiedervorlage in Karlsruhe!, in: NVwZ 2012, S. 8–11.

Höpker, Heinrich: Grundlagen, Entwicklung und Problematik des Mehrheitsprinzips und seine Stellung in der Demokratie, Köln 1957.

Horn, Hans-Detlef: Mehrheit im Plebiszit. Zur Voraussetzung eines Zustimmungsquorums bei Volks- und Bürgerentscheiden, in: Der Staat 38 (1999), S. 399–422.

Horst, Patrick: Das neue Hamburger Wahlrecht auf dem Prüfstand: kontraproduktiv, aber schwer reformierbar, in: ZParl 42 (2011), S. 707–724.

Huber, Peter M./Voßkuhle, Andreas (Hrsg.): Grundgesetz. Kommentar, Bd. II, 8. Aufl., Munchen 2024.

Hufeld, Ulrich: Das hohe Haus und seine Größe: Das Bundeswahlgesetz in der Reformdebatte, in: KritV 104 (2021), S. 327–339.

Hurrelmann, Achim: Integration und europaische Verfassung: Zur Eignung der Integrationslehre als Theorie eines supranationalen Konstitutionalismus, in: Roland Lhotta (Hrsg.), Die Integration des modernen Staates. Zur Aktualität der Integrationslehre von Rudolf Smend, Baden-Baden 2005, S. 163–189.

Ipsen, Jörn: Wahlrecht im Umbruch, in: JZ 2002, S. 469–475.

Ders.: Wahlrecht im Spannungsfeld von Politik und Verfassungsgerichtsbarkeit, in: DVBl. 2013, S. 265–274.

Isensee, Josef: Funktionsstörung im Wahlsystem: das negative Stimmgewicht. Denkbare Lösungen eines Dilemmas, in: DVBl. 2010, S. 269–277.

Jäckel, Hartmut: Die politische Bedeutung der Wahlsysteme, in: Henry Steele Commager u. a. (Hrsg.), Festschrift für Karl Loewenstein. Aus Anlass seines achtzigsten Geburtstags, Tübingen 1971, S. 241–259.

Jacobs, Uwe Kai: „Man soll die Stimmen wägen und nicht zählen" – Über fragwürdige Begrenzungen des Mehrheitsprinzips, in: NJW 1989, S. 3205–3208.

Jakob, Holger: Überhangmandat und Gleichheit der Wahl. Ein Beitrag zur aktuellen Wahlrechtsdiskussion, Frankfurt am Main/Berlin 1998.

Jarass, Hans/Pieroth, Bodo (Hrsg.): Grundgesetz für die Bundesrepublik Deutschland, 18. Aufl., München 2024.

Jellinek, Walter: Kabinettsfrage und Gesetzgebungsnotstand nach dem Bonner Grundgesetz, in: DÖV 1949, S. 381–385.

Jesse, Eckhard: Wahlrecht zwischen Kontinuität und Reform. Eine Analyse der Wahlsystemdiskussion und der Wahlrechtsänderungen in der Bundesrepublik Deutschland 1949–1983, Düsseldorf 1985.

Ders.: Defizite im deutschen Wahlsystem, in: Hans Herbert von Arnim (Hrsg.), Volkssouveränität, Wahlrecht und direkte Demokratie. Beiträge auf der 14. Speyerer Demokratietagung vom 6. bis 7. Dezember 2012 an der Deutschen Universität für Verwaltungswissenschaften Speyer, Berlin 2014, S. 43–55.

Jestaedt, Matthias: Demokratieprinzip und Kondominialverwaltung. Entscheidungsteilhabe Privater an der öffentlichen Verwaltung auf dem Prüfstand des Verfassungsprinzips Demokratie, Berlin 1993.

Jülich, Christian: Die Wahl des Bundespräsidenten. Gedanken zur verfassungspolitischen Problematik und zur Reform des Wahlverfahrens, in: DÖV 1969, S. 92–97.

Kadel, Werner: Mindestwahlbeteiligung als demokratisches Legitimationserfordernis?, in: JR 1988, S. 54–57.

Kaisenberg, Georg: Die Wahl des Reichspräsidenten, 2. Aufl., Berlin 1925.

Kaiser, Roman: Mehrheitserfordernisse im Staatsrecht, in: JuS 2017, S. 221–224.

Ders.: Das Mehrheitsprinzip in der Judikative, Tübingen 2020.

Kalina, Andreas: Art. „Europäischer Integrationsprozess" [Immer engerer Zusammenschluss der europäischen Völker], in: Görres-Gesellschaft (Hrsg.), Staatslexikon. Recht-Wirtschaft-Gesellschaft, Bd. II, 8. Aufl., Freiburg 2018, Sp. 455–462.

Kautz, Steffen: Überhangmandate und die Gleichheit der Wahl, in: NJW 1995, S. 1871–1873.

Kelsen, Hans: Vom Wesen und Wert der Demokratie, 2. Aufl., Tübingen 1929.

Ders.: Der Staat als Integration. Eine Prinzipielle Auseinandersetzung, Wien 1930.

Kemmler, Klaus: Die Abstimmungsmethode des Deutschen Bundestages, Tübingen 1969.

Kern, Lucian/Nida-Rümelin, Julian: Logik kollektiver Entscheidungen, München 1994.

Kersten, Jens: Parlamentarische oder stabile Regierung, in: Christoph Gusy (Hrsg.), Weimars lange Schatten – „Weimar" als Argument nach 1945, Baden-Baden 2003, S. 281–310.

Kingreen, Thorsten/Poscher, Ralf: Grundrechte. Staatsrecht II, 38. Aufl., Heidelberg 2022.

Kluckert, Sebastian: Das Grabenwahlrecht auf dem Prüfstand der Verfassung, in: NVwZ 2020, S. 1217–1223.

Kotzur, Markus: Freiheit und Gleichheit der Wahl, in: Detlef Merten/Hans-Jürgen Papier (Hrsg.), Handbuch der Grundrechte in Deutschland und Europa, Bd. V, Heidelberg 2013, § 120 (S. 555–592).

Krabbe, Hugo: Die moderne Staats-Idee, 2. Aufl., Den Haag 1919.

Krausnick, Daniel: Staatliche Integration und Desintegration durch Grundrechtsinterpretation: Die Rechtsprechung des Bundesverfassungsgerichts im Lichte der Integrationslehre Rudolf Smends, in: Roland Lhotta (Hrsg.), Die Integration des modernen Staates. Zur Aktualität der Integrationslehre von Rudolf Smend, Baden-Baden 2005, S. 135–161.

Krippendorff, Ekkehart: Legitimität als Problem der Politikwissenschaft, in: ZfP 9 (1962), S. 1–11.

Krüger, Herbert: Allgemeine Staatslehre, 2. Aufl., Stuttgart 1966.

Krüper, Julian: Das Glück der größten Zahl – Zum Mehrheitsprinzip als Funktionsregel im Verfassungsstaat, in: ZJS 2009, S. 477–486.

Ders.: Kommunale Stichwahlen als demokratisches Wettbewerbsgebot. Zugleich eine Anmerkung zum Urteil des Verfassungsgerichtshofs Nordrhein-Westfalens vom 26. Mai 2009 (02/09), in: DÖV 2009, S. 758–764.

Ders.: Wahlrechtsmathematik als gesetzgeberische Gestaltungsaufgabe. Das zweite Urteil des Bundesverfassungsgerichts zum „negativen Stimmgewicht", in: Jura 2013, S. 1147–1158.

Ders.: Verfassungsunmittelbare Sperrklauseln. Maßstab, Modelle und Folgen einer Beschränkung der Wahlrechtsgleichheit im Grundgesetz, in: ZRP 2014, S. 130–133.

Kunig, Philip: Parteien, in: Josef Isensee/Paul Kirchhof (Hrsg.), Handbuch des Staatsrechts der Bundesrepublik Deutschland, Bd. III, 3. Aufl., Heidelberg 2005, § 40 (S. 297–356).

Labrenz, Christoph: Die Wahlpflicht – unbeliebt, aber nicht unzulässig, in: ZRP 2011, S. 214–218.

Lang, Heinrich: Gesetzgebung in eigener Sache. Eine rechtstheoretische und rechtssystematische Untersuchung zum Spannungsverhältnis von Distanzgebot und Eigennutz, Tübingen 2007.

Ders.: Wahlrecht und Bundesverfassungsgericht. Eine Skizze aktueller wahlrechtlicher Entscheidungen und Probleme, Baden-Baden 2014.

Langheid, Theo: Das qualifizierte Mehrheitswahlrecht, in: ZRP 1995, S. 94–99.

Lege, Joachim: Unterschriftenquoren zwischen Parteienstaat und Selbstverwaltung. Die Rechtsprechung zum kommunalen Wahlvorschlagsrecht, Berlin 1996.

Lehr, Robert: Schriftlicher Bericht über die Abschnitte III. Der Bundestag IV. Der Bundesrat V. Der Bundespräsident VI. Die Bundesregierung, in: Parlamentarischer Rat (Hrsg.), Schriftlicher Bericht zum Entwurf des Grundgesetzes für die Bundesrepublik Deutschland. Anlage zum stenographischen Bericht der 9. Sitzung des Plenums des Parlamentarischen Rates am 6. Mai 1949 (Drucks. Nr. 850, 854), Bonn 1949, S. 17–31.

Leibholz, Gerhard: Die Wahlrechtsreform und ihre Grundlagen, in: VVDStRL 7 (1932), S. 159–190.

Ders.: Strukturprobleme der modernen Demokratie, Karlsruhe 1967.

Lembcke, Oliver W./Peuker, Enrico/Seifarth, Dennis: Wandel der Wahlrechtsrealitäten – Zur Verfassungswidrigkeit des § 2 Abs. 7 EuWG, in: DVBl. 2012, S. 401–407.

Lenski, Sophie-Charlotte: Paradoxien der personalisierten Verhältniswahl, in: AöR 134 (2009), S. 473–512.

Dies.: „Aufgespießt". Die Fünfprozenthürde, in: MIP 20 (2014), S. 178–180.

Lenz, Christofer: Die Wahlrechtsgleichheit und das Bundesverfassungsgericht, in: AöR 121 (1996), S. 337–358.

Ders.: Grundmandatsklausel und Überhangmandate vor dem Bundesverfassungsgericht, in: NJW 1997, S. 1534–1537.

Lenz, Stefan: Kommunalverwaltung und Demokratieprinzip, Tübingen 2020.

Lhotta, Roland: Rudolf Smends Integrationslehre und die institutionelle Rückgewinnung des Politischen im modernen Staat des permanenten Übergangs, in: ders. (Hrsg.), Die Integration des modernen Staates. Zur Aktualität der Integrationslehre von Rudolf Smend, Baden-Baden 2005, S. 37–68.

Linck, Joachim: Zur verfassungsnäheren Gestaltung der 5-%-Klausel, in: DÖV 1984, S. 884–887.

Lindner, Josef Franz/Möstl, Markus/Wolff, Heinrich Amadeus (Hrsg.): Verfassung des Freistaates Bayern. Kommentar, 2. Aufl., München 2017.

Lippert, Michael R.: Bestellung und Abberufung der Regierungschefs und ihre funktionale Bedeutung für das parlamentarische Regierungssystem. Entwickelt am Beispiel des deutschen Bundeskanzlers und des britischen Premierministers, Berlin 1973.

Locke, John: Two Treatises of Government, Book II, London 1689.

Luhmann, Niklas: Legitimation durch Verfahren, Frankfurt am Main 1983.

Mager, Ute/Uerpmann, Robert: Überhangmandate und Gleichheit der Wahl, in: DVBl. 1995, S. 273–280.

Magsaam, Niels: Mehrheit entscheidet. Ausgestaltung und Anwendung des Majoritätsprinzips im Verfassungsrecht des Bundes und der Länder, Berlin 2014.

Martini, Mario/Kühl, Benjamin: Staatliches Informationshandeln, in: JA 2014, S. 1221–1236.

Matauschek, Peggy: Wahlsystemreform in Deutschland. Plädoyer für ein Prämienwahlsystem mit Koalitionsbonus, 2020.

Mehde, Veith: Zur Abschaffung und Wiedereinführung der Stichwahlen, in: KommJur 2013, S. 446–452.

Meinel, Florian: Die Verfassungsmäßigkeit der Einführung einer verbundenen Mehrheitsregel zur proporzgerechten Ermittlung von Wahlkreissiegern. Rechtsgutachten im Auftrag der Bertelsmann Stiftung, Kommissionsdrucksache 20(31)20, 25.3.2022, abrufbar unter www.bundestag.de/resource/blob/899762/66ae2ffa6067d83cd56d8212cc4566c7/K-Drs-020-Prof-Dr-Vehrkamp-Stellungnahme-Ergaenzung-Gutachten-Prof-Dr-Meinel-Einfuehrung-einer-verbundenen-Mehrheitsregel-data.pdf (letzter Abruf: 31.7.2024).

Merdian, Julia: Mehrheitsprinzip und Minderheitsregierung – Regierungsstabilität nach dem Grundgesetz, Berlin 2022.

Merten, Detlef: Wahlrecht und Wahlpflicht, in: Joseph Listl/Herbert Schambeck (Hrsg.), Demokratie in Anfechtung und Bewährung. Festschrift für Johannes Broermann, Berlin 1982, S. 301–315.

Meyer, Georg: Das parlamentarische Wahlrecht, herausgegeben von Georg Jellinek, Berlin 1901.

Meyer, Hans: Wahlsystem und Verfassungsordnung. Bedeutung und Grenzen wahlsystematischer Gestaltung nach dem Grundgesetz, Frankfurt am Main 1973.

Ders.: Der Überhang und anderes Unterhaltsame aus Anlaß der Bundestagswahl 1994, in: KritV 77 (1994), S. 312–362.

Ders.: Demokratische Wahl und Wahlsystem, in: Josef Isensee/Paul Kirchhof (Hrsg.), Handbuch des Staatsrechts der Bundesrepublik Deutschland, Bd. III, 3. Aufl., Heidelberg 2005, § 45 (S. 521–542).

Ders.: Wahlgrundsätze, Wahlverfahren, Wahlprüfung, in: Josef Isensee/Paul Kirchhof (Hrsg.), Handbuch des Staatsrechts der Bundesrepublik Deutschland, Bd. III, 3. Aufl., Heidelberg 2005, § 46 (S. 543–603).

Ders.: Lösungsmöglichkeiten nach dem Wahlrechtsurteil des BVerfG vom 3. Juli 2008, in: DVBl. 2009, S. 137–146.

Ders.: Die Zukunft des Bundestagswahlrechts. Zwischen Unverstand, obiter dicta, Interessenkalkül und Verfassungsverstoß, Baden-Baden 2010.

Ders.: Volksabstimmungen im Bund: Verfassungslage nach Zeitgeist?, in: JZ 2012, S. 538–546.

Ders.: Welche Medizin empfiehlt sich gegen einen adipösen Bundestag?, in: AöR 143 (2018), S. 521–553.

Meyer, Hubert: Kommunalverfassungs- und wahlrecht in Niedersachen, in: DVP 2013, S. 53–58.

Michael, Lothar: Verfassungsunmittelbare Sperrklauseln auf Landesebene. Wahlrechtsgleichheit – Verfassungsrevision – Homogenität, Baden-Baden 2015.

Ders./Morlok, Martin: Grundrechte, 8. Aufl., Baden-Baden 2022.

Möllers, Christoph: Wahlrecht: Das missverstandene Systemargument im Streit um die Überhangmandate, in: RuP 48 (2012), S. 1–10.

Ders.: Demokratie, in: Matthias Herdegen u. a. (Hrsg.), Handbuch des Verfassungsrechts. Darstellung in transnationaler Perspektive, München 2021, § 5 (S. 317–382).

Mols, Manfred: Integrationslehre und politische Theorie, in: AöR 94 (1969), S. 513–553.

Morlok, Martin: Demokratie und Wahlen, in: Peter Badura/Horst Dreier (Hrsg.), Festschrift 50 Jahre Bundesverfassungsgericht, Bd. II, Klärung und Fortbildung des Verfassungsrechts, Tübingen 2001, S. 559–608.

Ders.: Stellungnahme zum Gesetzentwurf der Faktion der CDU und der Fraktion der FDP, Drs. 14/6512 des Landtages Nordrhein-Westfalen, Stellungnahme 14/1920, ohne Datum, S. 1–7.

Ders.: Chancengleichheit ernstgenommen – Die Entscheidung des Bundesverfassungsgerichts zur Fünf-Prozent-Klausel bei der Europawahl, in: JZ 2012, S. 76–80.

Ders.: Die verfassungsrechtlichen Rahmenbedingungen der Wahl des Ministerpräsidenten im dritten Wahlgang nach Art. 70 Abs. 3 S. 3 der Verfassung des Freistaats Thüringen, Gutachterliche Stellungnahme im Auftrag des Thüringer Justizministeriums vom 22.11.2014, abrufbar unter www.tagesspiegel.de/politik/downloads/verfassungsgutachten (letzter Abruf: 31.7.2024).

Ders.: Das Verhältnis von Erst- und Zweitstimme aus juristischer Sicht, in: Torsten Oppelland (Hrsg.), Das deutsche Wahlrecht im Spannungsfeld von demokratischer Legitimität und politischer Funktionalität, Berlin 2015, S. 91–103.

Ders.: Stellungnahme zum Gesetzentwurf der Landesregierung, Drs. 17/3776 und zum Änderungsantrag Drs. 17/4305 des Landtages Nordrhein-Westfalen, Stellungnahme 17/1203, ohne Datum, S. 1–8.

Ders./Michael, Lothar: Staatsorganisationsrecht, 6. Aufl., Baden-Baden 2023.

Ders./Schindler, Alexandra: Smend als Klassiker: Rudolf Smends Beitrag zu einer modernen Verfassungstheorie, in: Roland Lhotta (Hrsg.), Die Integration des modernen Staates. Zur Aktualität der Integrationslehre von Rudolf Smend, Baden-Baden 2005, S. 13–35.

Möstl, Markus: Elemente direkter Demokratie als Entwicklungsperspektive, in: VVDStRL 72 (2013), S. 355–410.

Münch, Fritz: Die Bundesregierung, Frankfurt am Main 1954.

Münch, Ingo von/Kunig, Philip (Hrsg.): Grundgesetz-Kommentar, Bd. I, 6. Aufl., München 2012.

Dies. (Hrsg.): Grundgesetz-Kommentar, Bd. II, 7. Aufl., München 2021.

Dies. (Hrsg.): Grundgesetz-Kommentar, Bd. I, 7. Aufl., München 2021.

Mußgnug, Reinhard: Verschiebungen im Verhältnis von Parlament, Regierung und Verwaltung, in: Kurt G.A. Jeserich/Hans Pohl/Georg-Christoph von Unruh (Hrsg.), Deutsche Verwaltungsgeschichte, Bd. V, Die Bundesrepublik Deutschland, Stuttgart 1987, S. 100–122.

Ders.: Das Mehrheitsprinzip, in: Marten Breuer u. a. (Hrsg.), Der Staat im Recht. Festschrift für Eckart Klein zum 70. Geburtstag, Berlin 2013, S. 249–258.

Nahrgang, Nicolai: Der Grundsatz allgemeiner Wahl gem. Art. 38 Abs. 1 S. 1 GG als Prinzip staatsbürgerlicher Egalität, Berlin 2004.

Natus, Johannes: Verfassungsmissbrauch durch Zweidrittelmehrheit? Verfassungstheoretische und demokratietheoretische Anforderungen an die verfassungsändernde Gewalt auf Grundlage eines dualistischen Rechtsverständnisses zwischen Sein und Sollen, Berlin 2017.

Nettesheim, Martin: Amt und Stellung des Bundespräsidenten in der grundgesetzlichen Demokratie, in: Josef Isensee/Paul Kirchhof (Hrsg.), Handbuch des Staatsrechts der Bundesrepublik Deutschland, Bd. III, 3. Aufl., Heidelberg 2005, § 61 (S. 1031–1071).

Ders.: Die Bundesversammlung und die Wahl des Bundespräsidenten, in: Josef Isensee/Paul Kirchhof (Hrsg.), Handbuch des Staatsrechts der Bundesrepublik Deutschland, Bd. III, 3. Aufl., Heidelberg 2005, § 63 (S. 1105–1113).

Neumann, Peter: Die zunehmende Bedeutung der Volksgesetzgebung im Verfassungsrecht – das Beispiel Nordrhein-Westfalen, in: ders./Stefan von Raumer (Hrsg.), Die verfassungsrechtliche Ausgestaltung der Volksgesetzgebung. Dargestellt am Beispiel der Art. 68, 69 der Landesverfassung von Nordrhein-Westfalen, Baden-Baden 1999, S. 17–56.

Nicolaus, Helmut: Stimmgewicht und Erfolgschancengleichheit im Wahlverfassungsrecht. Prinzipielle Bemerkungen zur Zählwertgleichheit und zur Inflation der Überhangmandate, in: ZParl 26 (1995), S. 353–371.

Ders.: Demokratie, Verhältniswahl & Überhangmandate. Eine Studie zum Wahlverfassungsrecht, Heidelberg 1995.

Ders.: Offenheit des Grundgesetzes bezüglich des Wahlsystems — ein Mythos?, in: ZRP 1997, S. 185–190.

Nohlen, Dieter: Erfolgswertgleichheit als fixe Idee oder: Zurück zu Weimar? Zum Urteil des Bundesverfassungsgerichts über das Bundeswahlgesetz vom 3. Juli 2008, in: ZParl 40 (2009), S. 179–195.

Ders.: Die Politik des Sonderweges. Wahlsystem als Rechtsfrage, in: Klaus Armingeon (Hrsg.), Staatstätigkeiten, Parteien und Demokratie. Festschrift für Manfred G. Schmidt, Wiesbaden 2013, S. 527–566.

Ders.: Wahlrecht und Parteiensystem. Zur Theorie und Empirie der Wahlsysteme, 7. Aufl., Opladen/Toronto 2014.

Oebbecke, Janbernd: Demokratische Legitimation nicht-kommunaler Selbstverwaltung, in: VerwArch. 81 (1990), S. 349–369.

Ders.: Wahlrechtsgleichheit bei der Bürgermeisterwahl, in: NWVBl. 2010, S. 333–336.

Ders.: Stellungnahme zum Gesetzentwurf der Landesregierung Drs. 14/3977 des Landtages Nordrhein-Westfalen, Stellungnahme 14/1148, ohne Datum, S. 1–5.

Offe, Claus: Politische Legitimation durch Mehrheitsentscheidung?, in: Bernd Guggenberger/Claus Offe (Hrsg.), An den Grenzen der Mehrheitsdemokratie. Politik und Soziologie der Mehrheitsregel, Opladen 1984, S. 150–183.

Patzelt, Werner J.: Art. „Mehrheitsprinzip" [Gestaltungsfaktor des politischen Systems], in: Görres-Gesellschaft (Hrsg.), Staatslexikon. Recht-Wirtschaft-Gesellschaft, Bd. III, 8. Aufl., Freiburg 2019, Sp. 1521–1523.

Pauly, Walter: Das Wahlrecht in der neueren Rechtsprechung des Bundesverfassungsgerichts, in: AöR 123 (1998), S. 232–285.

Peine, Franz-Joseph: Der Grundrechtseingriff, in: Detlef Merten/Hans-Jürgen Papier (Hrsg.), Handbuch der Grundrechte in Deutschland und Europa, Bd. III, Heidelberg 2009, § 57 (S. 87–112).

Pieroth, Bodo: Stellungnahme zum Gesetzentwurf der Landesregierung Drs. 14/3977 des Landtages Nordrhein-Westfalen, Stellungnahme 14/1169 vom 31.5.2007, S. 1–14.

Poscher, Ralf: Das Weimarer Wahlrechtsgespenst, in: Christoph Gusy (Hrsg.), Weimars lange Schatten – „Weimar" als Argument nach 1945, Baden-Baden 2003, S. 256–280.

Pracht, Robert: Die Wahl des Bundespräsidenten durch die Bundesversammlung gemäß Art. 54 GG, in: ZJS 2015, S. 573–579.

Preuß, Hugo: Das deutsche Volk und die Politik, Jena 1915.

Puhl, Thomas: Die Minderheitsregierung nach dem Grundgesetz, Berlin 1986.
Ders.: Die 5 %-Sperrklausel im Kommunalwahlrecht auf dem Rückzug, in: Otto Depenheuer u. a. (Hrsg.), Staat im Wort. Festschrift für Josef Isensee, Heidelberg 2007, S. 441–457.
Pukelsheim, Friedrich/Rossi, Matthias: Wahlsystemnahe Optionen zur Vermeidung negativer Stimmgewichte, in: JZ 2010, S. 922–929.
Püttner, Günter: Kommunale Selbstverwaltung, in: Josef Isensee/Paul Kirchhof (Hrsg.), Handbuch des Staatsrechts der Bundesrepublik Deutschland, Bd. VI, 3. Aufl., Heidelberg 2008, § 144 (S. 1141–1173).
Radbruch, Gustav: Parteienstaat und Volksgemeinschaft, in: Die Gesellschaft 6 (1929), S. 97–102.
Ramin, Ralf/Röttger, Claudia: Der direkt gewählte Landrat im Land Brandenburg. Ein Akteur neuer Qualität auf kommunaler Ebene?, in: DVP 2012, S. 17–24.
Rauber, Jochen: Mandatslose Wahlkreissieger. Verfassungsrechtliche Überlegungen zur Verkleinerung des Bundestags durch die Kappung von Direktmandaten, in: ZG 35 (2020), S. 149–180.
Reichard, Heinrich Gottlieb: Statistik und Vergleichung der jetzt geltenden städtischen Verfassungen in den monarchischen Staaten Deutschlands. Ein Beitrag zur Kenntniß des bisher Geschehenen und zur Auffassung künftiger Fortschritte, Altenburg 1844.
Rinck, Hans-Justus: Der Grundsatz der Wahlgleichheit und das Bonner Grundgesetz, in: DVBl. 1958, S. 221–227.
Ders.: Der Grundsatz der unmittelbaren Wahl im Parteienstaat, in: JZ 1958, S. 193–198.
Robbe, Patrizia/Weinzierl, Quirin: Mehr Wahlrecht in das Grundgesetz? Eine Betrachtung aus historischer, rechtvergleichender und dogmatischer Sicht, in: ZRP 2015, S. 84–87.
Roscheck, Jan: Enthaltung und Nichtbeteiligung bei staatlichen Wahlen und Abstimmungen, Berlin 2003.
Roßner, Sebastian: Verfassungswidrigkeit der Fünf-Prozent-Sperrklausel im Europawahlrecht, in: NVwZ 2012, S. 22–25.
Ders.: Verfahren der Mehrheitsbestimmung: Wahl- und Abstimmungsverfahren, in: Martin Morlok/Utz Schliesky/Dieter Wiefelspütz (Hrsg.), Parlamentsrecht. Praxishandbuch, Baden-Baden 2016, § 41 (S. 1283–1322).
Ders.: Diese Reform schafft ein prekäres Wahlrecht, Legal Tribune Online vom 15.3.2023, abrufbar unter www.lto.de/recht/hintergruende/h/wahlrecht-reform-ampel-koalition-kommentar-prekaere-verhaeltnisse/ (letzter Abruf: 31.7.2024).
Roth, Gerald: Mit drei Direktmandaten in den Bundestag? Zur Verfassungswidrigkeit der Grundmandatsklausel, in: NJW 1994, S. 3269–3272.
Roth, Wolfgang: Verfassungsmäßigkeit der Einführung einer 3%-Sperrklausel bei Kommunalwahlen durch Verfassungsänderung, insbesondere für das Land Nordrhein-Westfalen, Berlin 2015.
Röttger, Claudia/Ramin, Ralf: Die Bedeutung der Stichwahl zur Bestimmung des Hauptverwaltungsbeamten. Repräsentativer Zugewinn des Wählerinnen- und Wählervotums auf kommunaler Ebene mit der Wiedereinführung der Stichwahl in Niedersachsen?, in: DVP 2013, S. 506–511.
Sachs, Michael (Hrsg.): Grundgesetz. Kommentar, 9. Aufl., München 2021.
Sacksofsky, Ute: Wahlrecht und Wahlsystem, in: Martin Morlok/Utz Schliesky/Dieter Wiefelspütz (Hrsg.), Parlamentsrecht. Praxishandbuch, Baden-Baden 2016, § 6 (S. 279–327).
Sartori, Giovanni: Demokratietheorie, Darmstadt 1997.
Scheuner, Horst: Das Mehrheitsprinzip in der Demokratie, Opladen 1973.

Schliesky, Utz: Die Weiterentwicklung von Bürgerbegehren und Bürgerentscheid, in: ZG 14 (1999), S. 91–122.

Ders.: Parlamentsfunktion, in: Martin Morlok/Utz Schliesky/Dieter Wiefelspütz (Hrsg.), Parlamentsrecht. Praxishandbuch, Baden-Baden 2016, § 5 (S. 204–278).

Schmitt, Carl: Legalität und Legitimität, München/Leipzig 1932.

Schoch, Friedrich: Entformalisierung staatlichen Handelns, in: Josef Isensee/Paul Kirchhof (Hrsg.), Handbuch des Staatsrechts der Bundesrepublik Deutschland, Bd. III, 3. Aufl., Heidelberg 2005, § 37 (S. 131–227).

Schöneberger, Sophie: Die personalisierte Verhältniswahl – eine Dekonstruktion, in: JöR n. F. 67 (2019), S. 1–21.

Schreiber, Wolfgang (Hrsg.): BWahlG. Kommentar zum Bundeswahlgesetz unter Einbeziehung des Wahlprüfungsgesetzes, des Wahlstatistikgesetzes, der Bundeswahlordnung und sonstiger wahlrechtlicher Nebenvorschriften, 11. Aufl., Köln 2021.

Schröder, Meinhard: Bildung, Bestand und parlamentarische Verantwortung der Bundesregierung, in: Josef Isensee/Paul Kirchhof (Hrsg.), Handbuch des Staatsrechts der Bundesrepublik Deutschland, Bd. III, 3. Aufl., Heidelberg 2005, § 65 (S. 1133–1157).

Schwerdtfeger, Stefan: Legitimation von Quoren in der direkten Demokratie, Berlin 2018.

Seybold, Jan: Die Stichwahl des Hauptverwaltungsbeamten – Abschaffung oder Beibehaltung? – Teil 2: Argumente und Ausblick, in: DVP 2010, S. 453–456.

Ders.: Die Gerechtigkeitsdiskussion über die kommunale Stichwahl. Eine Betrachtung vor dem Hintergrund des jüngsten Urteils des NWVerfGH, in: NVwZ 2021, S. 293–296.

Ders.: Die Qual der Wahl, in: DVP 2021, S. 79–85.

Simmel, Georg: Soziologie. Untersuchungen über die Formen der Vergesellschaftung, 7. Aufl., Berlin 2013.

Siwik, Thomas: Stellungnahme zum Gesetzentwurf der Landesregierung Drs. 17/3776 und zum Änderungsantrag Drs. 17/4305 des Landtages Nordrhein-Westfalen, Stellungnahme 17/1190 vom 10.2.2019, S. 1–5.

Smend, Rudolf: Verfassung und Verfassungsrecht, München 1928.

Ders.: Die Verschiebung der konstitutionellen Ordnung durch die Verhältniswahl (1919), in: ders. (Hrsg.), Staatsrechtliche Abhandlungen und andere Aufsätze, 4. Aufl., Berlin 2010, S. 60–67.

Ders.: Integration (1966), in: ders. (Hrsg.), Staatsrechtliche Abhandlungen und andere Aufsätze, 4. Aufl., Berlin 2010, S. 482–486.

Speckmann, Werner: 5%-Klausel und subsidiäre Wahl, in: ZRP 1970, S. 198.

Starck, Christian: Maximen der Verfassungsauslegung, in: Josef Isensee/Paul Kirchhof (Hrsg.), Handbuch des Staatsrechts der Bundesrepublik Deutschland, Bd. XII, 3. Aufl., Heidelberg 2014, § 271 (S. 613–657).

Steffani, Winfried: Mehrheitsentscheidungen und Minderheiten in der pluralistischen Verfassungsdemokratie, in: ZParl 17 (1986), S. 569–586.

Steiger, Heinhard: Kreationsaufgaben und Wahlverfahren, in: Hans-Peter Schneider/Wolfgang Zeh (Hrsg.), Parlamentsrecht und Parlamentspraxis in der Bundesrepublik Deutschland. Ein Handbuch, Berlin/New York 1989, § 26 (S. 773–793).

Stern, Klaus: Das Staatsrecht der Bundesrepublik Deutschland, Bd. II, München 1980.

Ders.: Das Staatsrecht der Bundesrepublik Deutschland, Bd. I, 2. Aufl., München 1984.

Ders.: Das Staatsrecht der Bundesrepublik Deutschland, Bd. IV/2, München 2011.

Strohmeier, Gerd: Die Geister, die Karlsruhe rief – eine Replik auf die Beiträge zur Wahlsystemreform in Heft 2/2010 der ZParl, in: ZParl 42 (2011), S. 186–193.

Tecklenburg, Adolf: Wahlrecht und Staatswillensbildung als besonderer Wissenschaftszweig, in: ZfP 17 (1928), S. 577–592.

Theis, Christoph: Das Ende der Fünf-Prozent-Sperrklausel im Kommunalwahlrecht, in: KommJur, S. 168–172.
Thiele, Alexander: Neugestaltung des Wahlrechts zur Wiederbelebung der Demokratie, in: ZRP 2017, S. 105–108.
Thiele, Carmen: Regeln und Verfahren der Entscheidungsfindung innerhalb von Staaten und Staatenverbindungen. Staats- und kommunalrechtliche sowie europa- und völkerrechtliche Untersuchung, Berlin 2008.
Trendelenburg, Adolf: Ueber die Methode bei Abstimmungen. Ein Vortrag, Berlin 1850.
Triepel, Heinrich: Wahlrecht und Wahlpflicht. Vortrag, gehalten in der Gehe-Stiftung zu Dresden am 17. März 1900, Dresden 1900.
Uhle, Arnd: Art. „Integration" [Rechtswissenschaft], in: Görres-Gesellschaft (Hrsg.), Staatslexikon. Recht Wirtschaft Gesellschaft, Bd. III, 8. Aufl., Freiburg 2019, Sp. 343–345.
Unger, Sebastian: Das Verfassungsprinzip der Demokratie. Normstruktur und Norminhalt des grundgesetzlichen Demokratieprinzips, Tübingen 2008.
Unkelbach, Helmut: Grundlagen der Wahlsystematik, Göttingen 1956.
Unruh, Peter: Der Verfassungsbegriff des Grundgesetzes. Eine verfassungstheoretische Rekonstruktion, Tübingen 2002.
van Ooyen, Robert Christian: Integration. Die antidemokratische Staatstheorie von Rudolf Smend im politischen System der Bundesrepublik, Wiesbaden 2014.
Varain, Heinz Josef: Die Bedeutung des Mehrheitsprinzips im Rahmen unserer politischen Ordnung, in: ZfP 11 (1964), S. 239–250.
Vogel, Bernhard: Probleme einer Wahlrechtsreform, in: ZfP 14 (1967), S. 246–258.
Vogel, Christian: Überlegungen zur Wahl mit gebundenen Listen, in: Julian Krüper (Hrsg.), Die Organisation des Verfassungsstaats. Festschrift für Martin Morlok zum 70. Geburtstag, Tübingen 2019, S. 467–481.
Volkmann, Uwe: Wahlen in der Demokratie, in: Tobias Mörschel (Hrsg.), Wahlen und Demokratie. Reformoptionen des deutschen Wahlrechts, Baden-Baden 2016, S. 9–30.
Voßkuhle, Andreas/Kaiser, Anna-Bettina: Grundwissen – Öffentliches Recht: Der Grundrechtseingriff, in: JuS 2009, S. 313–315.
Wahl, Rainer: Das Wahlrecht in der Sondersituation der deutschen Einigung, in: NJW 1990, S. 2585–2593.
Waldhoff, Christian: Manipulation von Wahlterminen durch die Zusammenlegung von Wahlen? Verfassungsfragen der Zusammenlegung von Kommunal- und Europawahl 2009 in Nordrhein-Westfalen, in: JZ 2009, S. 144–148.
Walther, Jens: Mehrheitswahlsysteme. Bedingungen demokratischer Legitimität am Beispiel von Bürgermeisterwahlen, Wiesbaden 2017.
Weber, Bastian: Die Minderheitsregierung auf Bundesebene, Berlin 2022.
Weber, Leo: Die Beschlußfassung der Volksvertretung, Würzburg 1951.
Wehling, Hans-Georg: Landräte in Baden-Württemberg, in: Stefan Brink/Heinrich Amadeus Wolff (Hrsg.), Gemeinwohl und Verantwortung. Festschrift für Hans Herbert von Arnim zum 65. Geburtstag, Berlin 2004, S. 429–445.
Weides, Peter: Bestimmung des Wahltages von Parlamentswahlen, in: Bodo Börner/Hermann Jahrreiß/Klaus Stern (Hrsg.), Einigkeit und Recht und Freiheit. Festschrift für Karl Carstens zum 70. Geburtstag am 14. Dezember 1984, Bd. II: Staatsrecht, Köln 1984, S. 933–951.
Wendt, Rudolf: Sperrklauseln im Wahlrecht?, in: Matthias Ruffert (Hrsg.), Dynamik und Nachhaltigkeit des Öffentlichen Rechts. Festschrift für Meinhard Schröder zum 70. Geburtstag, Berlin 2012, S. 431–456.

Wenner, Ulrich: Sperrklauseln im Wahlrecht der Bundesrepublik Deutschland, Frankfurt am Main/Bern/New York 1986.

Wernsmann, Rainer: Verfassungsfragen der Drei-Prozent-Sperrklausel im Europawahlrecht, in: JZ 2014, S. 23–28.

Wild, Michael: Die Gleichheit der Wahl. Dogmengeschichtliche und systematische Darstellung, Berlin 2003.

Wischmeyer, Thomas: Erststimmensieger ohne Direktmandat? Reformperspektiven für die personalisierte Verhältniswahl, in: JZ 2023, S. 105–114.

Wißmann, Hinnerk: Stellungnahme zum Gesetzentwurf der Landesregierung Drs. 17/3776 und zum Änderungsantrag Drs. 17/4305 des Landtages Nordrhein-Westfalen, Stellungnahme 17/1195 vom 10.2.2019, S. 1–4.

Wolf, Thomas: Das negative Stimmgewicht als wahlgleichheitswidriger Effekt – Auswirkungen, Bewertung und Chancen einer Neuregelung. Staatsrechtliche Determinanten für ein verfassungskonformes Wahlsystem, Berlin 2016.

Zeh, Wolfgang: Parlamentarisches Verfahren, in: Josef Isensee/Paul Kirchhof (Hrsg.), Handbuch des Staatsrechts der Bundesrepublik Deutschland, Bd. III, 3. Aufl., Heidelberg 2005, § 53 (S. 807–851).

Ders.: Anforderungen der Verfassung des Freistaats Thüringen an die Wahl des Ministerpräsidenten durch den Landtag, in: ThürVBl. 2015, S. 161–166.

Zicht, Wilko: Integrierte Stichwahl. Mehr Demokratie bei Bürgermeisterwahlen, Positionspapier Nr. 14 vom 17.12.2011, abrufbar unter www.mehr-demokratie.de/fileadmin/pdf/Positionen14_Integrierte_Stichwahl.pdf (letzter Abruf: 31.7.2024).

Zippelius, Reinhold: Zur Rechtfertigung des Mehrheitsprinzips in der Demokratie, Stuttgart 1987.

Personen- und Sachverzeichnis